CHINA FINANCIAL POLICY REPORT

中国金融政策报告

2017

主　　编　吴晓灵
执行主编　何海峰
执行副主编　汪小亚

中国金融出版社

责任编辑：王效端
责任校对：李俊英
责任印制：程　颖

图书在版编目（CIP）数据

中国金融政策报告．2017（Zhongguo Jinrong Zhengce Baogao. 2017）/吴晓灵主编，何海峰执行主编，汪小亚执行副主编．—北京：中国金融出版社，2017.6
ISBN 978－7－5049－9029－7

Ⅰ.①中…　Ⅱ.①吴…②何…③汪…　Ⅲ.①金融政策—研究报告—中国—2017　Ⅳ.①F832.0

中国版本图书馆CIP数据核字（2017）第107902号

出版发行　中国金融出版社
社址　北京市丰台区益泽路2号
市场开发部　(010)63266347，63805472，63439533（传真）
网上书店　http://www.chinafph.com　(010)63286832，63365686（传真）
读者服务部　(010)66070833，62568380
邮编　100071
经销　新华书店
印刷　保利达印务有限公司
尺寸　185毫米×260毫米
印张　29.75
字数　600千
版次　2017年6月第1版
印次　2017年6月第1次印刷
定价　82.00元
ISBN 978－7－5049－9029－7
如出现印装错误本社负责调换　联系电话（010）63263947
编辑部邮箱：jiaocaiyibu@126.com

编　委　会

The Editorial Board

前　言

《中国金融政策报告》是清华大学国家金融研究院与中国社会科学院金融政策研究中心联合组织编写的年度研究报告，旨在对过去一年国际国内经济背景下中国金融政策的出台与执行情况进行总结和分析。

对于中国经济来说，2016 年是“十三五”的开局之年，也是供给侧结构性改革的攻坚之年。一方面，在国内外诸多矛盾叠加、风险隐患交汇的严峻挑战下，中国经济坚持稳中求进的工作总基调，国内生产总值达到 74.4 万亿元，增长了 6.7%；另一方面，改革开放深入推进，重要领域和关键环节改革取得突破性进展，供给侧结构性改革初见成效。与此同时，中国经济结构加快调整，消费在经济增长中发挥主要拉动作用，服务业增加值占国内生产总值比重上升到了 51.6%。

对于中国金融来说，在不确定性和“逆全球化”事件冲击之下的国际经济金融变动不居、政策分化加大，中国资本市场年初的熔断实施与叫停无法阻止 A 股大跌，而外汇市场也发生了阶段性动荡。但是，中国稳健货币政策加强预调微调和建立常态化操作机制，为供给侧结构性改革营造了适宜的货币金融环境，相关改革得到深化；同时，金融管理部门加强金融监管，完善宏观审慎政策框架，并对互联网金融乱象进行了有效整治。回顾 2016 年，中国金融政策领域发生了不少大事：人民币正式加入 SDR，绿色金融写入 G20 杭州峰会公报，深港通正式启动，宏观审慎管理框架全面升级，互联网金融风险专项整治工作启动，新一轮债转股等银行业改革分项推进，全面践行“保险业姓保”，“两权”抵押贷款和投贷联动等试点启动，上海票据交易所和中国信托登记有限责任公司相继成立，等等。

《中国金融政策报告（2017）》延续了《中国金融政策报告（2016）》的框

架结构，它包括两大模块即主题报告和动态报告。具体看，《中国金融政策报告(2017)》包括以下内容。

第一部分是年度报告的主题报告“建立现代金融体系 服务供给侧改革”。从当前和中期来看，“十三五”中国金融改革与发展的主要目标是建立现代金融体系，更好地服务中国经济新常态下的供给侧结构性改革，以充分发挥中国金融对中国经济结构转型和创新发展的服务支持功能。第二部分是两篇专题文章——“规范杠杆收购 促进经济结构调整”和“特朗普经济政策将如何影响全球”。第一篇文章分析了“宝万之争”中最受社会关注的公司治理之争、收购行为之争和资金组织方式之争，并结合国际成熟的操作案例，提出了规范中国杠杆收购的四项具体建议。第二篇文章以翔实的数据分析了美国经济正在发生深刻的结构性变化，基于特朗普总统“新政”的主要经济举措，逐一探讨了“新政”将面临的挑战，阐明了它们对全球经济的一系列影响。

第一部分和第二部分构成了《中国金融政策报告（2017)》的上篇即主题报告模块，而《中国金融政策报告（2017)》的下篇即另一模块“2016 年度中国金融政策动态”则由第三、第四和第五部分构成。

第三部分是 2016 年的“宏观金融政策”。这一部分将对 2016 年的货币政策、汇率与国际收支相关政策进行回顾、分析，并适度进行政策评价与展望。第四部分是 2016 年的“主要金融市场发展政策”。这一部分全面回顾和分析了 2016 年内“银行业市场发展政策”、“股票市场发展政策”、“保险市场发展政策”、“货币市场发展政策”、“债券市场发展政策”、“基金行业市场发展政策”、“信托与财富管理市场发展政策”、“金融衍生品市场发展政策”、“商品期货市场发展政策”、“外汇市场发展政策”和“黄金市场发展政策”，同时也进行了相应的政策评价与展望。第五部分是 2016 年的“主要金融监管政策”。这一部分对 2016 年“中国人民银行主要监管政策”、“中国银监会主要监管政策”、“中国保监会主要监管政策”和“中国证监会主要监管政策”进行了回顾和分析，也进行了相应的政策评价与展望。

这里需要向 7 年来始终关注我们的读者和同仁们说明的是，《中国金融政策报告（2017)》除了改由清华大学国家金融研究院与中国社会科学院金融政策研究中心联合编写外，我们及时增添了中国基金行业市场发展政策等相关内容；同时，在报告中引入了“专栏”形式，以反映中国金融政策中的一些热点。当然，细心的您可能会注意到，我们的专家顾问团也进行了更新和补充，他们将更加全面深入地指导报告的选题和编写，使报告能更加准确及时地向中外读者传递中国金融政策的发展变化。

本报告作为集体研究的结果，作者团队主要由来自金融管理部门、金融业界机构、高校和学术机构等专业人员构成，但并不代表他们所任职单位或机构的观点。最后由吴晓灵、何海峰、汪小亚对报告全文进行了修改和定稿。先后参加各部分撰稿的执笔人是：吴晓灵、何海峰、朱民、陈捷、赵庆明、周昆平、赵亚蕊、孙建波、刘涛、朱永行、荣艺华、李艳、李青云、张生举、郑凌云、甘正在、储幼阳、罗江、朱小川、李麟、赵湘怀、刘学庆、吕家进、蒋健蓉、陆媛媛、武平平、郭荆璞、谈亮等。何海峰、余粤对英文译稿进行了校对。我们感谢中国金融出版社王效端主任及相关编辑认真和严谨的工作。

我们一如既往地期盼着各种批评和建议。

中国社会科学院金融政策研究中心主任

何海峰（代序）

2017 年 5 月 2 日

Introduction

China Financial Policy Report is an annual research report jointly prepared by National Institute of Financial Research, Tsinghua University and Institute of Financial Policy, Chinese Academy of Social Sciences, aimed at summarizing and analyzing the introduction and enforcement of China's financial policies in the international and domestic economic background in the previous year.

Concerning China's economy, the Year of 2016 is the first year of the "13th Five – Year Plan" and crucial year of the structural reform of the supply side. On one hand, given severe challenges of numerous contradictions overlaying each other and risks and potential threats intersecting with each other both at home and abroad, China's economy adhered to the keynote of pursuing progress while maintaining stability, whose GDP reached RMB 74.4 trillion, up 6.7%; on the other hand, its reform and opening – up was deepened in progress, breakthrough progress was made in reforms in important areas and key procedures, and structural reform at the supply side showed preliminary effects. In the meantime, China's economic structure accelerated its regulation, consumption played the role of key driver in economic growth and proportion of value added in the service sector in GDP rose to 51.6%.

Concerning China's finance, under uncertainty, impact of event of "reverse globalization", ever – changing international economic and financial circumstances, and increasingly differentiated policies, the implementation and the halt of the fuse mechanism on China's capital market earlier in the year failed to curb A stock from crashing and foreign exchange market encountered staged turmoil as well. However, China's prudent monetary policies enhanced pre – regulation and micro – regulation and established normalized operation mechanism, creating an appropriate monetary and financial environment for structural reform at the supply side and deepening the corresponding reforms; meanwhile, authorities of financial administration reinforced financial supervision and effectively controlled disorder in the Internet finance. In review of 2016, many events occurred to China's financial policies: Renminbi officially joined the SDR, green finance was incorporated into G20 Hangzhou Summit Communique, Shenzhen – Hong Kong Stock Connect was officially started, macro prudential management framework was comprehensively updated, special rectification of risks in Internet finance was started, a new round of debt – to – equity swap and other banking reforms was progressed program by program, "guaranteeing insurance" was comprehensively practiced, mortgage loan of "two rights" and Venture Loan were piloted, Shanghai Commercial Paper Exchange Corporation Ltd. and China Trust Registration Co., Ltd. were founded in succession, etc.

China Financial Policy Report (2017) continues the frame structure of China Financial Policy Report (2016), including two modules: Thematic Report and Dynamic Report. Specifically, *China Financial Policy Report* (2017) covers the following contents.

Chapter 1 is "Setup of Modern Financial System and Service for Reform at the Supply Side" in Thematic Report in the Annual Report. Speaking at present and in the mid term, the key target of China's financial reform and development in the "13th Five – Year Plan" is to set up a modern financial system to offer better service for structural reform at the supply-side in new normal of China's economy so as to better exert the function of service supply of China's finance to China's economic structural transformation and creative development. Chapter 2 and Chapter 3 covers two feature articles— "Regulating LBO to Promote Economic Reconstruction" and "How Will Trump's Economic Policies Influence the World" In the first article—the battle of company control, the battle of acquisition, and the battle of means of fund organization of the most social concerns in the "Baoneng – Vanke Battle" are analyzed, mature operation cases in the world are combined and four specific suggestions on standardizing China's leveraged buyout are presented. In the second article, full and accurate data are applied to analyze the profound structural change in American economy. Concerning key economic measures in the "New Deal" of President Trump, challenges facing the "New Deal" are discussed one by one and a series of their effects on global economy are illustrated.

Chapter 1、Chapter 2 and Chapter 3 constitute the first chapter of *China Financial Policy Report* (2017) —Module of Thematic Report and the second chapter of *China Financial Policy Report* (2017) —the other module "2016 China's Financial Policy Dynamics" is composed by Chapter 4、Chapter 5 and Chapter 6.

Chapter 4 is "Macro Financial Policy" in 2016. In this section, review and analysis on monetary policies and policies concerning exchange rate and balance of international payments in

2016 are made and policy evaluation and outlook are made properly. Chapter 5 is "Highlights of Financial Market Development Policy" in 2016. In this section, comprehensive review and analysis are made on "Development Policy for the Banking Market", "Development Policy for the Stock Market", "Development Policy for the Insurance Market", "Development Policy for the Monetary Market", "Development Policy for Bond Market", "Development Policy for Fund Market", "Development Policy for Trust and Wealth Management Market", "Development Policy for Financial Derivatives Market", "Development Policy for Commodity Futures Market", "Development Policy for Foreign Exchange Market", and "Development Policy for Gold Market" in 2016 in the company of corresponding policy evaluation and outlook. Chapter 6 is "Highlights of Financial Regulatory Policy" in 2016. In this section, review and analysis are made on "Highlights of Regulatory Policy of the People's Bank of China", "Highlights of Regulatory Policy of China Banking Regulatory Commission", "Highlights of Regulatory Policy of China Insurance Regulatory Commission", and "Highlights of Regulatory Policy of China Securities Regulatory Commission" in 2016 in the company of policy evaluation and outlook.

What should be specified for our readers and colleagues in 7 years' time is that *China Financial Policy Report* (2017) has been revised to be jointly prepared by National Institute of Financial Research, Tsinghua University and Institute of Financial Policy, Chinese Academy of Social Sciences in the company of the added content concerning market development policies in China's fund sector in time; meanwhile, the form of "Special Column" is introduced to this report to reflect some hot issues in China's financial policies. Of course, those careful readers may notice that our advisory group of experts is updated and supplemented as well, who are expected to offer more comprehensive and profound instructions for topic selection and preparation in this report and enable this report to more accurately and timely communicate development and change in China's financial policies both at home and abroad.

This report is a result of teamwork, whose authors are generally composed by professionals in sectors of financial management, financial institutions, universities and colleges, and academic institutions, which, whereas, is not on behalf of viewpoints of their employers or institutions. Last but not least, the full text of report is revised and finalized by Wu Xiaoling, He Haifeng, and Wang Xiaoya. All sections in this report are written by the following authors in succession: Wu Xiaoling, He Haifeng, Zhu Min, Chen Jie, Zhao Qingming, Zhou Kunping, Zhao Yarui, Sun Jianbo, Liu Tao, Zhu Yonghang, Rong Yihua, Li Yan, Li Qingyun, Zhang Shengju, Zheng Lingyun, Gan Zhengzai, Chu Youyang, Luo Jiang, Zhu Xiaochuan, Li Lin,

Zhao Xianghuai, Liu Xueqing, Lv Jiajin, Jiang Jianrong, Lu Yuanyuan, Wu Pingping, Guo Jingpu, Tan Liang et al. He Haifeng and Yu Yue proofread the report. We would like to express our gratitude to Director Wang Xiaoduan and Editor of China Financial Publishing House for their careful and rigorous work.

We look forward to all critiques and suggestions as always.

Director of Institute of Financial Policy, Chinese Academy of Social Sciences

He Haifeng

May 2, 2017

目　　录

上篇　主题报告与专题文章

下篇　2016 年度中国金融政策动态

English Version

Part One Thematic Report and Feature Articles

Part Two China's Financial Policies in 2016

上　篇

主题报告与专题文章

主题报告：建立现代金融体系　服务供给侧改革

吴晓灵[①]　何海峰[②]

从根本上看，中国金融业的发展和中国金融体制的改革深化要以服务中国经济和社会发展为宗旨和原则，可以简化地概括为中国金融要切实服务实体经济。从当前和中期来看，"十三五"中国金融改革与发展的主要目标就是建设现代金融体系，更好地服务于中国经济新常态下的供给侧结构性改革，从而更好地发挥中国金融对中国经济结构转型和创新发展的服务支持功能。从具体支持上看，金融服务供给侧改革既包括技术方式层面，也包括产业配合层面；同时，中国金融业还要做好自身供给侧改革，更好地引领和支持现代服务业发展。

一、新常态与供给侧结构性改革

与国际金融危机后世界经济进入"新平庸"相伴随，中国经济进入了新常态。认识和适应中国经济的新常态，是为了引领中国经济在新常态下的发展。如何引领？供给侧结构性改革是长远和根本之策。

（一）世界经济"新平庸"

2014 年 10 月 2 日，面对国际金融危机后世界经济的缓慢复苏，国际货币基金组织（IMF）总裁拉加德提出了"新平庸时代"这一说法。当时，拉加德在美国乔治敦大学的一场演讲中说："金融危机爆发六年后，全球经济仍存在脆弱性。各国仍在应对危机的遗留问题，包括较大的债务负担和失业问题。"她认为，全球经济面临的一大威胁是一段持续的、恶性循环的低增长期，因为产出疲软成了一种自我实现的预言。拉加德呼吁："全球经济正处于拐点：它可以一直保持低增长——进入'新平庸时代'；或力争走一条更好的路子，制定大刀阔斧的政策，加快增长，增加就业，从而获得'新势头'。"无独有偶，此前 9 月 21 日闭幕的二十国集团（G20）财长及央行行长会议上发表了包含世界经济"正面临慢性需求低迷"这一表述的联合声明。欧洲通货紧缩，尤其是新兴市

① 吴晓灵，清华大学五道口金融学院院长，全国人大常委、财经委副主任委员。
② 何海峰，中国社会科学院金融政策研究中心主任。

场国家经济的减速，使G20再次确认了需要灵活采取财政刺激举措的认识。

世界经济低迷仍在持续。2016年1月19日，国际货币基金组织发布《世界经济展望报告》，报告中警告——全球经济增长乏力、各经济体复苏力度不均、新兴市场和发展中经济体下行风险显著。IMF表示，全球经济正处于调整之中：新兴市场增长普遍放缓，中国经济正处于再平衡进程中，大宗商品价格下跌，美国逐步退出量化宽松货币政策。全球经济如果不能成功驾驭这些重大转变，增长可能受阻。为了不让“新平庸”成为现实，怎么办？IMF呼吁，在经济增长长期低迷的全球大环境下，为了提高实际和潜在经济增长，全球政策制定者面临迫切压力，应拿出支持需求侧并实施结构性改革的双重措施，其中结构性改革尤为关键。具体地，IMF建议，发达国家的结构性改革目标包括促进更高的劳动参与率、提高趋势就业水平，并应对私人债务积压问题；而新兴经济体和发展中国家的结构性改革重点应是实现经济增长动力源的转换，以及打破基础设施瓶颈、打造有利于创新的商业环境和提高人力资本。

需要说明的是，从2016年初IMF的《世界经济展望报告》和相关经济学家的研究来看，中国经济正在经历必要调整以实现更平衡的增长，但是风险可控——IMF一直认为，6%～6.5%的增速对当下中国经济来说是安全区间。

但是，居安思危的中国在2014年5月就提出了“新常态”这一历史性判断。

（二）中国经济新常态

2014年5月，习近平第一次提出了“新常态”：“我国发展仍处于重要战略机遇期，我们要增强信心，从当前我国经济发展的阶段性特征出发，适应新常态，保持战略上的平常心态。①”随后，在2014年11月的亚太经合组织工商领导人峰会上，习近平主席又进一步指出了“新常态”的三大特征，概括起来就是：速度变化、结构优化、动力转化。即，中国经济从高速增长转为中高速增长；中国经济结构不断优化升级，第三产业、消费需求逐步成为主体，城乡区域差距逐步缩小，居民收入占比上升，发展成果惠及更广大民众；中国经济从要素驱动、投资驱动转向创新驱动。

2014年12月召开的中央经济工作会议为“新常态”下中国经济发展确定了行动指南——认识新常态，适应新常态，引领新常态，是当前和今后一个时期我国经济发展的大逻辑。这次会议对中国经济进入新常态作出了系统阐释，指出了消费需求、投资需求、出口和国际收支、生产能力和产业组织方式、生产要素相对优势、市场竞争特点等九大“新常态”趋势性变化。第一，从消费需求看，模仿型排浪式消费阶段基本结束，个性化、多样化消费渐成主流。第二，从投资需求看，基础设施互联互通和一些新技术、新产品、新业态、新商业模式的投资机会大量涌现。第三，从出口和国际收支看，我国低成本比较优势发生了转化，高水平引进来、大规模走出去正在同步发生。第四，

① 2014年5月9日至10日，在河南省考察工作期间，习近平主席首次提出了“新常态”。

从生产能力和产业组织方式看，新兴产业、服务业、小微企业作用更凸显，生产小型化、智能化、专业化将成产业组织新特征。第五，从生产要素相对优势看，人口老龄化日趋发展，农业富余人口减少，要素规模驱动力减弱，经济增长将更多依靠人力资本质量和技术进步。第六，从市场竞争特点看，市场竞争逐步转向质量型、差异化为主的竞争。第七，从资源环境约束看，环境承载能力已达到或接近上限，必须推动形成绿色低碳循环发展新方式。第八，从经济风险积累和化解看，经济风险总体可控，但化解以高杠杆和泡沫化为主要特征的各类风险将持续一段时间。第九，从资源配置模式和宏观调控方式看，既要全面化解产能过剩，也要通过发挥市场机制作用探索未来产业发展方向。

从 2008 年到 2016 年，中国经济增长速度在经历了一个危机应对刺激政策的高点之后连续下降，依次是 9.6%、9.2%、10.4%、9.3%、7.7%、7.7%、7.3%、6.9%、6.7%。在增长速度向长期、可持续的潜在增长率回归的同时，发展方式、经济结构、发展动力都处在向更高级、更优化、更合理阶段的演进变化之中，这当然是一个巨大的挑战。面对这一广泛而深刻的变化，需要更加深入地认识新常态，即从时间和空间大角度来审视中国的发展。从时间上看，中国发展经历了由盛到衰再到盛的几个大时期，今天的新常态是这种大时期更替变化的结果。从空间上看，中国出口优势和参与国际产业分工模式面临新挑战，经济发展新常态是这种变化的体现。一个可以相信的大趋势是：新常态下，尽管中国经济面临较大的下行压力，但“十三五”及今后一个时期，中国仍处于发展的重要战略机遇期，经济发展长期向好的基本面没有变，经济韧性好、潜力足、回旋空间大的基本特质没有变，经济持续增长的良好支撑基础和条件没有变，经济结构调整优化的前进态势没有变。

（三）供给侧结构性改革

以中国经济新常态和世界经济新平庸为背景，中国经济增长速度的下降和探底既是一个周期性现象，更是一个结构性表现——主要在于中国供给体系未能适应需求的重大变化而及时作出主动调整，造成了供给与需求的不匹配和不协调。中国经济总需求的变化在投资、消费和出口等“三驾马车”上得到了充分体现：从投资需求看，由于一些常规产业的投资已经达到了顶点——既不能在边际贡献上有效拉动经济增长，也造成了经济和社会中的低端产品严重供给过剩；从消费需求看，在中国中等收入群体生成和快速扩大的同时，供给体系仍停留在面向低收入群体为主的阶段，经济中商品与服务在品质、品种、规格、安全性上已经无法满足全新的消费需求；从出口需求看，在后国际金融危机的持续影响下，世界经济复苏缓慢，外部需求明显减少，较长时间来以外向型为主的中国供给体系未能及时作出调整——国际贸易对中国 GDP 的贡献大大下降。

中国供给侧结构性改革就是回应这一内外变化的重大举措。从中国经济内部来看，2005 年 11 月，中国明确提出，“在适度扩大总需求的同时，着力加强供给侧结构性改革，着力提高供给体系质量和效率，增强经济持续增长动力，推动我国社会生产力水平实现整体跃升”。从外部的世界经济来看，同样在2005年11月，中国再次提出，“要解决世界经济深层次问题，单纯靠货币刺激政策是不够的，必须下决心在推进经济结构性改革方面作更大努力，使供给体系更适应需求结构的变化”。

从概念内涵上看，有别于西方经济学的“供给学派”，中国的供给侧结构性改革，重点是解放和发展社会生产力，用改革的办法推进结构调整，减少无效和低端供给，扩大有效和中高端供给，增强供给结构对需求变化的适应性和灵活性，提高全要素生产率。

从政策实践上看，中国的供给侧结构性改革从生产端入手，重点是促进产能过剩有效化解，促进产业优化重组，降低企业成本，发展战略性新兴产业和现代服务业，增加公共产品和服务供给，提高供给结构对需求变化的适应性和灵活性。这就是2016年作为供给侧结构性改革“攻坚之年”的五大任务——去产能、去库存、去杠杆、降成本、补短板（简称“三去一降一补”）；实际上，2017年作为供给侧结构性改革“深化之年”，“三去一降一补”五大任务已经拓展为四个方面重点工作：深入推进“三去一降一补”、农业供给侧结构性改革、振兴实体经济、促进房地产市场平稳健康发展。

中国的供给侧结构性改革既是政策方案，也是改革行动，因而它的推进和完成必须依靠全面深化改革，尤其是要加大重要领域和关键环节改革力度——其中，中国金融体制改革就是一个必然内容，特别是加快建设现代金融体系。

二、建立中国现代金融体系

改革开放以来，中国启动了金融体制改革并不断深化，金融在服务实体经济和社会发展中发挥了重要作用。“十二五”期间，中国金融改革发展取得了重要成就，与中国社会主义市场经济相适应的现代金融组织体系、金融市场体系、金融调控与监管体系基本形成并不断完善。“十三五”期间，建立现代金融体系成为中国金融业“十三五”规划的目标。

（一）中国金融改革发展的历史成就

经过60多年，特别是改革开放以来30多年的发展和建设，中国金融业发生了翻天覆地的变化。

1. 新中国金融事业发展的两个阶段。从1949年新中国成立以来，中国金融业的发展历程通常分为两个时期：新中国成立至改革开放前为第一阶段，改革开放至今为第二阶段。在第一阶段中，与高度集中统一的计划经济管理体制相适应，服从和支持尽快奠定重工业基础和壮大国营经济力量的战略选择，中国建立了高度集中统一的国家银行体制。历史地看，在当时的条件下，这种高度集中的金融体制，对于聚集资金、支持社会主义经济建设方面发挥了一定作用。当然，受限于当时的经济体制，银行的金融服务功能不能全面发挥，成为了一种会计、出纳机关和金融管理机关。

1978 年，中国共产党十一届三中全会作出把工作重点转移到经济建设上来的具有划时代意义的战略决策，中国经济体制改革——包括中国金融体制改革拉开了序幕。中国金融体制改革无现成模板可循，在探索中曲折前进，从中国当时实际情况出发，学习和掌握市场经济发展的一般规律，逐步借鉴和引入国际规则。邓小平提出了建设有中国特色社会主义理论，并作出一系列重要的正确论断——“金融改革的步子要迈大一些”、“要把银行真正办成银行”、“金融很重要，是现代经济的核心”。1992 年的中国共产党十四大确立了“中国要建立社会主义市场经济体制”。1993 年底，《国务院关于金融体制改革的决定》提出了要对金融体制进行全面改革。加入世界贸易组织以后，我国金融业深化改革和进一步扩大开放。中国共产党十八大和十八届三中全会后，中国经济金融体制改革进入全面深化新阶段。经过 30 多年的改革开放，中国金融业发展取得了显著成就，初步建立了适应社会主义市场经济要求的金融体制和金融体系。

2. “十二五”期间中国金融业的发展成就。“十二五”时期，中国金融业顺应国内外金融形势变化的新趋势，继续推动金融改革、开放和发展，全面构建组织多元、服务高效、监管审慎、风险可控的金融体系，不断增强金融市场功能，更好地为加快转变经济发展方式服务。

“十二五”期间，中国金融业发展取得了一系列令人瞩目的成绩。第一，金融宏观调控机制不断完善，货币政策的目标体系、决策机制以及传导机制和环境得到优化健全，同时，逆周期的金融宏观审慎管理制度框架得以建立和不断完善。第二，存款利率上限放开，中国利率管制已经基本放开，利率市场化进入新的阶段，金融市场基准利率体系和中央银行利率调控和传导机制逐步完善。第三，按照主动性、可控性和渐进性原则推进人民币汇率市场化改革，建立了以市场供求为基础、有管理的浮动汇率制度。第四，深化金融机构改革，构建了组织多元、服务高效、监管审慎、风险可控的金融体系，推动大型商业银行改革和政策性、开发性金融机构改革取得新的进展。第五，存款保险制度正式建立并实施，为完善金融机构市场化退出机制奠定基础。第六，金融业综合经营试点稳妥推进，互联网金融快速发展。第七，债券市场、货币市场等金融市场功能不断加强，更好地为加快转变经济发展方式服务。第八，加强政策引导，改善融资环境，促进中小企业和科技创新企业发展。第九，加强金融基础设施建设，进一步健全金融法治环境。第十，制定了跨行业、跨市场金融监管规则，强化对系统重要性金融机构的监管，防范系统性金融风险。第十一，人民币资本项目可兑换取得显著进展，人民币跨境使用稳步扩大。第十二，推进多元化外汇储备运用，设立多个双边基金，有效支持实体经济发展。

（二）金融“十三五”发展规划目标——建立现代金融体系

经过改革开放 30 多年的发展，中国现代金融体系初步建立。在中国现代金融体系建设方面，《金融业发展和改革“十二五”规划》中提出了明确要求——“继续推动金融改革、开放和发展，全面构建组织多元、服务高效、监管审慎、风险可控的金融体系”、“形成种类齐全、结构合理、服务高效、安全稳健的现代金融体系，开创金融改革发展新局面”、“完善相关政策法规，协同做好金融体系建设的各项中长期规划”等，这些目标得到稳步推进。

进入“十三五”时期后，中国金融体制改革发展提出了新的目标。

中国共产党十八大尤其是十八届三中全会之后，中国进入全面深化改革的新阶段——“牢牢把握发展实体经济这一坚实基础，实行更加有利于实体经济发展的政策措施”、“要深化金融体制改革，健全促进宏观经济稳定、支持实体经济发展的现代金融体系，防范各类潜在风险，促进经济持续健康发展”。因此，中国《“十三五”规划纲要》在“加快金融体制改革”中明确提出，完善金融机构和市场体系，促进资本市场健康发展，健全货币政策机制，深化金融监管体制改革，健全现代金融体系，提高金融服务实体经济效率和支持经济转型的能力，有效防范和化解金融风险。由此，建设现代金融体系成为中国金融“十三五”发展规划的目标。建设中国现代金融体系，主要包括五个方面内容：金融要素供给侧结构性改革、完善金融调控机制、实施金融稳健对外开放、建立金融宏观审慎管理框架和加强金融法治建设。

2016 年 4 月，根据相关报道，[①] 金融“十三五”专项规划编制工作即将启动，专项规划的目标是建立现代金融体系，其主要内容包括八个方面：第一，深化金融机构改革，完善治理良好、结构合理、竞争力强、充满活力和创造力的金融机构体系；第二，加强金融市场建设，健全多层次、多元化、互补型、功能齐全和富有弹性的金融市场体系；第三，完善宏观调控体系，健全货币政策框架；第四，建立符合现代金融特点、统筹协调监管、有力有效的现代金融框架；第五，积极稳妥推进金融创新，增强金融服务实体经济能力；第六，扩大金融业双向开放，服务全方位开放新格局，完善国际经济金融治理体系；第七，建立更加有力、有效的国家金融安全网，切实有效防范金融风险；第八，健全金融基础设施，营造良好金融生态环境。

在建立现代金融体系的过程中，中国金融业要吸取国际金融危机的相关经验教训，切实服务实体经济发展，尤其是中国经济新常态下的供给侧结构性改革。

三、金融服务供给侧改革：债务重组

以建立现代金融体系为目标的中国金融业“十三五”规划，在勾勒中国金融业改革发展中期蓝图的同时，也将为中国经济的中长期发展提供有力支持和全面服务。我们知道，供给侧结构性改革旨在为新常态下中国经济健康和可持续发展奠定坚实基础，因

① 参见 2016 年 4 月 25 日新华社报道《央行：金融“十三五”规划目标是建立现代金融体系》。

此，金融服务供给侧改革是中国金融改革发展的应有之义，这一服务既体现在技术方式和产业配合上，也体现在金融业发展对现代服务业的引领和支持上。

在供给侧结构性改革的“三去一降一补”五大任务中，去杠杆是一项重要内容。去杠杆主要是降低实体企业的杠杆率，即降低企业负债率，其中一个重要途径就是债务重组，这也是金融服务供给侧改革的一个重要方式。

（一）中国的杠杆率：债务高企但安全可控

通常所说的“杠杆率”，可以指资本与其所推动的资产规模的比率，也可以指负债与其偿还来源的对比。就后者来说，可以体现为宏观和中观不同层次上（当然也包括具体企业），即政府部门、非金融企业部门（简称企业部门）、住户部门等三大部门负债之和与 GDP 之比。

近两年来，中国杠杆率成为一个热词。国际清算银行（BIS）测算的 2015 年末中国杠杆率为 254.8%，国际货币基金组织（IMF）测算的结果为 223.1%，中国社科院测算全社会杠杆率为 249%。由于中国官方并未发布有关权威数据，而上述机构所发布杠杆率测算的口径、算法以及 GDP 数据处理都不完全相同，大致可以认为中国杠杆率在 200% 至 300% 之间。① 但不管是国际清算银行还是中国社科院的测算，我国债务率都不算高，在主要经济体当中属于中等水平。例如，2015 年末，美国的杠杆率为 250.6%，英国为 265.5%，加拿大为 287.6%，日本则高达 388.2%。

中国杠杆率具有两个特点。第一，在速度方面，近年增长较快。自 2010 年以来，按照 BIS 的数据，中国的杠杆率由 2010 年的 187.7% 上升到 2015 年的 254.8%。中国社科院的数据则显示，中国全社会的杠杆率由 2010 年的 190% 左右上升到 2015 年的 249%。第二，在结构方面，企业杠杆率较高。根据《中国国家资产负债表（2015）》相关数据，居民部门债务率在 40% 左右，金融部门债务率约为 21%，政府部门债务率约为 40%（扩大考虑融资平台债务及或有债务，达到 57%）；但是非金融企业部门则达到了 131%（扩大考虑融资平台债务，则将达到 156%）。②

中国债务形成和升高与中国的特殊国情直接相关。从发展阶段上看，中国是发展中国家和追赶性国家，在发展过程中可能有一个杠杆率比较高的阶段——这与发达国家所经历的过程相似。从经济结构上看，中国拥有 50% 左右的高储蓄率，显著高于国际平均水平。高储蓄率必然会带来融资结构方面的不同。从金融结构来看，中国资本市场不够发达，股权融资规模远低于发达国家，非金融企业融资还是以间接融资为主，这就导致了非金融企业的债务率较高。债务水平上升对中国企业来说，会直接增加财务成本，从

① 参见 2016 年 6 月 23 日国务院新闻办吹风会上国家发展改革委、财政部、人民银行、银监会有关负责人介绍中国债务率分析及对策有关情况。

② 根据国际清算银行（2016）测算，中国杠杆率主要集中在非金融企业部门，2008 年以来这部分杠杆率由 98.6% 上升至 2015 年的 170.8%。

而带来企业违约风险上升；也会传导造成银行的不良贷款风险，存在一定风险隐患。但是，中国商业银行拨备覆盖率达到175%，财务状况也良好，完全有能力吸收可能产生的不良贷款损失。

为了积极有效降低企业杠杆率，迫切需要对其债务进行重组，以减轻企业负担、增加活力，为中国经济整体平稳发展提供坚实的微观支撑。

（二）债务重组的方式

1. 债务重组。在财务会计认定和处理上，债务重组有着严格的定义——“债务重组，是指在债务人发生财务困难的情况下，债权人按照其与债务人达成的协议或者法院的裁定作出让步的事项”。[①] 这里，“债务人发生财务困难”，是指因债务人出现资金周转困难、经营陷入困境或者其他方面的原因等，导致其无法或者没有能力按原定条件偿还债务的情况；“债权人作出让步”，是指债权人同意发生财务困难的债务人现在或者将来以低于重组债务账面价值的金额或者价值偿还债务。同样根据这一《企业会计准则》，债务重组的方式主要包括：（1）以资产清偿债务；（2）将债务转为资本；（3）修改其他债务条件，如减少债务本金、减少债务利息等，不包括上述（1）和（2）两种方式；（4）以上三种方式的组合等。

2. 债务重组的具体方式。在具体实践中，根据不完全统计，债务重组则有着更多的方式。

（1）债务转移，即负债企业将其对债权人的负债转给第三方承担。

（2）债务抵销，即指当事人就相互之间的债务，按对等数额使其相互清偿。

（3）债务豁免，又称债务免除，是指债权人抛弃债权而免除债务人偿还义务。

（4）债权债务混同，即债权债务归于一人（例如，债权人与负债企业合并）。

（5）削债，即“债权打折”，指由债权人减让部分债权，在一定程度上减轻负债企业的负担。

（6）以非现金资产清偿债务。

（7）债务转为资本，也称债务资本化，即债转股。需要注意的是，这主要指的是中国20世纪90年代“政策性债转股”，它的实施方式，特别是实施机构有着严格限定。对于中国当前正在推行的债转股，则引入了更多的市场化机制。

（8）融资减债，即通过增资扩股、发行股票或债券等融资方式筹集资金还债。

（9）修改其他债务条件，这主要包括减免原债务的部分利息、修改利率、延长债务偿还期限、延长债务偿还期限并加收利息、延长债务偿还期限并减少债务本金或债务利息等。

债务转化为资本，可以在线修复企业的资产负债表，避免企业大面积倒闭而带来的

① 参见财政部2006年2月15日发布的《企业会计准则第12号——债务重组》。

经济和社会震荡，因而成为中国企业债务重组的重要方式，并且在实践中得到了有效证明——迄今为止，中国进行了两轮债转股。

（三）市场化债转股：政策与机制

区别于上一轮政策性债转股，2016年启动的新一轮债转股的突出特征是市场化和法治化。20世纪90年代，中国开展了处理银行不良资产的工作，采取了政策性剥离不良贷款，把不良贷款按照面值拨给金融资产管理公司，由金融资产管理公司进行收回和有选择的债转股。在政策性债转股模式下，转股企业、转股的债权以及实施机构，以政府为主进行确定；而这次债转股是市场化、法治化的债转股，债转股企业转股的债权、转股的价格、实施机构由市场主体自主协商确定，并要依法依规规范有序开展。需要注意的是，对于市场化、法治化原则，相关政策文件专门强调，“各级人民政府及其部门不干预债转股市场主体具体事务”。此外，本轮市场化、法治化债转股债权范围并非针对不良贷款，而是为有效降低企业债务水平和杠杆率，助推供给侧结构性改革。本轮债转股的债权范围也包括正常贷款等，并非专门针对不良贷款。

由于确定和遵循了市场化、法治化原则，金融机构和金融机制将在本轮债转股和降低企业杠杆率中发挥重要作用。

首先，在有序开展市场化银行债权转股权方面，多类机构而不仅限于上一轮的金融资产管理公司将获得机会——鼓励金融资产管理公司、保险资产管理机构、国有资本投资运营公司等多种类型实施机构参与开展市场化债转股；支持银行充分利用现有符合条件的所属机构，或允许申请设立符合规定的新机构开展市场化债转股；鼓励实施机构引入社会资本，发展混合所有制，增强资本实力。

其次，在推进企业兼并重组的金融支持方面——通过并购贷款等措施，支持符合条件的企业开展并购重组。允许符合条件的企业通过发行优先股、可转换债券等方式筹集兼并重组资金。进一步创新融资方式，满足企业兼并重组不同阶段的融资需求。鼓励各类投资者通过股权投资基金、创业投资基金、产业投资基金等形式参与企业兼并重组。

最后，在发展股权融资方面，加快健全和完善多层次股权市场，包括完善全国中小企业股份转让系统及其挂牌公司转板创业板相关制度，规范发展服务中小微企业的区域性股权市场；推动交易所市场平稳健康发展，进一步发展壮大证券交易所主板、深入发展中小企业板、深化创业板改革等；创新和丰富股权融资工具，包括大力发展私募股权投资基金，发挥产业投资基金的引导作用，规范发展各类股权类受托管理资金等；拓宽股权融资资金来源，包括鼓励保险资金、年金、基本养老保险基金等长期性资金按相关规定进行股权投资，积极有效引进国外直接投资和国外创业投资资金等。

四、金融服务供给侧改革：产业配合

在微观主体层面上，金融要通过具体产品和服务直接推动积极稳妥、务实有效地降低企业杠杆率。在产业层面上，金融服务供给侧结构性改革还要针对农业和工业具体特点与发展需求提供支持配合。

（一）金融支持农业供给侧改革

农业是中国全面建成小康社会、实现现代化的基础。在经济发展新常态背景下，中国农业发展面临不少新的任务和挑战：首先，促进农民收入稳定较快增长，加快缩小城乡差距，确保如期实现全面小康；其次，在资源环境约束趋紧背景下，加快转变农业发展方式，确保粮食等重要农产品有效供给，实现绿色发展和资源永续利用；第三，在受国际农产品市场影响加深背景下，统筹利用国际国内两个市场、两种资源，提升中国农业竞争力，主动参与国际市场竞争。总之，推进农业供给侧结构性改革，加快转变农业发展方式，保持农业稳定发展和农民持续增收，才能实现产出高效、产品安全、资源节约、环境友好的中国农业现代化。

近年来，我国农村金融取得长足发展，但总体上看，农村金融仍是整个金融体系中最为薄弱的环节，其中新型农业经营主体“贷款难、贷款贵”的金融需求难题最为突出。为了更好地支持和服务农业供给侧改革和现代农业发展，需要完善强农惠农富农政策体系，全面提升金融支农能力和水平，推动金融资源更多向农村倾斜，加快完善农业保险制度。

1. 建立和完善农村金融服务体系。在金融体制改革和金融体系建设总体层面上，需要加快构建多层次、广覆盖、可持续的农村金融服务体系，发展农村普惠金融，降低融资成本，全面激活农村金融服务链条。在深化农村金融体制机制改革方面，既要分类推进农村信用社、农业发展银行、农业银行和邮政储蓄银行等金融机构的改革，也要丰富农村金融服务主体和规范发展农村合作金融。在大力发展农村普惠金融方面，进一步优化县域金融机构网点布局，推动农村基础金融服务全覆盖，加大金融扶贫力度。在针对重点领域的金融支持方面，继续加大支持农业经营方式创新、提升农业综合生产能力和农业社会化服务产业发展。在稳步培育发展农村资本市场方面，大力发展农村直接融资，发挥农产品期货市场的价格发现和风险规避功能，谨慎稳妥地发展农村地区证券期货服务。在完善农村金融基础设施方面，推进农村信用体系建设，发展农村交易市场和中介组织，改善农村支付服务环境，保护农村金融消费者权益。

2. 丰富和扩大农业金融供给产品和服务。在金融服务农业供给侧改革的具体产品层面上，需要从利率、期限、额度、流程、风险控制等方面入手，开发创设符合农业产业特点、满足农民需求的金融产品和服务。这包括三个方面。在推动创新农业信贷担保机制方面，推动组建政府出资为主、主要开展农业信贷担保业务的融资性担保机构，争取现有融资性担保机构将新型农业经营主体纳入担保服务范围，逐步构建覆盖全省（区、市）的农业信贷担保服务网络。在推动农民合作社信用合作方面，金融管理部门与农业管理部门协商联合，选择一批产业基础牢、经营规模大、带动能力强、信用记录好的农民合作社示范社，在先行试点的基础上，完善办法，稳妥开展信用合作。在推动涉农直接投融资服务方面，积极组织选择优秀项目，通过中国农业产业发展基金、现代种业发展基金、国家新兴产业创投引导资金等加大对成长型农业龙头企业的投资力度，在有条件的地方推动设立专门的农业投资基金；推动组建主要服务“三农”的融资租赁公司，鼓励各类融资租赁公司开展大型农业机械设备、设施的融资租赁服务。

3. 尽快完善农业保险制度。完善农业保险制度，为农业供给侧改革和现代化农业发展提供全面保险保障服务功能。把农业保险作为支持农业的重要手段，扩大农业保险覆盖面、增加保险品种、提高风险保障水平。积极开发适应新型农业经营主体需求的保险品种。探索开展重要农产品目标价格保险，以及收入保险、天气指数保险试点。支持地方发展特色优势农产品保险、渔业保险、设施农业保险。完善森林保险制度。探索建立农业补贴、涉农信贷、农产品期货和农业保险联动机制。积极探索农业保险保单质押贷款和农户信用保证保险。稳步扩大“保险＋期货”试点。鼓励和支持保险资金开展支农融资业务创新试点。进一步完善农业保险大灾风险分散机制。

4. 充分发挥财政政策和金融政策的协同效应。农业金融需通过财政支持控制风险和补偿成本，财政支农投入要利用金融杠杆放大政策效应。中国农村的实际和农业的特点决定了金融支农离不开财政支持，金融管理部门和农业管理部门需要积极协调配合财政部门，调整优化财政补贴方式，创新财政支农体制机制，充分发挥财政资金对金融资本的引导和撬动作用，努力实现财政和金融支农政策两轮驱动。

（二）金融支持工业供给侧改革

工业是国民经济的主导力量，是实体经济的骨架和国家竞争力的基础，是稳增长、调结构、转方式的主战场，也是创新的主战场，对中国经济发展全局至关重要。作为工业主体的制造业，是立国之本、兴国之器、强国之基，是供给侧结构性改革的主攻领域。金融与实体经济——尤其工业是利益共同体。运用和创新金融产品，增强金融服务能力，突破工业转型发展面临的融资难、融资贵瓶颈，加大金融对工业供给侧结构性改革和工业稳增长、调结构、增效益的支持力度，同时也是壮大和发展金融业、防范金融风险的根本举措和重要内容。

1. 大力支持中国工业化解过剩产能和库存。从中国工业发展来看，到“十二五”末，淘汰落后产能的任务基本上告一段落，“十三五”主要任务是化解过剩产能。我国大多数传统工业制造领域产能过剩现象严重，一些企业长期处于停产、半停产、连年亏损、资不抵债状态，特别是部分“僵尸企业”主要靠政府补贴和银行贷款维持经营，生产要素配置扭曲，经济运行效率低下。金融部门应按照“消化一批、转移一批、整合一批、淘汰一批”的要求，对产能过剩行业区分不同情况实施差别化政策。对产品有竞争力、有市场、有效益的企业，要继续给予资金支持；对合理向境外转移产能的企业，要通过内保外贷、外汇及人民币贷款、债权融资、股权融资等方式，积极支持增强跨境投资经营能力；对实施产能整合的企业，要通过探索发行优先股、定向开展并购贷款、适当延长贷款期限等方式，支持企业兼并重组；对属于淘汰落后产能的企业，要通过保全资产和不良贷款转让、贷款损失核销等方式支持压产退市。

2. 建设金融政策框架体系，支持工业稳增长、调结构、增效益。在加强货币信贷政策支持方面，引导银行业金融机构根据重大技改、产业升级、结构调整项目目录，进一步完善信贷准入标准，加大对战略性新兴产业、传统产业技术改造和转型升级等的支持力度；同时，加快工业信贷产品创新，改进工业信贷管理制度。在加大资本市场、保险市场对工业企业的支持力度方面，支持符合“中国制造2025”和战略性新兴产业方向的制造业企业，在各层次资本市场进行股权融资，并鼓励工业企业扩大发行标准化债权产品；同时，提升各类投资基金支持能力，稳步推进资产证券化发展，不断提高工业保险服务水平。在推动工业企业融资机制创新方面，大力发展应收账款融资，支持符合条件的工业企业集团设立财务公司，支持大企业设立产业创投基金，积极稳妥推进投贷联动试点。在促进工业企业兼并重组方面，进一步取消或简化上市公司兼并重组行政许可及审批事项，鼓励国有控股上市公司依托资本市场加强资源整合，发挥市场在兼并重组中的决定性作用，引导金融机构与企业自主协商、妥善解决工业企业兼并重组中的金融债务重组问题，切实维护债权人合法权益；同时，拓宽工业企业兼并重组融资渠道，完善并购贷款业务，进一步扩大并购贷款规模。在支持工业企业加快“走出去”方面，完善对工业企业“走出去”的支持政策，简化境内企业境外融资核准程序，鼓励境内工业企业利用境外市场发行股票、债券和资产证券化产品，加大出口信用保险对自主品牌、自主知识产权、战略性新兴产业的支持力度；同时，充分利用“两优”贷款、政府和社会资本合作（PPP）模式、“外保内贷”等方式加强对工业企业“走出去”的融资支持。

3. 推进建设制造强国的金融支持措施。与相关政府部门密切配合，以《中国制造2025》为战略指引，加强和改进对制造强国建设的金融支持和服务。深化金融领域改革，拓宽制造业融资渠道，降低融资成本。积极发挥政策性金融、开发性金融和商业金融的优势，加大对新一代信息技术、高端装备、新材料等重点领域的支持力度。支持中国进出口银行在业务范围内加大对制造业“走出去”的服务力度，鼓励国家开发银行增加对制造业企业的贷款投放，引导金融机构创新符合制造业企业特点的产品和业务。健全多层次资本市场，推动区域性股权市场规范发展，支持符合条件的制造业企业在境内外上市融资、发行各类债务融资工具。引导风险投资、私募股权投资等支持制造业企业创新发展。鼓励符合条件的制造业贷款和租赁资产开展证券化试点。支持重点领域大型制造业企业集团开展产融结合试点，通过融资租赁方式促进制造业转型升级。探索开发适合制造业发展的保险产品和服务，鼓励发展贷款保证保险和信用保险业务。在风险可控和商业可持续的前提下，通过内保外贷、外汇及人民币贷款、债权融资、股权融资等方式，加大对制造业企业在境外开展资源勘探开发、设立研发中心和高技术企业以及收购兼并等的支持力度。

五、结论：加快金融业供给侧改革，引领和支持中国现代服务业发展

为了更好地服务中国供给侧结构性改革，金融业需要加快自身供给侧改革。同时，作为现代经济核心的金融业，本身就是中国最重要的服务业之一，金融需要在引领和支持中国现代服务业发展方面发挥更大作用。

（一）加快金融业自身供给侧结构性改革

2016年1月，习近平主席强调指出："推进供给侧结构性改革，要从生产端入手，重点是促进产能过剩有效化解，促进产业优化重组，降低企业成本，发展战略性新兴产业和现代服务业，增加公共产品和服务供给，提高供给结构对需求变化的适应性和灵活性。"

加快金融业自身供给侧结构的改革，既是中国经济发展，特别是供给侧改革对金融业的必然要求，也是金融业转型升级的必由之路。《中华人民共和国国民经济和社会发展第十三个五年规划纲要》（简称"十三五"规划）对金融改革发展已作出全面、系统、可行的总体安排。首先，健全商业性金融、开发性金融、政策性金融、合作性金融分工合理、相互补充的金融机构体系，构建多层次、广覆盖、有差异的银行机构体系，扩大民间资本进入银行业，发展普惠金融和多业态中小微金融组织。其次，健全现代金融市场体系，积极培育公开透明、健康发展的资本市场，提高直接融资比重，降低杠杆率。创造条件实施股票发行注册制，发展多层次股权融资市场，深化创业板、新三板改革，规范发展区域性股权市场。完善债券发行注册制和债券市场基础设施，加快债券市场互联互通。第三，增加金融产品的有效供给，着力发展绿色金融、科技金融、普惠金融，满足经济社会对金融服务的需求。第四，要改革并完善适应现代金融市场发展的金融监管框架，有效防范化解金融风险，为金融创新织好安全网。

（二）加快发展现代服务业

现代服务业是国民经济的重要组成部分，也是现代产业体系的重要内容，发达的服务业能够推进结构转型升级，为经济中高速增长提供重要的动力和支撑，也是我们国家全面建成小康社会的重要保障。

进入新常态以来，中国经济发展转型和具体运行中的一个重要新特征是内需和服务业贡献作用不断提高。从发展阶段来看，中国总体上进入了工业化中后期，现代服务业发展速度加快、内部结构调整加快、与先进制造业融合加快。根据发达国家的经验事实，在工业化中后期，发展现代服务业是提高经济运行质量和效益的重要途径。正是由于现代服务业具有高人力资本、高技术、高附加值等特点，它将成为推动中国经济转型升级的重要引擎。

中国"十三五"规划中已经确定："开展加快发展现代服务业行动，扩大服务业对

外开放，优化服务业发展环境，推动生产性服务业向专业化和价值链高端延伸、生活性服务业向精细和高品质转变。”从促进中国产业结构、区域发展与就业协同方面来看，中国将大力发展研究设计、电子商务、文化创意、全域旅游、养老服务、健康服务、人力资源服务、服务外包等现代服务业。

(三) 金融引领和支持中国现代服务业发展

金融是现代经济的核心，在促进服务业加快发展中具有重要作用。

第一，加快中国服务业发展迫切需要金融的强力支持。现代服务业既是人才和信息密集型产业，也是资金密集型产业。发展现代服务业不但需要大量的资金投入，更重要的是，现代服务业不断涌现的新业态、新模式、新服务，也对金融创新提出了新要求、新挑战。

第二，金融支持服务业加快发展是落实稳健货币政策、优化信贷结构的必然要求。中国近年的稳健货币政策旨在服务中国经济工作“稳中求进”的总基调，总量稳定是为了创造和保证一个稳定的货币金融环境；同时，货币政策等金融政策也要通过改善和优化融资结构、信贷结构，提高金融服务实体经济的能力。

第三，金融业将在支持服务业加快发展中当好“排头兵”。金融业是现代服务业的重要组成部分，加快金融业自身发展，是促进服务业加快发展的题中应有之义。中国金融业只有加快组织、机制和产品创新步伐，提高核心竞争力，才能为服务业加快发展提供强大的支撑和引领作用。

第四，金融服务和支持中国现代服务业发展，未来可以体现在更多的具体行动上：(1) 健全适应服务业发展的金融服务体系，加快开发满足服务业企业需求的产品和服务；(2) 拓宽服务业企业发展融资渠道，鼓励通过发行股票、企业债券、项目融资、股权置换以及资产重组等多种方式筹措资金，积极利用知识产权质押、信用保险保单质押、股权质押、商业保理等市场化方式融资；(3) 鼓励各类股权投资和创业投资机构面向服务业企业开展业务，引导投融资机构扩大对中小服务业企业的业务规模。

主要参考文献

[1]《在省部级主要领导干部学习贯彻党的十八届五中全会精神专题研讨班上的讲话》，《人民日报》，2016 年 5 月 10 日第 3 版。

[2]《中华人民共和国国民经济和社会发展第十三个五年规划纲要》，新华社，2016 年 3 月 17 日。

[3]《中共中央 国务院关于落实发展新理念加快农业现代化实现全面小康目标的若干意见》，中国政府网，2016 年 1 月 27 日。

[4]《国务院办公厅关于金融支持经济结构调整和转型升级的指导意见》(国办发〔2013〕67 号)，中国政府网，2013 年 7 月 5 日。

[5]《国务院办公厅关于金融服务“三农”发展的若干意见》(国办发〔2014〕17 号)，中国政府网，2014 年 4 月 22 日。

［6］《关于金融支持工业稳增长调结构增效益的若干意见》（中国人民银行等八部委），中国人民银行网站，2016 年 2 月 16 日。

［7］《关于金融支持制造强国建设的指导意见》（中国人民银行等五部委），中国人民银行网站，2017 年 3 月 30 日。

［8］《中共中央关于全面深化改革若干重大问题的决定》，新华网，2013 年 11 月 15 日。

［9］《金融业发展和改革“十二五”规划》，中国人民银行网站，2012 年 9 月 17 日。

专题文章一

规范杠杆收购　促进经济结构调整[①]

吴晓灵

中国现在所面临的形势，非常像上个世纪80年代美国所面临的形势：上个世纪80年代时，美国经济发生了滞胀，利率市场化的推进推高了负债的成本，当时也出现了“资产荒”，公司的估值也偏低。面对这些经济金融的情况，政府和监管当局推出了很多政策，经济金融政策总体而言对于当时的并购市场发展非常有利。

中国现在在经济新常态下，和上个世纪80年代的美国经济面临有类似的情况：经济下行压力加大；理财的成本具有刚性，进而也推高了负债端的成本；也面临着“资产荒”；许多企业的估值都处于历史的底部；目前我们国家的各项监管政策也在鼓励企业进行收购兼并。在这样一个大的历史背景下，中国对内、对外的兼并收购发展很快。

中国的企业到国际上去实行并购，要了解标的企业所在国的各项法律制度，要面对政府安全审查，还要面对国际竞争者金融组织能力的竞争。许多时候我们的企业看到了机会，但是这个机会能否得到，在很大程度上取决于收购者的资金组织能力。国内并购不仅要面对不成熟的市场、不成熟的企业、不成熟的投资人，同样还要面对如何进行资金筹集的压力。

“宝万之争”之所以一石激起千层浪，是因为它反映了收购兼并市场的痛点。剖析“宝万之争”可以发现，其中的三个问题最受社会关注：一是公司治理之争，二是收购行为之争，三是资金组织方式之争。

第一个问题是公司治理之争。

所谓“门口的野蛮人”，它的存在是企业的梦魇还是企业潜力的挖掘者？什么样的公司治理能够让企业持续健康发展？什么样的市场规则不让资本过于任性？应该说“宝万之争”当中，“敌意收购”的色彩还是比较浓的，“敌意收购”也就是我们平常说的

① 作者：吴晓灵，清华大学五道口金融学院院长，全国人大常委、财经委副主任委员。本文转引自新华网，http：//news. xinhuanet. com/fortune/2016－12/12/c_ 129401067. htm，2016－12－12。

"门口的野蛮人"，他们的并购往往是针对价值低估有潜力的目标公司。为了完成这样的收购，并购者要谋取控制权，得到控制权之后或者是进行产业整合，或者是完善企业的治理结构，提升企业的价值，从而能够给并购者带来收益。

被并购的企业，它们往往会采取一种反并购的措施。在这个反并购的过程当中，我们应该进一步明确董事会、经理层的"信义义务"，也就是说董事会所采取的反敌意收购的措施要代表广大股东，特别是中小股东的利益，符合合理性和适当性的标准。

敌意收购很难说它是好还是坏。但是作为敌意收购的收购方，应该通过自己的行为提升企业的价值，这才有利于社会经济的发展。作为被收购方可以拒绝和防止敌意收购，但是前提条件是要能够更好地维护企业的持续健康发展和广大股东的利益。

基于这样的分析，我们建议用风险自担和股东利益最大化的制度设计约束资本的任性。资本市场是我们组织社会资源和市场化配置资源的非常重要的场所，但是在资本市场上我们应该建立合理的规则，让资本的运作能够更有利于提升企业的价值，不要过于任性。这就有赖于我们完善资本市场的规则。我们建议：

第一，监管政策需要遵循的原则：一是收购价值评判中立，在对于敌意收购的价值评判上，不宜出现明显偏向于收购方或者是目标公司的观点，而是应当保持一定的政策中立性。二是利益衡平式政策考量，法律规则需要有一定的伸缩性，金融监管以及司法裁判的出发点，应当做好通过敌意收购提高公司绩效与公司治理稳定之间、股东（特别是中小股东）的利益和公司整体利益之间，以及对公司管理层的适度保护与防止管理层攫取私利之间的平衡。这种平衡需要通过判例来加以引导，在法规上很难做到详尽的规定，应该通过司法途径，通过案例、判例来引导这些平衡原则的实现。

第二，建立保护中小投资者表决权的机制；建议研究 AB 股的制度设计，保护公司创始人和经营管理团队的话语权。

第二个问题是收购行为之争。

上市公司的收购行为规范涉及投资者保护和市场公平，在宝能收购万科的过程中，实际控制人持股超过 5% 以后，是否存在着信息披露的合规性问题？一致行动人问题？万能险与资管计划的投票权问题？以及万科的停牌是否合规的问题？在这个收购过程当中，市场上据此争论的问题很多。基于对这些问题的分析，报告建议应该完善监管法规，让市场公开、透明、公平地运行。

完善监管法规主要是两个方面：一是怎样落实"穿透"原则，了解实际控制人，让投资人知道交易对手是谁，让 5% 的举牌门槛不虚设；二是如何进一步明确"一致行动人"，特别是认定不同金融工具组合的一致行动人。

第三个问题是资金组织方式之争。

宝能系在对万科股权的收购过程中，组织了银、证、保、信各方面的资金，杠杆率高达 4.2 倍，引发了市场对寿险资金和资管产品用于收购的争议。下面是宝能资金链的图示（见图1）：

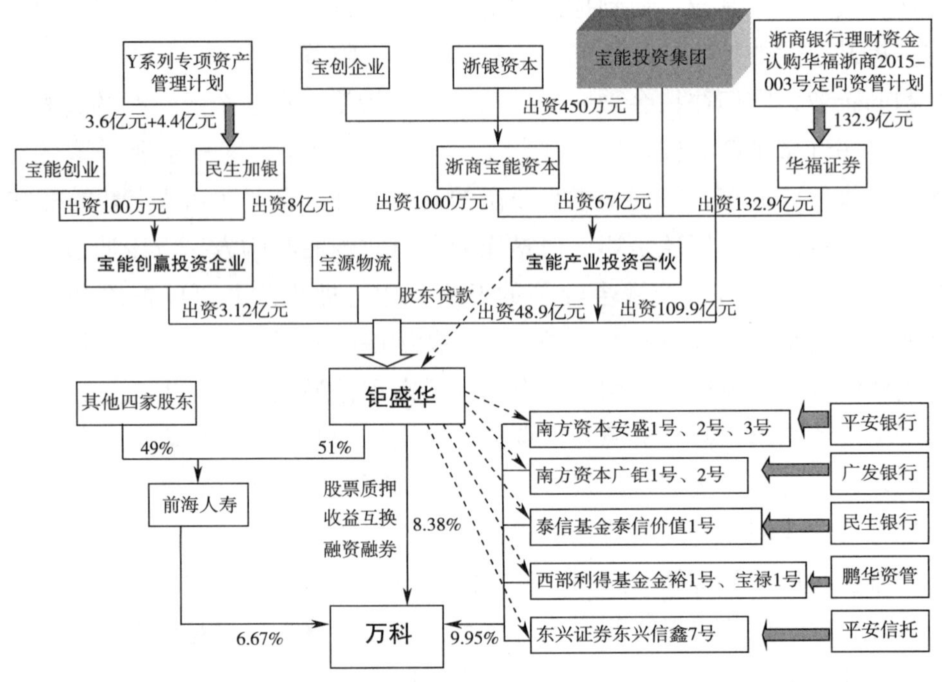

图1　宝能资金链

图1是根据媒体上公开的资料列出来的，应该说宝能系是把各项资金组织规则用到了极致。但同时可以看到，这些资金组织的方式是蕴含了很多风险的，需要监管方面针对现在监管的漏洞来加以弥补。我们高兴地看到，今年从7月以后，监管当局陆续出台了很多的监管规则，实际上就是在弥补现在在资金组织方面存在的一些漏洞。

关于资金组织方法，第一个争议比较大的问题是保险资金参与并购。

保险资金体量大，期限长，追求绝对收益，可以说是股权市场重要的机构投资人。让保险资金做积极股东，做战略投资人，有利于提高社会的资金使用效率。现在在企业所有制上经常有很多的争论，争论到底应该是“国资”还是“民资”，实际上世界经济的发展，企业的所有权已经变化很大了。现在出现了一种资本称之为“社会资本”，这种资本的终极者是个人，但是它把个人的钱集合在一起去投资，比如各种投资基金、养老金、保险资金等，这些资金的最终所有者是个人，但是集合起来就成了社会资金，由社会资金对企业进行投资，而且是作为一个积极的投资者、积极的股东。它可以避免姓公姓私的争议，有利于经济体制改革。

在宝能案例中，大家对保险资金参与并购关注点在哪儿？

首先是把万能险产品作成了短期理财产品。万能险本身是一个成熟的保险品种，它不应该是一个短期的资金。而很多人在它的合同当中，通过降低提前退保的成本，把万能险短期化了，从而造成短期资金用于长期投资，加大了流动性风险。我们高兴地看到，现在监管当局已经对保险产品短期化的问题作出了监管上的一些规定，来防范这样的现象。

其次是将保险资金用于实际控制人的收购行为，把保险公司作为大股东的融资平台。社会资本投资于保险，应该是对社会负责的，而不能够把保险公司作为大股东自己的融资平台。针对这些问题，我们的建议是“保险姓保”，保险产品的开发、保险资金的运用，要围绕提高保险产品保障水平、提升保险公司的偿付能力来进行。保险是要去投资的，投资是要获利的，但是它获利的目的是为了提高保险产品的保障水平，是为了提高保险公司的偿付能力。我们要进一步地改进对保险公司的监管：一是改善公司治理，加强保险公司独立性，关注股权结构的均衡，避免出现一股独大情形下保险公司沦为控股股东融资平台、与中小股东和广大消费者对立的隐患；二是强化价值发展理念，稳健经营，不断优化产品结构；三是加强对资金运用特别是重大权益类投资的监管；四是加强资产负债匹配监管和偿付能力管理。

资金组织中第二个争议比较大的问题，是资管计划参与企业并购。

杠杆收购中的结构化资管产品是饱受诟病的。前述那么复杂的一张图中，最主要的还是九个资管计划。宝能系旗下的钜盛华公司通过九个资管计划，组织了资金，形成了一致行动人，完成了股权收购。

结构化的资管产品，本质上是自带杠杆的融资工具。优先与劣后的结构化安排，使得资管产品的管理人沦为办理人。本来资管计划的发起者应该是管理人，但是通过优先劣后的安排，特别是劣后级由于承担了很多的风险，所以它要掌控投资的方向。这个时候的管理人实际上已经沦为了一个办理人。

劣后级实际上是在向优先级借贷，这种安排蕴藏着很多风险。这种结构化的资管计划用于收购时，所面临的问题包括：一是信息不透明，掩盖实际控制人；二是资管计划多层嵌套有引发金融业务交叉风险的可能；三是资管计划自身的风控机制承压甚至失效。我们的报告集《规范杠杆收购，促进经济结构调整——基于“宝万之争”视角的杠杆收购研究》中的子报告五还有子报告九，都对这个问题做了深入的分析，希望大家能够看一下。

资管产品在全世界是一个成熟的金融工具，但是在中国被应用到了极致，而且发生了异化。资管计划的本质应是集合投资计划，但是分业监管的各项规定使它可以成为通道，层层嵌套，延长了信用链，产生了异化。刘燕教授在上述报告中的子报告五里对这个问题做了非常好的分析，希望大家能去看一下。

我们可以看看国际并购市场上是如何进行杠杆收购的。杠杆收购是并购常用工具，但是中国没有一个畅通的、合法的渠道来实现这种杠杆的并购，于是大家就把所有的杠杆都加到了资管计划当中去。

我们看一看图 2 中美国杠杆收购的融资结构：

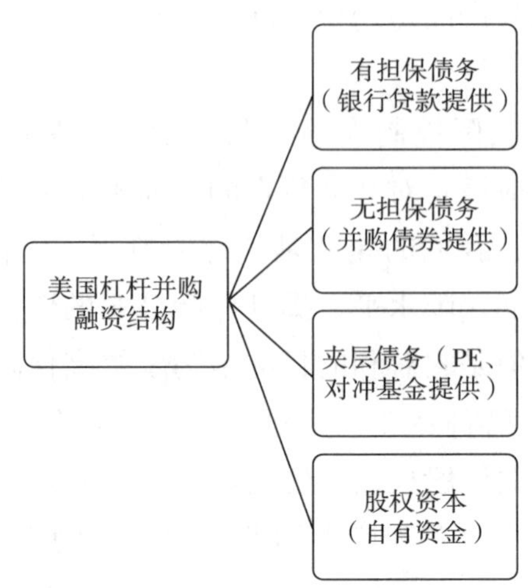

图2　美国杠杆并购的融资结构

图2左侧是一个非常明确的市场主体，这个市场主体的资金可以通过第一层有担保的债务银行贷款来提供，也可以由第二层无担保债务并购债券来提供。第三层就是夹层债务，包括PE、对冲基金等。这一层就相当于我们现在中国所用的资管计划。最后一层是股权资本，就是企业的自有资金。如果中国的市场上能够有这样一个比较畅通的融资工具结构，大家就不会把所有的杠杆都加到夹层债务当中去。

综上，课题报告建议：

第一，借鉴域外的并购子/壳公司的模式，集中有序地配置多层次的杠杆资金，让资管计划回归代客资产管理的本质。

图3就是借鉴杠杆收购子公司、壳公司的模式来组织资金的图示。

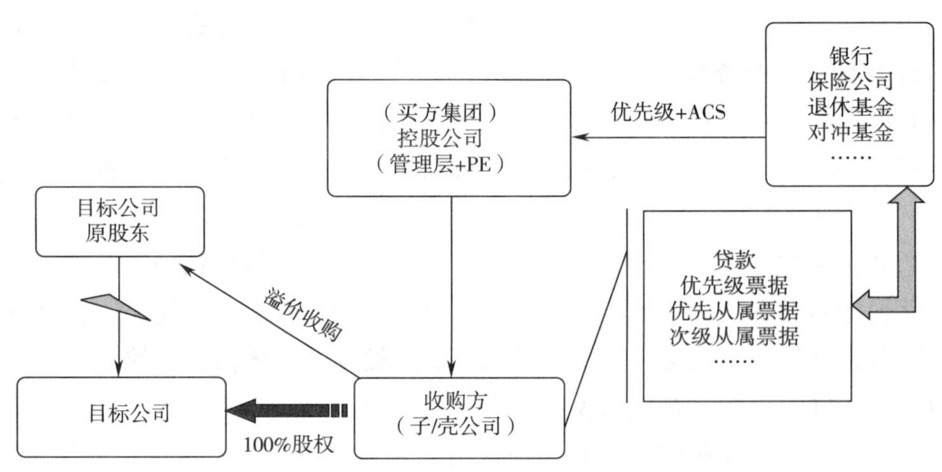

图3　借鉴杠杆收购子公司、壳公司的模式组织资金图示

图3中，左边是目标公司，右边是各种资金的组织方式，当中有贷款还有优先级票

据、优先从属票据、次级票据等（票据就是债券）。各个收购机构可以通过这些工具，简单明了地明示资金来源和投资标的，这样的杠杆就是清晰的，风险承担的责任是明确的。如果要实现以并购子/壳公司为中心的杠杆资金组织方式，有三个关键环节：第一是壳公司的设立，第二是债券品种的丰富，第三是允许壳公司发债。

第二，充分运用标准化、规范程度较高的并购贷款，增加市场主体银行的自主权。扩展并购贷款的适用范围；让并购贷款支持更多样的交易形式；支持并购贷款作为阶段性融资安排；进一步放宽《商业银行并购贷款风险管理指引》中关于融资比例、融资期限等方面的限制，增强市场主体的自主权。

第三，发行并购债券，参与企业并购。明确并购债券的市场定位，支持风险偏好较高的主体发行并购债券。完善并购债券发行交易制度，放松发行条件；拓宽发债主体范围，探索有限合伙制并购基金、投资控股类企业发行并购债券；给并购资金开辟专用快速注册通道；拓宽并购标的范围；强化投资者保护，加强并购债券投资风险管理。

第四，厘清市场机制和行政监管的边界，除安全审查和反垄断审查外，应进一步简化并购活动的各项审批。对于并购业务中涉及资金组织的监管和审批，建议由人民银行牵头制定业务规则、监管政策，对口监管部门具体实施功能监管和审批职责，尽快形成支持并购业务健康发展的完备金融制度和政策。人民银行牵头来制定规则，关键的问题是要从制度层面上，明确中国可以有收购的壳公司和子公司，中国可以有并购贷款，可以有并购债券。现在我们有部际联席会议，在部际联席会议上大家对这些问题达成共识，制定出规则，监管还是要功能监管，该是谁的事谁去做。

专题文章二

特朗普经济政策将如何影响全球[①]

朱 民

一、美国经济正发生深刻的结构性变化

2008 年的全球金融危机严重冲击了美国经济，危机后美国政府一系列应对措施，特别是非常规量化宽松货币政策，导致了美国经济和金融市场的一系列变化，加之人口结构变化，美国经济正在经历深刻的结构性变化。

1. 美国经济继续轻化。危机之前美国制造业空心化，服务业占 GDP 比重太高，2008 年金融危机以前，美国服务业占 GDP 的比重是 78.6%。奥巴马提出“让制造业回归美国”，8 年过去了，现在是 78%，没有本质变化，奥巴马让制造业回到美国的计划失败了（见图 1）。

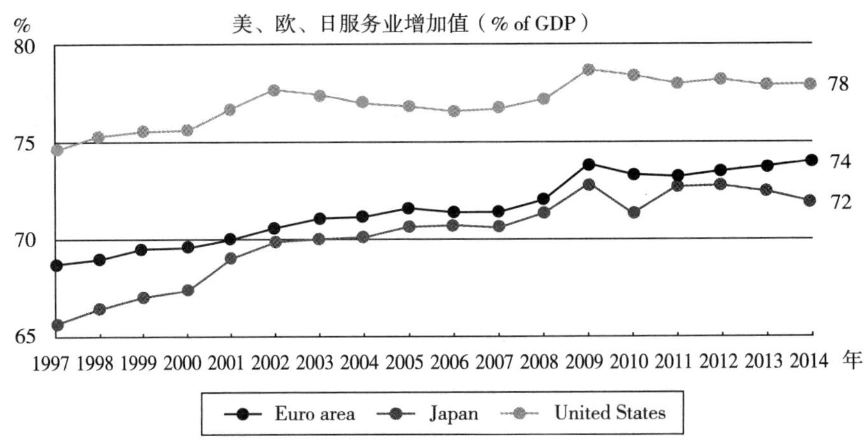

数据来源：世界银行、IMF。

图 1 美国经济继续轻化

① 作者：朱民，清华大学国家金融研究院院长，中国人民银行前副行长、国际货币基金组织前副总裁。

2. 经济轻化的另一面是制造业低迷，美国产能利用率持续下降，产能过剩。1970—1980 年代时美国的产能利用率一直高达 90%，之后直线下降，目前在 75.5%，低于 80% 的平均值（见图 2）。

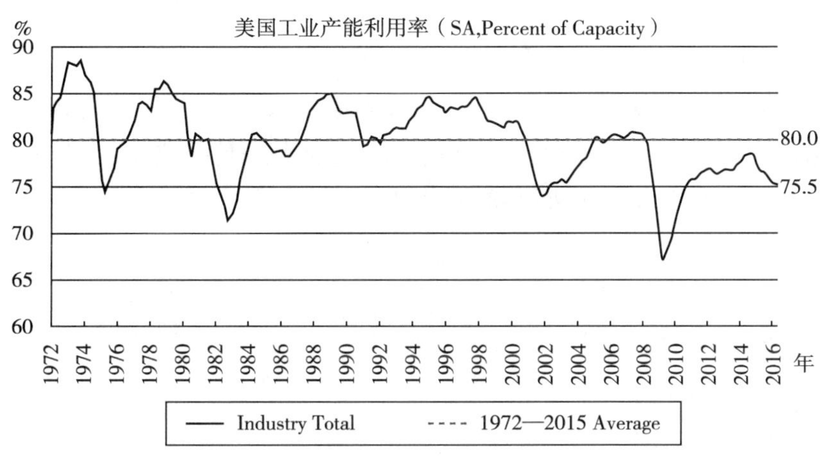

数据来源：美联储、IMF。

图 2 美国工业产能利用率继续下降

3. 产能过剩，服务业居高不下，自然引起投资不足。美国现在的投资水平低于 2007 年预测水平 25 个百分点的 GDP，平均每年降低 3 个百分点的 GDP。其中 68% 是企业投资下降，32% 是居民投资下降（见图 3）。

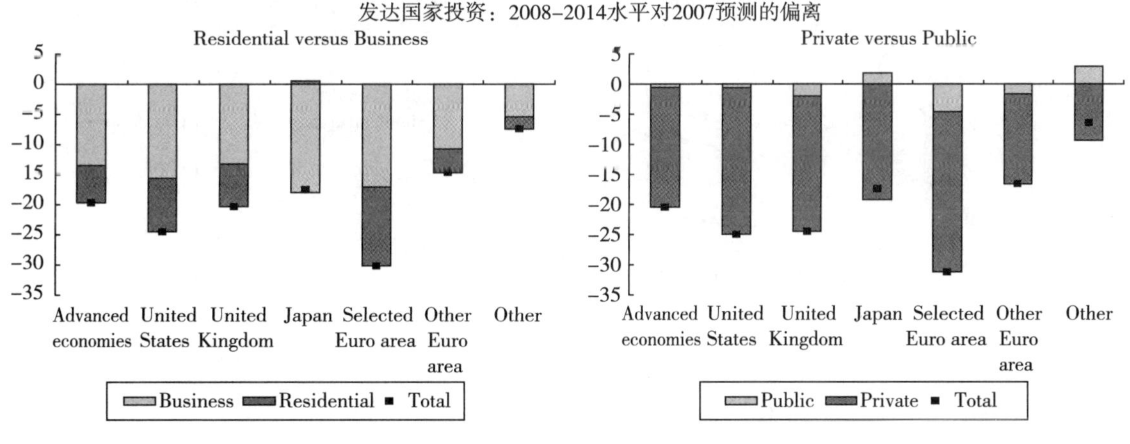

数据来源：IMF。

图 3 美国投资急剧下滑

4. 美国经济活力在下降。我们从几个维度衡量经济活力。一个维度是员工跳槽率。美国是一个工人流动性很强的社会，不断的技术变化、创新，工人不断在公司和区域之间流动。工人流动率在 2000 年达 22%，今天美国工人流动率只占 12%，工人愿意待在老企业，像日本了。第二个维度是新成立公司占公司总量比重下降。20 年以前，IT 行业每年新成立公司数占 IT 公司总数的 18% 左右，制造业在 12% 左右，此后这个数据直线下降，今天 IT 企业跌到了 10%，制造业跌了一半，为 6%。越来越少的新企业建立，工业变得老化。第三个维度是成熟企业雇用员工占比，即有 10 年以上公司历史的企业雇用工人占比由 20 年前的 80% 上升到现在的 90%，而新型的公司雇用的工人占比从 14% ~15% 跌到 10%，下跌了三分之一。工人不愿意移动，新企业成立的数目在下降，工人积聚在成熟的大企业，不愿意到新成立的小企业去，是很典型的经济老化，表明美国经济的活力和创造在下降，越来越接近欧洲和日本的模式（见图 4）。

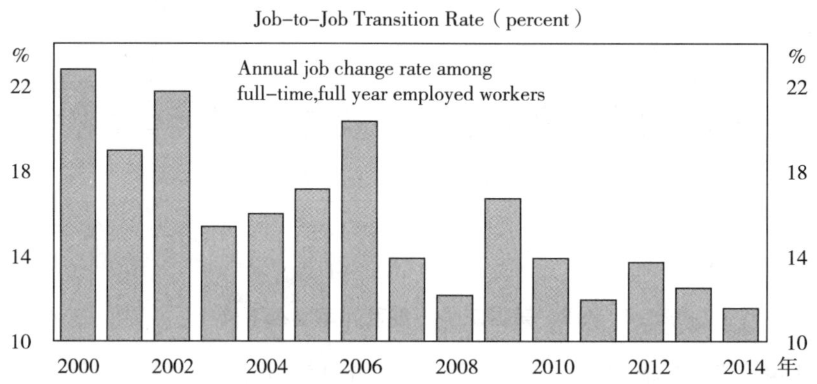

图 4A　美国经济活力下降：工人移岗比重和新成立企业比重

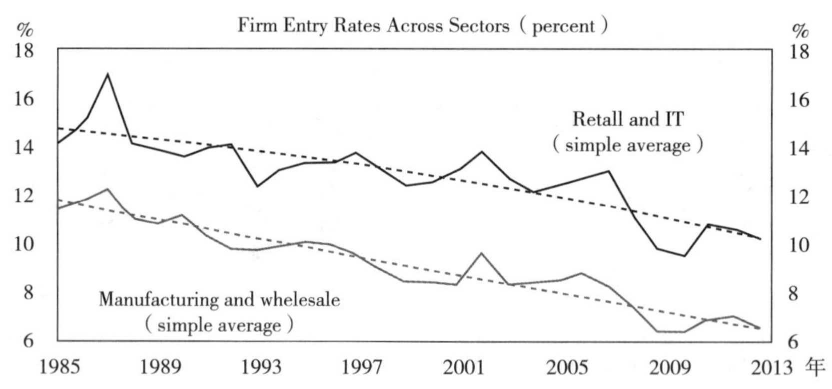

图 4B　美国经济活力下降：新成立企业比重

5. 美国的劳动年龄人口就业参与率持续下跌，从 2000 年起已下降 5 个百分点，从 68% 降到 63%。也就是说，美国实际损失了 5 个百分点的劳动力供应。美国失业率下降的一个重要原因是劳动人口的就业参与率跌了 5 个百分点。劳动人口不愿意就业，既反映了优质工作岗位缺失，工人技术缺失，也反映了社会福利政策偏失，鼓励劳动人口宁可在家，也不就业。美国面临人口老龄化，人口在下降的同时，劳动年龄的人又不愿意参加工作，劳动力供应的增长速度在下降，这是一个深刻的结构性变化（见图 5）。

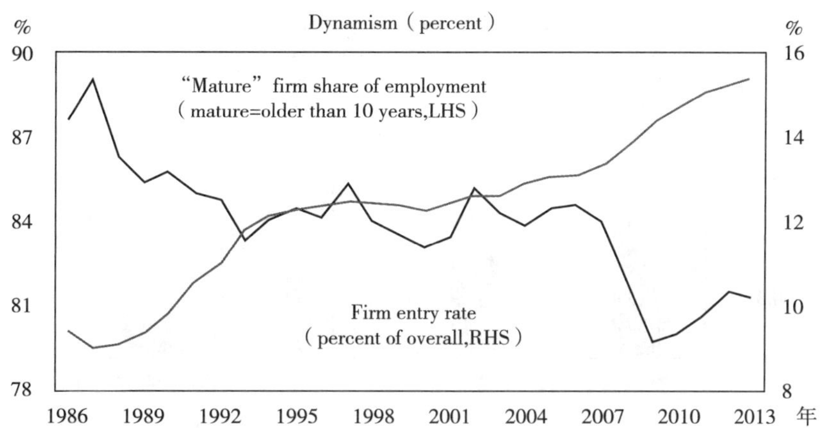

数据来源：IMF。

图 4C 美国经济活力下降：工人就业比重

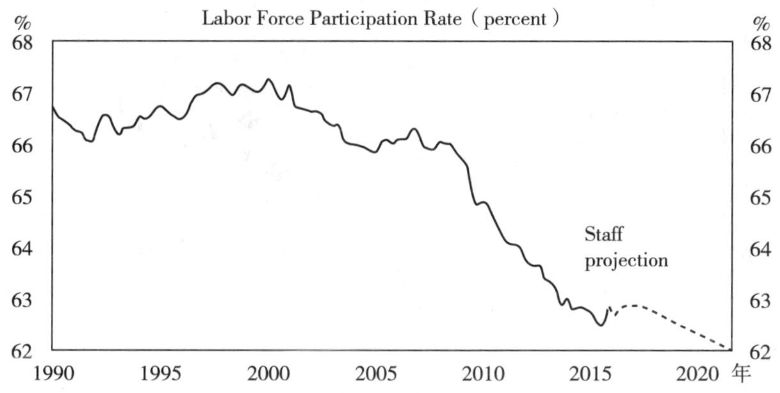

数据来源：BLS，IMF。

图 5 美国劳动人口就业参与率下降

6. 投资增长下降，劳动力供应增长下降，使得美国的劳动生产率急剧下降。20 世纪 80 年代时，美国劳动生产率年平均增长 0.6% 左右，90 年代年平均增长 0.9% ~1%，2000—2007 年猛增到 1.3% ~1.4% 左右，现在跌到了 0.3% ~0.4%。美国的劳动生产率急剧下降，表明经济结构的急剧变化（见图 6）。

7. 产能过剩，投资下降，劳动生产率下降，使工资增长速度受到压抑。对比危机之前，美国只有餐饮业的工资年均上涨水平保持了和危机前一致，在 3.4% 左右。其他所有行业和部门的工资上涨水平都低于危机前的工资上涨速度（见图 7）。

8. 美国的劳动年龄人口就业参与率持续下跌、劳动生产率下降和工资增长速度下降，使得工资收入总量占美国 GDP 的比重持续下降，从 20 世纪 80 年代时的 65% 左右，现在跌到了 58%，下跌了 6 个百分点，趋势还是继续下跌（见图 8）。

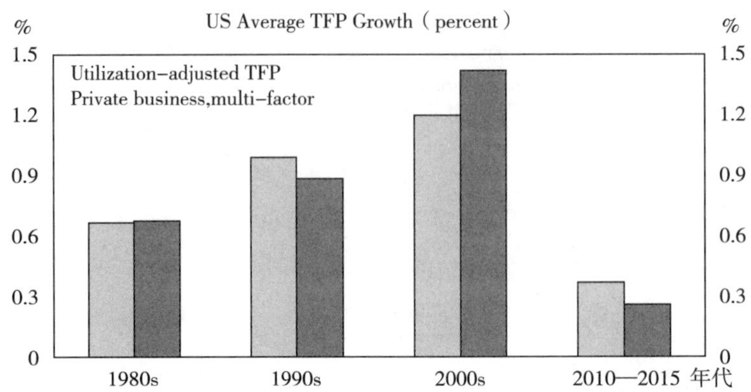

数据来源：IMF。

图 6　美国全要素生产率下降

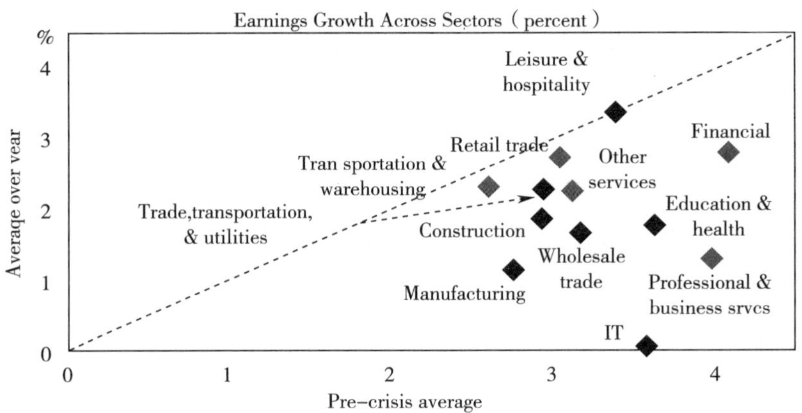

数据来源：IMF。

图 7　美国工资增长缓慢

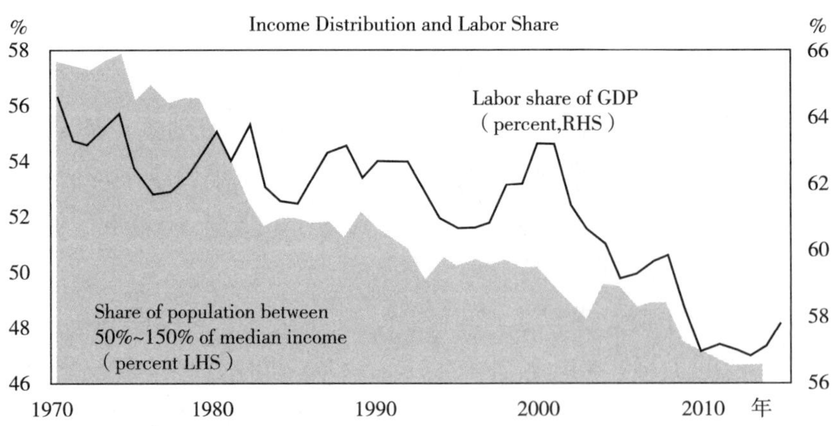

数据来源：IMF。

图 8　美国工资占 GDP 比重下降

9. 工资增长压抑，工资占 GDP 比重下降，美国收入分配急剧恶化。中产阶级的收入占总收入的比重从 1970 年代的 58% 下跌到今天的 46%，跌幅达 12 个百分点 GDP。而富人的收入占比在上升。在金融危机和宽松货币政策下，今天中产阶级的净财富资产相比 1980 年代只略有增长，而中下层阶层的净财富资产严重缩水。同时，社会贫困人口占比在上升（见图 9）。

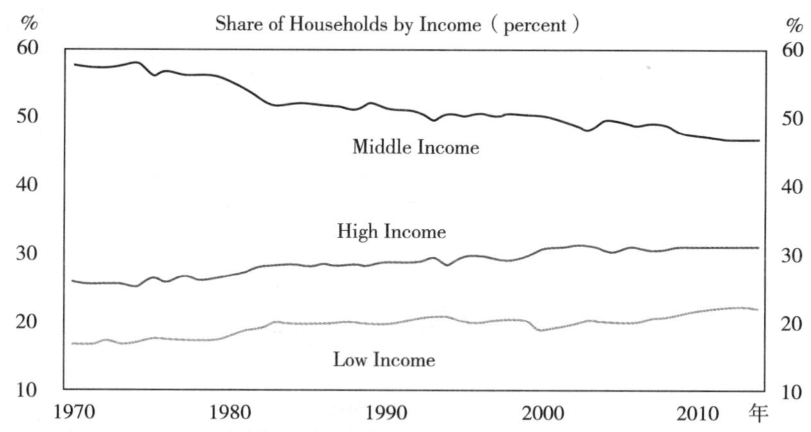

图 9A　美国中产阶层收入占比下降

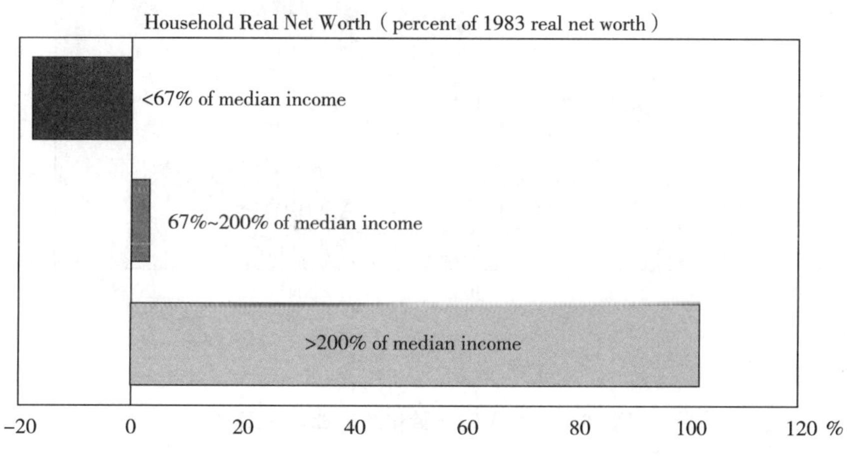

图 9B　美国最富裕的居民净资产上升

10. 美国面临的更大的也是更为根本的问题是人口老龄化。以老龄人口抚养比衡量，即 65 岁以上人口比 15—64 岁工作年龄人口的比例，即 100 个劳动人口需赡养多少老龄人口计，在 2016 年这个数是 22%，十年之后将上升 10 个百分点，达到 31%，以后还将继续上升（见图 10）。

经济持续轻化，产能持续过剩，投资持续下跌，劳动力供给持续疲软，经济活力持续下滑，劳动生产率增长持续下降，这一切都在表明美国经济正在经历深刻的结构变化。美国的中产阶级在实际工作和生活中体会到了美国经济正在发生的深刻的结构性变

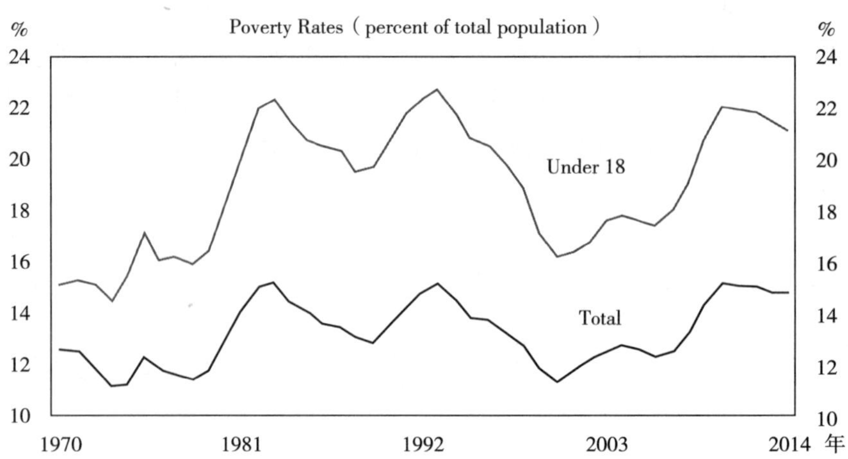

数据来源：IMF。

图 9C 美国贫困居民比重上升

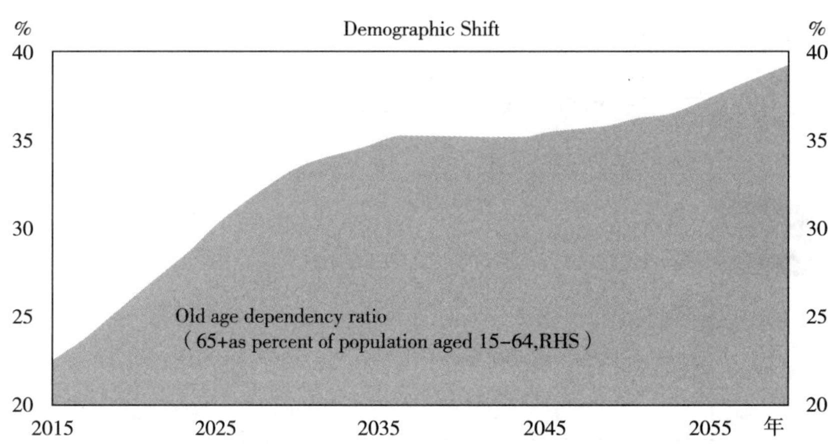

数据来源：IMF。

图 10 美国人口老龄化的高峰正在到来

化。收入差距扩大只是人口老龄化、退休赡养率上升、投资下降、劳动生产率和核心竞争力下降的直接结果。他们意识到未来美国可能面临更严重的经济挑战，因此要求改变现行政策。特朗普“让美国再一次强大”的口号得到了美国中产阶层的深切认同和支持，于是他们把特朗普抬进了白宫。

二、特朗普“新政”的主要经济举措

为了实现其竞选的承诺和“让美国再次强大”的口号，短期内，特朗普的主要经济和政治目标是增加就业，即增加有质量的就业（制造业就业），提升中产阶层的工资。

因此，他需要经济强劲增长，需要增加国内投资和争夺国际投资。

由此，特朗普推出一套经济政策组合拳：第一，紧货币，提升利率，降低金融风险，推高美元，形成资金回流美国的政策环境。第二，松财政，通过财政扩张，增加基础设施投资，来拉动制造业和总需求的空间，增加就业、工资和经济增长。第三，供给侧改革，通过减企业和个人所得税，修改移民法，促进技术人员的移民等结构改革，提高美国企业投资和世界对美国的直接投资（FDI），以增加对美国的实业投资，并增加美国企业的国际竞争力。第四，通过贸易战，以政治手段支持美国出口，包括服务业和制造业产品的出口，限制进口，为美国短期经济发展支撑一个国际市场空间。

特朗普的主要短期经济举措包括如下几个方面。

第一，投资基础设施从5500亿美元到1万亿美元。美国基础设施老化，质量下降，影响效率和安全。美国的基础设施质量在危机前还在全球基础设施质量从指数高位的6.4（7为最佳），仅次于德国，危机后迅速下降到5.2的水平。美国政府对基础设施的投资从20世纪70年代的占GDP的2.8%降到今天只有1.4%，下降了50%（见图11）。这些指标引起美国普遍关注，因为这是核心竞争力的基础。加大投资基础设施有利于增加就业、增加收入和消费、推动GDP增长，所以特朗普会尽快推进基础设施投资。

此外，在教育方面，以全球基础学科考试成绩比较，美国考试平均成绩低于OECD平均水平，而且分布偏向底端。同时，美国大学入学率在25~30岁年龄段和英国、德国相近，但美国为高等教育支出近3个百分点的GDP，是英国、瑞典、德国大学教育支出的2倍。

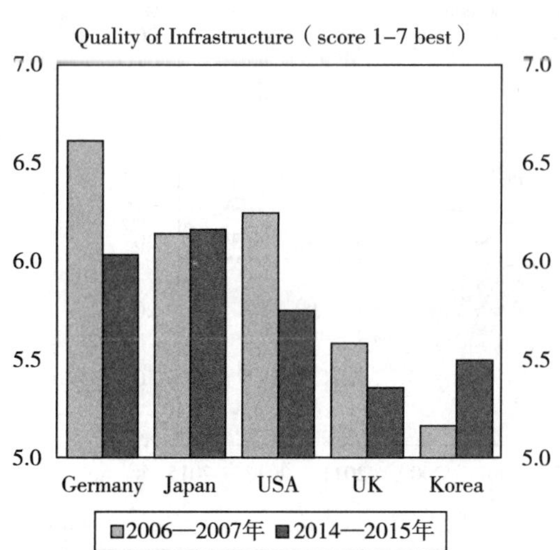

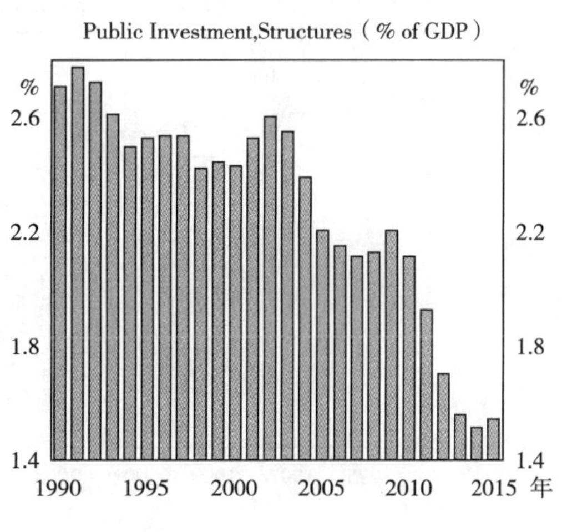

图11A 美国基础设施老化

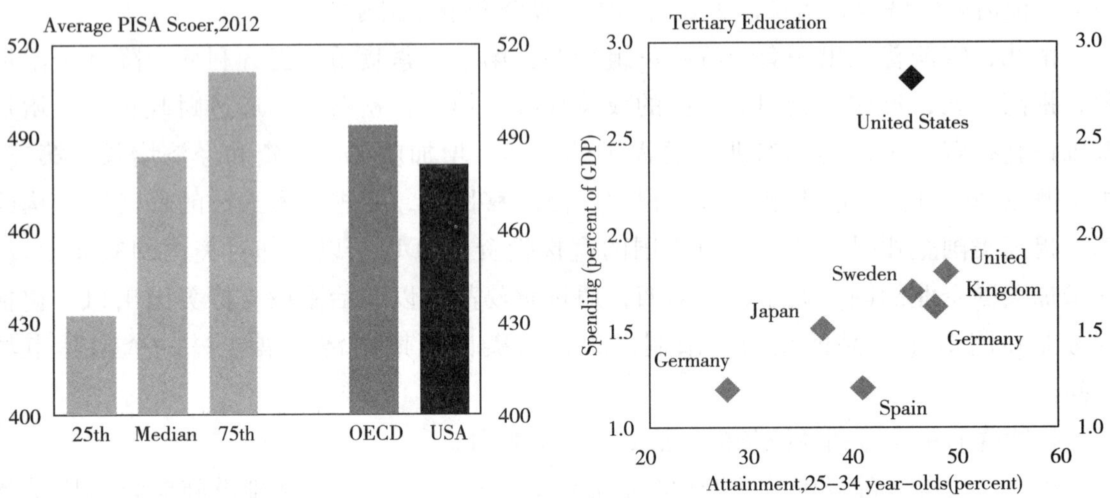

数据来源：IMF。

图 11B　美国教育投资高效率低

第二，推进税制改革。他提出把美国居民所得税从 10% ~39.6% 的七档改为 10% ~25% 的三档，把低收入居民所得税收抵扣的上限从 1.2 万美元收入调高到 3 万美元，同时把公司所得税从 35% 降到 15%。

在税收方面，整体全球公司所得税呈下降趋势，OECD 国家的公司所得税平均水平从 1995 年 32% 下降到目前的 22%。今天美国公司所得税高于 OECD 国家的平均水平，更高于英国和加拿大 15% 的公司所得税，美国有下调公司所得税的空间和理由（见图 12）。公司所得税有全球竞争因素，下调公司所得税有利于增强美国企业竞争力，有利

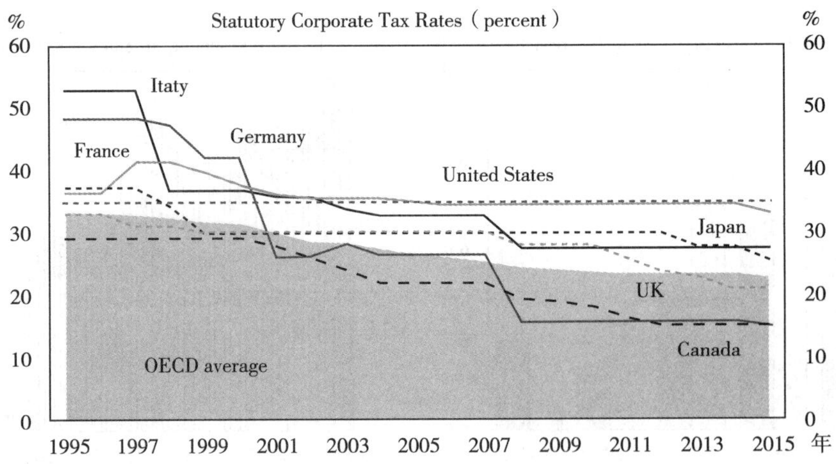

数据来源：OECD。

图 12　公司所得税的全球比较

于吸引国际资本流入美国，加强对美国的实业投资和增加就业。减税历来是共和党的主张，税改权在国会山，共和党目前拥有参议院和众议院的两院多数，特朗普也会力推税改。

第三，推行贸易保护主义政策（即“美国第一”）。他提出退出 TPP 和北美贸易协议，在墨西哥边境筑墙，指控中国为汇率操纵国，并对从中国进口的商品征收 45% 的关税。在贸易方面，美国贸易赤字过大，特朗普希望加大美国出口，特别是服务业出口（见图 13）。国会已经明确不会批准 TPP，特朗普退出 TPP 是顺水推舟的事。退出北美贸易区不那么容易，因为已经立法通过了，但开始谈判修改条约。贸易政策历来由白宫主导，特朗普选了一个特别强硬的反自由贸易主义者作为新成立的白宫贸易委员会主席，表明了他强硬的贸易立场。

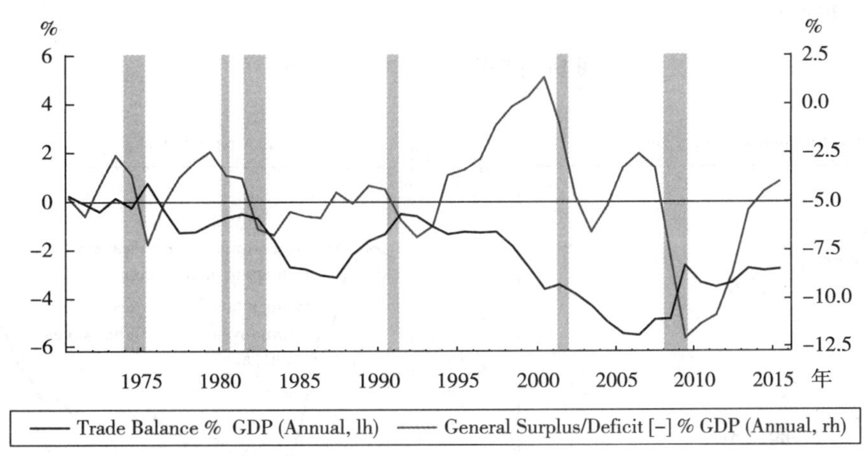

数据来源：美联储等。

图 13　美国贸易和经常账户赤字

三、特朗普“新政”实施面临的挑战

1. 加息、美元走强对出口和经济增长有负面影响。美联储已经进入加息通道，通货膨胀预期上升，迫使美联储继续加息，美元继续走强。这有利于资本回流，但不利于出口和经济增长。我们计算，美元每走强 10%，出口下降，经济增长会下降 0.5% GDP。

2. 平衡财政扩张和物价稳定以及宏观稳定殊为不易。扩张的财政政策支出、工资上升政策有利于增长和收入，但已经引起了物价上升特别是通货膨胀预期上升。鉴于量化宽松政策下，整体流动性水平已经很高，容易触发迅猛的通货膨胀。平衡财政扩张和物价稳定以及宏观稳定是重大挑战（见图 15）。

3. 平衡减税和支出增加、避免财政和经常账户高赤字非常困难。特朗普一方面要减税，一方面要增加开支，财政赤字一定上升，财政赤字上升，经常账户赤字也会上升，

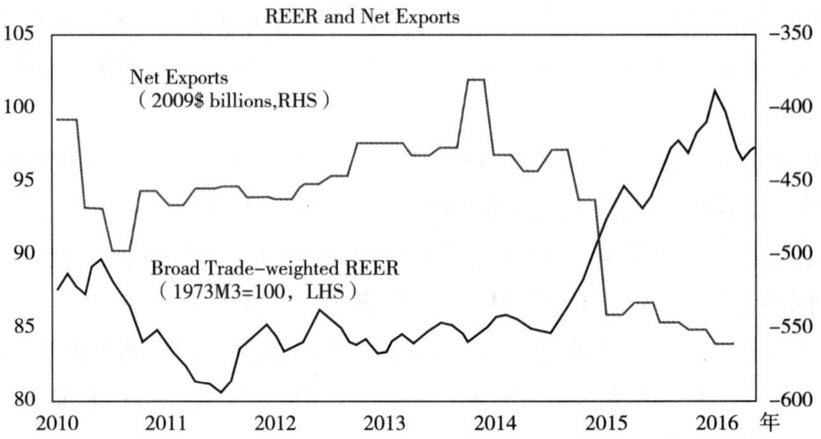

数据来源：BEA 等。

图 14 美国汇率和净出口变化

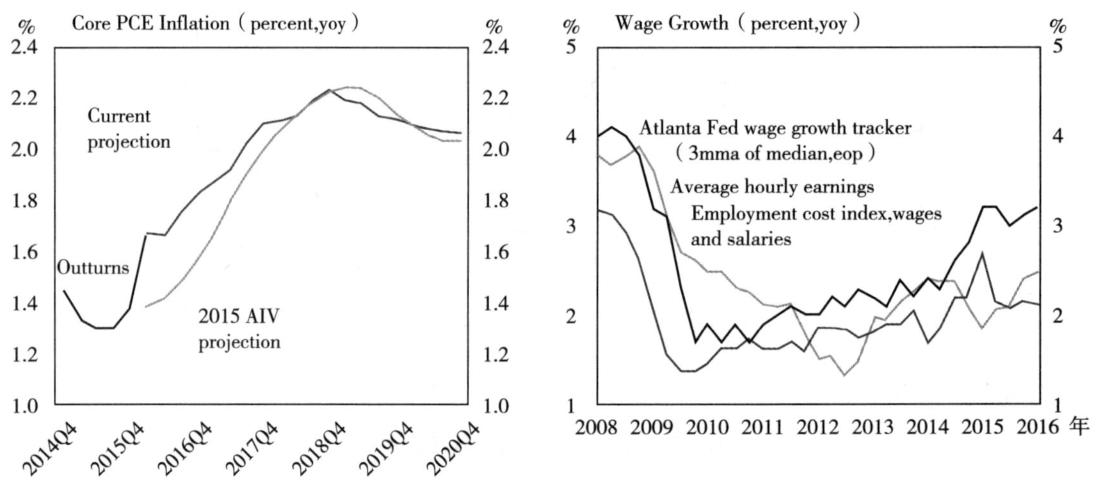

数据来源：IMF。

图 15 美国通货膨胀预期和工资上涨

预计 2017 年美国的财政和经常账户赤字会从 2016 年的 3.3% 和 3.5% GDP 突破 4% GDP，进入赤字双高峰。这些可能引起美元走弱。（见图 16）。

4. 面临美国政府债务增加和提升债务上限之争。美国联邦政府和州政府的债务在 2014 年已经占 GDP 超过 100%，2016 年继续上升。2017 年和 2018 年财政赤字会引起债务继续较大增加。在利率上升的背景下，今后几年美国债务的利息支出成本也会较大上升，由此压缩财政空间。提升债务上限需要国会批准，2017 年 3 月 15 日左右，美国将又一次达到债务上限，特朗普能否和国会达成新的债务上限协议对他是一大挑战（见图 17）。

5. 政策协调困难，美国经济增长波动加大。在上述利率、汇率、出口、进口、财政和

	2014	2015	2016	2017	2018	2019	2020	2021	2022	2023	2024	2025
			Projections									
Federal government deficit												
President's FY2016 Budget	-2.8	-2.5	-3.3	-2.6	-2.3	-2.6	-2.4	-2.4	-2.8	-2.7	-2.5	-2.7
CBO budget assessment	-2.8	-2.5	-2.9	-2.2	-1.9	-2.5	-2.7	-2.9	-3.4	-3.4	-3.2	-3.5
CBO baseline (current law)	-2.8	-2.5	-2.9	-2.8	-2.7	-3.4	-3.7	-3.9	-4.4	-4.4	-4.3	-4.6
Gross debt	104.9	105.7	107.9	107.8	107.4	107.5	107.7	107.8	108.2	108.4	108.5	
incl. unfunded pension liab.	123.2	125.4	127.8	127.8	127.6	127.9	128.2	128.6	129.1	129.5	129.7	
Current account												
Current account balance		-2.6	-2.9	-3.5	-3.8	-4.0	-4.0	-4.1				
Balance on trade in goods and services		-2.8	-2.9	-3.2	-3.2	-3.2	-3.2	-3.1				

数据来源：IMF。

图 16　美国财政和经常账户赤字

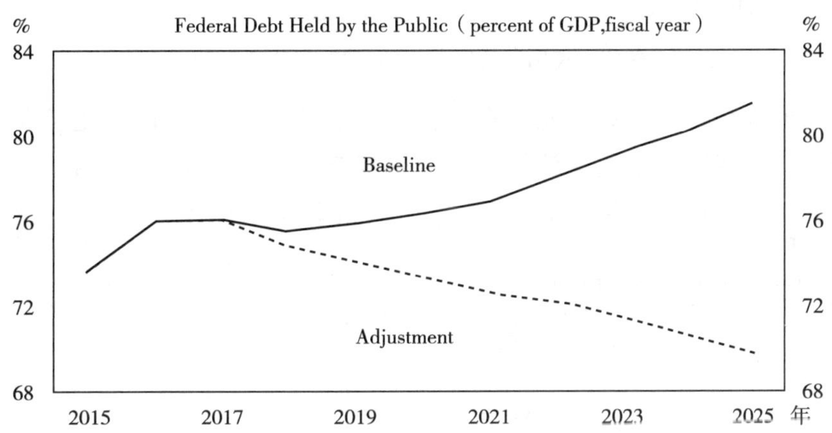

数据来源：IMF。

图 17　美国联邦政府债务展望

债务上限的不确定性下，美国经济增长波动会加大。特朗普提出要设定美国经济增长目标为3.5%～4%。按照我们的分析，未来几年美国潜在经济增长率为2%。要强力推进这个目标，需要大幅提高财政开支，由此，需要在现有财政赤字的基础上再增加至少2—4个百分点的财政赤字，这会引起财政赤字和债务迅速上升。这又会加大美国经常账户的赤字，必然超过4%的底线。这一定会引起美元汇率的波动，并影响美国经济增长的波动。协调各项政策一致有序推进，避免经济增长大幅波动是特朗普直接面临的挑战（见图18）。

四、特朗普经济政策的全球影响

1. 主要发达国家货币政策背离加大，货币市场波动加大。美国货币政策收紧，美联储在2017年继续加息，与此同时，日本央行、欧洲央行仍然在零利率和负利率，主要发达国家货币政策的背离在加大，货币市场美元走强，几乎所有其他货币走弱。过去的

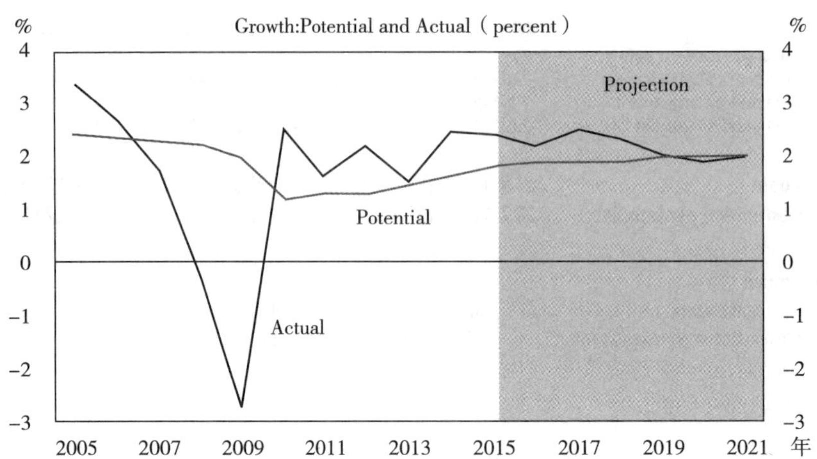

数据来源：BAE、IMF。

图 18　美国经济增长预测（2016—2021 年）

18 个月里，几乎所有的货币对美元都在贬值，欧元贬了 20%，日元贬了 30%，巴西的里拉贬了 60%，俄罗斯卢比几乎贬了 80%，最近 2 个月美元又升值 5%，而且美元还会继续走强。这是影响世界经济金融的一个很大的因素（见图 19）。

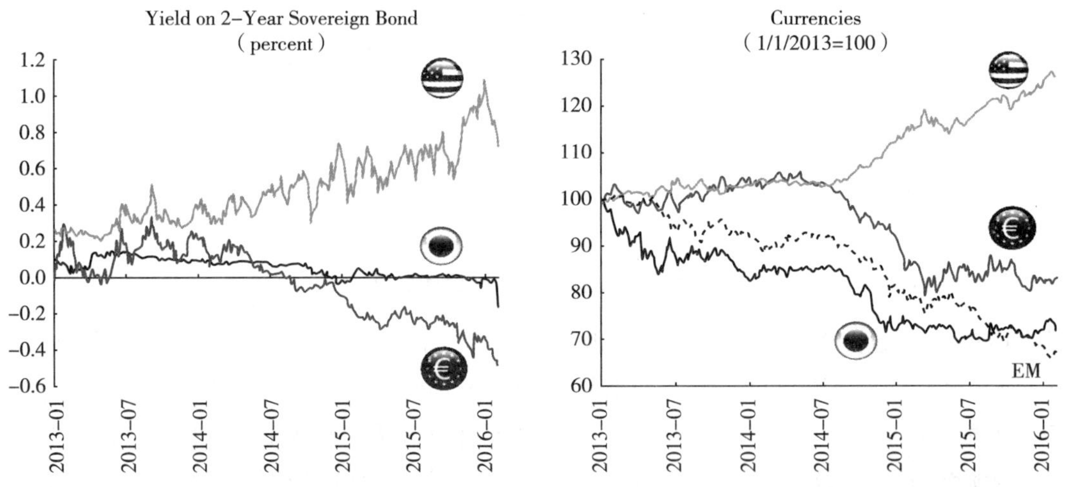

图 19A　主要发达国家货币政策背离和汇率变化

2. 特朗普货币政策倾向和市场对美联储基础利率预期差距的调整，会引起全球资产再配置。过去几年里，市场一直不认同美联储的利率公告，认为利率水平会维持在低位。确实，美联储的利率变化总是落在市场的后面。特朗普当选改变了市场预期，市场预期开始向美联储的利率公告靠拢，由此改变了金融市场的风险溢价，全球金融资产都会重新配置，金融市场的波动不可避免（见图 20）。

3. 美元走强，全球金融危机风险上升。比较历史数据，每当美元走强，发生金融危

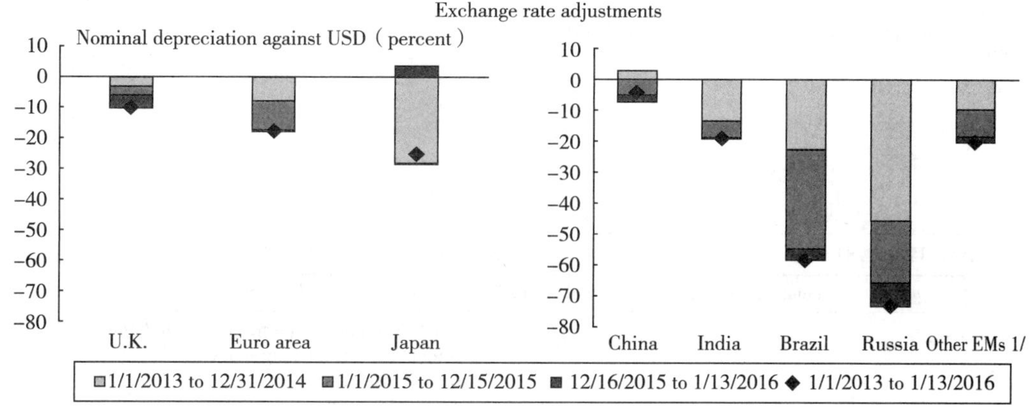

数据来源：IMF

图 19B　美国利率上升和汇率市场波动

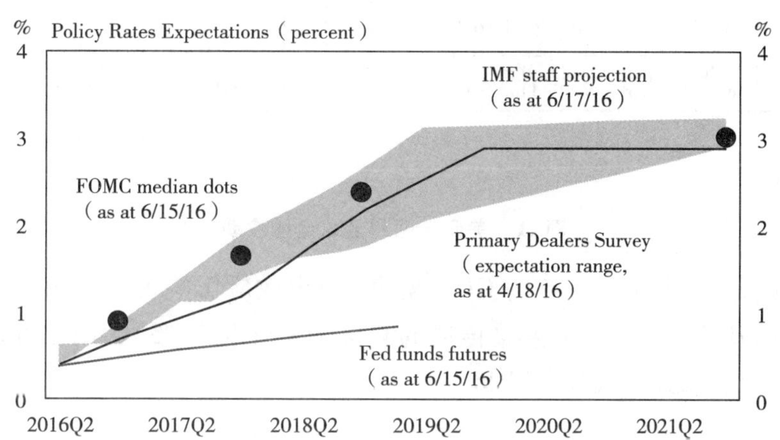

数据来源：美联储等。

图 20　美联储加息和市场预期

机的国家就增多。美元走强，有较多美元负债的公司或国家的资产负债表会恶化，因为要用更多的美元来付利息，财务负担加大。美元走强，美国国内的利息和当地市场的利差会缩小，资本趋于流回美国资本市场，如果资本市场大幅依靠美国资金，资金流出触发危机。20 世纪 80 年代美元走强的第一个高峰，发生了拉美危机。20 世纪 90 年代美元走强的第二个高峰，发生了亚洲金融危机。目前美元开始第三个上升阶段，现在仍然低于之前的高峰，但在特朗普的紧货币、松财政政策下美元会继续走强，全球金融波动和发生金融危机的风险在上升（见图 21）。

4. 美国经济增长可能波动，影响全球经济。我们计算了美国 GDP 1 个百分点的波动对全球经济的影响。例如对加拿大影响最大，会造成 0. 9 个百分点的 GDP 波动，墨西哥则是 0. 75 个百分点的 GDP 波动，对其他 20 个国家会引发 0. 3—0. 5 个百分点的 GDP

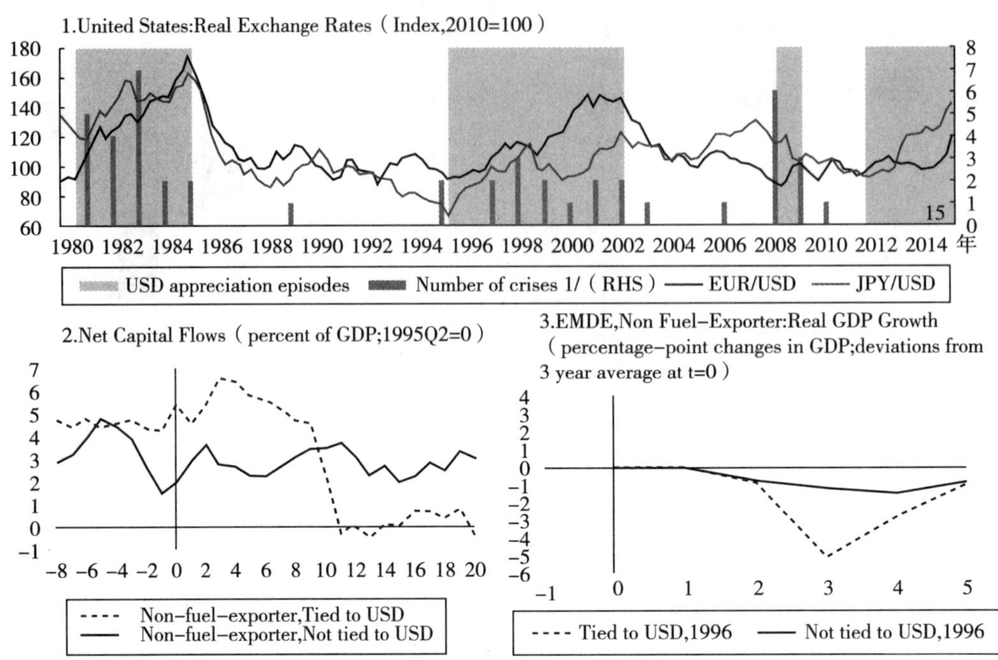

数据来源：IMF。

图21　美元走强和全球金融波动

变动，对中国则是0.35个百分点的GDP波动。溢出效应影响可以分为直接的贸易和资本流动的影响以及信息、信心和感染传播的间接影响（见图22），第二种影响是心理和传染性的，各国相互影响，影响特别大。

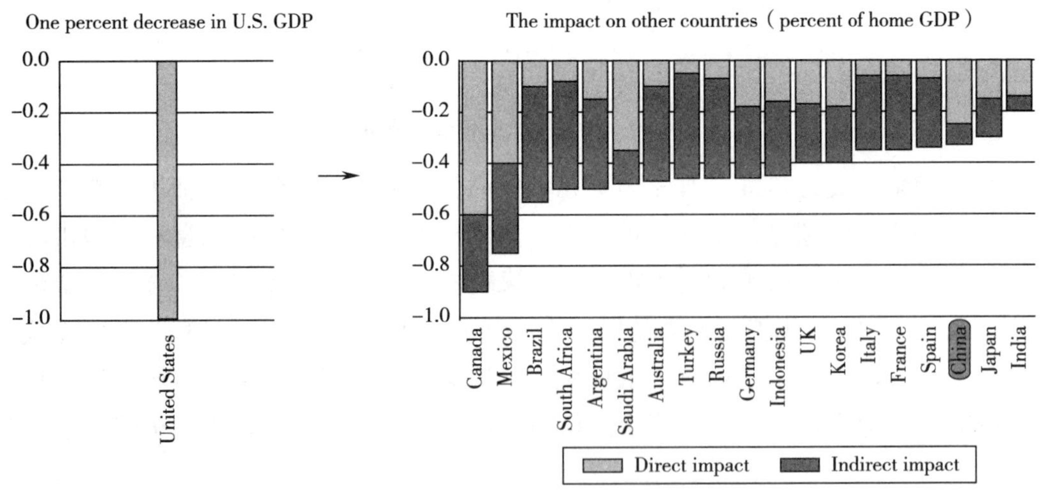

数据来源：IMF。

图22　美国经济波动对世界的溢出影响

特朗普提出的经济政策对全球经济金融最大的影响是不确定性。他提出了目标和政策，但至今为止，世界仍然不知道他如何实施其政策，也不知其政策工具和渠道。在技术层面上，政策协调利率、汇率、出口、进口、财政和债务一致性不是容易的事，美元和美国经济增长都会波动。由此特朗普的经济政策的不确定性是对世界经济金融最大的影响因素，2017 年全球经济和金融市场的波动也必然会加大。

下　篇

2016年度中国金融政策动态

宏观金融政策

一、货币政策[①]

2016年国际国内经济环境错综复杂，世界经济依然呈现不均衡发展态势，美国经济指标逐步向好，欧元区经济复苏缓慢。国际上主要经济体货币政策逐步分化，美联储鹰派氛围浓厚，美元进入历史上的加息通道，日本央行和欧央行依然维持宽松政策。国内方面，经济发展进入新常态，经济下行压力仍然较大，国家实施经济供给侧改革，全面推进“去杠杆、去产能、去库存、降成本，补短板”的“三去、一降、一补”。作为短期需求管理手段，货币政策在支持全年经济增长稳中求进的同时，还兼顾着与宏观审慎管理相结合，有效防范系统性金融风险的发生。

（一）2016年货币政策操作

1. 2016年主要货币政策的制定和颁布情况

2016年，中国人民银行继续实施稳健的货币政策，主动适应经济发展新常态。一是综合运用公开市场操作、存款准备金、抵押补充贷款、常备借贷便利、中期借贷便利等各种货币政策工具组合，保持银行体系流动性合理充裕。全年两次下调中期借贷便利操作利率，下调一次金融机构人民币法定存款准备金率0.5个百分点。改革了金融机构法定存款准备金考核制度，实施“双平均”的考核办法。二是运用灵活的信贷政策，积极引导金融机构加大对国民经济重点领域和薄弱环节的支持力度。创设扶贫再贷款，组织实施央行内部评级。对定向降准金融机构在2015年支持小微企业和“三农”领域情况进行考核，根据考核结果实施动态调整管理。因城施策，实施区域差异化的房地产信贷政策。建立并完善宏观审慎管理框架（MPA），引导金融机构加强自我约束和自律管理。纵观2016年，中国人民银行保持了货币政策的灵活适度，保持货币政策的审慎和稳健，加强预调微调，为供给侧结构性改革营造了适宜的货币金融环境；大力推动金融改革开放，切实防范化解金融风险，促进了经济金融更高质量、更有效率、更加公平、更可持续的发展。

① 执笔人：陈捷，中国人民银行参事室研究员。

2. 2016 年主要货币政策分析

（1）完善建立公开市场操作。一是建立每日操作常态化机制。为进一步完善公开市场操作，2 月 18 日，建立公开市场每日操作的常态化机制。二是上半年两次下调中期借贷便利操作利率，引导中端利率下行。三是为进一步提高央行流动性管理的精细化程度和操作主动性，8 月下旬和 9 月中旬，综合考虑经济运行、流动性形势以及市场“以短博长”现象较为普遍等情况，中国人民银行在公开市场操作中先后增加了 14 天期和 28 天期逆回购品种，适当延长央行资金投放期限，引导金融机构提高负债稳定性，并通过公开市场业务一级交易商传导优化货币市场交易期限结构，对于防范资产负债期限错配和流动性风险发挥了积极作用。2016 年，公开市场逆回购中标利率基本保持稳定。全年累计开展逆回购操作 24. 8 万亿元，其中 7 天期操作 17. 9 万亿元，14 天期操作 3. 9 万亿元，28 天期操作 3 万亿元；开展 SLO 操作累计投放流动性 2050 亿元。年末公开市场逆回购操作余额为 13150 亿元，SLO 余额为 0。

（2）开展常备借贷便利。2017 年 1 月，为保障春节前由现金投放形成的集中性需求，促进银行体系流动性和货币市场平稳运行，中国人民银行通过临时流动性便利（TLF）操作为现金投放量较大的几家大型商业银行提供了临时流动性支持，通过市场化机制更有效地满足了临时性流动性需求。增加常备借贷便利期限品种，保持常备借贷便利利率稳定。2016 年初，中国人民银行增加常备借贷便利 1 个月期限品种，满足金融机构春节期间流动性需求，要求分支机构对地方法人金融机构按需提供流动性，促进货币市场平稳运行。探索常备借贷便利利率发挥利率走廊上限的作用，保持常备借贷便利利率稳定，对符合宏观审慎要求的地方法人金融机构，隔夜、7 天、1 个月的利率分别为 2. 75%、3. 25%、3. 60%。在春节期间和月末、季末等货币市场利率易发生波动的时点，及时运用常备借贷便利满足中小金融机构临时性流动性需求。2016 年中国人民银行累计开展常备借贷便利操作 7122 亿元，其中第四季度开展常备借贷便利操作 1649 亿元，期末常备借贷便利余额为 1290 亿元。2017 年 2 月 3 日，为加强银行体系流动性管理，引导货币市场平稳运行，中国人民银行将隔夜、7 天、1 个月常备借贷便利利率调整为 3. 10%、3. 35%、3. 70%。

（3）开展中期借贷便利常态化操作并丰富期限品种。建立中期流动性常态化操作机制，每月适时开展中期借贷便利操作，稳定市场预期。为满足金融机构不同期限的流动性需求，丰富中期借贷便利的期限品种，操作期限由 6 个月扩展为 3 个月、6 个月、1 年期。2016 年，累计开展中期借贷便利操作 55235 亿元，期末余额为 34573 亿元，比年初增加 27915 亿元。人民银行通过开展中期借贷便利操作，及时填补市场中期流动性缺口，成为央行基础货币供给的重要渠道。同时，根据货币政策调控需要，2016 年初两次下调中期借贷便利利率，发挥其中期政策利率引导作用。2017 年 1 月末，适度上调中期借贷便利利率，6 个月、1 年期利率分别为 2. 95%、3. 10%。2016 年，探索利率走廊模式，完善利率形成和调控机制，无疑包含于货币政策的“稳健”内涵之中。对于中长期利率，发挥再贷款、中期借贷便利（MLF）、抵押补充贷款（PSL）等工具对中长期流动性的调节作用以及中期政策利率的功能，引导和稳定中长期市场利率，完善利率形成和调控机制是2016年货币政策框架转型的重要内容。

（4）运用存款准备金率工具，完善存款准备金制度。2016年3月中国人民银行普遍下调金融机构人民币存款准备金率0.5个百分点，以保持银行体系流动性合理充裕。自2016年7月起，中国人民银行进一步改革存款准备金考核制度，对金融机构存款准备金的交存基数实施平均考核。这是继2015年9月将金融机构存款准备金考核由每日达标改为维持期内日均达标后，对存款准备金平均法考核的进一步完善，由此实现了存款准备金交存基数计算和维持期考核的“双平均”。此举有助于提高金融机构流动性管理的灵活性，增强货币市场运行的稳健性，也有利于改善货币政策传导机制，为货币政策调控框架转型创造条件。

（5）运用再贷款再贴现等货币政策工具，支持特定经济领域发展。根据宏观经济形势需要，适时合理地增加了支农、支小再贷款额度，适当扩大支小再贷款对象，将民营银行纳入支小再贷款发放对象。完善抵押补充贷款制度建设，扩大抵押补充贷款适用范围，将国家开发银行纳入抵押补充贷款对象。2016年，中国人民银行向三家政策性银行提供抵押补充贷款9714亿元。创设扶贫再贷款，有效支持贫困地区发展特色产业和贫困人口创业、就业，促进贫困人口脱贫致富。到2016年末，全国扶贫再贷款余额为1127亿元。推进信贷资产质押和央行内部评级试点。2016年中国人民银行以信贷资产质押方式向地方法人金融机构累计发放信贷政策支持再贷款207亿元。

（6）进一步完善宏观审慎政策框架。将差别准备金动态调整机制“升级”为宏观审慎评估（MPA）。MPA从资本和杠杆情况、资产负债情况、流动性情况、定价行为、资产质量情况、跨境业务风险情况、信贷政策执行情况七大方面对金融机构的行为进行多维度引导。从2016年宏观审慎评估情况看，货币信贷基本保持平稳增长态势，银行业金融机构总体上经营稳健，以资本约束为核心的稳健经营理念更加深入人心，自我约束和自律管理的能力及意识有所提高，市场利率定价秩序等得到有效维护，符合加强宏观审慎管理的预期。中国人民银行正在不断完善宏观审慎评估工作，研究将更多资产类型纳入评估框架，进一步加强与金融机构的沟通，引导其加强自律管理，保持审慎经营。2017年第一季度评估时开始正式将表外理财纳入广义信贷范围，以合理引导金融机构加强对表外业务风险的管理。完善跨境资本流动宏观审慎框架。一是将全口径跨境融资宏观审慎管理政策推广至全国，并逐步完善。自2016年5月3日起，对金融机构和企业，取消外债事前审批，由金融机构和企业在与其资本或净资产挂钩的跨境融资上限内，自主开展本外币跨境融资，充分体现了“简政放权”的改革理念和国务院“放管服”的总体要求。中国人民银行对实施情况进行了全面评估，于2017年初进一步完善政策框架，适当扩大了企业和金融机构的跨境融资空间，有利于境内机构充分利用境外低成本资金，支持实体经济发展。二是根据宏观调控需要和宏观审慎评估的结果设置并调节相关参数，对金融机构和企业的跨境融资进行逆周期调节，使跨境融资水平与宏观经济热度、整体偿债能力和国际收支状况相适应，控制杠杆率和货币错配风险，有效防范系统性金融风险。三是自 2016 年 1 月起，对境外金融机构在境内金融机构存放执行正常存款准备金率，以防范宏观金融风险，促进金融机构稳健经营。

3. 2016 年中国人民银行货币政策经验总结

实施综合货币政策“组合拳”。一是综合运用多种货币政策工具，优化政策组合，加强和改善宏观审慎管理，组织实施好宏观审慎评估，保持适度流动性，实现货币信贷和社会融资规模合理增长。根据内外部经济金融形势变化，灵活运用公开市场操作、常备借贷便利、中期借贷便利、再贷款、存款准备金等货币政策工具，调节好流动性和市场利率水平，促进货币市场稳定，从量价两个方面保持货币金融环境的稳健和中性适度，为经济发展提供适宜的金融环境。加强和改善宏观审慎管理，组织实施好宏观审慎评估，继续引导商业银行加强流动性和资产负债管理，合理安排资产负债总量和期限结构，提高流动性风险管理水平，牢牢把握防控系统性金融风险的发生。

优化信贷政策，充分发挥信贷政策和窗口指导的引领作用，支持经济结构调整和转型升级。强化信贷政策定向结构性调整功能，引导金融机构优化信贷结构。紧紧围绕“去产能、去库存、去杠杆、降成本、补短板”五大任务，转变信贷政策实施方式，提升信贷政策执行力和导向力，做好产业结构战略性调整、基础设施建设和船舶、铁路、流通、能源等重点领域改革发展的金融服务，加大对养老、健康等服务业发展的金融支持。积极支持钢铁、煤炭等行业化解过剩产能和脱困升级，推动建立完善绿色金融政策体系。进一步推动信贷资产证券化市场健康持续发展。改进和完善对新型农业经营主体的金融服务，依法稳妥规范推进农村“两权”抵押贷款试点，引导银行业金融机构进一步加大对水利、农业基础设施、一二三产业融合、农业对外合作、现代种业、新型城镇化等重点领域的支持力度。建立健全金融扶贫工作机制，引导金融机构加大对贫困地区的信贷投放。完善“三农”和小微企业信贷政策导向效果评估以及扶贫信贷金融服务专项评估机制，有效引导金融机构加大对小微企业和“三农”发展的信贷支持等经济薄弱环节的信贷支持。

加强利率、汇率及人民币跨境结算管理。进一步推进利率市场化和人民币汇率形成机制改革，提高金融资源配置效率，完善金融调控机制。进一步督促金融机构健全内控制度，增强自主合理定价能力和风险管理水平，继续培育市场基准利率和收益率曲线，不断健全市场化的利率形成机制。探索利率走廊机制，增强利率调控能力，理顺央行政策利率向金融市场乃至实体经济传导的机制。加强对金融机构非理性定价行为的监督管理，发挥好市场利率定价自律机制的重要作用，采取有效方式激励约束利率定价行为，强化行业自律和风险防范，维护公平定价秩序。进一步完善人民币汇率市场化形成机制，加大市场决定汇率的力度，增强人民币汇率双向浮动弹性，保持人民币汇率在合理、均衡水平上的基本稳定。支持人民币在跨境贸易和投资中的使用，推进人民币对其他货币直接交易市场的发展。密切关注国际形势变化对资本流动的影响，完善对跨境资本流动的宏观审慎管理。

完善宏观审慎政策框架，支持经济发展的同时兼顾防范金融风险。加强宏观审慎管理，引导金融机构稳健经营，督促金融机构深化改革，提高风险防控能力和水平。加强风险监测预警，动态排查风险隐患，加强对企业债务风险、银行信贷资产质量、互联网金融、民间融资及非法集资、跨境资金流动等领域的风险监测分析，继续做好金融机构和市场的风险压力测试，及时提示风险，完善应对预案，探索运用多种措施和手段防范化解风险。加强宏观审慎管理，有效防范和化解顺周期、跨行业、跨市场的金融风险。深化资本市场体制机制改革，促进资本市场稳定健康发展。开展互联网金融风险专项整治，规范民间融资，加大非法集资打击力度。

（二）2016 年主要货币政策执行效果及评价

2016 年中国人民银行继续运用抵押补充贷款、中期借贷便利、信贷政策、再贷款等货币政策工具，支持金融机构扩大国民经济重点领域和薄弱环节的信贷投放，引导降低社会融资成本，促进了经济结构调整和转型升级。不断优化信贷结构，支持实体经济发展。加大信贷政策和产业政策协调配合。深化重点领域改革，持续释放改革红利。继续推进利率市场化改革，逐步形成“利率走廊”。进一步完善市场化汇率形成机制，保持人民币汇率在合理均衡水平上的基本稳定。继续深化金融机构改革。继续加强对区域金融改革的支持。不断完善宏观审慎政策框架，探索建立宏观审慎评估体系，加强金融风险防范意识，主动调控金融机构风险。

稳健、灵活的货币政策取得了良好效果。全年银行体系流动性合理充裕，货币信贷和社会融资规模平稳较快增长，利率水平保持低位运行，人民币对一篮子货币汇率保持基本稳定，对美元双边汇率基本保持弹性波动。截至 2016 年末，广义货币供应量 M2 余额同比增长 11.3%，人民币贷款余额同比增长 13.5%，比年初增加 12.65 万亿元，同比多增 9257 亿元；社会融资规模存量同比增长 12.8%。2016 年末，CFETS 人民币汇率指数为 94.83，人民币兑美元汇率中间价为 6.937 元。

在一系列货币政策措施的共同推动下，2016 年中国经济运行总体平稳，供给侧结构性改革取得积极进展。消费贡献率继续提高，投资缓中趋稳，贸易顺差收窄。工业生产平稳增长，企业效益好转，就业形势总体稳定。2016 年，国内生产总值（GDP）比上年增长 6.7%，居民消费价格（CPI）比上年上涨 2.0%。

（三）2017 年货币政策展望

1. 2017 年 1—2 月经济金融形势简析

（1）当前主要经济体形势简析。从2017年1—2月公布的经济数据看，全球经济总体将呈现弱复苏态势。美国方面，特朗普政策落地困难重重，医保法案被否。美国通胀增速或有所放缓。联储货政目标仍为物价稳定且年内三次（或两次）加息可能性较高，以及美国基本面仍存结构性问题，2017年美国通胀率仍会维持在2%左右，相比2016年或有放缓迹象。特朗普的政策不确定性陡然增加，全球避险情绪升温。受到联储鸽派信号和特朗普政策遇阻的影响，美元连连贬值，美元指数连续三周走弱。各国央行分歧减少，鹰派信号不断。从英德日澳近期公布经济数据来看，全球经济呈现弱复苏态势，结构性发展不平衡尚存。具体来看，英国2月制造业PMI 54.60不及预期，德国2月制造业PMI终值56.80不及预期，日本2016年第四季度实际GDP季环比终值0.30%不及预期，澳大利亚2月就业人口变动及失业率不及预期。总之，全球主要经济体呈现经济弱复苏、通胀增速放缓的趋势。

（2）中国1—2月经济形势简析。中国经济增长的依然存在一定潜力。从主要经济指标看，2017年1—2月工业企业利润累计增速从前值的8.5%跳升至31.5%。2017年1—2月工业企业利润同比增速从2016年全年的8.5%大幅加快至31.5%。工业企业利润同比增速加快，一是受去年年初上游行业利润极低带来的基数效应提振。二是价格回升在企业经营中的体现。从国家统计局测算看，因PPI和PPIRM上涨，主营业务收入和成本较去年同期分别增加1.17万亿元和0.93万亿元，因价格上涨增加的利润共计2302亿元，这意味着1—2月31.5%的利润增速中有29.5%来自价格因素。三是需求复苏拉动企业产能利用率上升、资产周转加快，促进销售收入增长加速的同时利润率扩张。总体而言，1—2月工业企业财务数据表明，开年以来制造业企业的盈利状况及现金流都继续有较明显的改善。PPI上升以及PPI - CPI剪刀差扩大并不代表制造业利润承压，而与工业企业收入增速以及利润率呈正相关关系。预计2017年利润增速将保持强劲。考虑到通胀预期升温、投资需求稳健，叠加出口需求回升，制造业企业的销售增速可能会继续向好，产能利用率和资产周转率都将提高，有利于企业盈利和现金流的进一步改善。

物价方面，1月全国居民消费价格指数（CPI）和工业生产者出厂价格指数（PPI）数据显示，CPI环比上涨1.0%，同比上涨2.5%；2月CPI同比0.8%，预测1.6%，前值2.5%；2月PPI同比7.8%，预测7.5%，前值6.9%。PPI随着供给侧结构性改革、简政放权和创新驱动战略不断深化实施，中国经济新的动能正在增强，稳定经济的有利因素逐步增多。

在看到中国经济企稳的同时，我们也不应忽视一些问题：经济内生增长动力仍待强化，稳定经济增长、防范资产泡沫与促进环境保护之间的平衡仍面临较多挑战，结构性矛盾仍较为突出等。笔者认为2017年中国的经济宏观调控应坚持以财政支出为主的调控基调，充分发挥财政政策调控经济结构的主导作用。人民银行应密切配合财政政策，实施审慎的货币政策，逐步弱化货币政策调结构的认识，恢复货币政策调控总量的本质属性。货币政策重点应侧重在“有稳有促”上，采用临时的货币政策手段，对经济发展的薄弱环节和特殊领域给予必要的资金支持。

2. 2017 年人民银行货币政策实施建议

（1）关注物价稳定，防范国内通货膨胀。2017 年经济会面临较大通胀压力。一是因为 2015 年股灾超发 2 万亿元货币，现在还没回笼。二是 2016 年 1—3 月，3 个月内向市场投放了 5 万亿元。虽然 GDP 的总量上升到 17 万亿元，比 2015 年的同期增加了 1 万亿元，但是按照我们国家货币运行规律，如果货币超发，弊端一般在 11 个月后就逐渐显现，所以通胀压力在 2017 年就会显现出来。因此要稳住通胀，建议通胀目标 CPI 不能超过 3%，PPI 不能超过 5%。

（2）关注住房价格稳定，防范资产泡沫。人民银行应继续实施差别化的房地产信贷政策，一城一策，区别对待一、二线和三、四线城市房地产业的发展。区别对待住房的刚性需求、投资性需求、投机性需求。一、二线城市和住房价格涨幅过大的城市应采取限制措施，对三、四线需要去库存的城市，应采取鼓励居民购买自住房的信贷政策，以此促进资产价格稳定。

（3）关注金融杠杆，稳定金融系统安全。中央经济工作会议将防控金融风险放到更加重要的位置，下决心处置一批风险点，着力防控资产泡沫，确保不发生系统性风险。过去 10 年中国金融业占 GDP 的比重翻了一倍，目前已超过 8%，比美国、英国还高，金融加杠杆严重，其中隐含的风险较大，因此 2017 年人民银行将把金融机构去杠杆放在重要位置，采取市场手段，发展直接融资、推进企业债转股等，有效降低金融杠杆。

（4）关注民营企业发展，关注央企混合所有制改革，促进实体经济稳定发展。提振民营经济的信心，推动民营经济再次快速发展，对经济结构调整和经济稳定增长起着重要作用。2017 年人民银行将会继续运用信贷政策支持特定领域经济发展，支持钢铁等央企混合所有制改革的进一步推进，以此促进供给侧改革的全面深化。

（5）关注新的经济增长点，支持经济保持稳定增长。支持水能、生物能、地能、非风能、太阳能、核能等新能源行业的发展；支持石墨烯电池等新材料行业发展；支持生命生物工程、信息技术、节能环保、新能源汽车、智能机器人、高端装备以及战略性新兴产业的发展。一个重要的新增长点是服务业，服务业将有很大的增长空间。

专栏

人民币正式加入 SDR 货币篮子①

2016 年 9 月 30 日，国际货币基金组织（IMF）正式宣布，人民币 10 月 1 日正式加

① 主要引自《人民日报》（2016 年 10 月 2 日第一版），执笔人：何海峰。

入IMF的特别提款权（SDR）货币篮子。IMF总裁拉加德发表声明称，“货币篮子扩容对于IMF、中国和国际货币体系来说，都是历史性里程碑。”

中国人民银行有关负责人指出，对人民币正式纳入SDR以及拉加德总裁的声明表示欢迎。这是人民币国际化的里程碑，是对中国经济发展成就和金融业改革开放成果的肯定，有利于国际货币体系改革向前推进。中方将以人民币“入篮”为契机，进一步深化金融改革，扩大金融开放，为促进全球经济增长、维护全球金融稳定和完善全球经济治理作出积极贡献。

据悉，新的货币篮子包含美元、欧元、人民币、日元和英镑5种货币，人民币权重为10.92%；美元、欧元、日元、英镑权重分别为41.73%、30.93%、8.33%、8.09%。IMF每周计算SDR利率，并将于10月7日公布首次使用人民币代表性利率，即3个月国债收益率计算的新SDR利率。

综合国际相关评论，人民币加入SDR将有助于增强SDR的代表性、稳定性和吸引力。

附表

2016年中国人民银行相关货币政策操作汇总

时间	主要政策内容	备注
1月4日	银行间外汇市场交易系统每日运行时间延长至北京时间23：30。同时，符合一定条件的人民币购售业务境外参加行经向中国外汇交易中心申请成为银行间外汇市场会员后，可以进入银行间外汇市场，通过中国外汇交易中心交易系统参与全部挂牌的交易品种	丰富了银行间外汇市场参与主体，拓宽了境内外市场主体的交易渠道，有助于促进形成境内外一致的人民币汇率
1月18日	人民银行以利率招标方式开展了短期流动性调节工具（SLO）操作。向市场投放550亿元流动性，期限3天，中标利率2.25%	主动调节市场流动性
1月20日	中国人民银行以利率招标方式开展了短期流动性调节工具（SLO）操作。向市场投放1500亿元流动性，期限6天，中标利率2.25%	主动调节市场流动性
1月22日	中国人民银行发布《关于扩大全口径跨境融资宏观审慎管理试点的通知》（银发〔2016〕18号），决定自2016年1月25日起，面向27家金融机构和注册在上海、广东、天津、福建四个自贸区的企业扩大本外币一体化的全口径跨境融资宏观审慎管理试点	完善宏观审视框架监管（MPA）
1月25日	中国人民银行对境外人民币业务参加行存放境内代理行人民币存款执行正常存款准备金率，即境内代理行现行法定存款准备金率，以防范宏观金融风险，促进金融机构稳健经营	完善存款准备金管理
1月28日	（1）将政府支持机构债券和商业银行债券纳入公开市场操作和短期流动性调节工具（SLO）质押品范围。（2）扩大SLO参与机构范围，增加邮储银行、平安银行、广发银行、北京银行、上海银行、江苏银行和恒丰银行为SLO交易商	主动调节市场流动性

续表

时间	主要政策内容	备注
2月2日	为进一步完善个人住房信贷政策，支持居民合理住房消费，中国人民银行和银监会联合发布《关于调整个人住房贷款政策有关问题的通知》（银发〔2016〕26号），在不实施“限购”措施的城市，下调个人住房贷款最低首付款比例	差别化的房地产信贷政策
2月3日	由人民银行招标、公开市场业务一级交易商参与投标的7天期、14天期和28天期逆回购中标利率均上行10个基点分别至2.35%、2.50%和2.65%	公开市场操作，调节市场流动性
	中国人民银行将隔夜、7天、1个月常备借贷便利利率调整为3.10%、3.35%、3.70%	运用公开市场操作，加强银行体系流动性管理，引导货币市场平稳运行
2月15日	经国务院同意，中国人民银行、发展改革委、工业和信息化部、财政部、商务部、银监会、证监会、保监会联合印发《关于金融支持工业稳增长调结构增效益的若干意见》（银发〔2016〕42号），加大金融对工业供给侧结构性改革和工业稳增长、调结构、增效益的支持力度，推动工业转型升级	利用信贷政策支持工业结构调整
2月17日	中国人民银行、住房和城乡建设部、财政部印发《关于完善职工住房公积金账户存款利率形成机制的通知》（银发〔2016〕43号），决定自2月21日起，将职工住房公积金账户存款利率，由现行按照归集时间执行活期和3个月存款基准利率，调整为统一按一年期定期存款基准利率执行	运用利率间接调控房地产业
2月18日	中国人民银行发布公告，决定从即日起正式建立公开市场每日操作常态化机制，根据货币政策调控需要，原则上每个工作日均开展公开市场操作	建立公开市场操作常态化机制
2月25日	中国人民银行按照定向降准相关制度，对参与定向降准金融机构2015年度支持“三农”和小微企业领域情况进行考核，并根据考核结果动态调整其存款准备金率	完善运用存款准备金管理，引导金融机构加大对特定领域支持
3月1日	中国人民银行普遍下调金融机构人民币存款准备金率0.5个百分点，保持金融体系流动性合理充裕	运用存款准备金管理引导货币信贷平稳适度增长，为供给侧结构性改革营造适宜的货币金融环境
3月4日	中国人民银行、民政部、银监会、证监会、保监会联合印发《关于金融支持养老服务业加快发展的指导意见》（银发〔2016〕65号）	大力推动金融组织、产品和服务创新，改进完善养老领域金融服务，支持养老服务业加快发展
3月7日	中国人民银行与新加坡金管局续签规模为3000亿元人民币/600亿新加坡元的双边本币互换协议	扩大人民币国际使用范围

续表

时间	主要政策内容	备注
3月16日	中国人民银行、银监会、保监会、财政部、国土资源部、住房和城乡建设部等六部门联合印发《农民住房财产权抵押贷款试点暂行办法》（银发〔2016〕78号）；中国人民银行、银监会、保监会、财政部、农业部等五部门联合印发《农村承包土地的经营权抵押贷款试点暂行办法》（银发〔2016〕79号）	运用信贷政策引导金融机构支持“三农”发展
3月21日	中国人民银行、发展改革委、财政部、银监会、证监会、保监会、扶贫办联合印发《关于金融助推脱贫攻坚的实施意见》（银发〔2016〕84号）提出了金融助推脱贫攻坚六个方面共22条细化落实措施，明确了新形势下金融助推脱贫攻坚的总体要求、目标任务和重点工作	运用信贷政策引导金融机构支持扶贫工作
3月24日	中国人民银行印发《易地扶贫搬迁信贷资金筹措方案》（银发〔2016〕90号），对易地扶贫搬迁信贷资金筹措目标任务、指导思想、工作原则及具体筹措方案等内容进行明确	运用信贷政策引导金融机构支持扶贫工作
3月25日	经国务院同意，中国人民银行和银监会联合印发《关于加大对新消费领域金融支持的指导意见》（银发〔2016〕92号）明确创新金融支持和服务方式，大力发展消费金融，更好地满足新消费重点领域的金融需求，发挥新消费引领作用	运用窗口指导，引导金融机构加大对特定经济领域支持
3月28日	中国人民银行印发《关于开办扶贫再贷款业务的通知》（银发〔2016〕91号）创设扶贫再贷款，专门用于支持贫困地区地方法人金融机构扩大贫困地区涉农信贷投放，降低贫困地区融资成本，为打赢脱贫攻坚战提供有力的金融支持	运用再贷款，引导金融机构加大对扶贫特定领域支持
3月30日	中国人民银行、银监会联合引发《关于加大对新消费领域金融支持的指导意见》，更好地满足新消费重点领域的金融需求，加快培育形成经济发展新供给新动力	运用窗口指导，引导金融机构加大对特定经济领域的支持
4月6日	印发《中国人民银行抵押补充贷款管理办法（试行）》（银发〔2016〕101号），进一步加强抵押补充贷款管理	
4月12日	出台《中国人民银行办公厅关于做好2016年信贷政策工作的意见》（银办发〔2016〕98号）围绕“去产能、去库存、去杠杆、降成本、补短板”五大任务，指导银行业金融机构充分发挥信贷政策在供给侧结构性改革中的能动作用	运用信贷政策为供给侧改革提供适宜的金融环境
4月14日	印发《中国人民银行关于做好2016年易地扶贫搬迁信贷资金筹措及信贷管理服务工作的通知》（银发〔2016〕115号），对2016年易地扶贫搬迁信贷资金筹措和信贷管理服务进行明确，保证扶贫专项金融债券规范顺利发行，资金专款专用，全力支持易地扶贫搬迁工作	运用信贷政策强化对扶贫的支持
4月18日	中国人民银行、银监会、证监会、保监会联合印发《关于支持钢铁煤炭行业化解过剩产能实现脱困发展的意见》（银发〔2016〕118号），引导金融机构坚持区别对待、有扶有控原则，满足钢铁、煤炭企业合理资金需求，严格控制对违规新增产能的信贷投入。支持企业债务重组和兼并重组，推动钢铁、煤炭行业结构调整优化，支持银行加快不良资产处置，依法处置企业信用违约事件	充分发挥金融引导作用，支持钢铁、煤炭等行业去产能、去库存、去杠杆、降成本、补短板，促进钢铁、煤炭行业加快转型发展，实现脱困升级

续表

时间	主要政策内容	备注
4月29日	中国人民银行印发通知，自5月3日起在全国范围内实施本外币一体化的全口径跨境融资宏观审慎管理框架（银发〔2016〕132号）	完善宏观审慎管理
5月11日	中国人民银行与摩洛哥中央银行签署规模为100亿元人民币/150亿迪拉姆的双边本币互换协议	
5月27日	中国人民银行、农业部、银监会、证监会、保监会、国家外汇管理局等六部门联合印发《关于做好现代种业发展金融服务的指导意见》（银发〔2016〕154号），要求加大对现代种业的金融支持，培育壮大育繁推一体化的种子龙头企业，保障国家粮食安全和农业持续稳定发展	运用信贷政策引导金融机构加大对特定领域支持
	中国人民银行、国务院扶贫办、银监会、证监会、保监会等五部门联合印发《关于加强金融精准扶贫信息对接共享工作的指导意见》（银发〔2016〕155号），推动建立金融扶贫信息与扶贫基础信息对接共享机制，夯实金融精准扶贫工作基础	运用信贷政策强化对扶贫的支持
6月6日	为推进大额存单业务发展，拓宽个人金融资产投资渠道，增强商业银行主动负债能力，中国人民银行将个人投资人认购大额存单起点金额由不低于30万元调整为不低于20万元（中国人民银行公告2016年第13号）	
6月7日	中国人民银行与美国联邦储备委员会签署在美国建立人民币清算安排的合作备忘录，并给予美国2500亿元人民币合格境外机构投资者（RQFII）额度	扩大人民币国际使用范围
6月16日	印发《中国人民银行扶贫再贷款管理细则》（银发〔2016〕173号），规范扶贫再贷款管理，提高支持精准扶贫政策效果	运用再贷款工具引导金融机构加大对特定领域的支持
6月17日	经中国人民银行授权，中国外汇交易中心宣布自6月20日起在银行间外汇市场正式开展人民币对南非兰特直接交易	扩大人民币国际使用范围
	中国人民银行与塞尔维亚中央银行签署规模为15亿元人民币/270亿塞尔维亚第纳尔的双边本币互换协议	
6月24日	全国外汇市场自律机制成立大会暨第一次工作会议召开，全国外汇市场自律机制正式成立，会议审议通过了《外汇市场自律机制工作指引》	有助于维护外汇市场有序运作和健康发展，促进外汇市场由“他律”转向“他律”和“自律”并重
	经中国人民银行授权，中国外汇交易中心宣布自6月27日起在银行间外汇市场正式开展人民币对韩元直接交易	
6月25日	中国人民银行与俄罗斯中央银行签署在俄罗斯建立人民币清算安排的合作备忘录	扩大人民币国际使用范围

续表

时间	主要政策内容	备注
6月29日	印发《中国人民银行关于推广试用金融精准扶贫信息系统有关事宜的通知》（银发〔2016〕184号），在全国推广金融精准扶贫信息系统，精准采集和动态监测金融精准扶贫信息，推动金融精准扶贫工作开展	运用信贷管理引导金融机构加强对特定领域的支持
7月11日	中国银行（香港）有限公司以直接参与者身份接入人民币跨境支付系统（CIPS），这是CIPS的首家境外直接参与者；同日，中信银行、上海银行、广东发展银行、江苏银行、三菱东京日联银行（中国）有限公司、瑞穗银行（中国）有限公司、恒生银行（中国）有限公司等以直接参与者身份接入CIPS，CIPS直接参与者数量增加至27家	
7月15日	中国人民银行决定进一步改革存款准备金考核制度，将人民币存款准备金的交存基数由旬末一般存款余额时点数调整为旬内一般存款余额的算术平均值。同时，按季交纳存款准备金的境外人民币业务参加行存放境内代理行人民币存款，其交存基数也调整为上季度境外参加行人民币存放日终余额的算术平均值	完善平均法考核存款准备金，增强金融机构流动性管理的灵活性，平滑货币市场波动
7月22日	中国人民银行、财政部、人力资源和社会保障部联合印发《关于实施创业担保贷款支持创业就业工作的通知》（银发〔2016〕202号），将小额担保贷款政策调整为创业担保贷款政策，扩大贷款对象范围，统一贷款额度，调整贷款期限，支持大众创业、万众创新	
8月31日	经中央全面深化改革领导小组第二十七次会议审议通过，中国人民银行、财政部、发展改革委、环境保护部、银监会、证监会、保监会联合印发《关于构建绿色金融体系的指导意见》（银发〔2016〕228号），通过创新性金融制度安排发展绿色金融，利用绿色信贷、绿色债券等金融工具和相关政策为绿色发展服务，推进供给侧结构性改革	运用信贷政策引导金融机构支持绿色经济发展
	世界银行（国际复兴开发银行）首期特别提款权（SDR）计价债券在中国银行间债券市场成功发行	提升人民币的国际地位，扩大人民币的国际使用范围
9月12日	中国人民银行与匈牙利央行续签规模为100亿元人民币/4160亿匈牙利福林的双边本币互换协议	扩大人民币国际使用范围
	经中国人民银行授权，中国外汇交易中心宣布在银行间外汇市场开展人民币对阿联酋迪拉姆直接交易	
	经中国人民银行授权，中国外汇交易中心宣布在银行间外汇市场开展人民币对沙特里亚尔直接交易	
9月27日	中国人民银行与欧洲中央银行签署补充协议，决定将双边本币互换协议有效期延长三年至2019年10月8日。互换规模仍为3500亿元人民币/450亿欧元	扩大人民币国际使用范围

续表

时间	主要政策内容	备注
9 月 28 日	中国人民银行、发展改革委、银监会、国务院扶贫办联合印发《关于加快 2016 年易地扶贫搬迁信贷资金衔接投放有关事宜的通知》（银发〔2016〕258 号），督促指导金融机构加快 2016 年易地扶贫搬迁信贷资金衔接投放工作，促进 2016 年易地扶贫搬迁建设顺利开展	运用信贷政策强化对扶贫的支持
10 月 1 日	人民币加入 SDR 货币篮子正式生效	扩大人民币国际使用范围
10 月 10 日	印发《中国人民银行办公厅关于做好金融扶贫信息系统推广适用有关事项的通知》（银办发〔2016〕206 号），指导各银行业金融机构改进信贷管理系统，及时采集报送信息，并确保信息安全	运用信贷政策强化对扶贫的支持
11 月 4 日	中国人民银行、中国证券监督管理委员会联合印发《关于内地与香港股票市场交易互联互通机制有关问题的通知》（银发〔2016〕282 号）。12 月 5 日正式启动深港通	
11 月 14 日	中国人民银行在银行间外汇市场推出人民币对加拿大元直接交易	扩大人民币国际使用范围
12 月 6 日	中国人民银行与埃及中央银行签署规模为 180 亿元人民币/470 亿埃及镑的双边本币互换协议	扩大人民币国际使用范围
12 月 12 日	中国人民银行在银行间外汇市场推出人民币对匈牙利福林、波兰兹罗提、丹麦克朗、瑞典克朗、挪威克朗、土耳其里拉和墨西哥比索直接交易	扩大人民币国际使用范围
12 月 21 日	中国人民银行与冰岛央行续签规模为 35 亿元人民币/660 亿冰岛克朗的双边本币互换协议	扩大人民币国际使用范围
12 月 26 日	印发《中国人民银行办公厅关于境外机构境内发行人民币债券跨境人民币结算业务有关事宜的通知》（银办发〔2016〕258 号）	扩大人民币国际使用范围

资料来源：中国人民银行网站、国家统计局网站。

二、汇率与国际收支相关政策①

2016 年，中国人民银行和国家外汇管理局继续按主动性、可控性和渐进性原则，进一步完善人民币汇率市场化形成机制，保持人民币汇率在合理均衡水平上的基本稳定。继 2015 年 8 月 11 日完善人民币兑美元汇率中间价报价机制和 12 月 11 日发布 CFETS 人民币汇率指数后，2016 年 2 月，中国人民银行明确了“收盘汇率＋一篮子货币汇率变化”的人民币兑美元汇率中间价形成机制。这一机制比较好地兼顾了市场供求指向，保持对一篮子货币基本稳定和稳定市场预期三者之间的关系，人民币兑美元汇率双向浮动的特征更加显著。

资本流出压力仍然较大，但是流出规模有所减少。截至 2016 年 12 月 31 日，我国外

① 执笔人：赵庆明，北京金融衍生品研究院副院长、首席经济学家。

汇储备规模为30105.17亿美元，比上年末下降3198.44亿美元，比上年度少降了1928.12亿美元。人民银行稳定人民币汇率是外汇储备规模下降的主要原因。从估值方面看，非美元对美元总体贬值和资产价格变化也对外汇储备规模造成影响。

（一）2016年人民币汇率及我国国际收支情况概述

1. 人民币汇率有所贬值

2016年末，CFETS人民币汇率指数为94.83，较2015年末贬值6.05%；参考BIS货币篮子和SDR货币篮子的人民币汇率指数分别为96.24和95.50，较2015年分别贬值5.38%和3.38%。三个人民币汇率指数均小幅贬值，显示2016年人民币对一篮子货币总体小幅贬值。根据国际清算银行的计算，2016年，人民币名义有效汇率贬值5.85%，实际有效汇率贬值5.69%；自2005年人民币汇率形成机制改革以来至2016年12月，人民币名义有效汇率升值37.34%，实际有效汇率升值47.14%。

2. 人民币兑美元汇率有所贬值

2016年末，人民币兑美元汇率中间价为6.9370元，比2015年末贬值4434个基点，贬值幅度为6.39%。自2005年人民币汇率形成机制改革以来至2016年末，人民币对美元累计升值19.31%。

2016年，人民币兑美元汇率中间价最高为6.4565，最低为6.9508。244个交易日中114个交易日升值，130个交易日贬值，最大单日升值幅度为0.57%（365点），最大单日贬值幅度为0.90%（599点）。

3. 人民币对欧元、日元有所贬值，对其他国际主要货币汇率有升有贬

2016年末，人民币兑欧元、日元汇率中间价分别为1欧元兑7.3068、100日元兑5.9591元人民币，分别较2015年末贬值2.90%和9.59%。自2005年人民币汇率形成机制改革以来至2016年末，人民币兑欧元汇率累计升值37.05%，兑日元汇率累计升值22.60%。

4. 国际收支总体平衡

2016年，经常账户顺差2104亿美元，与同期GDP之比为1.9%，继续处于国际公认的合理范围内。资本和金融账户逆差470亿美元，其中，资本账户逆差3亿美元，非储备性质的金融账户逆差4903亿美元，储备资产减少4436亿美元。截至2016年12月31日，我国外汇储备规模为30105.17亿美元。

截至2016年9月末，我国全口径外债余额为14320亿美元。从期限结构看，中长期外债余额为5376亿美元，占38%；短期外债余额为8944亿美元，占62%。短期外债余额中，与贸易有关的信贷占44%。

5. 跨境人民币收付金额同比下降

2016年，跨境人民币收付金额合计9.85万亿元，同比下降18.6%，其中实收3.79万亿元，实付6.06万亿元，净流出2.27万亿元，收付比为1:1.6。经常项目下跨境人

民币收付金额合计5.23万亿元，同比下降27.7%；其中，货物贸易收付金额4.12万亿元，服务贸易及其他经常项下收付金额1.11万亿元；资本项目下人民币收付金额合计4.62万亿元，同比下降5.1%。

6. 推动人民币直接交易市场发展

2016年，在银行间外汇市场推出人民币对韩元、南非兰特、阿联酋迪拉姆、沙特里亚尔、加拿大元、匈牙利福林、波兰兹罗提、丹麦克朗、瑞典克朗、挪威克朗、土耳其里拉和墨西哥比索直接交易。银行间外汇市场人民币直接交易成交活跃，流动性明显提升，降低了微观经济主体的汇兑成本。

2016年末，在中国人民银行与境外货币当局签署的双边本币互换协议下，境外货币当局动用人民币余额为221.49亿元，中国人民银行动用外币余额折合11.18亿美元，对促进双边贸易投资发挥了积极作用。

（二）2016年主要汇率及国际收支政策分析

1. 进一步完善人民币兑美元汇率中间价报价机制

2016年2月，人民银行明确了“收盘价+一篮子货币汇率变化”的人民币兑美元汇率中间价报价机制，增强了汇率形成机制的规则性、透明度和市场化水平，人民币兑美元双边汇率弹性进一步增强，双向浮动的特征更加显著。

2. 继续实施合格境外机构投资者外汇管理改革

2月4日国家外汇管理局发布《合格境外机构投资者境内证券投资外汇管理规定》（国家外汇管理局公告2016年第1号），对合格境外机构投资者（QFII）外汇管理制度进行改革，该政策进一步提高对RQFII和QFII外汇管理的一致性，推动了境内资本市场开放。

3. 稳妥推进债券市场对外开放

2016年2月以来，人民银行发布了中国人民银行公告〔2016〕3号及相关配套政策，将境外投资主体范围进一步扩大至境外依法注册成立的各类金融机构及其发行的投资产品，以及养老基金等中长期机构投资者，支持境外各类主体在境内人民币市场发行债券融资，提高境外机构在境内债券市场发行和交易的便利性，推动境内机构赴境外发行债券。加强金融市场基础设施建设和统筹管理，保证市场安全高效运行和整体稳定。世界银行（国际复兴开发银行）首期特别提款权（SDR）计价债券在中国银行间债券市场成功发行。

4. 持续推进外汇管理“放管服”改革

一是推进行政审批改革和法规清理。取消1项行政审批，宣布废止失效70余件外汇管理规范性文件，提高外汇管理公共服务质量和效率。二是跨境电子商务综合试验区范围扩大到天津等12个城市后，做好跨境电子商务综合试验区的配套措施。三是促进货物贸易便利化。允许A类企业贸易外汇收入直接进入经常项目外汇账户。允许银行为符合条件的企业进行电子单证审核，促进货物贸易外汇收支便利化。

5. 在现有政策框架下强化外汇管理和执行

一是加强对外直接投资的真实性审核。发展改革委、商务部、人民银行、外汇局四部委进一步规范市场秩序，按有关规定对一些企业对外投资项目进行核实，促进我国对外投资持续健康发展。二是严厉打击外汇违规违法行为。2016 年共查处违规案件近 2000 起，破获“地下钱庄”等非法买卖外汇案件 80 余起。三是创新事中事后管理方式。搭建外汇业务银行自律平台，组织 14 家核心成员银行签署《银行外汇业务展业公约》，完成全国外汇市场自律机制省级层面建设，完善外汇管理政策传导机制。四是加强跨部门联合监管。国家税务总局与国家外汇管理局签署《关于推进信息共享实施联合监管合作备忘录》，加强出口退税、跨境税源、外汇收付管理等方面的监管合作。

6. 接受国际统计新标准

国际清算银行（Bank for International Settlements，BIS）宣布中国正式加入国际银行业统计的本地银行业统计（Locational Banking Statistics，LBS），并在其官方网站上发布中国数据，这表明我国国际收支统计数据质量再次得到国际认可，数据透明度持续提高。

7. 完善跨境资本流动宏观审慎框架

一是将全口径跨境融资宏观审慎管理政策推广至全国，并逐步完善。二是根据宏观调控需要和宏观审慎评估的结果设置并调节相关参数，对金融机构和企业的跨境融资进行逆周期调节，使跨境融资水平与宏观经济热度、整体偿债能力和国际收支状况相适应，控制杠杆率和货币错配风险，有效防范系统性金融风险。三是自 2016 年 1 月起，对境外金融机构在境内金融机构存放执行正常存款准备金率，以防范宏观金融风险，促进金融机构稳健经营。

（三）下一阶段政策展望

下一阶段，中国人民银行和国家外汇管理局将进一步完善人民币汇率市场化形成机制，加大市场决定汇率的力度，增强人民币汇率双向浮动弹性，保持人民币汇率在合理、均衡水平上的基本稳定。加快发展外汇市场，坚持金融服务实体经济的原则，为基于实需原则的进出口企业提供汇率风险管理服务。支持人民币在跨境贸易和投资中的使用。推进人民币对其他货币直接交易市场发展，更好地为人民币的跨境使用服务。密切关注国际形势变化对资本流动的影响，完善对跨境资本流动的宏观审慎管理。

附表

2016 年主要汇率政策和国际收支政策汇总

时间	政策
1 月 4 日	银行间外汇市场交易系统每日运行时间延长至北京时间 23：30。同时，符合一定条件的人民币购售业务境外参加行经向中国外汇交易中心申请成为银行间外汇市场会员后，可以进入银行间外汇市场，通过中国外汇交易中心交易系统参与全部挂牌的交易品种

续表

时间	政策
1月14日	国家外汇管理局发布《国家外汇管理局关于印发〈贸易信贷调查制度〉的通知》（汇发〔2016〕1号）
1月20日	中国人民银行办公厅印发《关于调整境外机构人民币银行结算账户资金使用有关事宜的通知》（银办发〔2016〕15号）
1月22日	中国人民银行发布《关于扩大全口径跨境融资宏观审慎管理试点的通知》（银发〔2016〕18号），决定自2016年1月25日起，面向27家金融机构和注册在上海、广东、天津、福建四个自贸区的企业扩大本外币一体化的全口径跨境融资宏观审慎管理试点
1月25日	中国人民银行对境外人民币业务参加行存放境内代理行人民币存款执行正常存款准备金率，即境内代理行执行法定存款准备金率，以防范宏观金融风险，促进金融机构稳健经营
2月4日	国家外汇管理局发布《合格境外机构投资者境内证券投资外汇管理规定》（国家外汇管理局公告2016年第1号），对合格境外机构投资者（QFII）外汇管理制度进行改革
2月5日	国家外汇管理局新闻发言人就银行卡境外购买保险管理有关问题答记者问：中国未调整银行卡境外保险类商户使用政策，但要求机构对商户类别码的标识和使用进行规范。对于持卡人通过多次刷卡从事其他目的保险交易的情况，外汇局将充分利用银行卡交易有记录可查这一特点，会同银行卡组织、发卡行，对于涉嫌多次刷卡交易的持卡人、商户进行重点监测
2月24日	中国人民银行发布〔2016〕第3号公告，引入更多符合条件的境外机构投资者投资银行间债券市场，取消投资额度限制，简化管理流程
3月7日	中国人民银行与新加坡金管局续签规模为3000亿元人民币/600亿新加坡元的双边本币互换协议
3月29日	国家外汇管理局发布《国家外汇管理局关于印发〈通过银行进行国际收支统计申报业务指引（2016年版）〉的通知》（汇发〔2016〕4号）
4月29日	中国人民银行印发通知，自5月3日起在全国范围内实施本外币一体化的全口径跨境融资宏观审慎管理框架（银发〔2016〕132号）
4月29日	国家外汇管理局发布《国家外汇管理局关于进一步促进贸易投资便利化完善真实性审核的通知》（汇发〔2016〕7号）
5月11日	中国人民银行与摩洛哥中央银行签署规模为100亿元人民币/150亿迪拉姆的双边本币互换协议
5月26日	国家外汇管理局发布《国家外汇管理局关于印发〈外币代兑机构和自助兑换机业务管理规定〉的通知》（汇发〔2016〕11号）
5月31日	国家外汇管理局发布《国家外汇管理局关于宣布废止失效14件和修改1件外汇管理规范性文件的通知》（汇发〔2016〕13号）
6月7日	中国人民银行与美国联邦储备委员会签署在美国建立人民币清算安排的合作备忘录，并给予美国2500亿元人民币合格境外机构投资者（RQFII）额度
6月15日	国家外汇管理局发布《国家外汇管理局关于改革和规范资本项目结汇管理政策的通知》（汇发〔2016〕16号）
6月17日	经中国人民银行授权，中国外汇交易中心宣布自6月20日起在银行间外汇市场正式开展人民币兑南非兰特直接交易
6月17日	中国人民银行与塞尔维亚中央银行签署规模为15亿元人民币/270亿塞尔维亚第纳尔的双边本币互换协议

续表

时间	政策
6月24日	全国外汇市场自律机制成立大会暨第一次工作会议召开，全国外汇市场自律机制正式成立，会议审议通过了《外汇市场自律机制工作指引》。外汇市场自律机制的建立，有助于维护外汇市场有序运作和健康发展，促进外汇市场由“他律”转向“他律”和“自律”并重
6月24日	经中国人民银行授权，中国外汇交易中心宣布自6月27日起在银行间外汇市场正式开展人民币兑韩元直接交易
6月25日	中国人民银行与俄罗斯中央银行签署在俄罗斯建立人民币清算安排的合作备忘录
7月11日	中国银行（香港）有限公司以直接参与者身份接入人民币跨境支付系统（CIPS），这是CIPS的首家境外直接参与者；同日，中信银行、上海银行、广东发展银行、江苏银行、三菱东京日联银行（中国）有限公司、瑞穗银行（中国）有限公司、恒生银行（中国）有限公司等以直接参与者身份接入CIPS，CIPS直接参与者数量增加至27家
8月30日	为规范人民币合格境外机构投资者境内证券投资管理，中国人民银行、国家外汇管理局发布《关于人民币合格境外机构投资者境内证券投资管理有关问题的通知》（银发〔2016〕227号）
8月31日	世界银行（国际复兴开发银行）首期特别提款权（SDR）计价债券在中国银行间债券市场成功发行
9月12日	中国人民银行与匈牙利央行续签规模为100亿元人民币/4160亿匈牙利福林的双边本币互换协议
9月20日	中国人民银行授权中国银行纽约分行担任美国人民币业务清算行
9月23日	经中国人民银行授权，中国外汇交易中心宣布在银行间外汇市场开展人民币对阿联酋迪拉姆直接交易
9月23日	经中国人民银行授权，中国外汇交易中心宣布在银行间外汇市场开展人民币对沙特里亚尔直接交易
9月23日	中国人民银行授权中国工商银行（莫斯科）股份有限公司担任俄罗斯人民币业务清算行
9月27日	中国人民银行与欧洲中央银行签署补充协议，决定将双边本币互换协议有效期延长三年至2019年10月8日。互换规模仍为3500亿元人民币/450亿欧元
9月28日	国家外汇管理局发布《国家外汇管理局关于规范货物贸易外汇收支电子单证审核的通知》（汇发〔2016〕25号）
9月29日	国家外汇管理局有关部门负责人就跨境股权转让交易外汇管理事项答记者问：德意志银行将出售华夏银行股份所得汇出境外业务在外汇管理方面不存在政策障碍。按照现行外汇管理规定，境外机构转让其在境内机构的股份，可直接在银行办理与股份转让相关的购付汇手续，银行进行真实、合规审核后即可办理，不需要外汇局事前审批或核准。外汇管理部门支持真实、合规的跨境股权转让交易，积极支持贸易投资便利化
10月1日	人民币加入SDR货币篮子正式生效
10月28日	外汇管理部门要求银行遵守现行外汇管理规定，切实履行展业自律要求，加强真实性合规性审核
11月4日	国家外汇管理局发布《国家外汇管理局关于公布废止和失效27件外汇管理规范性文件的通知》（汇发〔2016〕29号）
11月14日	经中国人民银行授权，中国外汇交易中心宣布在银行间外汇市场开展人民币对加拿大元直接交易
11月29日	中国人民银行印发《关于进一步明确境内企业境外放款业务有关事项的通知》（银发〔2016〕306号），进一步规范境内企业人民币境外放款业务，引导境外放款跨境人民币结算有序开展
12月6日	中国人民银行与埃及中央银行签署规模为180亿元人民币/470亿埃及镑的双边本币互换协议

续表

时间	政策
12月6日	发展改革委等四部门就当前对外投资形势下加强对外投资监管答记者问：监管部门密切关注近期在房地产、酒店、影城、娱乐业、体育俱乐部等领域出现的一些非理性对外投资的倾向，以及大额非主业投资、有限合伙企业对外投资、“母小子大”、“快设快出”等类型对外投资中存在的风险隐患，建议有关企业审慎决策
12月9日	中国人民银行授权中国农业银行迪拜分行担任阿联酋人民币业务清算行
12月11日	国际清算银行（Bank for International Settlements，BIS）宣布中国正式加入国际银行业统计的本地银行业统计（Locational Banking Statistics，LBS），并在其官方网站上发布中国数据，这表明我国国际收支统计数据质量再次得到国际认可，数据透明度持续提高
12月12日	中国人民银行在银行间外汇市场推出人民币对匈牙利福林、波兰兹罗提、丹麦克朗、瑞典克朗、挪威克朗、土耳其里拉和墨西哥比索直接交易
12月21日	中国人民银行与冰岛央行续签规模为35亿元人民币/660亿冰岛克朗的双边本币互换协议
12月26日	印发《中国人民银行办公厅关于境外机构境内发行人民币债券跨境人民币结算业务有关事宜的通知》（银办发〔2016〕258号）
12月31日	国家外汇管理局有关负责人就改进个人外汇信息申报管理答记者问：个人年度购汇额度并未调整，只是细化个人购付汇的申报内容，同时强化银行真实性、合规性审核责任，对个人申报进行事中事后抽查并加大惩处力度

资料来源：中国人民银行、国家外汇管理局。

主要金融市场发展政策

一、银行业市场发展政策[①]

2016 年，中国经济运行出现积极变化，但结构性矛盾仍较突出。面对复杂多变的经济金融形势，中国政府和监管部门主动适应经济发展新常态，根据形势变化适时颁布一系列政策和措施，大力支持银行业的改革和发展。总体来看，我国银行业整体上提高了支持经济发展的质效，保持了自身的稳健运行。

（一）2016 年中国银行业市场发展概述

据银监会发布的数据显示，截至 2016 年末，我国银行业金融机构境内外本外币资产总额为 232.3 万亿元，同比增长 15.8%。总体来看，我国银行业改革、发展和监管工作取得新成效，重点领域风险管控得到加强，银行业总体保持稳健运行，实现了“十三五”良好开局。2016 年我国银行业市场发展具有以下五个特征。

1. 盈利增速小幅提升，净利息收入增长转正

2016 年，国内商业银行整体经营情况略好于市场预期。我国商业银行当年累计实现净利润 16490 亿元，同比增长 3.54%，增速同比上升 1.11 个百分点。总体来看，银行业资产配置向投资类资产倾斜，贷款和同业资产占比有所压缩。非息收入的快速提高成为净利润增长的主要驱动力。净息差、资产减值损失依然是压制行业净利润增长的主要因素，但总体呈边际递减的效应。由于息差受五次降息贷款集中重定价的影响，叠加营改增的因素，进一步收窄，对净利息收入形成利好。

2. 资产质量下行趋缓，信用风险总体可控

2016 年，商业银行不良贷款余额和比率较快增长的势头得到明显遏制，拨备充足程度较高，资产质量保持平稳。截至 2016 年末，我国商业银行不良资产增长趋势有所减缓，不良贷款余额 15123 亿元，较年初增加 2379 亿元，同比减少 1939 亿元；不良贷款率 1.74%，较 2015 年末上升 0.07 个百分点；拨备水平继续小幅提高，拨备覆盖率和贷款拨备率分别为 176.4% 和 3.08%。从全年来看，不良余额增长放缓仍主要得益于商业

---

① 执笔人：周昆平，交通银行发展研究部副总经理；赵亚蕊，交通银行发展研究部高级研究员。

银行持续加大处置和核销的力度，但这些数据的变化也在一定程度上显示出商业银行资产质量下行的压力得到了初步缓解。

3. 市场流动性相对合理，流动性风险总体可控

2016 年，随着国内金融改革的深入推进和资本市场的进一步放开，商业银行流动性风险状况受到不同程度的影响。但随着货币当局宏观审慎监管的要求加强，MPA 进入实质性执行阶段，部分过去开展业务较为激进的银行机构不同程度地收敛。同时，尽管人民银行自第四季度已有明显收短放长意图，但为应对临时流动性压力，人民银行拥有更为丰富和综合的价、量工具以及货币政策可以使用。总体来看，2016 年银行业市场的流动性风险基本可控。

4. 资产负债结构进一步调整

2016 年，受经济增速放缓、利率市场化、互联网金融、金融脱媒及“资产荒”等因素影响，银行业一般存款分流的局面仍旧持续，并带动了存款占比继续下降。由于全年资金面整体相对宽松，加之多层次资本市场的不断完善，银行业主动负债稳步增长，但不同银行的负债成本分化有所加深。2016 年，银行业的整体资产结构得到了进一步优化，信贷资产作为银行业资产的主要构成保持了稳定快速增长，但占比进一步小幅下降。银行业正在通过提升综合金融服务能力、全球化资产配置、深度融合互联网等创新大力发展资产业务。总体来看，银行业负债业务更趋主动性和多元化，资产业务重点发力结构调整和策略创新。

5. 业务经营转型全力推进

2016 年是“十三五”规划开局之年，发展动力转换为银行业市场带来更多新的业务增长点。面对复杂严峻、动荡多变、机遇与挑战并存的外部环境，我国银行业以服务实体经济为根本导向，主动对接国家战略，加快推进改革转型，实施创新驱动发展。整个银行业逐步确立了创新型、市场化、内涵式、协调化、共享型的五大全新发展理念，全面深入推进了五个方面的改革转型，即形成综合金融服务提供商的功能定位，建立多元化、表外化、轻资本的业务模式，显著提升跨境跨业跨市场经营能力，借助“互联网+”实现理念、模式、机制创新，全面提升精细化、专业化、协同化的管理效能。

（二）2016 年中国银行业市场发展政策分析

2016 年，中国银行业在业务转型和创新、发展普惠金融、规范互联网金融、支持供给侧改革、处置和化解不良资产等方面取得较好成效。银行业改革和发展取得的这些成绩得益于国家和银监会的大力支持以及实施的一系列重要政策。这些政策促进了银行业健康稳定的发展。

1. 科技金融模式开启，中国银行业迈入转型新阶段

2016 年可以被称为金融科技元年。大数据、云计算、人工智能、区块链等一系列技术创新正在被全面应用于支付清算、借贷融资、财富管理、零售银行、保险、交易结算

等诸多金融领域，真正开启了金融+科技的深层次融合，中国银行业迈入转型新阶段。

7月28日，国务院发布《“十三五”国家科技创新规划》，该规划中明确提出促进科技金融产品和服务创新，建设国家科技金融创新中心，使金融科技产业正式成为国家政策引导的方向。该规划要求深化促进科技和金融结合试点，建立从实验研究、中试到生产的全过程、多元化和差异性的科技创新融资模式，鼓励和引导金融机构参与产学研合作创新。在依法合规、风险可控的前提下，支持符合创新特点的结构性、复合性金融产品开发，加大对企业创新活动的金融支持力度。

在此基础上，4月15日，银监会等多部门联合发布了《关于支持银行业金融机构加大创新力度开展科创企业投贷联动试点的指导意见》。该意见提出，银行业金融机构要探索建立合理的投贷联动业务发展模式，建立适应科创企业发展规律和金融需求的体制机制，实现风险可控、商业可持续。2016年底，《指导意见》中的试点银行已有一批“投贷联动”案例落地。通过积极拓展创投类企业的投贷联动业务，可以帮助商业银行进入新的细分市场，拓展新客户，抓住发展信贷业务和投资业务的新机遇，实现分享新经济成长的成果，同时也能够进一步助力供给侧改革取得更大成功。

2. 普惠金融战略布局全面推进

作为金融服务行业，银行业承担着全方位为社会各阶层提供服务的重任。1月15日，国务院印发《推进普惠金融发展规划（2016—2020年）》，首次从国家层面确立普惠金融的实施战略。该规划充分体现了使最广大人民群众公平分享金融改革发展成果的宗旨和目标。随后，2月2日，银监会印发了《关于2016年推进普惠金融发展工作的指导意见》，对银行业金融机构推进普惠金融发展工作提出具体的指导意见。3月16日、21日和24日，人民银行等多个部委共同印发了《关于金融助推脱贫攻坚的实施意见》、《关于金融支持养老服务业加快发展的指导意见》以及《中国人民银行　银监会关于加大对新消费领域金融支持的指导意见》，这些政策进一步体现了“立足改善民生，聚焦薄弱领域，深化金融创新，推进普惠建设”的指导思想。

3月15日，人民银行等多部门印发了《关于印发〈农村承包土地的经营权抵押贷款试点暂行办法〉的通知》和《关于印发〈农民住房财产权抵押贷款试点暂行办法〉的通知》。农村金融改革是普惠金融非常重要的组成部分，这两个政策支持银行金融机构加快建立符合农村当地需求特点的金融产品体系，促使其更好地发挥金融服务能力。3月24日，发展改革委和人民银行印发了《关于完善银行卡刷卡手续费定价机制的通知》，9月18日银监会和公安部印发了《中国银监会　公安部关于印发电信网络新型违法犯罪案件冻结资金返还若干规定的通知》，9月30日人民银行印发了《关于加强支付结算管理　防范电信网络新型违法犯罪有关事项的通知》，12月2日银监会和公安部印发了《中国银监会办公厅　公安部办公厅关于印发电信网络新型违法犯罪案件冻结资金返还若干规定实施细则的通知》。这些政策均从不同方面切实维护人民群众的合法利益和财产权益，体现了普惠金融的指导思想。

为加快建立普惠金融服务和保障体系，更有效地支持和鼓励银行业金融机构开展普惠金融工作，9 月 24 日，财政部印发《普惠金融发展专项资金管理办法》，以加强普惠金融发展专项资金管理。该办法规定，中央财政安排专项转移支付资金，从县域金融机构涉农贷款增量奖励、农村金融机构定向费用补贴、创业担保贷款贴息及奖补、政府和社会资本合作（PPP）项目以奖代补四方面支持普惠金融发展。

从 2016 年出台的各项政策来看，国家正在大力发展和支持普惠金融，为商业银行带来新的发展机遇。商业银行应当明确普惠金融发展的目标和改革路线图，深度参与普惠金融体系建设，在构建普惠金融模式、创新普惠金融产品等方面开展创新与合作。

3. 绿色金融迎来广阔发展空间

随着倡导低能耗、高效益的绿色经济不断成为各国经济的转型方向，发展绿色金融的重要性日益凸显。“绿色”成为政府“十三五”规划中的五大发展理念之一。8 月 30 日，中央全面深化改革领导小组第二十七次会议审议通过了《关于构建绿色金融体系的指导意见》。8 月 31 日，中国人民银行、财政部等七部委联合出台《关于构建绿色金融体系的指导意见》（以下简称《指导意见》），构建多层面的绿色金融市场体系达成各方共识。随着《指导意见》的出台，中国成为全球首个建立了比较完整的绿色金融政策体系的经济体。

《指导意见》明确了绿色金融体系概念，就市场运行和监管制度、绿色金融产品创新以及绿色金融风险防范方面提出了一系列激励措施和约束机制，构建了政府、金融机构、环保企业等多方参与协同的绿色金融政策体系的顶层设计。这一《指导意见》，将绿色金融体系上升至国家战略，对培育新增长点的意义明显，对转变经济增长方式，引导社会资本积极参与绿色项目，降低融资门槛，促进经济健康发展有着深远的意义。

4. 加强互联网金融专项整治，严防互联网金融风险

随着互联网金融行业的蓬勃发展，互联网金融风险也在不断增加。2015 年底，随着风险事件的接连爆发，互联网金融整治工作开始全面展开。2016 年以来国家部委和监管机构相继发布了多项互联网金融风险整治的政策。4 月，银监会、人民银行各部委相继印发了《关于印发〈P2P 网络借贷风险专项整治工作实施方案〉的通知》、《关于印发〈非银行支付机构风险专项整治工作实施方案〉的通知》、《多部门关于印发〈通过互联网开展资产管理及跨界从事金融业务风险专项整治工作实施方案〉的通知》。8 月，银监会等部委印发了《网络借贷信息中介机构业务活动管理暂行办法》。这些配套政策对互联网金融涉及到的多个领域进行了严格规范。

10 月，国务院办公厅印发《互联网金融风险专项整治工作实施方案的通知》，该通知对互联网金融风险专项整治工作进行了全面部署安排，明确互联网金融整治的工作目标和原则，提出重点整治问题和工作要求，制定综合运用各类整治措施，提高整治效果

的工作思路。以此通知为指导，人民银行和相关部门也对各自监管领域分别提出实施方案。互联网金融专项整治工作通过打击非法、保护合法，从而有效规范企业的经营行为，这对于互联网金融日后的健康发展具有十分重要的意义。

5. 不良资产处置迎来市场化、多元化和综合化之路

2016 年是不良资产处置行业里程碑式的一年。随着商业银行不良资产规模的不断扩大，商业银行亟须加快处置和化解不良资产，以提高服务实体经济的能力。为此，国家出台多项政策支持商业银行综合运用多种方式化解不良资产。3 月 17 日，银监会发布了《中国银监会办公厅关于规范金融资产管理公司不良资产收购业务通知》，要求资产管理公司收购银行业金融机构不良资产要严格遵守真实性、洁净性和整体性等原则，不得为银行业金融机构规避资产质量监管提供通道。该通知促使 AMC 业务回归本源，进一步规范银行不良资产处置。3 月，工行、建行、中行、农行、交行和招行 6 家银行被确定为参与首批不良资产证券化的试点机构。5 月，中国银行发起了首只不良资产支持证券——中誉 2016 年第一期不良资产支持证券。自 2008 年以来一度暂停的商业银行不良信贷资产证券化正式重启。截至 2016 年末，6 家银行已陆续试水，发行的不良资产支持证券产品规模总计近百亿元。

7 月 6 日，银监会印发《中国银监会办公厅关于做好银行业金融机构债权人委员会有关工作的通知》。该通知提出要切实发挥债权人委员会作用，对符合一定标准的银行业金融机构的客户成立银行债权人委员会。由银行债权人委员会按照“一企一策”的原则集体研究处置措施。这一通知为有效化解不良资产提供了机制保障和政策支持。10 月 10 日，国务院发布《国务院关于积极稳妥降低企业杠杆率的意见》，并同时发布《关于市场化银行债权转股权的指导意见》，标志着我国债转股 17 年后正式重启。本轮债转股“市场化、法治化”成为突出特征，提出了“三鼓励四禁止”，并强调不允许银行直接债转股，应通过向实施机构转让债权、由实施机构将债权转为对象企业股权的方式实现。债转股政策的落地有效拓宽了不良资产化解途径，有助于化解商业银行不良资产压力。

6. 银行业多项政策陆续出台，助力供给侧改革

2016 年相关部门陆续出台了多项政策，引导商业银行全力支持供给侧改革，更好地服务实体经济。2 月 2 日，人民银行印发《关于调整个人住房贷款政策有关问题的通知》，调降房贷首付比例，有效支持房地产去库存。2 月 14 日，人民银行等多部委印发了《关于金融支持工业稳增长调结构增效益的若干意见》。该意见从加强货币信贷政策支持、营造良好的货币金融环境，提高资本市场、保险市场对工业企业的支持力度，推动工业企业融资机制创新，促进工业企业兼并重组，支持工业企业加快“走出去”，加强风险防范和协调配合等六个方面提出了一系列支持工业转型升级、降本增效的具体金融政策措施。该意见为促进金融资源优化配置，支持工业加快转型升级提供了明确的方

向指引和有力的政策支撑。

供给侧结构性改革过程中，钢铁、煤炭去产能是重中之重。随着相关进程的推进，其伴生的金融债权债务问题也引发关注。为有效借助金融手段帮助这些行业当中有发展潜力的企业渡过难关，12 月 1 日，银监会等多部门联合印发《三部门关于钢铁煤炭行业化解过剩产能金融债权债务问题的若干意见》。该意见指出要加大对兼并重组钢铁煤炭企业的金融支持力度，严控违规新增钢铁煤炭产能的信贷投放，并从资金需求、金融支持力度以及贷款重组等多方面做了明确要求，钢铁、煤炭行业去产能力度将大大增强。

7. 加强监管，促进银行业健康发展

2016 年防控金融风险被放到更加重要的位置，人民银行和银监会等相关部门继续提高和改进监管能力，着力防控资产泡沫，处置风险隐患，确保不发生系统性金融风险。9 月 27 日，银监会起草了《银行业金融机构全面风险管理指引（征求意见稿）》。该征求意见稿要求银行业金融机构应当建立全面风险管理体系，采取定性和定量相结合的方法，识别、计量、评估、监测、报告、控制或缓释所承担的各类风险。该征求意见稿的起草形成了我国银行业全面风险管理的统领性、综合性规则，引导银行业树立全面风险管理意识，建立稳健的风险文化，健全风险管理治理架构和要素，完善全面风险管理体系，持续提高风险管理水平。

除了全面、系统的风险防控政策，监管机构也陆续出台多项政策对银行业具体业务进行防范和风险防控。2016 年银行票据业务案件频发，为此，4 月 27 日，中国人民银行和银监会共同发布了《关于加强票据业务监管促进票据市场健康发展的通知》。该通知要求，严格贸易背景真实性审查，严格规范同业账户管理，有效防范和控制票据业务风险，促进票据市场健康有序发展，银行应于 6 月 30 日前在全系统开展票据业务风险排查。该通知是监管部门对银行与企业、银行与银行间发生票据业务的规范，是为稳定市场，避免市场再次出现重大案件及波动，引导市场逐步恢复秩序的规范性文件。

4 月 27 日，银监会印发了《中国银监会办公厅关于规范银行业金融机构信贷资产收益权转让业务的通知》，该通知就交易结构不规范不透明、会计处理和资本、拨备计提不审慎等问题，提出相应具体要求。这一政策的下发有利于银行业监管指标趋于真实化，防范风险快速传染。7 月 27 日，银监会将《商业银行理财业务监督管理办法（征求意见稿）》印发至各家银行，该征求意见稿是在对现行监管规定进行系统性梳理整合的基础上，结合当前银行理财业务发展出现的新情况和新问题制定的，旨在推动银行理财业务规范转型，促进银行理财业务健康、可持续发展，并有效防范风险。

（三）银行业发展政策评价与展望

2016 年，全国银行业系统坚决贯彻落实党中央、国务院重大决策部署，改革，发展，各项工作取得新成效，实现了银行业“十三五”良好开局。支持“三去一降一补”全面推进，金融创新有效落地，普惠金融全面实施，服务实体经济的水平得到很大提升。投贷联动试点顺利推进，市场化债转股和不良资产证券化正式启动，不良资产化解工作取得一定成效。重点领域信用风险得到有效控制，守住了不发生系统性金融风险。

展望2017年，中国银行业在防风险和稳增长之间平衡发展的总体思路不会改变。未来一段时间内，防控金融风险，推进供给侧改革，切实提升服务实体经济的质效仍将是工作的主基调。如何有效防范不良资产、债券违约、影子银行以及互联网风险，如何提高银行业金融服务水平、持续深化普惠金融机制、着力推进农村金融改革，以及如何加强多个监管部门的联动监管可能是2017年政策关注的重点。

专栏一

投贷联动的概念、模式和业务发展[①]

一、投贷联动的定义

2016年4月20日，银监会、科技部、人民银行联合印发《关于支持银行业金融机构加大创新力度开展科创企业投贷联动试点的指导意见》，标志着投贷联动试点工作正式启动。投贷联动是指银行业金融机构以“信贷投放”与本集团设立的具有投资功能的子公司“股权投资”相结合的方式，通过相关制度安排，由投资收益抵补信贷风险，实现科创企业信贷风险和收益的匹配，为科创企业提供持续资金支持的融资模式。

二、投贷联动的主要业务模式

商业银行投贷联动主要有四种模式：一是商业银行直接设立股权投资公司模式，即试点模式。二是商业银行集团内部投贷联动模式，即通过境外子公司在国内设立股权投资管理公司间接投资企业股权。三是商业银行与创投机构合作模式，目前中小商业银行大多选择这种方式。四是产业投资基金模式，由中央和地方成立产业投资母基金，商业银行通过理财等方式募集社会资金，为产业发展提供股权融资。

三、投贷联动业务发展及展望

我国股权投资市场机制日趋规范成熟。2016年早期投资案例数同比下降1.2%，投资金额同比上升20.1%。投资项目行业集中度高，互联网行业比重最大。

2017年商业银行投贷联动业务将继续助力“双创”企业发展，同时面临着一系列风险和问题。投贷联动业务难以从根本上改变科创企业风险较大的现状，对商业银行的风险管理能力提出了较大的挑战，同时相关的配套措施尚待明确和完善，投贷时间的错配也会给商业银行带来短期财务压力。建议商业银行审慎有序开展相关业务。

① 执笔人：周昆平，交通银行发展研究部副总经理；赵亚蕊，交通银行发展研究部高级研究员。

专栏二

中国邮政储蓄银行在香港上市[①]

中国邮政储蓄银行（以下简称邮储银行）成功在港上市。这是邮储银行改革发展史上又一重要里程碑事件，意味着我们向实现打造一家“最受信赖、最具价值的一流大型零售银行”的“邮储梦”又迈出坚实一步；同时也是中国经济金融体制改革框架下，国有商业银行改革的又一项新成果。

仅用7个月就完成在港上市

邮储银行既是最年轻的大型国有商业银行，又是一家历史悠久的“百年老店”。

邮储银行成立于2007年3月，其前身是邮政储蓄，历史可以追溯到1919年开办的邮政储金业务和专设的邮政储金局。2012年1月，经批准，邮储银行完成了股份制改造。

2014年6月，邮储银行正式启动“引战”工作，并于2015年12月成功引入10家战略投资者——包括国际知名金融机构、大型国有企业和互联网企业三种类型。当次融资规模约合451亿元，是中国金融企业单次规模最大的私募股权融资，也是“十二五”期间中国金融企业规模最大的股权融资。在此基础上，2016年2月，邮储银行正式启动H股上市筹备工作，仅用7个月，于2016年9月28日在港挂牌上市。

邮储银行上市如此顺利，得益于成立以来不断深化改革、转型创新，一步一个脚印，将一家业务单一的储蓄汇兑机构发展成为一家有特色的全功能商业银行，打造了涵盖零售业务、公司业务、国际金融、金融市场、资产管理、投资银行等在内的现代银行业务格局。

截至2016年末，邮储银行拥有营业网点近4万个，服务客户达5.22亿人，是中国内地网络规模最大、覆盖面最广的商业银行；资产规模达8.27万亿元、各项存款余额7.29万亿元、各项贷款总额3.01万亿元，均在中国银行业位居前列。根据英国《银行家》杂志“2016年全球银行1000强排名”，邮储银行总资产居第22位。

彰显国际社会对中国经济的信心

在近年来国际金融市场动荡，一些国际机构对中国经济特别是对中国银行业持怀疑态度的背景下，此次邮储银行股票发行成绩确实喜人。

一是规模大。共发行124.27亿股，募集资金591.5亿港元（行使超额配售权后），是近两年来全球最大的IPO项目，也是近六年来H股最大的IPO项目。

二是定价好。发行价格为4.76港元/股，最终发行估值对应2016年第一季度净资产

① 摘自吕家进（中国邮政储蓄银行行长）：《邮储银行在港上市　彰显国际社会对中国银行业的信心》，载《紫荆》，2016年12月号，略有修改。

的市净率为1.02倍，打破了大型商业银行H股IPO折价发行惯例，实现了国有资产的保值增值。

三是广获认可。国际发行获得了多倍的超额覆盖，实现了国际机构与中资机构、长线基金与对冲基金等多种类型的合理搭配；香港公开发行方面，合计认购约82.5亿港元，覆盖倍数约为2.6倍，相当于一个大中型的IPO发行规模。

这些成绩不仅表明邮储银行的发展得到了社会各界的认可，也充分体现了国际市场对中国经济的信心。

首先，这说明国际资本市场对中国经济的发展前景充满信心。离开了实体经济，金融就成为无源之水、无本之木。中共十八大以来，以习近平同志为核心的党中央励精图治，以新思想引领新常态，以新理念指导新实践，以新战略谋求新发展。中国着力加强供给侧结构性改革，极大地释放了改革红利，激发了微观主体活力。

其次，这说明国际资本市场对中国银行业的发展前景充满信心。改革开放以来，中国金融改革发展取得了举世瞩目的成就。特别是中共十八大以来，在全面深化经济体制改革和完善金融市场体系的战略要求下，中国金融市场化改革进程加速，金融法制化、信息化和金融服务现代化水平明显提高，金融基础设施建设成效显著，金融生态环境不断优化。

此外，这说明国际资本市场对邮储银行的发展前景充满信心。中国不缺少银行，但缺少有特色的银行。邮储银行之所以能够以较高的溢价水平成功发行上市，得益于差异化的战略定位、独特的运营模式、雄厚的资金实力、优异的资产质量和巨大的成长潜力。

将推进与多元化投资者的合作

香港是一个重要的、成熟的国际金融市场，多元化的国际投资者有助于优化邮储银行股权结构及治理机制，进一步提升公司治理水平和经营管理能力。

为成为最受信赖、最具价值的一流大型零售银行，面向未来，邮储银行将采取两大战略举措：一是在业务布局方面，坚持“一体两翼”策略，巩固核心业务优势，针对不断变化的客户需求和市场情况，积极拓展新兴业务领域，实现收入多元化。二是在发展支撑保障方面，全面升级“线上+线下”独具特色的互联网金融服务平台，加强成本管控并提高运营效率，持续强化风险和资本管理能力，坚持“科技引领”战略，全面推进人才强行战略，着力提升基础支撑，实现可持续发展。

为了实现以上战略，邮储银行将联手各方打造覆盖中国广大零售客户的金融生态圈。

一方面，邮储银行将携手中国邮政集团公司，借助大股东实物流、资金流、信息流优势，为广大客户提供更丰富便捷的服务。另一方面，邮储银行将携手世界一流的战略投资者，与引进的10家战略投资者在零售金融、金融市场、互联网金融等多个领域积极推进战略合作，学习他们的先进经验和专业优势，进一步提升经营效率和管理水平。

我们相信，经过不懈的努力，邮储银行的未来会更加灿烂！

附表

2016 年中国银行业市场主要发展政策

发布日期	政策名称	发文单位
1 月 15 日	《国务院关于印发推进普惠金融发展规划（2016—2020 年）的通知》	国务院
2 月 2 日	《关于调整个人住房贷款政策有关问题的通知》	人民银行、银监会
2 月 6 日	《中国银监会办公厅关于 2016 年推进普惠金融发展工作的指导意见》	银监会办公厅
2 月 14 日	《关于金融支持工业稳增长调结构增效益的若干意见》	人民银行、发展改革委、工信部、财政部、商务部、银监会、证监会、保监会
3 月 14 日	《国家发展改革委　中国人民银行关于完善银行卡刷卡手续费定价机制的通知》	国家发展改革委、人民银行
3 月 15 日	《关于印发〈农民住房财产权抵押贷款试点暂行办法〉的通知》	人民银行、银监会、保监会、财政部、国土资源部、住房和城乡建设部
3 月 15 日	《关于印发〈农村承包土地的经营权抵押贷款试点暂行办法〉的通知》	人民银行、银监会、保监会、财政部、农业部
3 月 16 日	《关于金融助推脱贫攻坚的实施意见》	人民银行、发展改革委、财政部、银监会、证监会、保监会、国务院扶贫开发领导小组办公室
3 月 17 日	《中国银监会办公厅关于规范金融资产管理公司不良资产收购业务通知》	银监会办公厅
3 月 21 日	《关于金融支持养老服务业加快发展的指导意见》	人民银行、民政部、银监会、证监会、保监会
3 月 24 日	《中国人民银行　银监会关于加大对新消费领域金融支持的指导意见》	人民银行、银监会
4 月 12 日	《国务院办公厅关于印发互联网金融风险专项整治工作实施方案的通知》	国务院办公厅
4 月 13 日	《关于印发〈非银行支付机构风险专项整治工作实施方案〉的通知》	人民银行等 14 部委
4 月 13 日	《关于印发〈P2P 网络借贷风险专项整治工作实施方案〉的通知》	银监会
4 月 14 日	《多部门关于印发〈通过互联网开展资产管理及跨界从事金融业务风险专项整治工作实施方案〉的通知》	人民银行等 17 部委
4 月 15 日	《中国银监会　科技部　中国人民银行关于支持银行业金融机构加大创新力度开展科创企业投贷联动试点的指导意见》	银监会、科技部、人民银行
4 月 27 日	《关于加强票据业务监管促进票据市场健康发展的通知》	人民银行、银监会

续表

发布日期	政策名称	发文单位
4月27日	《中国银监会办公厅关于规范银行业金融机构信贷资产收益权转让业务的通知》	银监会办公厅
7月1日	《国务院办公厅关于进一步做好民间投资有关工作的通知》	国务院办公厅
7月6日	《中国银监会办公厅关于做好银行业金融机构债权人委员会有关工作的通知》	银监会办公厅
7月27日	《商业银行理财业务监督管理办法（征求意见稿）》	银监会
7月28日	《“十三五”国家科技创新规划》	国务院
8月24日	《网络借贷信息中介机构业务活动管理暂行办法》	银监会、工业和信息化部、公安部、互联网信息办公室
8月31日	《关于构建绿色金融体系的指导意见》	人民银行、财政部、发展改革委、环保部、银监会、证监会、保监会
9月18日	《中国银监会　公安部关于印发电信网络新型违法犯罪案件冻结资金返还若干规定的通知》	银监会、公安部
9月20日	《国务院关于促进创业投资持续健康发展的若干意见》	国务院
9月24日	《普惠金融发展专项资金管理办法》	财政部
9月27日	《中国银监会关于印发银行业金融机构全面风险管理指引的通知》	银监会
9月30日	《关于加强支付结算管理　防范电信网络新型违法犯罪有关事项的通知》	人民银行
10月10日	《关于市场化银行债权转股权的指导意见》	国务院
10月10日	《国务院关于积极稳妥降低企业杠杆率的意见》	国务院
10月13日	《通过互联网开展资产管理及跨界从事金融业务风险专项整治工作实施方案》	人民银行等17部委
12月1日	《三部门关于钢铁煤炭行业化解过剩产能金融债权债务问题的若干意见》	银监会、发展改革委、工业和信息化部
12月2日	《中国银监会办公厅　公安部办公厅关于印发电信网络新型违法犯罪案件冻结资金返还若干规定实施细则的通知》	银监会办公厅、公安部办公厅

资料来源：课题组整理。

二、股票市场发展政策①

股票市场必须发挥融资与投资等基本功能，而不仅仅是炒股。在“炒股”这一基本思维逻辑下，反常识的现象频现于A股市场，A股市场在经历了2015年的异常波动之后，A股在2016年初继续遭遇熔断的负面影响。与此同时，忽悠式重组、大股东撤退

① 执笔人：孙建波，中阅资本管理股份公司总经理，曾任中国银河证券首席策略师。

式减持、资本大鳄血腥套利等行为在A股频繁上演，破坏了A股的市场生态。

2016年是中国股票市场发展政策发生革命性变化的一年。在纠正1月熔断机制的政策错误之后，新任证监会主席刘士余从股票市场的长效机制出发，为证券市场规范发展作出了坚持不懈的努力。尤其是在恢复股票市场融资功能这一核心问题上，彻底摒弃过去“股市下跌就暂停或暂缓IPO”的错误做法，坚持推进市场化新股发行。全面规范股票市场各类制度，打击各类违法违规，强调信息披露合法合规，开启了中国股票市场的新纪元。

（一）2016年中国股票市场概况

A股股民经历了2015年的一波大牛市和股灾，紧随其后的2016年也注定不平凡。在2016年里，A股熔断、分析师打脸、妖股肆虐、特停风波、英国脱欧、美国特朗普上台等事件均被认为是A股的意外事件。然而，A股市场在监管纠偏之后，很快走上了正轨。在经历了1月的熔断之后，2月起便进入了震荡上行的通道。截至年底，沪指收复3100点平稳收官，超越1月底最低点2638.30点，上涨17.6%。2016年股票市场最值得称道的，便是在纷繁复杂的市场环境中实现了指数的稳定，实现了对市场反常现象的整顿，实现了股市融资功能的恢复。

A股的交易量也告别了天量时代，从2015年的疯狂回归常态，两市全年成交额127.8万亿元，日均5259亿元，同比下降约50%。

新三板市场建设取得显著成绩，为中国多层次资本市场建设奠定了坚实的基础。截至2016年底，新三板挂牌公司数量从上一年年底的5129家大幅提升冲至10163家。截至2016年12月30日，新三板市场在回暖的春风中收官，市场交易额收报15.83亿元。三板做市、三板成指分别收在1112.11点、1237.56点。新三板无疑已经成为全球公司数量最多的创投公司蓄水池。随着分层政策思路的日渐清晰，新三板也必将形成一个能够活跃交易的层次，引领新三板市场的发展。

（二）2016年股票市场主要发展政策分析

1. 治理IPO堰塞湖问题

2016年，中国A股最大的制度性举措是治理IPO堰塞湖问题，新股发行有条不紊地推进，相关制度也同步推进。

1月1日，中国证监会发布完善了新股发行制度相关规则，《证券发行与承销管理办法》、《首次公开发行股票并上市管理办法》及《首次公开发行股票并在创业板上市管理办法》、《关于首发及再融资、重大资产重组摊薄即期回报有关事项的指导意见》正式发布，自2016年1月1日起施行。主要内容包括：一是采纳完善弃购股份处理的建议，对投资者弃购的股份，允许承销商按事先公布的原则配售给其他参与申购的投资者。二是采纳完善现有报价剔除机制的建议，规定若最高申报价格与最终确定的发行价格相同时，剔除比例可以少于10%，避免出现相同报价中部分投资者被剔除的不公平情形。三是采纳强化独立性和募集资金使用信息披露的建议，修改了招股说明书准则，增加并细化了相关信息披露要求。四是采纳完善摊薄即期回报补偿机制信息披露要求的建议，在招股说明书准则中，增加了摊薄即期回报分析的假设前提、参数设置、计算过程等披露要求。从1月1日起，新股发行将按照新的制度执行。投资者申购新股时无须再预先缴款，小盘股将直接定价发行，发行审核将会更加注重信息披露要求，发行企业和保荐机构需要为保护投资者合法权益承担更多的义务和责任。

12月9日，证监会修订《发行监管问答——关于首次公开发行股票中止审查的情形》、《发行监管问答——在审首发企业中介机构被行政处罚、更换等的处理》。《发行监管问答——关于首次公开发行股票中止审查的情形》规定，保荐机构因涉嫌违法违规被行政机关调查，或者被司法机关侦查，尚未结案的，中止审查；《发行监管问答——在审首发企业中介机构被行政处罚、更换等的处理》规定，在审首发企业，包括已过发审会的企业，更换保荐机构的，一律需要重新履行申报程序。这两项规定，都属于审慎性措施，前者意在避免保荐机构执业质量问题波及其他推荐项目，后者意在避免发行人随意更换保荐机构，弱化保荐机构把关作用。两项规定的执行，对于传导监管压力、提高审核质量发挥了重要作用。但是，上述两项规定一方面造成被立案保荐机构推荐的大量无过错在审企业被中止审查，另一方面该等企业需要通过更换保荐机构“自救”的，又必须重新申报，使无过错发行申请人面临较长时间成本。由于IPO排队企业依然较多和证监会不断加大监管执法力度，上述矛盾日渐突出。证监会对上述两项监管问答进行了进一步优化完善，在不降低保荐机构尽职调查责任和督促保荐机构规范执业的情况下，尽量减少对无过错发行人的不良影响。根据修订后的相关监管问答，对于涉案保荐机构承做的在审项目，如已受理原则上不停止审核，但相关保荐机构应当对由其承办的在审项目是否继续符合行政许可条件进行审慎的全面复核；除保荐机构因发行人不配合其履行保荐职责或认为发行人不符合发行上市条件而主动终止保荐协议，或发行人非因保荐机构被立案或执业受限而主动与保荐机构终止保荐协议的情形外，在审企业更换保荐机构的，不再重新排队，但应由新的保荐机构全面履行尽职调查义务，并独立出具新的保荐意见。保荐机构从事上市公司再融资业务和并购重组财务顾问业务，比照处理。

2. 大小非监管思路

大股东减持应诚实守信，遵守法律法规及承诺，不得滥用控制地位和信息优势侵害中小股东合法权益。对于减持过程中涉嫌信息披露虚假、内幕交易、操纵市场等违法违规行为，将坚决查处。

1月7日，为维护资本市场稳定，支持上市公司控股股东、持股5%以上股东（以下并称大股东）及董事、监事、高级管理人员通过增持上市公司股份方式稳定股价，切实维护广大投资者权益，证监会发布《关于上市公司大股东及董事、监事、高级管理人员增持本公司股票相关事项的通知》。相关事项如下：（1）在6个月内减持过本公司股票的上市公司大股东及董事、监事、高级管理人员，通过证券公司、基金管理公司定向资产管理等方式购买本公司股票的，不属于《证券法》第四十七条规定的禁止情形。通过上述方式购买的本公司股票6个月内不得减持。（2）上市公司股票价格连续10个交易日内累计跌幅超过30%的，上市公司董事、监事、高级管理人员增持本公司股票且承诺未来6个月内不减持本公司股票的，不适用《上市公司董事、监事和高级管理人员所持本公司股份及其变动管理规则》（证监公司字〔2007〕56号）第十三条的规定。（3）在一个上市公司中拥有权益的股份达到或超过该公司已发行股份的30%的，每12个月内增持不超过该公司已发行的2%的股份，不受《上市公司收购管理办法》第六十三条第二款第（二）项“自上述事实发生之日起一年后”的限制。（4）鼓励上市公司大股东及董事、监事、高级管理人员在本公司股票出现大幅下跌时通过增持股票等方式稳定股价。

1月7日，为维护证券市场稳定，中国证监会发布了《上市公司大股东、董监高减持股份的若干规定》（以下简称《减持规定》），自2016年1月9日起施行。《减持规定》表示，上市公司持股5%以上股东在3个月内通过证券交易所集中竞价交易减持股份的总数，不得超过公司股份总数的1%。《减持规定》重点就大股东通过“集中竞价交易”这一特定途径减持股份作出细化要求，且受限范围不包括其通过二级市场购入的股份。董监高减持股份，完全按照《公司法》的规定严格执行。

3. 并购重组监管思路

抑制投机“炒壳”，促进资金流向实体经济。减少和简化并购重组行政许可。强化信息披露、加强事中事后监管、督促中介机构归位尽责。

6月17日，证监会就修改《上市公司重大资产重组管理办法》（以下简称《重组办法》）公开征求意见。本次修订旨在给“炒壳”降温，促进市场估值体系的理性修复，继续支持通过并购重组提升上市公司质量，引导更多资金投向实体经济。为此，《重组办法》在强化信息披露、加强事中事后监管、督促中介机构归位尽责、保护投资者权益等方面做了一系列配套安排。本次修改涉及5个条款，主要包括三个方面：一是完善重组上市认定标准，扎紧制度与标准的“篱笆”。参照包括香港市场在内的国际上成熟市场经验，细化关于上市公司“控制权变更”的认定标准，完善关于购买资产规模的判断指标，明确首次累计原则的期限。二是完善配套监管措施，抑制投机“炒壳”。取消重组上市的配套融资，提高对重组方的实力要求；遏制短期投机和概念炒作，上市公司原控股股东与新进入控股股东的股份都要求锁定36个月，其他新进入股东的锁定期从目前12个月延长到24个月；上市公司或其控股股东、实际控制人近三年内存在违法违规或一年内被交易所公开谴责的，不得“卖壳”。三是按照全面监管的原则，强化证券公司、会计师事务所及资产评估等中介机构在重组上市过程中的责任，按“勤勉尽责”的法定要求加大问责力度。在规则适用方面，《重组办法》的过渡期安排将以股东大会为界新老划断。

4. 投资者保护提升到市场治理的重中之重

12 月 16 日，证监会发布《证券期货投资者适当性管理办法》，自 2017 年 7 月 1 日起施行，同时发布《关于实施〈证券期货投资者适当性管理办法〉的规定》，自发布之日起施行。制定《证券期货投资者适当性管理办法》是落实习近平同志“加快形成融资功能完备，基础制度扎实，市场监管有效，投资者合法权益得到充分保护的股票市场”重要指示精神和国务院有关文件部署，以及“依法监管、从严监管、全面监管”工作要求的重要举措，标志着我国资本市场投资者合法权益保护的基础制度建设又向前迈进了重要一步。

5. 股权激励制度得到完善

7 月 13 日，证监会发布《上市公司股权激励管理办法》。本次制定该办法的总体原则是以信息披露为中心，根据宽进严管的监管理念，放松管制、加强监管，逐步形成公司自主决定的、市场约束有效的上市公司股权激励制度。主要内容包括：一是对信息披露作专章规定，强化信息披露监管；二是完善股权激励的实施条件，明确激励对象的范围；三是深化市场化改革，进一步赋予公司自治和灵活决策空间，放宽绩效考核指标、股票定价机制、预留权益比例、股权激励与其他重大事项的间隔期、终止实行股权激励计划的强制间隔期等方面要求；四是基于实践发展需求，进一步完善限制性股票与股票期权相关规定；五是强化公司内部监督与市场约束，进一步完善股权激励决策程序、实施程序相关规定，对决策、授予、执行等各环节提出细化要求；六是加强事后监管，增加公司内部问责机制安排，细化监督处罚的规定，为事后监管执法提供保障。

6. 新三板分层发展制度正式实施

5 月 27 日，全国中小企业股份转让系统发布《全国中小企业股份转让系统挂牌公司分层管理办法（试行）》（以下简称《分层管理办法》），《分层管理办法》规定，自 2016 年 6 月 27 日起，全国股转公司正式对挂牌公司实施分层管理。

7. 股市服务实体经济

8 月 8 日，国务院印发《关于降低实体经济企业成本工作方案》。该方案在有效降低实体经济融资成本方面，提到要大力发展股权融资。完善证券交易所市场股权融资功能，规范全国中小企业股份转让系统（“新三板”）发展，规范发展区域性股权市场和私募股权投资基金。

8. 多层次股权市场在降杠杆方面将发挥重要作用

10 月 10 日，国务院发布《国务院关于积极稳妥降低企业杠杆率的意见》。该意见表示降杠杆的总体思路是：坚持积极的财政政策和稳健的货币政策取向，以市场化、法治化方式，通过推进兼并重组、完善现代企业制度强化自我约束、盘活存量资产、优化债务结构、有序开展市场化银行债权转股权、依法破产、发展股权融资，积极稳妥降低企业杠杆率，助推供给侧结构性改革，助推国有企业改革深化，助推经济转型升级和优化布局，为经济长期持续健康发展夯实基础。其中涉及股市的途径为积极发展股权融资。（1）加快健全和完善多层次股权市场。加快完善全国中小企业股份转让系统，健全小额、快速、灵活、多元的投融资体制。研究全国中小企业股份转让系统挂牌公司转板创业板相关制度。规范发展服务中小微企业的区域性股权市场。支持区域性股权市场运营模式和服务方式创新，强化融资功能。（2）推动交易所市场平稳健康发展。进一步发展壮大证券交易所主板，深入发展中小企业板，深化创业板改革，加强发行、退市、交易等基础性制度建设，切实加强市场监管，依法保护投资者权益，支持符合条件的企业在证券交易所市场发行股票进行股权融资。（3）创新和丰富股权融资工具。大力发展私募股权投资基金，促进创业投资。创新财政资金使用方式，发挥产业投资基金的引导作用。规范发展各类股权类受托管理资金。在有效监管的前提下，探索运用股债结合、投贷联动和夹层融资工具。（4）拓宽股权融资资金来源。鼓励保险资金、年金、基本养老保险基金等长期性资金按相关规定进行股权投资。有序引导储蓄转化为股本投资。积极有效引进国外直接投资和国外创业投资资金。

9. 券商及私募子公司纳入监管规范

12 月 30 日，中国证券业协会发布《证券公司私募投资基金子公司管理规范》及《证券公司另类投资子公司管理规范》。有关事项如下：（1）各证券公司应当明确各类子公司的经营边界。一类业务原则上只能设立一个子公司经营，相关子公司应当专业运营，不得兼营。证券公司各类子公司均不得开展非金融业务，原则上不得下设二级子公司。（2）各证券公司应当在两部规范规定的过渡期内，按照关联公司之间禁止同业竞争的原则和两部规范的相关规定，对现存的一类业务有多个子公司经营的情况，通过拆分、合并等方式进行规范，并稳妥地做好客户安置等工作。（3）各证券公司应当强化对子公司的管控责任，做好风险防范工作，避免证券公司与子公司、各子公司之间出现风险传递，并切实承担对子公司风险控制及风险处置的应有责任。（4）各证券公司、私募投资基金子公司、另类投资子公司应当对照本通知及两部规范的要求进行自查，拟定整改方案。

（三）政策评价与展望

2016 年中国股票市场为服务实体经济作出了新的贡献，一级市场融资额度全球第一，二级市场发展与改革持续推进，市场化与法制化的方向没有改变，对于风险的识别、防范和化解能力不断提升。发展多层次资本市场作为国家改革与发展的重要一环，面对困境经受住了考验，也吸取了经验与教训。

展望 2017 年，股票市场将继续大力推进供给侧结构性改革，降低非金融企业杠杆，降低实体经济融资成本，为服务实体经济继续努力，大力推行各项制度改革。2017 年的政策重点包括如下几方面。

1. 强调法治、坚持市场原则

建立健全相应的法律法规，加强监管，坚持市场化、法治化、国际化导向，促进资本市场健康发展。进一步加强股票市场的制度建设，建立健全相应的法律法规，在制度规范与监管层面尽快与国际市场接轨。着力提高中介机构服务的规范化，在风险可控的条件下加强券商等金融中介机构的业务创新能力，加大金融衍生品的研发力度，着力培养机构投资者的投资能力。

2. 深化发行制度改革，推进注册制改革，健全分红制度

深化发行制度改革，提高资本市场的产业配置效率，是我国股市政策的历史性任务。我国资本市场资源在产业间缺乏配置效率的根本原因在于股票发行制度尚未完善，应加快推进注册制改革。健全股市分红制度。我国股票市场产业间配置缺乏效率的另一个原因在于我国股票市场缺乏分红制度。重融资、轻回报是当前我国股市面临的一大问题，这极大地助长了二级市场的短期盲目炒作行为，降低了市场引导长期投资资金进入具有发展潜力的企业和行业的效率，一方面阻碍了产业结构升级，另一方面也容易造成股市动荡。所以建立合理有效的分红制度，可以有效地降低市场风险，规范市场行为，更有利于资本市场发挥作用。

3. 完善多层次资本市场建设

在基于宏观审慎的多部门多市场协调管理与监督的理念下，我国场外市场管理未来将在市场准入制度和信息披露制度方面继续完善，同时将客户适当性分类管理和区别监管的思想引入到场外市场的监管中来，推动跨市场报告清算系统的连通与进一步融合，更好地发挥场外市场与中小企业发展的互动促进作用。明确市场区分的准入标准和投资者适当性标准。分层次建设统一的监督管理体系。分层次构建统一的信息服务平台。构建高效竞争的商业服务和中介服务体系。

4. 发展专业化的中介服务机构

当前，我国的资本市场中介服务机构有着严格的“牌照监管”，这一牌照监管思路，确保了系统运行的有序，但也牺牲了市场的效率。两者权衡，是牺牲了效率。根本原因在于专业服务机构的专业性在牌照监管中并未得到体现，牌照监管主要根据从业人员的底线资格数量，不重视机构的领袖人物能力以及公司的实际业务能力。牌照监管还产生了制度腐败。监管当局以数量控制或合规要求为由，将相关事务指定特定社会服务机构去做。如此一来，其他社会服务机构自然成了“非法机构”。在目前的监管模式下，获得牌照的机构很少有思考创新的。新三板的定增、可交换债、优先股，有着非常多的金融创新空间，但现有“体制内机构”所做的探索努力较少，亟待政策放开吸引社会机构广泛参与。

专栏

深港通[①]

继沪港通之后，2016 年 12 月 5 日深港通正式开通，这是中国资本市场对外开放的又一个里程碑。

（一）升级中港两地互联互通机制，创新交易模式

深港通可以看作中港两地互联互通机制的升级版。相较沪港通，深港通方案设计进一步完善升级。深港通每日额度与沪港通现行标准一致，但取消了总额度限制；投资标的扩容，可投资港股标的新增市值 50 亿港元及以上的恒生综合小型股指数成分股与深市 A 股对应的 H 股，满足投资者多样化的跨境投资需求；交易品种增加，待深港通运行一段时间后，交易型开放式基金（ETF）也将纳入互联互通的投资标的。深港通开启了新的交易模式，交易模式和结算模式分开，以最小的制度成本换取了最大的市场成效。

（二）实现资本市场双向开放，推动人民币国际化进程

深港通促进了人民币的跨境流动，有利于海外投资者经由香港市场投资内地市场，投资者可以在不改变自身交易习惯的条件下最大限度地自由投资对方市场标的，同时不会引发资金大进大出，实现了最大幅度的中国资本市场双向开放。此外，深港通采取交易过境、清算不过境的交易模式，有利于扩大人民币的使用范围和使用效率，助推人民币从贸易结算货币走向投融资货币，巩固香港作为国际金融中心的地位，加速人民币的国际化进程。

（三）缩小 AH 股价差，修复估值差异

中国内地资本市场的投资者以散户为主，而香港资本市场以机构投资者为主，两地市场投资者在风险偏好和投资理念上的差异导致了 AH 股价差的长期存在。深港两地资本市场的融合发展，加速了两地资金流动，改善部分投资标的流动性不足的问题，完善套利机制，虽未能从根本上消除 AH 股价差，但长期会缩小 AH 股价差，修复估值差异。

（四）加速资本市场建设，更好地支持实体经济发展

深港通的开通对国内资本市场的改革发展意义深远。相较于国内资本市场，香港资本市场的国际化水平较高，市场机制相对成熟。随着互联互通模式下两地资本市场合作的加深，将推动交易所完善制度设计，强化监控，提升金融风险防控能力，加速资本市场建设。同时，海外投资者的进场有利于逐步改善国内资本市场的投资者结构和风险偏好，回归价值投资，更好地服务于实体经济的发展。

---

① 执笔人：武平平，中国银河证券研究部非银行金融行业分析师。

附表

2016 年中国股票市场主要发展政策一览

日期	文件名称	发文单位
1 月 1 日	《证券发行与承销管理办法》、《首次公开发行股票并上市管理办法》、《首次公开发行股票并在创业板上市管理办法》、《关于首发及再融资、重大资产重组摊薄即期回报有关事项的指导意见》	中国证监会
1 月 7 日	《关于上市公司大股东及董事、监事、高级管理人员增持本公司股票相关事项的通知》	中国证监会
1 月 7 日	《上市公司大股东、董监高减持股份的若干规定》	中国证监会
4 月 29 日	《证券投资者保护基金管理办法》	中国证监会
5 月 27 日	《全国中小企业股份转让系统挂牌公司分层管理办法（试行）》	全国中小企业股份转让系统发布
6 月 17 日	《上市公司重大资产重组管理办法》公开征求意见	中国证监会
7 月 13 日	《上市公司股权激励管理办法》	中国证监会
8 月 8 日	《关于降低实体经济企业成本工作方案》	国务院
9 月 30 日	《内地与香港股票市场交易互联互通机制若干规定》	中国证监会
10 月 10 日	《国务院关于积极稳妥降低企业杠杆率的意见》	国务院
10 月 14 日	《证券基金经营机构参与内地与香港股票市场交易互联互通指引》	中国证监会
11 月 11 日	《期货投资者保障基金管理办法》及配套规定	财政部、中国证监会
12 月 9 日	《发行监管问答——关于首次公开发行股票中止审查的情形》、《发行监管问答——在审首发企业中介机构被行政处罚、更换等的处理》	中国证监会
12 月 16 日	《证券期货投资者适当性管理办法》	中国证监会
12 月 21 日	《国家发展改革委　中国证监会关于推进传统基础设施领域政府和社会资本合作（PPP）项目资产证券化相关工作的通知》	国家发展改革委、中国证监会
12 月 30 日	《证券公司私募投资基金子公司管理规范》及《证券公司另类投资子公司管理规范》	中国证券业协会

资料来源：课题组整理。

三、保险市场发展政策①

2016 年，保险业坚决贯彻落实党中央、国务院决策部署，改革发展和监管各项工作取得新突破，实现了保险业“十三五”良好开局。一是抓住服务供给侧结构性改革和脱贫攻坚战略两大主线，助力实体经济发展，助力脱贫攻坚战略，助力保障改善民生，助力国家重大战略建设，推动保险服务能力再上新台阶。二是全面深化保险改革，更好地发挥市场配置资源决定性作用。深入推动重点领域改革，完善市场体系建设，强化事中

① 执笔人：刘涛，中国保监会博士后。

事后监管，积极推进保险业双向开放。三是坚持预警与防范化解相结合，守住不发生系统性风险的底线。贯彻落实党中央国务院从严监管指示精神，推进保险业重大风险防范全覆盖，保持对重点风险的高压态势，处理一些潜在风险点。四是强化保险监管的前瞻性和针对性，不断夯实监管基础。推进保险监管制度建设，加强保险消费者保护工作，健全完善保险法律制度体系，运用信息化手段加强改进监管。

（一）2016 年保险市场发展概况

近五年来，我国保险业发展取得突破性进展。全国保费收入从2011 年的1.4 万亿元增长到2016 年的3.1 万亿元，年均增长 16.8%。牢牢守住不发生系统性风险的底线，偿付能力不达标公司从 2011 年的 5 家减少到 2016 年第三季度末的 3 家，行业净资产从 2011 年的 5566 亿元增加到 2016 年 11 月底的 1.76 万亿元。在全面深化保险监管改革方面，积极推进保险费率形成机制改革、市场准入退出机制改革、保险资金运用体制改革、保险产品监管改革，正式实施“偿二代”监管制度体系。2016 年，个人税优健康保险、巨灾保险工作持续推进，大病保险全面铺开，农业保险覆盖面不断扩大，责任保险产品体系日益健全，保险的经济“助推器”和社会“稳定器”作用日益发挥。

（二）2016 年保险市场政策分析

2016 年以来，国家有关部委出台了一系列政策法规，从不同方面进一步推动了保险市场的规范和保险业的发展。

1. 进一步强化了对中短存续期产品的监管力度，牢牢守住风险底线

鉴于“高现金价值产品”涵盖产品范围较窄，同时不能准确反映此类产品的风险，中国保监会继 2014 年 1 月 29 日发布《中国保监会关于规范高现金价值产品有关事项的通知》之后，又于 2016 年 3 月 7 日发布了《中国保监会关于规范中短存续期产品有关事项的通知》，此次中短存续期产品监管规则修订的主要内容包括以下几方面。一是对中短存续期产品进行了定义。与原有的高现价产品的定义相比，中短存续期产品的实际存续期间由不满 3 年扩大至不满 5 年，引导行业调整业务结构，发展长期业务。二是规模管控的基准与投入资本和净资产挂钩。要求保险公司中短存续期产品年度保费收入应控制在公司投入资本和净资产较大者的 2 倍以内，切实防范保险公司的偿付能力风险。三是对不同存续期限的中短存续期产品的销售提出不同要求。存续期限不满 1 年的中短存续期产品应立即停售，存续期限在 1 年以上且不满 3 年的中短存续期产品的销售规模在 3 年内按照总体限额的 90%、70%、50% 逐年缩减，3 年后控制在总体限额的 50% 以内，强化了对资产负债错配风险和流动性风险的管控。四是对超过规模限制的公司采取严厉的监管措施。保险公司销售中短存续期产品规模超过限额的，应立即停止销售中短存续期产品，并向中国保监会报告，中国保监会将对其采取停止开展新业务等监管措施，以强化对中短存续期产品的规模管控。

《中国保监会关于规范中短存续期产品有关事项的通知》的发布，将有利于人身保

险公司不断调整和优化业务结构，进一步发展风险保障类产品，理性发展中短存续期产品，守住不发生区域性系统性风险底线；有利于人身保险公司牢固树立风险意识，加强资本规划和管理，促进全行业进一步转型升级，增强可持续发展能力；有利于人身保险业为资本市场、实体经济以及国家重点基础设施建设提供长期、稳定的资金来源，更好地服务经济社会发展大局。

2. 充分利用信息预披露机制，督促保险公司规范股权管理行为

2016 年 7 月 15 日，中国保监会印发了《中国保监会关于进一步加强保险公司股权信息披露有关事项的通知》。该通知要求保险公司变更注册资本和股东的，应当在其官方网站及中国保险行业协会网站对资金来源、关联关系等信息进行预披露；新设保险公司筹建申请的有关情况，由保监会在官方网站或指定统一信息平台进行公开披露。该通知共七条，主要内容包括：一是信息披露的义务人为保险公司股东，股东应当确保提交披露内容真实完整。二是信息披露的内容有：决策程序，包括股东大会议案及表决情况等；增资方案或股东变更的具体情况；资金来源，对自有资金作出声明承诺；股东之间关联关系的说明，并上溯一级披露股权结构等。三是信息披露的平台主要是公司官方网站和中国保险行业协会网站。四是信息披露的时间是股东大会或董事会通过相关决议后的 10 个工作日。

该通知的发布是保监会加强股权监管，提高透明度建设，提升监管效能的又一重要举措：一是有利于加强和改善监管，完善股权监管制度体系，充分借助各方面社会力量，提升监管的科学性和有效性。二是有利于加强信息披露和社会公众舆论监督，提高审核工作的透明度，建立外部约束机制。三是有利于督促保险公司加强股权管理，建立内部自律机制，提高合规管理水平。

3. 规范人身保险产品开发和设计，进一步深化人身保险市场供给侧结构性改革

2016 年 9 月 2 日，保监会印发《中国保监会关于强化人身保险产品监管工作的通知》。该通知进一步完善了人身保险产品监管框架。在明确人身保险产品实行事后备案和事后抽查管理的基础上，通过建立和完善产品退出机制、问责机制、回溯机制和信息披露机制，形成各机制协调联动、各方各负其责的监管架构。一是强化后端监管力度。明确保险产品在销售之后的十日内向中国保监会备案，中国保监会将对已收到的保险产品加强事后抽查力度。二是建立产品退出机制。对于违规产品，责令公司停止销售，并做好信息披露等后续工作；对于消费者认可度不高、销量不佳等方面的产品，要求公司及时采取适当措施进行清理，提升产品供给的有效性。三是强化产品问责机制。明确在产品开发设计销售环节，保险公司、公司总经理、总精算师、法律责任人等产品相关人员的具体责任，对存在违法违规问题的进行追责，督促各相关责任人切实发挥管理作用。四是建立产品回溯机制。要求公司成立产品开发管理工作组，对产品精算、财务、销售、投资等产品经营各环节进行全流程管理和风险评估。同时，对于回溯工作中问题

不整改、产品不退出、经营指标不调整的采取监管措施。五是完善信息披露机制。解决行业当前产品信息披露不全面、不及时问题，要求公司主动通过官网或行业协会平台将保险产品有关材料充分对外披露，进一步强化产品公开性和透明性，接受社会监督。六是加强新型产品管理。包括针对当前新型产品宣传、销售、利益演示等方面的多发问题进行规范，切实防范新型产品的误导销售风险；加强万能型保险的经营管理，万能险结算利率水平与公司实际投资收益率挂钩并合理确定，防范公司通过不合实际的结算利率进行恶性竞争等问题。

该通知的发布一是将有效释放行业发展活力。通过把产品开发设计权交还给市场，缩短了产品从开发到上市的周期，充分发挥保险公司的经营自主性，进一步解放和发展人身保险生产力。二是将倒逼公司提升产品开发管理能力。引导公司提升产品质量，增强合规意识，实施精细化产品管理，提高产品生命周期质量追溯能力，提升对产品精算、法律合规等方面的重视程度。三是将对接消费者真实需求，推进产品差异化发展。引导公司转变产品发展模式，注重产品开发与公司各经营环节的对接，尊重保险消费者的真实需求和权利维护，让更多保障高、有特色的产品上市，让不符合消费者需求的产品退出，实现产品的有效供给和差异化发展。

4. 全面规划保险业未来五年的发展，从保险大国迈向保险强国

为了立足于更高的起点，提升保险业在国家治理体系和治理能力现代化中的地位和作用，稳步实现“新国十条”提出的“到2020年基本建成现代保险服务业”发展目标，保监会于2016年8月23日印发了《中国保险业发展“十三五”规划纲要》（以下简称《纲要》）。《纲要》明确了今后五年保险业发展的目标、任务和举措，是保险监管部门履行职责的重要依据，是全行业的行动纲领。

《纲要》提出“十三五”时期保险业的总体目标是：到2020年，基本建成保障全面、功能完善、安全稳健、诚信规范，具有较强服务能力、创新能力和国际竞争力，与我国经济社会发展需求相适应的现代保险服务业，使保险成为政府、企业、居民风险管理和财富管理的基本手段，成为提高保障水平和保障质量的重要渠道，成为政府改进公共服务、加强社会治理和推进金融扶贫的有效工具。我国保险业在世界保险市场地位进一步提升。

在服务经济社会发展方面，“十三五”期间，保险业应深刻领会新常态所带来的趋势性变化，充分发挥保险的经济助推器和社会稳定器作用，围绕服务经济社会发展的重点方向和关键领域：支持经济转型升级、服务社会治理创新、创新支农惠农方式、参与国家灾害救助体系建设、推动扶贫攻坚、服务“一带一路”等方面，加快提升保险供给的针对性、有效性。在进一步服务和保障民生方面，“十三五”时期，商业保险将进一步协助国家大力构筑完善民生保障网，通过拓展多层次养老保险、多元化健康保险、推动大病保险稳健发展，从而实现保险业在个人和家庭商业保障计划、企业养老健康保障

计划、社会保险市场化运作中的重要价值。同时，保险在扶贫方面具有特有的体制机制优势，做好扶贫工作是保险业的一项重大政治任务。“十三五”时期，保险业将精准对接脱贫攻坚多元化保险需求，充分发挥保险机构助推脱贫攻坚主体作用，完善精准扶贫保险支持保障措施。在进一步改革创新方面，“十三五”时期，保险业将聚焦重点领域和关键环节，深化各项体制机制改革，充分发挥市场在保险资源配置中的决定性作用，促进行业发展方式转变和结构调整，为行业健康发展提供持续动力。在风险防范方面，“十三五”时期，保险监管体系建设仍然面临繁重任务，总的要求是坚持机构监管与功能监管相统一，宏观审慎监管与微观审慎监管相统一，风险防范与消费者权益保护并重，完善公司治理、偿付能力和市场行为“三支柱”监管制度，建立全面风险管理体系，牢牢守住不发生系统性区域性风险底线。

5. 提高人身保险产品的风险保障水平，推动全行业进一步调整和优化业务结构

2016 年 9 月 2 日，为进一步完善人身保险精算制度，发挥保险保障功能，维护保险消费者合法权益，促进人身保险行业持续健康发展，保监会印发了《中国保监会关于进一步完善人身保险精算制度有关事项的通知》（以下简称《通知》）。《通知》有助于保险业形成长期、稳定的现金流，有利于为资本市场、实体经济和国家重点基础设施建设提供长期、稳定的资金支持。

《通知》的主要内容包括六个方面。一是再次提高人身保险产品的风险保障水平。将人身保险产品主要年龄段的死亡保险金额比例要求由 120% 提升至 160%，该风险保障要求超过美国、欧洲、亚洲等世界主要国家和地区保险监管部门要求。二是下调万能保险责任准备金评估利率。将万能保险责任准备金评估利率上限下调 0.5 个百分点至 3%，高于评估利率上限的人身保险产品报中国保监会审批，防范利差损风险，同时增强保险公司未来履行合同义务的能力。三是对中短存续期业务占比提出比例要求。对中短存续期业务规模在公司业务结构中的占比提出了明确的比例要求，要求自 2019 年开始中短存续期业务占比不得超过 50%，2020 年和 2021 年进一步降至 40% 和 30%，给市场以明确预期，引导部分保险公司逐步调整业务结构，避免“急刹车”，形成现金流风险。四是进一步完善中短存续期产品监管政策。将投资连结保险产品纳入中短存续期产品的规范范围，要求保单贷款比例不得高于现金价值或账户价值的 80%，对附加万能保险和附加投资连结保险进行单独评估，防止保险公司通过投资连结保险、保单贷款、附加险等方式规避中短存续期产品监管政策。五是完善产品设计有关监管要求。要求保险公司不得将终身寿险、年金保险、护理保险设计成中短存续期产品，坚持上述产品的风险保障和长期储蓄属性。要求保险公司合理确定各项产品费用收取，对于利润测试结果显示新业务价值为负的产品不接受审批和备案。六是强化总精算师责任。明确总精算师的履职要求和报告义务，进一步强化总精算师的责任，对于履职不到位的总精算师给予取消资格等严厉处罚，切实发挥总精算师在公司产品精算管理中的关键作用。

6. 促进保险中介市场健康稳定发展

为切实做好保险专业中介业务许可工作，中国保监会于2016年9月29日印发了《中国保监会关于做好保险专业中介业务许可工作的通知》（以下简称《通知》）。

《通知》从六个方面对保险专业中介业务许可申请的审查提出明确要求：一是股东出资自有真实合法。股东不得用银行贷款及其他形式的非自有资金投资，法人和自然人股东应符合相关财务标准、出具出资能力证明材料等。二是注册资本实施托管。机构应在资金雄厚、管理规范、具有托管经验的银行开立托管账户，将全部注册资本进行托管，同时，细化动用条件，规范使用方式。三是职业责任保险足额有效。投保职业责任保险的机构应出具承诺函，并保持职业责任保险的足额性、有效性和连续性，不得违反规定退保或降低保障水平。四是商业模式合理可行，机构要全面评估当地经济、社会和金融保险发展情况，机构组建的可行性和必要性，提出合理的市场前景分析、业务和财务发展规划、风险管理计划等。五是公司治理完善到位。机构要依照职责明晰、强化制衡、加强风险管理的原则，建立完善的公司治理结构和制度。六是风险测试符合要求。对机构进行风险测试，综合考察机构、股东及存在关联关系的单位或者个人的历史经营状况，辨识是否存在利用保险中介从事非法经营活动的可能性，全面评估其风险状况。

《通知》的出台对保险中介市场的意义体现在四个方面：一是引导社会资本有序投资。《通知》对股东出资能力、注册资本的托管和使用等提出明确要求，引导社会资本理性、有序投资，鼓励有真实出资能力和明确发展意愿的社会资本进入保险中介市场。二是防范风险跨领域传递。《通知》要求对申请人进行风险测试，对投资目的及未来发展模式进行有效甄别，有力遏制和防范非法集资、传销等风险跨领域向保险中介传递。三是增强机构风险承担能力。《通知》对专业中介注册资本托管方式和用途进行了规范，对于杜绝短期行为、规范资金运用、增强机构经营稳健性和自身抗风险能力具有重要的意义。同时，强化对职业责任保险的要求，用市场化的手段防范经营风险。四是提升机构经营管理水平。《通知》细化专业中介商业模式和公司治理方面的要求，促使其提高经营管理策略和制度的前瞻性和可行性，完善治理结构和内控体系，确保未来在经营上提质增效、管理上升级换代。

7. 专项整治互联网保险风险，切实发挥互联网保险在促进普惠金融发展、服务经济社会方面的独特优势

为贯彻落实党中央、国务院决策部署，推动互联网保险风险专项整治工作有序开展，根据《关于促进互联网金融健康发展的指导意见》和《互联网金融风险专项整治工作实施方案》，中国保监会联合十四个部门于2016年4月14日印发《互联网保险风险专项整治工作实施方案》（以下简称《方案》）。

《方案》对互联网保险风险专项整治工作进行了全面部署，坚持突出重点、积极稳妥，分类施策、标本兼治，明确责任、加强协作的原则。整治重点包括以下三个方面：

一是互联网高现金价值业务，重点查处和纠正保险公司通过互联网销售保险产品，进行不实描述、片面或夸大宣传过往业绩、违规承诺收益或者承担损失等误导性描述。二是保险机构依托互联网跨界开展业务，重点查处和纠正保险公司与不具备经营资质的第三方网络平台合作开展互联网保险业务的行为；保险公司与存在提供增信服务、设立资金池、非法集资等行为的互联网信贷平台合作，引发风险向保险领域传递；保险公司在经营互联网信贷平台融资性保证保险业务过程中，存在风控手段不完善、内控管理不到位等情况。三是非法经营互联网保险业务，重点查处非持牌机构违规开展互联网保险业务，互联网企业未取得业务资质依托互联网以互助等名义变相开展保险业务等问题；不法机构和不法人员通过互联网利用保险公司名义或假借保险公司信用进行非法集资等。

《方案》的印发有助于规范互联网保险经营模式，优化市场发展环境，完善监管制度规则，实现创新与防范风险并重，促进互联网保险健康可持续发展。

8. 促进个人税优商业健康保险的进一步规范发展

继财政部、国家税务总局和保监会分别于 2015 年 5 月 8 日和 2015 年 11 月 27 日联合印发《财政部　国家税务总局　保监会关于开展商业健康保险个人所得税政策试点工作的通知》以及《财政部　国家税务总局　保监会关于实施商业健康保险个人所得税政策试点的通知》之后，为推动商业健康保险个人所得税政策试点工作顺利实施，保监会于 2016 年 1 月 4 日发布了《个人税收优惠型健康保险业务管理暂行办法》。

该办法对拟开展个人税收优惠型健康保险业务的保险公司提出了比较明确的要求，主要包括四个方面：一是要求这类保险机构的健康保险信息管理系统应与中国保险信息技术管理有限责任公司（简称中国保信）开发的商业健康保险信息平台对接；二是要求要向中国保监会报送开展个人税收优惠型健康保险业务的报告，并附中国保信出具的验收合格证明材料，报告内容应当真实、准确、有据可查；三是开展个人税收优惠型健康保险业务必须征得被保险人本人同意，确保被保险人信息准确；四是要严格按照财税〔2015〕126 号中的产品指引框架和示范条款，根据公司自身经营管理能力开发个人税收优惠型健康保险产品，并按规定程序上报中国保监会审批。

9. 全国范围内推行商业车险改革

为了认真贯彻《国务院关于加快发展现代保险服务业的若干意见》，保护投保人、被保险人合法权益，维护财产保险市场正常秩序，促进财产保险市场持续健康发展，保监会近年来颁布了一系列深化商业车险条款费率管理制度改革的政策文件。

2015 年 2 月 3 日印发了《中国保监会关于深化商业车险条款费率管理制度改革的意见》，提出要建立标准化、个性化并存的商业车险条款体系；以大数法则为基础，市场化为导向，逐步扩大财产保险公司商业车险费率厘定自主权；以动态监管为重点，偿付能力监管为核心，加强和改善商业车险条款费率监管。2015 年 3 月 20 日印发了《深化商业车险条款费率管理制度改革试点工作方案》，主要是为了贯彻落实《中国保监会关于深化商业车险条款费率管理制度改革的意见》，明确各保监局、各财产保险公司以及中国保险行业协会的任务分工，细化工作职责，确定黑龙江、山东、青岛、广西、陕西、重庆等六个地区为商业车险改革试点地区，确定改革步骤，确保商业车险条款费率管理制度改革顺利开展。

2016 年 6 月 27 日，保监会再次印发《中国保监会关于商业车险条款费率管理制度改革试点全国推广有关问题的通知》，将商业车险改革试点推广到全国范围，要求各保险公司及时启用经保监会批准的新商业车险条款、费率，建立健全商业车险条款费率监测调整机制，动态监测、分析费率精算假设与实际经营情况的偏离度，防止车险主要经营指标的实际值较费率精算报告中的预期值发生重大偏离。

10. 提升大病保险服务水平，抓好巨灾保险制度落地，做好保险业助推脱贫攻坚工作

为全面提升大病保险服务水平，保监会于 2016 年 10 月 9 日研究制定了《保险公司城乡居民大病保险投标管理暂行办法》、《保险公司城乡居民大病保险业务服务基本规范（试行）》、《保险公司城乡居民大病保险财务管理暂行办法》、《保险公司城乡居民大病保险风险调节管理暂行办法》、《保险公司城乡居民大病保险市场退出管理暂行办法》等一系列监管制度，对城乡居民大病保险业务健康开展、规范大病保险市场秩序、保护参保城乡居民的合法权益等方面起到了巨大的推动作用。

在巨灾保险制度落地方面，按照民生优先原则，选择地震灾害为主要灾因，以住宅这一城乡居民最重要的财产为保障对象，拟先行建立城乡居民住宅地震巨灾保险制度，为保证制度顺利实施，2016 年 5 月 11 日，保监会和财政部联合印发了《建立城乡居民住宅地震巨灾保险制度实施方案》。该方案采取“整合承保能力、准备金逐年滚存、损失合理分层”的运行模式，对保障对象和责任、保险金额、条款费率、赔偿处理、实施步骤和保障措施分别进行了规定。

在保险服务脱贫攻坚方面，2016 年 5 月 26 日，保监会和国务院扶贫办联合印发《中国保监会　国务院扶贫开发领导小组办公室关于做好保险业助推脱贫攻坚工作的意见》，该意见提出通过精准对接农业保险服务、健康保险服务、民生保险服务、产业脱贫保险服务、教育脱贫保险服务等多元化的保险需求；充分发挥保险机构在完善多层次保险服务组织体系、对贫困地区分支机构实行差异化考核、加强贫困地区保险技术支持及人才培养、鼓励保险资金向贫困地区基础设施和民生工程倾斜等方面的主体作用；完善精准扶贫保险支持保障措施，完善脱贫攻坚保险服务工作机制；实现“到 2020 年，基本建立与国家脱贫攻坚战相适应的保险服务体制机制，形成商业性、政策性、合作性等各类机构协调配合、共同参与的保险服务格局，努力实现贫困地区保险服务到村到户到人，贫困地区保险深度、保险密度接近全国平均水平，贫困人口生产生活得到现代保险全方位保障”的总体目标。

（三）政策评价和展望

2016年保险业改革发展和监管工作成绩很大，各项工作取得了新突破。做好2017年的保险监管工作，关键在于全面落实党中央、国务院关于经济金融工作的决策部署，坚守本位、分清主次，以防控风险为核心强化监管履责，以自身建设为保障加强改进监管，以服务全局为方向践行行业担当，以深化改革为重点提升发展动能，推动保险业回归本源、专注主业，固本强基、行稳致远。具体包括四个方面的工作：一是打赢一场硬仗，坚决守住不发生系统性风险底线。2017年，保险监管要把防控风险放到更加重要的位置，重点围绕公司治理、保险产品和资金运用三个关键领域，下决心处置潜在风险点。二是强化两个建设，为加强改进监管提供强有力保障。要牢牢抓住能力建设和制度建设两条主线，着力打造符合时代要求的监管干部队伍和现代监管体系，全面提升新形势下从严从实监管的能力和水平。三是做实三项服务，即“服务脱贫攻坚战略、服务实体经济发展、服务社会治理体系建设”，把保险业服务全局推向新的高度。四是抓好四大改革，积极深化市场体系改革、有序推进条款费率改革、稳步实施资金运用改革、加快扩大对外开放合作，继续以深化改革引领发展新常态。

专栏一

保险资产及养老金管理①

保险业是中国金融未来发展的蓝海，其中保险资产及养老金管理将是更深的蓝海。

1. 资产规模扩大带来配置需求提升。2016年保险行业新增保费约3万亿元，推动保险资金运用余额提高至13.3万亿元，规模仅次于银行和信托，是大资管行业的中流砥柱，资产规模扩大提升保险公司资金配置需求，保险公司资金具备期限长、成本低等特点，投资风格稳健，追求价值投资和安全投资，是稳定市场秩序的重要力量。

2. 资产配置更加多元化。近年来保险公司投资渠道逐步放开，资产配置结构更加多元化，包括流动性资产、固定收益类资产、权益类资产等五大类资产，2016年以来保险公司注重非标投资，非标资产占比从2016年初的29%提高至年末的36%，有助于稳定保险公司投资收益率。

3. 加强股东监管。2016年以来保监会加强对保险公司股东监管，规范投资入股行为，单一股东持股比例上限由51%降低至1/3，加强资本真实性核查，确保资金来源真实合法，避免保险公司成为大股东的“提款机”，使得保险姓保。

4. 完善权益投资监管。保监会要求保险公司收购上市公司必须使用自有资金，权益类资产账面余额占本公司上季末总资产的比例从40%下降至30%，并且将股票投资分

---

① 执笔人：赵湘怀，安信证券研究中心副总经理。

为一般股票投资、重大股票投资和上市公司收购三种情形，根据持股份额变化，实施层层递进的差别监管，进一步明确了重大股票投资和上市公司收购的监管要求，未来保险公司长期股权投资将以财务投资为主，战略投资为辅，而战略投资也以参股为主，控股为辅。

5. 养老金进入全面委托投资时代。基本养老金委托投资逐步推进，目前已有包括北京、上海等7省市共计3600亿元基本养老金开始委托进行投资运营，并且突破了以往社保基金只能存国有银行和投资国债的限制，通过拓宽养老金投资渠道，将资金委托给全国社保基金运用，能够提高基金收益水平，实现保值增值。随着养老金委托规模逐步提升，资金将持续流入股市，增强市场绝对收益性质和低风险偏好的属性，推动投资者结构的优化。

专栏二

保险业“偿二代”正式实施①

（一）内容要点

2015年2月，我国保监会正式发布中国第二代偿付能力监管制度体系并试运行，也称中国风险导向的偿付能力体系，简称“偿二代”；2016年1月正式实施。偿二代17个规则文件中，1—9号规则规范第一支柱的定量风险计量，10—12号规则规范第二支柱定性风险管理，13—16号规则为第三支柱披露和报告，17号规则为集团监管。偿二代下的核心监管指标为偿付能力充足率，为实际资本除以最低资本之商，要求至少大于100%。特别值得一提的是，第11号规则《偿付能力风险管理要求与评估》把风险管理的定性评估结果转化为一项0.9—1.4的奖惩系数，直接参与最低资本的计量。

（二）偿二代对市场和行业产生的重要影响和变化

1. 引导行业由规模导向变为风险导向。诸如寿险中的高现金短期趸交等万能险产品和激进投资策略加期限错配的打法；以及产险中如信用保证险等部分产品、高额手续费返还等市场打法，对资本的消耗速度大幅提高。

2. 引导公司注重“过程与结果并重”。如前述，第11号规则通过0.9—1.4倍的系数调节最低资本。在其他边际条件不变的情形下，公司的风险防控过程能力导致的资本需求极值差为55.6%。这种设计，使得传统认为是成本中心的风险和合规管理中台，第一次具有了量化的价值创造意义。

3. 促进公司把指引性要求向刚性实践转化。与欧美偏重于原则性监管不同，偿二代对中国保险行业的风险管理体系建设提出了较为具体的指引，包括公司的风险组织架

① 执笔人：谈亮，德勤中国保险行业风险管理主管合伙人。

构、首席风险官及风险人员素质和考核要求，风险偏好体系、操作风险和制度体系以及信息系统的要求等。根据保监会的设计，此等要求均为评分表中的指引而非刚性法规，允许公司在一段时间内逐步完善；但各公司普遍高度重视，大多已开始全面对标看齐的工作。这在客观上大大加速了中国偿二代的推进进程。

（三）偿二代对保险投资的重要影响和变化

1. 资产配置开始更注重风险与收益的平衡。偿二代下各类投资品种的风险因子以市场风险为例，从固收类产品的0.84%到创业板股票的48%，相差57倍。这使得保险公司不得不在偿付能力及负债成本的约束下追求资产收益最大化，开始以风险加权的最低资本回报率等来评价各类资产投资效率，以及作为大类资产配置的重要依据之一。

2. 权益投资和另类投资有所增加，尤其投资海外地产、举牌上市公司等行为凸显。在偿二代下，权益类市场风险因子高达31%～48%，而子公司股权投资风险因子仅为10%；若是金融机构或保险关联行业子公司的，还可打75折至8折。这种设置客观上促进了保险公司举牌上市公司的行为。此外，尽管权益类、另类投资的风险因子系数很高，但由于偿二代偿付能力报告要求是季报，具有一定的滞后性，在一定程度上给予了保险公司进行资本补充的时间和空间。

3. 促进流动性风险更清晰地暴露，有益于市场健康发展。偿二代下对于流动性风险的计量、监测、压力测试以及报告有着明确的监管要求，从而使得流动性风险量化和披露显著化。这对于前一阶段部分公司一方面主打高现价产品并承诺高收益，另一方面押宝长期高收益或另类投资品种等的主动错配行为，有着显著的抑制引导。

（四）未来展望

1. 2017年3月，中国保监会正式宣布会对偿二代相关细则进行进一步修正完善，与时俱进。这体现了偿二代的生命力和先进性。

2. 保险市场将持续活跃，经营主体不断增长，混业经营、多元化发展的金控集团会大量涌现。偿二代很有可能须针对多元化经营主体和集团化的监管方面进一步细化。

3. “放开前端，管住后端”的理念将深入人心，偿二代将在紧抓资本和风险这个主线的前提下，持续充分发挥市场的引导作用，从而推动保险公司更加积极主动地开展经营活动。

附表

2016 年中国保险市场主要发展政策回顾

日期	文件名称	发布单位
1月4日	《中国保监会办公厅关于开展个人税收优惠型健康保险业务有关事项的通知》	保监会
2月2日	《中国保监会关于印发〈深化保险标准化工作改革方案〉的通知》	保监会
3月3日	《中国保监会关于取消一批行政审批中介服务事项的通知》	保监会
3月7日	《中国保监会关于规范中短存续期产品有关事项的通知》	保监会
4月14日	《互联网保险风险专项整治工作实施方案》	保监会
4月25日	《中国保监会关于银行类保险兼业代理机构行政许可有关事项的通知》	保监会
5月6日	《中国保监会关于进一步加强保险公司合规管理工作有关问题的通知》	保监会
5月11日	《建立城乡居民住宅地震巨灾保险制度实施方案》	保监会、财政部
5月26日	《中国保监会　国务院扶贫开发领导小组办公室关于做好保险业助推脱贫攻坚工作的意见》	中国保监会、国务院扶贫办
6月13日	《中国保监会关于加强组合类保险资产管理产品业务监管的通知》	保监会
6月27日	《中国保监会关于商业车险条款费率管理制度改革试点全国推广有关问题的通知》	保监会
6月27日	《中国保监会关于印发〈广西辖区保险公司分支机构市场退出管理指引〉的通知》	保监会
7月4日	《中国保监会关于延长老年人住房反向抵押养老保险试点期间并扩大试点范围的通知》	保监会
7月15日	《中国保监会关于进一步加强保险公司股权信息披露有关事项的通知》	保监会
8月10日	《中国保监会关于保险公司在全国中小企业股份转让系统挂牌有关事项的通知》	保监会
8月23日	《中国保险业发展"十三五"规划纲要》	保监会
9月2日	《中国保监会关于进一步完善人身保险精算制度有关事项的通知》	保监会
9月2日	《中国保监会关于强化人身保险产品监管工作的通知》	保监会
9月29日	《中国保监会关于做好保险专业中介业务许可工作的通知》	保监会
10月9日	《保险公司城乡居民大病保险投标管理暂行办法》、《保险公司城乡居民大病保险业务服务基本规范（试行）》、《保险公司城乡居民大病保险财务管理暂行办法》、《保险公司城乡居民大病保险风险调节管理暂行办法》、《保险公司城乡居民大病保险市场退出管理暂行办法》	保监会
12月30日	《中国保监会关于进一步加强人身保险监管有关事项的通知》	保监会

四、货币市场发展政策[①]

2016年，中国货币市场总体健康平稳运行。货币市场制度建设和基础设施建设深入推进，金融机构进入同业拆借市场审批被取消，交易所回购市场不断完善债券入库、标准券折算率（值）以及结算风险等管理制度，票据市场加强监管和风险防范、出台《票据交易管理办法》、成立上海票据交易所，货币市场运行效率和服务实体经济的能力进一步提高。

（一）同业拆借市场

2016年，全国银行间同业拆借市场运行平稳，交易量保持稳健快速增长，交易期限继续向短期集中，利率中枢小幅上移，利率曲线趋于平坦化。同业拆借市场准入的行政许可被取消，提升了金融机构的入市便利性、热情度与交易效率。

1. 出台的政策

2月23日，国务院印发《国务院关于取消13项国务院部门行政许可事项的决定》（国发〔2016〕10号），决定取消13项行政许可事项，其中包括“金融机构进入全国银行间同业拆借市场审批”。

3月10日，为贯彻落实简政放权、推进行政审批制度改革，人民银行印发《关于贯彻落实〈国务院关于取消13项国务院部门行政许可事项的决定〉的通知》，停止“金融机构进入全国银行间同业拆借市场审批”。

8月9日，为落实国务院关于取消进入全国银行间同业拆借市场行政许可的决定，全国银行间同业拆借中心（以下简称同业拆借中心）发布了《同业拆借市场业务操作细则》（以下简称《操作细则》）（中汇交发〔2016〕347号）。《操作细则》明确了金融机构进入全国银行间同业拆借市场的相关流程和事中事后监管要求。

2. 政策评估

（1）制度建设方面。自1997年形成全国统一的同业拆借市场以来，我国同业拆借市场即建立起了严格准入的管理体系。人民银行根据《中华人民共和国中国人民银行法》履行监督管理银行间同业拆借市场职责，并依据《中华人民共和国行政许可法》实施“进入银行间同业拆借市场审批”行政许可。2007年人民银行颁布《同业拆借管理办法》（中国人民银行令〔2007〕第3号），以审慎监管为原则，以准入管理、期限管理、限额管理及透明度管理为基础，对银行间同业拆借市场进行管理。

此次国务院决定取消“金融机构进入全国银行间同业拆借市场审批”行政许可项目，是贯彻落实党的十八届三中全会提出的“全面深化改革，加快转变政府职能”统一战略部署的重要举措。通过逐步减少事前的行政手段管理，将市场能够决定的交给市

---

① 执笔人：朱永行，中国人民银行上海总部金融市场管理部。

场，维护并优化市场环境，有利于同业拆借市场的升级发展。

行政许可取消后，金融机构进入全国银行间同业拆借市场不再需要经过行政审批。人民银行根据《中华人民共和国中国人民银行法》监督管理银行间同业拆借市场。同业拆借中心提供同业拆借的交易联网、交易登记和信息披露管理平台建设等服务。金融机构按照《同业拆借管理办法》的规定，合规开展同业拆借业务。

从政策实施效果看：

一是提高了入市效率。符合《同业拆借管理办法》规定条件的金融机构可直接至全国银行间同业拆借中心办理联网，办理时限缩短至 5 个工作日，金融机构联网后即可开展同业拆借交易。

二是便利了额度调整。同业拆借交易期限与限额管理方式从原先由人民银行核定，改为由同业拆借中心按照《同业拆借管理办法》的规定，依据金融机构的财务信息计算设置。金融机构可结合自身需求，向同业拆借中心出具财务信息变更依据予以调整。

三是加强了信息披露。《同业拆借市场业务操作细则》明确了各类金融机构在全国银行间同业拆借市场中的信息披露要求。同业拆借中心提供平台和监测服务，人民银行对金融机构的信息披露情况进行监督管理。

四是强化了履约管理。要求金融机构应当确保交易信息真实、有效，交易达成后应当按约定履行交易。若出现未按约定履行交易的情形，交易双方应当在结算日次一工作日向同业拆借中心提交书面报备，以便于监管机构及时防范和化解市场风险。

（2）市场发展方面。同业拆借行政审批制度改革实施后，金融机构入市热情提高，市场活跃度提升，成交规模大幅增长。具体表现为：一是市场成员快速增加。2016 年末，全国银行间同业拆借市场成员合计 1725 家，比上年末增长 25%。当年新入市机构 343 家，同比增长 90%。排名依次为：农联社 916 家、银行 390 家、财务公司 180 家、证券公司 95 家、信托公司 62 家、租赁公司 24 家、汽车金融公司 17 家、保险公司 31 家、资产管理公司 8 家。其中，增加最多的是农联社，比上年增加了 255 家。二是交易规模大幅增长。2016 年同业拆借市场累计成交 95.91 万亿元，同比增长 48.18%，日均成交量 3821.24 亿元。从月度成交情况来看，成交规模由年初的 5.72 万亿元逐渐上升至年中的 10 万亿元左右，8 月成交规模达到年度最高的 10.73 万亿元，9—10 月受季节性因素叠加中秋国庆双节影响，货币市场资金面收紧，交易规模有所下降，10 月成交量为 5.52 万亿元，此后随着年末的临近，金融机构流动性管理需求增加，11 月和 12 月成交规模转而上涨。

此外，2016 年全国银行间同业拆借市场的运行还呈现以下特点：一是交易期限结构继续向短期集中，7 天期以内的交易合计成交 93.25 万亿元，占总交易量的 97.23%，比上年上升 1.15 个百分点。其中，隔夜交易品种累计成交 83.98 万亿元，占总交易量的 87.56%，比上年上升 3.47 个百分点。二是利率中枢小幅上移，利率曲线趋于平坦化。

同业拆借全年加权平均利率为2.18%，比上年上升14.13个基点。同业拆借日加权利率最低点为2月19日的2.0139%，比上年最低点高82.67个基点；最高点为12月30日的2.8836%，比上年最高点低168.76个基点。全年利率极差为86.97个基点，同比缩小251.44个基点。三是融资结构仍保持银行业金融机构净融出、非银行金融机构净融入的特点。全年，大型商业银行、政策性银行和股份制银行净融出量分别为16.28万亿元、13.68万亿元和9.42万亿元，净融出占比分别为39.74%、33.39%和23.00%；证券公司和财务公司分别净融入17.58万亿元和5.35万亿元，净融入占比分别为42.91%和13.05%。

2. 展望

同业拆借行政许可的取消，是我国货币市场改革发展的重要举措，提高了同业拆借市场准入效率，提升了金融机构的准入便利和参与热情。2017年，人民银行将继续推进简政放权、放管结合与优化服务的职能，进一步激发市场活力，推动市场自律机制和透明度建设，完善事中事后监督管理体系，推动同业拆借市场平稳健康发展。

（二）回购市场

2016年，我国回购市场继续快速发展，全年交易规模突破800万亿元，达到834.89万亿元，同比增长42.48%。其中，银行间债券回购市场累计成交601.30万亿元，同比增长31.36%；交易所市场标准券回购成交233.58万亿元，同比增长82.19%。债券回购市场对于市场参与者进行资产负债管理以及人民银行实施流动性管理等发挥了重要作用。

1. 出台的政策

4月28日，深圳证券交易所发布《深圳证券交易所债券交易实施细则（2016年修订)》，自2016年5月9日起施行。其中，对债券回购交易的一般规定、债券回购的竞价交易、交易信息披露以及监督管理等事项进行了具体规定和说明。

7月1日，中国证券登记结算有限责任公司（以下简称中国结算公司）修订并发布了《中国结算深圳分公司债券质押式协议回购登记结算业务指南（2016年6月修订)》。为适应深圳证券交易所第五版交易系统上线，进一步深化深市债券的现券回转交易及质押入库业务处理，中国结算深圳分公司对公司债、企业债、可交换公司债以及分离交易的可转债券等四类债券的结算模式进行调整。结算模式调整后，以上四类债券的现券结算模式统一调整为：符合净额结算标准的债券采用净额担保交收模式，不符合净额结算标准的债券采用RTGS模式。本次结算模式调整所涉及的以上四类债券，债券质押式协议回购初始交易和购回交易结算沿用原有的T+0日终逐笔全额非担保交收模式。为配合上述调整，中国结算深圳分公司修改了《中国结算深圳分公司债券质押式协议回购登记结算业务指南》（以下简称《协议回购指南》）第一章“1.1 结算基本原则”中关于各债种对应的协议回购结算模式的表述。修订后的《协议回购指南》自2016年7月4

日，即结算模式调整之日起施行。原版本的《协议回购指南》同时予以废止。

7月8日，中国证券登记结算有限责任公司发布了《标准券折算率（值）管理办法（2016年修订版）》（中国结算发字〔2016〕87号，以下简称新《办法》）。为加强质押式回购业务风险管理，提高标准券折算率（值）科学化和精细化管理水平，中国结算公司对《标准券折算率（值）管理办法（2014年修订版）》（以下简称原《办法》）进行了修订。此次修订主要包括以下内容：（1）优化标准券折算率（值）计算公式，包括：①引入估值代替上期平均价或计算参考价；②简化和统一不同品种、不同情形适用的标准券折算率（值）计算公式；③删除（1－波动率）项，在估值中对波动风险进行考量。（2）完善中国结算公司对标准券折算率（值）计算结果进行调整的适用情形，包括：①删除原第一款，外部评级变化仅对折扣系数产生影响；②完善对流动性风险、集中度风险较为突出债券进行调整的条款；③补充规定现第一款、第五款、第六款、第七款，分别针对外部评级虚高、波动风险较大、逆周期调节以及发行人信息披露有缺陷情形。新《办法》自2016年7月15日起实施。7月15日（以下简称T日）按照新《办法》计算和发布标准券折算率（值），T+2日适用。T日和T+1日适用的标准券折算率（值）仍按原《办法》执行。

7月8日，中国证券登记结算有限责任公司发布了《质押式回购资格准入标准及标准券折扣系数取值业务指引（2016年修订版）》（以下简称新《指引》）。此次修订主要包括：（1）优化债券类产品折扣系数取值标准。（2）梳理调整相关条款的顺序和结构，分别集中规定各类回购质押品资格条件、不同质押品折扣系数取值标准以及质押品资格与折扣系数动态调整相关事项。（3）删除原信用债券开展回购的第一款和第二款资格条件。（4）完善根据风险状况对质押品回购资格或折扣系数进行灵活调整机制。（5）根据原《指引》发布后债券市场发展变化及相关通知规定补充部分条款。新《指引》自7月15日起实施，并对新、老《指引》相关规定的过渡衔接作出了安排。《指引》的修订进一步完善了回购资格准入标准，提高了折扣系数取值标准的科学化和精细化水平，有利于加强质押式回购业务的风险管理。

12月9日，中国证券登记结算有限责任公司、上海证券交易所、深圳证券交易所共同制定并发布实施《债券质押式回购交易结算风险控制指引》。该指引按照经纪、托管、自营三种交易结算模式，分别对各交易参与人、结算参与人以及融资主体开展融资回购业务，提出了明确的风控管理要求，进一步明确了投资者准入和标准券使用率、回购杠杆、入库集中度等风控指标要求。新规意在降低参与者在交易所进行回购交易的杠杆，改善质押券入库结构，同时对融资主体进行限制，防范个人投资者承受过多风险，是完善交易所债券质押式回购风险管理的重要举措。

2. 政策评估

2016年是“十三五”规划的开局之年，伴随供给侧结构性改革的深入实施与推进，我国金融市场坚持稳中求进的工作总基调，坚持以推进供给侧结构性改革为主线，进一步推动创新开放和规范运行，保持了平稳健康发展。与此同时，随着国家“三去一降一补”战略规划的实施，受宏观经济下行和产业转型升级等因素影响，债券市场信用风险事件发生频率大幅提高。全年发生债务违约的发行人共 26 家，涉及债券 54 只、规模 527 亿元。全年货币市场利率也经历了几次明显的大幅波动。在此经济与金融环境下，交易所债券回购市场发布实施的相关政策，有利于健全债券质押式回购的交易风险管理，降低回购的杠杆率，保护交易各方的合法权益，促进债券回购市场健康发展。

从银行间债券回购市场来看，2016 年没有出台相关政策，市场运行保持平稳健康。主要表现为以下特点：一是市场规模继续增长，但增速比上年有所放缓。全年银行间债券回购市场累计成交 601. 30 万亿元，同比增长 31. 36%，增速比上年下降 72. 84 个百分点。其中，质押式回购成交 568. 27 万亿元，同比增长 31. 42%；买断式回购成交 33. 03 万亿元，同比增长 30. 29%。二是交易期限结构继续呈现短期化特征。7 天以下的质押式回购交易占比 96. 40%（其中隔夜品种成交占比 85. 54%），比上年上升 0. 14 个百分点。7 天以下的买断式回购交易占比 93. 41%，比上年上升 0. 70 个百分点。三是在回购标的券种方面，质押式回购的标的券种仍主要以政府债券和政策性金融债等利率债品种为主，而买断式回购的标的券种中信用债品种占比相对较高。四是在资金净流向上，政策性银行、大型商业银行和股份制商业银行为资金净融出方，非法人类机构投资者、农村金融机构和非银行金融机构为资金净融入方。五是回购利率的平稳性增强。全年质押式回购日加权平均利率与买断式回购日加权平均利率的标准差分别为 0. 20 和 0. 24，分别比上年下降了 75. 61% 和 71. 08%。

从交易所回购市场来看，一方面，中国证券登记结算有限责任公司、上海证券交易所及深圳证券交易所出台的相关政策，使得债券的现券回转交易及质押入库业务处理得以深化，质押式回购的资格准入、标准券折扣系数取值标准的科学化与精细化等方面得以完善和提高，从而健全了债券质押式回购交易的风险管理。另一方面，由于采用集中撮合竞价模式、标准券制度以及中央对手方（CCP）模式等机制安排，2016 年交易所回购市场标准券回购交易额保持大幅增长，全年标准券回购交易额达 233. 58 万亿元，同比增长 82. 2%，增速比上年高 22. 8 个百分点，比银行间债券回购市场同期增速高 50. 8 个百分点。

3. 展望

2017 年是党的十九大召开之年，也是实施“十三五”规划的重要一年和推进供给侧结构性改革的深化之年。回购市场将在降杠杆、防风险、促改革的战略目标下，保持平稳健康发展，并将呈现以下发展态势：一是作为金融机构进行资金融通等资产负债管理以及中央银行实施公开市场操作管理流动性的重要平台，2017 年回购市场交易规模有望保持稳步增长。二是随着金融服务供给侧结构性改革的力度加大，双创、科技、战略性新兴产业等重点领域的企业发债将会有所增加，回购的标的券种有望进一步丰富，并且除了债券之外的票据等其他资产作为回购标的的资产范围及规模也有望不断增大。三是随着我国金融市场的深化发展以及对内对外开放的深入推进，将会有更多类型的境内外合格投资者参与到我国回购交易中来，从而使得回购市场的投资者数量和类型进一步丰富与多样化。四是随着金融改革的持续推进，以及2017年将把防控金融风险放到更加重要的位置，回购市场在交易管理方面也将有望随着市场变化推出更多发展与规范的政策措施。

附表

2016年回购市场相关发展政策

日期	政策名称	发布单位
4月28日	关于发布《深圳证券交易所债券交易实施细则（2016年修订）》的通知	深交所
7月1日	《中国结算深圳分公司债券质押式协议回购登记结算业务指南（2016年6月修订）》	中国结算公司
7月8日	关于发布《标准券折算率（值）管理办法（2016年修订版）》有关事项的通知（中国结算发字〔2016〕87号）	中国结算公司
7月8日	关于发布《质押式回购资格准入标准及标准券折扣系数取值业务指引（2016年修订版）》有关事项的通知（中国结算发字〔2016〕89号）	中国结算公司
12月9日	中国证券登记结算有限责任公司、上海证券交易所、深圳证券交易所债券质押式回购交易结算风险控制指引	中国结算公司、上交所、深交所

资料来源：课题组整理。

（三）票据市场

2016年，票据市场发生深刻变化。票据承兑、贴现转贴现业务量大幅下降，票据融资规模小幅增长，票据市场利率小幅波动。票据市场制度建设与基础设施建设取得突破性进展，票据业务监管力度加大，票据交易管理办法出台，上海票据交易所成立，票据市场功能发挥和对实体经济支持作用得以增强。

1. 出台的政策

4月27日，银监会办公厅下发《中国银监会办公厅关于规范银行业金融机构信贷资产收益权转让业务的通知》（银监办发〔2016〕82号），就银行业金融机构开展信贷资产收益权转让业务进行了明确。要求银行业金融机构遵守“报备办法、报告产品和登记交易”相关要求，在银行业信贷资产登记流转中心进行信贷资产收益权转让和集中登记。这为银行业金融机构盘活票据资产拓宽了渠道。

4月29日，财政部和国家税务总局发布《关于进一步明确全面推开营改增试点金融业有关政策的通知》（财税〔2016〕46号）。该通知明确指出，质押式买入返售金融商品所获得的利息收入属于金融同业往来利息收入，免征增值税，降低了票据返售业务的经营成本。

4月30日，人民银行和银监会共同发布《中国人民银行　中国银行业监督管理委员会关于加强票据业务监管促进票据市场健康发展的通知》（银发〔2016〕126号）。从强化票据业务内控管理，坚持贸易背景真实性要求、严禁资金空转，规范票据交易行为，开展风险自查、强化监督检查四个方面加强票据业务监管、规范业务开展。

8月27日，人民银行印发《关于规范和促进电子商业汇票业务发展的通知》（银发〔2016〕224号）。从以下方面就规范和促进电子商业汇票（简称电票）业务发展有关事项作出规定：扩大系统覆盖率，扩充系统功能；提高服务水平，简化业务操作；规范操作，确保业务有序开展；健全考评机制，强化业务监管。其中，主要举措包括：一是扩大系统覆盖率。增加证券公司、保险公司、基金公司、资管公司等银行间债券市场交易主体可以通过代理接入的方式进入到转贴现市场，并采用全款对付（DVP）结算方式。二是发展电子商业承兑汇票。企业申请电票贴现的，无须向金融机构提供合同、发票等资料，并简化转贴现操作。三是规范操作。有效审核电票背书连续性，严格落实纸质商业汇票登记制度等。四是提升电票业务占比。要求自2017年1月1日起，单张出票金额在300万元以上的商业汇票应全部通过电票办理；自2018年1月1日起，原则上单张出票金额在100万元以上的商业汇票应全部通过电票办理。

11月1日，人民银行办公厅印发《中国人民银行办公厅关于做好票据交易平台接入准备工作的通知》（银办发〔2016〕224号）。明确了筹建票据交易平台、组织交易系统试运行等事宜，并就票交所系统建设分期、系统（一期）参与者上线方案和过渡期业务等作出安排。其中：首批试点机构43家，包括35家商业银行、2家财务公司、3家证券公司、3家基金管理公司。

12月6日，人民银行发布《票据交易管理办法》（中国人民银行〔2016〕第29号公告）。对票据市场参与者、基础设施、登记流程、票据登记与托管以及票据交易和结算规则等予以明确，以规范票据市场交易行为，防范交易风险，促进票据市场健康发展。

12月8日，具有里程碑意义的上海票据交易所股份有限公司（以下简称上海票据交易所）揭牌成立。作为国家级金融要素市场和金融基础设施，上海票据交易所的正式开业，有利于防范票据市场风险，提高票据交易效率。

2. 政策评估

近年来，中国票据市场发展迅速，规模快速扩大。但在发展过程中，票据市场也存在着市场透明度低、交易效率不高、基础设施发展滞后、部分金融机构金控薄弱以及票据中介风险累积等问题。强化金融机构票据业务风控管理和内控机制建设、提高票据业务电子化水平、增强市场透明度、完善票据市场制度建设、规范票据中介行为等成为中国票据市场规范发展的重点。

（1）加强市场监管方面。2015 年以来，票据市场风险频出，人民银行、银监会等机构根据国务院规范票据市场有关要求和部署，加强票据市场业务监管方面制度建设，防范相关风险。2015 年 12 月 31 日，银监会办公厅印发《关于票据业务风险提示的通知》（银监办发〔2016〕203 号），强调各金融机构不得办理无真实贸易背景的票据业务，已办理承兑、贴现的各种凭证原件要注明银行信息等，防止虚假交易及发票重复使用。2016 年 4 月 27 日，人民银行和银监会共同发布《关于加强票据业务监管 促进票据市场健康发展的通知》（银发〔2016〕126 号），重点提出加强实物票据保管、严格规范同业账户管理、严格贸易背景真实性审查、加强客户授信调查和统一授信管理、加强交易对手资质管理、规范纸质票据背书等要求。7 月起，银监会在全国银行业范围内全面开展“两个加强、两个遏制”回头看工作，重点排查违规经营和违规犯罪高发的存款、信贷、票据、同业、理财和代销等业务领域。

从监管部门出台的加强票据市场业务监管的法规文件来看，监管领域不断扩大，监管力度持续加强，督促市场参与机构加紧整顿票据业务管理，完善业务操作流程，梳理并防范票据经营中可能出现的风险隐患。经过多轮业务监管和风险防范措施出台与业务检查，金融机构整体合规意识得以提高，业务开展更为谨慎。对票据市场业务监管和风险防范的加强，短期来看，可能使得票据市场各项业务规模有所下降，长期而言，可以督促参与机构树立规范的经营理念和完善的内控机制，有利于票据市场健康规范发展。

（2）规范市场发展方面。鉴于纸质票据风险大、成本高、监管难的特点，自 2009 年以来人民银行一直着力推进电子票据系统的建设和推广。电子票据业务办理高效、流程简便，有助于降低纸质票据便携和转让方面的风险，并具有抑制假票和克隆票等优势。

2016 年 8 月 27 日，《中国人民银行关于规范和促进电子商业汇票业务发展的通知》的发布实施，为助推票据交易媒介转型提供了有力支持，有利于充分发挥电票系统和电票业务优势，防范纸质商业汇票（简称纸票）业务风险，加快票据市场电子化进程。取消电票贴现的合同与发票审核，则可以大力促进企业签发电子票据的意愿，推动电票的发展，从而充分发挥商业汇票的支付功能，盘活企业应收账款、提高资金周转效率、降低实体经济融资成本。2016 年，电票业务占到票据市场交易量的 50% 以上。

2016 年 12 月 6 日，人民银行印发了《票据交易管理办法》，为商业银行规范票据业务发展提供了契机，将打破目前的市场格局，逐步形成以法人为参与主体的集约化市场组织形式，进一步有效规范市场经营行为，提升市场参与者风险防控水平。

此外，《中国银监会办公厅关于规范银行业金融机构信贷资产收益权转让业务的通知》，为金融机构开展票据收益权转让业务提供了一条规范的路径和渠道，通过登记备案，票据产品将不再计入非标资产，并能够减少信贷规模占用，这对金融机构创新业务模式、激活存量资产、拓宽合作渠道等都有积极意义。

在相关规范发展政策措施的实施下，2016 年票据市场的运行和发展呈现如下特点：

一是票据签发承兑业务有所下降。全年企业累计签发商业汇票 18.1 万亿元，同比下降 19.1%；期末商业汇票未到期余额为 9.0 万亿元，同比下降 13.3%。年末票据承兑余额较年初下降 1.4 万亿元。值得注意的是，尽管票据承兑业务呈收缩迹象，电票承兑业务却仍保持较快增长。全年电票系统累计签发 230.47 万笔，出票额 8.36 万亿元，同比分别增长 71.8% 和 49.3%，市场占比进一步提升。

二是票据融资增长放缓。全年金融机构累计贴现 84.5 万亿元，同比下降 17.2%；期末贴现余额 5.5 万亿元，同比增长 19.6%。票据融资增长放缓，年末比年初增加 8946 亿元，同比少增 7684 亿元。期末票据融资余额占各项贷款的比重为 5.1%，同比上升 0.2 个百分点。与此同时，2016 年金融机构累计电票贴现 83.77 万笔、金额 5.76 万亿元，同比分别增长 69.1% 和 54.4%；累计转贴现 325.08 万笔、金额 49.2 万亿元，同比分别增长 108.8% 和 122.3%。

三是票据市场利率总体较为稳定。2016 年，银行流动性合理充裕，票据市场利率呈小幅震荡走势，年初和年末受季节性因素影响有所走高。全年买断式转贴现和回购式转贴现平均报价分别为 3.10% 和 3.96%，比上年分别下降 93 个和 85 个基点。

四是票据市场创新方兴未艾。在利率市场化和金融脱媒进程不断加快的背景下，商业银行将跨市场业务创新作为重点，积极加强与信托公司、证券公司、基金公司等金融机构的合作，向市场推出了包括票据资产证券化产品、票据理财、票据资管等多项新型的票据金融产品，有效拓宽了票据业务范围，增强了票据业务综合经营和票据市场深化发展的能力。

（3）加强基础设施建设方面。12 月 8 日，由人民银行牵头筹建的上海票据交易所正式成立，提供票据的集中登记和托管服务，为票据市场贴现转贴现等提供交易平台，提供包括清算、结算、交易和抵押品管理等交易后处理服务。全国统一票据交易平台的上线运行，改变了票据市场二十多年来纸质流转、线下交易、信息不透明的状态，将实现所有纸质票据和电子票据的信息集中以及集中交易、登记托管、清算结算，标志着票据交易迈入电子化集中交易新阶段，有效提升了市场透明度和交易效率，降低了操作风险。

上海票据交易所的成立，一方面有利于推动票据市场完善法规制度和业务规则，提升票据市场透明度和专业化水平，提高票据交易流转效率，营造良好的信用环境，切实防范风险；另一方面，有利于以实体经济需求为导向，切实推动票据市场产品创新和交易方式等机制创新，丰富和增强票据市场功能，进一步优化金融配置资源效率和提升货币市场服务实体经济水平。再者，通过上海票据交易所形成的全国集中统一的转贴现交易价格，真实完整、竞争充分，具有较好的价格发现功能，能为银行贷款利率、社会融资利率等提供一定的利率基准依据，有助于进一步推动利率市场化进程。此外，上海票据交易所的成立，也有利于发挥全国统一的票据平台作用，进而完善货币政策传导机制，提升中央银行宏观调控手段和政策实施效果。

3. 展望

国家支持实体经济和中小企业发展的战略，为票据市场发展提供了良好的政策背景。《票据交易管理办法》等法规制度的发布实施以及上海票据交易所的设立，为票据市场规范发展和做大做强提供了坚实的物质基础。2017 年，票据市场将继续在规范中实现转型发展。一方面，票据市场运行模式将发生深刻改变。票据交易场内化、电子化、信息化与便利化程度将大大提高，交易流程将更趋高效透明，市场运行亦将更加规范有序。一级市场将实现票据标准化、产品多元化和业务便利化，进一步增强对中小企业等实体经济的融资支持；二级市场将实现主体多元化、流程电子化和业务资金化，交易效率得以大幅提升。市场主体将更加丰富，交易需求更加多元化，推动票据市场广度和深度得以拓展。另一方面，票据市场加强监管、规范发展与防范风险等方面的政策措施与力度将进一步加大。票据市场将在宏观审慎政策框架下，在坚持票据市场服务实体经济的根本目标下，进一步规范发展票据市场，完善票据市场运行的风险监测、评估和预警体系建设，切实维护票据市场平稳健康发展和防范风险。

五、债券市场发展政策①

2016 年，债券市场是开放、发展的一年，债券市场对内、对外开放力度加大，产品创新步伐加快，新制度、新规则有序出台，无论是市场规模、市场深度，还是市场制度建设都取得了长足的发展，有力地支持并促进了我国经济健康发展。

（一）市场发展概况

一是债券收益率 V 形反转，波动上行。2016 年初到 3 月中上旬，债券收益率不断下行；3 月下旬以后，受多起债券信用违约事件及税收制度变化的影响，债券市场收益率显著上行，4 月下旬，国开债和 AAA 级中期票据到期收益率曲线均整体上升 40 个基点左右。6 月中旬后，大量资金进入债券市场，市场交投活跃，收益率持续下行，10 月 21 日，3 年期、10 年期国债等收益率达到年内最低。11 月后，债券市场收益率快速大幅上行，12 月 20 日达到年内高点。年末，3 年期、10 年期和 30 年期国债到期收益率分别为 2.78%、3.02% 和 3.64%，分别较年初上升 23 个、19 个和 2 个基点。

二是发行量增幅超过 50%。2016 年，债券市场各类债券累计发行 36.1 万亿元，同比增长 54.2%，其中，在全国银行间债券市场发行了 32.2 万亿元，同比增长 53.8%，

① 执笔人：荣艺华，中国人民银行上海总部金融市场部副主任。

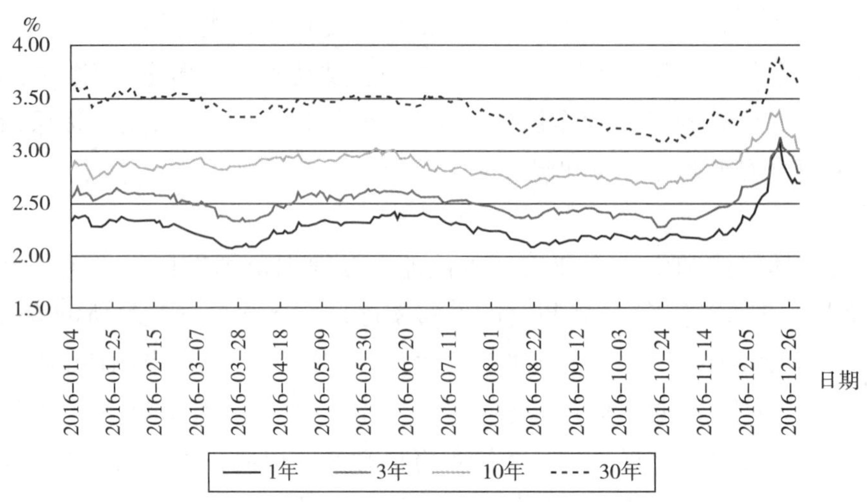

图 5－1　2016 年债券收益率

占债券市场发行总量的比重为 89. 1%；交易所发行公司债券（含私募）为 3. 6 万亿元，占债券市场发行总量的比重为 11. 9%。

三是交易日趋活跃。2016 年，债券市场现券累计成交 132. 2 万亿元，同比增长 46. 6%。其中，银行间债券市场现券累计成交 127. 1 万亿元，同比增长 46. 5%，占全国债券市场现券成交量的 96. 1%；交易所现券累计成交 5. 13 万亿元，同比增长 50. 8%，占全国债券市场现券成交量的 3. 9%。国债期货成交 8. 9 万亿元，同比增长 48. 09%。政策性金融债、同业存单和国债是银行间债券市场排名前三的券种，市场占比分别为 44. 2%、15. 6% 和 9. 9%。2016 年，债券的现券累计换手率达到 220. 07%，较上年提高 24. 56 个百分点，债券市场流动性稳步提高。

四是债券信用违约增多。2016 年，债券违约共涉及 35 家发行企业的 79 只债券，违约规模 398. 94 亿元。违约债券券种范围包括公募债、中期票据和短期融资券，违约行业多为煤炭、钢铁、建筑建材等产能过剩行业及周期性行业，违约主体扩展至信用程度较高的央企与地方国企。

（二）出台的主要政策

1. 统一债券市场规则

国务院推进统一信用债发行标准和审核规则。8 月，国务院印发了《降低实体经济企业成本工作方案》，改革完善公司信用类债券发行管理制度，合理扩大债券发行规模，提高直接融资比例，在投资者分类趋同的原则下，统一公司信用类债券市场发行准入标准和审核规则。

统一绿色债券界定标准。为贯彻落实国务院《生态文明体制改革总体方案》和党的十八届五中全会精神，8 月 31 日，中国人民银行、财政部、国家发展和改革委员会、环境保护部、中国银行业监督管理委员会、中国证券监督管理委员会、中国保险监督管理委员会联合印发了《关于构建绿色金融体系的指导意见》（银发〔2016〕228号），明确了证券市场支持绿色投资的重要作用，要求统一绿色债券界定标准，积极支持符合条件的绿色企业上市融资和再融资，支持开发绿色债券指数、绿色股票指数以及相关产品，逐步建立和完善上市公司和发债企业强制性环境信息披露制度。明确节能减排技术改造项目、绿色城镇化项目等12大项为未来绿色债券的支持重点，并要求统一绿色债券标准，提出推动证券市场支持绿色投资和丰富融资工具等方面的行动要求。

2. 规范债券发行市场

（1）2016年，财政部发布一系列规范、发展地方政府债务的政策。1月，发布了《关于对地方政府债务实行限额管理的实施意见》和《关于做好2016年地方政府债券发行工作的通知》，明确了地方债务余额和年债务置换量实行限额管理，要求建立健全地方政府债务风险防控机制和妥善处理存量债务。12月，发布了《地方政府一般债务预算管理办法》和《地方政府专项债务预算管理办法》，从债务限额确定、预算编制和批复、预算执行和决算、非债券形式债务纳入预算、监督管理等方面，提出了规范地方政府债务预算管理的具体要求。

另外，7月，财政部发布《关于中央和地方国库现金管理商业银行定期存款质押品管理有关事宜的通知》，将地方政府债券纳入中央国库现金管理和地方国库现金管理质押品范围，地方政府债券不受发行主体限制，可以跨地域质押，推动地方政府债券的发行。

（2）银行间市场交易商协会进一步规范非金融企业债务融资工具发行机制。2月19日，交易商协会修订和发布了《银行间债券市场非金融企业债务融资工具注册发行规则》、《银行间债券市场非金融企业债务融资工具公开发行注册工作规程》和《银行间债券市场非金融企业债务融资工具注册文件表格体系》，这些制度坚持“以信息披露为核心”，从“机制流程、信息披露、管理方式”三方面进行优化，构建了“分层分类”注册发行管理体系。

交易商协会发布《信贷资产支持证券信息披露工作评价规程（试行）》，明确对于受托机构、发起机构的信息披露工作评价指标体系包括风险揭示性、信息披露完备性、信息披露有效性、重大事项信息披露质量、投资人服务质量五项主要指标。此规程进一步完善了信贷资产支持证券信息披露“事中事后”监管机制，将有利于促进信贷资产证券化市场健康有序发展。

（3）证监会加强规范公司债。9月，上海证券交易所和深圳证券交易所发布《上海证券交易所公司债券簿记建档发行业务指引》、《深圳证券交易所公司债券簿记建档发行业务指引》，规范了簿记建档内控制度、簿记建档现场管理、簿记建档流程和自律管理要求，更加突出信息披露的全面性和准确性要求，保护债券投资者的合法权益。

10月，上海证券交易所对房地产、煤炭、钢铁等产能过剩行业公司债券发行审核试行分类监管，并明确了对这三类行业公司债券募集资金用途的监管要求，增加了“风险类”企业的发债难度和成本。此次分类监管采取“基础范围（行业政策）和综合指标评价”两项，并依据综合指标评价触发频次将企业分为正常类、关注类、风险类。

3. 扩大投资者队伍

2 月 24 日，人民银行发布第 3 号公告，在银行间债券市场引入更多符合条件的境外机构投资者，取消投资额度限制，简化管理流程。据此，在中华人民共和国境外依法注册成立的各类金融机构及其依法合规面向客户发行的投资产品，以及养老基金、慈善基金、捐赠基金等其他中长期机构投资者，通过银行间市场结算代理人完成备案、开户等手续后，即可成为银行间债券市场投资者。随后，国家外汇管理局印发了《关于境外机构投资者投资银行间债券市场有关外汇管理问题的通知》（汇发〔2016〕12 号），人民银行上海总部出台了《境外机构投资者投资银行间债券市场备案管理实施细则》（中国人民银行上海总部公告〔2016〕第 2 号），同业拆借中心、中央结算公司和上海清算所联合发布了《境外机构投资者进入银行间市场联网和开户操作指引》（中债字〔2016〕52 号）。公告和一系列配套措施的发布实施便利了境外机构投资者、特别是长期投资者投资银行间债券市场，进一步推动了银行间债券市场对外开放。

5 月 4 日，人民银行发布第 8 号公告，明确境内合格机构投资者的标准，大幅拓宽银行间债券市场投资者范围，并且进一步优化备案、开户、联网流程，强调业务检查要求和自律管理要求，有效地提高了市场准入效率，促进投资者队伍的健康、规范发展。公告明确了非法人类合格机构投资者指金融机构等作为资产管理人，在依法合规的前提下，接受客户的委托或授权，按照与客户约定的投资计划和方式开展资产管理或投资业务所设立的各类投资产品，包括但不限于证券投资基金、银行理财产品、信托计划等。保险产品、经基金业协会备案的私募投资基金、住房公积金、社会保障基金、企业年金、养老基金、慈善基金等，参照非法人类合格机构投资者管理。

另外，交易商协会对非金融机构投资人入市门槛进行调整，将净资产要求不低于 3000 万元调整为 1000 万元，推动了银行间债券市场投资人有序扩容，也更好地满足市场投融资需求。

2 月 14 日，人民银行发布《全国银行间债券市场柜台业务管理办法》，引入个人投资者。办法明确除符合条件的金融机构和企业外，年收入不低于 50 万元，名下金融资产不少于 300 万元，具有两年以上证券投资经验的个人投资者，也可投资银行间债券市场债券柜台业务的全部债券品种和交易品种。而对于不满足上述条件的个人投资者，可以买卖发行人主体评级或债项评级较低者不低于 AAA 级的债券，以及参与债券回购交易。

4. 规范和活跃市场交易

（1）11 月，财政部会同中国人民银行发布了《关于印发〈国债做市支持操作规则〉

的通知》，对建立国债做市支持机制作出规定。国债做市支持机制是指财政部在银行间债券市场运用随买、随卖等工具，支持银行间债券市场做市商对新近发行的关键期限国债做市的市场行为。建立国债做市支持机制是主要发达国家促进国债市场健康发展的通行做法，可以进一步提高国债的流动性，保障国债二级市场连续不断运行。

（2）交易商协会发布《银行间债券市场做市业务指引》及《银行间债券市场做市业务评价指标体系》自律文本，对原有评价规则作出完善：一是将银行间市场全部做市商及尝试做市机构纳入被评价范围，对开展做市业务的做市机构进行统一评价；二是搭建“综合＋专项”的评价体系，评价并公布做市机构分别在利率债、信用债的做市情况，为市场参与者更高效地寻找交易对手方提供有益参考。

5. 推动上海自贸区债券业务创新发展

为贯彻落实党中央、国务院关于进一步深化上海自贸区改革开放精神，2016 年，人民银行陆续批复了全国银行间市场交易商协会、中国外汇交易中心、上海清算所、中央国债登记结算有限责任公司等自律组织和中介机构在上海自贸区开展债券业务。该债券业务基本以银行间债券市场的制度框架为基础，符合银行间债券市场合格投资者要求区内及境外投资者通过非居民账户或自由贸易账户，在外汇交易中心的国际金融资产交易平台进行交易，由中央国债登记结算有限责任公司和上海清算所提供发行、托管和清算等服务。

6. 建立投资人保护制度

交易商协会发布了《投资人保护条款范例》，通过引导发行人将投资人保护条款以契约形式在募集说明书中进行约定，事前明确事后处置程序，将有力地推动解决争议法制化、提升持有人会议效力，有利于进一步完善债券市场投资人保护制度。

《投资人保护条款范例》主要包括：一是形成“交叉保护条款”、“财务指标承诺”、“事先约束条款”和“控制权变更条款”四类投资人保护条款，并分别设置对应的投资人保护安排；二是在募集说明书中明确投资人保护条款核心要素，约定发生触发情形后的处理程序以及发行人、投资人和主承销商的各方权责，增强持有人会议执行力；三是分类细化具体触发情形和违反约定责任，供市场成员结合具体情形权衡选择；四是首次引入“违反约定救济工具箱”和“资产池承诺”条款，更好保护投资人合法权益。

（三）政策评估

2016 年出台的政策，从规则、发行、交易、投资者队伍、创新及投资者保护等层面，不断建立并完善相应市场制度和规则，进一步夯实市场健康发展的基石，我国债券市场呈现出开放、创新、大幅发展的势头。

债券市场规则的逐步统一，有利于增强市场透明度、降低监管套利可能性，极大地释放了市场发展的动力，促进了债券市场健康有序发展。截至 2016 年末，债券市场托管余额为 63.66 万亿元，较上年增加 15.76 万亿元，同比增幅为 32.91%，在世界排名第三，其中公司信用债券余额达到16.5万亿元，位居全球第二。全年，企业发行债券融资规模3万亿元，占社会融资规模比例为16.8%，债券市场在稳增长、调结构、防风险方面的作用日益突出，债券市场服务实体经济能力和水平进一步提升。同时，中国成为全球最大的绿色债券市场。全年共发行绿色债券约2380亿元人民币，占据全球同期绿色债券发行总量的39%，成为全球最大的绿色债券市场。其中，境内发行约1737亿元，境外发行约643亿元人民币。发行品种包括绿色金融债、绿色债务融资工具、绿色企业债、绿色公司债等。

财政部、证监会和人民银行有关债券发行政策的推出，有效地提高了债券发行的效率。如银行间市场交易商协会推出的注册发行"分层分类"管理体系的实施，使自律管理方式由"事前管理为主"向"事前、事中、事后管理相结合"转变，进一步丰富了注册制在我国银行间市场的内涵和外延。全年，同业存单发行12.99万亿元，公司信用类债券发行8.20万亿元，地方政府债券发行6.04万亿元。

投资者队伍迅速扩大。2016年人民银行3号公告、8号公告的出台，非金融机构入市标准的降低，柜台业务个人投资者的引入，进一步明确了境内外机构投资者参与银行间债券市场的相关规定，简化了合格机构投资者进入银行间债券市场的流程，大大便利了境外机构投资者、特别是中长期投资者投资银行间债券市场，提升了我国债券市场在国际上的知名度和认可度，非法人合格机构投资者和境外合格机构投资者的占比大幅上升，市场投资者队伍迅速扩大。截至2016年末，银行间债券市场各类参与主体合计14127家，较上年末增加4491家，增长率为46.6%。其中，境内法人类机构2329家，增加235家，占投资者总数的16.48%；境内非法人类机构11391家，增加4151家，占投资者总数的80.63%；境外机构407家，增加105家，占投资者总数的2.9%。

债券市场全方位开放，有效地丰富了市场主体类型和市场的国际化水平。全年共有16家机构和境外主权国家发行21期熊猫债，发行规模452亿元，包括韩国、加拿大、波兰发行了共计90亿元；另外，世界银行和渣打银行发行了6亿SDR债券。在境外机构投资者入市方面，截至2016年末，共有407家境外机构投资者，持债规模8000亿元，占市场总量的1.45%。这些境外机构包括境外央行、国际金融机构、主权财富基金、港澳人民币清算行、境外参加行、境外银行、证券、基金、保险等商业机构、境外非法人产品投资者、RQFII和QFII等。

市场创新层出不穷。一是开展资产支持票据等结构化产品创新。推出了票据收益权发行的资产证券化产品、银行保贴类票据资产证券化产品、信托型ABN创新产品。二是开展绿色债券产品创新，包括绿色永续债券、交易所绿色债券挂牌、"债贷组合"和"债贷基"等绿色债务融资工具。三是推出信用违约互换（CDS）与信用连结票据（CLN）两项信用风险缓释工具（CRM）。四是首次引入社会效应债券。五是全国银行间同业拆借中心在X-Swap和X-Repo的基础上，结合现券市场特点，推出了银行间债券市场现券匿名点击成交业务 X - Bond。六是全国银行间债券市场正式推出债券预发行交易。七是自贸区债券业务创新发展。12 月，上海市财政局通过公开招标的方式，在上海自贸区，面向区内及境外机构投资者发行了 30 亿元地方政府债券。当月，国泰君安证券、浦发银行上海分行、工商银行上海市分行、新开发银行通过全国银行间同业拆借中心国际金融资产交易平台达成首批上海自贸区债券交易。

（四）展望

2017 年，我国经济发展将统筹推进“五位一体”总体布局和协调推进“四个全面”战略布局，坚持稳中求进的工作总基调，坚持以提高发展质量和效益为中心，坚持宏观政策要稳、产业政策要准、微观政策要活、改革政策要实、社会政策要托底的政策思路，坚持以推进供给侧结构性改革为主线，适度扩大总需求，加强预期引导，深化创新驱动，全面做好稳增长、促改革、调结构、惠民生、防风险各项工作。财政金融政策方面，将继续实施积极的财政政策和稳健的货币政策，提高预见性、精准性和有效性。为进一步做好服务实体经济，配合国家经济转型、改革开放、创新驱动、“一带一路”等发展战略，2017 年，我国债券市场将继续保持健康发展势头，市场规模继续增长，产品和机制持续创新，对外开放步伐进一步加大，债券市场信用风险的相关处置机制将进一步完善，市场精准服务实体经济的能力有效提升。为此，相关政策将陆续推出。

专栏一

债转股：从政策性到市场化[①]

2015 年 12 月的中央经济工作会议提出“三去一降一补”，这是本轮债转股的背景。

上一轮债转股经历了两个阶段：一是 1999 年四大 AMC 以账面价格收购了 1.4 万亿元不良资产，二是国务院用外汇储备对中国银行和建设银行注资。那一轮的债转股和不良资产处置是政策性的——以降低企业杠杆率，特别是国有企业杠杆率，降低金融行业系统性风险、重塑银行体系为目的。本轮的债转股，同样以降低企业和全社会的杠杆率，以及化解金融业系统性风险、降低银行不良率为目标。其中，降低杠杆率更为重要。本轮债转股提出了坚持“市场化、法制化”的原则。

由于本轮债转股以去杠杆作为首要目标，从已完成和实施中的方案来看，很多采用了明股实债的方式，用于恢复企业融资能力，缓解短期流动性压力。但是，还本付息的长期压力仍然存在，金融市场承受的风险没有完全化解。对比上轮债转股方案实施和资产定价的“政策性”，明股实债方式的债转股方案，以签订合同作为法制化实施的手段，创制明股实债产品对接资金市场，实现债权资产的市场化定价。

---

① 执笔人：郭荆璞，信达证券公司研究开发中心总经理。

债转股的真正目的，应当是帮助有前景的企业渡过难关，并让转而持有股份的投资人获得股权投资应有的回报。作为本轮债转股主要参与者的商业银行，由于缺乏对股权资产的定价能力，大量采用明股实债的方式，降低名义上的杠杆率，并不能够真正起到价值发现和化解金融风险的作用。

大量企业陷入困难，杠杆率过高的深层次原因在于经济增长率下行时期，周期性行业景气低点附近，体制僵化、产能过剩的企业，特别是国有企业，无法依靠市场化机制实现去产能。债转股只有建立起对股权资产的市场化定价、股权的自由流转和股权价值的再发现机制，才能实现对暂时困难但具备长远发展前景的企业的雪中送炭，实现对僵尸企业破产、清算、有序退出的引导，也只有这样才能实现债转股降低杠杆率、化解金融风险的终极目的。

对股权资产的定价，需要以产业研究、资产定价为基础，以投资银行和资产管理为手段的产品设计，这是证券公司和资产管理公司擅长的领域。目前商业银行主导的明股实债方式仍将继续占据债转股的较大份额，但是会出现更多以四大资产管理公司和旗下证券公司为代表的参与方，以股权资产定价为方案核心要素的更加市场化的方案。

未来债转股还将向股权流转和转股投资者参与经营管理两个方向发展，更加深入地体现“市场化、法制化”的原则。投资者通过债转股获得的股权，除了通过方案设计直接进入 A 股、新三板交易之外，还可能出现专业化的债转股股权流通市场，形成完整的股权定价和价值发现体系。股权投资者还将实际介入企业的经营和管理，在公司事务中发挥法律赋予的权利并承担相应的义务，改善企业的治理结构和经营能力，从而实现提升股东价值的目标。

专栏二

疏堵结合去杠杆去通道①

2016 年，针对金融脱实向虚及监管套利等问题，国务院和相关部门的政策是：一方面通过规范和完善债券发行管理来提升发行效率服务实体经济，另一方面根据“依法监管、全面监管、从严监管”的监管精神，加快金融同业“去杠杆、去通道”。

（一）规范与完善债券发行管理

1. 国务院推进统一信用债发行标准和审核规则。国务院改革完善公司信用类债券发行管理制度，合理扩大债券发行规模，提高直接融资比例，在投资者分类趋同的原则下，分别统一公司信用类债券市场发行准入标准和审核规则。

2. 进一步完善地方债相关管理办法。财政部对地方债余额和年债务置换量实行限额

---

① 执笔人：蒋健蓉，上海申银万国证券研究所有限公司副总经理、首席战略研究员；陆媛媛，上海申银万国证券研究所有限公司发展研究部研究员。

管理，提出建立健全地方政府风险防控机制和妥善处理存量债务。从债务限额确定、预算编制和批复、预算执行和决算、非债券形式债务纳入预算、监督管理等方面，规范地方政府债务预算管理。将地方政府债券纳入中央国库现金管理和地方国库现金管理质押品范围，地方政府债券不受发行主体限制，可以跨地域质押。

3. 构建“分层分类”注册发行管理体系。银行间市场交易商协会推出“分层分类”管理体系，坚持以信息披露为核心，从“机制流程、信息披露、管理方式”三方面优化，构建“分层分类”注册发行管理体系，提升债券发行效率和质量。

4. 交易所市场规范公司债监管。沪深交易所规范簿记建档内控制度、簿记建档现场管理、簿记建档流程及自律管理要求。明确债券质押式回购交易的投资者准入和标准债券使用率、回购杠杆、入库集中度等风控指标要求，并对房地产及产能过剩行业公司债券发行审核实行分类监管。

（二）加快金融同业“去杠杆、去通道”

1. 银监会对银行理财业务进行限制性投资安排。银监会对商业银行理财业务进行限制性投资安排。规定商业银行理财产品不得直接或间接投资于本行信贷资产及其受（收）益权，不得直接或间接投资于本行发行的理财产品，不得直接或间接投资于除货币市场基金和债券型基金之外的证券投资基金，不得直接或间接投资于境内上市公司、非上市企业股票及其受（收）益权。

2. 银监会禁止金融资产管理公司为银行规避资产质量监管提供通道。银监会在规范金融资产管理公司不良资产收购业务的同时，明确不得为银行业金融机构规避资产质量监管提供通道。要求资产管理公司收购银行业金融机构不良资产需通过评估或估值程序进行市场公允定价，实现资产和风险的真实、完全转移。

3. 证监会加强券商、基金子公司资管业务监管。证监会加强券商、基金子公司资管业务监管。严格限制结构性配资产品杠杆倍数，禁止优先级提供保本保收益安排。对“资金池”业务进行穿透式监管，防止通过多层嵌套的方式形式上规避结构化资产管理计划的各项限制。同时对基金子公司实行净资本约束，缩减通道业务。

4. 保监会清理保险资管通道类业务。保监会开展保险资产管理公司银行存款通道等业务清理规范工作，要求保险资产管理公司对投资风险、信用风险、操作风险、道德风险进行自查，进一步加强受托投资管理，防范资金运用风险。

六、基金行业市场发展政策①

（一）行业市场发展概述

经过18年的发展，截至2016年底，公募基金行业资产规模达9.16万亿元，产品数

① 执笔人：李艳，上海国泰君安证券资产管理有限公司董事会秘书。

量达3867只，公募基金个人有效账户数达到2亿户，85%的基金账户资产规模在5万元以下，基金管理公司作为全国社保基金最主要的委托投资资产管理人，在18家管理人中占16席，管理了超过40%的全国社保基金资产。因此，公募基金不仅是国内A股市场持股比例最高的专业机构投资者，也成为普惠金融的典型代表。但从整个大资管行业近年来的发展规模看，公募基金资产规模占比不足10%。2012年以来，银监会、证监会、保监会等各类金融机构资产管理业务规模呈爆发式增长，截至2016年底，包括证券公司在内的公私募基金资产管理规模达到51.79万亿元，银行理财产品规模近30万亿元，信托资产管理规模20.22万亿元（其中资金信托17.46万亿元），投资类保险资产管理规模超过3万亿元，以上资产管理规模总计105.01万亿元。

随着行业的高速发展，2016年基金以及大资管市场两大现象凸显：一是产品同质化现象更明显。由于国内可投资标的相对单一、衍生品工具有待丰富，且股市债市异常波动以及汇市波动使得“资产荒”现象更明显；同时，在混业经营的大趋势之下，资产管理机构之间的边界越来越模糊，金融产品同质化现象也愈加明显。二是大资管法律基础不统一，缺少统一监管标准。从整个资产管理行业监管层面看，既有信托关系主导的突出投资人利益优先原则的监管规则，也有民商关系主导的遵从平等合同主体地位的监管规则，受托财产法律属性不清晰，相关主体受托责任不明确，导致大量信贷业务与投资业务混同，刚性兑付、资金池、通道、高杠杆结构化产品等违背资产管理本质的业务屡禁不止。同时，不同机构发行的面向非特定对象的公募产品以及面向特定对象的私募产品缺少统一标准。

（二）行业市场发展政策分析

基金等资产管理的本质是资产管理人接受客户委托，按照合同约定对客户资产进行投资，通过主动管理，履行受托和尽职的责任，投资者通过专家理财，享受投资收益，承担投资风险，即自负盈亏。2016年，基金行业监管政策继续围绕保护投资者利益这一核心目标，规范管理机构内部控制、投资运作、风险管理以及销售行为和信息披露等多个环节。总结下来，2016年监管政策更加注重以下几个层面。

1. 更加注重私募业务规范化发展

私募基金等各类私募资产管理业务发展非常迅速。2015年以来，在中国证券投资基金业协会申请登记的私募基金管理人数量月均超过1600家，月均备案产品1300余只。截至2015年末，在中国证券投资基金业协会登记的私募基金管理人达到2.5万家，备案私募基金2.4万只，认缴规模5.07万亿元，实缴规模4.05万亿元，私募基金从业人员37.94万人。同期，证券期货经营机构私募资产管理业务达到24.74万亿元，月均备案产品2450只，月均备案规模7300亿元。在中国经济转型的关键时刻，私募基金等各类私募资产管理业务在推动多层次资本市场建设、服务实体经济和创新资本形成等方面起到了积极的作用。但过快的发展也暴露出了问题和风险，如滥用登记备案信息非法增信、违法违规经营运作、“通道”业务占比过高等。为更好地保护投资者利益，建设行业信用，督促行业恪守资产管理本质，中国证监会和行业协会加强私募规范和自律体系建设，并针对私募机构登记和展业活动展开专项清理工作。

2016 年 2 月 1 日，中国证券投资基金业协会发布《私募投资基金管理人内部控制指引》，要求私募基金管理人在充分考虑内外部环境的基础上，从制度安排、组织体系和控制措施等方面对经营中的风险进行识别、评价和管理。2016 年 2 月 4 日，中国证券投资基金业协会发布《私募投资基金信息披露管理办法》，要求私募基金及时、准确、完整地向投资者和行业自律组织披露和报告必要的信息，以最大限度地减少信息不对称，为投资者提供良好的法律保障。2016 年 4 月 15 日，中国证券投资基金业协会发布《私募投资基金募集行为管理办法》，明确了私募基金的资金募集的主体资格、募集专用账户的监督责任、合格投资者的认定程序以及冷静期和回访确认制度，有效地保障了投资者资金安全，强化落实了“卖者尽责”的行业规范。2016 年 4 月 18 日，中国证券投资基金业协会发布《私募投资基金合同指引 1 号（契约型私募基金合同内容与格式指引)》、《私募投资基金合同指引 2 号（公司章程必备条款指引)》、《私募投资基金合同指引 3 号（合伙协议必备条款指引)》，按照不同组织形式基金的特点，为私募证券投资基金、股权投资基金、创业投资基金等私募类产品提供了统一、标准的合同文本参照。

2016 年 7 月 14 日，中国证监会发布《证券期货经营机构私募资产管理业务运作管理暂行规定》（以下简称《暂行规定》），主要对违规宣传推介和销售行为、结构化资管产品、违法从事证券期货业务活动、委托第三方机构提供投资建议、开展或参与“资金池”业务、实施过度激励等问题进行了重点规范。为落实《暂行规定》，2016 年 10 月 24 日，中国证券投资基金业协会发布《证券期货经营机构私募资产管理计划备案管理规范第 1—3 号》，主要针对私募资管产品备案环节涉及的材料提交、备案程序等操作问题以及履行监测职能方面进行了总体规范，细化了对于委托第三方机构提供投资建议服务的私募资管产品须提交的备案材料，对结构化资管计划在宣传推介、收益分配、投资运作等方面的合规要求；同时，针对如私募证券投资基金管理人为投资非标资产的资管产品提供投资建议、一对多资管产品委托人以发出投资建议、投资指令等方式影响资产管理人投资运作、管理人通过“安全垫”+超额业绩报酬等方式变相设立不符合规定的结构化产品等行为进行禁止性规范。

2016 年 2 月 5 日，中国证券投资基金业协会发布《关于进一步规范私募基金管理人登记若干事项的公告》，启动已登记私募基金管理人清理工作。该公告规定三种情形将被注销私募基金管理人登记，包括：新登记的管理人在办结登记手续之日起 6 个月内仍未备案首只私募基金产品的；已登记满 12 个月尚未备案首只产品的管理人，在 2016 年 5 月 1 日前未备案私募基金产品的；不满 12 个月且在 2016 年 8 月 1 日前未备案私募基金产品的。截至 2016 年 12 月底，基金业协会已登记私募基金管理人 1.7 万家，正在运作中的基金 4.65 万只，认缴规模达到 10.24 万亿元，实缴规模达到 7.89 万亿元。12834 家未展业私募机构被注销登记，从源头上有效地遏制了“劣币驱逐良币”的效应，行业形象和信誉得到提升。

2. 更加注重防风险特别是防系统性风险

2016 年基金公司子公司业务迎来了严厉的监管。基金公司子公司业务在过去几年中以惊人的速度增长。截至 2016 年底，基金公司子公司的资产管理规模超过了公募基金，达到 10.5 万亿元，其中 70% 以上是所谓的通道业务。通道业务看似无风险，实则往往夹杂着道德风险和法律风险。随着国内经济增速放缓，融资端兑付风险逐渐暴露，基金公司子公司通道业务风险事件时有发生，并且在这些事件中基金公司很少能够真正全身而退。针对基金公司子公司大量开展所谓的通道业务，产品结构层层嵌套，风险合规管理薄弱，资本约束机制缺失，资本金与资产规模严重不匹配和盲目扩大业务规模的风险隐患，中国证监会制定并发布了《基金管理公司子公司管理规定》，要求强化道德和法律风险管控，并且提出了全面风险管理的总体性要求，确保业务发展规模与其风险承受能力、风险控制水平以及经营实力相匹配。同时，中国证监会借鉴证券、信托等机构的监管经验，制定并发布了《基金管理公司特定客户资产管理子公司风险控制指标管理暂行规定》，要求基金公司子公司建立以净资本为核心的风险控制指标体系，主要包括：净资本不得低于 1 亿元人民币，保证专户子公司具有基本的展业实力；净资本不得低于各项风险资本准备之和的 100%，保证专户子公司具有足够的资本抵御各项业务可能造成的非预期损失；净资本不得低于净资产的 40%，旨在防范流动性风险，保证专户子公司能够及时变现相关资产履行到期债务；净资产不得低于负债的 20%，以控制和防范公司负债风险。并且，为进一步提高应对风险能力，暂行规定要求专户子公司应当按照管理费收入（含资产支持专项计划管理费收入）的 10% 计提风险准备金。

截至 2016 年底，货币市场基金的规模达到 4.28 万亿元，占据了公募基金规模的半壁江山。如果货币市场基金遭遇巨额赎回，摊余成本法估值方式推升连锁反应，随之产生的流动性枯竭可能随时引发金融市场的系统性风险。鉴于此，中国证监会和中国人民银行于 2015 年底发布的《货币市场基金监督管理办法》于 2016 年 2 月 1 日正式实施，该办法主要修订内容包括：一是进一步完善货币市场基金投资范围和期限、比例，强化货币市场基金对组合的风险管控；二是对货币市场基金流动性管理作出了制度安排；三是对货币市场基金影子定价偏离度进行严格规定；四是针对货币市场基金和互联网发展的新业态，对货币市场基金的互联网销售活动和披露作出针对性要求。这些系统性的制度安排有利于提高行业流动性风险的自我管控能力，确保货币市场基金平稳运作，避免诱发系统性风险。

2015 年下半年的股市异常波动和 2016 年初的熔断，股票市场千股跌停，公募基金遭遇巨额赎回，公募基金行业经受了前所未有的流动性风险考验，金融系统性风险的爆发仅一步之遥。中国证券投资基金业协会密切关注分级基金、保本基金、债券违约、委外资金等行业风险问题，发布的《公募基金管理公司压力测试指引（试行）》，吸取了股市异常波动的经验教训，对公募基金流动性风险和风险准备金进行深入研究，要求公募基金公司每三个月组织开展一次定期压力测试，包括股票压力测试、债券压力测试、货币压力测试、QDII 压力测试及特殊产品压力测试等，并且在市场出现重大变化、公司出现重大创新和内部重大风险以及其他风险事件时，开展专项和综合性压力测试。

3. 更加注重“卖者有责”的投资者保护行业规范

保护投资者利益始终是基金行业监管的一个核心目标。尽管监管政策始终强调“买者自负，卖者尽责”的基本原则，2016 年监管政策明显强化了“卖者有责”。2016 年 12 月 12 日，中国证监会发布《证券期货投资者适当性管理办法》，统一适当性管理制度，强化经营机构的适当性责任，明确投资者基本分类、产品分级底线标准，要求经营机构对投资者进行科学分类，把“了解投资者”、“了解产品”、“投资者与产品匹配”、“风险揭示”等作为基本的经营原则。中国证券投资基金业协会于 2016 年 4 月 15 日发布的《私募投资基金募集行为管理办法》也明确募集人承担合格投资者甄别和认定责任，并实行冷静期和回访确认制度，给予投资者不少于 24 小时的投资冷静期，冷静期满后募集机构由非销售人员向投资人确认投资意愿，只有在确认成功后方能运用投资资金。

（三）行业市场发展政策展望

大资管时代统一监管势在必行。随着各资管子行业之间的边界模糊，资管的跨界合作更加频繁，在利率市场化和金融改革的推进下，金融业综合化经营态势日益明显。现行的资产管理产品和服务监管依附于机构监管的模式已经暴露出严重的缺陷，刚性兑付、机构博弈和监管套利不仅扭曲了资产管理行业的生态，而且威胁着整个金融系统的安全。最近，中国人民银行《关于规范金融机构资产管理业务的指导意见（征求意见稿）》可以理解为是朝着资管业务统一监管方向迈出的重要一步。未来，更加需要明确资管产品和服务与机构平行监管原则。

专栏

私募基金 7 + 2 自律规范体系建设[①]

贯彻落实《基金法》，以信用管理为核心构建私募基金自律监管框架。近年来私募基金迅猛发展，在中国经济转型的关键时刻，在推动多层次资本市场建设、服务实体经济和创新资本形成等方面起到了积极的作用。但过快的发展也暴露出了问题和风险。为

① 执笔人：李艳，国泰君安资产管理公司董事会秘书。

全面贯彻落实《基金法》，推动私募基金行业恪守“卖者有责、买者自负”和投资人利益优先的受托理财文化，中国证券投资基金业协会围绕保护投资者利益、建设行业信用这一核心目标，提出了7个管理办法和2个规范指引的系统化自律规范体系，涵盖私募基金登记备案、资金募集、资金托管、内部控制、人员管理、合同指引、信息披露、投资顾问和中介服务，为私募基金行业自律自治和长期健康发展打下坚实基础。

已发布制度鼓励私募基金向专业化、规范化发展。《私募投资基金登记备案管理办法》着重引入了法律意见书制度，使私募基金管理人与律师、会计师等市场中介服务机构相互增信，建立市场化信用制衡机制，从源头上遏制私募基金的“野蛮生长”。《私募投资基金募集行为管理办法》明确了私募基金的资金募集的主体资格、募集专用账户的监督责任、合格投资者的认定程序以及冷静期和回访确认制度，有效地保障投资者资金安全、强化落实“卖者尽责”的行业规范。《私募投资基金信息披露管理办法》要求私募基金及时、准确、完整地向投资者和行业自律组织披露和报告必要的信息。《私募投资基金合同指引1、2、3号》分别对契约型私募基金合同内容与格式、公司型私募基金的公司章程以及合伙型私募基金合伙协议的必备条款进行了规范，为私募证券投资基金、股权投资基金以及创业投资基金等私募类产品提供统一、标准的合同文本参照，目的是让私募基金管理人与客户实现有效的互通互联，最大限度地减少信息不对称，为投资者提供良好的法律保障。《私募投资基金管理人内部控制指引》从私募基金管理人内部控制的目标与原则、内部环境、风险评估、控制活动、信息与沟通及内部监督等方面的制度建设进行自律管理，旨在促进私募基金人提升运营管理和风险控制水平，促进私募基金管理人向专业化、规范化基金管理机构发展。

待发布制度鼓励私募基金精细化、差异化发展。待发布的《基金从业人员管理办法》旨在建立和完善从业人员基金从业资格要求和持续诚信记录。《私募投资基金管理人从事投资顾问业务管理办法》将规范专业化投资顾问服务，推动私募基金业专业化、精细化发展。《私募投资基金托管业务管理办法》和《私募投资基金服务业务管理办法》规范份额登记、交易结算、估值核算、信息技术等中后台操作，鼓励私募基金管理人集中优势资源，特色化、差异化发展，塑造难以模仿、无法替代的竞争优势，促使基金管理人与基金托管人、外包服务机构相互依存、互为制衡、协同发展，营造行业可持续发展的生态环境。

一套完善的中国私募基金自律规范体系正在形成。一套完善的自律规范体系不仅将对保护私募基金投资者的利益起到意义深远的作用，亦将极大地提升私募基金的专业能力和行业信誉，从而在完善多层次资本市场、服务实体经济和创新资本形成等方面起到更加积极的作用。

附表

2016 年度基金市场主要监管政策

日期	主要政策	发布单位
2 月 1 日	《私募投资基金管理人内部控制指引》	中国证券投资基金业协会
2 月 4 日	《私募投资基金信息披露管理办法》	中国证券投资基金业协会
2 月 5 日	《关于进一步规范私募基金管理人登记若干事项的公告》	中国证券投资基金业协会
3 月 1 日	《证监会将 10 项证券、基金、期货业务许可证统一为〈经营证券期货业务许可证〉》	证监会公告〔2016〕4 号
4 月 15 日	《私募投资基金募集行为管理办法》	中国证券投资基金业协会
4 月 18 日	《私募投资基金合同指引 1 号（契约型私募基金合同内容与格式指引）》	中国证券投资基金业协会
	《私募投资基金合同指引 2 号（公司章程必备条款指引）》	
	《私募投资基金合同指引 3 号（合伙协议必备条款指引）》	
4 月 19 日	《证券投资者保护基金管理办法》	证监会令第 124 号
4 月 27 日	《关于证券期货基金经营机构做好营业税改征增值税试点工作的意见》	证监会公告〔2016〕8 号
7 月 14 日	《证券期货经营机构私募资产管理业务运作管理暂行规定》	证监会公告〔2016〕13 号
9 月 11 日	《公开募集证券投资基金运作指引第 2 号——基金中基金指引》	证监会公告〔2016〕20 号
10 月 11 日	《证券基金经营机构参与内地与香港股票市场交易互联互通指引》	证监会公告〔2016〕24 号
10 月 24 日	《证券期货经营机构私募资产管理计划备案管理规范第 1 号——备案核查与自律管理》	中国证券投资基金业协会
	《证券期货经营机构私募资产管理计划备案管理规范第 2 号——委托第三方机构提供投资建议服务》	
	《证券期货经营机构私募资产管理计划备案管理规范第 3 号——结构化资产管理计划》	
11 月 18 日	《公募基金管理公司压力测试指引（试行）》	中国证券投资基金业协会
11 月 29 日	《基金管理公司子公司管理规定》	证监会公告〔2016〕29 号
11 月 29 日	《基金管理公司特定客户资产管理子公司风险控制指标管理暂行规定》	证监会公告〔2016〕30 号
12 月 12 日	《证券期货投资者适当性管理办法》	证监会令第 130 号
12 月 12 日	《关于实施〈证券期货投资者适当性管理办法〉的规定》	证监会公告〔2016〕34 号

七、信托与财富管理市场发展政策[①]

信托制度是财产所有人将自己的财产权利委托给信任的自然人、法人担任受托人，为受益人管理财产的制度。凭借法律架构上的特点，信托可以实现风险隔离和权益重构等特殊效果，在资金融通和财富管理领域具有突出价值。然而，受多种因素制约，我国

① 执笔人：李青云，上海通晟资产管理有限公司总裁。

信托制度在过去较长一段时间的服务对象以机构为主，服务内容以“类银行”业务为重点，信托在财富管理领域的本源业务开展有限。

从当前发展态势而言，信托在财富管理领域的价值正在快速显现，信托回归本源的趋势已经形成。一般而言，管理财富的方式主要分为自主管理和委托管理两类。随着财富结构复合化和管理工具专业化的不断深入，财产所有者自主管理的难度日益增加，而交由外部专业机构管理将是主流方向。然而，以何种形式交付仍有待考量。普通委托方式，如将财富以委托方式或者公司方式交由第三方管理，则可能面临代理人控制、风险隔离不足、灵活性欠佳等问题。相形之下，信托凭借其卓越的架构优势，逐渐成为现代财富管理市场的核心工具，这已在不同国家得到验证。另一方面，按照通常的业务划分标准，财富管理市场的服务对象有别于个人理财市场，主要服务于财富拥有量较大的高净值人群。根据2007年《信托公司集合资金信托计划管理办法》确立的合格投资者制度，信托产品的个人客户限定于高净值人群。显然，两者的服务对象从个人角度而言是高度重叠的，因此将信托与财富管理市场进行合并介绍具有较强的内在契合性。

（一）2016年市场发展概况

根据中国信托业协会发布的数据，截至2016年12月31日，我国信托业管理资产规模达到20.22万亿元，同比增长24.01%。在宏观经济新常态的背景下，信托业资产管理规模和增长速度仍然保持了较快增长态势。总体上，2016年我国信托市场发展具有以下特点。

1. 盈利能力小幅收敛

2016年，信托业管理资产的规模和增速尽管仍然保持了较高的增长水平，但营业收入和盈利水平却有所收敛。截至2016年末，信托业实现经营收入1116.24亿元，同比下降5.09%；实现利润771.82亿元，增幅仅为2.83%，与上年同期16.86%的增幅相比大幅回落。显然，我国信托业经营模式上的问题仍未解决，传统模式发展受限，创新模式尚未突破，行业盈利能力仍将面临考验。

2. 产品结构持续调整

信托业协会数据显示，2016年单一资金信托在信托总余额中的占比有所下降，收缩至50.07%；集合资金信托余额占比为36.28%；财产信托余额占比为13.65%。这意味着信托资产来源的多样化趋势正在延续，结构有所优化。再从信托功能角度观察，信托产品的结构调整也在加深，事务管理类信托产品占比继续提高，2016年末事务管理类信托余额占比达到49.79%，接近投资类和融资类信托产品的总和。特别值得一提的是，慈善信托作为创新产品类型在2016年开始崭露头角。

3. 抗风险能力增强

抗风险能力的增强，首先体现在风险项目的规模和数量变动上。信托业协会数据显示，信托风险项目个数和资金规模在2016年第四季度均出现下降。其中，风险项目资产规模下降为1175.39亿元，环比减少243.57亿元，不良率为0.58%；对应的风险项目数量下降为545个，环比减少61个。其次，信托赔偿准备规模保持上升。截至2016年末，信托赔偿准备规模为187.03亿元，同比增长18.83%。最后，资本实力有所增加。2016年有多达20家信托公司完成了增资扩股，平均增资17亿元，资本实力的增强相应提高了抗风险能力。

（二）2016年主要政策分析

2016年，国家出台了一系列不同层次的法律和规章，从多角度为信托市场稳健发展提供了政策支撑。

1. 风险监管相关政策

2016年，防范系统性风险发生是金融监管的主基调之一。为进一步提高信托公司风险监管前瞻性、主动性和有效性，防范化解信托业风险，中国银监会于2016年3月发布了《中国银监会办公厅关于进一步加强信托公司风险监管工作的意见》（58号文）。

这一文件从建立风险防控长效机制入手，要求信托公司通过加强风险监测分析，提高风险识别和防控能力，并具体针对信托公司经营中面对的主要风险类型分别提出要求：针对信用风险，要求完善资产质量管理、加强重点领域信用风险防控、提升风险处置质效；针对流动性风险，要求实现流动性风险防控全覆盖、加强信托业务流动性风险监测；针对市场风险，要求加强固有业务市场风险防控、加强信托业务市场风险防控；针对操作风险，要求明确案件防控责任、完善操作风险防控机制、强化从业人员管理；同时还对加强跨行业、跨市场的交叉产品风险防控提出了明确要求。

除此之外，58号文还进一步提出加强拨备和资本管理，提升风险抵补能力的要求，信托公司应做到足额计提拨备、强化资本管理、加大利润留存和完善恢复和处置计划等具体要求。上述要求显然充分强化了净资本的重要性，受此影响，2016年有多达20家信托公司进行了增资扩股，这在一定程度上增强了信托公司的抗风险能力。

同时，58号文还对各地银监局的监管工作提出了进一步要求：督促信托公司将承担信用风险的固有非信贷资产、表外资产及信托资产纳入资产质量管理体系；督促信托公司关注房地产、地方政府融资平台、产能过剩等重点领域信用风险，定期开展风险排查并做好风险缓释准备；不仅要关注信托项目兑付风险化解，更要重视实质风险化解；要指导信托公司完善信托产品违约处理机制，做好舆情监测和正向引导、投资者教育和安抚、风险处置预案等工作；要特别关注信托公司通过各类接盘方式化解信托项目兑付风险情形，督促化解实质风险。

显然，58号文以建立长效机制为目标，强化全面风险管理能力为手段，对信托公司经营风险进行了全方位梳理，是严格风险监管的进一步深化和完善。文件充分遵循了全面风险管理体系的基本框架和核心要求，对于强化信托公司风险管理水平，提高信托全行业的经营稳健性，具有重要意义。

2. 促进信托在 ABS 领域深度运用的相关政策

资产支持证券（ABS）是我国金融市场发展的重要方向之一。在当前防风险、降杠杆的大背景下，信贷资产支持证券尤其不良贷款支持证券有望成为化解系统性风险的重要选项。资产支持证券的一个关键环节是确定 SPV 载体，而基于突出的风险隔离效果，信托天然适合成为 SPV 载体。2016 年，国家不同层次多个部门为推动 ABS 业务发展出台了多项政策，对信托机制的使用进行了确认，信托业有望获得一个潜力巨大的业务类型。

（1）《中国银监会办公厅关于规范银行业金融机构信贷资产收益权转让业务的通知》（82 号文）。信贷资产收益权转让业务近年来在银行业金融机构得到持续开展，在盘活信贷存量、加快资金周转等方面发挥了积极作用。但应注意到，这一业务在发展过程中，存在部分业务交易结构不规范不透明、拨备计提不审慎等问题。为促进信贷资产收益权转让业务健康有序发展，中国银监会于 2016 年 4 月发布了《中国银监会办公厅关于规范银行业金融机构信贷资产收益权转让业务的通知》（82 号文）。

该文件对信贷资产收益权转让业务的多个方面进行了规范，明确了信贷资产会计出表监管不出表的要求，体现了将表外资产纳入监管的政策取向。82 号文件要求由银行业信贷资产登记流转中心负责制定信贷资产收益权转让业务规则和操作流程，这一点显然是为了解决交易结构不规范不透明这一核心问题。由于信托制度在架构机制上具有针对性优势，这为后续细则文件对信托制度运用的强化埋下了伏笔。

（2）《不良贷款资产支持证券信息披露指引（试行）》。不良贷款资产支持证券作为资产支持证券（ABS）中的重要类型，在未来一段时间的发展空间较大、紧迫性较强。为规范不良贷款资产支持证券信息披露行为、维护投资者合法权益、促进信贷资产证券化市场规范健康发展，银行间市场交易商协会于 2016 年 4 月发布《不良贷款资产支持证券信息披露指引（试行）》及其配套表格体系。

该指引依据资产支持证券信息披露的基本框架，针对不良资产证券化业务的特殊性，对相关信息披露的要求进行了详尽规范。从信托角度而言，该指引对信托机制的确认意义重大。具体体现在该指引对不良贷款资产支持证券的定义中："……金融机构作为发起机构，将不良贷款信托给受托机构，由受托机构以资产支持证券的形式向投资机构发行受益证券……"定义中明确了"信托"和"受托机构"等专有概念，依据我国当前的分业监管体制可知，信托据此成为不良贷款资产支持证券的指定法律载体，从而确认了信托制度在这一业务领域的使用。

（3）《信贷资产收益权转让业务规则（试行）》和《信贷资产收益权转让业务信息披露细则（试行）》。作为《中国银监会办公厅关于规范银行业金融机构信贷资产收益权转让业务的通知》（银监办发〔2016〕82 号）的配套实施细则，银行业信贷资产流转登记中心（以下简称银登中心）制定的《信贷资产收益权转让业务规则（试行）》和

《信贷资产收益权转让业务信息披露细则（试行）》于2016年8月正式发布。

两份文件对信贷资产收益权转让的相关环节进行了严格规定，其中在业务规则中确认，信贷资产收益权转让由信托公司设立信托计划进行受让，从而进一步明确了信托公司在银行信贷资产收益权转让上的专属地位。考虑到82号文规定银行对于所转让的信贷资产仍然需要全额计提风险资本，可以推断不良信贷资产有望成为信贷资产收益权转让的核心资产。另外，两个配套文件还对收益权流动性做了专项规定，即信贷资产收益权可在银登中心进行流转并且不纳入非标资产统计，这意味着上述信托产品获得了一个新的交易渠道。资产流动性的增强无疑有助于提高产品吸引力，对此类业务产品的发展大有裨益。

（4）《国务院关于积极稳妥降低企业杠杆率的意见》（国发〔2016〕54号）。近年来，我国企业债务规模增长较快，债务负担较重，在经济下行压力仍然较大的背景下，必须小心谨慎地应对企业债务风险问题。为此，国务院于2016年10月发布《国务院关于积极稳妥降低企业杠杆率的意见》（国发〔2016〕54号）（以下简称《意见》）。《意见》充分关注资产证券化及信托工具在降低企业杠杆过程中的价值，并对两者的运用提出了具体要求。

首先，《意见》提出要有序开展企业资产证券化，按照“真实出售、破产隔离”原则，积极开展以企业应收账款、租赁债权等财产权利和基础设施、商业物业等不动产财产或财产权益为基础资产的资产证券化业务。《意见》对资产证券化的广泛运用提出的上述要求，构成了后续推动不良贷款资产支持证券发展的重要基础。随后，《意见》专门就不良资产处置问题进行了明确：要提高银行不良资产核销和处置能力；拓宽不良资产市场转让渠道，探索扩大银行不良资产受让主体，强化不良资产处置市场竞争；加大力度落实不良资产转让政策，支持银行向金融资产管理公司打包转让不良资产；推动银行不良资产证券化。结合《意见》的发布背景考虑，通过不良资产证券化消除银行经营风险无疑是一个关键手段。事实上，考虑到经济运行逐渐进入新常态，在新旧动力转换完成之前，传统行业去杠杆过程必然会提升银行风险水平。因此，不良资产证券化作为一个重要的风险化解手段，其价值和意义十分关键。鉴于各项具体政策均已明确不良资产证券化应当采用信托架构，信托业必然会在降低企业杠杆过程中发挥重要作用，业务发展空间进一步打开。

《意见》还在信托工具在房地产领域的运用方面作出指导性要求——发展房地产信托投资基金。《意见》明确提出，要支持房地产企业通过发展房地产信托投资基金向轻资产经营模式转型。众所周知，当前房地产业在我国经济运行中占有举足轻重的权重，如何有效化解房地产业中潜藏的风险，并提高房地产业的集约化经营水平，对于保障经济运行稳健意义重大。发达国家成熟经验表明，房地产信托投资基金是房地产市场的重要参与者，不仅有助于解决投融资问题，还有助于化解潜在风险。相形之下，我国房地产信托投资基金的发展极为有限，未来空间巨大，一旦形成规模，将大幅优化信托公司业务模式和产品结构。

3. 慈善信托相关法律与政策

财富管理的核心功能集中体现在三个方面，即财富的保护、积累与传承。狭义上的财富管理与慈善交集有限，但在广义上，慈善却是财富管理业务的重要组成。事实上，作为一种特定的财富保护和传承方式，慈善一直是财富管理中高层次需求的集中体现，广泛的国际经验充分体现了这一点。慈善活动中，财产安全和有效运用是核心所在，因而，信托通常基于机制优势成为慈善活动的重要载体。并且，慈善信托往往与家族信托存在着深度关联。2016 年，我国初步确立了慈善信托的法律和政策框架，标志着我国信托与财富管理市场进入了一个重要阶段。

2016 年 3 月 16 日，第十二届全国人大四次会议通过了《慈善法》（自 2016 年 9 月 1 日起实施），这是我国首次从立法层面确认“慈善信托”概念。随后，民政部、银监会于 2016 年 8 月 25 日联合发布《民政部　银监会关于做好慈善信托备案有关工作的通知》，对慈善信托备案的具体事项进行了细节规范。2016 年 9 月 25 日，北京市民政局发布了《北京市慈善信托管理办法》，这是全国首个关于慈善信托的地方性法规，对北京市管辖范围内慈善信托活动进行了地方性规范。至此，我国慈善信托的法律与政策框架得以确立，大大激发了信托机构介入或开展慈善信托活动的积极性。在《慈善法》正式生效当日，国投泰康信托、兴业信托和平安信托等多家机构推出了慈善信托产品。并且，在相关配套制度发布后，各慈善信托可按照要求完成产品的登记备案。

《慈善法》对慈善信托进行了定义：“本法所称慈善信托即公益信托，是指委托人基于慈善目的，依法将其财产委托给受托人，由受托人按照委托人意愿以受托人名义进行管理和处分，开展慈善活动的行为。”《慈善法》将慈善信托明确界定为公益信托，并在后续条款中对慈善信托开展过程的若干核心要素进行了明确，从而深度完善了我国运用信托机制开展公益慈善活动的制度格局。信托架构特有的风险隔离、权益重构和专业管理机制，决定了通过信托开展公益慈善活动的优势极为明显，但受制于《信托法》相关条款的模糊性，公益信托一直面临早已生效却举步维艰的局面。因而，此次《慈善法》通过对核心要素的明确，基本消除了原有的操作桎梏，对于我国公益慈善信托的发展具有里程碑式的意义。其核心价值具体表现在：

（1）慈善信托备案制。早在 2001 年 10 月 1 日颁布的《信托法》中，公益信托即为专设一章，公益信托的界定、功能和基本运作等方面都得到了基本规范。然而，尽管公益信托得到法律确认已经有 15 年历史，但真正得以实施的公益信托产品却寥寥无几。导致这一情形出现的关键在于，《信托法》要求公益信托设立采用审批制——“公益信托的设立和确定其受托人，应当经有关公益事业的管理机构（以下简称公益事业管理机构）批准”。而后续的法律配套制度却一直没有跟进，导致操作层面一直存在一个尴尬

——法律所指的“公益事业管理机构”难以明确，因而难以实现公益信托的审批。此次《慈善法》生效以后，将慈善信托的设立确定为备案制，彻底回避了之前的模糊点，大大便利了慈善信托活动的开展和推广。

（2）监管部门得到明确。如上所述，《信托法》颁行后一直未能确认公益事业主管机构的归属问题，从而导致各种后续操作上的困难。《慈善法》则专门对此进行了明确规范，规定“受托人应当在信托文件签订之日起七日内将信托文件向受托人所在地县级以上人民政府民政部门备案”。即民政部门成为慈善信托活动的直接监管机构，解决了之前公益信托主管机构不明晰的问题，将大大提高慈善信托实施过程的效率，并切实提高慈善信托的运作合规性。

（3）慈善信托税收优惠。《慈善法》第四十五条规定：“未按照前款规定将相关文件报民政部门备案的，不享受税收优待”，上述条款隐含了合规备案的慈善信托可享受税收优惠的意思表达。一直以来，对于公益信托是否享受税收优惠存在模糊性理解，《慈善法》的上述规定显然有助于消除这一模糊之处，必将对慈善信托的发展形成促进。但必须注意到，慈善信托享受税收优惠待遇的落实，仍需得到相关行政部门的进一步确认——具体实施需要财政税务部门出台相应细则。其中的一个重要细节是解决信托公司开具捐赠发票资格的问题。

（4）信托监察人非强制。出于稳健的考虑，《信托法》明确规定公益信托必须设立监察人。对于资产规模大、利益相关人数量多、运作结构复杂的慈善公益信托来说，设立监察人的必要性是显著的。但对于部分结构简单、利益相关人少的慈善公益信托来说，信托机制本身即可达到相应的监督制约效果，设立监察人的必要性则不明显，甚至还存在增加运作成本的情况。因此，《慈善法》调整了关于监察人的规定——“慈善信托的委托人根据需要，可以确定信托监察人”，取消了设置监察人的强制性要求，增加了慈善信托架构的自主性和灵活性。

《慈善法》及相关配套政策的出台，系统性消除了我国慈善公益信托领域的制约因素，在慈善公益事业快速发展的大背景下，慈善公益信托有望进入快速发展轨道。同时还应看到，慈善信托作为财富管理高层次需求的体现，是对信托本源功能的充分运用，并且这一趋势还将随着家族信托业务的发展而不断深化，这也对促进信托业务回归本源具有重要意义。

4. 舆情与声誉风险管理相关政策

为进一步提高新闻宣传和发布专业化水平，更好地回应媒体和公众关切，中国银监会于 2016 年 3 月初发布《中国银监会办公厅关于进一步完善新闻发言人制度的通知》（银监办发〔2016〕17 号）。17 号文件的通知对象，不仅包括各主要银行业机构，还包括了各地银监局，因此由银监局监管的 68 家信托公司也被纳入了通知涵盖范围。

该通知要求相关机构高度重视新闻发言人制度建设，同一机构可设立多位新闻发言人，其中至少1名为高管人员。新闻发言人主要针对重大事项、重要活动以及公众关注的经营管理行为，通过召开会议、接受采访等方式发布信息。为健全信托业新闻发言人制度，提高新闻发布工作规范化、制度化水平，信托业协会于2016年5月25日、26日专门举办了信托业新闻发言人培训交流会。

一直以来，由于信托产品定位于面向机构和高端个人，具有较强的私募属性，产品信息通常不对公开媒体披露。受此影响，信托公司在公开媒体上的主动宣传较少，与媒体沟通有限。但在当前IT技术高度发达的背景下，焦点信息传播速度极快，若不加强舆情管理能力，特定情况下极有可能引致声誉风险发生。有鉴于此，强化新闻发言人制度建设，增强新闻信息发布的主动性和前瞻性，有助于信托公司树立品牌形象、完善声誉风险管理，其积极意义十分显著。

附表

2016年度中国信托市场发展主要政策

日期	文件名称	发布单位
3月16日	《中华人民共和国慈善法》	全国人大
3月18日	《中国银监会办公厅关于进一步加强信托公司风险监管工作的意见》（58号文）	中国银监会
4月19日	《不良贷款资产支持证券信息披露指引（试行）》	银行间市场交易商协会
4月27日	《中国银监会办公厅关于规范银行业金融机构信贷资产收益权转让业务的通知》	中国银监会
8月1日	《信贷资产收益权转让业务规则（试行）》、《信贷资产收益权转让业务信息披露细则（试行）》	银行业信贷资产流转登记中心
8月25日	《民政部　银监会关于做好慈善信托备案有关工作的通知》	民政部、银监会
9月25日	《北京市慈善信托管理办法》	北京市民政局
10月10日	《国务院关于积极稳妥降低企业杠杆率的意见》	国务院

八、金融衍生品市场发展政策①

（一）2016年相关政策法规概述

2016年，我国金融衍生品市场平稳运行，出台的相关政策规章大致可分为三类——创新产品业务、完善交易制度以及修订业务规则，这些规章制度从不同方面促进了金融衍生品市场的功能发挥，进一步完善其资源配置的基础性作用、提高其作为风险管理场所的效率。

在创新产品业务方面，2016年，中国外汇交易中心先后发布了《关于在银行间市

① 执笔人：张生举，中国外汇交易中心研究部总经理；郑凌云，中国金融期货交易所研究发展部副总监。

场试点开展外汇掉期冲销业务的通知》、《关于推出标准化人民币外汇远期交易（C－Forward）的通知》、《关于推出外汇期权净额清算交易确认等业务的通知》以及《关于构建期权波动率曲面的通知》，在汇率衍生品的成交机制、交易后处理等环节推出了多项创新，减少了操作风险和交易成本，促进了市场效率和透明度的提升。

在完善交易制度方面，2016 年 1 月 7 日，中国金融期货交易所发布通知，沪深 300、上证 50、中证 500 股指期货熔断制度与股票现货市场同步暂停实施，并且将沪深 300 股指期货、上证 50 股指期货和中证 500 股指期货合约每日价格最大波动限制，即每日价格涨跌停板幅度，由之前的 ±7% 调整为 ±10%。

在修订业务规则方面，中国外汇交易中心发布了《银行间外汇市场标准化人民币外汇产品交易指引》，从交易品种、报价成交方式、授信管理等多个方面规范了银行间标准化人民币外汇产品的交易秩序。中国银行间市场交易商协会发布《银行间市场信用风险缓释工具试点业务规则》和《中国场外信用衍生产品交易基本术语与适用规则》，前者是对 2010 年《银行间市场信用风险缓释工具试点业务指引》的修订，明确信用风险缓释工具业务大的管理框架，再以信用风险缓释合约、信用风险缓释凭证、信用违约互换和信用连结票据等每个产品发布子指引的方式明确具体产品的规则要求。

（二）相关热点政策效应

1. 上海自贸区达成首笔利率互换交易

2016 年 4 月 8 日，兴业银行资金中心与星展银行通过全国银行间同业拆借中心国际金融资产交易平台达成自贸区首笔利率互换交易（NDIRS）。该笔交易以 FR007 为浮动端参考利率，名义本金 1 亿元人民币，采用双边清算方式，每期交割金额以美元支付。

NDIRS 交易与在岸 IRS 主要有以下差别：一是交割币种，NDIRS 由双方机构协商确定交割币种，一般以美元为主；二是清算方式，NDIRS 目前主要采用双边清算方式，在岸普通 IRS 已基本实现集中清算；三是参与机构，NDIRS 参与机构主要为香港地区机构，客盘以香港及海外对冲基金为主。目前，FT 账户 NDIRS 的交易机构是所有获得 FT 牌照且为人民币利率互换市场成员的机构。首笔自贸区利率互换交易的达成，是上海自贸区金融创新的一项重要突破。

2. 银行间市场开展信用违约互换交易

2016 年 10 月 31 日，经中国银行间市场交易商协会金融衍生品专业委员会审议通过，14 家机构备案成为信用风险缓释工具核心交易商。当日，银行间市场共有工商银行、农业银行、中国银行、建设银行、交通银行、民生银行、兴业银行、浙商银行、上海银行、中债信用增进等 10 家机构开展了 15 笔信用违约互换（CDS）交易，名义本金总计 3 亿元。交易参考实体涉及石油天然气、电力、水务、煤炭、电信、食品、航空等行业。交易期限一年至两年不等。

截至 2016 年底，银行间市场共开展 CDS 交易 19 笔，合计名义本金 3.7 亿元。交易期限以短期限为主，其中，一年及以下的交易 17 笔，一年至两年的交易 2 笔。

3. 银行间市场推出人民币外汇远期标准化交易 C – Forward

继 2015 年推出标准化人民币外汇掉期交易 C – Swap 之后，2016 年 5 月，银行间外汇市场推出了人民币外汇远期标准化交易 C – Forward。C – Forward 是在双边授信额度内，按照价格优先、时间优先的原则进行订单自动化匹配和点击成交，与既有的 OTC 询价交易模式互利互补。一方面，C – Forward 降低了参与者的风险管理压力、操作风险，保证了市场交易效率和透明度；另一方面，由于交易系统、成交数据流、交易确认、清算路径等都和原来保持一致，C – Forward 并未增加市场会员的交易成本。2016 年全年人民币外汇远期交易量为 1572 亿美元，同比增长近 3 倍，C – Forward 在其中的份额接近 60%。

4. 银行间市场推出人民币外汇期权组合产品

2016 年，银行间外汇市场在现有期权业务的基础上，推出 6 个期权组合产品，分别是看涨期权价差组合、看跌期权价差组合、风险逆转期权组合、跨式期权组合、异价跨式期权组合和蝶式期权组合。期权组合交易业务的推出大大丰富了银行间外汇期权市场交易种类，提供了更多的风险管理手段和交易模式，有利于银行更好地实现自身交易策略，符合国际市场发展趋势。期权组合业务自上线以来便得到了广泛应用，组合交易在期权活跃会员中的普及率达到 100%。2016 年，期权组合交易量约 4653.8 亿美元，占期权市场总成交量的 62%。

5. 人民币外汇期权交易纳入中央对手清算业务

2016 年 8 月 15 日，上海清算所将期限在 1 年以内（含）的美元对人民币普通欧式期权交易纳入中央对手清算业务，成为全球首家为场外市场外汇期权交易提供中央对手清算服务的清算机构，也是我国金融创新又一个重要里程碑。

6. 银行间外汇掉期冲销业务推出

2016 年 3 月，国家外汇管理局批准中国外汇交易中心试点开展银行间外汇掉期冲销业务。2016 年 7 月，中国外汇交易中心在银行间外汇市场成功组织首轮外汇衍生品交易冲销业务，共有 15 家机构参与冲销，提前终止 232 笔（双边计算）、34.8 亿美元外汇掉期交易并释放相应授信额度。该业务的推出，对于健全我国银行间市场交易基础设施、提升金融市场效率和防范市场整体风险具有重要意义。

7. 暂停实施股指期货熔断制度

经中国证监会批准，自 2016 年 1 月 8 日起，股票现货市场暂停实施指数熔断机制，沪深 300、上证 50、中证 500 股指期货的熔断制度也同步暂停实施。股指期货合约的交易时间继续与股票市场保持一致。

熔断机制出发点是防治股市剧烈波动，保护投资者合法权益，论证时面较广，共识度较高。熔断机制是一项全新的制度，在中国没有经验，需要逐步探索、积累经验、动态调整。考虑到中国市场投资主体结构是以散户为主，目前，中国不具备推行熔断机制的基本条件。

8. 跨期现一码通账户体系开始在金融期货市场实施

自2016年8月1日起，由中国结算和中国期货市场监控中心有限责任公司共同拓展建立的跨期现一码通账户系统建成上线。初期仅先将金融期货账户纳入一码通账户体系中。

跨期现一码通账户体系实现了金融期货账户与现货账户连接，要求参与证券、期货市场的投资者统一开立一码通账户。一码通账户既包括期货账户信息，也包括A、B股等证券账户信息，可以实现投资者身份信息的统一识别和管理，有利于开展期现货市场的联动监管，及时发现跨市场交易异常客户，防范跨市场交易风险。

9. 中金所与上交所、深交所等联合收购巴基斯坦证券交易所部分股权

2016年，中金所与上海证券交易所、深圳证券交易所、中巴投资有限责任公司及巴基斯坦哈比银行组成的联合体成功竞得巴基斯坦证券交易所40%股权，其中中方三家交易所将持股30%。

巴基斯坦证券交易所是巴基斯坦唯一的全国性证券交易所，由卡拉奇证券交易所、伊斯兰堡证券交易所与拉合尔证券交易所三家交易所经公司化改制后合并而成，产品涵盖股票、债券及衍生品。

该项国际合作是金融市场服务实体经济发展的重要内容，有利于拓宽中巴两国经济金融合作领域，有利于落实“一带一路”战略和中巴经济走廊建设规划，并为中巴两国的传统友谊注入新内容。

（三）金融衍生品市场发展展望

一是坚持稳中求进的主基调，积极稳妥发展金融衍生品市场。从国际国内环境来看，“逆全球化”倾向上升，在美元加息预期下，国际上不可控的复杂因素逐步增多，我国经济尽管韧劲好、潜力足、回旋空间大，但仍没有迈过“三期叠加”的关口。从市场监管来看，中央经济工作会议明确提出，“要把防控金融风险放到更加重要的位置，下决心处置一批风险点”。应顺应形势和时代要求，稳步推进金融衍生品市场建设，扩大避险产品和制度供给，更好地发挥金融衍生品市场风险管理功能。

二是市场创新和运行机制建设将进一步深化。随着我国人民币汇率、利率市场化进程稳步推进，实体企业对汇率和利率风险的避险需求不断提高，衍生品市场产品和运行机制的创新力度也将不断加强，产品序列进一步完善，便于参与机构更好地开展资产管理、风险管理等操作。

未来，在产品层面，市场将适时推出利率互换期权、利率上下限期权等产品，研究推出长期限的利率互换合约品种，推动市场参与者运用CDS等信用衍生产品，提高主动管理信用风险的水平；积极发展国债期货市场，加快推进其他关键期限国债期货上市工

作，完善反映供求关系的国债收益率曲线；进一步探索外汇期货产品的设计、开发和未来发展路径，积极服务于人民币国际化等国家战略的实施。

在交易机制层面，其一，在银行间衍生品市场，推动和优化双边匿名撮合交易模式的应用，不断优化 X－Swap 平台功能和交易机制，研究上线 C－Trade 潜在订单自动匹配功能，在 C－Swap、C－Forward 的基础上积极开展标准化人民币外汇期权（C－Option）的可行性研究；其二，在交易所市场，逐步退出股指期货临时限制措施，促进股指期货市场功能积极有效发挥。

三是金融衍生产品市场环境将进一步优化。我国场外金融衍生产品市场尚处于发展阶段，为促进市场规范、健康发展，应在市场培育的同时，加强交易监测，防范系统性风险。其一，控制杠杆，完善各类场外金融衍生产品交易信息报备制度，提高市场透明度，及时监测市场交易行为，深入研究市场运行情况与特征，通过监管政策及自律管理手段，控制市场杠杆率。其二，扩大宣传，在进一步丰富衍生产品序列、丰富市场参与主体类型的同时，加强投资人培育，帮助参与者深入了解产品结构及主要功能，提高风险管理能力和投资分析能力。投资者教育工作，要适应互联网自媒体环境下大众传播新特点，综合运用微信微博等各种传播方式，客观全面地宣传金融衍生品市场功能，持续深入做好投资者教育工作，为金融衍生品市场发展营造良好的外部环境。其三，完善风险管理制度，推动市场参与者完善内部风控体系，严格执行相关内部操作规程与风险管理制度的要求，实现投资交易与风险管理分离，推动市场建立有效的风险管理机制。

四是金融衍生产品市场法律制度建设将不断加强。为保持市场持续、稳健发展，防范金融衍生产品交易中法律风险，需继续推动解决金融衍生产品市场面临的法律适用性问题，不断加强场外金融衍生品市场法律制度建设，为参与者创造良好的市场环境。其一，进一步推动解决终止净额结算等机制安排的法律不确定性问题。终止净额结算是场外金融衍生产品市场通行的基础制度，但在我国面临法律适用方面的不确定性，制约了场外金融衍生产品市场进一步扩容，市场呼吁尽快在法律层面明确相关机制在中国法律框架下的有效性和可行性，夯实制度基础。其二，推广应用履约保障机制。前期，交易商协会推出了标准的履约保障文件模板，为建立场外金融衍生产品履约保障机制提供了法律文本基础，但目前银行等金融机构是场外金融衍生产品市场的主要参与者，主体信用情况较好，履约保障机制以主体授信为主。近年来，随着非法人产品入市开展交易，金融机构对非法人产品授信面临较大困难，推广应用履约保障文件有助于降低机构参与者降低风险控制成本，提高风险控制能力。

五是金融衍生产品的参与主体将稳步扩展。金融衍生产品是管理风险、分散风险、转移风险的有效工具，同时也具有一定的业务专业性，需要引入具有不同风险承担能力的市场参与者，丰富投资人队伍类别，从而优化资源配置，推动金融衍生产品市场平稳、健康、持续发展。其一，进一步推动非法人产品入市开展交易，推进各类非法人产品签署应用《中国银行间市场金融衍生产品交易主协议》并开展利率、信用等衍生产品交易；其二，随着银行间市场对外开放步伐的加快，境外机构将逐步入市，开展基于套期保值等目的的场外金融衍生产品交易；其三，鼓励非金融机构参与金融衍生产品交易，增加企业管理风险的渠道与能力，促进金融衍生产品市场服务于实体经济；其四，继续提高市场参与者自主管理风险的能力，加强合格投资者建设，鼓励市场参与者改善公司治理结构、健全风险管理技术、遵守操作规程及风险管理流程，从源头上防范衍生产品交易风险，同时加强行业自律，提高从业人员的专业水平和职业操守。

附表

2016 年金融衍生品市场新出相关政策法规、制度公告

日期	主要内容	颁布机构
1 月 7 日	关于暂停实施股指期货熔断制度的通知	中国金融期货交易所
4 月 1 日	关于在银行间市场试点开展外汇掉期冲销业务的通知	中国外汇交易中心
4 月 29 日	关于推出标准化人民币外汇远期交易（C – Forward）的通知	中国外汇交易中心
8 月 15 日	关于推出外汇期权净额清算交易确认等业务的通知	中国外汇交易中心
9 月 23 日	银行间市场信用风险缓释工具试点业务规则（2016 年修订版）	中国银行间市场交易商协会
9 月 23 日	中国场外信用衍生产品交易基本术语与适用规则（2016 年版）	中国银行间市场交易商协会
11 月 25 日	关于构建期权波动率曲面的通知	中国外汇交易中心
12 月 16 日	银行间外汇市场标准化人民币外汇产品交易指引	中国外汇交易中心

资料来源：课题组整理。

九、商品期货市场发展政策[①]

（一）2016 年商品期货市场发展概况

2016 年，在中国证监会“依法、从严、全面”监管的指导下，期货市场监管转型、制度供给、市场建设、对外开放等各项工作扎实推进，期货品种创新有序推进，市场规模稳步扩大；市场功能日益发挥，服务实体经济的能力和资源配置的效率显著提升；期货经营机构稳步推进创新业务，综合实力得到提升。尤为重要的是，期货市场风险防范化解机制基本形成，并成功经受住了商品和金融市场的剧烈波动。总体上看，2016 年，在国内外经济形势错综复杂的情况下，我国期货市场总体上保持了平稳运行，并维持了良好的发展势头。

我国商品期货市场的快速发展，主要体现在四个方面：一是商品期货品种体系日渐

① 执笔人：甘正在，英大期货有限公司总经理。

丰富。目前我国上市商品期货46个，覆盖了农产品、金属、能源、化工等国民经济主要产业领域。二是市场规模不断增长，参与主体不断增多。2016年，全国期货市场累计成交量为413776.8万手，累计成交额为195.6万亿元，同比分别增长15.65%和下降64.70%。我国商品期货成交量已连续7年位居世界第一。三是期货经营机构实力增强，服务能力有效提升。目前149家期货公司总资产5439.41亿元，净资产达911.53亿元。下设的51家风险管理子公司、11家资产管理子公司围绕实体企业风险管理需求开展了仓单服务、场外期权、基差交易、“保险+期货”、资产管理等创新业务，有效服务实体经济风险管理需求。四是市场功能不断发挥。在众多商品领域，期货市场在稳健企业经营、改善产业链运行机制、服务国家产业政策和宏观经济管理等方面的积极作用逐步显现。一些较为成熟的品种如铜、铁矿石、PTA等期货价格已经成为国内外贸易的重要定价参考。

（二）2016年商品期货市场政策主要内容及分析

1. 商品期货市场多措并举服务农业供给侧改革

2016年中央一号文件明确指出，要“创设农产品期货品种，开展农产品期权试点”、“探索建立农业补贴、涉农信贷、农产品期货和农业保险联动机制”、“稳步扩大保险+期货试点”、“改革完善粮食等重要农产品价格形成机制和收储制度”。此次农产品期权交易、“保险+期货”模式试点等被纳入中央一号文件，表明衍生品市场功能作用和金融创新服务得到了党中央、国务院的高度重视。在新形势下，进一步发展农产品衍生品市场及发挥其功能作用将成为国家推进农业供给侧改革、加快农业现代化建设的抓手之一。目前，交易所正加快推进豆粕、白糖等农产品期权上市，扩大“保险+期货”试点，增强“三农”服务广度、深度和力度，提升服务的有效性，并强化市场培育和服务，引导市场机构用好期货市场风险管理工具，以进一步实现期货市场对实体经济的服务功能。

2016年11月24日，国务院办公厅印发的《国务院办公厅关于完善支持政策促进农民增收的若干意见》提出，创新农业保险产品和服务，稳步开展主要粮食作物、生猪和蔬菜价格保险试点，探索天气指数保险和“基本险+附加险”等模式。综合运用奖励、补贴、税收优惠等政策工具，加大对“三农”金融服务的政策支持，重点支持发展农户小额贷款、新型农业经营主体贷款、种养业贷款、粮食市场化收购贷款、农业产业链贷款、大宗农产品保险、林权抵押贷款等。推动建立农业补贴、涉农信贷、农产品期货、农业保险联动机制。国务院文件进一步肯定了农产品期货市场服务于农业实体经济的作用，有利于期货市场功能的发挥和市场的创新。

2. “依法、从严、全面”监管成为全年监管工作主基调

自从2015年股市异常波动暴露出监管有漏洞、监管不适应、监管不得力的问题后，监管部门在深刻反思的基础上，坚持依法从严监管，守住风险底线，着力做好对期货经

营者的事中事后监管，要把握风险的底线。一是加强制度供给，完善监管规则。堵塞漏洞，补齐短板，建立与行业创新发展相适应的发展体系。包括：研究修订期货公司净资本监管制度，优化监管指标，杜绝监管套利，研究期货公司子公司的经营框架，督促行业协会加强对公司的风险管理，加强行政监管及自律监管的协作配合。二是建好用好期货经营机构事中事后监管新机制，着力提升行业风险监控监测能力。牵头对期货公司综合监管信息系统进行升级改造，着力解决行业数据碎片化、信息共享不足、监管不够等问题，提升行业风险监测预警和体制，实现风险监管全覆盖。三是强化制度规则执行，严厉打击违法违规行为。做到从严执法、加强问责，又公平公正、依法监管，维护期货市场长期稳定健康发展。

3. 交易所联手采取措施，严格抑制过度投机

在流动性冲击、供给侧改革以及季节性因素的影响下，2016 年黑色系、基本金属以及农产品等大宗商品品种屡屡暴涨暴跌，面对商品期货品种价格波动加大，三大商品期货交易所在证监会指导下，按照依法全面从严监管的原则，加大对交易、结算、交割等重点环节的监管力度，严查市场异常交易，排查市场违法违规行为，严防投机资本操纵市场价格，并采取多种措施严格抑制市场过度投机，确保市场秩序合理有序。具体举措包括调整相关商品合约交易手续费、交易保证金和涨跌停板，启动交易限额制度，加强对各类资管产品的监管等。

上海期货交易所采取的措施包括：一是上调部分品种的保证金和手续费收取比例。3 月 15 日收盘结算时起，石油沥青期货 1606 合约交易保证金标准调整到 10%，同时恢复收取螺纹钢品种当日平今仓交易手续费；4 月 5 日后，锡期货合约的交易保证金比例调整为 6%，涨跌幅度限制调整为 5%；螺纹钢和热轧卷板期货合约的交易保证金比例调整为 7%，涨跌幅度限制调整为 6%；4 月 21 日发布《关于做好当前市场风险控制工作的通知》，并恢复收取热轧卷板品种当日平今仓交易手续费，同时将热轧卷板、螺纹钢、石油沥青品种的交易手续费分别从万分之 0. 4、万分之 0. 6、万分之 0. 8 调整为万分之 1。自 11 月 11 日起，非期货公司会员或者客户在螺纹钢 1701 合约和 1705 合约日内开仓交易的最大数量分别为 10000 手；在天然橡胶 1701 合约和 1705 合约日内开仓交易的最大数量分别为 1500 手。螺纹钢 1701 合约、1705 合约日内平今仓交易手续费调整为成交金额的万分之 4；天然橡胶 1701 合约、1705 合约日内平今仓交易手续费调整为成交金额的万分之 2. 25；锡 1701 合约日内平今仓交易手续费调整为 6 元/手。二是增加交割库容和交割品牌。上期所对库存增长较快的品种增加库容和新的交割品牌。对镍、天然橡胶、沥青等几个库存增长较快的品种，根据市场情况适时增加新的交割库容和品牌，满足市场的交割需求。三是切实强化一线监管。仅 4 月就对 33 起造成价格异常波动的交易行为进行排查，其中 5 起涉嫌违规交易。

大连商品交易所采取的措施包括：自 4 月 21 日以来，大商所已经先后出台四波举

措给市场降温。其中，焦炭焦煤手续费在过去的三天之内上涨到了原先标准的 12 倍。大商所宣布焦煤焦炭手续费标准自 4 月 22 日起恢复至成交金额的万分之 0.6；自 4 月 26 日起，焦炭和焦煤品种手续费标准由成交金额的万分之 0.6 调整为成交金额的万分之 1.8；4 月 26 日晚，大商所再度将焦炭和焦煤品种手续费由成交金额的万分之 1.8 调整为万分之 3.6；4 月 27 日晚，调至万分之 7.2。除了焦炭和焦煤之外，大商所还在 4 月 25 日和 26 日分别上调了铁矿石和聚丙烯的交易手续费。大商所规定，11 月 11 日收盘后，非期货公司会员或者客户在焦炭和焦煤品种上，单个品种、单日开仓量不得超过 1000 手。焦炭、焦煤品种自 11 月 10 日结算时起最低交易保证金标准提高至 13%，11 月 11 日结算时起最低交易保证金标准提高至 15%。11 月 11 日交易时起，铁矿石品种非日内交易手续费标准由成交金额的万分之 0.6 调整为成交金额的万分之 1.2，日内交易手续费标准维持成交金额的万分之 3 不变。

郑州商品交易所采取的措施包括：自 4 月 27 日结算时起，PTA 期货合约交易保证金标准由 5% 调整为 6%，涨跌停板幅度由 4% 调整为 5%。自 11 月 11 日结算时起，动力煤期货合约交易保证金标准由原比例调整为 8%，涨跌停板幅度由原比例调整为 6%。除了对动力煤期货的手续费进行调整外，还分别将玻璃期货、甲醇期货的手续费进行了不同程度的上调。

此外，为持续强化期货公司合规监管，证监会还下发通知，要求派出机构督促期货公司加强经纪业务风险管理，密切关注客户风险状况，加强对期货配资活动的风险防范；各期货公司不得从事配资业务或以任何形式参与配资业务，不得为配资活动提供便利；派出机构一旦发现期货公司存在违法违规行为，及时依法采取监管措施。要求各期货交易所立即全面展开对各种资管产品账户的持有人、管理人、投资顾问等相关信息报备及排查工作，并确定了严格的资管产品账户实际控制关系认定标准，从严管理资管产品账户实际控制关系，以严厉打击利用资管产品账户规避限仓的行为。这些措施进一步强化监管，坚决遏制部分品种过度投机交易趋势，有效防范风险，确保市场安全稳定运行。

4. “期货 + 保险”模式试点工作展开

为了探索农产品价改和服务“三农”，2015 年大商所推动期货公司和保险公司首创了“保险 + 期货”模式。经过一年多试点，“保险 + 期货”为建立农产品目标价格机制提供了重要的实践范例。所谓“保险 + 期货”试点，全称为“价格保险 + 场外期权 + 场内期货”试点。从 2015 年启动试点以来，“保险 + 期货”模式很好地适应了农产品价格市场化改革、农业补贴形式改革的迫切需要。

2016 年 4 月，大商所发布《关于 2016 年支持期货公司开展“场外期权”、“保险 + 期货”试点的通知》后，得到期货公司和保险公司积极响应，2016 年大商所在黑龙江省、吉林省、辽宁省、内蒙古自治区和安徽省开展了 12 个“保险 + 期货”试点项目，包括9个玉米试点、3个大豆试点，共计投保大豆3.45万吨，玉米16.65万吨，保费总额2648万元。

郑商所也积极开展“保险+期货”试点建设工作，郑商所于2016年8月向社会公开发布“保险+期货”试点项目征集通知，经严格审核、反复筛选申报材料，来自10家会员，覆盖8个省（区）的10个试点项目获得郑商所资金支持，单个项目平均支持额度在75万元。其中，郑商所针对贫困地区适当增加了试点数量，项目覆盖云南、新疆和湖北3个省（区）的5个国家扶贫开发工作重点县。

5. 豆粕、白糖期权上市获批

期权是国际衍生品市场成熟的基础性风险管理工具，与期货、远期、互换等共同构成大宗商品市场完整的风险管理工具体系。发展农产品期权是贯彻落实今年中央一号文件和《国务院关于进一步促进资本市场健康发展的若干意见》的重要举措。12月16日，中国证监会已批准郑州商品交易所开展白糖期权交易、批准大连商品交易所开展豆粕期权交易。

近年来，白糖、豆粕现货价格波动频繁，相关农业企业迫切需要更丰富的风险管理工具。证监会选取白糖、豆粕两个期货品种进行农产品期权交易试点，能够更好地满足农业企业精细化、多样化的风险管理需求，对完善农产品价格形成机制、提高农业产业化水平、加快转变我国农业发展方式具有积极作用。证监会将督促郑商所和大商所继续做好各项准备工作，确保白糖期权和豆粕期权顺利推出和平稳运行。12月16日，郑州商品交易所、大连商品交易所同时发布通知，公开征求对白糖期权合约、豆粕期权合约及相关细则的意见，并开始征集豆粕期权、白糖期权的做市商，为期权上市做好相应的准备工作。

6. 三大商品交易所积极搭建场外期权平台

借场外期权管理风险，为实体企业保驾护航。随着金融市场的不断成熟，期权市场得到了快速发展，在场内期权尚未正式推出的阶段，场外期权恰当地补充了市场空缺。2016年10月，郑商所场外期权业务系统项目正式启动，此举旨在通过开展仓单交易、场外期权、仓单互换、基差等交易业务，实现期货市场和现货市场的结合、互动，实现产业链资源的有机整合，帮助企业优化资源配置，更有利于企业进行套期保值、规避风险。大商所也已经搭建由仓单登记中心、交易平台、清算平台、指数平台、信息发布平台组成的场外市场综合服务平台，推动仓单串换、现货报价、现货做市商、场外期权、农产品价格保险等业务与平台对接，为市场提供全方位的场外服务。上期所为促进期现结合，更好地为实体经济提供服务，满足实体经济多元化的需求，计划尽快推出一个大宗商品交易平台，为期货相关的现货及场外衍生品提供服务，如仓单交易、现货合约、远期、掉期、价差交易等，并从标准场内业务逐渐向非标场外业务拓展。

（三）2017 年商品期货市场政策展望

1. 期货新品种推出

自 2006 年白糖、豆油、棕榈油、PTA 期货上市算起，每年都有新的期货品种上市，10 年间共上市了 40 多个期货品种。而 2016 年受错综复杂的国际国内因素的影响，拟推出的期货品种搁浅，导致期货新品上市首现“荒年”。2016 年中断新品种上市一年后，2017 年，中国期货市场新品种上市将步入正轨。上海期货交易将审慎推进品种业务创新，深化原油期货上市准备工作，丰富产品系列。2016 年 10 月 16 日，中国证监会批复大连商品交易所乙二醇期货的立项申请；大商所正在研究推出生猪期货，监管部门正在酝酿更简化的交割方式，生猪预计将成为交割最为简单的品种；郑州商品交易所将推动棉纱等期货品种早日上市。除上述品种外，各交易所的储备品种还包括天然气、尿素、水泥、花生油等，此外牛肉、苹果、红枣、咖啡以及一些涉农、涉贫困区域型小品种等也在研究中。

2. 商品期权将上市

2016 年 12 月 16 日，中国证监会宣布已批准郑州商品交易所开展白糖期权交易、大连商品交易所开展豆粕期权交易。经过周密准备，综合考虑各方因素，豆粕期权合约已于 2017 年 3 月 31 日在大连商品交易所挂牌交易，白糖期权合约也于 4 月 19 日在郑州商品交易所挂牌交易。上海期货交易所表示对铜期权、黄金期权品种上市准备的研发工作已经基本就绪，计划在合适的时间开展期权仿真交易或全市场联网测试。

3. 原油期货上市仍可期待

2015 年 6 月 26 日，中国证监会发布第 16 号公告，确定原油期货作为我国境内特定品种，境外交易者和境外经纪机构可以依法参与原油期货交易，这表明管理层已经在为我国原油期货顺利上市交易铺路。2015 年 12 月 4 日，中国证监会副主席李超指出，中国证监会协调推动财政部、国税总局、人民银行、海关总署、外汇管理局等部委先后出台了原油期货相关配套政策，原油期货上市准备工作正在推进之中。2016 年 6 月，经中国证监会批准，上海期货交易所能源交易中心将交易的原油期货各项外部配套措施正式公布，这也标志着原油期货的上市迈出了关键的一步，2017 年上海期货交易所将全力以赴加快原油期货上市的准备工作。

附表

2016 年期货市场发展政策

日期	政策	发文单位
1 月 1 日	关于落实发展新理念加快农业现代化实现全面小康目标的若干意见	中共中央、国务院
1 月 4 日	关于修改动力煤等期货业务细则的通知	郑州商品交易所
1 月 15 日	关于调整玉米品种指定交割仓库升贴水的通知	大连商品交易所

续表

日期	政策	发文单位
1月19日	关于公布套保管理办法相关修改事项的通知	郑州商品交易所
1月28日	关于开展期货保税交割业务试点的通知	郑州商品交易所
2月5日	关于公布施行铁矿石保税交割相关规则制度的通知	大连商品交易所
3月9日	关于调整铁矿石品种涨跌停板幅度和最低交易保证金标准的通知	大连商品交易所
3月10日	关于调整铁矿石品种交易手续费收取标准的通知	大连商品交易所
3月10日	关于做好当前市场风险控制工作的通知	上海期货交易所
3月11日	关于调整螺纹钢品种交易手续费收取标准的通知	上海期货交易所
3月11日	关于调整石油沥青期货1606合约交易保证金标准的通知	上海期货交易所
4月13日	关于印发《上海期货交易所结算细则》、《上海期货交易所交割细则》等9个实施细则修订案的公告	上海期货交易所
4月14日	关于调整焦炭、焦煤品种涨跌停板幅度和最低交易保证金标准的通知	大连商品交易所
4月20日	关于调整焦炭、焦煤品种交易手续费收取标准的通知	大连商品交易所
4月21日	关于调整热轧卷板等品种交易手续费收取标准的通知	上海期货交易所
4月22日	关于调整棉花、菜粕、动力煤期货交易保证金标准和涨跌停板幅度的通知	郑州商品交易所
4月21日	关于调整铁矿石和聚丙烯品种交易手续费收取标准的通知	大连商品交易所
4月21日	关于调整豆一、豆粕、玉米、聚乙烯、玉米淀粉、聚丙烯、聚氯乙烯、铁矿石品种涨跌停板幅度和最低交易保证金标准的通知	大连商品交易所
4月22日	关于调整棉花品种交易手续费标准的通知	郑州商品交易所
4月22日	关于调整焦炭、焦煤品种交易手续费收取标准的通知	大连商品交易所
4月25日	关于调整铁矿石等品种交易手续费收取标准的通知	大连商品交易所
4月26日	关于调整焦炭等品种交易手续费收取标准的通知	大连商品交易所
4月26日	关于调整棉花品种交易手续费标准的通知	郑州商品交易所
4月27日	关于调整焦炭、焦煤品种涨跌停板幅度和最低交易保证金标准的通知	大连商品交易所
4月27日	关于调整焦炭、焦煤品种交易手续费收取标准的通知	大连商品交易所
5月6日	关于调整焦炭等品种交易手续费收取标准的通知	大连商品交易所
5月11日	关于修改风险管理办法相关规则的通知	大连商品交易所
5月12日	关于调整豆粕等品种交易手续费收取标准的通知	大连商品交易所
6月1日	关于印发《上海期货交易所风险控制管理办法》、《上海期货交易所结算细则》等3个实施细则修订案的公告	上海期货交易所
8月19日	关于调整螺纹钢期货天津地区交割升贴水的通知	上海期货交易所
7月27日	关于强麦期货业务细则修改事项的通知	郑州商品交易所
8月1日	关于调整锰硅期货交易保证金标准和涨跌停板幅度的通知	郑州商品交易所
8月1日	郑州商品交易所关于2016年"保险+期货"试点建设工作的通知	郑州商品交易所
8月22日	关于修改风险管理办法相关规则的通知	大连商品交易所
8月31日	关于《关于修订〈郑州商品交易所异常交易行为监管工作指引（试行）〉有关认定标准及处理程序的通知》的补充通知	郑州商品交易所

续表

日期	政策	发文单位
9 月 27 日	关于调整玻璃和动力煤品种手续费减收标准的通知	郑州商品交易所
10 月 11 日	关于修改《大连商品交易所标准仓单管理办法》相关规则的通知	大连商品交易所
10 月 24 日	关于调整动力煤品种交易手续费标准的通知	郑州商品交易所
10 月 26 日	关于调整玻璃和动力煤品种交易手续费标准的通知	郑州商品交易所
10 月 31 日	关于调整动力煤品种交易手续费标准的通知	郑州商品交易所
11 月 8 日	关于调整焦炭、焦煤品种涨跌停板、保证金和交易手续费收取标准的通知	大连商品交易所
11 月 8 日	关于开展资管产品账户信息报备工作的通知	郑州商品交易所
11 月 8 日	关于调整玻璃和硅铁期货交易保证金标准和涨跌停板幅度的通知	郑州商品交易所
11 月 8 日	关于调整动力煤、玻璃和甲醇品种交易手续费标准的通知	郑州商品交易所
11 月 8 日	关于调整螺纹钢、天然橡胶相关合约平今仓交易手续费收取标准的通知	上海期货交易所
11 月 8 日	《关于修改〈期货投资者保障基金管理暂行办法〉的决定》	证监会、财政部
11 月 9 日	关于螺纹钢、天然橡胶品种实施交易限额制度的通知	上海期货交易所
11 月 9 日	关于焦炭、焦煤品种实施交易限额制度的通知	大连商品交易所
11 月 9 日	关于调整焦炭、焦煤品种保证金和铁矿石交易手续费收取标准的通知	大连商品交易所
11 月 9 日	关于调整动力煤期货交易保证金标准和涨跌停板幅度的通知	郑州商品交易所
11 月 10 日	关于调整铝、铅、锌和锡交易保证金标准和涨跌幅度限制的通知	上海期货交易所
11 月 11 日	关于调整铜等品种相关合约交易手续费收取标准的通知	上海期货交易所
11 月 22 日	关于调整铜、铝、锌、铅、镍、锡、螺纹钢、热轧卷板、天然橡胶和石油沥青品种交易保证金标准和涨跌幅度限制的通知	上海期货交易所
11 月 28 日	关于螺纹钢品种实施交易限额制度的通知	上海期货交易所
11 月 30 日	关于锌铅品种实施交易限额制度的通知	上海期货交易所
12 月 12 日	关于印发《上海期货交易所交易细则》修订案的公告	上海期货交易所

十、外汇市场发展政策[①]

（一）外汇市场年度发展概况

根据国家外汇管理局统计，2016 年银行累计结汇 95514 亿元人民币（等值 14383 亿美元），累计售汇 117979 亿元人民币（等值 17760 亿美元），累计结售汇逆差 22465 亿元人民币（等值 3377 亿美元）。其中，银行代客累计结汇 88331 亿元人民币，累计售汇 109547 亿元人民币，累计结售汇逆差 21216 亿元人民币；银行自身累计结汇 7182 亿元人民币，累计售汇 8432 亿元人民币，累计结售汇逆差 1249 亿元人民币。同期，银行代客累计远期结汇签约 4666 亿元人民币，累计远期售汇签约 10330 亿元人民币，累计远期净售汇 5664 亿元人民币。

① 执笔人：储幼阳，上海市金融学会秘书长、《上海金融》执行主编。

2016 年银行代客涉外收入 185479 亿元人民币（等值 27909 亿美元），对外付款 205708 亿元人民币（等值 30962 亿美元），涉外收付款逆差 20228 亿元人民币（等值 3053 亿美元）。

2016 年，我国外汇收支状况主要呈现以下特点：一是银行结售汇、涉外收付款均呈现逆差。2016 年，按美元计价，银行结汇较上年下降 17%，售汇下降 19%，结售汇逆差 3377 亿美元；银行代客涉外收入下降 15%，支出下降 11%，涉外收付款逆差 3053 亿美元。二是第四季度跨境资金流出压力总体低于 2016 年初水平。从银行结售汇数据看，第一季度逆差规模最高，为 1248 亿美元；第二、三季度逆差降至 490 亿和 696 亿美元，第四季度逆差 943 亿美元，比第一季度低 24%，同比下降 43%。从银行代客涉外收付款数据看，第一至三季度逆差分别为 1123 亿、565 亿、855 亿美元，第四季度逆差 510 亿美元，为全年最低值。三是售汇率总体下降，企业偿债进程放缓、融资需求回升。2016 年，衡量购汇意愿的售汇率，也就是客户从银行买汇与客户涉外外汇支出之比为 74%，较 2015 年下降 8 个百分点，第一至四季度比例分别为 80%、74%、70% 和 72%，主要是企业购汇偿还外汇融资减少。相应地，2016 年第一至四季度，银行国内外汇贷款余额分别下降 350 亿、234 亿、120 亿和 151 亿美元；2016 年 3 月以来，进口企业的海外代付、远期信用证等跨境外币融资余额逐月回升，截至年底累计增加 425 亿美元。四是结汇率有所波动，我国企业、个人在境内持有的外汇存款上升。2016 年，衡量结汇意愿的结汇率，也就是客户向银行卖出外汇与客户涉外外汇收入之比为 59%，较 2015 年下降 9 个百分点，说明企业、个人等更倾向于保留外汇收入，第一至四季度结汇率分别为 59%、63%、59% 和 57%。2016 年，我国银行的境内外汇存款余额增加 604 亿美元，同比多增 488 亿美元。五是银行远期结售汇逆差较 2015 年下降。2016 年，银行对客户远期结汇签约较 2015 年下降 47%，远期售汇签约下降 52%，远期结售汇签约逆差 849 亿美元，下降 56%。其中，第一季度逆差 363 亿美元，第二季度逆差收窄至 8 亿美元，第三季度逆差扩大至 211 亿美元，但同比仍收窄 79%，第四季度逆差 267 亿美元，与 2015 年同期基本相当。

国家外汇管理局统计数据显示，2016 年 12 月，中国外汇市场（不含外币对市场）总计成交 15.56 万亿元人民币（等值 2.25 万亿美元）。其中，银行对客户市场成交 2.39 万亿元人民币（等值 3457 亿美元），银行间市场成交 13.16 万亿元人民币（等值 1.9 万亿美元）；即期市场累计成交 7.18 万亿元人民币（等值 1.04 万亿美元），衍生品市场累计成交 8.38 万亿元人民币（等值 1.21 万亿美元）。

（二）外汇市场发展政策

1. 推进重点领域改革，扩大对外开放

（1）推广全口径跨境融资宏观审慎管理。2016 年 1 月，人民银行发布《中国人民银行关于扩大全口径跨境融资宏观审慎管理试点的通知》（银发〔2016〕18 号），面向

27 家金融机构和注册在上海、天津、广州、福建四个自贸区的企业，扩大本外币一体化的全口径跨境融资宏观审慎管理试点。

2016 年 4 月末，外汇局配合人民银行发布《关于在全国范围内实施全口径跨境融资宏观审慎管理的通知》（银发〔2016〕132 号），自 2016 年 5 月 3 日起，将本外币一体化的全口径跨境融资宏观审慎管理试点扩大至全国范围内的金融机构和企业。对金融机构和企业不实行外债事前审批，而是由金融机构和企业在与其资本或净资产挂钩的跨境融资上限内，自主开展本外币跨境融资。这一政策的实施，进一步丰富了境内市场主体特别是中资企业的融资渠道，有助于降低融资成本，解决企业“融资难、融资贵”问题，更好地服务和支持实体经济发展。

（2）推动银行间债券市场对外开放。配合人民银行进一步开放境内银行间债券市场的举措，2016 年 5 月，外汇局发布《国家外汇管理局关于境外机构投资者投资银行间债券市场有关外汇管理问题的通知》（汇发〔2016〕12 号）。主要内容包括：对境外机构投资者实行登记管理，境外机构投资者应通过结算代理人办理外汇登记；不设单家机构限额或总限额，境外机构投资者可凭相关登记信息，到银行直接办理资金汇出入和结汇或购汇手续，不需再到外汇局进行核准或事前的审批；资金汇出没有锁定期及分期汇出的安排；资金汇出入币种基本一致，投资者汇出资金中本外币比例应保持与汇入时的本外币比例基本一致，上下波动不超过 10%。截至 2016 年 8 月底，已经有超过 30 个境外机构或产品在中国人民银行上海总部完成备案。

（3）改革人民币合格境外机构投资者（RQFII）管理制度。2016 年 2 月，外汇局发布《合格境外机构投资者境内证券投资外汇管理规定》（国家外汇管理局公告 2016 年第 1 号），进一步放宽合格境外机构投资者（QFII）额度限制，并简化审批流程。

主要内容包括：一是放宽单家 QFII 机构投资额度上限。不再对单家机构设置统一的投资额度上限，而是根据机构资产规模或管理的资产规模的一定比例作为其获取投资额度（基础额度）的依据。二是简化额度审批管理。对 QFII 机构基础额度内的额度申请采取备案管理；超过基础额度的，才需外汇局审批。三是进一步便利资金汇出入。对 QFII 投资本金不再设置汇入期限要求；允许 QFII 开放式基金按日申购、赎回。四是将锁定期从一年缩短为三个月，保留资金分批、分期汇出要求，QFII 每月汇出资金总规模不得超过境内资产的 20%。

政策实施以后，市场反应良好，截至 2016 年 8 月底，共有 270 家 QFII 机构获批 814.78 亿美元额度。

2016 年 8 月，人民银行、外汇局发布《中国人民银行、国家外汇管理局关于人民币合格境外机构投资者境内证券投资管理有关问题的通知》（银发〔2016〕227 号），进一步提高对 RQFII 和 QFII 机构外汇管理的一致性，推动境内金融市场开放。主要内容包括：一是参照 QFII 管理，将机构资产规模一定比例作为获取额度（基础额度）的依据，额度管理方式统一调整为余额管理。二是简化额度审批管理，对机构基础额度内的额度申请采取备案管理并自动获取。三是便利RQFII资金汇出入。在资金汇入上，与QFII管理相同，不对资金汇入设置期限要求。在资金汇出上，不设比例与分期汇出的要求；对开放式基金不设锁定期，允许按日汇出；对其他产品或资金，将锁定期由1年缩短为3个月，允许每日汇出。四是取消购汇汇出，要求RQFII以人民币方式汇出入。五是简化数据报送要求，通过资本项目信息系统进行数据采集和监测。

2. 支持实体经济发展，促进贸易投资便利化

（1）综合施策，便利贸易投资活动。2016年4月，国家外汇管理局发布《国家外汇管理局关于进一步促进贸易投资便利化完善真实性审核的通知》（汇发〔2016〕7号）。

主要背景和思路：2016年以来，外汇形势总体趋稳向好，但外汇市场平衡基础仍不稳固。面对此形势，外汇管理部门及时调整工作重心，多措并举，在改革开放总原则下坚守风险底线。一是不失时机加快外汇管理重点领域改革。用扩大流入、扩大外汇供给对冲外汇收支风险，支持和便利市场主体正常合理用汇，服务贸易投资便利化。二是加强购付汇真实性合规性审核。在不影响市场主体合理的用汇需求及正常货物贸易业务的同时，针对借助货物贸易、直接投资等渠道非法跨境套利或违规调配跨境资金的行为加强真实性审核，防范和堵截违规购付汇行为，维护外汇市场供求秩序。

主要内容包括四大方面9项措施：一是扩大流入，增加外汇供给。包括：第一是进一步扩大银行持有的结售汇头寸下限。银行持有更多负头寸，有利于银行筹集并供给更多的外汇，增强外汇市场自我调节能力，进一步为实体经济防范汇率风险提供更好的金融服务。第二是允许中资非金融企业借用的外债资金按现行外商投资企业外债管理规定结汇使用，统一中外资企业政策。第三是A类的企业贸易外汇收入（不含退汇业务及离岸转手买卖业务）暂不进入出口收入待核查账户，可直接进入经常项目外汇账户或结汇。简化企业收汇和结汇手续，降低收结汇资金成本。

二是加强单证审核，规范管理。第一是明确货物贸易离岸转手买卖单证审核要求，同一笔离岸转手买卖业务应在同一家银行网点采用同一币种（外币或人民币）办理收支结算；B类的企业暂停办理离岸转手买卖外汇收支业务。第二是完善直接投资外汇利润汇出管理。明确银行为境内机构办理等值5万美元以上（不含）利润汇出业务的单证审核要求。第三是规范货物贸易风险提示函制度。对货物贸易外汇收支异常的企业提示风险。

三是丰富产品，便于对冲汇率风险。允许银行为机构客户办理差额交割的远期结汇业务，满足企业既持有外币资产又防范汇率风险的需要。

四是清理法规，明确罚则。废止《国家外汇管理局关于加强外汇资金流入管理有关问题的通知》（汇发〔2013〕20号）。明确违反该通知，根据《外汇管理条例》依法

处罚。

相关措施有利于银行为实体经济提供更好的金融服务，降低企业收结汇资金成本，便利中资企业特别是民营企业和小微企业更加灵活使用外债资金。

2016 年 9 月，为进一步促进货物贸易外汇收支便利化，满足银行和企业办理外汇业务电子化的需求，国家外汇管理局发布《国家外汇管理局关于规范货物贸易外汇收支电子单证审核的通知》（汇发〔2016〕25 号）。

主要内容包括：一是允许办理货物贸易外汇收支时审核电子单证。银行在遵守现行货物贸易外汇管理规定和落实“展业三原则”的条件下，可以选择审核纸质单证或审核电子单证。二是鼓励合规性和信用记录良好的企业和银行采用电子单证方式办理货物贸易外汇收支。其中，要求经办银行近三年外汇管理考核为 B 类（不含 B-）及以上，企业的货物贸易分类为 A 类。三是明确银行和企业的义务。银行应加强真实性审核，自主审慎选择进行电子单证审核的企业，并做好单证留存；企业应确保提交电子单证的真实性和合规性，并配合银行做好真实性审核工作。四是规范事后管理。外汇局将对电子单证审核业务开展核查或检查，对违法违规行为将依法进行处罚。

（2）统一并简化资本项目结汇管理政策。2016 年 6 月，为进一步深化外汇管理体制改革，更好地满足和便利境内企业经营与资金运作需要，促进跨境投融资便利化，支持实体经济发展，国家外汇管理局发布《国家外汇管理局关于改革和规范资本项目结汇管理政策的通知》（汇发〔2016〕16 号）。主要内容如下：

一是全面实施外债资金意愿结汇管理，企业可自由选择外债资金结汇时机。二是统一境内机构资本项目外汇收入意愿结汇政策。三是明确境内机构资本项目外汇收入及其结汇资金的使用应符合外汇管理相关规定，对资本项目收入的使用实施统一的负面清单管理模式，并大幅缩减相关负面清单。四是进一步规范资本项目收入及其结汇资金的支付管理，明确银行按照“展业三原则”承担真实性审核义务。五是外汇局加强事中事后管理，进一步强化事后监管与违规查处。

（3）规范外币兑换管理，推进简政放权。为进一步满足跨境交往中个人货币兑换的正常需要，2016 年 5 月，国家外汇管理局发布《国家外汇管理局关于印发〈外币代兑机构和自助兑换机业务管理规定〉的通知》（汇发〔2016〕11 号），完善外币代兑机构和自助兑换机管理。

该规定体现了进一步简政放权、优化外币兑换服务的改革思路，主要内容包括：一是简政放权，取消事前市场准入管理，外汇局不再对外币代兑机构和自助兑换机的外币兑换业务实施事前准入许可。二是转变监管方式，要求银行将外币代兑机构、自助兑换机管理前移和内化至内控管理中，合规、审慎开展外币兑换业务，外汇局重点加强对银行的事后和内控检查。三是明确业务范围，外币代兑机构和自助兑换机主要定位于银行柜台业务的延伸，增强市场服务能力，丰富个人货币兑换的便利渠道。四是完善业务管理，防范洗钱风险，强调个人持外币现钞在外币代兑机构和自助兑换机兑换人民币现钞时应遵守限额要求，不影响目前个人年度等值5万美元限额以内的正常结汇。五是推进法规整合，整合并废止了外币兑换业务的3部外汇管理法规，便利市场主体更好地理解和执行外汇管理政策。

（4）完善国际收支统计申报管理。2016年3月，外汇局发布《通过银行进行国际收支统计申报业务指引（2016年版）》（汇发〔2016〕4号），用于具体指导申报主体和相关银行进行国际收支统计申报。该业务指引更新和整合了现有间接申报规范性文件，完善了间接申报统计制度体系，同时配合银行业务创新，及时对新情况、新问题进行了明确和规范，极大便利了企业和银行的申报工作，也是一个降成本的措施。

（三）2017年外汇市场政策展望

2017年是“十三五”规划的重要一年，也是供给侧结构性改革的深化之年。全国外汇管理将会认真贯彻落实中央经济工作会议精神和党中央、国务院各项工作部署，按照稳中求进的工作总基调，勇于担当，措施有力，切实提升贸易投资便利化水平，服务实体经济发展，加强真实性合规性审核，严厉打击外汇领域违规违法活动，防范跨境资本流动风险。一是外汇管理部门将继续推进简政放权和重点领域改革，进一步提高贸易投资便利化水平，支持实体经济发展；二是加强外汇交易真实性合规性审核，加大对外汇违规违法行为的检查力度和惩处强度，保持对地下钱庄、逃汇骗购汇等违法犯罪活动的高压打击态势，维护外汇市场健康稳定；三是加强事中事后管理，提升跨境资金流动非现场监测能力和分析预警水平，完善宏观审慎跨境资本流动管理框架；四是完善外汇储备经营管理，保障外汇储备安全、流动和保值增值。

总体上看，预计2017年我国国际收支将继续呈现“经常账户顺差、资本和金融账户（不含储备资产）逆差”的格局。国际收支状况仍将保持基本均衡，跨境资金流动风险总体可控。

经常账户将保持一定规模顺差。首先，货物贸易将持续呈现顺差。根据国际货币基金组织（IMF）的预测，2017年全球经济增长比2016年增速加快0.3个百分点，有助于我国出口增加。其次，服务贸易逆差增速可能继续放缓。我国居民境外旅游、留学等消费在2009年至2013年经历了一段高速增长期，随着相关需求的快速释放，近两年的旅行项目逆差增速已开始回稳，预计2017年增速将进一步趋缓；此外，我国旅行以外的服务贸易逆差已明显收窄，表明我国企业服务贸易收入和支出结构正在逐步改善。第三，投资收益收入将逐步增加。我国对外直接投资等私人部门投资的增多将带来更多的境外投资收益。

资本和金融账户预计继续呈现逆差，但逆差规模会有所收窄。吸收外来投资方面，经历2015年对外债务偿还后，我国企业部门跨境融资需求自2016年第二季度起逐步恢复，并已持续三个季度稳步上升，境外资本亦因看好我国经济发展前景而持续流入，尤其是吸收外国来华直接投资仍将保持较大规模净流入，而境内证券市场不断开放也将吸引较多外来投资流入，同时，传统的贸易融资需求也将有所恢复。对外投资方面，境内主体配置境外资产的需求仍然存在，但投资将更趋理性。

从未来形势看，我国跨境资金流动总体将朝着均衡收敛。不可否认，未来一段时期内，全球经济仍将总体低迷，存在贸易和投资减速等问题，财政政策空间有限，经济复苏乏力。外部环境中的美联储加息以及各种不确定因素都可能时不时扰动国际金融市场，这是包括我国在内的世界各国都需要持续面对的客观环境。但总体上看，支撑一个国家跨境资金流动的根本因素还是取决于该国自身的经济状况，我国在此方面的表现比较突出，包括经济增速在世界范围内属于较高水平，财政状况相对良好，金融体系总体稳健、经常账户持续顺差、储备规模仍居全球首位等。

十一、黄金市场发展政策①

2016 年，中国黄金市场保持了快速发展态势，黄金市场国际化进程不断加快，“上海金”人民币黄金集中定价机制启动，银行间黄金市场做市商制度推出，黄金市场功能不断完善，在国际黄金市场中的地位显著提升。

（一）市场发展概况

全年金价在波动中先涨后跌。2016 年国际金价受到美元走势、国际地缘政治紧张、“黑天鹅”事件频发等因素的影响，在波动中先升后跌。伦敦金银市场协会（LBMA）1 月 5 日下午定盘价 1077. 0 美元/盎司，为全年最低价，7 月 6 日达到全年最高 1366. 25 美元/盎司，随后在波动中下跌，12 月 30 日最后一个定盘价为 1159. 1 美元/盎司，同比上涨 9. 12%。上海黄金交易所现货主力合约 Au99. 99 年初开盘价 222. 86 元/克，最高价 300 元/克，最低价 181. 2 元/克，年末收盘价 263. 9 元/克，同比上涨 18. 42%。

交易量大幅增长。2016 年，上海黄金交易所全年黄金累计成交 4. 87 万吨（双向），同比增长 42. 88%；成交金额 13. 02 万亿元，同比增长 62. 63%。上海期货交易所黄金期货累计成交 6. 95 万吨（双向），同比增长 37. 30%；累计成交金额 18. 69 万亿元，同比增长 55. 92%。同期，美国黄金期货交易量增长 37. 65%，伦敦黄金市场清算量增长 11. 27%，国内黄金市场增速领先国际主要黄金市场。

黄金现货需求下降。2016 年国内实物黄金需求减少，实物出、入库量均下降。上海黄金交易所主板黄金出库量 1970. 37 吨，同比下降 23. 68%；入库量 2060. 16 吨，同比下降 22. 72%。

黄金询价市场继续较快发展。2016 年，上海黄金交易所询价市场继续保持快速发展势头，累计成交 17692. 17 吨，同比增长 72. 83%，增幅远高于竞价市场 27. 63% 的增长

---

① 执笔人：罗江，上海黄金交易所研究发展部副总经理。

率，但竞价交易仍占整个市场的62.42%，全年成交量为3.04万吨。

个人业务快速增长，机构仍是市场主体。2016年，上海黄金交易所个人交易更趋活跃，黄金交易量累计8903.33吨，同比增长130.88%，占总交易量的18.29%，同比提高近7个百分点。机构交易仍占黄金业务的主体地位，但市场份额略有下降，全年黄金交易量3.98万吨，市场占比81.71%，市场份额下降近7个百分点。

国内外现货黄金价差扩大、期货价差缩小，国内期现金价走势更加同步。全年，上海黄金交易所较国际现货黄金价差扩大，平均高1.46元/克，同比增长89.61%。上海期货交易所黄金期货与纽约COMEX黄金期货的平均价差从上年同期的5.18元/克降至2.70元/克，降幅47.88%。上海期货交易所黄金期货与上海黄金交易所Au（T+D）的平均价差由上年同期的2.22元/克降至1.70元/克，降幅23.42%。

（二）行业市场发展政策

2016年，全球黄金市场交易规模普遍增长，中国黄金市场引领全球黄金市场增长。中国黄金市场在规范中稳步发展并加快了国际化步伐，相应政策和新业务不断出台。

1. 中国人民银行发布《关于规范银行业金融机构账户黄金业务有关事项的通知》

4月，中国人民银行为规范银行业金融机构账户黄金业务，防范黄金市场交易风险，发布了《关于规范银行业金融机构账户黄金业务有关事项的通知》。该通知明确规定了银行业金融机构开办账户黄金业务应具备的条件和向中国人民银行备案事宜。该通知要求账户黄金业务应为全额交易，不得开展杠杆性交易，并且严格区分账户黄金业务与其他黄金业务，做到风险管理、账务处理等相互独立。银行业金融机构开办账户黄金业务应支持客户提取黄金实物，应将账户黄金多空持仓轧差余额的20%用于购买实物黄金，作为备付实物存放在上海黄金交易所指定仓库。开办账户黄金业务的银行业金融机构只能通过本机构网点开展销售，不得委托第三方机构代销。同时，应加强投资者准入管理等。

2. 推出“上海金”人民币集中定价机制

4月19日，上海黄金交易所推出“上海金”人民币集中定价机制，发布全球首个以人民币计价的黄金基准价格。“上海金”人民币集中定价业务是指在上海黄金交易所的平台上，以1公斤、成色不低于99.99%的标准金锭为交易对象，以人民币/克为交易单位，通过多轮次“以价询量”集中交易的方式，在达到市场量价相对平衡后，最终形成“上海金”人民币基准价格。“上海金”定价交易采取保证金交易、T+2日交割，每天由交易系统经过多轮询价产生上午、下午的人民币基准价格，全程公开透明，可经追溯和审计，充分保证价格的合理公允性。定价主体开放多元，具有广泛代表性。为使价格充分反映人民币黄金市场产用金和投资链的供需均衡，上海黄金交易所选择了12家定价成员和6家提供参考价成员共同报价，包括商业银行、产用金企业等多元化市场主体，地域上包括境内会员和国际会员，范围广泛丰富，体现了人民币黄金市场多元化特点，价格能够真实反映各方供需诉求。在推出“上海金”之际，上海黄金交易所同步推出挂钩“上海金”基准价的系列衍生产品，推动“上海金”在人民币黄金场外衍生品市场发挥基准作用。

3. 启动银行间黄金询价市场做市商制度

1月11日，上海黄金交易所正式启动了银行间黄金询价市场做市业务。银行间黄金询价市场做市商包括正式做市商10家、尝试做市商6家，承担在市场连续提供买、卖双边价格的做市义务，为市场提供流动性。经上海黄金交易所评定，2016年度正式做市商为工商银行、农业银行、中国银行、建设银行、交通银行、中信银行、招商银行、兴业银行、宁波银行和澳新银行（中国），尝试做市商为光大银行、广发银行、平安银行、浦发银行、上海银行和大华银行（中国）。做市商汇集了大型国有银行、黄金进口银行、股份制银行和外资银行等不同类型在黄金市场有代表性的交易活跃机构。

4. 移动互联网产品“易金通”上线

1月26日，上海黄金交易所首款移动互联网产品“易金通”上线。“易金通”产品是上海黄金交易所发挥移动互联网技术优势，结合市场主体需求，联合各会员单位共同推出的黄金市场“互联网+”产品，提供在线开户、移动交易、行情查看、账户查询以及资讯浏览五大功能。“易金通”实现了黄金交易从桌面向手机的迁移。

5. 国际板正式上线债券充抵保证金业务

6月27日，上海黄金交易所国际板债券充抵保证金业务正式上线运行，进一步降低国际会员资金成本，扩大服务范围。国际会员可利用其托管在中央国债登记结算有限责任公司等境内指定债券托管机构的合格债券作为信用担保，用于开展上海黄金交易所延期类保证金品种的交易，从而减少国际会员人民币资金的实际占用成本。债券充抵保证金业务是黄金前台交易市场和固定收益后台机构的“跨界”联动发展，是提升对投资者服务功能的举措。

6. 加快跨域国际黄金市场合作的步伐

全年，上海黄金交易所加强与境外交易市场的互联互通，推进与马来西亚衍生品交易所、缅甸仰光交易所、莫斯科交易所、德意志交易所等境外交易场所的合作，多层次开展业务交流，根据不同市场特点探索不同的合作形式。上海黄金交易所与包括美国芝加哥商品交易所、迪拜黄金与商品交易所、香港交易及结算所有限公司等在内的多家境外同业机构探索建立长效合作机制，积极开展跨市场合作，为境内外投资者开辟多元化的投资渠道。

7. 推进新一代技术系统自主开发建设

上海黄金交易所成功上线“上海金”集中定价系统、数据服务平台、易金通APP等自主开发重点项目，完善风险监控系统，加强网络安全运维，确保市场平稳运行。

（三）政策效果

1. 市场规范、发展方面

（1）银行业金融机构黄金业务在规范中快速发展。银行业金融机构是中国黄金市场的最重要的参与者，开展的黄金业务包括自营业务和代理业务。《关于规范银行业金融机构账户黄金业务有关事项的通知》目的是为了对银行业金融机构账户黄金业务进行规范，防范可能的风险，促进黄金市场健康、平稳、持续发展。该通知发布后，银行业金融机构账户黄金业务的市场风险有效降低，账户黄金业务在健全规范的制度框架下迅猛发展。2016 年，商业银行账户金累计交易 2102.61 吨，交易金额 5638.18 亿元，同比分别增长 71.34% 和 95.57%，远高于黄金市场整体增速。

（2）做市商制度促进黄金询价市场快速发展。2016 年银行间黄金询价市场做市商制度的引入，丰富了市场交易模式，提高银行间黄金市场流动性，提升机构投资者询价交易效率；有效发挥银行间市场批发融通、风险对冲等市场功能，询价市场保持快速发展的态势。2016 年黄金询价市场同比增长 72.83%，增幅远高于竞价市场 27.63% 的增长率。询价市场快速发展推进国内黄金市场多层次市场体系建设，有利于完善场外黄金市场中远期价格发现机制，推进中远期基准价格体系建设，提升我国黄金市场定价能力和国际影响力。

（3）黄金市场服务功能增强。“易金通”上线后，国内黄金市场个人投资者可通过手机终端实现黄金市场的移动开户和交易，投资便利度大幅提升，交易量快速增长。推出“易金通”移动互联网产品，打造惠及普通黄金投资者的“百姓金”平台，更好地推动黄金投资，便利普惠金融，有效增强用户黏度，加速提升服务效率，进一步拓宽黄金市场服务范畴。

2. 市场对外开放方面

（1）“上海金”人民币集中定价机制启动后，中国黄金市场的国际影响力显著提升。上海黄金交易所推出“上海金”人民币集中定价机制既是中国金融要素市场创新开放、积极融入全球一体化进程的重要尝试，也是中国顺应国际黄金市场深刻变革和全球黄金市场“西金东移”发展趋势的必然要求。“上海金”基准价将为全球投资者提供一个公允的、可交易的人民币黄金基准价格，为黄金市场参与者提供良好的风险管理和创新工具，推动以“上海金”人民币黄金基准价格为基础的场外黄金衍生品市场快速发展，有利于进一步完善人民币黄金市场的价格形成机制，加快推进中国黄金市场国际化进程。全年，“上海金”人民币集中定价交易成交量 569.19 吨，成交金额 1552.75 亿元，显著提升了我国黄金市场的国际影响力。上海黄金交易所询价交易平台挂钩“上海金”基准价的衍生品合约不断丰富，年内累计成交 2489 吨，“上海金”已充分发挥了在黄金场外衍生品市场的基准价作用。10 月 28 日，上海黄金交易所与迪拜黄金与商品交易所签署了《上海金基准价授权使用协议》，授权迪拜黄金与商品交易所在其开发的以离岸人民币计价的黄金期货合约中，使用“上海金”基准价作为该合约的现金结算价，也是“上海金”基准价在国际金融市场的首次应用。

（2）债券充抵保证金业务助力黄金国际板发展。国际板债券充抵保证金业务及黄金实物库存充抵保证金业务的陆续推出，使得国际投资者可以以债券或黄金实物充抵交易保证金，参与国际板交易，有效扩大了国际会员资金来源；同时在会员管理、资金清算、实物交割、风险管理和技术系统等多个方面进行了一系列创新与突破，进一步便利境外投资者参与国内主板市场交易，提高市场运行效率。2016 年，国际板黄金成交量 3991.84 吨，成交金额 10870.72 亿元。截至 2016 年末，上海黄金交易所国际会员共 67 家，较成立之初新增了 27 家。

（3）商业银行境外黄金业务不断拓展。2016 年，商业银行各类境外黄金交易累计成交量和成交金额较上年分别增长 13.23% 和 22.33%。我国国有大型商业银行不断开拓国际黄金市场，参与国际黄金定盘交易。继 2015 年中国建设银行、中国银行加入伦敦金银市场协会（LBMA）黄金价格机制后，2016 年，中国工商银行和交通银行相继获准加入该机制，成为 LBMA 黄金定盘商，参与伦敦黄金定盘价报价。国内商业银行在全球黄金市场的作用和影响力不断提升。

（四）展望

2017 年，美联储加息的频率和幅度、美元及主要货币走势、地缘政治不确定性、西方国家大选等因素都可能对黄金市场产生较大影响，黄金市场波动可能变大。在此背景下，中国黄金市场如何适应经济发展、在规范中稳步发展和加快国际化进程仍将是重要的议题。

展望 2017 年，中国黄金市场政策将围绕坚持市场稳步发展与风险防范并重，落实国家“一带一路”发展战略，进一步扩大黄金市场国际影响力，提升黄金市场效率和服务功能，切实发挥黄金市场支持实体经济作用等方面，相关制度和举措会不断出台。

主要金融监管政策

一、中国人民银行主要监管政策①

（一）2016 年中国人民银行主要监管政策分析

2016 年是“十三五”规划开局之年。面对复杂严峻的国内外经济金融形势和繁重的改革发展稳定任务，在党中央、国务院的正确领导下，人民银行坚持稳中求进工作总基调和新发展理念，坚定不移地执行党中央、国务院的重大决策部署，实施稳健的货币政策，保持金融稳定，巩固金融基础设施，制定并实施各项监管政策。

1. 扎实做好信贷等市场的各项工作，促进金融市场规范发展

人民银行继续实施稳健的货币政策，适时预调微调，增强针对性和有效性。紧紧围绕去产能、去库存、去杠杆、降成本、补短板五大任务，信贷政策结构性调整功能进一步得到强化，金融市场服务实体经济能力进一步得到增强。以钢铁、煤炭等行业去产能为着力点，全面做好金融支持“三去一降一补”各项工作。按照因地制宜、因城施策的原则，进一步完善区域性差别化住房信贷政策，推动房地产金融产品规范创新，促进住房信贷市场平稳有序运行。围绕“精准扶贫、精准脱贫”基本方略，注重金融扶贫政策效果和可持续性。同时，以“两权”抵押贷款试点为着力点，拓宽农村抵质押物品种，引导金融机构加大“三农”金融产品创新和重点领域信贷投入，促进现代农业发展和农民增收致富。农村“两权”抵押贷款试点是农村土地“三权分置”重大制度创新的实践探索和具体运用，对于深化农业供给侧结构性改革、提高资源要素利用效率、促进增加农民财产性收入等具有重要意义。试点启动以来，试点地区农村产权交易基础环境不断改善，信贷管理机制和金融产品加快创新，抵押物价值评估和处置等核心难题得到积极破解，相关工作运行总体有序，试点取得阶段性成果。

此外，人民银行还稳妥推动绿色金融债券发行，成为全球首个建立了比较完整的绿色金融政策体系的经济体。继续推进外汇管理改革，强化真实性合规性管理，促进贸易投资便利化，提高资本项目可兑换程度。推动落实开发性政策性金融机构改革方案。有

① 执笔人：朱小川，银行间市场清算所股份有限公司（简称上海清算所）研究统计部高级经理。

序推进存款保险制度实施。积极稳妥推进不良资产证券化试点工作。推动全国统一的票据交易平台建设，提升票据业务电子化水平。加大对消费领域的金融支持力度。研究编制“十三五”规划纲要和现代金融体系规划。

2. 多手段强化宏观审慎管理，着力维护金融稳定

人民银行进一步完善宏观审慎政策框架，将差别准备金动态调整机制升级为宏观审慎评估（MPA），引导货币信贷合理增长。通过对参数的调节来进行逆周期的宏观调控，将本外币一体化的全口径跨境融资宏观审慎管理从试点机构和自贸区扩大至全国，统筹规划金融市场基础设施建设，完善宏观审慎政策框架。不断加强金融风险的监测分析，试点金融业综合统计工作，更好地服务宏观调控、宏观审慎管理和金融风险防范化解等工作，积极应对各类风险隐患。会同相关部门扎实开展互联网金融风险专项整治工作，加强金融监管协调，牢牢守住了不发生系统性金融风险的底线。

3. 支付监管工作机制已基本建立，监管有效性明显提高

2016 年全国支付体系运行平稳，是人民银行“强化支付监管、防范支付风险”的监管年。人民银行有序开展《支付业务许可证》续展工作；会同 13 部委制定并印发了《非银行支付机构风险专项整治工作实施方案》，对非银行支付机构进行风险专项整治工作；会同中国银行业监督管理委员会制定《银行卡清算机构管理办法》作为配套实施细则，进一步明确银行卡清算机构准入的具体条件、程序及主要业务监管要求；建立了支付结算违法违规行为举报奖励制度，提出促进银行卡清算市场健康发展的意见。支付行业顶层设计基本完成，市场乱象得到有效整治；支付与市场基础设施建设持续推进，业务处理效率不断提高；打击治理电信网络诈骗成效显著，金融业支付结算安全防线大大加固，有效阻断了电信网络诈骗的资金转移通道；支付服务创新不断发展，支付的便捷性和安全性得到平衡兼顾。

4. 进一步推进金融改革开放，金融服务和管理水平不断提高

人民银行推动债券市场创新规范发展和对外开放。稳步推进人民币国际化，人民币全球接受程度显著提升。进一步完善人民币汇率形成机制，“收盘汇率 + 一篮子货币汇率变化”的中间价形成机制初步建立，人民币对一篮子货币汇率基本稳定。稳步推进金融标准、统计研究、货币发行、国库经理、征信管理、反洗钱、金融消费权益保护等工作。充分发挥 G20 主席国领导力，深入参与全球经济金融治理。我国金融行业在数字货币、金融业通用报文方案、移动金融、银行业务中的加密算法等国际标准领域的参与度逐步提升。

人民银行着力推进征信市场的规范发展，采取措施保护信用信息主体的权益，加强对金融信用信息基础数据库的运维管理。持续反洗钱和反恐怖融资监管，修订《金融机构大额交易和可疑交易报告管理办法》，在应对金融行动特别工作组（FATF）第四轮互评估、强化反洗钱监管和调查、加强反洗钱监测分析、推动反洗钱国际合作等方面取得了明显成效。开展联合整治非法买卖银行卡信息专项行动、“金融知识普及月”活动，

持续推动金融消费者教育工作。

（二）未来人民银行监管政策评价与展望

2017 年是实施“十三五”规划的重要一年，也是供给侧结构性改革的深化之年。人民银行将按照党中央“五位一体”总体布局和“四个全面”战略布局，坚持稳中求进工作总基调，贯彻落实创新、协调、绿色、开放、共享的发展理念，紧紧围绕服务实体经济和防控金融风险两条主线，规范发展金融市场，深化金融市场改革，牢牢守住不发生系统性风险的底线。

在服务实体经济的具体政策方面，人民银行将继续完善差别化住房信贷政策，加强房地产金融宏观审慎管理，促进房地产市场平稳健康发展。扎实做好钢铁、煤炭去产能金融服务工作，强化金融支持工业稳增长和制造强国建设。持续抓好金融精准扶贫工作，稳妥推进农村“两权”抵押贷款试点。积极助力农业供给侧结构性改革，进一步加强政策引导，切实改进小微企业金融服务。创新债券市场品种，进一步推动债券市场对外开放，稳步发展资产证券化。进一步推进利率市场化改革。完善人民币汇率形成机制，保持人民币汇率在合理均衡水平上的基本稳定。继续深化金融体制改革，增强金融运行效率和服务实体经济能力。

2017 年人民银行将会更加注重金融市场风险防控，促进金融市场长效平稳发展，稳步推定金融消费权益保护等其他各项工作。一是继续加强债券市场宏观审慎管理和监管协调，完善与绿色金融相关的监管机制，做好债券市场风险防范和处置，守住不发生系统性金融风险底线。二是扎实做好互联网金融风险专项整治，同步开展互联网金融长效机制建设。三是加强票据、黄金等市场基础设施建设和制度建设，推进市场规范治理，持续完善支付行业顶层设计等。四是将银行表外理财纳入广义信贷范围，以合理引导金融机构加强对表外业务风险的管理，不断健全完善宏观审慎评估体系。五是不断加强金融消费权益保护保护队伍建设，积极推动金融消费权益保护工作再上新台阶。六是进一步改进反洗钱工作，深入贯彻法人监管和风险为本要求，做好金融行动特别工作组第四轮互评估工作，不断拓展和深化反洗钱国际合作，提升反洗钱监管有效性。

附表

2016 年中国人民银行的主要监管政策

发布日期	文件名	文号
1 月 5 日	中国人民银行联合国家质检总局和国家标准委发布《银行营业网点服务基本要求》、《银行营业网点服务评价准则》、《银行业产品说明书描述规范》、《银行业客户服务中心基本要求》、《银行业客户服务中心服务评价指标规范》、《商业银行客户服务中心服务外包管理规范》、《商业银行个人理财服务规范》、《商业银行个人理财客户风险承受能力测评规范》和《金融租赁服务流程规范》等 9 项金融国家标准	

续表

发布日期	文件名	文号
1 月 18 日	中国人民银行决定对境外金融机构境内存放执行正常存款准备金率	
1 月 22 日	中国人民银行关于扩大全口径跨境融资宏观审慎管理试点的通知	银发〔2016〕18 号
2 月 2 日	中国人民银行、中国银行业监督管理委员会关于调整个人住房贷款政策有关问题的通知	
2 月 14 日	中国人民银行、发展改革委、工业和信息化部、财政部、商务部、银监会、证监会、保监会联合印发了《关于金融支持工业稳增长调结构增效益的若干意见》	银发〔2016〕42 号
2 月 17 日	关于境外机构投资者投资银行间债券市场有关事宜的公告	中国人民银行公告〔2016〕第 3 号
2 月 17 日	中国人民银行、住房和城乡建设部、财政部印发《关于完善职工住房公积金账户存款利率形成机制的通知》	银发〔2016〕43 号
2 月 29 日	中国人民银行决定下调存款准备金率	
3 月 7 日	中国人民银行、银监会、证监会、保监会印发《关于金融支持西藏经济社会发展的意见》	
3 月 16 日	中国人民银行、发展改革委、财政部、银监会、证监会、保监会、扶贫办联合印发《关于金融助推脱贫攻坚的实施意见》	
3 月 18 日	国家发展改革委、中国人民银行联合印发《关于完善银行卡刷卡手续费定价机制的通知》	发改价格〔2016〕557 号
3 月 21 日	中国人民银行、民政部、银监会、证监会、保监会联合印发《关于金融支持养老服务业加快发展的指导意见》	银发〔2016〕65 号
3 月 24 日	中国人民银行、中国银行业监督管理委员会、中国保险监督管理委员会、财政部、农业部关于印发《农村承包土地的经营权抵押贷款试点暂行办法》的通知	
3 月 24 日	中国人民银行、中国银行业监督管理委员会、中国保险监督管理委员会、财政部、国土资源部、住房和城乡建设部关于印发《农民住房财产权抵押贷款试点暂行办法》的通知	
3 月 30 日	中国人民银行、银监会关于加大对新消费领域金融支持的指导意见	银发〔2016〕92 号
4 月 7 日	支付结算违法违规行为举报奖励办法	中国人民银行公告〔2016〕第 7 号
4 月 15 日	关于信用卡业务有关事项的通知	
4 月 29 日	中国人民银行关于在全国范围内实施全口径跨境融资宏观审慎管理的通知	银发〔2016〕132 号
5 月 4 日	关于中国人民银行、海关总署开展《中国人民银行黄金及黄金制品进出口准许证》“非一批一证”管理试点工作事宜的公告	中国人民银行海关总署公告〔2016〕第 9 号
5 月 6 日	关于合格机构投资者进入银行间债券市场有关事项公告	中国人民银行公告〔2016〕第 8 号

续表

发布日期	文件名	文号
6月2日	中国人民银行正式发布《存款统计分类及编码》、《贷款统计分类及编码》金融行业标准	JR/T 0134－2016；JR/T 0135－2016
6月3日	中国人民银行决定进一步完善平均法考核存款准备金	
6月7日	中国人民银行与中国银监会联合发布《银行卡清算机构管理办法》	中国人民银行中国银行业监督管理委员会令〔2016〕第2号
6月27日	中国人民银行正式发布《金融IC卡行业一卡多应用规范》金融行业标准	JR/T 0136－2016
8月31日	中国人民银行、财政部、发展改革委、环境保护部、银监会、证监会、保监会关于构建绿色金融体系的指导意见	银发〔2016〕228号
9月6日	中国人民银行正式发布《银行卡受理终端安全规范》金融行业标准	JR/T 0120－2016
9月12日	中国人民银行、工业和信息化部、公安部、工商总局、银监会、国家互联网信息办公室等联合印发《中国人民银行　工业和信息化部　公安部　工商总局　银监会　国家互联网信息办公室关于开展联合整治非法买卖银行卡信息专项行动的通知》	银发〔2016〕235号
9月30日	中国人民银行关于加强支付结算管理　防范电信网络新型违法犯罪有关事项的通知	银发〔2016〕261号
10月13日	中国人民银行、中央宣传部、中央维稳办、国家发展改革委、工业和信息化部、公安部、财政部、住房和城乡建设部、工商总局、国务院法制办、国家网信办、国家信访局、最高人民法院、最高人民检察院联合印发《非银行支付机构风险专项整治工作实施方案》	银发〔2016〕112号
10月13日	中国人民银行等17个部门联合印发了《通过互联网开展资产管理及跨界从事金融业务风险专项整治工作实施方案》	银发〔2016〕113号
11月9日	中国人民银行正式发布《中国金融移动支付　支付标记化技术规范》金融行业标准	JR/T 0149－2016
12月28日	中国人民银行正式发布《公司金融顾问》金融行业标准	JR/T 0139－2016
12月29日	中国人民银行、发展改革委、教育部、公安部、财政部、商务部、税务总局、工商总局、质检总局、银监会、证监会、保监会、外汇局、最高人民法院联合印发《关于促进银行卡清算市场健康发展的意见》	银发〔2016〕324号
12月30日	修订《金融机构大额交易和可疑交易报告管理办法》	中国人民银行令〔2016〕第3号

资料来源：中国人民银行网站。

二、中国银监会主要监管政策[①]

（一）2016 年中国银监会主要监管政策分析

2016 年，银监会坚持稳中求进总基调，遵循创新、协调、绿色、开放、共享五大发展理念，坚持宏观政策要稳、产业政策要准、微观政策要活、改革政策要实、社会政策要托底五大政策导向，在落实“三去一降一补”工作任务、整合银行资金支持供给侧结构性改革、降低社会融资成本优化金融服务、防范重点风险守住风险底线等方面取得了明显成效。

1. 切实提升服务实体经济效率

深入落实中央关于推进供给侧结构性改革的政策精神，将服务实体经济供给侧结构性改革作为改善银行服务的重要内容。建立债权人委员会制度，推动各债权银行一致行动，有序退出“僵尸企业”、合力帮扶困难企业、共同支持优质企业。探索符合中国国情的科创企业金融服务模式，印发科技创新创业企业投贷联动试点指导意见，允许有条件的银行设立子公司从事科技创新创业企业股权投资，用投资收益对冲贷款风险损失。出台企业金融债务重组相关规则，增强银行业支持困难企业扭亏、转型、发展、脱困的合力。引导大型银行改进县域支行授信管理机制，切实缓解县域金融服务供给不足的问题。加大精准扶贫力度，对接扶贫卡单，单列信贷资源、单设扶贫机构、单独考核扶贫绩效。健全配套性正向激励政策，支持符合五大发展理念的产业和行业。聚焦“一带一路”、京津冀协同发展、长江经济带“三大战略”的重点项目、重点工程等重点领域，协调配置信贷资源，优化信贷结构，提高发展的协调性。对棚户区改造贷款采取差异化监管政策，探索开展棚户区改造资产证券化业务试点，合理满足国家重点建设项目资金需求。完善绿色信贷政策指引，建立绿色信贷长效机制，确保信贷资金投向环保、低碳领域，积极探索绿色金融。按照国务院《普惠金融发展规划（2016—2020 年）》确定的框架，积极发展普惠金融。大力支持“三农”、小微、棚户区改造等薄弱环节，提升广大城乡居民在共享发展中的获得感。加大违规收费清理规范和督查处罚，促进银行服务严格规范合理收费。创新融资工具，拓宽融资渠道、优化融资方案，积极为企业提供财务顾问服务，优化融资结构，降低融资成本。

2. 加强重点领域信用风险管控，守住不发生系统性风险底线

按照“总量控制、区别对待、分类处置、逐步化解”的原则，在严控平台贷款风险的同时，采取针对性措施，促进地方经济稳定增长。动态调整个人住房贷款最低首付比例，在积极支持房地产去库存的前提下，稳妥应对房企信贷风险事件，减轻房地产金融风险累积。强化综合经营监管，实现新型金融业态监管全覆盖，提高集团风险管控能

① 执笔人：李麟，浦发银行总行战略发展部总经理。

力。强化对金融控股公司以理财产品、私募基金、场外配资等为代表的跨行业跨市场交叉性金融业务监管的全覆盖。继续完善金融监管框架，构建宏观审慎与微观审慎互相补充、货币政策与审慎管理统一协调的金融管理体制。加强对系统重要性金融机构、金融基础设施和外债宏观审慎管理。治标到治本，规范管理快速扩张的理财业务，制定理财业务全面监管办法，推动建立穿透式监管框架。明确“八大业务”，解决发展方向和动能问题，缓解信托业务粗放发展的问题。推动建立信托业保障基金和信托产品登记系统，加强市场约束，构建行业安全网。拓宽渠道，提升银行业多元化、市场化、综合化处置不良资产的能力。完善流动性风险监管指标和流动性风险应急预案，建立银行业互助基金，完善信托业保障基金，引导银行业拓宽负债渠道，优化负债结构。防范交叉金融产品风险，健全完善跨行业跨市场金融业务监管制度和手段。健全交易对手资质制度，提升交易对手的杠杆率、透明度、资产质量等资质条件。实施交易产品管理，建立产品“负面清单”制度。实施交易集中度管理，明确风险分散要求。监督银行依法开展理财业务，加强银行理财资金对接资管类产品的监管。排查防范治理金融体系外风险向银行体系输入。加强银行与非银行融资中介的合作管理，筑牢银行业、非银行业和民间融资活动之间的“防火墙”。配合做好互联网金融风险专项整治，出台网络借贷中介机构业务管理办法，防止互联网金融风险蔓延。规范同业合作，规范与非金融机构的融资管理，严格履行贷款“三查”等制度，严防非法集资风险。进一步加强对银行业信息科技风险、操作风险、声誉风险等的防控力度。

3. 深入推进银行业改革开放

畅通银行业金融机构的市场准入。实现民营银行设立常态化，支持民间资本参与城市商业银行和农村中小金融机构的重组改制。支持符合条件的民间资本发起设立消费金融公司、金融租赁公司、企业集团财务公司、汽车金融公司和参与发起设立村镇银行。完善投资入股地方银行业金融机构的准入管理，支持地方金融产业集聚发展。深化银行业金融机构改革。探索新方式，有效推进高风险机构的风险处置和化解。推动农村信用社改革，完善村镇银行管理体制建设，推动金融资产管理公司完善改制。推动银行治理机制改革。支持银行业金融机构设立扶贫金融事业部、普惠金融事业部等。在有效隔离风险、切实加强集团统一管理的前提下，指导银行对业务板块进行牌照管理和子公司改革试点。支持企业集团财务公司扩大延伸产业链金融服务试点。拓展汽车金融公司业务范围，支持汽车产业可持续发展。

4. 进一步提高监管的有效性

强化审慎规制建设。制定全面风险管理、押品管理、大额风险暴露、流动性风险、交易对手信用风险资本计量和内部审计等规章制度。进一步完善境外业务、表外业务等重要业务领域的内部管理和风险防范。强化监管能力建设。出台提升现场检查、非现场监管和市场准入质效的监管意见，提高现场检查专业化水平和质效，完善非现场监管信息系统和监管指标体系。推进简政放权、放管结合，加强对派出机构市场准入工作的再监管和后评价，强化权力的制衡约束。按照新机制开展处罚工作，做好行政复议和行政应诉工作。推进派出机构监管组织架构调整，优化监管流程。积极参与国际监管改革。加强与金融稳定理事会的协调沟通，参与巴塞尔委员会相关工作，参与国际标准制定和综合性评估，提升我国在国际监管改革及实施领域的话语权。深化跨境监管沟通与合作，完善四家全球系统重要性银行恢复处置计划制定。强化金融消费者合法权益保护。指导银行业金融机构健全完善金融消费者权益保护的制度体系和组织体系。修订完善金融消费者权益保护考核评价指标体系，强化监管硬约束。建立金融消费纠纷第三方事前调解仲裁机制，畅通投资受理和处理渠道。推动通过法定途径分类处理信访投诉，改善信访工作秩序，提高信访处理质效。强化银行业金融机构自我约束，落实风险防范第一责任人要求，推广投资产品销售录音录像和专区制度，加强销售业务全过程管理，规范供销业务管理，强化产品准入管理和责任追究。

5. 银行业稳健运行，相关监管指标处于健康区域

银行业资产和负债规模快速增加，但利润增长持续放缓。2016 年第四季度末，我国银行业金融机构境内外本外币资产总额为 232.3 万亿元，同比增长 15.8%。其中，大型商业银行资产总额 86.6 万亿元，占比 37.3%，同比增长 10.8%；股份制商业银行资产总额 43.5 万亿元，占比 18.7%，同比增长 17.5%。银行业金融机构境内外本外币负债总额为 214.8 万亿元，同比增长 16.0%。其中，大型商业银行负债总额 79.9 万亿元，占比 37.2%，同比增长 11.0%；股份制商业银行负债总额 40.8 亿万元，占比 19.0%，同比增长 17.7%。但是，截至 2016 年第四季度末，商业银行当年累计实现净利润 1.65 万亿元，同比仅增长 3.5%。2016 年第四季度商业银行平均资产利润率为 0.98%，同比下降 1.6 个百分点；平均资本利润率为 13.4%，同比下降 0.1 个百分点。

信贷资产质量总体可控。2016 年第四季度末，商业银行（法人口径，下同）不良贷款余额 15122 亿元，较上季度末增加 183 亿元；商业银行不良贷款率 1.74%，较上季度末下降 0.02 个百分点。

银行业整体风险抵补能力保持稳定。针对信用风险计提的减值准备较为充足。2016 年第四季度末，商业银行贷款损失准备余额为 26676 亿元，较上季度末增加 455 亿元；拨备覆盖率为 176.4%，较上季度末上升 0.88 个百分点；贷款拨备率为 3.08%，较上季度末下降 0.01 个百分点。

资本充足率保持稳定。2016 年第四季度末，商业银行（不含外国银行分行）加权平均核心一级资本充足率 10.75%，较上季度末下降 0.08 个百分点；加权平均一级资本充足率为 11.25%，较上季度末下降 0.05 个百分点；加权平均资本充足率为 13.28%，较上季度末下降 0.03 个百分点。

流动性水平比较充裕。2016 年第四季度末，商业银行流动性比例为 47.55%，较上

季度末上升 0.62 个百分点；人民币超额备付金率为 2.33%，较上季度末上升 0.57 个百分点；存贷款比例（人民币）为 67.61%，较上季度末上升 0.34 个百分点。

（二）2017 年中国银监会的监管政策展望

2017 年，银监会将坚持稳中求进的工作总基调，坚持以深化供给侧结构性改革为主线，坚持把防控金融风险，提升服务实体经济质效，提高风险防控水平，提高依法监管能效，提高改革开放层次，为经济社会平稳健康发展贡献金融新动能。

1. 推进供给侧结构性改革，提升服务实体经济质效

持续提升薄弱领域金融服务水平，补齐金融短板。着力支持农业供给侧结构性改革。增加“三农”信贷收入，加大对农产品生产、加工和流通各环节支持力度。着力提升小微企业金融服务水平。建立健全各类信息平台，解决小微企业信息不对称问题。大力发展政府支持的融资担保和再担保机构，解决小微企业信用不足问题。探索推广境内外小微企业技术资金合作对接平台经验，提升小微企业利用国际国内两个市场两种资源的能力。着力提升金融精准扶贫效率。引导和支持商业银行设立扶贫金融事业部，创新产业扶贫、易地搬迁扶贫等授信服务和融资模式。完善扶贫贷款的担保、风险分散和补偿政策。着力探索创新创业金融服务模式。积极稳妥、有序推进投贷联动试点工作，全力协助试点银行机构设立投资功能子公司。推动设立科技信贷专营机构，加快科技成果有效转化，支持创新驱动战略。切实发挥债委会作用，支持去产能。调动各方面积极性，充分发挥行业协会“自律、维权、协调、服务”的作用，通过债权人委员会，对于国民经济关键行业和领域、有发展前景、技术先进的企业，给予信贷支持。对于长期亏损、失去清偿力和竞争力的企业，制定清晰可行的资产保全计划，稳妥有序推动企业重组整合或退出市场。加强各银行业金融机构和各级监管部门与地方政府协作，确保成员银行一致行动，做到增贷有度、稳贷有力、减贷有理。完善差异化信贷政策，支持去库存。着力优化贷款结构，充分盘活沉淀在低效领域的信贷资源，将新增和腾挪出的信贷资金投向有效领域，推动产能转移和库存转化。全力支持京津冀协同发展、长江经济带发展和“一带一路”建设三大战略，大力支持西部开发、东北振兴、中部崛起、东部率先的区域发展总体战略。实施差异化信贷政策，坚持有保有压，推动低质低效、无法转型、丧失市场的“僵尸企业”稳妥有序退出市场，促进去库存。区别对待产能过剩行业中有效益、有市场、有竞争力暂时面临困难的企业，支持技术改造升级战略性新兴产业。提升绿色金融服务水平。分类实施房地产金融调控，坚持“房子是用来住的，不是用来炒的”的根本原则，分类调控、因城因地施策，抑制热点城市房地产泡沫。稳妥开展市场化债转股，支持去杠杆。支持自主确定转股对象、转股债权以及转股价格和条件，面向发展前景良好但遇到暂时困难的优质企业开展市场化债转股。继续加强服务价格管理，支持降成本。

2. 坚守不发生系统性风险为底线，扎实推进重点领域风险防控

处置重点风险，着力防控资产泡沫，提高和改进监管能力，确保不发生系统性金融风险。坚持加强风险预期管理和舆情监测引导，防止误判误读和恶意炒作，营造有序防范风险的社会环境。严控不良贷款风险。摸清风险底数，严控风险增量，加快处置存量风险，提高损失吸收能力，优化风险处置环境。严盯流动性风险，提高应急管理能力、负债管理能力、行业互助能力。严管交叉性金融风险，进一步完善监管规则，确保对同类业务适用同样的监管标准。实施穿透原则，全面掌握底层基础资产信息和实际风险承担情况，对资金源于银行体系的各类交叉金融业务，按照实质重于形式的原则纳入全面风险管理。做实并表监管，及时采取相应的风险管理措施，防止监管套利，避免风险交叉传染。严防地方政府融资平台贷款风险，继续落实新预算法和国务院关于地方政府性债务管理的有关要求，区别对待新增地方政府融资平台贷款和政府性债务。配合有关部门推动地方政府融资平台转型，按照信息公开、责任明确的原则，全面清理融资平台债权债务关系，加强债权维护，防范债权悬空风险，紧盯列入预警范围的高风险地区，推动制定中长期债务风险化解规划，有效应对局部风险。严治互联网金融风险，继续推进P2P网络借贷风险专项整治。加大对校园网贷业务的综合整治力度，加强网络信息安全监管。严处非法集资风险。防范外部冲击风险。防范境内民间金融活动的风险传染，高度重视海外合规风险管理。

3. 回归本源专注主业，深入推进银行业改革开放

深入推进公司治理改革。完善银行公司治理结构，充分发挥党组织在领导银行业改革与发展中的政治优势、组织优势和制度优势，确保党委会切实管战略、谋大局、议大事、把方向等方面发挥重要作用。加强控股股东行为监管，提升董事会的专业性和有效性，提高监事会的独立性。加快推进绩效考评改革。围绕专注主业、回归服务实体经济本源实施绩效改革。推进农村金融改革，紧紧围绕服务农业供给侧结构性改革的任务，着力解决农村金融供给和需求之间的矛盾。持续深化普惠金融机制改革。落实国务院发布的普惠金融发展规划，提高金融服务的覆盖率、可得性和满意度。扩大银行业对内对外开放。进一步推动民间资本进入银行业，大力发展养老金融、消费金融、金融租赁等。支持中资银行在审慎评估、统筹协调的基础上支持企业“走出去”。

4. 强化责任担当，全面提升监管有效性

强化规制监管，加强内部规章制度建设，把监管规则内生于经营管理，重拳整治违法乱办业务、乱设机构的行为。强化法人监管，重点做好“四个一批”。强化行为监管，将行为监管的内容融入日常经营管理和监管工作中。强化部委联动、地方联动、跨境联动等联动监管。强化监管处罚。开展监管套利、空转套利、关联套利的“三套利”专项治理。提高查处效率，加强现场检查分析（EAST）系统应用推广，建立专家论证研讨和咨询制度，提高审理效率和处罚透明度。严格处罚标准，严格执行“双罚”。实行罚管挂钩，将处罚结果与市场准入、履职评价、监管评级等挂钩，加强处罚结果通报和曝光。

附表

2016 年中国银监会的主要监管政策

日期	文件名	文号
2月1日	中国人民银行　银监会关于调整个人住房贷款政策有关问题的通知	银发〔2016〕26号
3月24日	中国人民银行　银监会关于加大对新消费领域金融支持的指导意见	银发〔2016〕92号
3月24日	中国银监会关于进一步加强银行业金融机构境外运营风险管理的通知	银监发〔2016〕5号
4月16日	中国银监会关于印发商业银行内部审计指引的通知	银监发〔2016〕12号
4月15日	中国银监会科技部　中国人民银行关于支持银行业金融机构加大创新力度开展科创企业投贷联动试点的指导意见	银监发〔2016〕14号
5月5日	中国银监会关于规范商业银行代理销售业务的通知	银监发〔2016〕24号
6月8日	银行卡清算机构管理办法	中国人民银行中国银监会令〔2016〕第2号
7月6日	中国银监会办公厅关于做好银行业金融机构债权人委员会有关工作的通知	银监办便函〔2016〕1196号
8月24日	网络借贷信息中介机构业务活动管理暂行办法	中国银监会令2016年第1号
9月18日	中国银监会　公安部关于印发电信网络新型违法犯罪案件冻结资金返还若干规定的通知	银监发〔2016〕41号
9月27日	中国银监会关于印发银行业金融机构全面风险管理指引的通知	银监发〔2016〕44号
10月13日	关于印发《P2P网络借贷风险专项整治工作实施方案》的通知	银监发〔2016〕11号
11月16日	中国银监会关于银行业金融机构法律顾问工作的指导意见	银监发〔2016〕49号
12月2日	中国银监会办公厅　公安部办公厅关于印发电信网络新型违法犯罪案件冻结资金返还若干规定实施细则的通知	银监办发〔2016〕170号
12月16日	中国银监会　发展改革委　工业和信息化部关于钢铁煤炭行业化解过剩产能金融债权债务问题的若干意见	银监发〔2016〕51号

资料来源：课题组整理。

三、中国保监会主要监管政策①

（一）2016年中国保监会主要监管政策分析

2016年，保险监管机构坚持“保险业姓保、保监会姓监”，出台或实施了一系列监管政策，有效维护了保险市场健康规范运行，守住了不发生系统性风险的底线。全年主要监管政策如下。

1. 规范中短存续期业务，引导行业回归保障本源

近年来，随着人民群众收入水平的提高和财富管理需求的快速增长，兼具保险保障

① 执笔人：刘学庆，上海保险交易所法律合规部总监。

和理财投资功能的保险产品受到欢迎。由于中短存续期产品满足了上述需求，并具有收益稳定、透明度高、销售误导少等特点，得到了持续快速发展。但由于各公司发展策略的不同，经营管理水平的差异，个别公司在发展中短存续期产品时较为激进，存在以下潜在风险：一是资产负债不匹配风险，即实际存续期限只有 1 年或 2 年的产品所获取的资金，投资于中长期资产博取高收益，而带来的“短钱长投”风险隐患；二是现金流不足风险，即资本市场不景气时，部分中短存续期产品收益低于同期定期存款或理财产品，对客户的吸引力下降，新单保费收入相应下降和存量业务非正常退保，从而给公司带来现金流不足的风险。

这些风险隐患引起了保险监管机构的高度关注。为规范中短存续期业务发展，落实“保险业姓保”的政策理念，2016 年保监会先后出台了《关于规范中短存续期人身保险产品有关事项的通知》（保监发〔2016〕22 号）、《关于进一步完善人身保险精算制度有关事项的通知》（保监发〔2016〕76 号）、《关于强化人身保险产品监管工作的通知》（保监寿险〔2016〕199 号）和《关于进一步加强人身保险监管有关事项的通知》（保监发〔2016〕113 号）等多项规定，对中短存续期业务的规模、经营管理等进行限制和规范，促进人身保险公司不断调整和优化业务结构，加大供给侧结构性改革力度。主要政策措施如下：

（1）提高人身保险产品的风险保障水平。进一步将人身保险产品主要年龄段的死亡保险金额比例要求由 120% 提升至 160%。该风险保障要求已超过美国、欧洲、亚洲等世界主要国家和地区保险监管部门的要求。

（2）下调万能保险责任准备金评估利率。根据市场利率下行情况，将万能保险责任准备金评估利率上限下调 0.5 个百分点至 3%，高于评估利率上限的产品需报中国保监会审批，防范利差损风险，同时增强保险公司未来履行合同义务的能力。同时，为鼓励发展风险保障类业务，普通型人身保险产品评估利率维持 3.5% 不变。

（3）强化中短存续期业务规模管控。规模管控的基准与投入资本和净资产挂钩；明确中短存续期业务在公司业务结构中的占比要求，对超过规模限制的公司采取严厉的监管措施，引导部分保险公司逐步调整业务结构。

（4）规范产品开发设计和强化产品后端管理。要求保险公司不得将终身寿险、年金保险、护理保险设计成中短存续期产品，坚持上述产品的风险保障和长期储蓄属性。同时，加强产品备案管理和事后抽查，建立或强化产品退出机制、问责机制、回溯机制、信息披露机制和新型产品管理。通过上述措施，引导保险公司开发风险保障类产品和长期储蓄类产品，加大产品供给侧改革。

（5）实施分级分类监管和分支机构市场准入联动监管。建立人身保险公司保险业务分级分类监管制度，要求人身保险公司经营不同类型的保险业务，应当具备相应的管理能力；要求 2017 年 1 月 1 日以后开业的人身保险公司自开业之日起一年内开展普通型人身保险业务，满一年后才可根据公司经营管理能力逐步开展其他类型的保险业务。加强人身保险公司分支机构市场准入监管，支持积极发展风险保障型和长期储蓄型业务的保险公司新设分支机构，限制存在违法违规行为、重大风险问题以及业务结构不符合要求的公司新设分支机构。

（6）完善中短存续期产品配套监管政策。将投资连结保险产品纳入中短存续期产品的规范范围，要求保单贷款比例不得高于现金价值或账户价值的80%，对附加万能保险和附加投资连结保险进行单独评估，防止保险公司通过投资连结保险、保单贷款、附加险等方式规避中短存续期产品监管政策。

保险监管机构在制定发布监管政策的同时加大了对重点机构的监督检查力度。2016年5月至8月，保监会对9家保险公司开展了万能险专项检查，并对发现问题的公司下发了监管函，责令公司进行整改。针对互联网保险领域万能险产品存在销售误导、结算利率恶性竞争等问题，保监会先后叫停了6家公司的互联网保险业务。12月，保监会针对3家整改不到位的保险公司，采取了停止开展万能险新业务、暂停互联网保险业务、三个月内禁止申报新产品等监管措施。

上述监管政策和措施将引导和倒逼相关公司主动转型，积极发展风险保障型和长期储蓄型业务，加快业务结构调整，切实转变发展方式，严格落实“保险业姓保”要求，对促进人身保险业规范健康发展具有积极意义。

2. 强监管防风险，保险资金运用健康持续发展

2012年以来，保险监管机构陆续发布十多项“保险资金运用新政”，持续拓宽投资范围，整合简化监管比例，推行保险资产管理产品注册制改革，大幅取消事前核准和行政许可，并在此基础上强化事中事后监管，切实防范风险。在监管政策的有效推动下，保险机构投资能力大幅提升，资产结构不断优化，投资收益稳步提升，风险防范能力显著提高，保险资金支持实体经济发展的深度和广度不断拓宽，保险资金已经成为促进我国经济发展的一支重要力量。

然而，部分保险机构对保险业运行规律认识不足。在负债端，大力发展中短存续期和高收益的万能险产品等理财型保险业务，试图实现业务“弯道超车”。同时，为有效覆盖负债端成本、获取高额收益，相应地在资产端激进投资，或快进快出、或非理性举牌、或非友好并购、或跨境跨领域大额投资。这些行为不仅给保险资产集聚了风险，也使社会给保险资金贴上“土豪”、“野蛮人”等负面标签。2016年，保险监管机构针对上述问题，出台针对性的监管政策，采取了有效的监管措施。与此同时，监管部门还持续稳妥推进保险资金运用改革，继续拓宽投资范围和投资渠道。

（1）加强保险资金股票投资监管。2017年初，保监会发布《关于进一步加强保险资金股票投资监管有关事项的通知》（保监发〔2017〕9号），对2016年引发广泛关注的保险资金股票投资和并购行为进行了规范。具体包括对保险资金一般股票投资、重大

股票投资和上市公司收购行为进行差别监管；对上述三类股票投资行为提出不同的偿付能力要求；规范资金来源与一致行动人，要求收购上市公司应当使用自有资金，不得与非保险一致行动人共同收购上市公司；规范信息披露和事后报告、事后备案等要求。但是，对于保险机构价值投资、友好投资，服务实体经济的股票举牌行为，保险监管机构并不加以禁止。

（2）依法果断处置重点公司或重点领域风险。保险监管机构以万能险等专项检查为抓手，对重点公司、重点产品、重点领域的风险进行了果断处置，依法规范险资举牌和资金运用，暂停相关机构的万能险业务和新产品申报，遏制了行业违法违规和风险跨市场跨领域蔓延的势头。其次，保险监管机构针对部分保险公司股票投资中的“快进快出”行为，约谈其主要负责人，明确表态不支持保险资金短期大量频繁炒作股票，要求其加强资产负债匹配管理，稳健审慎开展投资运作，防范投资风险。随后，针对相关保险公司在开展委托股票投资业务时资产配置计划不明确、资金运作不规范，暂停其委托股票投资业务，并责令整改。

（3）加大大额未上市股权和大额不动产投资信息披露力度。近一段时间以来，部分保险机构大额持有境内外股权和不动产，带来了资产负债匹配、流动性等方面的风险隐患。为切实防范上述风险，保监会于 2016 年 5 月 4 日发布《保险公司资金运用信息披露准则第 4 号：大额未上市股权和大额不动产投资》（保监发〔2016〕36 号）。其主要内容包括：一是明确信息披露范围和标准。保险资金直接投资境内外单一未上市企业股权和不动产金额达到规定大额标准的，均需按要求进行披露。二是分时段披露和持续披露。保险机构应按照签署投资协议和资金出资两个阶段进行披露，以提高信息披露的及时性和准确性。披露要素发生变动的，保险机构还应持续披露变动情况。三是加强与上市公司有关政策的衔接。上市保险公司已披露的信息可免于重复披露，后续需定期披露的，按照上市公司有关规定执行。投资标的涉及上市公司需披露的，由相关上市公司依规办理。四是加强对一致行动人的信息披露管理。保险公司与关联企业或一致行动人共同投资，达到规定标准的，应当披露相关信息。

（4）“去杠杆、防风险”，规范组合类资产管理产品试点。为贯彻落实国务院“去杠杆、防风险”的指示精神，规范组合类保险资产管理产品试点业务，切实防范业务风险，保监会于 2016 年 6 月 13 日发布《关于加强组合类保险资产管理产品业务监管的通知》（保监资金〔2016〕104 号）。通过明确组合类资产管理产品业务的具体监管要求，促进保险资产管理公司建立完整的产品业务风险管理体系和框架，提高公司风险识别能力和风险防范能力，强化产品业务“去杠杆、防风险”要求。

（5）完善基础设施投资监管制度，放宽可投资基础设施范围。2016 年 6 月 14 日，保监会发布修订后的《保险资金间接投资基础设施项目管理办法》（保监会令 2016 年第 2 号）（以下简称《管理办法》）。《管理办法》修订内容主要包括：一是简化行政许可。

根据国务院简政放权的要求，将受托人等相关当事人的业务资质由审批调整为能力评估，将投资计划产品发行由事前备案调整为行业协会注册，将保险公司购买投资计划由审批调整为事后报告。修订后，《管理办法》已无行政许可事项。保监会作为监管者，重在防范系统性区域性风险，不对保险公司投资具体项目进行审批。二是拓宽投资空间。在防范风险的前提下，放宽保险资金可投资基础设施项目的行业范围，增加政府和社会资本合作（PPP）等可行投资模式，进一步分散保险资金投资风险。三是强化风险管控。适度完善相关当事人职责，建立受托人风险责任人机制、净资本管理机制和风险准备金机制，加强对法律、财务等中介服务机构的监督管理，落实主体风险责任。四是完善制度规范。整合信息披露内容和披露主体的要求，规范信息披露行为。

（6）开展沪港通试点业务，优化保险资产配置结构。2016 年 9 月 8 日，中国保监会发布《关于保险资金参与沪港通试点的监管口径》，标志着保险资金可参与沪港通试点业务。同时，要求保险机构投资港股通股票应当遵循审慎和安全原则，加强内控管理，建立健全相关制度，配备专业人员，有效防范市场风险和投资风险。允许保险资金参与沪港通试点，进一步增加了保险资金参与香港股票市场的投资方式，有利于保险机构更为灵活地选择投资标的，缓解资产配置压力，有利于保险机构借助境内和境外两个市场，优化资产配置结构，防范和化解投资风险；有利于保险机构提升投资收益，服务保险主业发展。

3. 偿二代正式实施，有效推动保险行业转型升级

2016 年 1 月 25 日，经国务院同意，中国保监会发布《关于中国风险导向的偿付能力体系正式实施有关事项的通知》，决定结束保险业偿付能力监管体系“双轨并行”的过渡期状态，正式切换为中国风险导向的偿付能力体系（以下简称偿二代）。

偿二代建设于 2012 年启动，经过三年努力，2015 年 2 月，偿二代正式发布并进入为期 1 年的实施过渡期。试运行期间，偿二代经受了复杂多变的国内外经济环境和保险业实际情况的检验，获得了国际国内的广泛好评，全行业做好了全面实施偿二代的各项准备工作。2016 年，保监会采取积极措施，推进偿二代正式实施，实现了新旧体系的平稳过渡。

（1）偿二代下风险综合评级（IRR）制度首次运行。风险综合评级是偿一代分类监管的升级版，建立了定量监管和定性监管相结合的监管机制，综合考虑保险公司量化风险和难以量化的风险，是对保险公司风险状况最全面的评价。2016 年，保监会相关部门和 36 个保监局首次按照偿二代风险综合评级标准，对 160 家保险公司进行了全面评价，进一步提升了偿付能力监管的针对性和有效性。

（2）首次开展全行业风险管理能力的监管评估。作为偿二代第二支柱的偿付能力风险管理要求与评估（SARMRA），是提升公司风险管理能力、促进行业转型升级的重要手段。SARMRA 建立了保险公司风险管理能力与资本要求相挂钩的激励约束机制。风险

管理能力强的公司，资本要求会降低，最高可降低 10%；风险管理能力差的公司，资本要求会提高，最高可提高 40%。2016 年 6 月，保监会发布 2016 年保险公司 SARMRA 评估方案。按照方案，保监会组织 36 家保监局对所有保险公司开展了 SARMRA 监管评估。后续，将根据本次 SARMRA 评分，计算保险公司最低资本要求。

（3）提高偿付能力信息透明度和市场约束力。按照偿二代第三支柱市场约束机制的要求，保监会指导保险公司在公司官网和中国保险行业协会网站上，公开披露偿付能力季度报告摘要，获得了新闻媒体、保险消费者、证券分析师等相关方的广泛关注，市场监督约束作用得到有效发挥。

（4）强化偿付能力监管的刚性约束。2016 年上半年，保监会在原有已采取监管措施的基础上，对偿付能力风险较大的公司下发了 4 次监管提示函，对偿付能力充足率不达标公司和分类监管评级为 C、D 类的公司采取了严厉的监管措施，其中限制投资范围 1 家次，暂停增设分支机构 1 家次，停止开展新业务 1 家次，及时防控了行业风险。

从偿二代实施情况看，达到了制度设计初衷，取得了良好效果。偿二代的正式实施将进一步增强我国保险业抵御风险的能力，促进保险公司转变发展方式，引导行业转型升级，更好地服务实体经济。同时，也有利于通过管好后端，推动前端进一步放开，为人身保险费率和商业车险条款费率市场化改革、拓宽保险资金运用渠道等改革创新提供制度保障。偿二代正式实施，也意味着我国保险监管制度实现了从追赶学习到国际领先的重大转变，监管现代化建设进入新的历史阶段。

4. 规范互联网保险经营，切实促进普惠金融发展

随着大数据、云计算、移动互联网等信息技术的迅速发展，互联网金融蓬勃兴起，几乎触及了金融业的所有领域。总体看，互联网金融发展对于支持国家创新驱动发展战略，推动大众创业、万众创新和供给侧改革，提升金融服务普惠性和覆盖面具有积极意义。但是，当前互联网金融某些业态偏离正确的创新方向，并产生了“劣币驱逐良币”的效应，使真正有价值的互联网金融创新受到挤压；一些机构采用不正当竞争手段，扰乱了正常的经济金融秩序；一些机构挪用或占用客户资金，甚至制造庞氏骗局，造成众多群众经济损失。2016 年 4 月 12 日，国务院办公厅印发《互联网金融风险专项整治工作实施方案》（国办发〔2016〕21 号），组织部署互联网金融专项整治。

为落实国务院统一部署，保监会结合互联网保险实际，整治互联网保险风险，规范互联网保险发展。2016 年初，中国保监会即发布了《中国保监会关于加强互联网平台保证保险业务管理的通知》（保监产险〔2016〕6 号）；2016 年 4 月，保监会联合人民银行等十四个部门发布了《互联网保险风险专项整治工作实施方案》（保监发〔2016〕31 号）；2016 年 12 月，中国保监会发布《中国保监会关于开展以网络互助计划形式非法从事保险业务专项整治工作的通知》（保监发改〔2016〕241 号）。总体来说，互联网保险领域重点整治互联网高现金价值业务、保险机构依托互联网跨界开展业务及非法经营

互联网保险业务等。具体政策措施如下：

（1）细化落实国务院确定的互联网保险风险专项整治重点。保监会严格按照国务院专项整治方案的要求，细化落实了互联网保险风险专项整治重点。首先，关于互联网高现金价值业务，重点查处和纠正保险公司通过互联网销售保险产品时，进行不实描述、片面或夸大宣传过往业绩、违规承诺收益或者承担损失等误导性描述。其次，关于保险机构依托互联网跨界开展业务，重点查处和纠正保险公司与不具备经营资质的第三方网络平台合作开展互联网保险业务的行为；保险公司与存在提供增信服务、设立资金池、非法集资等行为的互联网信贷平台合作，引发风险向保险领域传递；互联网保证保险业务风险等情况。最后，关于非法经营互联网保险业务，重点查处非持牌机构违规开展互联网保险业务，互联网企业未取得业务资质，依托互联网以互助等名义变相开展保险业务等问题；不法机构和不法人员通过互联网利用保险公司名义或假借保险公司信用进行非法集资。

（2）严格落实客户资金第三方存管制度要求。为保护互联网保险客户的资金安全，保监会要求互联网保险从业机构应严格落实客户资金第三方存管制度，并依靠举报和重罚机制加大对违法违规机构的查处力度。

（3）规范互联网平台保证保险业务。针对保险公司在经营互联网信贷平台融资性保证保险业务过程中存在风控手段不完善、内控管理不到位等情况，保监会专门发布《中国保监会关于加强互联网平台保证保险业务管理的通知》，对保险公司从事互联网平台保证保险提出要求：一是要求保险公司严格遵守偿付能力监管要求，确保业务规模与资本实力相匹配。二是要求保险公司审慎选择合作的互联网平台，不得与存在提供增信服务、设立资金池、非法集资等损害国家利益和社会公共利益行为的互联网平台开展合作，同时，严格审核投保人资质。三是规范保险条款设计及费率厘定，明确保险条款在合作的互联网平台相关业务界面进行信息披露的要求。四是要求保险公司建立严格的风险管控机制，加强内控管理及系统管控制度建设，要求保险公司与合作的互联网平台及合作的金融机构实现信息系统有效对接。五是要求保险公司定期开展压力测试，不断完善应急预案，同时，妥善处置突发事件。六是建立互联网平台保证保险业务经营情况季度报送制度。

（4）专项整治以网络互助计划形式非法从事保险业务。针对部分互联网互助平台有意混淆互助计划与保险差异的行为，保监会给予高度重视。2016 年，保监会通过发布风险提示、答记者问等方式，多次向消费者提示所面临的风险，向投资者和有关市场主体警示其中存在的问题。对部分网络互助平台负责人进行了重点约谈并通报监管意见。保监会于 2016 年底开始部署针对此类行为的专项整治，明确将以“纠正向社会公众承诺赔偿给付责任或诱导社会公众产生刚性赔付预期的行为，划清互助计划与保险产品界限，防范消费误导”作为本次整治的目标，分阶段采取排查分类、限期整改和依法查处的整治措施，对存在违法违规问题的互联网平台，按照《保险法》等相关法律法规予以严肃处理。对涉嫌违规向社会公众“承诺赔偿给付责任”、诱导公众产生赔付预期等非法从事保险业务的网络互助平台，一经查实，给予坚决取缔并依法追究相关人员责任。同时，对于相关网络互助平台的投资人，将依法限制甚至禁止其在保险领域投资。

5. 深化简政放权，强化管住后端

2016 年，保监会进一步按党中央和国务院要求，积极厘清监管与市场关系，推进简政放权，激发保险市场内生动力。坚持“放开前端、管住后端”，积极推进保险费率形成机制改革、市场准入退出机制改革、保险产品监管改革，发挥市场配置资源的决定性作用。先后下发了《中国保监会关于取消一批行政审批中介服务事项的通知》（保监发〔2016〕21 号）、《中国保监会印发〈关于启用财产保险公司备案产品自主注册平台的通知〉》（保监厅发〔2016〕60 号）、《中国保监会关于印发〈广西辖区保险公司分支机构市场退出管理指引〉》的通知（保监发〔2016〕53 号），《中国保监会关于商业车险条款费率管理制度改革试点全国推广有关问题的通知》（保监产险〔2016〕113 号）等。具体监管措施如下：

（1）清理取消行政审批中介服务 15 项。根据国务院清理规范行政审批中介服务工作部署，中国保监会对行政审批受理前要求申请人委托中介机构开展的审计（验资）、公证、资产评估、信用评级，以及出具财务、法律专业意见等 20 项中介服务事项进行逐项清理，坚决杜绝指定服务、中介机构非法定资质资格审批、执业限制、限额管理、所属单位开展本单位审批中介服务、人员兼职任职、违法违规收费等问题，取消行政审批中介服务 15 项，取消率达 75%，最大限度减轻申请人负担，方便申请人办事。

（2）商业车险条款费率管理制度改革全国推广。2016 年 6 月 27 日，保监会宣布将商业车险改革试点推广到全国范围。逐步将商业车险产品的制定权交给市场主体，将商业车险产品的选择权交给消费者。与此同时，保险监管部门重点加强对商业车险条款费率的事中事后监管，建立健全对商业车险条款费率拟定、使用、回溯、调整的监管体系，切实保护社会公众利益并防止不正当竞争。

（3）财险备案产品自主注册改革全面落地。2016 年 8 月，保监会发布《关于启用财产保险公司备案产品自主注册平台的通知》，财险公司备案产品自主注册平台正式启用。适用自主注册的保险产品，由各财险公司在自主注册平台进行自主、在线、实时产品注册。监管部门也可以实时监测注册产品情况，对可能存在的问题，及时予以监管指导。自主注册平台正式启用，是财险公司备案产品自主注册改革正式实施的标志，也是保监会贯彻落实国务院简政放权、放管结合、优化服务要求的重要举措，有利于增强保险产品创新能力，有利于产品监管从重事前转向事中事后，有利于保护保险消费者合法权益。

（4）试点放松高管任职资格等部分事前审批。为进一步体现简政放权，并探索推动区域保险市场一体化发展，2016 年下半年，中国保监会在京津冀区域开展保险公司分支机构高级管理人员任职资格备案管理试点，明确对已取得任职资格的保险公司分支机构高级管理人员，在京津冀区域跨省市跨公司调任同类型保险公司的同级或下级分支机构，实施备案管理。2016 年底，又发布《保险公司跨京津冀区域经营备案管理试点办法（征求意见稿）》公开征求意见，拟允许在京津冀省（市）已设立两家省级分公司的保险公司，由保险公司指定一家省级分公司开展跨区域经营。

（5）试点保险公司分支机构市场退出，强化后端管理。2016 年，中国保监会在广西辖区开展市场退出机制试点工作，将市场退出划分为主动退出、劝导退出和强制退出三种形式。其中，对保险公司分支机构在经营过程中存在不具备基本经营条件、服务能力严重欠缺、严重损害保险消费者合法权益或严重扰乱当地保险市场秩序、存在重大风险隐患等情形时，广西保监局可通过下发风险提示函或监管建议函的方式，要求省级分公司对该机构进行整改、建议在一定期限内停止该机构的相关销售渠道或相关业务、建议撤销该机构，并细化劝导退出的标准。

简政放权和市场化改革在激发市场机制价格形成、资源调配、惠及消费者等方面已经取得明显成效。

6. 完善市场体系建设，多层次保险市场体系加快成型

（1）成立上海保险交易所，完善保险要素市场体系。2015 年 11 月，国务院批准同意设立上海保险交易所。2016 年 6 月 12 日，上海保险交易所宣布正式开业，首期注册资本 22.35 亿元。上海保险交易所将重点搭建国际再保险、国际航运保险、人宗保险项目招投标、特种风险分散的“3 +1” 业务平台。新成立的上海保交所作为提供保险类相关交易服务的“基础平台”，将发挥“助力盘活保险存量、支持用好保险增量”两方面的作用。在中国保险业高速增长的背景下，上海保交所的诞生成为激活中国保险业市场活力的重要举措。上海保交所正式揭牌，也是落实自贸区金改 40 条的重要举措，对上海国际金融中心建设有重要意义。上海保交所成立后，上海已经形成了涵盖股票、债券、保险、期货、黄金、外汇等的完善的金融要素市场体系。

（2）批准筹建首批相互保险社，多层次保险市场体系建设迈出新步伐。2014 年 8 月，《国务院关于加快发展现代保险服务业的若干意见》（国发〔2014〕29 号）提出“鼓励开展多种形式的互助合作保险”。2015 年 6 月，国务院第 93 次常务会议审议通过《关于大力推进大众创业万众创新若干政策措施的意见》，进一步明确“加快发展相互保险等新业务”。2016 年 4 月，国务院正式批准同意开展相互保险社试点并进行工商登记注册。2016 年 5 月，中国保监会第 6 次主席办公会议审议通过了众惠财产、汇友建工和信美人寿等三家相互保险社的筹建申请，标志着相互保险这一国际传统、主流的保险组织形式即将在我国开启新一轮实践探索。相互保险组织遵循“互助共济、风险共担”

的核心理念，注重发挥相互保险的独特优势，致力于在当前国家亟须的小微企业、建筑企业金融服务以及特定群体养老健康保障等方面发挥积极作用，总体呈现出“小而美、小而精、小而优”的鲜明特征，对于推进保险供给侧结构性改革、促进普惠金融发展、完善多层次保险市场体系等方面具有重要意义。

（3）优先支持中西部省份设立保险机构。2016 年 12 月 19 日，保监会印发《关于加快贫困地区市场体系建设提升保险业保障服务能力的指导意见》（保监发〔2016〕105 号），在符合条件的情况下，优先支持中西部省份设立保险公司，填补保险法人机构空白，持续优化区域布局，有效提高贫困地区保险供给，主动服务国家扶贫攻坚战略。

（二）2017 年保险监管政策展望

2017 年 1 月 12 日召开的全国保险监管工作会议明确，2017 年的保险监管工作，要始终坚持“保险业姓保、保监会姓监”，从严从实加强监管履责，积极稳妥处置潜在风险点，坚持推进供给侧结构性改革，充分发挥保险保障功能，服务经济社会发展全局。在监管政策方面，主要做好以下重点工作：

1. 坚决守住不发生系统性风险底线

2017 年，保险监管要把防控风险放到更加重要的位置，重点围绕公司治理、保险产品和资金运用三个关键领域，下决心处置潜在风险点，确保不发生系统性风险。以刚性约束为导向，着力完善保险公司治理结构。以公众公司标准和风险监管视角，更加注重问题导向和底线思维，推动治理监管从柔性引导向刚性约束转变。以完善规则为重点，推动保险产品规范有序发展，引导保险公司发展风险保障型和长期储蓄型业务。以服务主业为要求，从严从实强化资金运用监管。牢牢把握审慎稳健、服务主业的总体要求，全面优化资金运用政策制度，加快建立保险资产负债管理监管体系，实现资产端和负债端的良性互动。

2. 加强保险法制建设

推动《保险法》修改进程，推进《地震巨灾保险条例》立法，修订发布《保险公司偿付能力管理规定》、《再保险业务管理规定》以及保险代理、保险经纪、保险公估等监管规定、风险案件监管办法及配套制度和《保险保障基金管理办法》等监管制度。

3. 继续以深化改革引领发展新常态

以深化保险改革为根本途径，按照加快推进简政放权、放管结合、优化服务的改革要求，进一步发挥市场在资源配置中的决定性作用。积极深化市场体系改革；有序推进条款费率改革；稳步实施资金运用改革，进一步引导保险资金服务实体经济和供给侧结构性改革，秉承价值投资、长期投资、稳健投资原则，做友好投资人，与实体产业优势互补，和谐共赢；加快扩大对外开放合作。

附表

2016 年中国保监会主要监管政策一览

日期	文件名称	主要内容	发文单位
1月4日	中国保监会办公厅关于开展个人税收优惠型健康保险业务有关事项的通知	开展个人税收优惠型健康保险业务的有关事项部署	保监会
1月11日	中国保险监督管理委员会派出机构监管职责规定	明确派出机构监管工作职责	保监会
1月18日	中国保监会关于印发《保险机构董事、监事和高级管理人员任职资格考试管理暂行办法》的通知	保险机构董事、监事和高级管理人员任职资格考试组织管理规则	保监会
1月18日	中国保监会关于全面推进保险法治建设的指导意见	全面推进保险法治建设的总体要求和具体措施	保监会
1月19日	中国保监会关于加强互联网平台保证保险业务管理的通知	互联网平台保证保险业务监管规则	保监会
1月21日	中国保监会关于印发《责任保险统计制度（试行）》的通知	责任保险统计数据报送的指标、口径及要求	保监会
1月25日	中国保监会关于正式实施中国风险导向的偿付能力体系有关事项的通知	实施中国风险导向的偿付能力体系有关事项的部署	保监会
1月25日	中国保监会关于调整保险业监管费收费标准等有关事项的通知	规范保险业监管费收费标准等	保监会
2月2日	中国保监会关于印发《深化保险标准化工作改革方案》的通知	全面深入推进保险标准化工作的改革举措	保监会
2月25日	中国保监会关于开展财产保险公司备案产品自主注册改革的通知	财产保险公司备案产品自主注册改革的工作要求	保监会
3月1日	中国保监会关于印发《新增保险功能服务统计指标》的通知	对保险统计制度进行修订，新增了部分统计指标	保监会
3月3日	中国保监会关于取消一批行政审批中介服务事项的通知	取消15项行政审批中介服务事项	保监会
3月7日	中国保监会关于规范中短存续期人身保险产品有关事项的通知	促进中短存续期人身保险产品健康发展有关事项的部署	保监会
3月16日	中国保险监督管理委员会　中国人民银行关于发布《银行保险业务人寿保险数据交换规范》行业标准的通知	发布技术标准	保监会、人民银行
3月23日	中国保监会办公厅关于进一步加强保险业信访工作的指导意见	加强保险业信访工作的具体指导	保监会

续表

日期	文件名称	主要内容	发文单位
4月7日	中国保监会关于印发《保险集团并表监管统计制度》的通知	对保险集团规模、并表财务状况、股权结构、业务类型、风险集中度、重大内部交易、系统性风险以及偿付能力等并表风险相关内容进行统计和监管	保监会
4月14日	关于印发《互联网保险风险专项整治工作实施方案》的通知	开展互联网保险风险专项整治工作的具体部署	保监会、人民银行等十四个部门
4月25日	关于银行类保险兼业代理机构行政许可有关事项的通知	银行类保险兼业代理机构申请规则和监管要求	保监会
5月4日	中国保监会关于印发《保险公司资金运用信息披露准则第4号：大额未上市股权和大额不动产投资》的通知	保险公司大额未上市股权和大额不动产投资的信息披露行为规范	保监会
5月6日	中国保监会关于进一步加强保险公司合规管理工作有关问题的通知	合规负责人的任职管理的具体措施	保监会
5月11日	中国保监会　财政部关于印发《建立城乡居民住宅地震巨灾保险制度实施方案》的通知	先行探索建立城乡居民住宅地震巨灾保险制度的具体措施	保监会、财政部
5月26日	关于做好保险业助推脱贫攻坚工作的意见	就全面加强和提升保险业助推脱贫攻坚能力提出若干具体意见	保监会、国务院扶贫开发领导小组办公室
6月13日	中国保监会关于加强组合类保险资产管理产品业务监管的通知	组合类保险资产管理产品业务监管规则	保监会
6月14日	保险资金间接投资基础设施项目管理办法	对保险资金间接投资基础设施项目的管理，防范和控制管理运营风险，确保保险资金安全等进行规定	保监会
6月27日	中国保监会关于商业车险条款费率管理制度改革试点全国推广有关问题的通知	决定将商业车险改革试点推广到全国范围的具体部署	保监会
6月27日	广西辖区保险公司分支机构市场退出管理指引	在广西辖区开展保险公司分支机构市场退出机制试点工作的具体指导意见	保监会
6月30日	关于进一步加强保险公司关联交易信息披露工作有关问题的通知	关联交易披露工作要求	保监会
7月4日	中国保监会关于延长老年人住房反向抵押养老保险试点期间并扩大试点范围的通知	延长老年人住房反向抵押养老保险试点期间并扩大试点范围的具体规定	保监会

续表

日期	文件名称	主要内容	发文单位
7月15日	关于进一步加强保险公司股权信息披露有关事项的通知	规范保险公司筹建及股权变更行为，确保资金来源真实、合法、有效的具体监管措施	保监会
7月21日	关于进一步规范保险理赔服务有关事项的通知	针对避免出现保险公司在意外险理赔过程中要求理赔当事人提供“非打架斗殴受伤证明”等不合理证明资料的问题规范保险理赔服务要求	保监会
8月10日	关于保险公司在全国中小企业股份转让系统挂牌有关事项的通知	保险公司在全国股份转让系统挂牌的监管要求	保监会
8月10日	中国保监会关于发布《保险公司参与社会医疗保险服务数据交换规范（JR/T 0147 - 2016）》行业标准的通知	发布技术标准	保监会
8月10日	中国保监会关于发布《保险公司参与社会医疗保险服务数据交换规范（JR/T 0147 - 2016）》行业标准的通知	发布技术标准	保监会
8月16日	中国保监会关于印发《中国保险业标准化“十三五”规划》的通知	根据构建现代保险服务业的要求，部署规划“十三五”时期保险业标准化工作	保监会
8月23日	中国保险业发展“十三五”规划纲要	规划未来五年保险业科学发展的宏伟蓝图	保监会
9月2日	中国保监会关于进一步完善人身保险精算制度有关事项的通知	完善人身保险精算制度有关事项的部署	保监会
9月2日	中国保监会关于强化人身保险产品监管工作的通知	对人身保险产品实行事后备案和事后抽查管理，建立人身保险产品退出机制、问责机制等规定	保监会
9月29日	中国保监会关于做好保险专业中介业务许可工作的通知	要求股东出资自有真实合法、注册资本实施托管等	保监会
10月9日	中国保监会关于印发《保险公司城乡居民大病保险投标管理暂行办法》等制度的通知	保险公司城乡居民大病保险业务投标规范	保监会
11月4日	关于全面推进保险纠纷诉讼与调解对接机制建设的意见	保险纠纷诉调对接的总体要求和具体机制	最高法院、保监会

续表

日期	文件名称	主要内容	发文单位
11 月 15 日	中国保监会关于进一步加强养老保障管理业务监管有关问题的通知	加强新形势下的养老保障管理业务监管，防范业务风险，保护消费者合法权益，推动养老保障管理业务持续健康发展	保监会
11 月 21 日	中国保监会关于发布《再保险数据交换规范（JR/T0036－2016）》行业标准的通知	发布技术标准	保监会
11 月 22 日	中国保监会关于废止《关于印发〈人身保险内含价值报告编制指引〉的通知》的通知	废止《关于印发〈人身保险内含价值报告编制指引〉的通知》	保监会
12 月 30 日	中国保监会关于进一步加强人身保险监管有关事项的通知	人身保险公司分级分类监管、分支机构准入与规范发展联动	保监会

四、中国证监会主要监管政策①

（一）2016 年中国证监会主要监管政策分析

2016 年证监会进一步完善法律法规建设，为证券市场稳健发展提供了有力的政策支撑。

1. 从严监管防控风险，市场化改革继续深入

2016 年是规范市场秩序的关键年。2016 年市场风险事件频发，监管层针对市场存在的问题积极加强风险管理，进一步完善监管法规，针对违规违法行为加大查处力度，完善跨市场、跨境风险监测信息系统，建立健全系统性风险预警防控和应急处置机制。

证监会修订《证券公司风险控制指标管理办法》（以下简称《办法》），一方面在维持总体框架不变的基础上，对不适应行业发展需要的具体规则进行调整；另一方面，结合行业发展的新形势，通过改进净资本、风险资本准备计算公式，完善杠杆率、流动性监管等指标，明确逆周期调节机制等，提升风控指标的完备性和有效性。《办法》对风险覆盖率、资本杠杆率、流动性覆盖率及净稳定资金率四个核心指标进行规定，明确四个核心指标是证券公司必须持续符合的风险监管标准（风险覆盖率≥100%、资本杠杆率≥8%、流动性覆盖率≥100%、净稳定资金率≥100%）。《办法》根据吸收损失能力的差异，将净资本区分为核心净资本和附属净资本，划分有利于提升资本质量和风险计量的针对性，利于在市场不同环境下进行风险控制。《办法》将金融资产的风险调整统

① 执笔人：赵湘怀，安信证券研究中心副总经理。

一纳入风险资本准备的计算过程，不再对金融资产及衍生金融产品扣减净资本。《办法》将按业务类型计算风险资本准备调整为按照市场风险、信用风险、操作风险等风险类型计算，提升风险计量的针对性。《办法》引进逆周期调节机制，相较于原来的“窗口指导”更加直接有效。《办法》还将表外资产纳入了资本杠杆率的计算，有利于全面反映公司风险水平；将证券公司表内资产中不属于公司自身的资产予以扣除；对权益类证券范围进行重新界定，将衍生品区分为权益类和非权益类衍生品，新的风险监管将加速行业的分化，有利于券商建立健康稳健的风险体系。

证监会就《公开募集证券投资基金运作指引第2号——基金中基金指引》（以下简称《指引》）公开征求意见。基金中基金是指以基金为主要投资标的的证券投资基金。《指引》共十二条，对基金中基金的定义、分散投资、基金费用、基金份额持有人大会、信息披露等内容进行了规范。《指引》从以下几个方面约束FOF的运作：（1）FOF应当将80%以上的基金资产投资于其他公开募集的基金份额，且需遵循组合投资原则；（2）基金管理人、托管人不得收取FOF的管理费、托管费和销售费；（3）基金管理在FOF所投资基金披露净值的次日，及时披露FOF份额净值；（4）FOF在定期报告和募集说明书中设立专门章节，披露所持有的基金的相关情况；（5）FOF管理人应当设置独立部门、配置专门人员，且FOF的基金经理不得同时兼任其他基金的基金经理。发展FOF有利于扩大投资者借助基金管理人的专业化选择基金优势进行投资，拓宽基金业的发展空间；有利于满足投资者多样化资产配置投资需求，有效分散投资风险，降低多样化投资的门槛；有利于进一步增强证券经营机构服务投资者的能力。

证监会发布《证券期货经营机构私募资产管理业务运作管理暂行规定》（以下简称《规定》），重点加强对违规宣传推介和销售行为、结构化资管产品、违法从事证券期货业务活动、委托第三方机构提供投资建议、开展或参与“资金池”业务、实施过度激励、提高杠杆倍数、监管套利等问题的规范。《规定》要求股票类、混合类结构化资产管理计划的杠杆倍数不得超过1倍，固定收益类结构化资产管理计划的杠杆倍数不得超过3倍，其他类结构化资产管理计划的杠杆倍数不得超过2倍。《规定》还要求结构化资产管理计划的总资产占净资产的比例不得超过140%，非结构化集合资产管理计划的总资产占净资产的比例不得超过200%。

证监会就《证券投资基金管理公司子公司管理规定》和《基金管理公司特定客户资产管理子公司风险控制指标指引》公开征求意见，对基金专户子公司等机构从事私募资管业务明确业务底线。在基金子公司内部治理和风险控制方面，证监会也同步启动了两项规则的修订、制定工作。

证监会就修订《关于保本基金的指导意见》公开征求意见。一是适度控制保本基金规模，降低行业风险。明确基金管理人管理的保本基金，合同约定的保本金额乘以相应风险系数后的总金额，不得超过基金管理人最近一年经审计的净资产的5倍（其中保险资管公司为1倍)。同时规定证券公司担任基金管理人的，应按照合同约定的保本金额乘以相应风险系数后的总金额的20%计算特定风险资本准备。二是完善保本基金管理人的相关审慎监管要求，对基金管理人和基金经理的投资管理经验进行了规定。三是完善相关风险控制指标，从严要求稳健资产的投资范围、剩余期限以及风险资产的放大倍数，进一步降低保本基金投资运作风险。四是新增风险监控的规定，要求基金管理人每日监控保本基金的净值变动情况，定期开展压力测试，及时化解风险。五是完善担保相关监管要求，适度降低担保机构对外担保资产总规模，同时要求基金管理人审慎选择担保机构，并在定期报告中对担保机构情况进行披露。六是要求基金管理人及其子公司特定客户资产管理业务不得募集保本产品。

证监会修订《期货公司风险监管指标管理办法》。此次主要是针对上述已经不适应市场发展的相关规定进行修订，从而更好地引导期货公司稳健经营，增强行业整体竞争力，具体内容如下：一是提高最低净资本要求至3000万元，加强结算风险防范；二是按流动性、可回收性及风险度大小进一步细化资产调整比例，提高净资本计算的科学性；三是调整资产管理业务风险资本准备计提范围与计提标准，提升风险覆盖全面性；四是鼓励期货公司多渠道补充资本，允许期货公司将次级债按规定的比例计入净资本；五是进一步强化对期货公司的监管要求，加大监管力度。

证监会发布《证券投资基金管理公司子公司管理规定》和《基金管理公司特定客户资产管理子公司风险控制指标指引》。《证券投资基金管理公司子公司管理规定》要求基金管理公司设立子公司应当以自有资金出资，持有子公司股权比例不得低于51%；子公司固有资金投资于现金、银行存款、国债、公开募集基金等高流动性资产的比例不得低于固有资金投资总额的50%；投资于基金管理公司及子公司管理的单个特定客户资产管理计划的份额，与基金管理公司、基金管理公司员工及本公司员工投资的份额合计不得超过该计划总份额的50%；不得投资于上市交易的股票、股指期货及其他衍生品；不得进行与经营资产管理业务无关的股权投资；不得规避基金管理公司固有资金运用规定的其他行为。《基金管理公司特定客户资产管理子公司风险控制指标指引》中要求专户子公司净资本不得低于1亿元人民币，净资本不得低于各项风险资本准备之和的100%，净资本不得低于净资产的40%，净资产不得低于负债的20%。整体看，两项规定坚持“回归本源、防控风险、规范发展”的立法思路，有利于提升基金子公司的内部治理水平和风险防范能力，促进基金行业长远健康发展。

2016年监管机构针对“忽悠式”重组、“跟风式”重组从严监管，保护投资者利益，推动资金脱虚入实。

证监会发布《关于修改〈上市公司重大资产重组管理办法〉的决定》，并公布《〈上市公司重大资产重组管理办法〉第十四条、第四十四条的适用意见——证券期货法律适用意见第12号》。同时证监会对《关于加强与上市公司重大资产重组相关股票异常交易监管的暂行规定》、《关于规范上市公司重大资产重组若干问题的规定》进行了相应修订，主要内容包括：一是缩短终止重大资产重组进程的“冷淡期”，由3个月缩短至1个月。上市公司披露重大资产重组预案或者草案后主动终止重大资产重组进程的，上市公司应当同时承诺自公告之日至少1个月内不再筹划重大资产重组；3个月内再次启动重大资产重组行为的，应当在再次启动的重组预案和报告书中，重点披露前次重组终止的原因、短期内再次启动重组程序的原因。二是明确交易标的相关报批事项披露标准。交易标的涉及立项、环保、行业准入、用地、规划、建设施工等有关报批事项，无法在首次董事会决议公告前取得相应许可证书或有关批复文件的，上市公司应在重大资产重组预案和报告书中披露有关报批事项的取得进展情况，并作出重大风险提示，此次《上市公司重大资产重组管理办法》修订体现了“依法监管、从严监管、全面监管”的理念，促进市场估值体系的理性修复，引导更多资金投向实体经济。

2016年市场呈现违法违规多发高发，市场危害加深加重的严峻态势。审计评估机构作假、IPO欺诈发行及违规披露、操纵市场、利用未公开信息交易等问题突出。2016年证监会系统共受理违法违规有效线索603件，启动调查551件；新增立案案件302件，比前三年平均数量增长23%；新增涉外案件178件，同比增长24%；办结立案案件233件，累计对393名涉案当事人采取限制出境措施，冻结涉案资金20.64亿元；55起案件移送公安机关追究刑事责任，公安机关已对其中45起立案侦查，移送成案率创历史新高，综合执法成效进一步显现。

2. 深港通落地，资本市场双向开放

2016年证监会着重于进一步拓宽境内企业境外上市融资渠道，完善合格境外机构投资者（QFII）、人民币合格境外机构投资者（RQFII）制度，逐步放宽投资额度，引导境外主权财富基金、养老金、被动指数基金等长期资金加大境内投资力度，启动深港通、完善沪港通、研究沪伦通等。

证监会发布《内地与香港股票市场交易互联互通机制若干规定》，并明确内地与香港股票市场交易互联互通机制下上市公司配股有关监管安排。相比于《沪港通规定》，互联互通规定的变化主要有以下三方面：一是将适用范围由沪港通扩展至沪港通和深港通。二是明确了沪港通和深港通投资者的适当性管理遵循属地管理原则，在第三条增加了“投资者遵守其委托的证券公司或经纪商所在地的投资者适当性监管规定及业务规则”的表述。三是为未来货币兑换机制的完善预留空间，将第十五条修改为“投资者通过内地与香港股票市场交易互联互通机制买卖股票，应当以人民币与证券公司或经纪商进行交收。以有关主管部门认可的其他货币进行交收的，另行规定”。12月5日深港股票市场交易互联互通机制正式启动。

2016年证监会在积极推动资本市场互联互通，港资、澳资机构在境内设立合资证券、基金经营机构，支持证券基金期货经营机构境外子公司的发展，推进内地与香港基金互认等方面进行了卓有成效的工作。中国证监会主席刘士余表示，中国资本市场发展26年来的经验证明，只有坚定不移地扩大开放，才能保持中国资本市场的市场化、法治化、国际化的方向，才能真正提高中国资本市场对实体经济的服务能力，才能真正提升中国资本市场的国际竞争力。开通深港通，必将为国际、国内金融市场注入正能量、注入信心、注入信任。

3. 服务实体经济，保护投资者权益

国家发展改革委、中国证监会联合发布《国家发展改革委　中国证监会关于推进传统基础设施领域政府和社会资本合作（PPP）项目资产证券化相关工作的通知》。根据该通知的要求，中国证监会将与国家发展改革委加强合作，充分依托资本市场，积极推进符合条件的PPP项目通过资产证券化方式实现市场化融资，优先鼓励符合国家发展战略的PPP项目开展资产证券化。上海证券交易所、深圳证券交易所、中国证券投资基金业协会将建立专门的业务受理、审核及备案绿色通道，专人专岗负责，提高国家发展改革委优选的PPP项目相关资产证券化产品的审核、挂牌和备案的工作效率。

证监会发布《证券期货投资者适当性管理办法》正式发布。该办法针对适当性管理中的实际问题，主要规定了以下制度安排：一是形成了依据多维度指标对投资者进行分类的体系，统一投资者分类标准和管理要求。二是明确了产品分级的底线要求和职责分工，建立层层把关、严控风险的产品分级机制。三是规定了经营机构在适当性管理各个环节应当履行的义务，全面从严规范相关行为。四是突出对于普通投资者的特别保护，向投资者提供有针对性的产品及差别化服务。五是强化了监管职责与法律责任，确保适当性义务落到实处。

（二）政策评价与展望

2016年中国证监会依法、从严、全面的行政处罚工作，对于健全市场体系、夯实市场基础、防范市场风险、维护市场稳定、保护投资者合法权益发挥了重要保障作用。

在市场风险监管方面，《证券公司风险控制指标管理办法》、《证券投资基金管理公司子公司管理规定》、《上市公司重大资产重组办法》、《期货公司风险监管指标办法》等一系列法规的出台，完善了杠杆率、流动性等风控指标，对基金公司子公司提高了资本约束、规范了通道业务，完善了关于并购重组控制权变更的认定标准，严控“炒壳”现象，提升了风险覆盖的全面性。

在完善立法的同时，证监会加强了执法力度。在并购重组方面，证监会在2016年审核了256家企业的并购重组申请，其中22家被否，122家无条件通过，112家有条件通过，被否并购的大幅增加，表明监管层审核标准趋严。证监会在2016年还开展了四次专项执法行动，在中介机构违法违规、IPO欺诈发行及信息披露违法违规、市场操纵违法违规、利用未公开信息交易违法行为方面进行了专项稽查和整治。

在资本市场双向开放方面，12月5日深港股票市场交易互联互通机制正式启动。在投资额度方面，深港通不再设总额度限制。深港通每日额度与沪港通现行标准一致，即深股通每日额度130亿元，深港通下的港股通每日额度105亿元。沪港通、深港通将汇集内地、香港全球市场资本、技术、信息、智慧、文化，从而惠及内地、香港乃至全球的经济发展。

总结2016年中国证券市场整体的风险监管水平有了新提升，中小投资者权益保护有了新成效，防控金融风险、维护市场稳定的能力经受住了新考验。证券期货行业发展呈现出新面貌，市场沟通和预期管理的能力达到新水平①。

展望2017年，证监会将继续加强对各个市场参与主体的监管力度，严厉打击违法违规的资本市场行为，提高资本市场服务实体经济尤其是中小企业和贫困地区的程度，实现金融风险监管全覆盖。

附表

2016年中国证监会主要监管政策一览

发布日期	政策名称	发文单位
1月7日	《上市公司大股东、董监高减持股份的若干规定》（证监会公告〔2016〕1号）	证监会
2月19日	证监会批准了中证中小投资者服务中心有限责任公司报送的《持股行权试点方案》	
3月11日	将10项证券、基金、期货业务许可证统一为《经营证券期货业务许可证》（证监会公告〔2016〕4号）	证监会
4月27日	《关于证券期货基金经营机构做好营业税改征增值税试点工作的意见》（证监会公告〔2016〕8号）	证监会
6月15日	《证券公司风险控制指标计算标准规定》（证监会公告〔2016〕10号）	证监会
6月16日	《关于修改〈证券公司风险控制指标管理办法〉的决定》（证监会令125号）	证监会
7月15日	《证券期货经营机构私募资产管理业务运作管理暂行规定》（证监会公告〔2016〕13号）	证监会
7月15日	《上市公司股权激励管理办法》（证监会令126号）	证监会
9月8日	《〈上市公司重大资产重组管理办法〉第十四条、第四十四条的适用意见——证券期货法律适用意见第12号》（证监会公告〔2016〕18号）	证监会
9月9日	《关于修改〈关于规范上市公司重大资产重组若干问题的规定〉的决定》（证监会公告〔2016〕17号）	证监会
9月10日	《关于修改〈关于加强与上市公司重大资产重组相关股票异常交易监管的暂行规定〉的决定》（证监会公告〔2016〕16号）	证监会

① 资料来源：刘士余在2017年证券期货监管会议上的讲话。

续表

发布日期	政策名称	发文单位
9月9日	《关于修改〈上市公司重大资产重组管理办法〉的决定》（证监会令127号）	证监会
9月23日	《公开募集证券投资基金运作指引第2号——基金中基金指引》（证监会公告〔2016〕20号）	证监会
9月30日	《上市公司股东大会规则（2016年修订）》（证监会公告〔2016〕22号）	证监会
10月14日	《证券基金经营机构参与内地与香港股票市场交易互联互通指引》（证监会公告〔2016〕24号）	证监会
11月8日	《关于修改〈期货交易所、期货公司缴纳期货投资者保障基金有关事项的规定〉的决定》（证监会公告〔2016〕27号）	证监会
11月8日	《关于明确期货投资者保障基金缴纳比例有关事项的规定》（证监会公告〔2016〕26号）	证监会
11月11日	《证券期货业信息系统审计指南》（证监会公告〔2016〕25号）	证监会
11月11日	《关于修改〈期货投资者保障基金管理暂行办法〉的决定》（证监会令129号）	证监会、财政部
11月25日	证监会批复沪深证券交易所发布《分级基金业务管理指引》	沪交所、深交所
12月1日	《关于深港股票市场交易互联互通机制试点有关税收政策的通知》	证监会
12月2日	《基金管理公司子公司管理规定》（证监会公告〔2016〕29号）及《基金管理公司特定客户资产管理子公司风险控制指标管理暂行规定》（证监会公告〔2016〕30号）	证监会
12月5日	深港股票市场交易互联互通机制开通仪式在深圳、香港同时举行，深港股票市场交易互联互通机制正式启动	
12月16日	修订《上市公司定期报告信息披露内容与格式准则》	证监会
12月16日	《证券期货投资者适当性管理办法》（证监会令130号）	证监会
12月26日	国家发展改革委、中国证监会联合发布《国家发展改革委 中国证监会关于推进传统基础设施领域政府和社会资本合作（PPP）项目资产证券化相关工作的通知》（发改投资〔2016〕2698号）	发展改革委、证监会
12月30日	证监会发布公告要求资本市场有关主体实施新审计报告相关准则	证监会

资料来源：证监会网站、中国政府网。

专栏一

面向“十三五”的首都金融①

“十三五”时期，随着首都城市战略定位明确，京津冀协同发展国家战略全面实施，首都金融迎来新的发展机遇。北京将全面贯彻落实习近平总书记加快培育金融等现代服

① 感谢北京市金融工作局研究室提供相关资料，执笔人：何海峰。

务业重要指示精神，强化集“决策监管、资产管理、支付结算、信息交流、标准制订”于一体的国家金融管理中心功能，加快建成具有国际影响力的金融中心城市。

（一）融入国际金融新格局

支持亚洲基础设施投资银行、丝路基金、亚洲金融合作协会等国际金融组织在京发展，服务“一带一路”国家战略，构建国际金融战略大本营。深化金融服务业扩大开放，助推人民币国际化，支持外资、合资机构在京设立，提升金融服务业对外开放水平。

（二）开拓京津冀金融一体化新领域

强化北京金融管理功能，优化区域金融资源布局。支持金融机构设立京津冀事业部，推动金融要素市场互联互通。鼓励异地授信、银团贷款、集合债券等跨区域金融产品创新，为三地交通一体化、生态环保、产业升级转型等领域提供金融支持。

（三）构建和谐发展新空间

服务保障北京城市副中心、新机场、冬奥会、三大科学城等城市建设重大任务，多种渠道为重大项目提供资金支持。支持金融街、CBD、中关村西区和城市副中心等金融功能区优化布局，引领构建“高精尖”经济结构。积极发展绿色金融和数字普惠金融，鼓励养老保险创新试点。

（四）建设国家科技金融创新中心

积极发展天使投资、创业投资、股权投资和创新型孵化器，完善创业投资支持政策，营造全国领先的创业投资环境。鼓励科技信贷差异化考核，推进投贷联动等组合金融模式创新，支持全国中小企业股份转让系统（新三板）提升市场服务创新创业，完善科技金融服务体系，建设好金融市场核心基础设施，营造国际一流的新金融生态。

（五）塑造金融科技发展新优势

以科学监管促进互联网与金融业深度融合，支持基于互联网的便捷支付、小微信贷、财富管理、互助保险、智能投顾等业务发展，促进区块链、数字货币创新发展和应用。打造保险产业园，金融科技小镇建设北京互联网金融安全示范产业园，完善网联等互联网金融基础设施。

（六）构建金融业态新体系

丰富金融机构组织体系，聚集总部金融机构，做强市属金融机构，培育新兴金融机构。完善多层次资本市场体系，支持全国中小企业股份转让系统（新三板）、区域股权市场（四板）、机构间私募产品报价与服务系统（五板）联动发展。规范发展要素市场。提升国家债券市场中心功能。

（七）营造金融安全稳定新生态

加强国际化金融人才培养，加强金融法治环境建设。完善金融信用体系，推动大数据征信发展。推动完善地方金融管理体制，探索综合监管和功能监管，发挥“冒烟指数”的核心金融风险监测预警体系平台作用，严密防控金融风险，严厉打击非法集资打造国际一流的金融生态环境。

专栏二

上海国际金融中心建设取得显著进展[①]

建设上海国际金融中心是党中央、国务院从我国改革开放和现代化建设全局的高度作出的一项重大战略决策。上世纪90年代以来，中央领导同志多次就上海国际金融中心建设作出重要指示。2009年，国务院颁布《关于推进上海加快发展现代服务业和先进制造业 建设国际金融中心和国际航运中心的意见》（国发〔2016〕19号文），首次从国家层面对上海国际金融中心建设的目标、任务、措施等内容进行了全面部署，明确提出上海到2020年要“基本建成与我国经济实力以及人民币国际地位相适应的国际金融中心”。

在国家相关部门的大力支持和指导帮助下，上海坚持以金融市场体系建设为核心、以金融改革创新开放先行先试和营造良好的金融发展环境为重点（即“一个核心，两个重点”），加快推进国际金融中心建设，取得了重要进展，进一步巩固了以金融市场体系为核心的中国金融中心地位，初步形成了全球性人民币产品创新、交易、定价和清算中心。

一是金融市场体系不断完善，金融市场规模明显提升。2016年，上海保险交易所、上海票据交易所、中国信托登记公司等3家全国性要素市场开业，金融市场体系进一步健全。目前，上海已形成了包括股票、债券、货币、票据、外汇、商品期货、金融期货与场外衍生品、黄金、保险等市场在内的较为完备的全国性金融市场体系，是国际上金融市场种类比较齐全的金融中心城市之一。2016年，上海金融市场交易总额达1364.7万亿元，是2010年的3.5倍；金融市场直接融资额近10万亿元，是2010年的4.2倍。上海股票、债券、期货、黄金等金融市场国际排名显著提升，多个品种交易量位居全球前列，影响力不断扩大。

二是金融机构体系日益健全，金融业务创新不断加快。除了银行、证券、保险、基金、信托等金融机构不断集聚外，各类国际性、总部型、功能性金融机构或组织不断涌现，金砖国家新开发银行、全球中央对手方协会（CCP12）等相继落户上海。中国互联网金融协会在上海成立，互联网金融等新兴业态不断涌现。截至2016年末，在沪金融机构达到1515家，比2010年增加近50%。金融业务创新不断推进，2016年，上海市银行跨境人民币业务结算量约2.26万亿元，占全国的22.9%，居全国首位。国际贸易结

① 感谢上海市金融服务办公室政策研究室提供相关资料，执笔人：何海峰。

算中心外汇管理试点、跨国公司总部外汇资金集中运营管理试点等工作稳步推进，有力地支持了实体经济发展。

三是金融对外开放继续扩大，国际化程度稳步提高。近年来，上海在金融对外开放领域不断取得新突破，继续保持全国领先地位。上海已成为外资金融机构在华的主要集聚地。截至2016年末，在沪各类外资金融机构总数超过430家，占上海金融机构总数的30%左右。金融业务对外开放领域不断拓宽。启动证券“沪港通”和黄金“沪港通”。境外机构获准以人民币直接投资银行间债券市场；人民币海外投贷基金、跨境ETF等试点顺利推出。2011年以来，上海在全国率先推出外资股权投资企业试点（QFLP）和合格境内有限合伙人试点（QDLP）。此外，上海近年与伦敦、纽约、香港、新加坡、巴黎、悉尼等金融中心合作交流不断深化。

四是自贸试验区金融改革深入推进，服务贸易和投资便利化水平不断提升。金融制度创新框架体系基本形成，国家金融管理部门相继发布金融支持自贸试验区建设的政策措施和一系列实施细则，《进一步推进中国（上海）自由贸易试验区金融开放创新试点加快上海国际金融中心建设方案》公布，自由贸易账户本外币业务启动。面向国际的金融市场平台建设稳步推进，上海黄金交易所启动黄金国际板，推出了以人民币计价的“上海金”。上海期货交易所在区内设立国际能源交易中心并获批开展原油期货交易。金融服务功能不断增强，开展了涵盖扩大人民币跨境使用、投融资汇兑便利化、利率市场化、外汇管理改革、金融监管简政放权等方面的创新试点，有力地支持了实体经济发展。金融监管和风险防范机制不断完善，成立了自贸试验区金融工作协调推进小组和综合监管联席会议，积极开展金融综合监管试点，探索功能监管模式。

五是金融发展环境持续优化，配套服务功能明显改善。上海市人大颁布实施了《上海市推进国际金融中心建设条例》，从地方立法的角度保障国际金融中心建设的推进。上海还陆续成立了金融审判庭、金融检察处（科）、金融仲裁院、金融纠纷调解中心，并在全国率先推出《上海国际金融中心法治环境建设》白皮书。人民银行金融消费权益保护局在上海成立。信用体系建设取得重要进展，支付清算基础设施不断完善，专业服务体系不断健全，金融集聚区规划建设成效明显。此外，上海市设立金融创新奖，在全国率先建立了金融业联合会，成功举办了八届陆家嘴论坛，增强了金融中心的国际影响力。

English Version

Part One

Thematic Report and Feature Articles

CHAPTER 1

Thematic Report: Setup of Modern Financial System and Service for Reform at the Supply-Side

Wu Xiaoling[①], He Haifeng[②]

Fundamentally, serving China's economic and social development shall be taken as the purpose and principle for the development of China's financial industry and reform deepening of China's financial system, which can be simplified as China's finance serving the real economy practically. Speaking at present and in the mid-term, the key target of China's financial reform and development in the "Thirteenth Five-Year Plan" is to set up a modern financial system to offer better services for supply-side structural reform in new normal of China's economy to better exert the function of service supply of China's finance to China's economic structural transformation and creative development. From specific support, the supply side reform of financial service includes the technical skills and the industrial cooperation; meanwhile, the self-reform at the supply side shall be properly performed for China's financial industry to better lead and support the development of modern service industry.

I. New Normal and Supply-Side Structural Reform

Along with the world economy entering the "new mediocre" after the international financial crisis, China's economy has stepped into the new normal. Understanding and adapting to the new normal of China's economy is to lead the development of China's economy under the new normal. How to lead? The supply-side structural reform is the long-term and fundamental strategy.

---

① Author: Wu Xiaoling, Chairwoman and Dean of Tsinghua University PBC School of Finance, Member of Standing Committee of NPC and Vice Chairman of Financial and Economic Committee National People's Congress.

② Author: He Haifeng, Director of Institute of Financial Policy, Chinese Academy of Social Sciences.

(i) "New Mediocre" of World Economy

On October 2, 2014, facing the slow recovery of world economy from the international financial crisis, Lagarde, CEO of International Monetary Fund (IMF) proposed "new mediocre". Then, Lagarde made a speech mentioning that "six years after the outbreak of financial crisis, the world economy is still fragile, and all countries are still facing the issues left by the crisis, including large amount of debt burden and unemployment." She thought that one of threats faced by the global economy was a persistent and viciously circled low growth due to weak output as a prediction for self-realization. Lagarde appealed that "the world economy locates at a turning point which can always keep low growth, namely entering into the 'new mediocre' or strive for a better way to establish aggressive policies, speed up the growth and increase the employment to obtain 'new trend'." Coincidentally, in the G20 Finance Ministers and Central Bank Governors Meeting concluded on September 21 previously, a joint declaration regarding the world economy "facing a chronic downturn in demands" was made in the meeting. Deflation in Europe, especially the deceleration of national economy in emerging market, has made G20 reconfirm the needs to take flexible financial stimulation measures.

Downturn in the world economy continues. On January 19, 2016, International Monetary Fund released the *World Economic Outlook* to warn weak growth of global economy, uneven recovery of all economic entities and significant down-side risk of emerging markets and developing economic entities. IMF said that the global economy was being adjusted, namely the slowdown of growth in emerging markets generally, China's economy in the re-balance process, price declining of bulk commodity, and America gradually quitting the quantitative easing monetary policy. For the global economy, if these important changes cannot be successfully controlled, the growth may be frustrated. What shall we do for not making "new mediocre" as the reality? IMF appealed that the worldwide policy decision-makers should establish double measures supporting the supply side and implementing the structural reform facing the urgent needs under the global environment of long-term gloomy economic growth to improve the actual and potential economic growth, in which the structural reform was crucial. Particularly, IMF suggested that the structural reform in developed countries should aim at facilitating higher labor participation rate, improving the trend of employment, and dealing with the problem of the overstock of private debts; while in the emerging economies and developing countries, the structural reform should focus on realizing the conversion of power source for economic growth, breaking through the bottleneck of infrastructure, creating the business environment beneficial for creation, and improving the human capital.

It shall be indicated that from IMF's World Economic Outlook at the beginning of 2016 and related economists, China's economy was experiencing necessary adjustment to realize more balanced growth with the risks controllable-"IMF always thinks that the growth speed of 6%-6.5% is the safety interval for China's economy currently".

However, well-prepared China proposed a historical judgment regarding "new normal" in May 2014.

(ii) New Normal of China's Economy

In May 2014, President Xi Jinping firstly raised the "new normal" that "we are still in the period of important strategic opportunities, and we shall strengthen the confidence, adapt to the new normal from the stage characteristics of our existing economic development and keep an ordinary mood in strategies"①. Afterwards, in the APEC CEO Summit held in November 2014, Xi Jinping further indicated three characteristics of "new normal" which are speed change, structure optimization, and power transformation. In conclusion, China's economy changes from high-speed growth to medium-to-high speed growth; following constant optimization and upgrading of China's economic structure, the tertiary industry and consumption needs have gradually become the principal part with wind-down in gap between urban and rural areas, raise of residents' revenue share, and development achievements benefiting the population at large; and China's economy transforms from factor-driven and investment-driven to innovation-driven.

In the Central Economic Working Conference held in December 2014, the guideline for China's economic development under the "new normal" was determined-"understanding, adapting to, and leading the new normal are the grand logic for our economic development currently and in the next period". This conference systematically illustrated China's economy entering the new normal, indicating the tendency variation of such nine kinds of "new normal" as consumption needs, investment demands, export and international balance of payments, production capacity and way of industrial organization, relative advantages of production factors, and characteristics of market competition. First, from the consumption needs, imitating wave style consumption stage has been ended basically with personalized and diversified consumption becoming the mainstream gradually. Second, from the investment demands, the interconnection of infrastructure and some investment opportunities in new technologies, products, types of business and business models have greatly emerged. Third, from the export and international balance of payments, the comparative advantage of our low cost has been changed with synchronous occurrence of the high-level introduction and go-out massively. Fourth, from the production capacity and way of industrial organization, the emerging industries, service

① On May 9-10, 2014, President Xi Jinping presented "new normal" for the first time in his survey to Henan Province.

industry, and small and micro businesses have played significant roles; and the miniaturization, intellectualization, and professionalization of the production will become the new features of industrial organization. Fifth, from the relative advantages of production factors, with the increasing development of aging of population, the reduction of agricultural population surplus, and the weakening of the driving force of factor scales, the economic growth will more and more depend on the manpower capital quality and technical progress. Sixth, from the characteristics of market competition, the market competition gradually turned to quality, differentiation-based competition. Seventh, from the constraints of resources and environment, environmental carrying capacity has reached or been close to the upper limit, we must promote the formation of new ways of green low-carbon cycle development. Eighth, from the economic risk accumulation and settlement, the overall economic risk is controllable, but the settlement of the various risks with high leverage and bubblization as the main features will continue for some time. Ninth, from the allocation of resources and macro-control mode, it is necessary to fully resolve the excess capacity, and to explore the future direction of industrial development by playing the role of market mechanisms.

From 2008 to 2016, China's economic growth rate continued to decline after the high point of the stimulus policy responding to the crisis, followed by 9.6%, 9.2%, 10.4%, 9.3%, 7.7%, 7.7%, 7.3%, 6.9%, 6.7%. While the growth rate is returning to the long-term and sustainable potential growth rate, the development mode, economic structure, and development momentum are in the transition to higher, more optimized, and more reasonable stage, which is of course a huge challenge. Faced with this broad and profound change, we need a deeper understanding of the new normal, namely, looking at China's development from time and space perspectives. From the perspective of time, China's development has experienced a few periods from prosperity to depression, and then to prosperity again. Today's new normal is the result of this large-scale change. From the perspective of space, China's export advantages and participation in the division of labor model of international industries are facing new challenges, and the new normal of economic development is the embodiment of this change. One can believe that the general trend is: under the new normal, although the Chinese economy is facing greater downward pressure, in the "Thirteenth Five-Year Plan" and the next period, China is still in an important strategic opportunity period of development; the fundamentals of long-term tendency to a good prospect of economic development have not changed; good economic toughness, the sufficient potential, the basic characteristics of the swing space have not changed; the good support basis and conditions of economic growth have not changed; and forward trend of economic restructuring and optimization has not changed neither.

(iii) Supply-Side Structural Reform

Against the background of economic new normal of China and economic new mediocre of the world economy, China's declined economic growth rate and the dip is not only a cyclical phenomenon, but also a structural manifestation-mainly because the Chinese supply system failed to make active adjustment to the needs of the major changes in time, resulting in mismatches and discordance between supply and demand. Changes in China's total economic demand are fully reflected in the "troika" such as investment, consumption, and exports: from the perspective of investment demand, since some of the investment in conventional industries has reached its peak-both cannot effectively drive economic growth, but also caused the economic and social low-end products in the serious supply surplus; from the consumer demand, whereas China's middle-income groups spawn and rapidly expand, the supply system is still in the stage that targets low-income groups, goods and services in the quality, variety, specifications, security have been unable to meet the new consumer demand; from the perspective of the export demand, under the continual affect of the post-international financial crisis, the world economic recovery is slow, the external demand significantly reduced, and the export-oriented Chinese supply system has failed to make timely adjustments for a longer time, the contribution of international trade to China's GDP has fallen significantly.

China's supply-side structural reform is a major move in response to the internal and external changes. From China's internal economy, in November 2005, China made it clear that "in the moderate expansion of aggregate demand, it is necessary to make efforts to strengthen the supply-side structural reform, focus on improving the quality and efficiency of supply system, enhancing economic growth momentum, and promoting social productivity level to achieve the overall leap." From the external world economy, also in November 2005, China once again proposed-"to solve the deep-seated problems of the world economy, simply relying on monetary stimulus policy is not enough, we must be determined to promote economic structural reform with more efforts to make the supply system more responsive to changes in the demand structure."

From the conceptual connotation, different from the "supply-side economics" of western economics, China's supply-side structural reform focuses on the liberation and development of social productive forces, using reform approach to promote structural adjustment, reduce ineffective and low-end supply, expend effective and medium-to-high-end supply, enhance the adaptability and flexibility of supply structure to demand change, and improve total factor productivity.

From the policy practice, China's supply-side structural reform starts with the production side, focusing on promoting effective settlement of overcapacity to promote industrial restructuring and reorganization, reduce business costs, develop strategic emerging industries and modern service industry, increase public goods and services supply, and improve the adaptability and flexibility of supply structure to demand changes. This is the five tasks in 2016, which is the "crucial year" of supply-side structural reform-cutting overcapacity, destocking, deleveraging, decreasing cost, improving weak links ("Three Decreases, One Reduction, and One Remedy" in short); in fact, in 2017, which is "the year for deepening" of supply-side structural reform, the five tasks ("Three Decreases, One Reduction, and One Remedy") have been expanded to four key work: deeply promote the "Three Decreases, One Reduction, and One Remedy", agricultural supply-side structural reform, revitalize the real economy, and promote the smooth and healthy development of the real estate market.

China's supply-side structural reform is both a policy plan and a reform action, so its promotion and completion must rely on a comprehensive deepening of reform, especially increasing of the reform efforts in important areas and key aspects-of which China's financial system reform is an inevitable content, especially the speeding up of the construction of modern financial system.

II. Establishing China's Modern Financial System

Since the reform and opening up, China has started the reform of the financial system with continuous deepening, so financial services have played an important role in the real economy and social development. During the Twelfth Five-Year Plan period, China's financial reform and development has made important achievements. The modern financial organization system, financial market system, financial control and supervision system are basically formed and perfected with the socialist market economy. During the Thirteenth Five-Year Plan period, the establishment of a modern financial system became the goal of the Thirteenth Five-Year Plan of China's financial industry.

(i) Historical Achievements of China's Financial Reform and Development

After more than 60 years-especially development and construction of more than 30 years since the reform and opening up, China's financial sector has undergone enormous changes.

1. The development of China's new financial industry in two stages

Since the establishment of People's Republic of China in 1949, the development course of China's financial industry is usually divided into two stages: Stage I (from the establishment of new China to the time before reform and opening-up) and Stage II (from reform and opening-up to now). In Stage I, based on the highly centralized and unified planned economy management system and compliance with the strategic choice of laying foundation of heavy industry and strengthening state-owned economic power, China has established a highly centralized and unified national banking system. Historically, under the conditions at that time, this highly centralized financial system played a role in bringing together funds and supporting socialist economic construction. Certainly, limited by the economic system at that time, bank became a kind of accounting, cashier and financial management institution and the bank's financial service function cannot be fully played.

In 1978, the Third Plenary Session of the Eleventh Central Committee of the Communist Party of China (CPC) made an epoch-making strategic decision to shift its focus to economic construction. Then, reform of China's economic system, including reform of financial system in China, kicked off. There is no pattern for China to implement its reform in financial system and therefore, China has made constant progress in the exploration, understood and mastered the general law of market economy development from actual conditions in China, and gradually introduced international rules. Deng Xiaoping put forward the theory of building socialism with Chinese characteristics and made a series of important and correct judgments—"Great advances should be made in financial reform", "Banks should perform all the functions of banks" and "Finance is very important as it is the core of modern economy". In 1992, the Fourteenth National Congress of the Communist Party of China established the strategy that "China is to establish the socialist market economic system". At the end of 1993, Decision of the State Council on the Reform of the Financial System put forward a comprehensive reform of the financial system. After joining the World Trade Organization, reform in China's financial industry has been deepened and the scope of opening to the outside world has been further expanded. After the Eighteenth National Congress of the Communist Party of China and the Third Plenary Session of the Eighteenth Central Committee of the Communist Party of China, China's economic and financial system reform has entered a new stage of comprehensively deepening reform. After more than 30 years of reform and opening up, China's financial industry has made remarkable achievements in the initial establishment of financial system meeting relevant requirements for socialist market economy.

2. Achievements in development of China's financial industry during the "Twelfth Five-Year Plan" period

During the Twelfth Five-Year Plan period, China's financial industry conformed to the new trend of changes in financial situation both at home and abroad, continued to promote financial reform, opening up and development, comprehensively built a financial system with such characteristics as organizational diversity, efficient service, prudential supervision and risk control, constantly strengthened functions of financial market, and better served to accelerate the transformation of economic development mode.

During the Twelfth Five-Year Plan period, a series of remarkable achievements have been made in the development of China's financial industry. First, the financial macro-control mechanism has been improved constantly; the target system, decision-making mechanism and transmission mechanism and the environment of monetary policy have been optimized; at the same time, the counter-cyclical macro prudent management system frame has been established and perfected continuously. Second, the cap on deposit interest rate was lifted and China's interest rate control has been basically liberalized. Consequently, interest rate liberalization enters a new stage, the benchmark interest rate system of financial market, and the interest rate regulation and transmission mechanism of central bank have been gradually improved. Third, the liberalization reform of RMB exchange rate was implemented according to the principles of initiative, controllability, and gradualness; and the floating exchange rate system based on market supply and demand and under management was established. Fourth, the reform of financial institutions was deepened, a financial system with such characteristics as organizational diversity, efficient service, prudential supervision and risk control was established, and new progress has been made in promotion of large-scale commercial bank reform and reform of policy-oriented and developmental financial institutions. Fifth, the deposit insurance system was formally established and implemented, which lays the foundation for improving the withdrawal mechanism of market-oriented reform in financial institutions. Sixth, the piloting for comprehensive management of the financial industry was implemented smoothly and Internet finance was developed rapidly. Seventh, functions of bond market, monetary market and other financial markets have been strengthened continuously, serving better to speed up the transformation of economic development mode. Eighth, the policy guidance was strengthened, the financing environment was improved, and the development of small-and-medium-sized enterprises and technological innovation-based enterprises was promoted. Ninth, the financial infrastructure construction was strengthened, and the financial legal environment was further optimized. Tenth, a set of cross-industry and cross-market financial regulatory rules were prepared to strengthen supervision of systemically important financial institutions and prevent systemic financial risks. Eleventh, significant progress has been made in RMB capital account convertibility so that the scope of cross-border use of RMB was steadily expanded. Twelfth, the use of diversified foreign exchange reserves was promoted and a number of bilateral funds were established, having effectively supported the development of real economy.

(ii) Objectives of Financial Development Planning During the "Thirteenth Five-Year Plan" Period-Establishing a Modern Financial System

After more than 30 years of reform and opening up, China's modern financial system was initially established. In the construction of China's modern financial system, the "*Twelfth Five-Year Plan*" *on Financial Development and Reform* put forward the following requirements clearly-" Continue to promote financial reform, opening up, and development; comprehensively build a financial system with such characteristics as organizational diversity, efficient service, prudential supervision, and risk control", "Form a safe and sound modern financial system with such features as full range, reasonable structure and efficient service and create a new situation in financial reform and development", and "Improve relevant policies and regulations, and do a good job in preparation of various medium-term and long-term plans for the financial system construction" and so on. Besides, these objectives have been steadily promoted.

After entering the "Thirteenth Five-Year Plan" period, China's financial system reform and development put forward new goals.

After the Eighteenth National Congress of the Communist Party of China, especially after the Third Plenary Session of the Eighteenth Central Committee of the Communist Party of China, China entered a new stage to deepen the reforms in an all-round way-"firmly grasp the solid foundation of the development of real economy, implement policy measures more conducive to the development of real economic", "deepen the financial system reform, improve the macroeconomic stability, support the modern financial system of real economic development, avoid various potential risks, promote sustained and healthy economic development". Therefore, China's Outline for The Thirteenth Five-Year Plan clearly puts forward in the "speeding up the reform of the financial system"-improve the financial institutions and market system, promote the healthy development of capital markets, improve the monetary policy mechanism, deepen the financial regulatory system reform, improve the modern financial system, enhance the real economy efficiency of financial services and support the ability of economic restructuring, effectively preventing and defusing financial risks. As a result, the construction of modern financial system has become China's financial "Thirteenth Five-Year Plan" development plan objectives. The construction of China's modern financial system mainly includes five aspects:① supply-side structural reform of financial element, improvement of financial control mechanism, implementation of steady financial opening to the outside world, establishment of financial macro prudent management framework, and strengthening of financial law construction.

In April 2016, according to relevant reports,② the financial "Thirteenth Five-Year Plan" special planning preparation work is about to start, the special planning goal is to establish a

① Refer to *The Thirteenth Five-Year Plan for National Economic and Social Development of the People's Republic of China.*

② Refer to the coverage of the Xinhua News Agency on April 25, 2016—Central Bank: Target of the "Thirteenth Five-Year Plan" in Finance Is to Build a Modern Financial System.

modern financial system, and its main contents include eight aspects: First, deepen the reform of financial institutions, improve the financial institution system with good governance, reasonable structure, strong competitiveness and vitality and creativity; Second, strengthen the financial market construction, improve the multi-level, diversified, complementary, functional and flexible financial market system; third, complete the macro-control system, improve the monetary policy framework; fourth, establish modern financial framework that is in line with modern financial characteristics, planning and coordination regulation and that is strong and effective; fifth, actively and steadily promote financial innovation, enhance the capacity for finance to serve real economy; sixth, expand the financial industry two-way open, serve the new pattern of opening to the world in an all-round way, improve the international economic and financial governance system; seventh, establish a more strong and effective national financial safety net to effectively prevent financial risks; eighth, improve the financial infrastructure, and create a good financial and ecological environment.

In the process of establishing a modern financial system, China's financial industry shall learn from relevant experiences and lessons of the international financial crisis and implement the development of real economy-especially the supply-side structural reform under the new normal of Chinese economy.

III. Financial Service Supply-Side Reform: Debt Restructuring

China's financial industry "Thirteenth Five-Year Plan", aiming at establishing a modern financial system, will provide strong support and comprehensive services for the long-term development of China's economy during the preparation of the mid-term blueprint for the reform and development of China's financial industry. We know that the supply-side structural reform aims at laying a solid foundation for the healthy and sustainable development of China's economy under the new normal. Therefore, the supply-side structural reform of financial service is the proper meaning of China's financial reform and development. This service is not only embodied in the technology way and industry cooperation, but also reflected in the lead and support of financial industry development for the modern service industry.

In the "Three Decreases, One Reduction, and One Remedy" five tasks of supply-side structural reform, deleveraging is an important content. Deleveraging is mainly to reduce the leverage ratio of the entity enterprises, that is, to reduce the debt ratio, one of the important ways is the debt restructuring, which is an important way of supply-side reform for financial service.

(i) China's Leverage Ratio: High Debt but Safe and Controllable

The so-called "leverage ratio" can refer to the ratio of capital to the size of the assets it promotes, or refer to the contrast between the debt and the source of the repayment. For the latter, it can be reflected in the macro and mid-scale view at different levels (including specific enterprises for sure), that is, the ratio of the total debt of the government sector, the non-financial business enterprise sector (referred to as the business enterprise sector), and the household sector, to GDP.

Over the past two years, China's leverage ratio has become a hot word. China's leverage ratio at the end of 2015 was 254.8% estimated by Bank for International Settlements (BIS), 223.1% by International Monetary Fund (IMF), and the leverage ratio of the overall society was 249% estimated by Chinese Academy of Social Sciences. As the Chinese authorities did not release the relevant authoritative data, and the leverage ratio calculation caliber, algorithm, and GDP data processing issued by the above institutions are not exactly the same, we can generally think that China's leverage ratio is between 200% and 300%.① But from the calculation estimated by the Bank for International Settlements as well as the Chinese Academy of Social Sciences, China's debt ratio is not high and belongs to medium level among major economies. For example, by the end of 2015, the leverage ratio was 250.6% for the United States, 265.5% for the United Kingdom, 287.6% for Canada, and up to 388.2% for Japan.

China's leverage ratio has two characteristics. First, in respect of speed, leverage ratio is with rapid growth in recent years-since 2010, according to BIS data, China's leverage ratio has increased from 187.7% in 2010 to 254.8% in 2015. Chinese Academy of Social Sciences data shows that China's overall social leverage ratio increases from around 190% in 2010 to 249% in 2015. Second, in respect of structure, corporate leverage ratio is higher. According to the relevant data of *China National Balance Sheet (2015)*, the debt ratio of the resident sector is about 40%, the debt ratio of the financial sector is about 21%, and the debt ratio of government sector is about 40% (if financing platform debt and contingent liabilities are taken into expanded consideration, it will be up to 57%); while the non-financial business enterprise sector reaches 131% (if financing platform debt is taken into expanded consideration, it will reach 156%).②

① Refer to Briefing of State Council Information Office of the People's Republic of China on June 23, 2016 at which related heads of National Development and Reform Commission, Ministry of Finance of the People's Republic of China, People's Bank of China, and China Banking Regulatory Commission introduced China's debt ratio analysis and countermeasures concerned.

② According to estimate of Bank for International Settlements (2016), China's leverage ratio was primarily concentrated in non-financial enterprise sector whose leverage ratio rose from 98.6% in 2008 to 170.8% in 2015.

The formation and rise of China's debt is directly related to China's special national conditions. From the stage of development, China is a developing country and a chasing country, and there may be a stage with relatively high leverage ratio in the development process-like the process experienced by the developed countries. From the economic structure, China has about 50% of the high savings ratio, significantly higher than the international average. High savings ratio is bound to bring about differences in financing structures. From the financial structure, China's capital market is not that developed, the scale of equity financing is far lower than the developed countries, non-financial enterprise financing still focuses on indirect financing, which leads to the higher debt ratio of non-financial enterprises. The rising of debt level will increase the financial cost directly to Chinese enterprises, which will bring about the risk of corporate default; and accordingly, such situation will also lead to the bank's non-performing loan risks. There are certain hidden risks. However, the provision coverage of China commercial bank reaches 175%, and the financial situation is also good, fully capable of offsetting the possible loss of non-performing loans.

In order to actively and effectively reduce the enterprise leverage ratio, there is an urgent need to reorganize its debts to reduce the burden on enterprises, increase the vitality, and provide a solid micro-support for the overall development of China's steady economy.

(ii) Ways of Debt Restructuring

1. Debt restructuring

In the identifying and processing for financial accounting, the debt restructuring has a strict definition-"debt restructuring refers to the items that the creditor makes a concession as per the agreement concluded between the creditor and the debtor or the judgment by the court when the debtor suffers from a financial difficulty".① Here, that "the debtor suffers from a financial difficulty" means the debtor is subject to a capital turnover difficulty, an operational dilemma or any other reasons, leading to the situation that the debtor fails or is not able to pay off the debt as originally agreed; that "the creditor makes a concession" means that the creditor agrees that the debtor subject to a financial difficulty pays off or will pay off the debt in the amount or value lower than the book value of restructured debt. Also according to this Accounting Standards for Business Enterprises, the ways of debt restructuring mainly include: (1) to liquidate the debt with assets; (2) to convert the debt to capital; (3) to modify other debt conditions, such as reducing the debt principal, and reducing the debt interest, etc., but not including the above

① Refer to *Accounting Standards for Business Enterprises No.* 12—Debt Restructuring issued by Ministry of Finance of the People's Republic of China on February 15, 2006.

two ways (I) and (II); (4) the combination of the above three ways, etc.

2. Specific ways of debt restructuring

In specific practice, according to incomplete statistics, there are more ways of debt restructuring.

(1) Debt transfer, that is, enterprise in debt transfers its liability of the creditor to the third party.

(2) Debt offset, that is, in respect of mutual debts, the parties make their payments in accordance with the equal amount.

(3) Debt exemption, also known as debt relief, that is, the creditor abandons the creditor's rights and eliminates the obligation of the debtor to pay off the debt.

(4) The combination of creditor's rights and debts, that is, the creditor's rights and debts belong to one person (for example, the merger between the creditor and the debt enterprise).

(5) Debt reduction, that is, "discount of creditor's rights". It refers to the reduction of part of the creditor's rights by the creditor, which reduces the burden of the debt enterprise to a certain extent.

(6) Settlement of debts with non-cash assets.

(7) The conversion of debt into capital, also known as debt capitalization, that is, debt-to-equity swap. What should be noted is that it mainly refers to the "policy-based debt-to-equity swap" for China in 90s of the last century-there were strict limits in its implementation, especially the implementation agency. For China's current debt-to-equity swap, more marketization mechanisms are introduced.

(8) Financing for debt reduction, that is, funds are raised through capital increase and share expansion, the issuance of shares or bonds and other financing methods to repay debt.

(9) Modification of other debt conditions, it mainly includes the partial deduction of the original debt interest, modification of interest ratio, extension of the debt repayment period, extension of the debt repayment period and addition of interest payment, extension of the debt repayment period and reduction of the debt principal or debt interest.

Debt restructuring capital can be online to repair the company's balance sheet to avoid the economic and social shocks caused by a large number of business collapse, thus it becomes an important way for debt restructuring of China's enterprises and has been effectively proved in practice-China has made two rounds of debt-to-equity swaps so far.

(iii) Marketized Debt-to-Equity Swap: Policy and Mechanism

Different from the last round of policy debt-to-equity swap, the new round of debt-to-equity swap launched in 2016 is with the prominent feature of the marketization and legalization. In the

1990s, China carried out the work of dealing with non-performing assets of banks, adopted policy stripping non-performing loans to allocate non-performing loans to financial asset management companies according to face value, and the financial asset management companies could recover the loans and make selection on debt-to-equity swap. Under the mode of policy debt-to-equity swap, the debt-to-equity swap enterprises, the creditor's rights, and the implementation institutions for debt-to-equity swap were determined mainly based on government; and this time, the debt-to-equity swap is the debt-equity swap for marketization and legalization, the creditor's rights, price, and implementation institutions for transfer shares of debt-to-equity swap enterprises are determined by the market subject with independent negotiation, which shall be in compliance with the rules and regulations and in an orderly manner. It should be noted that, for the marketization and legalization, the relevant policy documents specifically stressed that "the people's governments at all levels and their sectors do not interfere with the main body of the debt-to-equity swap market". In addition, the current round of creditor's right range for marketization and legalization debt-to-equity swap is not targeted for non-performing loans, but for the effective reduction of the enterprise debt level and leverage ratio to boost the supply-side structural reform. The range of creditor's right in the debt-to-equity swap also includes normal loans, not specifically for non-performing loans.

As a result of the identification and compliance with the principles of marketization and legalization, financial institutions and mechanisms will play an important role in the current round of debt-to-equity swap and the reduction of enterprise leverage ratio.

First, in respect of implementation of marketized bank debt-to-equity swap, many types of institutions, not limited to the last round of financial asset management companies will get the following opportunities-encourage financial asset management companies, insurance asset management institutions, state-owned capital investment operating companies and other types of implementing institutions to participate in and carry out marketized debt-to-equity swap; support banks to make full use of existing qualified institutions or the qualified new institutions allowable for application and establishment to carry out marketized debt-to-equity swap; encourage implementing institutions to introduce social capital, develop mixed ownership to enhance capital strength.

Second, in respect of financial support for promoting the enterprise merger and reorganization-support qualified enterprises through mergers and acquisitions and other measures to carry out acquisition and reorganization. Allow qualified enterprises to raise funds for acquisition and reorganization through the issuance of preferred shares and convertible bonds. Further innovate financing methods to meet the financing requirements for different stages of enterprise acquisition and reorganization. Encourage all kinds of investors through equity investment funds, venture capital funds, industrial investment funds, and other forms to participate in enterprise acquisition and reorganization.

Last but not least, in terms of development of equity financing—accelerate improvement of multilevel equity market, including improvement of National Equities Exchange and Quotations, shift of listed companies to Growth Enterprise Market (GEM) and other systems concerned and standardized development of regional equity market in supply of service for medium-, small-and micro-sized enterprises; advance exchange market to develop in a steady and healthy way, further develop and expand main board of stock exchange, develop Small and Medium Enterprise Board in an in-depth way, deepen GEM reform, etc.; innovate and enrich equity financing instruments, including rapid development of private equity investment fund, exertion of guiding function of industrial investment fund, and standardized development of all kinds of equity trusteeship management funds; expand sources of equity financing funds, including encouragement of equity investment by insurance funds, annuities, basic endowment insurance funds, and other long-term funds as specified, and actively and effectively introduce funds of foreign direct investment, foreign venture capital investment, and so on.

IV. Supply-Side Reform in Financial Services: Industrial Cooperation

In terms of micro subject, finance must directly advance specific products and services to actively, steadily, practically, and effectively reduce enterprise leverage ratio. In terms of industry, supply-side structural reform in financial services must offer support and cooperation concerning specific characteristics and development demands of agriculture and industry.

(i) Finance Support to Supply-Side Reform in Agriculture

Agriculture is China's foundation to build a moderately well-off society in an all-round way and realize modernization. In the background of new normal of economic development, China's agricultural development faces numerous new tasks and challenges: firstly, advance incomes of farmers to make steady and faster growth, accelerate the reduction of the gap between urban and rural places, and ensure that overall well-off is realized as scheduled; secondly, in the background of increasingly constrained resource and environment restriction, accelerate shifting ways of agricultural development, ensure effective supply of important agricultural products, grain for instance, and realize green development and sustainable resource utilization; thirdly, in the background of deepening impact of international agricultural product market, make overall planning on utilization of two markets (global and domestic) and two resources, promote China's agricultural competitiveness, and take the initiative to participate in international market competition. In all, only by advancing supply-side structural reform in agriculture, accelerating shifting means of agricultural development, and maintaining steady development of agriculture and sustainable income increase of farmers will we realize agricultural modernization in China which is efficient in output, safe in product, resource-saving, and eco-friendly.

In recent years, our rural finance has gained development in the long run. However, overall, rural finance is still the weakest procedure in the whole financial system, wherein, problem of financial demand of "hard loan and expensive loan" facing new agricultural business entities is the most prominent. In order to better support and serve supply-side reform in agriculture and development of modern agriculture, it is necessary to improve the system of policy to strengthen agriculture, benefit farmers, and raise rural living standards, comprehensively promote capacity and level of financial support for agriculture, advance more financial resources to give priority to rural areas, and accelerate improvement of agricultural insurance system.

1. Build and improve rural financial service system

Concerning overall financial system reform and construction, it is necessary to accelerate construction of a multilevel and sustainable rural financial service system of wide coverage, develop rural inclusive finance, reduce financing cost, and comprehensively activate rural financial service chain. With regard to deepening reform in rural financial system and mechanism, boost reforms in Rural Cooperative, Agricultural Development Bank, Agricultural Bank of China, Postal Savings Bank of China and other financial institutions by category while enriching rural financial service subjects and standardizing development of rural cooperative finance. Concerning development of rural inclusive finance, further optimize the layout of financial institutions and outlets at county level, boost full coverage of rural basic financial services and increase poverty relief by finance. Concerning financial support to key areas, continue to increase support to innovations in business practices of agriculture and promote comprehensive productive capacity of agriculture and development of social service sector of agriculture. Concerning steady cultivation and development of rural capital market, develop rural direct financing, exert functions of price discovery and risk aversion of agricultural product futures market, prudently and reliably develop services of securities and futures in rural areas. Concerning improvement of rural financial infrastructures, boost construction of rural credit system, develop rural trading markets and intermediary organizations, improve rural payment service environment and protect rights and interests of rural financial consumers.

2. Enrich and expand products and services supplied by agricultural finance

Speaking of specific products of financial service for supply-side reform in agriculture, it is necessary to start from interest rate, term, line, process, risk control, etc., develop and create financial products and services which conform to characteristics of agriculture and meet demands of farmers. It covers three aspects. Concerning driving for innovations in agricultural credit guarantee mechanism, advance financing guarantee institutions which are generally funded by authorities and engaged in services of agricultural credit guarantee to be founded, strive for making existing financing guarantee institutions incorporate new agricultural business entities into their range of guarantee services and gradually set up an agricultural credit guarantee service network covering the whole province (district or city). Concerning driving for credit cooperation of farmers' cooperatives, authorities of financial management and agricultural management must consult and cooperate with each other to select a batch of model farmers' cooperatives of firm industrial foundation, large business scale, high driving capacity, and good credit record to improve measures and reliably carry out credit cooperation based on piloting at first. Concerning driving for agriculture-concerned direct investment and financing service, actively organize and select excellent programs, increase investment on growing agricultural leading enterprises by China Agricultural Development Fund, Modern Seed Development Fund, National Emerging Industry Venture Capital Guidance Fund, etc., advance special agricultural investment funds to be set up where appropriate; advance key financing and leasing companies in supply of services to "agriculture, rural areas, and farmers" to be founded, and encourage all kinds of financing and leasing companies to supply services of financing and leasing large agricultural mechanical devices and facilities.

3. Improve agricultural insurance system as soon as possible

Improve agricultural insurance system and supply a full range of insurance guarantee services and functions to supply-side reform in agriculture and development of modern agriculture. Regard agricultural insurance as an important measure to support agriculture, expand the coverage of agricultural insurance, increase insurance variety and improve the level of risk protection. Actively develop insurance products meeting the needs of new types of agricultural business entities. Explore the implementation of pilot projects of target price insurance of important agricultural products, income insurance, and index-based weather insurance. Support development of local issuance of featured superior agriculture products, fishery insurance, and facility agriculture insurance. Perfect the forest insurance system. Explore the establishment of agricultural subsidies, agriculture-related credit, agricultural product futures, and agricultural insurance linkage mechanism. Actively explore pledge loans of agricultural insurance warranty and guarantee insurance of farmer credit. Steadily expand pilot projects of "insurance plus futures". Encourage and support insurance funds in innovative pilot projects of agricultural assistance financing business. Further improve catastrophe risk diversification mechanism of agricultural insurance.

4. Give full play to synergistic effects of fiscal policies and financial policies

Agricultural finance must control risks and compensating costs by fiscal support while fiscal support to agricultural investment must increase policy effects by financial lever. Actual situation of China's countryside and characteristics of agriculture determine that financial support to agriculture is closely related to fiscal support. Authorities of financial management and authorities of agricultural management must actively coordinate and cooperate with fiscal authorities, regulate and optimize ways of fiscal subsidy, innovate in fiscal-support-to-agriculture mechanism and system, give full play to guiding and prizing effects of fiscal funds on financial capital, and endeavor to realize drive of two wheels: policies of fiscal and financial support to agriculture.

(ii) Financial Support to Supply-Side Reform in Industry

Industry is the leading force of national economy, framework of real economy and foundation of national competitiveness, and main battlefield for growth stabilization, structure regulation, and pattern transformation as well as innovation, which is crucial to the whole picture of economic development in China. Manufacturing, as the subject of industry, is the foundation for building the country, developing the country and prospering the country, which is a target area in supply-side structural reform. Finance and real economy industry particularly are community of interest. It is a fundamental measure and important content to employ and innovate in financial products, reinforce financial service capabilities, break through bottlenecks of hard and expensive financing facing industrial transformation and development, increase financial support to supply-side structural reform in industry and growth stabilization, structure regulation and benefit increase in industry, expand and develop finance industry and prevent financial risks.

1. Huge support to China's industrialization to resolving excess capacity and inventory

In view of China's industrial development, by the end of the "Twelfth Five-Year Plan", the mission to eliminate outdated industrial capacity basically came to a conclusion and the key mission of the "Thirteenth Five-Year Plan" is to resolve excess capacity. Most areas of traditional industrial manufacturing in China show severe excess capacity. Some enterprises are in longtime stagnation, semi-stagnation, loss for years, or insolvency; and particularly some "zombie enterprises" primarily maintain operation by depending upon government subsidies and bank loans, which have twisted the allocation of productive factors and lowered the efficiency of economic operation. In line with requirements of "digestion, transfer, integration, and elimination", financial authorities must implement the differentiated policy concerning sectors in excess capacity according to their different situations. Continue to grant product-competitive, marketable, and profitable enterprises with funding support; actively support and reinforce capabilities of cross-border investment and operation of enterprises in reasonable capacity transferring overseas by offshore financing against domestic guarantee, foreign exchange and Renminbi loan, equity financing, etc.; positively support enterprise of capacity integration to make merging and restructuring by exploring issuance of preferred stocks, developing M&A loans in a targeted way, properly extending loan term, etc.; and support enterprises of eliminating outdated industrial capacity to compress production and exit market by preserving funds, transferring bad loans, canceling after verifying loan loss, etc.

2. Build financial policy frame system and support growth stabilization, structure regulation and benefit increase in industry

Concerning increase in monetary and credit policy support, guide banking financial institutions to further improve criterion for credit access and increase support to technical reform, transformation and upgrade in strategic emerging industries and traditional industries based on directory of programs in significant technical reform, industrial upgrade, and structural regulation; meanwhile, accelerate industrial credit product innovation and improve industrial credit management system. Concerning increase in support of capital market and insurance market to industrial enterprises, support manufacturing enterprises in conformity with "Made in China 2025" and orientation of strategic emerging industries, make equity financing on capital market of all levels, and encourage industrial enterprises to increase issuance of products of standardized creditor's rights; in the meantime, promote supporting capacity of all kinds of investment funds, steadily boost development of asset securitization and constantly enhance service level of industrial insurance. Concerning driving for industrial enterprise financing mechanism innovation, develop receivable financing, support eligible industrial enterprises to found financial companies, support big enterprises to set industrial venture capital funds, and actively and reliably advance venture loans to pilot. Concerning facilitation of industrial enterprise merging and restructuring, further cancel or simplify proceedings of administrative license and approval for merging and restructuring of listed companies, encourage state-holding listed companies to enhance resource integration by depending upon capital market, exert the decisive role of market in merger and acquisition, guide financial institutions to make independent consultation with enterprises and properly solve problem of financial debt restructuring facing industrial enterprises in merging and restructuring, and practically safeguard legitimate rights and interests of creditors; in the meantime, increase financing channels for industrial enterprises in merging and restructuring, improve service of merger and acquisition loan and further expand the size of merger and acquisition loan. Concerning support to industrial enterprises to accelerating "go global", improve policies for supporting industrial enterprises to "go global", simplify procedures of overseas financing approval for domestic enterprises, encourage domestic industrial enterprises to issue stocks, bonds, and products of asset securitization on foreign markets, and increase support of export credit insurance to independent brands, independent intellectual property rights, and strategic emerging industries; meanwhile, make full use of "Government Concessional Loan and Preferential Buyer's Credit", Public-Private-Partnership (PPP) Pattern, "domestic financing against offshore guarantee", etc., to increase financing support to industrial enterprises to "go global".

3. Drive for measures of financial support to construction of manufacturing power

Closely cooperate with authorities concerned, enhance and improve financial support and service to construction of manufacturing power by taking Made in China 2025 as strategic guide. Deepen reform in finance, expand financing channels in manufacturing and reduce financing cost. Actively give full play to advantages of policy finance, development finance, and commercial finance; and increase support to information technology, high-end equipment, new materials, and other key areas of new generation. Support Export-Import Bank of China to increase services for manufacturing to go global in its scope of business, encourage China Development Bank to increase granting manufacturing enterprises with loans, and guide financial institutions to innovate in products and services in conformity with characteristics of manufacturing enterprises. Improve multilevel capital market, advance regional equity market to make standardized development, and support eligible manufacturing enterprises to go public and finance at home and abroad and issue all kinds of instruments of debt financing. Guide venture investment, private equity investment, etc., to support creative development of manufacturing enterprises. Encourage eligible manufacturing loans and leasing assets to pilot securitization. Support large manufacturing enterprises in key areas to pilot integration of industry and finance, and advance manufacturing to make transformation and upgrade by financing and leasing. Explore development of insurance products and services suitable to development of manufacturing and encourage development of services of loan guarantee insurance and credit insurance. Based on risk controllability and commercial sustainability, increase support to manufacturing enterprises in making resource exploitation and development, founding research and development centers and hi-tech enterprises, making merger and acquisition, etc. overseas by offshore financing against domestic guarantee, foreign exchange and Renminbi loans, debt financing, equity financing, etc.

V. Conclusion: Accelerating Supply-Side Reform in Finance, Leading and Supporting Development of Modern Services in China

In order to supply better service to China's supply-side structural reform, finance must accelerate its own supply-side reform. In the meantime, finance, as the core of modern economy, is one of the foremost service industries in China, which must play greater role in leading and supporting development of modern services in China.

1. Accelerate supply-side structural reform in finance

"In order to advance supply-side structural reform, we must start from production, focused on advancing excess capacity to be effectively resolved, advancing industrial optimization and restructuring, reducing enterprise cost, developing strategic emerging industries and modern services, increasing public product and service supply, and enhancing adaptation and flexibility of supply structure to demand change." highlighted by President Xi Jinping in January 2016.

Acceleration of supply-side structural reform in finance is both an inevitable claim raised by China's economic development, particularly supply-side reform for finance and the only way of finance transformation and upgrade. A comprehensive, systematic, and feasible overall arrangement is made on financial reform and development in *The Thirteenth Five-Year Plan for National Economic and Social Development of the People's Republic of China* (hereinafter referred to as the "Thirteenth Five-Year Plan"). Firstly, improve the financial institution system in which commercial finance, development finance, policy finance, and cooperation finance are in reasonable division of labor and mutual compensation, build a multilevel, wide-coverage, and differentiated banking institution system, increase access of private capital to the banking industry, and develop inclusive finance and small-and medium-sized financial organizations of various types of businesses. Secondly, improve modern financial market system, actively foster open and transparent capital market in healthy development, increase ratio of direct financing and reduce leverage ratio. Create conditions for enforcing the stock issuance and registration system, develop multilevel equity financing market, deepen reform in Growth Enterprise Market and National Equities Exchange and Quotations, and standardize development of regional equity market. Improve bond issuance and registration system and bond market infrastructure and accelerate bond market interconnection and interworking. Thirdly, increase effectively supplied financial products, highlight development of green finance, scientific and technological finance, and inclusive finance, and meet economic and social demand for financial services. Fourthly, reform and improve financial supervision framework adaptable to modern financial market development, effectively prevent and resolve financial risks and build a safety network for financial innovation.

2. Accelerate development of modern service industry

Modern service industry is an important component of national economy and important content of modern industrial system. Developed service industry is a driver for structural transformation and upgrade, significant power and support for medium-and high-speed growth of economy, and vital guarantee for China to build an overall well-off society.

Ever since China came to its new normal, one important new characteristic in its economic development, transformation and specific operation has been the increasingly greater role of contribution played by domestic demand and service industry. In view of stage of development, China has ushered in the middle and later industrialization, its modern service industry has accelerated its development, internal structure has accelerated regulation and integration with advanced manufacturing. According to empirical facts of developed nations, in the middle and later industrialization, development of modern service industry is an important channel to enhance economic operation quality and benefit. Modern service industry is expected to become an important engine for advancing China's economic transformation and upgrade thanks to its high human capital, high technology, high additional value, and other characteristics.

"Launch a campaign to accelerate development of modern service industry, increase more open services, optimize service development environment, and advance productive services to extend towards professionalization and high end of value chain and consumer services to shift towards refinement and high quality", determined in the "Thirteenth Five-Year Plan" of China. Concerning promoting the synergism between Chinese industrial structure, regional development and employment, China shall greatly advance research and design, e-commerce, cultural innovation, all-region tourism, older service, healthy service, human resource, out-sourced service, and other modern services.

3. Lead and support development of China's modern service industry by finance

Finance is the core of modern economy, which plays a crucial role in advancing services to accelerate development.

Firstly, acceleration of China's service industry is in urgent demand for powerful support of finance. Modern service industry is a talent-, information-and capital-intensive industry. Development of modern service industry demands a mass of fund investment. More importantly, new types of business, new patterns, and new services which constantly emerge in modern service industry raise new claims and challenges for financial innovation as well.

Secondly, financial support to acceleration of service development is a necessary requirement for enforcing sound monetary policies and optimizing credit structure. China's sound monetary policies in recent years are aimed at supply of service to the keynote of "pursuing progress while maintaining stability" in China's economic work and gross stability is aimed at creating and ensuring a stable monetary and financial environment; meanwhile, monetary policies and other financial policies must enhance capacity of financial services to real economy by improving and optimizing financing structure and credit structure.

Thirdly, finance is expected to be a "bellwether" in support to accelerating service development. Finance is an important component of modern services and acceleration of development of finance is something inherent in the concept of advancing services to accelerate development. Only by accelerating organization, mechanism and product innovation and enhancing core competitiveness will China's finance supply powerful supporting and leading functions to acceleration of service development.

Fourthly, financial service and support to China's modern service development are expected to be embodied in more specific actions in the future: (1) improve a financial service system adaptable to service development and accelerate development of products and services meeting demands of enterprises in the service industry; (2) increase financing channels for development of enterprises in the service industry, encourage them to raise funds by stock issuance, enterprise bond, project financing, equity replacement, asset restructuring, etc., and actively make use of a variety of market-oriented means such as pledge of intellectual property rights, pledge of credit insurance policies, equity pledge, and commercial factoring in financing; (3) encourage all kinds of equity investment and venture capital investment institutions to face enterprises in the service industry to carry out their businesses and lead investment and financing institutions to expand business scale to small-and medium-sized enterprises in the service industry.

References

[1] *Address of Special Seminar of Key Provincial and Ministerial Leaders for Studying and Implementing the Fifth Plenary Session of the Eighteenth CPC Central Committee*, People's Daily (Edition 3, May 10, 2016).

[2] *The Thirteenth Five-Year Plan for National Economic and Social Development of the People's Republic of China*, Xinhua News Agency (March 17, 2016).

[3] *Several Opinions on the Implementation and Development of New Concepts, the Acceleration of Agricultural Modernization and the Realization of Overall Well-off of the Central Committee of the Communist Party of China and State Council*, *www. gov. cn* (January 27, 2016).

[4] *Guidelines of General Office of the State Council on Financial Support to Economic Structure Regulation, Transformation and Upgrade* (GBF [2013] No. 67), www. gov. cn (July 5, 2013).

[5] *Work Plan on Decrease Cost of Real Economy Enterprises* (GF [2016] No. 48), www. gov. cn (August 22,

2016).

[6] *Several Opinions of General Office of the State Council on Financial Services to Development of "Agriculture, Rural Areas and Farmers"* (GBF [2014] No. 17), www.gov.cn (April 22, 2014).

[7] *Opinions on Stabilizing Growth, Adjusting Structure and Increase Benefits for Financial Support Work* (eight ministries and commissions, People's Bank of China for instance), website of People's Bank of China (February 16, 2016).

[8] *Guidelines on Financial Support to Construction of Manufacturing Power* (five ministries and commission, People's Bank of China for instance), website of People's Bank of China (March 30, 2017).

[9] *Decision of the Central Committee of the Communist Party of China on Several Significant Issues on Comprehensively Deepening Reform*, www.xinhuanet.com (November 15, 2013).

[10] *The "Twelfth Five-Year Plan" on Financial Development and Reform*, website of People's Bank of China (September 17, 2012).

CHAPTER 2

Regulating LBO to Promote Economic Reconstruction[①]

Wu Xiaoling

China is facing a situation currently very much like that of the United States in the 1980s. To be specific, stagflation broke out in the US in 1980s, and interest rate liberalization pulled up the cost of debt which was also followed by "asset shortage" and underestimated company value. Both the government and regulatory authorities at that time launched a number of policies to cope with such situations. Generally speaking, these economic and financial policies played quite positive roles in saving and thriving M&A market then.

China is undergoing its new economic stage, which shares similar situations with the United States in the 1980s: increased pressure of economic depression; cost rigidities of financial products pull up the cost of debt; "asset shortage"; values of many enterprises are at historically low level; mergers and acquisitions are currently encouraged based on China's regulatory policies. Under such a historical context, mergers and acquisitions are burgeoning in China in both domestic and international markets.

Chinese enterprises should learn rules and regulations of target markets, and have to pass security inspection launched by local governments. In addition, they have to compete with international rival companies. They do notice many opportunities; however, a successful M&A is largely depended on financing capability of the buyer. Regarding domestic mergers and acquisitions, they have to deal with underdeveloped market, enterprises, and investors, and they also have to handle financing pressure.

"Competition between Baoneng and Vanke" caused a debate because it reflected those

---

① Author: Wu Xiaoling, Chairwoman and Dean of Tsinghua University PBC School of Finance, Member of Standing Committee of NPC and Vice Chairman of Financial and Economic Committee National People's Congress. Reproduced from Xinhua. net, http://news. xinhuanet. com/fortune/2016 - 12/12/c_129401067. htm, 2016 - 12 - 12.

issues in M&A market. Three issues attracted most attention from the public: corporate governance, implementation of the acquisition, and fund organizing.

a. About corporate governance.

Is the so-called "barbarians at the door" a nightmare or a driving force for an enterprise? What corporate governance can enable an enterprise for its sustained and healthy growth? Which market rules can constrain capitals in a supposed framework? It could be found that "hostile takeover" is quite obvious in "competition between Baoneng and Vanke". "Hostile takeover" could be interpreted as the commonly known "barbarians at the door" which aims at those undervalued but potential companies. In order to complete such a merger, the buyer has to control and then complete industrial integration or improve corporate governance, in order to improve company value and obtain benefits and profits.

The acquired company, however, usually takes reversed measures. During this anti-merging process, "fiduciary duty" of the board of directors and managers should be specified further. Thus, countermeasures against "hostile takeover" by the board of directors should represent the interests of majority of shareholders, especially those small shareholders. Countermeasures should also be reasonable and appropriate.

It is hard to determine whether "hostile takeover" is positive or negative. However, the acquirer side in the "hostile takeover" should improve company value through certain plans, so as to benefit social and economic development. The acquired side can refuse or prevent "hostile takeover", with the prerequisite of better maintaining a sustained and healthy growth of the enterprise as well as the interests of majority shareholders.

Based on the above analysis, we propose to design a system to constraint capital operations by means of risk-taking and maximizing the interests of shareholders. The capital market is a very important place for the organization of social resources and market allocation of resources; but appropriate rules should be established for the capital market to facilitate capital operations so that company value could be improved. Rules for the capital market should be perfected. Therefore, we suggest:

Firstly, regulatory policies should follow these principles: a. Judgment criteria of acquisition value should be kept neutral. No obvious bias should be given to either the buyer or the acquired side during a "hostile takeover" evaluation; conversely, policy neutrality should be maintained. b. Balanced consideration of policies, legal rules should be maintained flexible to some extent with considerations of financial supervision and judiciary area. Balances should be maintained between performance improvements through "hostile takeover" and the stability of corporate governance, between interests of shareholders (especially small and medium-sized shareholders) and the overall interests of the company, as well as between appropriate protections for company management and the prevention of the management to seize their own interests. Such balances should be guided according to actual cases, and it is difficult to make detailed regulations. On the contrary, real cases and judgment examples should be bused as guidance for these balancing principles.

Secondly, establish the mechanism to protect voting rights of small and medium-sized investors; we propose to study the system design of AB shares, so as to protect the discourse power of company founders and the management team.

b. About the implementation of the acquisition.

Acquisition regulations for listed companies take into account the protection of investors and market fairness. Taking the instance of Baoneng's takeover of Vanke, when the shares held by actual controllers was over 5%, were there any problems such as compliance issues of information disclosure, unanimous action, voting rights of universal insurances and asset management plan, or the legitimacy of the suspension of Vanke? A number of the above issues were discussed during the acquiring process. Based on the analysis of these issues, it is suggested in this report that regulations should be refined to keep the market operation open, transparent, and fair.

Two aspects count for the improvement of regulations: firstly, how to implement the "penetration" principle, to understand actual controller so that investors can learn their counterparties, and to make the threshold of 5% for acquisition not a decoration; secondly, how to further specify "persons acting in concert", in particular those "persons acting in concert" with different financial instruments.

c. About fund organizing.

During Baoneng's takeover of Vanke, capital from banks, securities, insurances, and trusts were mobilized with the leverage ratio as high as 4.2 times, which has caused dispute on acquisitions with life insurance and asset management products. Baoneng's capital chain is as follows:

The above chart is based on released media materials. Baoneng has made full use of various fund organizing rules. However, huge risks could be identified in this fund organizing method which require regulation. We are pleased to see that regulatory authorities have launched some regulations since this July, in order to solve those loopholes in fund organizations.

As for fund organization, the first issue is insurance money involved in mergers and acquisitions.

Insurance funds boost large volume and long term operation to pursue absolute profits, which might be considered as important institutional investors in equity market. Therefore, it

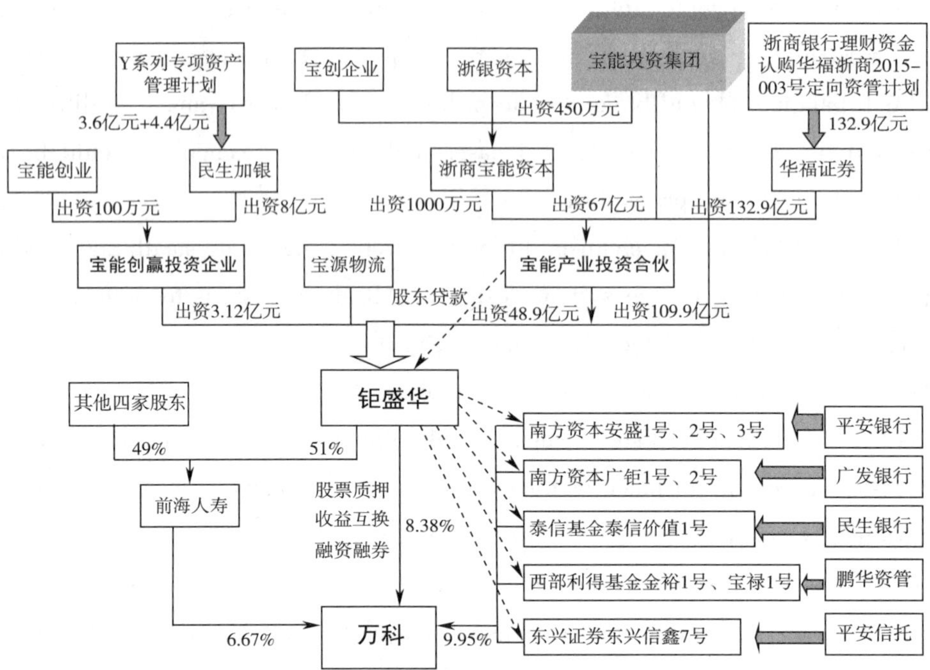

Figure 1 Baoneng's Capital Chain

promotes operating efficiency of social capital to make insurance funds as positive shareholders and strategic investors. It is quite controversy about enterprise ownership, debating whether it is "state-owned" or "private". In fact, enterprise ownership has evolved significantly with world economic developments. "Social capital" is born in recent years with individual contributors. However, individual funds are collected for a variety of investments such as funds, pension and insurance funds, and so on. Individual owners collect their funds together as social funds, and then put them into enterprises as active investors or shareholders. "Public" or "private" disputes is thus avoided which favors economic system reform.

In Boneng's case, what is focus of insurance funds in mergers and acquisitions?

Firstly, universal insurance products are treated as short-term financial products. The universal insurance itself is a mature insurance category, which should not be treated as a short-term fund. However, the contract term of a universal insurance is shortened through reducing the cost of surrender in advance, resulting in increased liquidity risk since a short-term fund is used for long-term investment. We are pleased to findou that regulatory authorities have made some regulations to solve such short-term problems of insurance products.

Secondly, insurance funds are used for acquisitions of actual controllers, and insurance companies serve as the financing platform of major shareholders. Social funds are invested into insurance, which should be responsible to the society rather than take insurance companies as financing platforms. In view of these problems, we provided our suggestions as "keep insurance natures" to solve such problems. Thus, development of insurance products and operation of insurance funds should be kept to raise insurance levels and to enhance solvency. Insurance funds should go for investment and investment requires profits, but profit-making should aim at improving insurance level of insurance products and enhancing solvency.

We should further improve the supervision of the insurance companies: firstly, improve corporate governance to strengthen the independence of insurance companies, and pay attention to the balance of ownership structure to avoid a dominant situation under which insurance companies become financing platform of controlling shareholders or rivals of small and medium-sized shareholders and consumers; secondly, strengthen the philosophy of value-driven development through sound operation and constantly optimized product portfolio; thirdly, strengthen the supervision of fund operations, especially those for major equity investments; fourthly, strengthen the supervision of asset-liability matching and solvency management.

The second controversial issue is asset management plans involved in corporate mergers and acquisitions.

Structured asset management products in LBO have been criticized. In the complex figure listed above, nine asset management plans play a major role. Jushenghua, a Baoneng's subsidiary company, organized funds through the nine assets management plans, and formed a concerted action to complete the equity acquisition.

Structured products for asset management are financing instruments with their own leverage. Prioritized structure changes asset managers to "handlers". To be specific, initiators of an asset management plan should be its managers, but because of prioritized arrangements, managers have to control investment directions and bear many risks. Therefore, managers become "handlers".

Deferred trust is actually lending from priority trust, and such arrangement has numerous potential risks. When such structured plans are applied for acquisition, problems include: firstly, poor information disclosure and the actual controller is concealed; secondly, multilayered plans might trigger risks across financial businesses; thirdly, the risk control mechanism of the plan is under pressure or might even be invalid. In-depth analyses have been made on these problems in our Research Report V and Sub-report IX , and it is worth reading.

Asset management products serve as mature financial instruments in the world, while their application goes to an extreme in China with alienation. The nature of an asset management plan should be a collective investment plan, but provisions of supervision divisions make it a multilayered channel with an extended credit chain, resulting in the alienation. Professor Liu Yan's Sub-report V offers a good analysis on this issue, and I hope you can read it.

We can learn the LBO in international M&A market. LBO is commonly used for mergers and acquisitions, but there is no legitimate channel in China for such M&A. We therefore put all the leverages into asset management plans.

Take a look at the financing structure of US LBO:

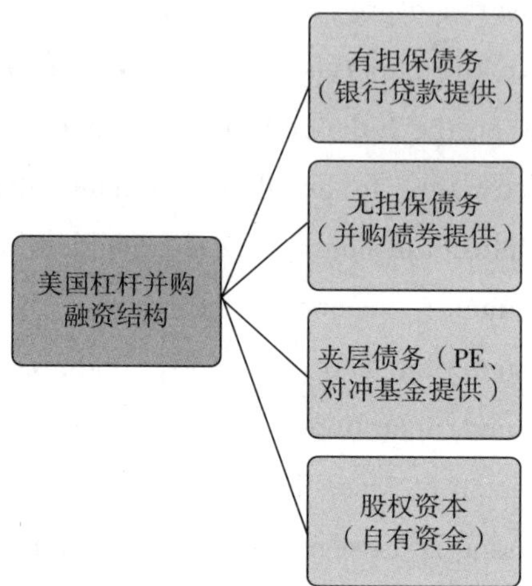

Figure 2 Financing Structure of US LBO

The left side of the above chart indicates a clear market player, and its fund is from secured debt loans provided by banks as is shown in Level 1. It can also be supplied from unsecured debt of M&A bonds in Level 2. Level 3 is mezzanine debt, including PE, hedge funds and so on. This level is equivalent to the asset management plan currently used in China. The last level is equity capital, which is also known as enterprises' own funds. Supposing that such an unblocked structure of financing instruments is available in China, we will not put all the leverages into mezzanine debts.

In summary, it is suggested in the project report that:

I. Learn from overseas' models of mergers and acquisitions for subsidiaries/shell companies, concertedly and orderly distribute multi-level leverage funds, and return asset management to its valet asset management essence.

The chart below demonstrates the fund raising for leveraged acquisitions with subsidiaries/shell companies.

As is illustrated in the above figure, the target company is on the left side, while a variety of funds are set on the right including loans, priority notes, priority subordinate notes, subordinated notes, and so on (notes are the bonds). Each acquisition agency can clearly indicate the source of funds and investment targets with these instruments, which are clearly leveraged with specified responsibilities for risks. To achieve the leverage fund organization with

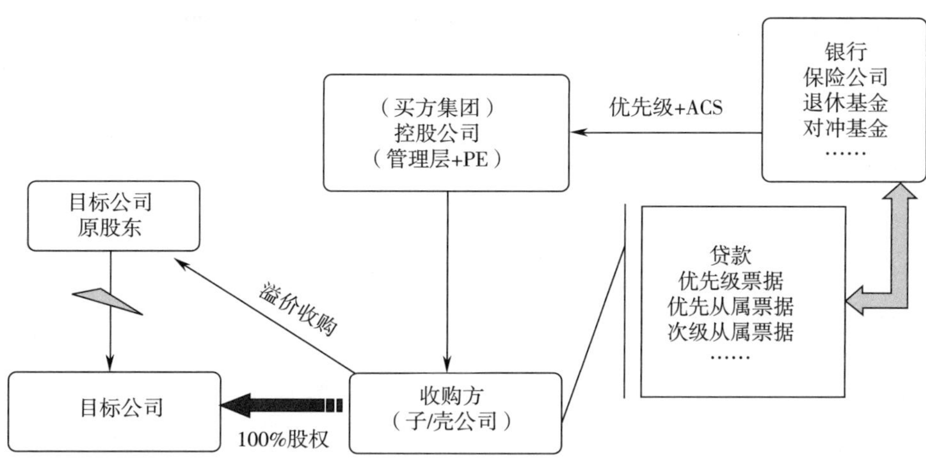

Figure 3　Fund Raising for Leveraged Acquisitions with Subsidiaries/Shell Companies

subsidiaries/shell companies, focusing on three key steps: a. the establishment of shell companies; b. various options of bonds; c. shell companies should be allowed to issue bonds.

Second, to make full use of standardized and regulated M&A loans; to increase autonomy of banks, and extend application of M&A loans; to explore various transaction options for M&A loans; to support M&A loans as periodical financing arrangements; to further reduce restrictions on financing ratio and financing period listed in *Guidelines for M&A Risks of Commercial Banks*, so as to improve the autonomy of market players.

Third, to issue M&A bonds for corporate mergers and acquisitions. To specify market positioning of M&A bonds with the support of allowing those risk-favored ones to issue M&A bonds. To improve issuance and transaction system of M&A bonds and relax issuance conditions; to broaden issuance scope, and explore mechanisms for limited partnership M&A funds and investment holding companies to issue M&A bonds; to open fast registration channel to the funds for mergers and acquisitions; to broaden the range of M&A targets; to improve protection of investors and risk managements of M&A bonds.

Fourth, to draw a clear boundary between the market mechanism and administrative supervisions; approval procedures for various M&A should be simplified besides security inspections and antitrust reviews. With regard to the supervision and approval of M&A business involving fund organizations, it is recommended that the People's Bank of China should take the lead in the development of business rulesand regulatory policies, while the corresponding regulatory authorities should implement functional control and approval duties, so that complete financial rules and policies can be created to support healthy developments of M&A businesses. The People's Bank of China should be responsible to develop rules and regulations to confirm that shell companies and subsidiaries can be available for mergers and acquisitions in China, as well as M&A loans and bonds. We have set joint meetings across departments, which serve as a platform to discuss problems with consensus and make rules and regulations. Regulatory authorities should stick to functional regulations, and their corresponding responsibilities are therefore specified.

CHAPTER 3

How will Trump's Economic Policies Influence the World①

Zhu Min

I. The US Economy is Undergoing Profound Structural Changes

Financial crisis which spread globally in 2008 attacked the US economy seriously. The US government took a range of measures to cope with the aftermath, among which, it is worth mentioning the unconventional quantitative easing monetary policy which resulted in a series of changes in the US economic and financial markets. Changes in the population structure also contributed to the situation, so that the US economy is experiencing profound structural changes currently.

1. "Light-oriented" is a trend continuing in the US economy. US manufacturing industry had been "hollowed" and tertiary industry accounted a too high proportion of GDP at 78.6% in the United States before the Financial Crisis in 2008. In view of this situation, President Obama put forward "revitalizing manufacturing industry in the United States". However, the present contributing proportion of tertiary industry in GDP remains at 78% after eight years, and no fundamental progress has been made by far. President Obama's revitalization plan failed (see Figure 1).

2. The depression of manufacturing industry reflects the "light-oriented economy" from another aspect. US capacity utilization continued to decline with excessive capacity. From 1970 to 1980, capacity utilization in the United States had been maintained as high as 90%, followed by a sharp decrease to the current 75.5% which is less than the average 80% (see Figure 2).

3. Overcapacity and the dominance of tertiary industry naturally cause insufficiency in

① Author: Zhu Min, Dean of Tsinghua National Finance Research Institute, former Vice President of the People's Bank of China and former Vice President of the International Monetary Fund.

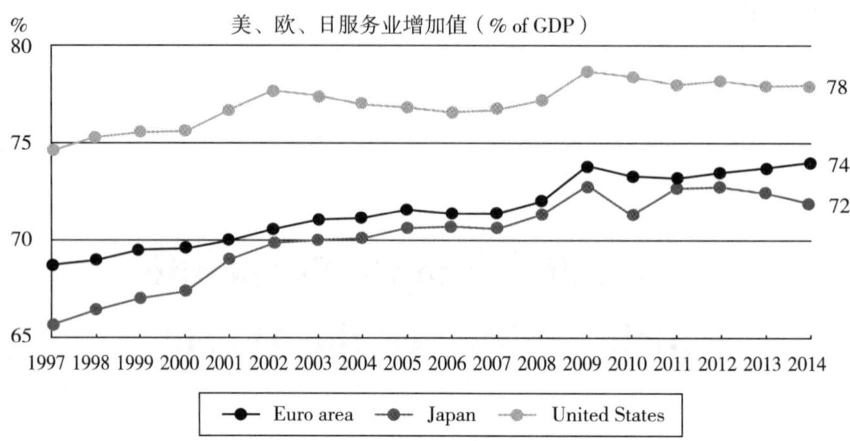

Sources: World Bank, IMF.

Figure 1 "Light-oriented" is a Trend Continuing in US Economy

investment. Investment in the US today is below 25% of GDP predicted in 2007, 3 percentage points of reduction every year. To be specific, 68% of the drop comes from corporate investment, while 32% of the decline results from residents' investment (see Figure 3).

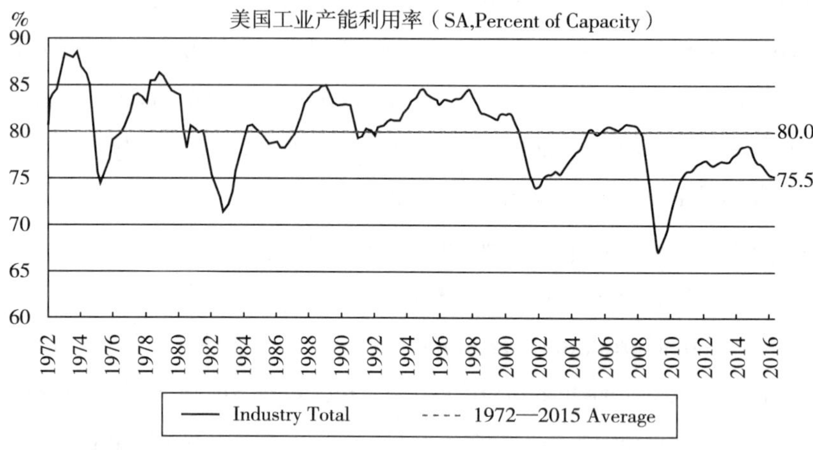

Sources: The Federal Reserve, IMF.

Figure 2 US Industrial Capacity Utilization Continues to Decline

4. Vitality of the US economy is declining. We measure economic vitality from several dimensions. The first dimension is employee turnover rate. Employee mobilization is quite common in the United States. Constantly innovated technology results in a frequent flow of workers among companies and regions. Employment turnover rate in 2000 reached 22%. However, turnover rate drops to only 12% at present, and workers are willing to stay in an

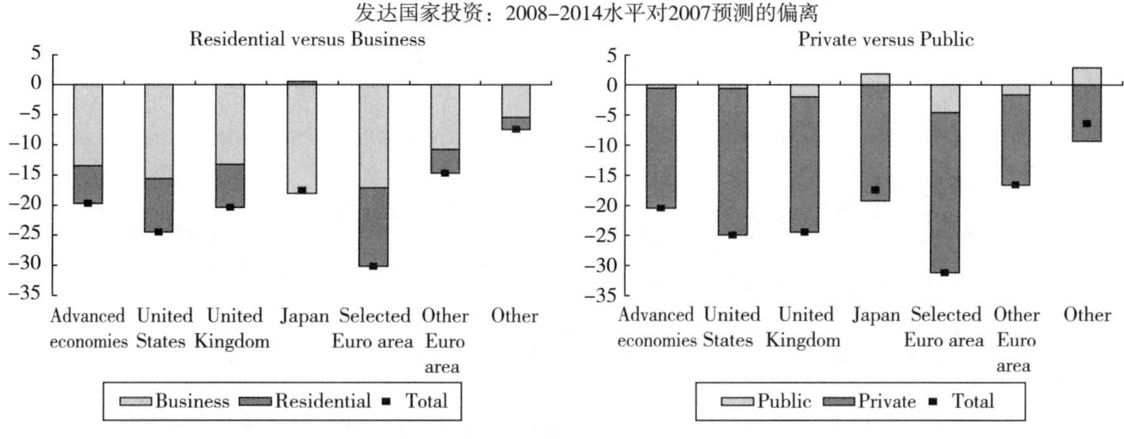

Source: IMF.

Figure 3 US Investment is Falling Sharply

enterprise like the situation in Japan. The second dimension is the drop of the proportion of newly established companies in total companies. 20 years ago, new companies accounted for 18% of the total IT industry each year and 12% in manufacturing industry. The proportion plummets to 10% today in IT industry, while the number is halved in manufacturing industry to 6%. Industries are aging with fewer joiners. Recruitment proportion of mature enterprises serves as the third dimension. Thus, the number of employees raised from 80% in 20 years ago to 90% now in enterprises with over a decade history. In contrast, recruitment rate dropped from 14% ~ 15% to 10% among new-type companies, a drop of 1/3. Workers are reluctant to move, and the number of new businesses is decreasing; workers accumulate in mature large enterprises and refuse to join in newly established small businesses. This is typical economic aging, indicating the decline of US economic vitality and creativity which means American enterprises are becoming similar to those in Europe and Japan (see Figure 4).

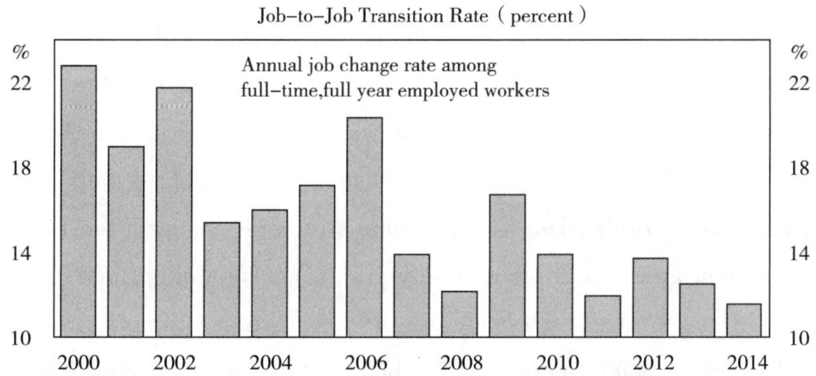

Figure 4A Declineof US Economic Vitality: Proportions of Employment Turnover and New Enterprises

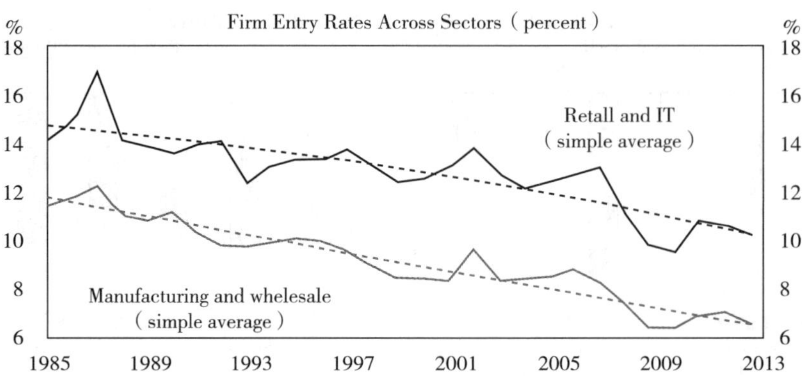

Figure 4B Decline of US Economic Vitality: Proportion of New Enterprises

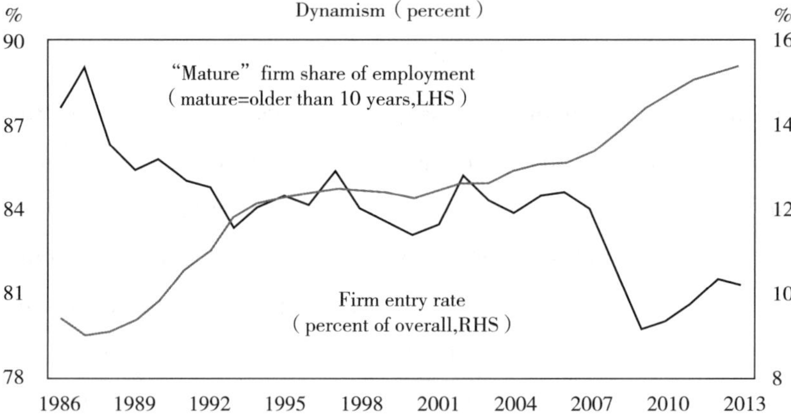

Source: IMF.

Figure 4C Decline of US Economic Vitality: Proportion of Employment

5. Labor force participation rate continues to drop in the United States, witnessing a drop of 5 percents from 68% to 63% since 2000. In other words, the United States has actually lost 5% labor supply. The key root for this decline is that the labor force participation rate drops 5 percents. "Reluctance to work" not only reflects the shortage of high quality job positions and proper working skills, but also indicates the issue of social welfare policy which encourages workers to stay at home rather than go out to work. Population aging is another problem prominent in the United States. Working-age labors are reluctant to work, resulting in the slowdown of labor supply growth. This is a profound structural change (see Figure 5).

6. Both investment growth and labor supply growth are declining, making a sharp drop of labor productivity in the United States. In the 1980s, average annual growth rate of labor productivity in the United States increased by about 0.6%; average growth rate in the 1990s

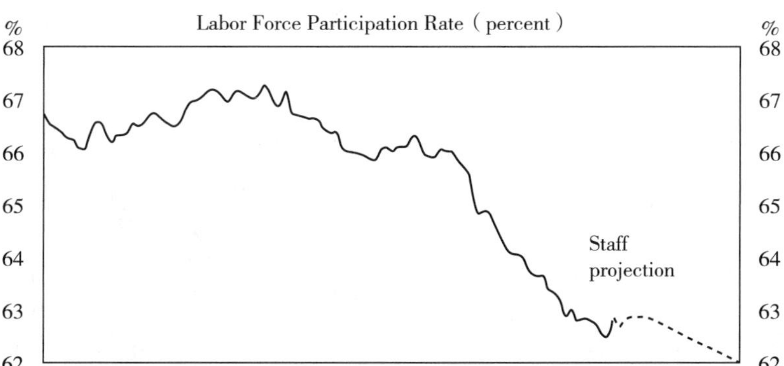

Sources: BLS, IMF.

Figure 5 Labor Force Participation Rate is Dropping in the United States

increased by 0.9% to 1%, and jumped to 1.3% to 1.4% in 2000 to 2007. However, it dropped to 0.3% to 0.4% in recent years. The sharp decline of labor productivity in the United States suggests a drastic change in the economic structure (see Figure 6).

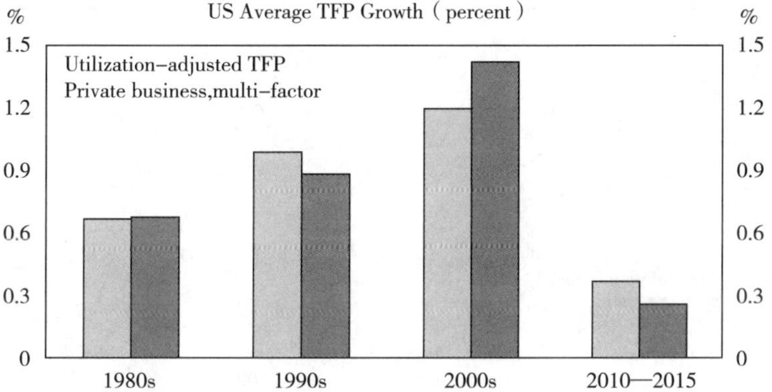

Source: IMF.

Figure 6 US Total Factor Productivity is Declining

7. Overcapacity, as well as the declines in investment and labor productivity jointly constraint growth in earnings. Comparing with the situation before the crisis, only the average annual earnings of food industry in the United States remains at the same level of 3.4% as that before the crisis. Earnings growth across other industries and sectors are lower than that before the crisis (see Figure 7).

8. Continued declines in labor force participation rate, labor productivity and earnings growth in the United States have jointly caused the constant drop in the total proportion of

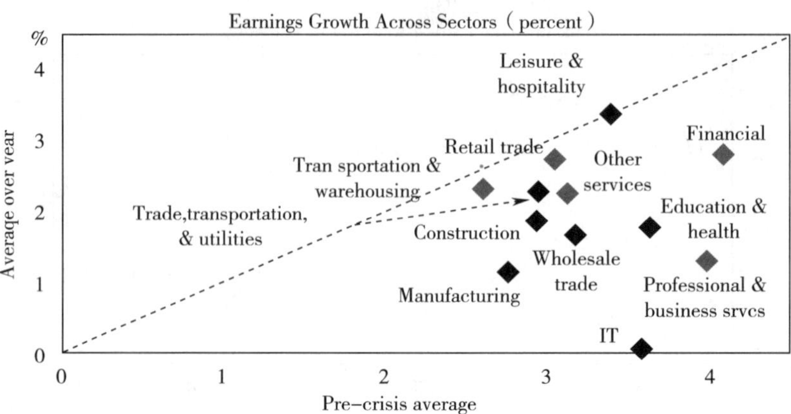

Source: IMF.

Figure 7 Earnings Growth is Slow in the United States

earnings in US GDP, from around 65 % in the 1980s to the current 58% , a drop of 6 percent age points with a trend of further falling (see Figure 8).

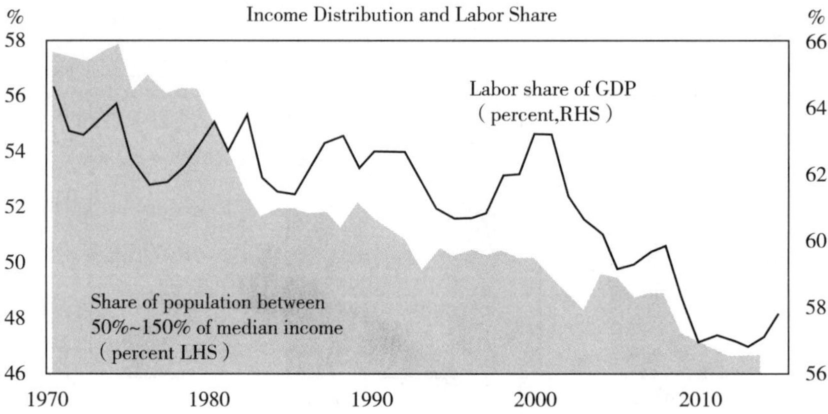

Source: IMF.

Figure 8 Proportion of Earnings in US GDP is Declining

9. When earnings growth is suppressed and its share in GDP declines, income distribution deteriorates accordingly. The proportion of middle-class income of the total income fell from 58% in the 1970s to 46% today, a drop of 12 percentage points in GDP. Conversely, the income of the rich is on the rise. Due to the financial crisis and the easing of the monetary policy, the net wealth and asset of the middle class today have grown only slightly compared with that in the 1980s, while the net wealth of the middle-and-lower class shrunk significantly. Meanwhile, the proportion of the poor in the society is raising (see Figure 9).

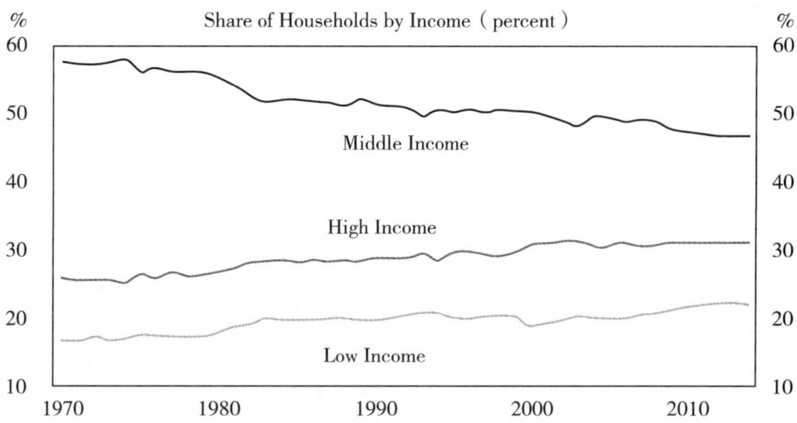

Figure 9A Income Proportion of US Middle Class is Declining

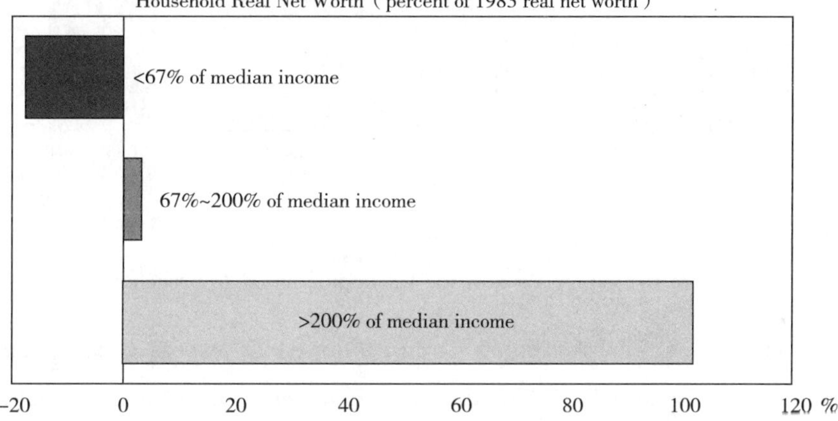

Figure 9B Net Assets of the US Richest is Increasing

Source: IMF.

Figure 9C US: Poverty Rates are on Arise

10. Aging is a more serious and fundamental challenge threatings the United States. In terms of the ratio of the elderly who require support, that is, the ratio of population over 65 years old to working population between 15-64 years old, i. e., the number of elderly people supported by every 100 working population, it is recorded at 22% this year and is predicted to be 31% in a decade with a further increase in the future (see Figure 10).

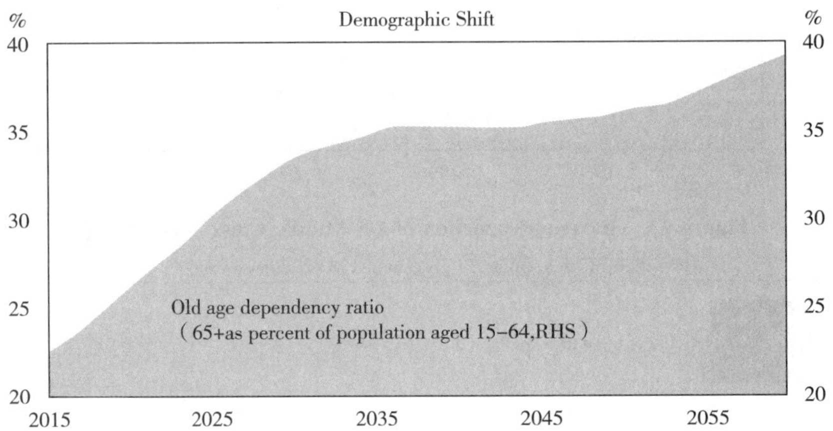

Source: IMF.

Figure 10 Aging Peak of the US Population is Approaching

Economy continues its "light-oriented" trend followed by excess capacity and investment drop. Furthermore, labor supply is in shortage with reduced economic vitality and labor productivity growth. All the above depressions indicate that the US economy is undergoing profound structural change. The American middle class is experiencing such problems in real work and life. The widening income gap is only a direct consequence of population aging, rise in retirement support, declined investment and labor productivity and core competitiveness. They have realized that the United States might face more serious economic challenges in the future and therefore request a change of existing policies. Trump's slogan of "Make America Great Again" carried American middle class along and won their support, so they "sent" Trump into the White House.

II. Trump's Major Economic Enitiatives in the "New Policy"

In order to fulfill his commitment of "Making America Great Again" delivered in his campaign speech, in the short term, increasing employment serves as the major economic and political target in Trump's policy. That is, to increase quality employment (positions in manufacturing industry) and to increase earnings of the middle class. Therefore, strong economic growth, domestic investment increase and competetency for international investment are required.

Therefore, Trump introduced a set of economic policies: firstly, monetary policies are set to attract capital to flow back to the United States, by means of tightening currency, increasing interest rates, reducing financial risks as well as USD appreciation; secondly, fiscal policies are set to boost manufacturing industry and market demand as well as promote employment, salary and economic growth, by means of fiscal expansion and more infrastructure investments; thirdly, the supply-side reform, that is, improving domestic and overseas direct investment in the United States (FDI) so as to sharpen international competitiveness of US companies with initiatives such as the reduction of corporate and personal income tax and the amendment of the Immigration Act so as to facilitate technical immigration; fourthly, creating an international market for US short-term economic growth through trade warfare and political supporting means to drive US exports, including exports of products from tertiary and manufacturing industries, as well as import restriction.

1. Trump's major short-term economic initiatives:

Firstly, infrastructure investment grew from USD550 billion to USD1 trillion. Infrastructure in the United States is aging with quality degradation, which affects both efficiency and safety. US infrastructure quality scored 6.4 (7 is the highest score) in the world before the crisis, second only to Germany. However, it quickly dropped to 5.2 after the crisis. Investment in infrastructure by the US government was recorded at 2.8% of GDP in 1970s but dropped to only 1.4% at present, a decrease of 50% (see Figure 11). These indicators have caused widespread concerns in the United States, since infrastructure is the basis of core competitiveness. Increasing investment in infrastructure will promote employment, revenue and consumption as well as drive GDP growth, so Trump will push infrastructure investment as soon as possible.

In addition, with regard to education, average score of examinations in the United States is lower than OECD average with the layout tending to the bottom. At the same time, enrollment rate of students age from 25 to 30 in the United States is close to that of the United Kingdom and Germany, but higher education expenditure in the United States accounts for nearly 3 percents of US GDP, which is twice as much as that in Britain, Sweden, and Germany.

Secondly, tax reform. He proposed to adjust the previous 7-grade resident income tax (10% ~ 39.6%) to 3-grade (10% ~ 25%); the threshold of income tax deduction for low income residents increases from USD12000 to USD 30000, while corporate income tax rate reduces from 35% to 15%.

Regarding taxation, global corporate income tax rates are generally declining, and the

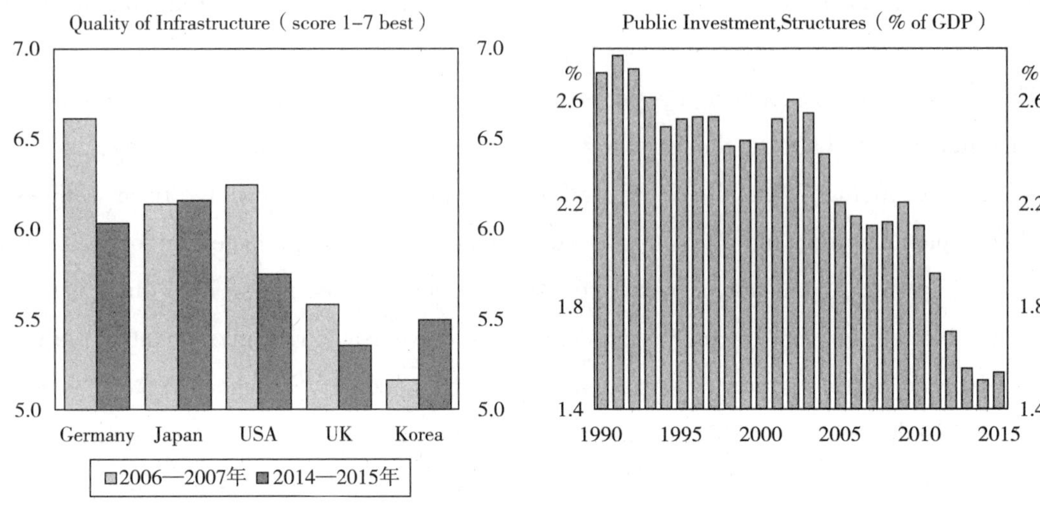

Figure 11A Infrastructure is Aging in the United States

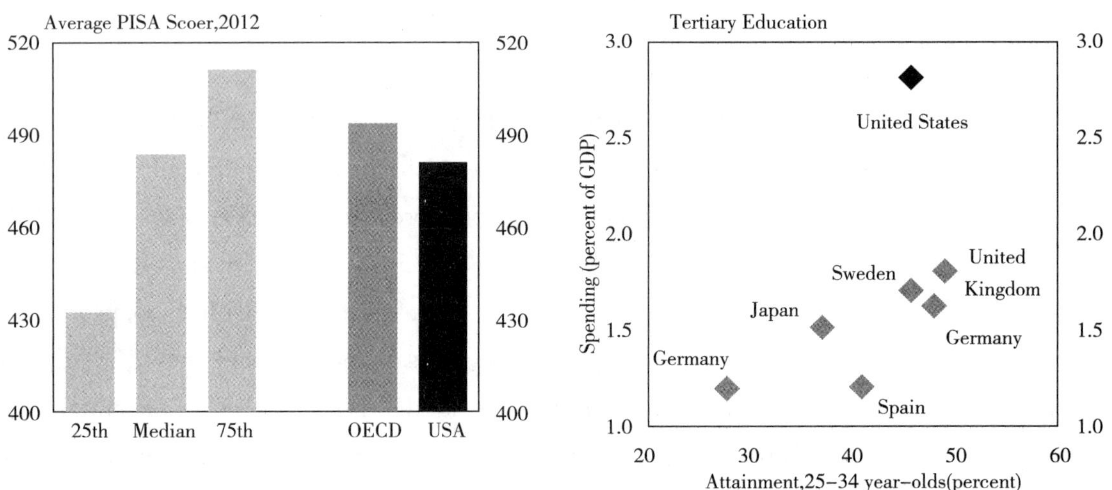

Data source: IMF.

Figure 11B High Investment in Education is in Low Efficiency in the United States

average corporate income tax of OECD countries has fallen from 32% in 1995 to the current 22%. Today, the US corporate tax rate is higher than the average of OECD countries as well as that in the UK and Canada (15%), so the United States has both the space and the reason to lower the corporate tax rate (see Figure 12). Corporate tax rate could be considered as a competitive edge in the global market, and reducing corporate tax rate will sharpen the competitiveness of US companies, attract international capital inflow, promote investments in the real economy, and increase employment. Tax cut has always been the claim of Republicans and the Capitol Hill holds the power to launch a tax reform. The Republican Party currently holds majority seats in the Senate and House of Representatives, and Trump will also push tax reform.

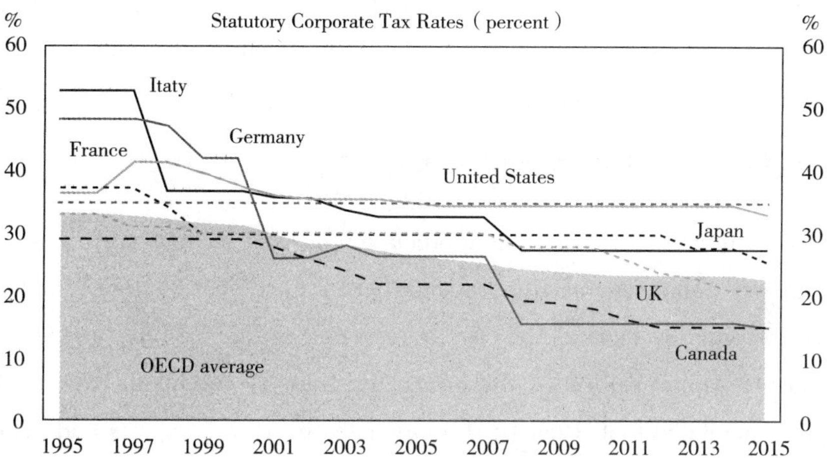

Source: OECD.

Figure 12 Comparison of Global Corporate Tax Rates

Thirdly, trade protectionism policy (the US ranks No. 1 in the world). He proposed that US should withdraw from TPP and NAFTA (North American Free Trade Agreement) and to "build a wall" along the Mexican border. He also accused China of a "currency manipulator", and charged 45% tariffs on imports from China. With regard to trade, since the trade deficit is a big problem in the US, Trump hopes to increase US exports, especially exports from the tertiary industry (see Figure 13). The Congress has clearly stated that it will not approve the

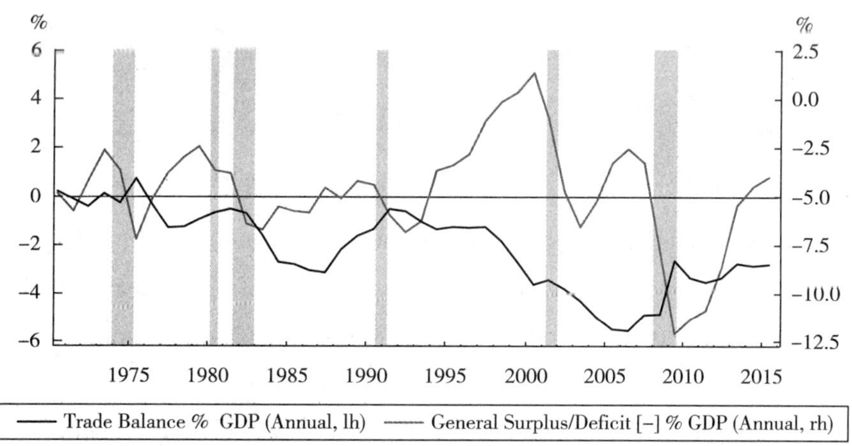

Source: The Federal Reserve etc.

Figure 13 Deficits in US Trade and Current Accounts

entry of TPP, so Trump's proposal of leaving TPP is a natural result. However, it is not easy to quit NAFTA because it has obtained legislative approval. Anyway, it is possible to start negotiations on treaty amendment. The White House always "has a say" in trade policies, and Trump has chosen a particularly tough anti-tradeist as the chairman of newly established White House Trade Commission, which suggests his determined resolution.

III. Challenges to Trump's "New Policy"

1. The raise of interest rates and the appreciation of USD have negative impacts on exports and economic growth. The Federal Reserve has begun to increase interest rates. Inflation is expected to rise, forcing the Federal Reserve to keep raising interest rates and USD continues to appreciate. It favors capital return on the one hand, but is harmful to exports and economic growth. We have calculated that when USD appreciates by 10%, exports and economic growth will decline by 0.5% of GDP.

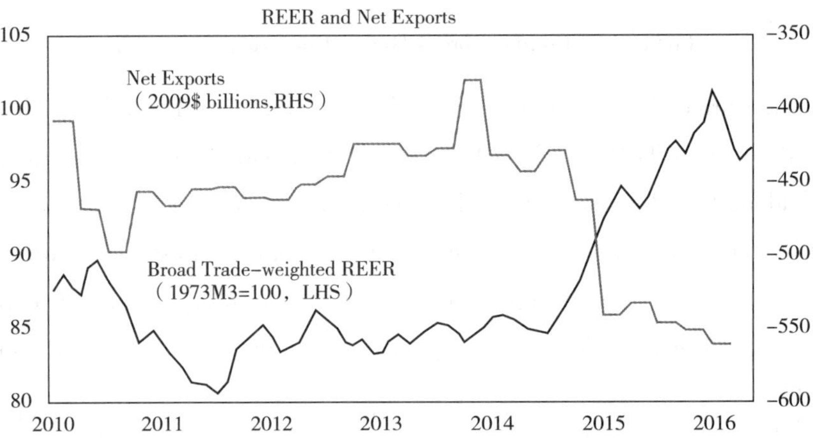

Source: BEA and so on.

Figure 14 Changes in US Exchange Rates and Net Exports

2. It is not easy to balance fiscal expansion, price and macro stability. Expansionary fiscal policy and earnings increase benefit economic growth, yet have caused the rise in prices, especially inflation expectations. In view of the quantitative easing monetary policy, the overall liquidity has been kept high, which might trigger rapid inflation. Balancing fiscal expansion and price stability, as well as macroeconomic stability becomes a prominent challenge (see Figure 15).

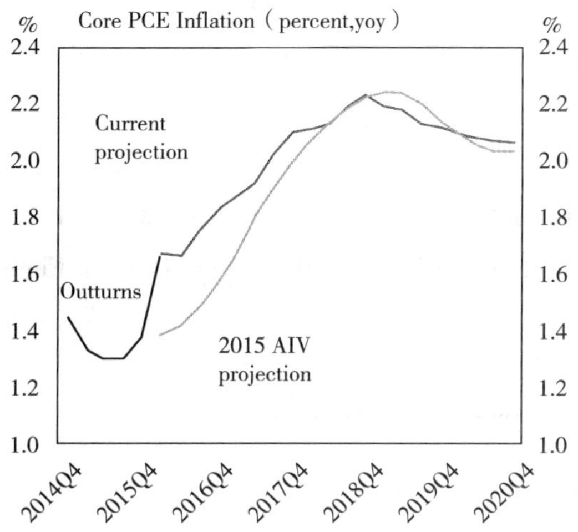

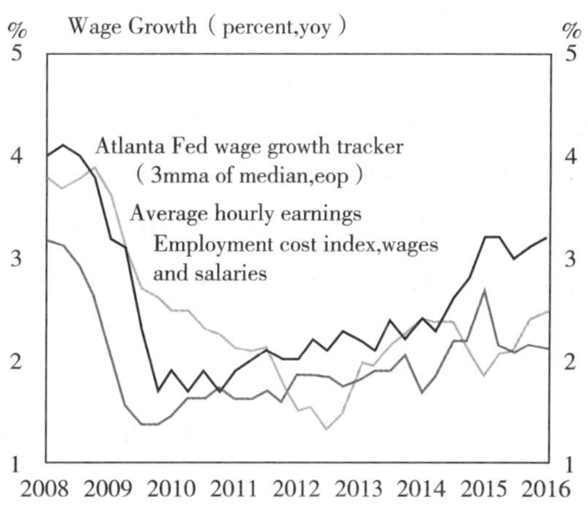

Source: IMF.

Figure 15 US Inflation Expectations and Earnings Increase

3. It is quite difficult to balance tax cuts and increased expenditure to avoid high fiscal and current account deficits. Trump has to cut tax on one hand, and increase expenditure on the other, which will definitively result in the rise in fiscal deficits followed by the increase of deficits in currents accounts. It is estimated that the deficits in US finance and current accounts will increase from 3.3% and 3.5% of GDP in 2016 to 4% of GDP in 2017, double-peak deficits. Such prediction may cause USD depreciation (see Figure 16).

			Projections									
	2014	2015	2016	2017	2018	2019	2020	2021	2022	2023	2024	2025
Federal government deficit												
President's FY2016 Budget	-2.8	-2.5	-3.3	-2.6	-2.3	-2.6	-2.4	-2.4	-2.8	-2.7	-2.5	-2.7
CBO budget assessment	-2.8	-2.5	-2.9	-2.2	-1.9	-2.5	-2.7	-2.9	-3.4	-3.4	-3.2	-3.5
CBO baseline (current law)	-2.8	-2.5	-2.9	-2.8	-2.7	-3.4	-3.7	-3.9	-4.4	-4.4	-4.3	-4.6
Gross debt	104.9	105.7	107.9	107.8	107.4	107.5	107.7	107.8	108.2	108.4	108.5	
incl. unfunded pension liab.	123.2	125.4	127.8	127.8	127.6	127.9	128.2	128.6	129.1	129.5	129.7	
Current account												
Current account balance		-2.6	-2.9	-3.5	-3.8	-4.0	-4.0	-4.1				
Balance on trade in goods and services		-2.8	-2.9	-3.2	-3.2	-3.2	-3.2	-3.1				

Source: IMF.

Figure 16 Deficits in US Finance and Current Accounts

4. Facing the dilemma of the increase of debts and the ceiling set by US government. Debts of US federal government and state governments amounted to over 100% of GDP in 2014, and continued to rise in 2016. Fiscal deficits will continue to increase considerably in 2017 and 2018. In the context of rising interest rates, interest cost of US debts will also raise significantly in the next few years which will cause more fiscal pressure. Raising debt ceilings require approval of the Congress, and the debt ceiling was reached again on March 15, 2017. It is a challenge for Trump to reach a new agreement on the debt ceiling with the Congress (see Figure 17).

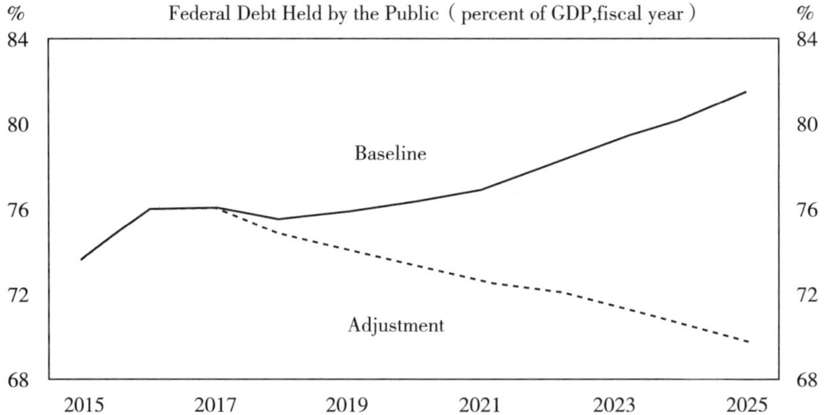

Source: IMF.

Figure 17 Debts in the Future of US Federal Government

5. Policy coordination is difficult and the US economic growth is becoming more fluctuating. With uncertainties in interest rates, exchange rates, exports, imports, finances, and debt ceilings, US economic growth is becoming more fluctuating. Trump proposed to set the target of US economic growth at 3.5% ~4%. According to our analysis, US potential economic growth rate is 2% in the following years. To boost its realization, fiscal expenditure should be increased greatly, which requires an additional fiscal deficit of at least 2-4 percents from existing fiscal deficit. A rapid increase in fiscal deficits and debts will appear as a result, exceeding the bottom line of 4%. This will inevitably lead to fluctuations in USD exchange rates and volatility of US economic growth. Consistent and orderly progress in coordination with various policies can avoid sharp fluctuations in economic growth, which is a direct challenge for Trump (see Figure 18).

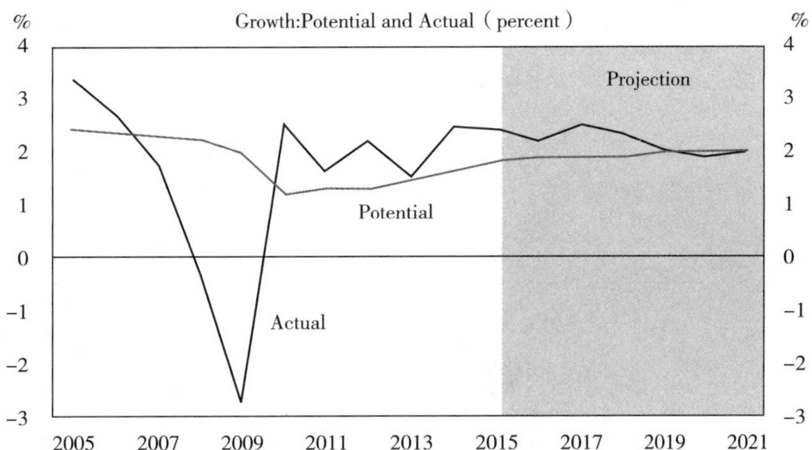

Sources: BAE, IMF.

Figure 18　US Economic Growth Potential (2016-2021)

IV. Global Impacts of Trump's Economic Policy

1. Monetary policies of major developed countries gradually deviate, and volatility of their monetary markets is increasing. US monetary policy is tightening. The Federal Reserve continues to raise interest rates in 2017. Meanwhile, Bank of Japan and European Central Bank remain their policies of zero or negative interest rates, and monetary policies of major developed countries are gradually diverging. USD is appreciating while almost all the other currencies are depreciating. Over the past 18 months, almost all currencies have depreciated against USD, with EURO dropped by 20%, JPY by 30%, BRL by 60% and RUB has almost depreciated by 80%. USD has appreciated by 5% for the last two months with a trend to increase further. This is a major factor affecting world economy and finance (see Figure 19).

2. Trump's monetary policy inclination and the adjustment of the market based on the expected interest rate gap set by the Federal Reserve will lead to reallocation of global assets. Over the past few years, the market has not agreed with interest rates announced by the Federal Reserve and believes that interest rates will remain low. It is true that the adjustments in interest rates made by the Federal Reserve always lag behind market changes. Trump changed market expectations when he took the power, and market expectations began to get close to the interest rates announced by the Federal Reserve, thus changing the risk premium of financial markets. Therefore, global financial assets will be reallocated and fluctuations in financial markets are inevitable (see Figure 20).

3. USD is appreciating and the risks of global financial crisis are increasing. Comparing

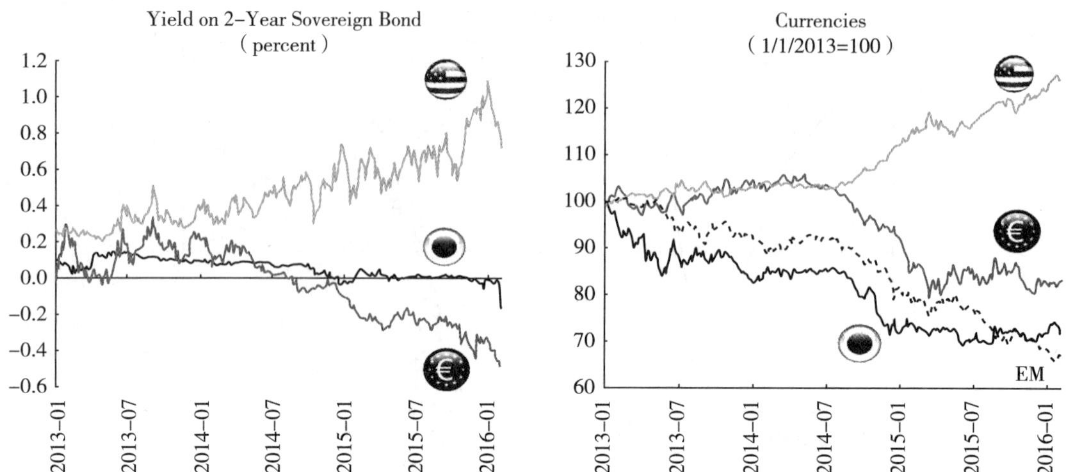

Figure 19A Monetary Policy Divergence and Changes in Exchange Rates of Major Developed Countries

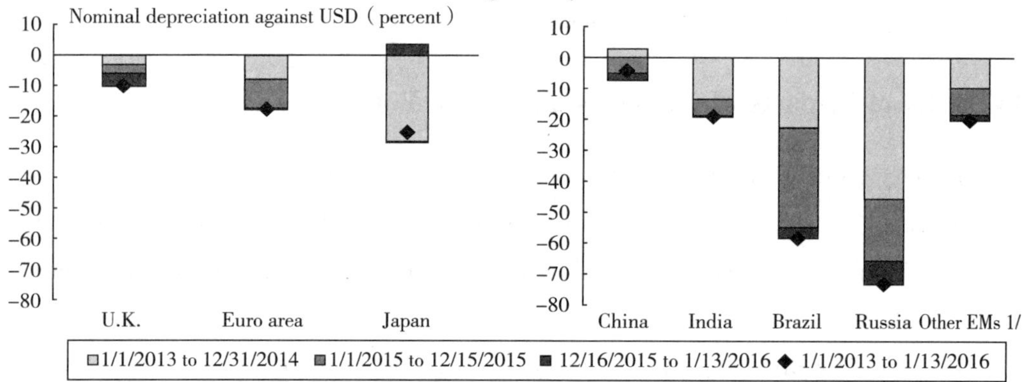

Data source: IMF.

Figure 19B Rise of US Interest Rates and Fluctuations in Exchange Rates Market

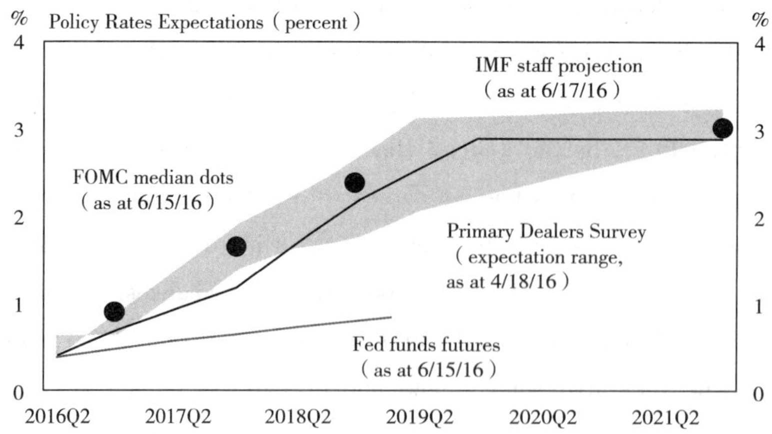

Sources: the Federal Reserve and so on.

Figure 20 The Federal Reserve's Operations of Raising Interest Rates and the Market Expectations

with historical statistics, whenever USD appreciates, more countries will be involved in financial crises. USD appreciation worsens the situation of those enterprises or countries that have many debts in USD in their balance sheets, because they have to pay more interests in USD with increased financial burden. When USD appreciates, the interest rate spread between the US domestic market and other markets is narrowed, and capital tends to flow back to the US capital market. When a capital market relies heavily on US funds, capital outflow triggers a crisis. In the 1980s, USD reached its first peak, and a crisis broke in Latin American area. In the 1990s, the second peak of USD triggered Asian financial crisis. USD is currently climbing for its third peak. Although it is still below the level of previous peaks, Trump's tight monetary policy and easing fiscal policy will drive its appreciation. The risks of global financial volatility and crises are on the rise (see Figure 21).

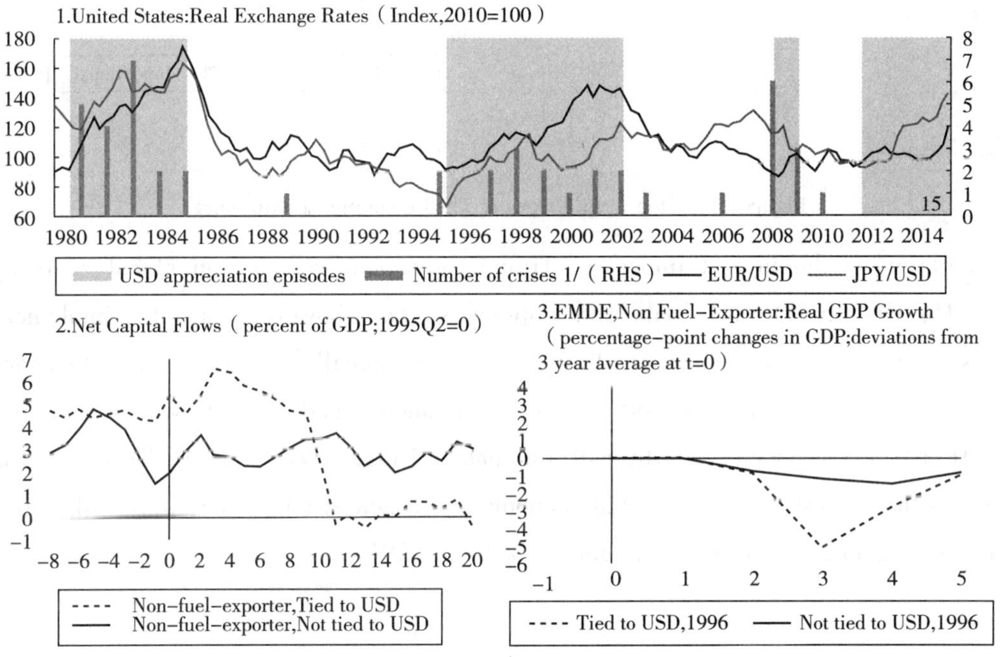

Source: IMF.

Figure 21 USD Appreciation and Global Financial Volatility

4. US economic growth may fluctuate, influencing global economy. We have calculated the impact of 1 percentage point of US GDP change on the global economy. For instance, its impact on Canada is the greatest which may result in a 0.9 percentage point GDP fluctuation and a 0.75 percentage point GDP fluctuation in Mexico. Changes from 0.3 to 0.5 percentage point might be caused on GDP in other 20 countries. To be specific, it may cause a 0.35 percentage point fluctuation in China's GDP. Spillover effects can be divided into direct influences of trade and

capital flows as well as indirect influences of information, confidence, and contagion (see Figure 22), while the latter refers to psychological and contagious influences affecting among countries with serious consequences.

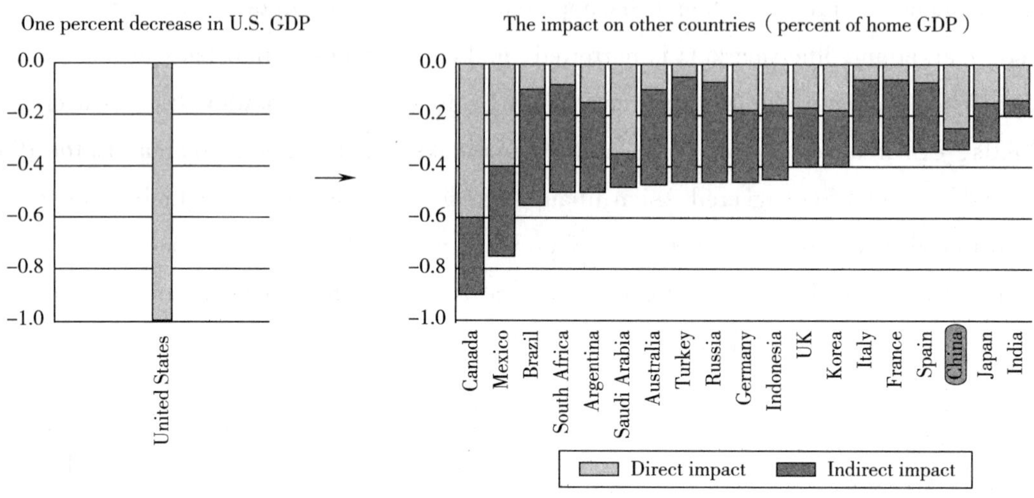

Source: IMF.

Figure 22 Global Spillovers of US Economic Fluctuations

Uncertainty is the biggest impact of Trump's economic policies on global economy and finance. He has put forward goals and policies so far, however, specific implementation measures, tools, and channels are still unknown. Technically, it is not easy to coordinate interest rates, exchange rates, exports, imports, finances, and debts based on policies, and both USD and US economic growth will fluctuate. Thus, uncertainty in Trump's economic policies has the biggest impact on global economy and finance, and it definitely will cause more fluctuations in global economic and financial market in 2017.

Part Two

China's Financial Policies in 2016

CHAPTER 4

Macro-Financial Policy

I. Monetary Policy①

The year of 2016 witnessed complicated international and domestic economic environment. An imbalanced development still existed in the world economy where the US economic indicators turned around while the Euro zone underwent a slow economy recovery. Monetary policies gradually differentiated main international economies among which the US dollar entered into rate hike cycle due to the hawkish Fed while BOJ and ECB still maintained loose policies. Internally, under the new normal of economic development, the downward pressure on economy was still mounting. In this regard, our country carried out the supply reform to deleverage, cut overcapacity, reduce excess inventory, lower costs and strengthen areas of weakness. As short-term demand management means, not only did the monetary policy allow the economic growth making progress while keeping stable but also effectively prevent systematic financial risk from happening in combination with macro-prudential management.

(i) 2016 Monetary Policy Operations

1. Formulation and introduction of major monetary policies

In 2016, the PBC continued sound monetary policy and took initiatives to adapt to the new normal of economic development. Firstly, the PBC comprehensively employed the mix of monetary policy tools such as open market operations, reserve requirement, pledged supplementary lending, standing lending facility and medium-term lending facility in order to maintain reasonably adequate liquidity in the banking system. The PBC lowered the MLF interest rate twice in 2016 and lowered the RMB deposit reserve requirement ratio by 0.5 percentage point once for all financial institutions. Further, the PBC reformed the reserve assessment mechanism, adopting a double-averaging approach. Secondly, the PBC utilized

① Author: Chen Jie, Researcher of Office of Senior Advisors, People's Bank of China.

flexible credit policies to guide financial institutions to strengthen their credit support for key areas and weak sectors in the national economy. The central bank lending for poverty alleviation and internal rating were launched. Assessment of support for small and micro businesses and situations of agriculture, farmer and rural area was made in financial institutions which enjoyed targeted cuts to required reserve ratio, and dynamic adjustment management was put into effect according to assessment results. Real-estate credit policies were rolled out in a tailored approach to address the specific situations in individual cities. The macro-prudential assessment (MPA) was established and improved to guide financial institutions to strengthen their self-discipline capabilities. In view of the whole 2016, the PBC maintained flexibility, appropriateness, prudence and robustness in its monetary policy, enhanced preemptive adjustments and fine-tunings, creating a proper monetary and financial environment for the supply-side structural reforms; it also energetically promoted financial reform and opening-up and practically prevented and resolved financial risks, driving a higher quality, more effective, more equitable and more sustainable development in economy and finance.

2. Analysis of major monetary policies in 2016

(1) Open market operations were established and improved. Firstly, a mechanism of daily open market operations was established. In order to further improve open market operations, the PBC established a normal mechanism of daily open market operations on February 18. Secondly, the PBC lowered the MLF interest rate twice in the first half of 2016 to guide the medium-term interest rate down. Thirdly, in order to improve fine liquidity management and initiative operations, in late August and mid-September, taking into account the overall economic performance, the liquidity situation, and the existing term mismatch on the market, the PBC introduced 14-day reverse repos and 28-day reverse repos to provide relatively longer-term liquidity and to guide financial institutions to improve their liability stability. The primary dealers in open market operations also served as transmission channels to optimize the term structure of the money market deals. This contributed to the prevention of asset/liability term mismatches and liquidity risks. In 2016, the repo rate almost remained stable in the open market. In 2016, a total of RMB 24.8 trillion of reverse repos were operated, including RMB 17.9 trillion of 7-day reverse repos, RMB 3.9 trillion of 14-day reverse repos, and RMB 3 trillion of 28-day reverse repos. SLO operations provided total liquidity of RMB 205 billion. At end-2016, the outstanding volume of reverse repo operations registered RMB 1315 billion while the outstanding SLO was zero.

(2) Standing lending facility was conducted. In January 2017, in order to meet seasonal liquidity demand as a result of the cash supply in the run-up to the Spring Festival, to maintain

adequate liquidity in the banking system, and to promote stable money market operations, the PBC provided temporary liquidity support through temporary liquidity facilities (TLFs) to a number of large banks that provided a large amount of cash to clients. In this way, a market-based mechanism was used to more effectively meet temporary liquidity demand. The term variety of SLFs was diversified to maintain stable SLF rates. In early 2016, the PBC introduced a 1-month SLF to meet the liquidity needs of financial institutions during the Spring Festival and required its branch offices to provide liquidity to locally incorporated financial institutions based on their need to promote stable operation in the money market. Efforts were made to explore SLF interest rates and give play to the role of the ceiling of the interest rate corridor to maintain stable SLF interest rates. For locally incorporated financial institutions that met the macro-prudential requirements, the applicable overnight, 7-day, and 1-month SLF interest rates were 2.75 percent, 3.25 percent, and 3.60 percent respectively. When the money market interest rates were most prone to fluctuations, i.e., in the run-up to the Spring Festival, at the month and quarter ends SLFs were promptly used to meet the temporary liquidity needs of small and medium-sized financial institutions. In 2016, the PBC conducted a total of RMB 712.2 billion of SLF operations, including RMB 164.9 billion in Q4, and the outstanding volume of SLFs posted RMB 129 billion at end-2016. On February 3, 2017, the PBC adjusted overnight, 7-day, and 1-month SLF interest rates to 3.10 percent, 3.35 percent and 3.70 percent respectively to strengthen the management of liquidity in the banking system and to maintain stable operation in the money market.

(3) The normal operations of MLFs were conducted and the term varieties were diversified. A normal operation mechanism of MLF was set up to enable prompt MLF operations in each month to maintain stable market expectations. To meet liquidity demand with different terms and to enrich the term variety of MLFs, the PBC introduced 3-month and 1-year MLFs in addition to 6-month MLFs. In 2016, the cumulative volume of MLF operations reached RMB 5523.5 billion, with the ending balance of RMB 3457.3 billion, an increase of RMB 2791.5 billion from the beginning of the year. MLF operations became an important channel for the central bank to provide base money and to promptly fill the medium-term liquidity gap. In line with the monetary-policy requirements, the PBC lowered the MLF interest rates twice in early 2016, serving as a guiding role in medium-term policy rate. At end-January 2017, the MLF interest rate was raised moderately, with the 6-month and 1-year interest rates reaching 2.95 percent and 3.10 percent respectively after the hike. The PBC explored the interest rate corridor mechanism to improve the interest rate formation and adjustment mechanism, which indicated a prudent monetary policy in 2016. With regard to the medium and long term interest rate, such tools as

central bank lending, MLF and PSL were exerted to adjust medium and long term liquidity and medium-term policy rate thus to guide and stabilize medium and long term market interest rate. Improving interest rate formation and adjustment mechanism served as the core transformation of monetary policy framework in 2016.

(4) Reserve requirement ratio instrument was used to improve reserve requirement mechanism. In March 2016, the PBC lowered the RMB deposit reserve requirement ratio by 0.5 percentage point for all financial institutions in order to maintain reasonably adequate liquidity in the banking system. In July 2016, the PBC further reformed the reserve assessment mechanism, adopting an averaging approach to assess the base of eligible deposits. This represented a further improvement in the averaging reserve-assessment method after the reform in September 2015 when the assessment method was changed from a daily requirement to an arithmetic average requirement for the entire maintenance period. As a result, both the calculation of eligible deposits and the assessment of reserves during the maintenance period are based on an averaging method, i. e. , a "double-averaging" approach. The double-averaging approach has improved the flexibility of liquidity management by financial institutions, enhanced sound operation of the money market, helped improve the monetary-policy transmission mechanism, and provided a basis for the transformation of the monetary-policy framework.

(5) Such monetary policy tools as central bank lending and discount were used to support the development of specific economic fields. In accordance with the macro-economic situation, the PBC increased the credit line for agro-supporting and small-enterprise-supporting central bank loans, and included private banks among the eligible recipients of small-enterprise-supporting People' bank of China loans. The Pledged Supplementary Lending (PSL) mechanism was improved, the range of loan use was expanded and China Development Bank was included in the recipient of PSL. In 2016, the PBC provided three policy banks with PSLs totaling RMB 971.4 billion. The central bank lending for poverty alleviation was launched to provide support to the development of industries with local characteristics in the poor regions and businesses established by the poor, their employment, and to lift people out of poverty. At end-2016, the balance of national poverty alleviation central bank loans totaled RMB 112.7 billion. Measures were adopted to steadily promote credit asset pledges and pilot central bank internal ratings. In 2016, a total of RMB 20.7 billion was provided as credit-policy-supporting People' bank of China loans with credit assets as collateral to locally incorporated financial institutions.

(6) The macro-prudential policy framework was further improved. The PBC has upgraded the differentiated and dynamic reserve adjustment mechanism to a macro-prudential assessment (MPA) system. The MPA aims to guide the behavior of financial institutions in seven

dimensions, including capital and leveraging, assets and liabilities, liquidity, pricing behavior, asset quality, cross-border risk exposure, and implementation of credit policies. Based on the assessment results in 2016, money and credit supply continued their stable growth while banking financial institutions maintained sound operations. Banks have increasingly embraced the sound operation principles based on the capital constraints while improving their self-discipline capabilities and awareness. The market interest-rate pricing order was maintained. These were the intended outcomes of the enhanced macro-prudential regulation. The PBC has been working to improve the practice of macro-prudential assessments, exploring the possibility of covering more asset categories in the framework and enhancing communications with financial institutions so as to guide financial institutions to strengthen their self-discipline and to maintain prudential operations. In the assessment for Q1 2017, off-balance sheet wealth-management products were included in broad credit for the first time to guide financial institutions to enhance risk management in such businesses. The macro-prudential framework for cross-border capital flows was improved. First, full-coverage of the macro-prudential regulation policy for cross-border financing was rolled out nationwide and constantly improved. Starting from May 3, 2016, the ex ante approval process for external borrowing was abolished to allow financial institutions and enterprises to conduct cross-border financing in both local and foreign currencies, within the upper limit of the cross-border financing that is linked to their capital or net assets. This move is consistent with the reform principle of simplifying administrative procedures and delegating powers, and the State Council requirements of delegating administrative powers, regulating functional innovations, and transforming government functions to spur market development and innovations. After comprehensive assessment of the implementation, in early 2017 the PBC further improved the policy framework to expand the room for cross-border financing by enterprises and financial institutions, to support the use of low-cost financing abroad, and to support the growth of the real economy. Second, parameters were designed and recalibrated based on the macroeconomic management needs and the results of the macro-prudential assessment to counter-cyclically adjust the cross-border financing by financial institutions and enterprises, to keep the volume of cross-border financing consistent with the dynamics of the macroeconomic performance, the overall debt service capacity, and the balance of payments position, to control the leverage ratio and currency mismatch risks, and to effectively prevent systemic financial risks. Third, financial institutions located on the Chinese Mainland were required to set aside, effective from January 2016, reserves at the normal reserve requirement ratio for deposits of overseas financial institutions to prevent macro financial risks and to promote the sound operation of financial institutions.

3. Experience summary of PBC monetary policies in 2016

A mix of monetary policies shall be implemented. A combination of monetary policy tools shall be adopted to optimize policy combination. Macro-prudential management shall be enhanced through effective macro-prudential assessments. A balanced liquidity shall be maintained to enable a reasonable growth of money, credit and all-system financing aggregates. Based on changes in domestic and international economic and financial situations, such monetary policy tools as open market operations, standing lending facility, medium-term lending facility, re-lending and reserve requirement shall be employed flexibly to manage liquidity and market interest rate level properly, thus promoting the stable money market. The monetary and financial environment shall remain prudent, neutral, and appropriate from two aspects of quantity and price, creating a suitable financial environment for economic development. Macro-prudential management shall be enhanced and improved through effective macro-prudential assessments. Continuous efforts shall be made to guide commercial banks to enhance liquidity and balance-sheet management by properly managing the size and maturity structure of their assets and liabilities and to improve liquidity risk management and surely prevent the systematic financial risks from happening.

The credit policy shall be optimized to give full play to credit policy and window guidance for guidance and support the economic structural adjustment, transformation and upgrading. The credit policy's function in targeted structural adjustment shall be strengthened to guide financial institutions to optimize credit structure. To support the five major tasks of cutting overcapacity, reducing excess inventory, deleveraging, lowering costs and strengthening areas of weakness, the PBC shall transform implementation methods of credit policy to promote the execution and guiding ability of credit policies, continue providing proper financial services for strategic adjustment of industrial structure, infrastructure building, and reform and development in key areas (such as ship-building, railways, logistics, and energy) and step up financial support to services development, such as retirement services and healthcare. Also, the PBC shall actively provide support to address overcapacity issues and realize poverty alleviation and upgrading in the coal and steel sectors, thus to improve the establishment and improvement of system of green finance policies and further propel the healthy and sustainable development of credit-asset securitization market. Financial services for new types of business entities in the agricultural sector shall be improved, the pilot of loans pledged with contracted farmland operational rights and rural home property rights shall be properly advanced in accordance with the laws, and banking institutions shall be encouraged to ramp up support for key areas, including water conservancy projects, agricultural infrastructure, integration of the primary, secondary, and tertiary industries, international cooperation in agriculture, the modern seed industry, and the new type of urbanization. The mechanism of financial poverty assistance shall be established and improved to guide financial institutions to increase their credit distribution to poverty-stricken area. The mechanism to evaluate the effects of the credit policy targeting rural areas, farmers, and agriculture as well as small and micro businesses and the financial services targeted at poverty alleviation shall be improved to guide financial institutions to enhance credit support to weak sectors, such as small/micro firms, and agriculture, rural areas and farmers.

The management of interest rate, exchange rate and RMB cross-border settlement shall be reinforced. The market-based interest rate reform and the RMB exchange rate regime reform shall further continue so as to improve the allocation efficiency of financial resources and to reinforce the financial regulation system. Financial institutions will be urged to strengthen internal control system and improve capabilities for independent and rational pricing and risk management. Measures shall be adopted to develop market-based benchmark rates and yield curves, and continuously improve the market-based interest rate mechanism. The PBC shall explore the interest rate corridor mechanism, enhance interest rate adjustment capability, and straighten out the mechanism of transmission from central bank policy rates to the financial market and even the real economy. Oversight of the irrational pricing behavior of financial institutions shall be strengthened. The important role of the market interest rate pricing self-discipline mechanism shall be tapped. Effective approaches shall be adopted to stimulate and bind interest rate pricing behavior while industry self-discipline and risk prevention will be reinforced to maintain fair pricing. The market-based RMB exchange rate regime shall be further improved to allow market forces to play a greater role, to enhance the two-way floating flexibility of the RMB exchange rate, and to keep the RMB exchange rate basically stable at an adaptive and equilibrium level. Measures will be taken to support the use of the RMB in cross-border trade and investment. Direct trading of the RMB against other currencies shall be promoted. The impact of international developments on capital flows shall be closely watched and macro-prudential management of cross-border flows shall be improved.

The macro prudential policy framework shall be improved to support economic development and prevent financial risks from happening. The PBC shall strengthen macro-prudential management to guide financial institutions to maintain sound operation and urge them to deepen reform in order to increase capability and level of risk prevention and control. Risk monitoring and early warning shall be strengthened to dynamically identify potential risks, with a focus on the monitoring and analysis of risks arising from corporate debt, the quality of bank credit assets, Internet finance, private financing, illegal fund-raising and cross-border capital flows.

Stress testing shall be conducted continuously for financial institutions and markets, risk warnings shall be issued in a timely manner, and contingency plans shall be further improved and various measures and means shall be explored to prevent and resolve risks. Macro-prudential management shall be reinforced to effectively prevent and resolve pro-cyclical, cross-sector and cross-market financial risks. Institutional reform of the capital market shall be further deepened so as to promote the sound and healthy development of the capital market. Special rectifications shall be carried out against Internet-enabled finance risks, private financing shall be better regulated and efforts to fight against illegal fund-raising shall be intensified.

(ii) Effects and Assessment of Major Monetary Policies in 2016

In 2016, the PBC continued to apply such monetary policy tools as pledged supplementary lending, medium-term lending facility, credit policy and central bank lending to support financial institutions to conduct credit expansion in key areas and weak sections of the national economy and guide social financing cost reduction, which promoted adjustment, transformation and upgrading of the economic structure. It constantly optimized credit structure to support the development of the real economy, enhanced coordination and cooperation between credit and industrial policies, deepened reforms of key areas and released bonus from reforms. It also continued to promote reforms of interest rate marketization to gradually form interest rate "corridor". By further improving market-oriented exchange rate regime mechanism, it kept RMB exchange rate basically stable at reasonable and balanced level. In respect of financial institution reforms, it continued to step up support for regional financial reforms, in order to constantly perfect the macro-prudential policy framework, explore and establish the macro-prudential assessment system, raise awareness of preventing financial risks and control risks of financial institutions in an initiative way.

Sound and flexible monetary policies had made good achievements. During the whole year, the liquidity in the banking system was reasonably adequate with money, credit, and all-system financing aggregates growing steadily, and with the interest rate at a low level. The exchange rate of RMB to a basket of currencies remained basically stable, and the two-way fluctuations of RMB against USD dollar stayed elastic. By the end of 2016, the balance of the broad M2 gained 11.3 percent year on year, and RMB loan balance gained an increase of 13.5 percent year on year, an increase of RMB 12.65 trillion from the beginning of the year, up RMB 925.7 billion year on year; the all-system financing aggregates gained an increase of 12.8 percent year on year. At the end of 2016, the CFETS RMB exchange rate index was 94.83, and the central parity rate of RMB to USD dollar was RMB 6.937.

Jointly driven by a series of monetary policy measures, China's economic operation was generally stable, and the supply-side structural reform made positive progress in 2016. Consumption contribution rate continued to increase with investment slower but stable and trade surplus narrowing. Industrial production grew stably with enterprise benefit improved and overall stability of employment situation. In 2016, Gross Domestic Product (GDP) and Consumer Price Index (CPI) rose respectively by 6.7 percent and 2.0 percent from one year earlier.

(iii) Outlook for Monetary Policies in 2017

1. Brief analysis of economic and financial situations from January to February in 2017

(1) Brief analysis of current situations of major economies. According to economic data released over the past two months, the global economy will generally undergo a weak recovery. In the United States, Trump policies got in deep water, under the circumstance the health insurance bill was voted. There may be a deceleration about inflation in the US. The FED still aims to price stability in monetary policies and is more likely to raise the interest rate three times (or twice) during the year, and there are still structural problems in fundamentals. Inflation rate in US will remain at around 2 percent and may show signs of a decline in 2017 compared with 2016. Uncertainties of Trump policies increased rapidly and risk aversion soared around the world. Affected by FED dovish signals and Trump policies in trouble, US dollar keeps sinking and US dollar index weakened for three consecutive weeks. There was a reduction about divergence among central banks from various countries with continuing hawkish signals. According to data released by the UK, Germany, Japan and Australia recently, the global economy presented a weak recovery still with unbalanced structural development. Specifically in February, the purchasing manager' index (PMI) of British manufacturing industry posted 54.60 less than expected; final PMI value of German manufacturing industry posted 56.80 less than expected; Japan's actual final quarter-on-quarter GDP posted 0.30 percent in the fourth quarter, less than expected; change of employment population and unemployment rate in Australia failed to meet expectations. In short, major economies around the world showed the trend that the economy was recovering weakly with a deceleration of inflation.

(2) Brief analysis of China's economic situation from January to February. China still has economic growth potential to some extent. From major economic indicators, accumulative growth of industrial enterprise profits from January to February in 2017 soared to 31.5 percent from the previous 8.5 percent. Year-on-year growth of industrial enterprise profits from January to February in 2017 accelerated sharply to 31.5 percent from 8.5 percent throughout the whole year of 2016. Year-on-year growth of industrial enterprise profit accelerated for three reasons. First, upstream industries gained extremely low profits at the beginning of last year, which boosted base effect. Second, there was a sign of recovery in business operation. From the measurement

of the National Bureau of Statistics, due to an growth of PPI (Producer Price Index) and PPIRM (Purchasing Price Index Of Raw Material), main business revenue and cost increased respectively by 1.17 trillion and 0.93 trillion from the same period last year, and the total additional profit amounted to RMB 230.2 billion due to growth of price, which means that price contributed 29.5 percent to 31.5 percent in profit growth from January to February. Third, demand recovery boosted corporate capacity utilization rate and accelerated asset turnover, which drove sales revenue growth with profit rate expansion. As a whole, the financial data of industrial enterprises from January to February indicated that the earning performance and cash flow of manufacturing enterprises continued to pick up obviously since the beginning of the year. PPI rose and PPI-CPI margin expanded, which did not mean that manufacturing profits were under pressure and positively correlated with earning growth rate and profit margin of industrial enterprises. It was expected that the impetus for profit growth will remind strong in 2017. In consideration of rising inflation expectations, sound demand of investment and rebound of overlapped import demand, the sale growth of manufacturing enterprises may remind constructive as capacity utilization and asset turnover will be improved, which contributes to corporate profits and further improvement of cash flow.

In terms of price development, according to data of the national consumer price index (CPI) and producer price index (PPI) in January, the CPI gained an increase of 1.0 percent month on month, an increase of 2.5 percent year on year; in February, China's CPI gained 0.8% year on year with a predictive value of 1.6 percent and a prior value of 2.5 percent; the PPI gained 7.8 percent year on year with a predictive value of 7.5 percent and a prior value of 6.9 percent in February. In the aspect of the PPI, with the deepening of supply-side structural reform, administrative simplification and decentralization, innovation-driven strategies, the momentum for Chinese economy is becoming stronger with a growing number of favorable factors in stabilizing economy.

As Chinese economy is stable, we shall not overlook some problems. For example, growth impetus generated inside the economy still remains to be enhanced; when it comes to the balance among stabilizing economic growth, preventing asset bubble and promoting environmental protection, various challenges are faced, and structural contradictions are still more obvious. The author thinks that China shall adhere to the regulation keynote that gives priority to fiscal expenditure and give full play to financial policies to regulate economic structures in terms of economic macro regulation and control in 2017. The PBC shall closely cooperate with fiscal policies, implement prudential monetary policies, gradually weaken the awareness of regulating structures with monetary policies, and restore the essential nature of monetary policies to control the aggregates. Monetary policies shall focus on "both stability and promotion" by adopting temporary monetary policy means to offer necessary financial support to the weak sections and special areas of economic development.

2. Suggestions on implementing monetary policies of the PBC in 2017

(1) Focus on price stability to prevent domestic inflation. In 2017, the economy will suffer much inflationary pressure for reasons that 2 trillion excess currencies in stock market crash that were issued in 2015 haven't been returned and 5 trillion were put into the market from January to March in 2016, despite the result that the total GDP rose up to 17 trillion by 1 trillion compared to that in the same period of 2015. According to the operation law of national currency, the disadvantage resulting from excess issuance of currencies will gradually appear after 11 months in general. Therefore, 2017 will see inflationary pressure. In order to steady inflation, the CPI shall not exceed 3% and the PPI shall not exceed 5% for inflation target.

(2) Focus on housing price stability to prevent asset bubbles. The PBC shall continue the differentiated real estate credit policies in a tailored approach to address the specific situations in developing real estate in first and second-tier cities compared to that in the third and fourth-tier cities. The rigid demands, investment demands and speculative demands shall be addressed as per specific situations. Measures shall be taken in terms of the first and second-tier cities and those with much rising housing price. Credit policies that encourage residents to purchase house for residential use shall be adopted in third and fourth-tier cities requiring inventory reduction to promote asset price stability.

(3) Focus on monetary lever to stabilize the safety of financial system. The Central Economic Work Conference gives a higher priority to financial risk prevention to resolve a number of risk points, prevent asset bubbles and ensure the prevention of systemic risks. During the past ten years, the proportion of Chinese financial industry in GDP has doubled and far exceeded 8%, which is higher than that of the US and the UK, resulting in higher risks in serious financial leveraging. Therefore, in 2017, the PBC will give a higher priority to deleverage in financial institutions and take market measures to develop direct financing and promote enterprise transferred from debt to equity, thus reducing financial leveraging effectively.

(4) Focus on the development of private enterprises and mixed-ownership reform in central enterprises to promote stable development of real economy. Boosting confidence in and promoting development of private economy will play an important role in economic structural adjustment and stable economic growth. In 2017, the PBC will continue with credit policies to support economic development in specific fields and support further promotion of mixed-ownership reform of central enterprises in steel and other industries, thus accelerating the comprehensive

deepening of supply-side reform.

(5) Focus on new economic growth points to support stable economic growth. The PBC supports the development of new energy industries such as hydroenergy, bioenergy, earth energy, non-wind energy, solar energy and nuclear energy, new material industries such as graphene battery, life and bioengineering, IT, energy conservation and environment protection, new energy vehicles, intelligent robots, high-end equipment and strategic emerging industries. An important new growth point comes to the service industry which will become a new growth point and possess great growth space.

Column

RMB is officially joined SDR Currency Basket①

International Monetary Fund (IMF) officially announced on September 30 of 2016 that RMB officially joined IMF Special Drawing Rights (SDR) currency basket from October 1st of 2016. "The currency basket expansion is a historic milestone to IMF, China and international monetary system," said Lagarde, Managing Director of IMF.

An officer of People's Bank of China was pleased with RMB's joining SDR currency basket and Lagarde's statement. This is a milestone of RMB's road to internationalization, which also serves as affirmation of China's economic achievements and financial reform and opening up. Representativeness, stability and charm of SDR are therefore enhanced which will facilitate the progress of IMF reform. China will take "RMB's inclusion into SDR basket" as an opportunity to further deepen financial reform and expand financial open areas, so as to make positive contributions to promoting global economic growth with improved governance and stability of financial markets.

It is reported that 5 currencies have been included in the new basket: USD, Euro, RMB, JPY and GBP. RMB weights 10.92%; while USD, Euro, JPY and GBP weight 41.73%, 30.93%, 8.33% and 8.09% respectively. IMF calculates SDR rate on a weekly basis and will announce latest SDR rate in RMB on October 7 for the first time. Thus, new SDR rate based on three-month treasury yield.

According to comprehensive international comments, representativeness, stability and charm of SDR will be enhanced after RMB's joining SDR.

① Author: He Haifeng, Mainly quoted from People's Daily (October 2, 2016, front page).

Appendix

Summary Table of Relevant Monetary Policy Operations by the PBC in 2016

Date	Main policy contents	Remarks
Jan. 4	The daily operation time of the trading system for the interbank foreign exchange market was extended to 23:30 Beijing time. Meanwhile, qualified overseas banks that participated in RMB purchases and sales, after becoming members of the interbank foreign exchange market through application to the China Foreign Exchange Trade System (CFETS), can enter the interbank foreign exchange market and participate in the trading of all products listed through the CFETS trading system.	This further expanded the spectrum of participants in the interbank foreign exchange market, widened the trading channels for domestic and foreign market participants, and promoted the alignment of onshore and offshore RMB exchange rates.
Jan. 18	The PBC conducted SLO with interest rate as the subject matter of bidding, providing 3-day liquidity of RMB 55 billion Yuan, with bid-winning interest rate of 2.25%.	Took initiatives to adjust market liquidity
Jan. 20	The PBC conducted SLO with interest rate as the subject of bidding, providing 6-day liquidity of RMB 150 billion Yuan, with bid-winning interest rate of 2.25%.	Took initiatives to adjust market liquidity
Jan. 22	The PBC issued the *Notice to Extend the Pilot Program of Applying Macro-Prudential Management to Full-Coverage Cross-border Financing* (PBC Document [2016] No. 18), promulgating that beginning on January 25, 2016 the pilot program of macro-prudential management for full-coverage cross-border financing in local and foreign currencies would be extended for 27 financial institutions and for all enterprises registered in the four free trade zones, including Shanghai, Guangdong, Tianjin and Fujian.	Improved supervision over macro-prudential framework (MPA)
Jan. 25	The PBC began implementing a reserve requirement on overseas participating banks' RMB deposits in domestic agent banks, with the applicable reserve ratio at the same level as that for domestic agent banks, so as to avoid macro financial risks and to promote sound operations of financial institutions.	Improved deposit reserve management
Jan. 28	1. The PBC included bonds of government supporting institutions and commercial banks among open market operations and SLO collaterals. 2. In order to expand the spectrum of SLO participants, it included China Post, Ping An Bank, China Guangfa Bank, Bank of Beijing, Bank of Shanghai, Bank of Jiangsu and HSBC among SLO dealers.	Took initiatives to adjust market liquidity

Continued

Date	Main policy contents	Remarks
Feb. 2	In order to further improve the individual housing credit policy and to support rational housing consumption, the PBC and the China Banking Regulatory Commission (CBRC) jointly issued the *Circular on Issues Concerning Adjustments to the Individual Housing Loan Policy* (PBC Document [2016] No. 26) and lowered the minimum down payment ratio for individual housing loans in cities without "home-purchase restriction" measures.	Differentiated housing credit policies
Feb. 3	In the market-based bids for open market operations participated by primary dealers, the winning interest rates for 7-day reverse repos, 14-day reverse repos, and 28-day reverse repos all moved up 10 basis points to 2.35%, 2.50% and 2.65% respectively.	Open market operations and market liquidity adjustment
	The PBC adjusted the interest rate of overnight, 7-day and 1-month SLF to 3.10%, 3.35% and 3.70%.	Employed open market operations to strengthen the liquidity management in banking system and guide stable performance of money market
Feb. 15	As approved by the State Council, the PBC, the National Development and Reform Commission (NDRC), the Ministry of Industry and Information Technology, the Ministry of Finance, the Ministry of Commerce, the CBRC, the China Securities Regulatory Commission (CSRC), and the China Insurance Regulatory Commission (CIRC) jointly issued the *Opinions on Financial Support for the Industrial Sector to Achieve Steady Growth, Structural Adjustments, and Profitability Improvements* (PBC Document [2016] No. 42) in a bid to enhance financial support for implementing supply-side structural reforms and to promote steady growth, structural adjustments, and profitability improvements in the industrial sector so as to promote industrial restructuring and upgrading.	Used credit policies to support industry structure adjustment
Feb. 17	The PBC, the Ministry of Housing and Urban-Rural Development, and the Ministry of Finance jointly issued the Notice on *Improving the Deposit Rate Formation Mechanism for Housing Provident Fund Accounts* (PBC Document [2016] No. 43), providing that beginning from February 21 the deposit rates of housing provident fund accounts would be adjusted from the benchmark demand and three-month deposit rates to the benchmark one-year deposit rate according to collection time.	Used interest rate to indirectly regulate real estate industry

Continued

Date	Main policy contents	Remarks
Feb. 18	The PBC issued a statement formally deciding to establish a daily mechanism for open market operations, to be effective immediately. In accordance with the demands of the monetary policy adjustment, open market operations would be conducted on each working day.	Established a permanent mechanism for open market operations
Feb. 25	The PBC adjusted the reserve requirement ratio (RRR) of financial institutions that participate in the targeted RRR reduction plan. The adjustment was made in accordance with the rules of the targeted RRR reduction plan and based on an assessment of their support in 2015 to the agricultural sector, rural areas, and farmers, as well as to small and micro-enterprises.	Improved reserve requirement management to guide financial institutions to ramp up support for specific fields
Mar. 1	The PBC lowered the RMB deposit RRR of all financial institutions by 0.5 percentage point in a bid to maintain liquidity in the financial system at a reasonably adequate level.	Used reserve requirement management to guide stable and appropriate growth of money and credit supply to create suitable monetary and financial environment for supply-side structural reform
Mar. 4	The PBC, the Ministry of Civil Affairs, the CBRC, the CSRC, and the CIRC jointly issued the *Guidelines on Financial Support to Accelerate the Development of Elderly Services* (PBC Document [2016] No. 65)	Vigorously promoted innovations in financial organizations, products, and services, and improved financial services to the elderly services sector so as to support its accelerated development
Mar. 7	The PBC renewed a bilateral local currency swap agreement with the Monetary Authority of Singapore. The size of the swap facility was RMB 300 billion /SGD 60 billion.	Expanded the international use scope of RMB
Mar. 16	The PBC issued the Measures on the *Pilot Program of Mortgage Loans for the Property Rights of Rural Homes* (PBC Document [2016] No. 78), jointly with five other institutions including the CBRC, the CIRC, the Ministry of Finance, the Ministry of Land and Resources, and the Ministry of Housing and Urban Construction, and the Measures on the *Pilot Program of Mortgage Loans for Operation Rights of Contracted Farmland* (PBC Document [2016] No. 79), together with four other institutions including the CBRC, the CIRC, the Ministry of Finance, and the Ministry of Agriculture.	Used credit policies to guide financial institutions to support the RRR development

Continued

Date	Main policy contents	Remarks
Mar. 21	The PBC, the NDRC, the Ministry of Finance, the CBRC, the CSRC, the CIRC, and the Poverty Alleviation and Development Leading Group Office of the State Council jointly issued the *Operational Opinions on Financial Support for Poverty Alleviation* (PBC Document [2016] No. 84), proposing 22 operational measures in six areas of financial support for poverty alleviation, and specifying the general requirements, objectives, tasks, and priorities for poverty alleviation under the new circumstances.	Used credit policies to guide financial institutions to support poverty alleviation
Mar. 24	The PBC issued the *Plan for Raising Credit Funds for Poverty Alleviation via Relocation* (PBC Document [2016] No. 90), specifying the goals, tasks, guidelines, principles, and detailed plans for raising credit funds for poverty alleviation via relocation.	Used credit policies to guide financial institutions to support poverty alleviation
Mar. 25	As approved by the State Council, the PBC and the CBRC jointly released the *Instructions on Enhancing Financial Support for New Areas of Consumption* (PBC Document [2016] No. 92) and specified innovative methods of financial support and services in a bid to vigorously develop consumer financing, to better meet financial demands in key areas, and to allow new consumption to play a leading role.	Utilized window guidance to guide financial institutions to ramp up support for specific economic fields
Mar. 28	The PBC issued the *Notice on Launching Central Bank Lending for Poverty Alleviation* (PBC Document [2016] No. 91), creating a central bank lending business for poverty alleviation to be used specifically to support locally incorporated financial institutions in poverty-stricken areas, to expand agricultural credit extensions in poor areas in order to reduce financing costs in poor areas, and to provide strong financial support to win the battle against poverty.	Used relending business to guide financial institutions to ramp up support for specific fields of poverty alleviation
Mar. 30	The PBC and the CBRC jointly released the *Instructions on Enhancing Financial Support for New Areas of Consumption* to better meet financial demands in key areas, and to nurture and form new supply and new power for economic development	Used window guidance to guide financial institutions to ramp up support for specific economic fields
Apr. 6	*The Regulation (Pilot) of the PBC on Pledged Supplementary Lending* (PBC Document [2016] No. 101) was released to further strengthen management of pledged supplementary lending.	

Continued

Date	Main policy contents	Remarks
Apr. 12	The *PBC General Administration Office's Opinions on Effective Implementation of Credit Policies in 2016* (PBC General Administration Office Document [2016] No. 98) were released. Focusing on the five tasks of addressing overcapacity, reducing inventory, deleveraging, lowering costs, and bolstering areas of weakness, the *Opinions* were intended to guide financial institutions in the banking sector to make the best use of credit policies in supply-side structural reforms.	Used credit policies to provide suitable financial environment for supply-side reform
Apr. 14	The *Notice of the PBC on Carrying Out Raising Credit Funds for Poverty Alleviation via Relocation and Maintaining Sound Credit Management Services* (PBC Document [2016] No. 115) was issued. Specifying the raising of credit funds for poverty alleviation via relocation and credit management services in 2016, the *Notice* is intended to ensure the smooth issuance of special financial bonds targeted for poverty alleviation, to ensure special funds are used for special purposes, and to fully support poverty alleviation via relocation.	Used credit policies to reinforce support for poverty alleviation
Apr. 18	The PBC, the CBRC, the CSRC, and the CIRC jointly issued the *Opinions on Reducing Overcapacity in the Steel and Coal Industries to Achieve Development by Resolving Difficulties* (PBC Document [2016] No. 118). The *Opinions* are intended to encourage financial institutions to adhere to the principle of adopting differentiated policies tailored for specific situations and to support development in some areas while limiting growth in others, namely to satisfy reasonable demand for funds in the steel and coal industries and to strictly control credit to create new capacity that violates the regulations. The *Opinions* support the debt restructuring of enterprises and enterprise mergers and acquisitions and restructuring, promote structural adjustments and optimization of the steel and coal industries, and support banks in their efforts to accelerate resolution of non-performing assets and to handle credit defaults of enterprises in accordance with the law.	Gave full play to financial guidance to support such industries as steel and coal to cut overcapacity, deleverage, lower costs and strengthen areas of weakness, thus promoting transformation of steel and coal industry and realizing poverty alleviation and upgrading
Apr. 29	The PBC announced that beginning from May 3 the Macro-Prudential Framework for Cross-border Financing in RMB and Foreign Currencies would be carried out nationwide (PBC Document [2016] No. 132).	Improved macro-prudential management
May 11	The PBC signed a bilateral currency swap agreement with the Central Bank of Morocco, worth RMB 10 billion/MAD 15 billion.	

Continued

Date	Main policy contents	Remarks
May 27	The PBC, the Ministry of Agriculture, the CBRC, the CSRC, the CIRC and the State Administration of Foreign Exchange (SAFE) jointly issued the *Guidelines on Effectively Providing Financial Services for the Development of the Modern Seed Industry* (PBC Document [2016] No. 154) in a bid to increase financial support for a modern seed industry, develop and strengthen leading enterprises that integrate breeding, reproduction, and promotion, safeguard national grain safety, and ensure the sustainable and stable development of agriculture.	Used credit policies to guide financial institutions to increase support for specific fields
	The PBC, the State Council Leading Group Office of Poverty Alleviation and Development, the CBRC, the CSRC, and the CIRC jointly issued the *Guidelines on Strengthening Information Sharing on Financial Services for Targeted Poverty Alleviation* (PBC Document [2016] No. 155) to promote the establishment of a mechanism for sharing information on poverty alleviation underpinned by financial services as well as general information on poverty alleviation and to lay a solid foundation for rolling out targeted measures to lift people out of poverty.	Used credit policies to strengthen support for poverty alleviation
Jun. 6	The PBC lowered the individual investment threshold for certificates of deposit (CDs) from RMB 300000 to RMB 200000 (PBC Statement [2016] No. 13) to promote the development of CDs, broaden the channels for personal investments, and strengthen the capacity of commercial banks to assume liabilities in an active manner.	
Jun. 7	The PBC signed an MOU with the Federal Reserve (Fed) on establishing RMB clearing arrangements in the United States and granted the United States a RMB Qualified Foreign Institutional Investor (RQFII) investment quota of RMB 250 billion.	Expanded the international use scope of RMB
Jun. 16	The *Detailed Rules on the Management of Relending by the PBC for Poverty Alleviation* (PBC Document [2016] No. 173) were issued to regulate management of relending targeted at poverty alleviation and to improve the effectiveness of targeted poverty alleviation policies.	Used relending tools to guide financial institutions to increase support for specific fields
Jun. 17	The CFETS, authorized by the PBC, announced the launch of direct trading between the RMB and the South African rand (ZAR) in the interbank foreign exchange market as of June 20.	Expanded the international use scope of RMB
	The PBC signed a bilateral currency swap agreement with the National Bank of Serbia, worth RMB 15 billion/RSD 27 billion.	

Continued

Date	Main policy contents	Remarks
Jun. 24	The conference for establishing a self-discipline mechanism in China's foreign exchange market as well as the first working conference was held, marking the official establishment of a foreign exchange market self-discipline mechanism. The conference reviewed and passed the *Guidelines for the Foreign Exchange Market Self-discipline Mechanism*.	Promoted the orderly functioning and healthy development of the foreign exchange market and help transform the foreign exchange market from a purely regulated market to a market that is both regulated and self-disciplined
	The CFETS, as authorized by the PBC, announced the launch of direct trading between the RMB and the Korean Won (KRW) in the interbank foreign exchange market as of June 27.	
Jun. 25	The PBC signed an MOU with the Central Bank of Russia to set up RMB clearing arrangements in Russia.	Expanded the international use scope of RMB
Jun. 29	The *Notice of the PBC on Issues Related to Promoting Trial Use of the Information System for Financial Services Targeted at Poverty Alleviation* (PBC Document [2016] No. 184) was issued in a bid to promote an information system for financial services targeted at poverty alleviation throughout China, to collect accurate information, to maintain dynamic monitoring of financial services targeted at poverty alleviation, and to facilitate the work of providing financial services for poverty alleviation.	Used credit management to guide financial institutions to increase support for specific fields
Jul. 11	The Bank of China (HK) Ltd. was connected to the Cross-border Interbank Payment System (CIPS) as a direct participant, becoming the first direct overseas participant. On the same day, the CITIC Bank, the Bank of Shanghai, China Guangfa Bank, the Bank of Jiangsu, Bank of Tokyo-Mitsubishi UFJ (China) Ltd., Mizuho Bank (China) Ltd., and Hang Seng Bank (China) Ltd. were also connected to the CIPS as direct participants, making a total of twenty-seven direct participants.	
Jul. 15	The PBC decided to further reform the assessment method of required reserves and changed the reserve base from end-of-day deposit balances on the last day of a ten-day period to the arithmetic average during the entire ten-day period. In the meantime, the reserve base that was paid-in quarterly for RMB funds by participating overseas banks deposited in domestic agent banks was changed to the arithmetic average of the end-of-day deposit balances for the previous quarter.	Improved averaging reserve-assessment method to enhance flexibility of liquidity management by financial institutions and smooth the fluctuations in money market

Continued

Date	Main policy contents	Remarks
Jul. 22	The PBC, the Ministry of Finance, and the Ministry of Human Resources and Social Security jointly released the *Notice on Implementing Collateralized Lending for Entrepreneurship to Support Job Creation and Entrepreneurship* (PBC Document [2016] No. 202), which changed the collateralized micro-loan policy to a collateralized entrepreneurship lending policy, expanded the scope of borrowers, unified credit lines, and adjusted maturities to support mass entrepreneurship and innovation.	
Aug. 31	Approved by the 27th conference of the Central Leading Group for Comprehensively Deepening Reforms, the PBC, the Ministry of Finance, the NDRC, the Ministry of Environmental Protection, the CBRC, the CSRC, and the CIRC jointly issued the *Guidelines for Establishing A Green Financial System* (PBC Document [2016] No. 228) in a bid to develop green financing through innovative financial institutions and arrangements, to provide services for green development with financial instruments and policies, such as green credit and green bonds, and to promote supply-side structural reforms.	Adopted credit policies to guide financial institutions to support the development of green economy
	The World Bank (International Bank for Reconstruction and Development) successfully issued the first SDR-denominated bond in the China inter-bank bond market. (promote RMB's international position, expand RMB's application scope)	Expanded the international use scope of RMB
Sep. 12	The PBC and the Central Bank of Hungary signed a local currency swap agreement. The size of the swap facility is RMB 10 billion/HUF 416 billion, and the term is for three years.	Expanded the international use scope of RMB
	The CFETS, as authorized by the PBC, announced the launch of direct trading between the RMB and the AED in the interbank foreign exchange market.	
	The CFETS, as authorized by the PBC, announced the launch of direct trading between the RMB and the SR in the interbank foreign exchange market.	
Sep. 27	The PBC and the European Central Bank signed a supplemental agreement and decided to extend the local currency swap agreement by three years to October 8, 2019. The size of the swap facility is to remain at RMB 350 billion, or EUR 45 billion.	Expanded the international use scope of RMB

Continued

Date	Main policy contents	Remarks
Sep. 28	The PBC, the NDRC, the CBRC, and the Poverty Alleviation and Development Leading Group Office of the State Council jointly released the *Notice on Issues Related to Accelerating Coordination and Delivery of Credit Funds for Poverty Alleviation by Relocation in 2016* (*PBC Document* [2016] No. 258) to supervise and guide financial institutions in their efforts to accelerate coordination and delivery of credit funds for poverty alleviation by relocation and to facilitate relocation and construction for poverty alleviation in 2016.	Adopted credit policies to ramp up support for poverty alleviation
Oct. 1	The inclusion of the RMB in the Special Drawing Right (SDR) basket became effective.	Expanded the international use scope of RMB
Oct. 10	The *PBC General Administration Office's Notice on Issues Related to Promoting An Information System for Financial Services Targeted at Poverty Alleviation* (PBC General Administration Office Document [2016] No. 206) was issued in a bid to guide financial institutions in the banking industry in their efforts to improve their credit management systems, to collect and submit information in a timely manner, and to ensure the safety of information.	Adopted credit policies to ramp up support for poverty alleviation
Nov. 4	The PBC and the CSRC jointly issued the *Notice on Issues Related to the Mainland and the Hong Kong Stock Connect* (PBC Document [2016] No. 282). The Shenzhen-Hong Kong Stock Connect was officially launched on December 5.	
Nov. 14	The PBC launched direct trading between the RMB and the Canadian dollar (CAD) in the interbank foreign exchange market.	Expanded the international use scope of RMB
Dec. 6	The PBC and the Central Bank of Egypt signed a local currency swap agreement. The size of the swap facility is RMB 18 billion/EGP 47 billion.	Expanded the international use scope of RMB
Dec. 12	The PBC launched direct trading between the RMB and seven other currencies in the interbank foreign exchange market, including the Hungarian forint, the Polish zloty, the Danish krone, the Swedish krona, the Norwegian krone, the Turkish lira, and the Mexican peso.	Expanded the international use scope of RMB
Dec. 21	The PBC and the Central Bank of Iceland renewed their bilateral local currency swap agreement. The size of the swap facility is RMB 3.5 billion/ISK 66 billion.	Expanded the international use scope of RMB
Dec. 26	The *PBC General Administration Office's Notice on Issues Related to Cross-border RMB Settlement for Overseas Institutions Issuing RMB Bonds Onshore* (PBC General Administration Office Document [2016] No. 258) was issued.	Expanded the international use scope of RMB

Source: the website of the PBC and the National Bureau of Statistics of the PRC.

II. Policies on Exchange Rate & Balance of Payments ①

In 2016, the PBC and the SAFE further improved the market-based RMB exchange-rate regime in a self-initiated, controllable, and gradual manner to keep the RMB exchange rate basically stable at an adaptive and equilibrium level. Subsequent to the improvement of the quotation mechanism for central parity mechanism for the RMB exchange rate against the US dollar on August 11, 2015 and the release of CFETS RMB exchange rate index on December 11, in February 2016, the PBC clarified the CNY/USD central parity formation mechanism as "closing rate of the previous trading day and movements of a basket of currencies." The mechanism has struck a balance among relying on market supply and demand, keeping the RMB exchange rate stable against a basket of currencies, and stabilizing market expectations. Two-way fluctuations of the CNY/USD exchange rate have become more obvious.

The pressure of capital outflow remained on the high side. However, the scale of the outflow has diminished. China's total foreign exchange reserve registered USD 3010.517 billion by December 31, 2016, down by USD 319.844 billion from the end of 2015, an increase of USD 192.812 billion year on year. The decrease of foreign exchange reserves mainly stemmed from the central bank's efforts to maintain the stability of RMB exchange rate. In terms of valuation, the overall depreciation of non-USDs to USD, and changes in asset prices also exerted effects on the volume of foreign exchange reserves.

(i) An Overview of RMB Exchange Rate and Balance of Payments of China in 2016

1. The RMB exchange rate depreciated slightly

At the end of 2016, the CFETS RMB exchange-rate index closed at 94.83, down by 6.05 percent from the end of 2015; the RMB exchange-rate index based on the Bank for International Settlements (BIS) basket and the SDR basket closed at 96.24 and 95.50 respectively, depreciating by 5.38 percent and 3.38 percent respectively from the end of 2015. All the three RMB exchange rate indexes depreciated slightly, which indicated that RMB exchange rate to a basket of currencies depreciated slightly on the whole in 2016. According to calculations by the BIS, the NEER and REER of the RMB depreciated by 5.85 percent and 5.69 percent respectively in 2016. From the RMB exchange-rate regime reform in 2005 to December 2016, the NEER and REER of the RMB appreciated by 37.34 percent and 47.14 percent respectively.

---

① Authors: Zhao Qingming, Deputy Director and Chief Economist of CFFEX Institute for Financial Derivatives.

2. The RMB exchange rate also depreciated slightly against the US dollar

At the end of 2016, the central parity of the RMB against the US dollar was 6.9370, a depreciation of 4434 basis points, or 6.39 percent, from the end of 2015. From the reform of the RMB exchange-rate regime in 2005 to the end of 2016, the RMB gained 19.31 percent against the US dollar.

In 2016, the highest and lowest central parities of the RMB against the US dollar were RMB 6.4565 and RMB 6.9508 respectively. During the 244 trading days, the RMB appreciated on 114 days and depreciated on 130 days. The biggest daily appreciation and the biggest daily depreciation were 0.57 percent (365 bps) and 0.90 percent (599 bps) respectively.

3. The RMB exchange rate depreciated slightly against both the euro and the Japanese yen, and fluctuated in both directions against other major international currencies

At the end of 2016, the central parity of the RMB against the euro and the Japanese yen stood at RMB 7.3068 per euro and RMB 5.9591 per 100 yen, depreciating 2.90 percent and 9.59 percent respectively from the end of 2015. From the exchange-rate reform in 2005 to the end of 2016, the RMB appreciated by a cumulative 37.05 percent against the euro and 22.60 percent against the yen.

4. The balance of payments remained in equilibrium

The current account surplus in 2016 registered USD 210.4 billion, accounting for 1.9 percent of GDP, which was within the internationally accepted reasonable range. The capital and financial account deficit stood at USD 47 billion, among which the capital account deficit was USD 300 million of and the non-reserve financial account deficit was USD 490.3 billion, with a reduction of reserve assets by USD 443.6 billion. By December 31, 2016, the total of China's foreign exchange reserve stood at USD 3010.517 billion.

At end-September 2016, the total outstanding external debt posted USD 1.432 trillion. Among this total, the outstanding value of the medium-and-long term outstanding external debt registered USD 537.6 billion, accounting for 38 percent of the total external debt, while the short-term outstanding external debt registered USD 894.4 billion, accounting for 62 percent of the total external debt. Among the short term outstanding external debt, 44 percent was credit related to trade.

5. Cross-border RMB receipts and payments fell on a year-on-year basis

In 2016, cross-border receipts and payments in RMB totaled RMB 9.85 trillion, a decrease of 18.6 percent year on year. In particular, RMB receipts and payments registered RMB 3.79 trillion and RMB 6.06 trillion respectively, resulting in a net outflow of RMB 2.27 trillion and a receipt-to-payment ratio of 1:1.6. RMB cross-border receipts and payments under the current account posted RMB 5.23 trillion, down 27.7 percent year on year. In particular, settlements of trade in goods registered RMB 4.12 trillion, whereas settlements of trade in services and other items under the current account registered RMB 1.11 trillion. Cross-border RMB receipts and payments under the capital account totaled RMB 4.62 trillion, a decrease of 5.1 percent year on year.

6. Direct trading between the RMB and other currencies was promoted

In 2016, it introduced direct trading of the RMB against the Korean won, the South African rand, the UAE dirham, the Saudi riyal, the Canadian dollar, the Hungarian forint, the Polish zloty, the Danish krone, the Swedish krone, the Norwegian krone, the Turkish lira, and the Mexican peso on the inter-bank foreign-exchange market. Direct RMB trading against foreign currencies was brisk in the inter-bank foreign-exchange market and liquidity was improved. Exchange costs for market players were reduced.

At the end of 2016, under the bilateral currency swap agreements between the PBC and foreign monetary authorities, the latter utilized a total of RMB 22.149 billion and the former used foreign currencies equivalent to USD 1.118 billion. These swap agreements have played a positive role in promoting bilateral trade and investment.

(ii) Analysis of Major Policies on Exchange Rate and Balance of Payments in 2016

1. The quotation mechanism for the RMB central parity against the US dollar was further improved

In February 2016, the PBC defined the new central parity mechanism for the RMB exchange rate against the US dollar, which was based on the closing rate of the previous trading day while taking into account the movements in the exchange rates of a basket of currencies. The exchange-rate mechanism became more rule-based, transparent, and market-based. The flexibility of the RMB exchange rate against the US dollar was further strengthened, exhibiting larger two-way fluctuations.

2. The reform of the foreign-exchange administration of qualified foreign institutional investors was continued

On February 4, the SAFE issued the *Provisions on the Foreign Exchange Administration of Securities Investment in China by Qualified Foreign Institutional Investors* (SAFE Announcement [2016] No. 1) to reform the foreign exchange administration system of QFII. This policy further improved the consistency of the foreign exchange administration of RQFII and QFII and promoted the openness of the domestic capital market.

3. The bond market was opened up steadily

In February 2016, the PBC issued Public Announcement [2016] No. 3 and relevant supporting policies to further expand eligible investors to various financial institutions and their investment products, pension funds, and other medium-and-long term investors that are legally registered in other jurisdictions, to support foreign entities issuing onshore RMB bonds, to make it easier for foreign institutions to issue and trade bonds, and to encourage domestic institutions to issue bonds abroad. The development and coordinated management of financial market infrastructures will be promoted so as to ensure the sound functioning and the overall stability of the market. The World Bank (International Bank for Reconstruction and Development) successfully issued the first SDR-denominated bond in the China interbank bond market.

4. Progress was made to actively advance deregulation and administrative streamlining and to improve services of foreign-exchange management

First, the reforms of administrative approvals and reviews of regulations continued. One administrative approval item and over 70 normative documents related to foreign-exchange administration were abolished, thus the quality and efficiency of public services for foreign-exchange administration were improved. Second, comprehensive cross-border e-commerce pilot zones were expanded to 12 cities, such as Tianjin, and facilities in the pilot zones were improved. Third, trade in goods was facilitated. Enterprises with an A-ranking have been allowed to transfer their foreign currency? denominated trade revenue to their foreign currency account under the current account. Banks have been allowed to review e-documents for qualified enterprises, which has facilitated foreign-exchange receipts and payments for trade in goods.

5. Strengthen the foreign-exchange administration and enforcement under the current policy framework

First, reviews of the authenticity of overseas direct investments were enhanced. The National Development and Reform Commission, the Ministry of Commerce, the PBC, and the SAFE further strengthened market order and conducted verifications of overseas investment projects of some enterprises in line with the relevant rules and regulations to promote the sustainable and sound development of China's overseas investments. Second, there were crackdowns on conduct that violated the relevant laws and regulations on foreign-exchange administration. In 2016, almost 2000 cases of illegal acts were under investigation, over 80 illegal foreign-exchange trading cases involving "underground banks," were cracked down. Third, an innovative "during and after the incident" management pattern was introduced. A self-disciplined platform was established for banks involved in foreign-exchange businesses, and 14 core member banks signed the *Convention on Extension of Foreign Exchange Businesses for Banks*. A self-disciplined mechanism at the provincial level was established to improve the transmission mechanism for foreign-exchange administration. Fourth, joint supervision among government organizations was enhanced. The State Administration of Taxation and the SAFE signed a *Memorandum of Understanding on Improving Information Sharing for Joint Supervision* to enhance cooperation in supervision in terms of tax refunds, cross-border tax sources, and receipts and payments of foreign exchange.

6. Accepting new international statistical standards

The Bank for International Settlements (BIS) announced that China officially joined in Locational Banking Statistics (LBC) of international banking statistics, and released Chinese data on its web site, which indicated the quality of statistics data of China's balance of payments received international recognition again, with sustainable improvement of the data transparency.

7. The macro-prudential framework for cross-border capital flow was improved

First, full-coverage of the macro-prudential regulation policy for cross-border financing was rolled out nationwide and constantly improved. Second, parameters were designed and recalibrated based on the macroeconomic management needs and the results of the macro-prudential assessment to counter-cyclically adjust the cross-border financing by financial institutions and enterprises, to keep the volume of cross-border financing consistent with the dynamics of the macroeconomic performance, the overall debt service capacity, and the balance of payments position, to control the leverage ratio and currency mismatch risks, and to effectively prevent systemic financial risks. Third, financial institutions located on the Chinese Mainland were required to set aside, effective from January 2016, reserves at the normal reserve requirement ratio for deposits of overseas financial institutions to prevent macro financial risks and to promote the sound operation of financial institutions.

(iii) Outlook for the Policies During the Next Stage

In the next phase, the PBC with SAFE, will continue to improve the RMB exchange rate regime by allowing a greater role of the market forces, increasing the RMB exchange rate flexibility, and maintaining the general stability of the RMB exchange rate at an adaptive and equilibrium level. Development of the foreign exchange market will be accelerated. In accordance with the principle that finance should serve the real economy, exchange rate risk management services will be provided to exporters and importers based on actual needs. Measures will be taken to support the use of the RMB in cross-border trade and investment. Direct trading of the RMB against other currencies will be promoted to facilitate cross-border use of the RMB. The impact of international developments on capital flows will be closely watched and macro-prudential management of cross-border flows will be improved.

Appendix

Summary of major policies on exchange rate and balance of payments in 2016

Date	Policies
Jan. 4	The trading operation time of the trading system for the interbank foreign exchange market was extended to 23:30 Beijing time. Meanwhile, qualified overseas banks that participated in RMB purchases and sales, after becoming members of the interbank foreign exchange market through application to the China Foreign Exchange Trade System (CFETS), can enter the interbank foreign exchange market and participate in the trading of all products listed through the CFETS trading system.
Jan. 14	The SAFE released the *Announcement of the State Administration of Foreign Exchange on the Issuance of the Trade Credit Survey System* (SAFE Document [2016] No. 1).
Jan. 20	The General Administration Department of the PBC issued the *Announcement on Usage of Funds on Overseas Institutions' RMB Bank Settlement Accounts* (PBC General Administration Department Document [2016] No. 15).
Jan. 22	The PBC issued the *Announcement on Expanding the Pilot Program of Full Coverage Cross-border Financing Macroprudential Management* (PBC Document [2016] No. 18), promulgating that beginning on January 25, 2016 the pilot program of macro-prudential management for full coverage cross-border financing in local and foreign currencies would be extended for 27 financial institutions and for all enterprises registered in the four trade zones, including Shanghai, Guangdong, Tianjin and Fujian.
Jan. 25	The PBC began implementing a reserve requirement on overseas participating banks' RMB deposits in domestic agent banks, with the applicable reserve ratio at the same level as that for domestic agent banks, so as to avoid macro financial risks and to promote sound operations of financial institutions.
Feb. 4	The SAFE issued the *Provisions on the Foreign Exchange Administration of Securities Investment in China by Qualified Foreign Institutional Investors* (SAFE Announcement [2016] No. 1.) to reform the administration of foreign exchange of qualified foreign institutional.
Feb. 5	SAFE spokesman answered to reporters' request about the administration of overseas purchase of insurance with bank cards: China has not adjusted the policy for using bank cards to overseas insurance merchants, but required the regulation for the identification and use of merchant category codes. In the case that the cardholder engaged in insurance transactions for other purposes by swiping cards repeatedly, the SAFE will take full advantage of transaction records traceable of bank cards, monitoring the cardholders and merchants on suspicion of transactions by swiping cards repeatedly together with bankcard associations and issuing banks with emphasis.
Feb. 24	The PBC released [2016] No. 3 announcement, introduced more Qualified Overseas Institutional Investors to the interbank bond market, to remove the limits on investment quotas, and to streamline the management process.
Mar. 7	The PBC and the Monetary Authority of Singapore (MAS) renewed the bilateral local currency swap agreement of RMB 300 billion Yuan/SGD 64 billion.
Mar. 29	The SAFE released the *Announcement of the State Administration of Foreign Exchange on Business Guidance on the Declaration of Balance of Payments Statistics Through Banks* (2016 Edition) (SAFE Document [2016] No. 4)

Continued

Date	Policies
Apr. 29	The PBC announced that beginning from May 3 the Macro-Prudential Framework for Cross-border Financing in RMB and Foreign Currencies would be carried out nationwide (PBC Document [2016] No. 132).
Apr. 29	The SAFE released the *Announcement of the State Administration of Foreign Exchange on Further Promoting Trade and Investment Facilitation and Improving the Authenticity Review* (SAFE Document [2016] No. 7)
May 11	The PBC and the Central Bank of Morocco signed a bilateral local currency swap agreement of RMB 10 billion Yuan/MAD 15 billion.
May 26	The SAFE issued the *Announcement of the State Administration of Foreign Exchange on Issuing the Provisions on the Administration of the Exchange Business by Foreign Currency Exchange Agencies and Automatic Foreign Exchange Machines* (SAFE Document [2016] No. 1).
May 31	The SAFE issued the *Announcement of the State Administration of Foreign Exchange on Announcing the Repealing and Invalidation of* 14 *Regulatory Documents on Foreign Exchange Administration and the Amendment to One Regulatory Document on Foreign Exchange Administration* (SAFE Document [2016] No. 13).
Jun. 7	The PBC and the Federal Reserve Board signed the Memorandum of Understanding on establishing RMB clearing arrangements in the United States. China declared to grant the U. S. an RQFII investment quota of RMB 250 billion Yuan.
Jun. 15	The SAFE issued the *Announcement of the State Administration of Foreign Exchange on the Reform and Standardization of the Administration Policies for Foreign Exchange Settlement of Capital Accounts* (SAFE Document [2016] No. 16).
Jun. 17	With the authorization of the PBC, the China Foreign Exchange Trade System (CFETS) announced that it would launch direct trading between RMB and South African Rand on the interbank foreign-exchange market formally since June 20.
Jan. 17	The PBC and the Central Bank of the Republic of Serbia signed a bilateral local currency swap agreement of RMB 1.5 billion Yuan/RSD 27 billion.
Jun. 24	The conference for establishing a self-discipline mechanism in China's foreign exchange market as well as the first working conference was held, marking the official establishment of a foreign exchange market self-discipline mechanism. The conference reviewed and passed the *Guidelines for the Foreign Exchange Market Self-discipline Mechanism*. The introduction of the foreign exchange market self-discipline mechanism will promote the orderly functioning and healthy development of the foreign exchange market and help transform the foreign exchange market from a purely regulated market to a market that is both regulated and self-disciplined.
Jun. 24	With the authorization of the PBC, the CFETS announced that it would launch direct trading between RMB and South-Korean Won on the interbank foreign-exchange market formally since June 27.
Jun. 25	The PBC and the Central Bank of the Russian Federation signed the Memorandum of Understanding on establishing RMB clearing arrangements in the Russian Federation.

Continued

Date	Policies
Jul. 11	The Bank of China (HK) Ltd. was connected to the Cross-border Interbank Payment System (CIPS) as a direct participant, becoming the first direct overseas participant. On the same day, the CITIC Bank, the Bank of Shanghai, China Guangfa Bank, the Bank of Jiangsu, Bank of Tokyo-Mitsubishi UFJ (China) Ltd., Mizuho Bank (China) Ltd., and Hang Seng Bank (China) Ltd. were also connected to the CIPS as direct participants, making a total of twenty-seven direct participants.
Aug. 30	The PBC and the SAFE released the *Announcement on Related Issues of RQFII Domestic Portfolio Management* (PBC Document [2016] No. 227) to regulate portfolio management of RQFIIs in China.
Aug. 31	The World Bank (International Bank for Reconstruction and Development) successfully issued the first SDR-denominated bond on the China inter-bank bond market.
Sep. 12	The PBC and the Central Bank of Hungary signed a local currency swap agreement. The size of the swap facility is RMB10 billion/416 billion Hungarian forint.
Sep. 20	The PBC authorized the New York Branch of the Bank of China to be the RMB clearing bank in the United States.
Sep. 23	With the approval of the PBC, the CFETS announced direct trading between the RMB and the Emirati dirham in the inter-bank foreign exchange market.
Sep. 23	With the approval of the PBC, the CFETS announced direct trading between the RMB and the Saudi riyal in the inter-bank foreign exchange market.
Sep. 23	The PBC authorized ICBC (Moscow) Ltd. to be the RMB clearing bank in Russia.
Sep. 27	The PBC and the ECB signed a supplemental agreement and decided to extend the term of the local currency swap agreement by three years to October 8, 2019. The size of the swap facility is to remain at RMB 350 billion, or EUR 45 billion.
Sep. 28	The SAFE issued the *Announcement of the State Administration of Foreign Exchange on Regulation, Examination and Approval of Electronic Documents for Foreign Exchange Revenue and Expenditure of Goods Trade* (SAFE Document [2016] No. 25).
Sep. 29	Head of related department of SAFE answered to reporters' request about the administration of foreign exchange of cross-border equity transfer transactions: there is no policy barrier in foreign exchange administration of the overseas remittance business of the proceeds obtained through sales of shares of Huaxia Bank by Deutsche Bank. In accordance with the provisions of the current foreign exchange administration, if transferring the shares of domestic institutions, the overseas institutions may apply for the foreign exchange purchase and payment related to share transfer in banks directly, after the review of authenticity and compliance by the banks, which will be undertaken directly without the prior approval by the SAFE. Foreign exchange administration departments support true and lawful transactions of cross-border entity transfer, and actively support trade and investment facilitation.
Oct. 1	The inclusion of the RMB in the Special Drawing Right (SDR) basket became effective.
Oct. 28	Foreign exchange administration departments required banks complying with the current foreign exchange administration rules, fulfilling the requirements of development self-discipline, and strengthening the examination of authenticity and compliance.

Continued

Date	Policies
Nov. 4	The SAFE issued *Announcement of the State Administration of Foreign Exchange on Release the Repealing and Invalidation of* 27 *Regulatory Documents on Foreign Exchange Administration* (SAFE Document [2016] No. 29).
Nov. 14	With the approval of the PBC, the CFETS announced launching direct trading between the RMB and the Canadian dollar (CAD) in the interbank foreign exchange market.
Nov. 29	The PBC issued the *Announcement on Clarifying the Offshore Lending of Domestic Enterprises* (PBC Document [2016] No. 306) in a bid to further regulate the offshore RMB lending business of domestic enterprises and to ensure orderly cross-border RMB settlement of offshore lending.
Dec. 6	The PBC and the Central Bank of Egypt signed a local currency swap agreement. The size of the swap facility is RMB 18 billion/EGP 47 billion.
Dec. 6	National Development and Reform Commission and other three departments answered press questions about strengthening the supervision of outbound investment under the current outbound investment situation: the supervision departments would attach importance to the tendency of some irrational outbound investment appearing in the areas like real estate, hotels, studios, and sports clubs, and alert to potential risks in association with overseas investment projects involving in large investment in business that is not related to the core business of the Chinese investor, outbound investment made by limited partnerships, investment in offshore targets that have assets value larger than the Chinese acquirers, and projects that have very short investment period. The press release suggests the companies to be cautious when making outbound investment.
Dec. 9	The PBC authorized the Dubai Branch of the Agricultural Bank of China to be the RMB clearing bank in the United Arab Emirates.
Dec. 11	The Bank for International Settlements (BIS) announced that China officially joined in Locational Banking Statistics (LBC) of international banking statistics, and released Chinese data on its web site, which indicated the quality of statistics data of China's balance of payments received international recognition again, with the sustainable improvement of data transparency.
Dec. 12	The PBC launched direct trading between the RMB and seven other currencies in the interbank foreign exchange market, including the Hungarian forint, the Polish zloty, the Danish krone, the Swedish krona, the Norwegian krone, the Turkish lira, and the Mexican peso.
Dec. 21	The PBC and the Central Bank of Iceland renewed their bilateral local currency swap agreement. The size of the swap facility is RMB 3.5 billion/ISK 66 billion.
Dec. 26	*The PBC General Administration Office's Announcement on Issues Related to Cross-border RMB Settlement for Overseas Institutions Issuing RMB Bonds Onshore* (PBC General Administration Office Document [2016] No. 258) was issued.
Dec. 31	Related head of SAFE answered to reporters' request about improving declaration administration of individual foreign exchange information declaration: there is no adjustment of individual annual foreign exchange purchasing amount, but only the declaration of individual foreign exchange purchasing was specified, meanwhile, the examination duty of authenticity and compliance of banks was strengthened, and spot checks during and after individual declaration and tougher penalties were conducted.

Sources: The People's Bank of China, the State Administration of Foreign Exchange.

CHAPTER 5

Highlights of Financial Market Development Policy

I. Development Policy for the Banking Market①

Though China's economy operated with positive changes in 2016, the structural contradictions were still salient. With complix and changeable economic and financial situations, the government of China and its regulators took initiatives to adapt to the new normal in economic development and issued a series of policies and measures based on the changing situation to vigorously support the banking reform and development. On the whole, China's banking has improved quality and efficiency in supporting economic development and maintained its sound operations.

(i) Overview of the Development of China's Banking Market in 2016

According to the statistics released by the CBRC, by the end of 2016, the domestic and foreign assets in both local and foreign currencies of China's banking institutions totaled RMB 232.2 trillion Yuan, an increase of 15.8% year on year. As a whole, China's banking has made new achievements in its reform, development and supervision, reinforced the risk management and control in key fields and maintained stable operation, delivering a good start for the 13th Five-Year Plan. In 2016, China's banking market had the following five features that:

1. Profit growth slightly improved and net interest income turned positive

In 2016, all the domestic commercial banks maintained a slightly better business condition than market expectations, with accumulative net profit of RMB 1.6490 trillion Yuan, an increase of 3.54% in quantity and 1.11 percent point in speed on a year-on-year basis. In general, more assets in the banking were allocated to investment than to loans and interbank

① Authors: Zhou Kunping (Deputy General Manager of R&D Department, Bank of Communications) and Zhao Yarui (Senior Researcher of R&D Department, Bank of Communications).

assets which were reduced. Rapid increase in non-interest income became the main force driving net profit growth. Still, net interest margin and loss from asset devaluation were main factors that held back net profit growth of the banking, which reflected the diminishing marginal effect as a whole. Influenced by concentrated repricing of loans with interest rate reduction for five times and the replacement of business tax with value-added tax, the interest rate differential further narrowed, delivering advantages to net interest income.

2. Downward asset quality slowed and overall credit risks were controllable

In 2016, the rapid growth of outstanding non-performing loans and non-performing loans ratio of commercial banks was evidently held back with highly adequate provisions and steady asset quality. By the end of 2016, due to the slow growth of non-performing assets of China's commercial banks, the outstanding non-performing loans registered RMB 1.5123 trillion Yuan, an increase of RMB 0.2379 trillion Yuan from end of 2016 and a decrease of RMB 0.1939 trillion Yuan year on year; the non-performing loans ratio increased by 0.07 percentage point to 1.74% compared to the end of 2015; the provision had a slight growth with the provision coverage ratio of 176.4% and the loan provision ratio of 3.08%. Over the year, slower growth of outstanding non-performing loans mainly resulted from the increasingly intensified efforts on disposal and cancellation after verification by commercial banks. Moreover, such data changes reflected preliminary ease in downward pressure for asset quality of commercial banks to some degree.

3. Market liquidity was relatively rational and overall liquidity risks were controllable

In 2016, as domestic financial reform deeply advanced and the capital market was further deregulated, the liquidity risks in commercial banks were influenced in varying degrees. However, as the requirements for macro-prudential regulation by monetary authorities were intensified, the MPA entered into a material implementation stage, and the banking institutions that were radical when conducting business have been more prudent in varying degrees. Meanwhile, though the intention that the central bank would withdraw short-term capitals but put long-term capitals to the market was clear since the fourth quarter, the PBC would employ more plentiful and integrated price-based and quantity-based tools and monetary policies in a bid to respond to temporary liquidity pressure. On the whole, the liquidity risks in the banking market were basically controllable in 2016.

4. Asset and liability structure was further adjusted

In 2016, influenced by such factors as slow economic growth, interest rate liberalization, Internet finance, financial disintermediation and asset shortages, the diversion of general deposits in the banking continued, which drove continuous decline of deposit proportion.

Through generally loose funding all year round and continuous improvement of multi-level capital market, the active liability of the banking steadily grew but the division of liability costs among different banks deepened. In 2016, the integral asset structure of the banking was further optimized where credit assets, main component of banking assets, maintained a steady rapid growth but its proportion slightly decreased. The banking has been energetically developing asset businesses through innovations in lifting comprehensive financial service ability, global asset allocation and deep integration of Internet. On the whole, the liability business of the banking tended to be more active and diversified and the asset business mainly focused on structural adjustment and strategic innovation.

5. Transformation of business operation was fully advanced

Since the 13th Five-Year Plan kicked off in 2016, the conversion in driving force brought the banking market with more new business growth points. Confronting with complicated, severe, turbulent and changing external environment with both opportunities and challenges, China's banking, oriented toward serving the real economy, took initiatives to align with national strategies to accelerate reform and transformation and launch innovation-driven development. The whole banking gradually established such five brand new development philosophies as innovation, marketization, connotation, coordination and sharing, and advanced the reform and transformation comprehensively and deeply in forming the function of comprehensive financial service suppliers, establishing diversified, off-balance-sheet and capital-light business mode, remarkably improving cross-border, cross-sector and cross-market business capacity, realizing philosophy, mode and mechanism innovation with the help of Internet + and comprehensively improving the efficiency of delicacy, specialized and collaborative management.

(ii) Analysis on the Development Policies for China's Banking Market in 2016

In 2016, China's banking has made great achievements in business transformation and innovation, financial inclusion development, Internet finance regulation, support for supply-side reform, disposal and resolution of non-performing assets. Such achievements made in banking reform and development benefited from the energetic support from and the implementation of a series of important policies implemented by our country and the CBRC. Such policies promoted the healthy and stable development of banking.

1. Technology finance mode kicked off and China's banking entered into a new transformation stage

The year of 2016 marked the beginning of financial technology. A series of technology innovations such as big data, cloud computing, artificial intelligence and block chain were applied to numerous financial fields in a general manner such as payment and liquidation, debit, credit and financing, wealth management, retail bank, insurance and settlement of transactions, truly enabling an in-depth integration of finance and technology and a new transformation stage for China's banking.

On July 28, the State Council released the 13th *Five-Year Plan on National Scientific and Technological Innovation*, specifying to promote innovation in technologic financial products and services and establish national technology and finance innovation centers, and enabling financial technology industry to be the guiding direction of national policies. The Plan required to deeply promote the pilot integrating technology and finance, establish a diversified and differentiated technology innovation financing mode covering the whole process from experiment and study, pilot plant test to production, and encourage and guide financial institutions to participate in cooperation and innovation in industry, teaching and research. Under the premise of law compliance and controllable risks, structural and composite financial products that conform to innovation features should be supported and financial support for enterprise innovation activities should be intensified.

On this basis, the CBRC and other ministries jointly issued the *Guidance on Strengthening Innovation of Banking Institutions and Conducting Pilots of Combined Credit-Equity Investment for Technological Innovation-based Enterprises and Start-ups* on April 15. According to the Guidance, banking institutions should explore to establish a rational development mode of combined credit-equity investment, set up systems and mechanisms in accordance with the development laws and financial demands of technological innovation-based enterprises and start-ups, and achieve risks under controllable and sustainable business. By the end of 2016, combined credit-equity investment in a batch of pilot banks specified in the Guidance have been launched. Through active development of combined credit-equity investment businesses for start-ups and investment enterprises, commercial banks may enter into a new market segment, obtain new customers and gain new opportunities to develop credit business and investment business, thus achieving and sharing new economic growth as well as powering the supply-side reform to make greater success.

2. The strategic layout of financial inclusion was fully promoted

As one of financial services, the banking assumes the responsibility to provide wide range of services for all social classes. On January 15, the State Council issued the *Notice on the Plan for Promoting the Development of Financial Inclusion* (*2016-2020*), establishing the implementation strategy of financial inclusion at the national level for the first time. The Plan fully reflected the objective to make the masses equally share the achievement obtained from financial reform and development. On February 2, the CBRC released the *Guidelines on Promoting the Development of Financial Inclusion in* 2016, proposing specific guiding opinions for banking institutions promoting the development of financial inclusion. On March 16, 21 and 24, the PBC and other ministries and commissions jointly issued the *Operational Opinions on Financial Support for Poverty Alleviation*, the *Guidelines on Financial Support to Accelerate the Development of Elderly Services and the Instructions on Enhancing Financial Support for New Areas of Consumption.* Such policies further reflected the guiding concept of emphasizing the improvement of people's livelihood, focusing on vulnerable areas, deepening financial innovation and promoting the construction of financial inclusion.

On March 15, the PBC and other ministries issued the *Circular on Printing Measures on the Pilot Program of Mortgage Loans for Operation Rights of Contracted Farmland* and the *Circular on Printing Measures on the Pilot Program of Mortgage Loans for the Property Rights of Rural Homes*. The financial reform in rural place composed a vital part of financial inclusion, and such two policies provided support for banking institutions to accelerate the establishment of financial products system tailored for characteristics of local demands, urging them to better exercise their capacity for financial services. On March 24, the National Development and Reform Commission and the PBC jointly issued the *Notice on Improving the Pricing Mechanism for the Fee Charges for the Use of Bankcards*. On September 18, the CBRC and the Ministry of Public Security released the *Circular on Issuing Certain Provisions on the Return of Frozen Funds in New-type Telecommunication and Online Frauds*. On September 30, the PBC issued the *Circular on Matters relating to Strengthening the Management of Payment and Settlement to Prevent New-type Telecommunication Network Crimes*. On December 2, the CBRC and the Ministry of Public Security issued the *Circular on Issuing the Implementing Rules for Several Regulations on the Return of Frozen Funds in New Types of Telecommunication and Online Frauds*. Such policies practically safeguarded the legal interests and property right and interests of the masses from different perspectives, reflecting the guiding concept of financial inclusion.

To speed up the establishment of financial inclusion services and security system and effectively support and encourage banking institutions to conduct financial inclusion, on September 24, the Ministry of Finance released the *Administrative Measures of the Special Funds for the Development of Financial Inclusion* to enhance the management of special funds for the development of financial inclusion, stipulating that the central finance should arrange special transfer payment funds to support the development of financial inclusion from award of agricultural loans increase for financial institutions at the county level, targeted expense subsidy for rural financial institutions, interest subsidy and award for guaranteed start-up loans and awards in place of subsidies for public-private-partnership(PPP) projects.

According to the policies introduced in 2016, our country was energetically developing and supporting financial inclusion to bring with new development opportunities for commercial banks. Commercial banks should clarify the development objectives and reform roadmap of financial inclusion, deeply participate in the construction of financial inclusion system and carry on innovation and collaboration on establishing financial inclusion mode and innovating financial inclusion products.

3. Green finance faced broad development space

As the green economy advocating low energy consumption and high benefits constantly becomes the direction of economic transformation in all countries, it is becoming increasingly significant to develop green economy. "Green" serves as one of the five major development concepts in the 13th Five-Year Plan. On August 30, the 27th conference of the Central Leading Group for Comprehensively Deepening Reforms approved the *Guideline for Establishing A Green Financial System*. On August 31, the PBC, the Ministry of Finance and five other ministries and commissions jointly introduced the *Guideline for Establishing A Green Financial System*, reaching a consensus to establish a multi-dimensional green financial market system. With the introduction of the Guideline, China became the first economy that has established a relatively integrated green financial policy system.

The Guideline specified the concept of green financial system, put forward a series of incentive measures and a restriction mechanism in terms of market operation and regulatory system, innovation in green financial products and risk prevention in green finance and constructed a top-level design of green financial policies system participated by the government, financial institutions and environmental protection enterprises. The Guideline lifted the green financial system to national strategy and exerted a significant effect on fostering new growth point, transforming economic growth methods, leading social capital to actively participate in green projects, lowering financing threshold and promoting healthy economic development.

4. Special rectification were carried out for Internet finance whose risks was strictly prevented

With the flourishing development of Internet financial industry, risks in it were on the rise. At the end of 2015, as the risk events occurred in succession, special rectifications for Internet finance were carried out in full swing. Since 2016, national ministries and commissions as well as regulatory institutions successively released numerous policies to renovate Internet financial risks. In April, the CBRC, the PBC and other ministries and commissions released the *Notice on Issuing the Implementing Proposals for the Special Rectification of P2P Lending Risks*, the *Notice on Issuing the Implementing Proposals for the Special Rectification of Risks of Non-banks Payment*

Institutions and the *Notice on Issuing the Implementing Proposals for the Special Rectification of Risks in Asset Management through Internet and Cross-sectoral Financial Business*. In August, the CBRC and other ministries and commissions released the *Interim Measures for the Administration of the Business Activities of Online Lending Information Intermediary Institutions*. Such supporting policies made strict regulation on many fields involved in Internet finance.

In October, the General Office of the State Council released the *Notice on Issuing the Implementing Proposals for the Special Rectification of Risks in Internet Finance*, making an overall deployment and arrangement for special rectification of risks in Internet finance, specifying the aims and principles of Internet finance rectification, putting forward key rectification problems and job requirements, formulating an idea encompassing a combination of all rectification measures beneficial for improving rectification effect. Under the guidance of the Notice, the PBC and relevant ministries proposed implementing proposals for respective regulatory fields. Special rectifications for Internet finance effectively regulated business behaviors of enterprises through fighting against illegality and protecting legality, which played an important role in the healthy development of Internet finance in the future.

5. Disposal of non-performing assets stepped onto a road of marketization, diversification and integration

The year of 2016 has become a milestone for the disposal of non-performing assets. With the continuous expansion of non-performing assets in commercial banks, it was urgent for them to speed up the disposal and resolution of non-performing assets to improve the capacity for serving real economy. For this reason, our country introduced numerous policies to provide support for commercial banks on resolving non-performing assets in combination with multiple methods. On March 17, the CBRC issued the *Notice on Regulating the Acquisitions of Non-Performing Assets of Financial Asset Management Companies*, under which asset management companies that purchased the non-performing assets of banking institutions should strictly observe the principles of authenticity, purity and integrity and should not provide any way for banking institutions' avoidance of asset quality supervision. The Notice propelled AMC businesses to return to the original, further regulating the disposal of non-performing assets of banks. In March, ICBC, CCB, BOC, ABC, BOCOM and CMB were identified as the first batch of pilot institutions for the securitization of non-performing assets. In May, BOC initiated the first batch of bonds backed by non-performing assets-Phase I Zhongyu Security Backed by Non-Performing Assets in 2016. The securitization of non-performing assets for commercial banks once suspended since 2008 was restarted. By the end of 2016, 6 banks have successively conducted pilot experiments and their stock products backed by non-performing assets issued almost totaled RMB 10 billion

Yuan.

On July 6, the CBRC issued the *Notice on Effectively Regulating the Creditors' Committees Formed by Banking Institutions*. The Notice put forward to give full play to the role of the creditors' committees and set up bank creditors' committees for clients of banking institutions satisfying certain standards. The bank creditors' committees collectively studied the disposal measures in accordance with the principle of strategies tailored for enterprises. Such notice provided system guarantee and policy support to effectively resolve non-performing assets. On October 10, the State Council released the *Opinions on Actively and Appropriately Reducing the Leverage Ratio of Enterprises* and the *Guidelines on Market-Oriented Debt-To-Equity Swap at Banks*, which marked the restart of debt-to-equity swap after 17 years. Marketization and legalization turned into prominent features in this round of debt-to-equity swap where three dos and four don'ts were put forward and banks were not allowed to make debt-to-equity swap directly but through assigning creditors' rights to implementing institutions which then turned such rights into shareholders' rights of target enterprises. The implementation of debt-to-equity swap policies effectively broadened ways to resolve non-performing assets, thus contributing to resolve the pressure of non-performing assets in commercial banks.

6. Multiple policies in the banking were introduced to power the supply-side reform

In 2016, relevant ministries successively introduced multiple policies to guide commercial banks to fully support supply-side reform and better serve the real economy. On February 2, the PBC issued the *Circular on Issues Concerning Adjustments to the Individual Housing Loan Policy* in a bid to lower the minimum down payment ratio for housing loans, thus effectively supporting the inventory reduction in real estate industry. On February 14, the PBC and other ministries and commissions jointly issued the *Opinions on Financial Support for the Industrial Sector to Achieve Steady Growth, Structural Adjustments, and Profitability Improvements*. The Opinions put forward a series of specific financial policy measures for transformation and upgrading of industry, cost reduction and efficiency improvement in such fields as intensifying the support of money and credit policies, creating favorable monetary and financial environment, ramping up support of capital market and insurance market for industrial enterprises, promoting financing mechanism innovation for industrial enterprises, facilitating merger and reorganization of industrial enterprises, supporting industrial enterprises to speed up going global and strengthening risk prevention and coordination. The Opinions provided clear directional guidance and strong policy support for promoting the optimization of financial resources allocation and sustaining the acceleration of industrial transformation and upgrading.

During the supply-side structural reform, steel and coal capacity reduction came as the top priority. With the advancement of relevant processes, the following issues on financial claim and liability also caught attention. In order to help enterprises with development potential in such industries through the bad times with financial instruments, on December 1, the CBRC and other ministries jointly issued the *Opinions on Issues concerning Steel and Coal Industries Resolving Overcapacity Financial Claim and Debt*. The Opinions specified to ramp up financial support for steel and coal enterprises in merger and reorganization, strictly control credit to new steel and coal capacity that violates regulations, and presented explicit requirements on such areas as capital demands, financial support and loan restructuring, thus greatly reinforcing the strength for capacity reduction in steel and coal industries.

7. Supervision was strengthened to promote healthy development of the banking

In 2016, more importance was attached to financial risk prevention . The PBC, the CBRC and other relevant ministries continued to lift and improve regulatory ability to put effort into preventing and controlling asset bubbles and dispose risks and danger, thus preventing systemic financial risks from happening. On September 27, the CBRC drew up the *Guideline on Overall Risk Management for Banking Institutions (Draft)*, asking banking institutions to establish overall risk management system and identify, measure, evaluate, monitor, report, control or release all kinds of risks by qualitative and quantitative means. The draft of Guideline served as the leading and integrated rules on overall risk management in China's banking to guide the banking to build up overall risk management awareness and prudent risk culture, perfect the structure and factors for risk management and governance, consummate overall risk management system and continuously improve risk management level.

Apart from overall and systematic policies for risk prevention and control, regulators also successively introduced multiple policies to guard and prevent risk arising from specific businesses in the banking. The year of 2016 saw lots of cases on bank bill businesses. Therefore, on April 27, the PBC and CBRC jointly released the *Notice on Strengthening the Regulation on Bill Business and Promoting the Healthy Development of the Bill Market* in a bid to strictly review the authenticity of trade background, strictly regulate the management of inter-bank accounts, effectively prevent and control risks in bill business and propel healthy and orderly development of the bill market. According to the Notice, banks should carry out identification of risks in bill business across the whole system before June 30. The Notice served as a regulation on bill business between banks and enterprises and among banks by regulators as well as a normative document for stabilizing the market, avoiding serious cases and fluctuations in the market and guiding the market to restore its order.

On April 27, the CBRC issued the *Notice on Introducing Standards for Banking Institutions in the Transfer of Income Rights on Credit Assets*. The Notice put forward corresponding specific requirements in terms of transaction structures lack of standardization and transparency, problems arising from imprudent accounting treatment and capital accrual and provision. Such issuance helped banking regulation indicators tend to be authentic and prevented rapid infection of risks. On July 27, the CBRC distributed the *Methods of Supervision and Administration on Wealth Management Business of Commercial Banks* (*Draft*) to all banks. Based on the systematic analysis and integration of current supervision regulations, the Draft was made in combination with new situations and new problems arising from current development of financial services in a bid to promote the regulatory transformation, healthy and sustainable development of financial services in banks and effectively prevent risks.

(iii) Evaluation and Outlook on Development Policies for the Banking

In 2016, the banking system throughout the country firmly implemented major policy decision deployment made by the Central Committee of the CPC and the State Council and made new achievements in reform, development and other aspects, giving a head start to the 13th Five-Year Plan of the banking. Supports were given to the comprehensive promotion of deleveraging, cutting overcapacity, reducing excess inventory, lowering costs and strengthening area of weakness, financial innovation was implemented, financial inclusion was carried out comprehensively, and the service level for real economy was greatly improved. Pilots of combined credit-equity investment were promoted smoothly, the market-oriented debt-to-equity swap and securitization of non-performing assets were formally launched and certain achievements were made in resolving the non-performing assets. Credit risks in important fields were controlled effectively and the bottom line of preventing systemic financial risks was defended.

Look into the year of 2017, the overall thinking on balanced development of risk prevention and growth stabilization of China's banking will not be changed. It will still be the key task in the period ahead to prevent and control financial risks, promote supply-side reform and practically improve the quality and efficiency of serving the real economy. The policies in 2017 may focus on how to effectively prevent risks in non-performing assets, bond default, shadow banking and Internet, how to improve financial service level of the banking, continuously deepen the mechanism of financial inclusion and energetically promote rural financial reform and how to reinforce the joint supervision of multiple regulators.

Column 1

Concept, model and development of venture loan ①

(i) Definition of venture lending

CBRC, the Ministry of Science and Technology and People's Bank of China jointly issued *Instructions on the Support of Banking Institutions to Implement Pilot Sci & tech innovation enterprises for venture loan with greater Innovation on* April 20 of 2016, marking official launch of venture lending pilots. Venture lending refers to the way in which banking institutions combine "credit loans" with "equity investment" of subsidiaries with investing qualifications. To be specific, it refers to the financing model of providing continuous fund support to sci &tech innovation enterprises based on relevant systems, so that credit risks and investment income are kept at a reasonable balance.

(ii) Major business models of venture lending

Commercial banks primarily offer venture lending in four models : a. Commercial banks directly set up equity investment companies, that is the "pilot model "; b. Internal venture lending is applied among commercial banks, that is, indirectly investing enterprise equities through investment management companies set up in China by foreign subsidiaries. c. Cooperation model between commercial banks and venture capital firms, which is a choice of most small and medium-sized commercial banks; d. The model of industrial investment fund. That is, industrial investment parent fund is set up by central and local organizations, and commercial banks raise social funds through financial products to provide equity financing for industrial development.

(iii) Brief history and future of venture lending

Market mechanism of equity investment in China is gradually regulated and mature. Year-on-year rate of investment cases in early 2016 dropped by-1.2% , while investment amount increased by 20.1%. Projects are highly concentrated with IT industry accounts for the largest proportion.

In 2017, venture lending provided by commercial banks will continue to drive the growth of "innovative and entrepreneurial" enterprises, although a series of risks and problems remain to be solved. It is difficult to relieve the relatively high risk faced by sci & tech innovation enterprises with venture lending , and commercial banks have to improve their risk management accordingly. Meanwhile, supporting measures need to be specified

---

① Author: Zhou Kunping, Deputy GM of D&R Division of BOC; Zhao Yarui, Senior researcher of D&R Division of BOC.

and perfected. In addition, improper timing also adds short-term financial pressure to commercial banks. It is therefore recommended that commercial banks shall start venture lending businesses prudently and orderly.

Column 2

PSBC is Listed in Hong Kong①

Postal Savings Bank of China was listed on the Main Board of Hong Kong Stock Exchange on September 28, 2016. This is the largest IPO project in the world over the past two years, and the largest H-share IPO project in the last six years.

Postal Savings Bank of China (hereinafter referred to as "Postal Savings Bank") was successfully listed in Hong Kong. This is another important milestone in the history of reform and development of this bank, indicating that we have taken a solid step towards the commitment of creating "the most trusted and valuable first-tier large retail bank"; meanwhile, it is another achievement of the reform in state-owned commercial banks under the framework of China's economic and financial system reform.

Listing is completed within only 7 months

Postal Savings Bank is the youngest large state-owned commercial bank yet boasting its history of a century.

Postal Savings Bank was established in March 2007 with its predecessor Postal Savings dating back to 1919, providing postal savings business with Postal Remittances and Savings Bureau. In January 2012, shareholding reform of Postal Savings Bank was completed with approval from relevant authorities.

In June 2014, Postal Savings Bank officially launched its "strategic investment introduction program" and successfully introduced 10 strategic investors by December 2015, including three categories of investors, namely, internationally renowned financial institutions, large state-owned enterprises as well as internet companies. Approximately 45.1 billion yuan was raised, making it the largest private equity financing program of a single attempt by a Chinese financial institution. It is also the largest equity financing during "the Twelfth Five-year Plan" for a Chinese financial institution. Based on the above efforts, Postal Savings Bank officially initiated its preparations for H-share IPO in

① Quoted from "Postal Savings Bank was listed in Hong Kong, showing the confidence of the international community in China's banking industry" in Hong Kong Bauhinia (December 2016), with minor changes, by Lv Jiajin, President of Postal Savings Bank of China.

February 2016 and everything was completed within only 7 months. Postal Savings Bank was listed in Hong Kong on September 28, 2016.

Such a smooth progress of listing is the result of over 9 years of deepened reform and innovation. In the past 9 years, Postal Savings Bank has grown up from an institution providing only services of savings and remittance into a mufti-functional commercial bank, creating modern banking businesses covering retail, corporate, international finance, financial markets, asset management and investment banking.

By the end of 2016, Postal Savings Bank had nearly 40000 outlets and 522 million customers and has become a commercial bank in mainland China with the largest distribution network and geographical coverage: our total assets reached 8.27 trillion yuan, balance of deposits 7.29 trillion yuan, total loans 3.01 trillion yuan, ranking among the top in Chinese banking industry. According to The Banker's list of "2016 Top 1000 World Banks", we ranked 22nd in the world in terms of total assets.

Showing global community's confidence in China's economy

Fluctuations have been dominating international financial markets in recent years, some international institutions became skeptical of the prospect of China's economy, especially Chinese banking industry. However, the share issuance of Postal Savings Bank made a surprise.

Firstly, it is large in scale. 12.427 billion shares were issued, raising HKD59.15 billion (after exercising over-allotment option). It was the largest IPO project in the world over the past two years and the largest H-share IPO project in the last six years.

Secondly, reasonable price. It was issued at HKD4.76/share, and the final pre-money valuation was set at 1.02 times P/B for net assets of 2016 Q1 which broke the routine of issuing H-share IPO at discounted price by large commercial banks. Value of state-owned assets is therefore preserved and appreciated.

Thirdly, the issuance has been widely recognized. International distribution was overly allotted. Various types were reasonably matched among international institutions and China-funded institutions, long-term funds and hedge funds; with regard to public offering in Hong Kong, subscription amounted to about HKD8.25 billion with a coverage of about 2.6 times, almost that of a large and medium-sized IPO.

These achievements not only indicate that Postal Savings Bank has enjoyed wide recognition, but also proved the confidence in China's economy from international community.

First of all, this suggests that international capital market has full confidence in the prospect of China's economy. Finance never exists without the support from real economy. Since the 18th National Congress of the Communist Party of China (CPC), the CPC Central Committee with Comrade Xi Jinping at its core has been striving for development with the guide of new philosophies, strategies and practices. Efforts have been made to promote supply-side of structural reform, which brings great benefits from reform and stimulates vitality of micro business entities.

Secondly, this shows international capital market has full confidence in the prospect of Chinese banking sector. Since the reform and opening up, China's financial reform and development have made remarkable achievements. In particular, since the 18th National Congress of the Communist Party of China (CPC), China's financial market-oriented reform process has been accelerated in financial legalization and informatization as well as improved modernization of financial services, under strategic requirements of comprehensively deepening reform of economic and financial market systems. As a result, obvious achievements have been made in financial infrastructure and optimized financial environment.

In addition, this shows that the international capital market has full confidence in the prospects of Postal Savings Bank. Banks with features are in demand in China, although many banks are playing in this market. The successful listing of Postal Savings Bank with relatively high premium is benefited from its differentiated strategic positioning, unique business model, sufficient capital support, excellent asset quality together with its huge growth potential.

Promoting cooperation with diversified investors

Hong Kong boasts its important and mature international financial market, and diversified international investors help optimize ownership structure and governance mechanism of Postal Savings Bank, so that corporate governance and management are further improved.

To become the most trusted and valuable first-tier large retail bank, Postal Savings Bank intends to take two strategic measures: Firstly, in terms of business layout, we will adhere to the strategy of "one body, two wings" to consolidate advantages of core businesses so as to meet the changing demands from customers. We will also explore new businesses and diversify our income sources. Secondly, in the aspect of support and security, a platform based on internet offering "online + offline" financial services will be upgraded. We will also strengthen cost control and improve operational efficiency, and continuously strengthen risk and capital management. Furthermore, we will adhere to "technology-led" strategy and fully enhance the bank with talents so as to enhance basic support for sustainable development.

To implement the above strategies, Postal Savings Bank will join hands with various partners to create a financial environment covering the vast majority of Chinese retail customers.

On the one hand, Postal Savings Bank will cooperate with China Post Group to make use of its advantages in goods, capital flow and information of major shareholders, so that to provide our clients with more convenient services and more options. On the other hand, Postal Savings Bank will join hands with world-class strategic investors, and promote strategic cooperation with the 10 introduced strategic investors in retail finance, financial markets, internet finance and other fields, learning their advanced and professional experience to further enhance our operational efficiency and management.

We believe that Post Savings Bank will have a more brilliant future with continuous efforts!

Appendix

Major Development Policies for China's Banking Market in 2016

Date of Release	Name of Policy	Released by
Jan. 15	*Notice of the State Council on Printing and Publishing of Plan (2016-2020) for Promoting the Development of Financial Inclusion*	The State Council
Feb. 2	*Circular on Issues Concerning Adjustments to the Individual Housing Loan Policy*	The PBC and the CBRC
Feb. 5	*Guidelines on Promoting the Development of Financial Inclusion in 2016*	The CBRC
Feb. 14	*Opinions on Financial Support for the Industrial Sector to Achieve Steady Growth, Structural Adjustments, and Profitability Improvements*	The PBC, the NDRC, the Ministry of Industry and Information Technology, the Ministry of Finance, the Ministry of Commerce, the CBRC, the CSRC and the CIRC
Mar. 14	*Notice on Improving the Pricing Mechanism for the Fee Charges for the Use of Bankcards*	The NDRC and the PBC

Continued

Date of Release	Name of Policy	Released by
Mar. 15	*Circular on Printing Measures on the Pilot Program of Mortgage Loans for the Property Rights of Rural Homes*	The PBC, the CBRC, the CIRC, the Ministry of Finance, the Ministry of Land and Resources and the Ministry of Housing and Urban-Rural Development
Mar. 15	*Circular on Printing Measures on the Pilot Program of Mortgage Loans for Operation Rights of Contracted Farmland*	The PBC, the CBRC, the CIRC, the Ministry of Finance and the Ministry of Agriculture
Mar. 16	*Operational Opinions on Financial Support for Poverty Alleviation*	The PBC, the NDRC, the Ministry of Finance, the CBRC, the CSRC, the CIRC, the State Council Leading Group Office of Poverty Alleviation and Development
Mar. 17	*Notice on Regulating the Acquisitions of Non-Performing Assets of Financial Asset Management Companies*	The CBRC
Mar. 21	*Guidelines on Financial Support to Accelerate the Development of Elderly Services*	The PBC, the Ministry of Civil Affairs, the CBRC, the CSRC and the CIRC
Mar. 24	*Instructions on Enhancing Financial Support for New Areas of Consumption*	The PBC and the CBRC
Apr. 12	*Notice on Issuing the Implementation Plan for the Special Rectification on Risks in Internet Finance*	The General Office of the State Council
Apr. 13	*Notice on Issuing the Implementing Proposals for the Special Rectification of Risks of Non-banks Payment Institutions*	ministries and commissions including the PBC
Apr. 13	*Notice on Issuing the Implementing Proposals for the Special Rectification of P2P Lending Risks*	The CBRC
Apr. 14	*Notice on Issuing the Implementing Proposals for the Special Rectification of Risks in Asset Management through Internet and Cross-sectoral Financial Business*	17 ministries and commissions including the PBC
Apr. 15	*Guidance on Strengthening Innovation of Banking Institutions and Conducting Pilots of Combined Credit-Equity Investment for Technological Innovation-based Enterprises and Start-ups*	The CBRC, the Ministry of Science and Technology, the PBC
Apr. 27	*Circular on Strengthening the Regulation on Bill Business and Promoting the Healthy Development of the Bill Market*	The PBC and the CBRC

Continued

Date of Release	Name of Policy	Released by
Apr. 7	*Notice on Introducing Standards for Banking Institutions in the Transfer of Income Rights on Credit Assets*	The CBRC
Jul. 1	*Circular on Further Improving the Work of Private Investment*	The General Office of the State Council
Jul. 6	*Notice on Effectively Regulating the Creditors' Committees Formed by Banking Institutions*	The CBRC
Jul. 27	*Methods of Supervision and Administration on Wealth Management Business of Commercial Banks (Draft)*	The CBRC
Jul. 28	*The 13th Five-Year Plan on Scientific and Technological Innovation*	The State Council
Aug. 24	*Interim Measures for the Administration of the Business Activities of Online Lending Information Intermediary Institutions*	The CBRC, the Ministry of Industry and Information Technology, the Ministry of Public Security and the State Internet Information Office
Aug. 31	*Guideline for Establishing A Green Financial System*	The PBC, the Ministry of Finance, the NDRC, the Ministry of Environmental Protection, the CBRC, the CSRC and the CIRC
Sep. 18	*Circular on Issuing Certain Provisions on the Return of Frozen Funds in New-type Telecommunication and Online Frauds*	The CBRC and the Ministry of Public Security
Sep. 20	*Opinions on Promoting the Sustainable and Healthy Development Startup Investment*	The State Council
Sep. 24	*Administrative Measures of the Special Funds for the Development of Financial Inclusion*	The Ministry of Finance
Sep. 27	*Notice on Issuing the Guideline on Overall Risk Management for Banking Institutions*	The CBRC
Sep. 30	*Circular on Matters relating to Strengthening the Management of Payment and Settlement to Prevent New-type Telecommunication Network Crimes*	The PBC
Oct. 10	*Guidelines on Market-Oriented Debt-To-Equity Swap at Banks*	The State Council
Oct. 10	*Opinions on Actively and Appropriately Reducing the Leverage Ratio of Enterprises*	The State Council
Oct. 13	*Implementing Proposals for the Special Rectification of Risks in Asset Management through Internet and Cross-Sectorl Financial Business*	17 ministries and commission including the PBC
Dec. 1	*Opinions on Issues concerning Steel and Coal Industries Resolving Overcapacity Financial Claim and Debt*	The CBRC, the NDRC and the Ministry of Industry and Information Technology
Dec. 2	*Circular on Issuing the Implementing Rules for Several Regulations on the Return of Frozen Funds in New Types of Telecommunication and Online Frauds*	The CBRC and the Ministry of Public Security

Source: Collected by the research group.

II. Development Policy for the Stock Market①

The stock market must give play to its basic functions as to financing and investment. Because of the thinking logic of "speculation", anti-common phenomena take place frequently in the A share market. After experiencing the abnormal fluctuation in 2015, the A share market continued to suffer from the negative effect of circuit-breaking at the beginning of 2016. In the meanwhile, cheating restructuring, substantial shareholders' retreat stock selling, and financial crocodile's bloody arbitrage put on stage often in the A share market, which had damaged the ecology of the A share market.

The year 2016 witnessed revolutionary change in the development policies for China's stock market. After correcting policy mistakes for the circuit breaker in January, Liu Shiyu, newly-appointed chairman of the CSRC who proceeded from a long-term mechanism of the stock market, made persistent efforts for the normative development of the securities market, completely abandoned the previous wrong practice of "suspending or putting off IPO once the stock market declined" especially in terms of the core issue such as recovering the financing function of stock market, and stuck to push forward the issue of pro-market new shares. A variety of systems in the stock market were regulated in a comprehensive way; practices violating laws and rules were cracked down; information disclosure according to laws and regulations was highlighted. The stock market of China has entered into a new epoch.

(i) Overview of China's Stock Market in 2016

Subsequent to a wave of stock market boom and disaster in 2015, A share holders were bound to undergo an extraordinary year in 2016. In 2016, A share circuit-breaking, analysts' being proven wrong, ghost share plague, disturbance of special trade suspension, Brexit, and Donald Trump's coming into power of America were totally regarded as accidents of the A share. However, after the deviation in the A share market was corrected through regulation, it got on the right track soon. Following the circuit-breaking in January, the A share market entered into an upstream path in an oscillatory way in February. By the end of 2016, Shanghai Composite Index closed at 3100 points smoothly, surpassing the lowest 2638.30 points in January, growing 17.6%. The stock market of 2016 was most desirable, as the index stability and restructuring of abnormal market phenomena were realized in such a complex market environment, and the financing function of the stock market was recovered as well.

---

① Author: Sun Jianbo, general manager of China Vision Capital Management Co., Ltd. Previous position: chief strategist of China Galaxy Securities Co., Ltd.

The A share bid farewell to the age of eye-popping transaction, and returned to normalcy from the crazy 2015. The annual business turnover of Shanghai and Shenzhen stock markets totaled RMB 127. 8 trillion Yuan, with daily average trading volume of RMB 525. 9 billion Yuan, a drop of about 50% year on year.

Remarkable achievements were accomplished in the NEEQ (National Equities Exchange and Quotations, commonly known as the the New Third Board Market), which has laid a solid foundation for the establishment of a multi-level capital market of China. By the end of 2016, the number of listed companies in the NEEQ roared all the way from 5129 at the end of 2015 to 10163. Up to December 30, 2016, the NEEQ had closed in the recovery. The turnover of the NEEQ closed at RMB 1. 583 billion Yuan. The market making and component index of the NEEQ closed at 1112. 11 points and 1237. 56 pointsrespectively. The NEEQ undoubtedly has become the largest reservoir for venture capital companies around the globe. As the thinking of layered policy is getting distinct, the NEEQ will definitely form a level to activate trading.

(ii) Analysis on the Main Development Policies for the Stock Market in 2016

1. IPO Barrier Lake problem was addressed

In 2016, the most important institutional move in the A share of China was the governance of IPO Barrier Lake problem. The issue of new shares proceeded in an orderly way and related systems were implemented as well.

The CSRC improved rules relating to the new share issuing system on January 1, officially releasing the *Measures for the Administration of the Offering and Underwriting of Securities*, the *Measures for the Administration of Initial Public Offering and Listing of Stocks*, the *Measures for the Administration of Initial Public Offering and Listing on the Growth Enterprise Market*, and the *Guiding Opinions on Matters Relating to the Dilution of Returns for the Current Period due to Initial Public Offering, Refinancing and Major Asset Restructuring*, which took effect as of January 1, 2016. They involve four main parts. Firstly, the proposal of perfecting the disposal of rejected shares is adopted. Underwriters are allowed to place and sell the shares that are refused to purchase by an investor to the other investors who participate in the purchase on the principle of announcement in advance. Secondly, the proposal of improving the existing offer rejection mechanism is adopted. According to the provisions, when the highest value declared is same with the finally determined issue price, the proportion of rejection may be less than 10% in order to avoid unfairness for a part of investors who offer the same price are rejected. Thirdly, the proposal of strengthening independency and information disclosure about the use of fund raised. Criteria in the prospectus have been amended, in which requirements for information disclosure are added and detailed. Fourthly, the proposal of improving the requirements for information disclosure of diluted current return compensation mechanism is adopted. The requirements for the disclosure about the prerequisite of assumption, parameter setting and the process of calculation relating to the analysis of diluted current return are added in the criteria of prospectus. New shares would be issued in accordance with the new system as of January 1. Investors will not need to pay in advance when subscribing new shares. Small-cap stocks would be issued directly at the fixed prices. Importance is attached to the requirements for information disclosure in the course of stock issuance examination. Stock issuing companies and sponsor institutions will assume more obligations and responsibilities for protecting the legal rights and interests of investors.

On December 9, the CSRC amended the *Issuance Regulation Q & A-Situation Regarding Suspending Examination over the Initial Public Offering Stocks*, and the *Issuance Regulation Q & A-Disposals such as Administrative Penalty and Replacement for Intermediaries Relating to IPO Enterprises under Examination*. It is stipulated in the *Issuance Regulation Q & A-Situation Regarding Suspending Examination over the Initial Public Offering Stocks* that in case that a sponsor institution is investigated by administrative organs for being suspected of violation of laws and rules, or detected by judicial organs, and the lawsuit is not yet settled, the stock issuance examination shall be suspended. In terms of regulations of the *Issuance Regulation Q & A-Disposals such as Administrative Penalty and Replacement for Intermediaries Relating to IPO Enterprises under Examination*, IPO enterprises (including those passing the issuance examination committee) under examination that need to replace their sponsor institutions shall invariably go through the application procedure anew. Both of the two regulations above belong to prudential measures. The former is aimed at avoiding the problem of the executive quality of sponsor institutions from affecting other recommended items. The latter is intended to avoid issuers from replacing their sponsor institutions randomly, which will impair the examination effect of sponsor institutions. The implement of the two regulations will play an important role in transmitting pressure of supervision and regulation and in improving the quality of examination. However, the two regulations above have resulted in such a situation on one hand that a large number of non-fault enterprises under examination recommended by registered sponsor institutions suffered from suspension of examination; on the other hand, such enterprises that needed to realize self-rescue by replacing the sponsor institutions must apply once again. As a result, the non-fault issuance applicants would undertake much time cost. As there are still many IPO enterprises in queue and the CSRC continues to strengthen supervision and law enforcement, the conflict said above is becoming increasingly prominent. The CSRC has further optimized and perfected the two Issuance Regulation Q & As said above in order to reduce as much as possible the adverse effect on non-fault issuers in the context of not impairing sponsor institutions' fulfillment of their duties and urging sponsor institutions to practice in accordance with regulations. In line with the amended Issuance Regulation Q & As, when an item undertaken by a sponsor institution involved is accepted, the examination shall not be suspended in principle. But the sponsor institution concerned shall comprehensively and prudentially review the item under examination and check if it still accords with conditions of administrative permission. An enterprise under the issuance examination of stocks shall not need to queue up again to replace its sponsor institution, unless the sponsor institution takes the initiative to suspend the sponsor agreement due to the issuer's failing to cooperate to fulfill its sponsorial obligation or the issuer's failing to meet the conditions of listing according to its viewpoint, or the issuer takes the initiative to suspend the sponsor agreement due to the sponsor institution registered or limited in practice. But it is a new sponsor institution that shall perform its duty of investigation in an all-round way and independently put forth a new sponsor opinion. Sponsor institutions that are engaged in the refinancing business, and acquisition, restructuring and financial consultation businesses of listed companies shall practice in the light of the regulations above.

2. Supervision for non-tradable shares was strengthened

Substantial shareholders shall reduce shareholding in an honest and trustworthy way in accordance with laws, regulations and promises, instead of abusing their advantages in position and information to infringe on the legal rights and interests of medium and small shareholders. Violations such as false information disclosure, insider trading, market manipulation involved in the course of reduction of shareholding shall be resolutely investigated and treated.

On January 7, the CSRC issued the *Circular on Matters Relating to the Purchase of More Shares by Substantial Shareholders and Directors, Supervisors and Senior Officers of Listed Companies* in order to maintain the stability of capital market, stabilize stock prices by supporting controlling shareholders, holders that hold more than 50% of shares (hereinafter collectively called "substantial shareholders"), directors, supervisors, senior officers to purchase more shares of listed companies, and to truly safeguard the rights and interests of investors. The issues concerned are as follows. Firstly, the situation of substantial shareholders, directors, supervisors and senior officers of a listed company who have reduced shareholding of the listed company in six months, and will purchase the stocks of the company by means of targeted asset management of a securities company or a fund management company does not fall in to the range of prohibition in the Article 47 of the *Securities Law of the People's Republic of China*. It is not allowed to reduce such stocks of the company purchased by means above in six months. Secondly, regulations in Article 13 of the *Rules on the Management of Shares Held by Directors, Supervisors and Senior Management Officers of Listed Companies and the Changes Thereof* (CSRC [2007] No. 56) do not apply to the situation that directors, supervisors and senior officers of a listed company would purchase more shares of their company and promise not to reduce shareholding of the company in six months even though the stock price of the listed company drops by 30% for ten consecutive trading days on a cumulative basis. Thirdly, the practice of purchasing not more than 2% of sharesissued by a listed company every 12 months when the beneficial shares in the company reach or exceed 30% of the total amount of shares issued by the company will be not subject to the limitation of "a year later as of the occurrence of the fact said above" in Article 63(2) of the *Measures for the Administration of the Takeover of Listed Companies*. Fourthly, substantial shareholders, directors, supervisors, and senior officers of a listed company are encouraged to purchase more shares of the company when the stocks of the company drop dramatically in order to stabilize stock price.

The CSRC issued the *Several Provisions on Shareholding Reduction by Substantial Shareholders, Directors, Supervisors and Senior Officers of Listed Companies* on January 7 in order to maintain the stability of the securities market, which went into effect as January 9, 2016. According to the *Provisions*, the total amount of shareholding to be reduced, through centralized bid trading in the securities exchange, by substantial shareholders who hold more than 5% of shares of a listed company must not exceed 1% of the total amount of shares of the company. The *Provisions* highlights detailed requirements for substantial shareholders' reducing shareholding by such a specific means as "centralized bid trading". Moreover, shares to be purchased in the secondary market do not fall into the range of limitation. Directors, supervisors and senior officers shall reduce shareholding fully and strictly in accordance with the *Company Law of the People's Republic of China*.

3. Supervision over acquisition and restructuring was intensified

The speculation related to back-door listings will be curbed to promote the flow of funds to the real economy. Procedures of administrative licensing for acquisition and restructuring will be lessened and simplified. Information disclosure and supervision during and after the trading process will be strengthened. Intermediaries will be urged to take their places and fulfill their duties.

On June 17, the CSRC solicited public opinions on the amendment of the *Measures for the Administration of the Material Asset Restructurings of Listed Companies*. The amendment is intended to bring down the fever of speculation related to back-door listings, facilitate the market valuation system to recover rationally, continue to support listed companies to enhance their quality by means of acquisition and restructuring, and lead more capitals invested to the real economy. For this reason, a series of supporting arrangements have been made in the Measures in terms of information disclosure, supervision during and after the trading process, urging intermediaries' fulfillment of their duties, as well as protection of investors' rights and interests. Five articles were involved in the amendment, covering three aspects mainly. Firstly, the accreditation criteria for restructuring and listing are improved so that tight systems and standards will be followed. The accreditation criteria for the "change of control" of listed companies are detailed and indicators for the judgment of the scale of purchased assets are improved in reference to experience of international ripe markets (including Hong Kong market). The period for the principle of initial accumulation is specified. Secondly, supporting supervision measures are improved to curb the speculation related to back-door listings; the supporting financing for restructuring and listing is cancelled; the strength requirements imposed on the restructuring party are increased; short-term and conceptual speculations are curbed. Shares of the original and new controlling shareholders of listed companies must be locked in 36 months according to requirements. The lockup period for other new shareholders is prolonged from current 12 months to 24 months. Any listed company or controlling shareholders and actual controllers of the listed company that have ever violated laws and regulations in recent three years or be publicly denounced by any stock exchange in the year past must not oversell. Thirdly, the Measures intensify responsibilities of securities companies, accounting firms, and intermediaries involved in assets appraisal during the process of restructuring and listing on the principle of comprehensive supervision. Accountability is intensified in light of the statutory requirement of diligence and fulfillment. With respect to the application of the rules, the arrangements in the transitional period of the Measures will be bounded by the general meeting of shareholders to select the old or new rules.

4. Investor protection was lifted to the top priority of the market governance

On December 16, the CSRC issued the *Measures for the Suitability Management of Securities and Future Investors*, which will go into effect as of July 2017, and issued the *Regulations on Implementing the Measures for the Suitability Management of Securities and Future Investors*, which took effect from the day of release. The Measures are formulated to carry out the file deployment of the State Council, and Xi Jinping's important directive about "quickening the formation of a stock market with a complete financing function, a solid institutional foundation, effective market supervision, and adequate protection for investors' legal rights and interests", and important moves to meet the requirements of "supervision strictly and comprehensively according to law". It marks that a significant step has been taken forward on the path of construction of fundamental systems to protect investors' legal rights and interests in the capital market.

5. Equity incentive system was improved

The CSRC issued the *Measures for the Administration of Equity Incentive Plans of Listed Companies* on July 13. The *Measures* focus on information disclosure in general. It loosens regulation but reinforces supervision on the basis of the concept of lower market access threshold but strict supervision so as to build up step by step an autonomous equity incentive system of listed companies that is subject to effective market restriction. It mainly involved the following contents. Firstly, information disclosure is stipulated specially in a chapter, and supervision over information disclosure is intensified. Secondly, the implementation condition of equity incentive plans has been improved, and the scope of incentive objects is specified. Thirdly, companies will be further granted with autonomy and the space of flexible decision-making by deepened market-oriented reform. Restrictions in terms of performance assessment indicators, stock pricing mechanism, proportion of rights reserved, interval between equity incentive and other major events, and mandatory interval to suspend the equity incentive plans are loosened. Fourthly, regulations relating to restricted stocks and stock option are further improved according to the needs of practical development. Fifthly, the *Measures* intensifies internal supervision of company and market restriction, further improves the decision-making process to implement the equity incentive plan as well as regulations relating to the execution of the process, and advances detailed requirements for the decision-making, rewarding and executive links of equity incentive plans. Sixthly, the *Measures* strengthens supervisions during and after the trading process, adds arrangements of internal accountability investigation mechanism of company, and details regulations of supervision and punishment as guarantee of supervisionafterwards and law enforcement.

6. New three board hierarchical system has taken effect formally

National Equities Exchange and Quotations ("NEEQ") issued on May 27 the *Administrative Measures for the Hierarchical Management of Companies Listed on the National Equities Exchange and Quotations* (Interim). According to provisions of the *Administrative Measures*, companies listed on NEEQ would conduct hierarchical management over listed companies formally as June 27, 2016.

7. The stock market serves the real economy

The State Council printed and issued on August 8 the *Circular on the Work Plan on Reducing the Costs of Enterprises in the Real Economy*. It is pointed out in the Circular that equity financing will be developed vigorously in respect to reducing the financing cost of the real economy effectively. The Circular improves the equity financing function in the securities exchange market, and standardizes the development of NEEQ as well as the development of regional equity market and private equity investment funds.

8. Multi-tiered stock market has played an important role in lowering leverage

The State Council issued the *Opinions on Proactively and Appropriately Reducing the* Leverage Ratios *of Enterprises* on October 10, which expresses the general thinking about lowering leverage, that is, to stick to the orientation of proactive fiscal policy and steady monetary policy, lower enterprise leverage ratio actively and prudently through pushing forward merger and restructuring, improving modern corporate system in self-discipline, revitalizing stock assets, optimizing debt structure, carrying out market-oriented debt-to-equity swap of bank in an orderly way, going bankrupt according to law, and developing equity financing by means of marketization and legalization, boost the supply-side structural reform, deepen reform of the state-owned enterprises as well as economic restructuring and upgrading and optimized layout, and lay a solid foundation for the long-term sustainable, sound development of economy. Among the others, the stock market is involved by means of positive development of equity financing. (1) Accelerate the improvement of the multi-tiered stock market. Efforts would be intensified to improve NEEQ. The system for small-sum, rapid, flexible and multiple investment and financing would be improved. Systems relating to the companies listed on NEEQ transferring to the growth enterprise market would be studied. Regional equity market that serves medium, small and micro enterprises would be developed in a well-regulated way. Supports would be given to the operation pattern and service innovation of regional equity market to enhance its financing function. (2) Propel the stable and sound development of exchange market. The main board of stock exchanges would be further developed and expanded. The development of small and medium-sized enterprise board would be accelerated. The reform of the growth enterprise market would be deepened. Construction of fundamental institutions such as stock issuance, delisting and trading would be intensified. Market supervision would be practically strengthened to protect investors' legal rights and interests. Eligible enterprises would be supported to issue stocks in the stock exchange market for the sake of equity financing. (3) Enrich and create new stock financing tools. Private equity investment funds would be developed vigorously to boost venture capital investment. New ways of using financial funds would be created. The guiding effect of the industrial investment fund would be exerted. Various entrusted equity management funds would be developed in a well-regulated way. The use of such tools as stock-bond combination, investment loan linkage and mezzanine finance would be explored on the premise of efficient supervision. (4) Broaden the source of equity financing fund. The long-term funds like insurance fund, annuity and basic pension fund would be encouraged to go for equity investment according to related regulations. Savings would be guided to transform to equity investment in an orderly way. Foreign direct investment and overseas venture capital would be introduced positively and effectively.

9. Securities traders and subsidiaries of private investment funds were incorporated into the scope of supervision

On December 30, Securities Association of China issued the *Measures for the Administration of Private Equity Fund Subsidiaries of Securities Company*, and the *Measures for the Administration of Alternative Investment Subsidiaries of Securities Companies*. The issues involved in the measures are as follows. First, securities companies shall make clear the scope of businesses of various types of subsidiaries. A subsidiary should only deal with one type of business on principle. Related subsidiaries shall specialize in their business respectively, instead of being engaged in several businesses currently. All subsidiaries of securities companies must not be engaged in non-financial businesses, and must not establish second-tier subsidiary on principle. Second, in case that any securities company has multiple subsidiaries that go for the same type of business, the securities company concerned shall regulate such subsidiaries by means of splitting or merger and arrange for customers surely during the transition period as stipulated by the two *Measures* in light of the principle of prohibition of horizontal competition between or among affiliated companies as well as related regulations in the *Measures* above. Third, all securities companies shall reinforce their responsibilities of regulation over their subsidiaries, deliver a good performance in risk prevention, avoid risk transmission between securities company and subsidiaries or among subsidiaries, and surely shoulder the due responsibility for the risk control and risk treatment of subsidiary. Fourth, all securities companies, private equity fund subsidiaries and alternative investment subsidiaries shall carry out self-inspection and draft a rectification plan in reference to this *Circular* and the *Measures* above.

(iii) Policy Evaluation and Prospects

2016 witnessed new contributions that the stock market of China had made in the course of serving the real economy. The financing amount of the primary market ranked first around the globe. Development and reform of secondary market continued to advance. The orientation of marketization and legalization did not change. The capabilities of risk identification, prevention and solution kept rising. As an important link of national reform and development, the development of multi-tiered capital market endured test of dilemma and gained experience and lessons as well.

In 2017, great impetus will be given to the supply-side structural reform in the stock market to lower non-financial business leverage, reduce the financing cost of the real economy. Continuous efforts will be made to serve the real economy. Institutional reforms shall be pushed vigorously. The key points of work in 2017 include the following.

1. Emphasize rule by law and stick to market principle

Corresponding laws and regulations shall be established and improved. Supervision shall be reinforced. It is necessary to stick to the orientation of marketization, legalization and internationalization to boost the sound development of the capital market. Institutional construction of the stock market shall be further strengthened. Corresponding laws and regulations shall be established and improved so as to connect as quickly as possible to the international market in the aspect of institutional regulations and supervision. Efforts shall be put forth to raise the level of standard service of intermediary. The business innovation capability of financial intermediaries such as securities traders shall be enhanced in the condition of risks being controllable. Greater efforts shall be devoted to developing financial derivatives. Efforts shall be intensified to foster institutional investors' capacity for investment.

2. Lessen administrative intervention, improve systems of the stock market and push forward the registration system reform

To deepen the stock issue system reform and raise the industrial allocation efficiency of the capital market was a historical task in the China's policy for the stock market. The root cause for the inefficiency of allocation among resource industries in the capital market lied in the imperfection of the stock issue system. Thus, the step to push forward registration system reform shall be accelerated. The bonus system of the stock market shall be improved. Another reason for the inefficiency of allocation among industries in the stock market of China is that there is lack of a bonus system. Valuing financing over return is a big problem in the current stock market of China, which has immensely boosted the short-term blind-minded speculations on the secondary market, and lowered the market's efficiency in leading long-term investment capital to the potential enterprises and industries. On one hand, it has also hampered the industrial structure upgrading; and it is apt to bring about stock wobbleon the other hand. Therefore, to establish a reasonable and effective bonus system may effectively lower the market risks and regulate market behaviors, and will be more favorable to play the part of the capital market.

3. Improve the multi-tiered capital market

With the concept of multi-department and multi-market macro, prudent coordination, management and supervision, the OTC market management will continue to improve in future in terms of market access system and information disclosure system. In the meantime, the thoughts about classified management of customer suitability and differentiated supervision will be introduced to the supervision over the OTC market in a bid to communicate and further blend the cross-market report and clearing systems, and to give better play to the role of OTC market and medium and small enterprises in interaction and mutual promotion. The admittance standard and investor suitability standard segmented by the market will be clear and definite. A uniform supervision and administration system and a uniform information service platform will be built respectively at different levels. An effective and competitive business and intermediary service system will be built.

4. Develop specialized intermediary service institutions

At present, the intermediary service agencies in the capital market of China are subject to the strict "license regulation", which ensures ordered operation of the system, but also sacrifices market efficiency. The root cause is that the specialty of the specialized service agencies fails to embody in the license regulation, as the license regulation is conducted on the basis of amount of employees that possess the baseline qualification, but makes little of the leader's ability and the practical professional qualification of an agency or a company. The license regulation has also resulted in institutional corruption. Regulatory authorities designate a specific social service agency to complete related matters for the reason of quantity control or compliance requirement. Then other social service agencies will naturally become "illegal". Few licensed agencies think of making innovation in the existent mode of regulation. There is much space for the financial innovation of targeted additional issuing of the NEEQ, exchangeable bond and preferred stock. But the efforts that agencies have made for exploration in the existent system are still much less. It is in urgent need to loosen policy and attract social institutions to take part extensively.

Column

SZ-HK Stock Connect①

SZ-HK Stock Connect was launched on 5 December 2016, after the success of SH-HK Stock Connect, which symbolizes another milestone in China's opening up of capital market.

(I) To upgrade interconnection mechanism between Mainland China and Hong Kong, and to innovate transaction model

---

① Author: Wu Pingping, financial industry analyst for non-banking sector of Research Department of China Galaxy Securities.

SZ-HK Stock Connect can be considered as the upgraded interconnection mechanism between Mainland China and Hong Kong. Compared with SH-HK Stock Connect, the design of SZ-HK Stock Connect has been improved. Daily quota of SZ-HK Stock Connect is consistent with that of SH-HK Stock Connect, but the total quota limit is eliminated; investment target is expanded to include H shares of Hang Seng Composite Small-cap Index companies which are valued at or above 5 billion HKD and H shares which are also listed in Shenzhen A-share market, in order to meet diversified demands of cross-border investment; more products are available for transaction, and after a period of time, Exchange Traded Fund (ETFs) will also be included as an investment target. SZ-HK Stock Connect launched a new transaction model with a separation of transaction and settlement, so that maximized market effectiveness can be achieved with minimum system costs.

(Ⅱ) To create two-way open capital market in order to promote RMB internationalization

SZ-HK Stock Connect boosts RMB flows across borders, enabling overseas investors to invest in Mainland China through Hong Kong. Under the SZ-HK Stock Connect, investors do not have to change their transaction habits in order to invest in another market, and their transactions will not cause substantial capital inflows and outflows. Thus, maximized two-way opening of Chinese capital market is realized. In addition, the model of cross-border transaction with non-cross-border settlement is adopted for SZ-HK Stock Connect to leverage RMB application and efficiency, facilitating the transfer of RMB from a currency for trade settlements to an option for investment and financing. Thus, Hong Kong's position as an international financial center is enhanced, and RMB internationalization is accelerated.

(Ⅲ) To reduce pricing difference of AH stocks, and narrow valuation gap

The majority of participants in capital market of Mainland China are individual investors. In contrast, the Hong Kong capital market is dominated by institutional investors. Differences in risk preference and investment philosophy of investors in these two markets result in the existence of long-term pricing gap of AH stocks. Integration of capital markets of Shenzhen and Hong Kong accelerates capital flows between the two regions, solving the problem of insufficient liquidity of some investment targets as well as improving arbitrage mechanism. Although AH stock pricing gap cannot be eliminated completely, pricing difference of AH stocks will be reduced in the long run and valuation gap can be narrowed accordingly.

(Ⅳ) To speed up the construction of capital markets, and to better support the growth of real economy

The launch of SZ-HK Stock Connect has far-reaching significance to the reform of domestic capital market. Compared with domestic capital market, the internationalization of Hong Kong capital market is relatively high with more mature mechanism. With deepened cooperation between the two capital markets, stock exchanges in Mainland China will be promoted to improve system design and enhance supervision, so as to enable better financial risk control. At the same time, the participation of overseas investors will gradually rectify the investor structure and risk preference of domestic capital market, promoting the return to value investment and serving the development of real economy.

Appendix

Summary of Main Development Policies for China's Stock Market in 2016

Date	Name of Document	Released by
Jan. 1	*Measures for the Administration of the Offering and Underwriting of Securities*, *Measures for the Administration of Initial Public Offering and Listing of Stocks*, *Measures for the Administration of Initial Public Offering and Listing on the Growth Enterprise Market*, *Guiding Opinions on Matters Relating to the Dilution of Returns for the Current Period due to Initial Public Offering, Refinancing and Major Asset Restructuring*	The CSRC
Jan. 7	*Circular on Matters Relating to the Purchase of More Shares by Substantial Shareholders and Directors, Supervisors and Senior Officers of Listed Companies*	The CSRC
Jan. 7	*Several Provisions on Shareholding Reduction by Substantial Shareholders, Directors, Supervisors and Senior Officers of Listed Companies*	The CSRC
Apr. 29	*Measures for the Administration of Securities Investor Protection Fund*	The CSRC
May 27	*Administrative Measures for the Hierarchical Management of Companies Listed on the National Equities Exchange and Quotations (Interim)*	NEEQ
Jun. 17	Solicited public opinions on the *Measures for the Administration of the Material Asset Restructurings of Listed Companies*	The CSRC
Jul. 13	*Measures for the Administration of Equity Incentive Plans of Listed Companies*	The CSRC
Aug. 8	*Circular on the Work Plan on Reducing the Costs of Enterprises in the Real Economy*	The State Council
Sep. 30	*Several Provisions on the Transaction Interconnection Mechanism for the Mainland and Hong Kong Stock Markets*	The CSRC
Oct. 10	*Opinions on Proactively and Appropriately Reducing the Leverage Ratios of Enterprises*	The State Council
Oct. 14	*Guidelines for the Participation of Securities and Fund Operators in the Interconnection for the Mainland and Hong Kong Stock Markets*	The CSRC

Continued

Date	Name of Document	Released by
Nov. 11	*Measures for the Administration of Futures Investor Safeguard Funds and supporting regulations*	The Ministry of Finance, the CSRC
Dec. 9	*Issuance Regulation Q & A-Situation Regarding Suspending Examination over the Initial Public Offering Stocks*, *Issuance Regulation Q & A-Disposals such as Administrative Penalty and Replacement for Intermediaries Relating to IPO Enterprises under Examination*	The CSRC
Dec. 16	*Measures for the Suitability Management of Securities and Future Investors*	The CSRC
Dec. 21	*Circular on Promoting the Assets Securitization of Public-Private-Partnership (PPP) Projects in Traditional Infrastructure Areas*	The NDRC, the CSRC
Dec. 30	*Measures for the Administration of Private Equity Fund Subsidiaries of Securities Company and Measures for the Administration of Alternative Investment Subsidiaries of Securities Companies*	Securities Association of China

Source: Collected by the research group.

III. Development Policy for the Insurance Market①

In 2016, the insurance industry resolutely implemented the decisions and instructions of the CPC Central Committee and the State Council and made a new breakthrough in reform, development and supervision, achieving a good start for the 13th Five-Year Plan of the industry. Firstly, it seized the two main lines of service supply-side structural reform and poverty alleviation strategy to help with the development of the real economy, poverty alleviation, protection and improvement of people's livelihood and major strategic construction of the state and further progress of insurance service capability. Secondly, it comprehensively deepened the insurance reform and better played a decisive role in market allocation of resources. It deepened the reform of key areas, improved the construction of the market system, and strengthened supervision in the course and afterwards to actively promote the two-way opening of the industry. Thirdly, it adhered to the combination of early warning, prevention and treatment and held the baseline for nonoccurrence of systematic risks. It implemented and fulfilled the directives of the CPC Central Committee and the State Council for strict supervision, promoted the complete coverage of major risks prevention in the industry and maintained the tough stance against major risks to deal with some potential areas. Fourthly, it strengthened the perspectiveness and pertinence of insurance supervisions and constantly consolidated the regulatory basis. It also

① Author: Liu Tao, postdoctoral fellow of the China Insurance Regulatory Commission.

promoted the construction of the insurance regulatory system, strengthened the protection for insurance customers, improved the insurance legal system and enhanced supervision improvement by information-based means.

(i) Overview of Insurance Market Development in 2016

Over the past five years, China's insurance industry has made a breakthrough in development. Premium income of the whole country has increased from RMB 1.4 trillion Yuan in 2011 to RMB 3.1 trillion Yuan in 2016, with an average annual growth of 16.8%. By firmly holding the baseline for nonoccurrence of systematic risks, companies whose solvency is not up to the standard have decreased from 5 in 2011 to 3 at the end of 2016 Q3, and the net assets of the industry have increased from RMB 556.6 billion Yuan in 2011 to RMB 1.76 trillion Yuan at the end of November 2016. To comprehensively deepen the reform of insurance supervision, the reform of premium rate formation mechanism, market access and exit mechanism, insurance funds investment system and insurance products was actively promoted, and the C-ROSS regulation system was formally implemented. In 2016, promotion for health insurance involving Individual Tax Preferences and catastrophe insurance was continued, Critical Illness Insurance was fully spread, the coverage of agricultural insurance was continuously expanded, liability insurance products were increased and the insurance played an increasingly important role as economic "booster" and social "stabilizer".

(ii) Analysis on Insurance Market Policies in 2016

Since 2016, China's relevant ministries and commissions have launched a series of policies and regulations which further promoted the norms of the insurance market and the development of the insurance industry from various aspects.

1. The regulation of products with short and medium duration was further strengthened and the baseline of risks was firmly held

Considering that high cash-value products have a narrow coverage and risks of such products were not reflected accurately, the China Insurance Regulatory Commission (hereinafter referred to as the CIRC) issued the *Notice of the China Insurance Regulatory Commission on Issues Concerning the Regulation of Products with Short and Medium Duration* on March 7, 2016 after issuing the *Notice of China Insurance Regulatory Commission on Issues Concerning the Regulation of High Cash-value Products* on January 29, 2014, which mainly involves in the following contents. Firstly, it defined the products with short and medium duration. Compared with the definition of original highcash-value products, the actual duration of products with short and medium duration has been expanded from less than 3 years to less than 5 years, guiding the industry to adjust the business structure and develop long-term business. Secondly, the benchmark of scale control was linked with the invested capitals and net assets. The annual premium income of insurance companies from products with short and medium duration is required to be controlled within twice of the invested capitals or net assets, whichever is bigger, to effectively prevent solvency risks of insurance companies. Thirdly, different requirements were put forward for sales of products with different short and medium durations. Any products with short and medium duration that have a duration less than one year shall be stopped selling immediately; the sales scale of products with short and medium duration that have a duration more than 1 year and less than 3 years shall be reduced to 90%, 70% and then 50% of the overall limit year by year within 3 years and controlled within 50% of the overall limit 3 years later to strengthen the control of mismatch risk and liquidity risk of assets and liabilities. Fourthly, strict control measures shall be taken for companies beyond the scale limit. Insurance companies which sell products with short and medium duration beyond the limit shall immediately stop selling these products and report to the CIRC. The CIRC will then take supervision measures such as stopping them from developing their new business to strengthen the scale control of products with short and medium duration.

Issuance of the *Notice of the China Insurance Regulatory Commission on Issues Concerning the Regulation of Products with Short and Medium Duration* will help life insurance companies to continuously adjust and optimize the business structure, further develop risk guarantee products, rationally develop products with short and medium duration and hold the baseline for nonoccurrence of regional and systematic risks. It will help life insurance companies to firmly establish risk awareness, strengthen capital planning and management, promote further transformation and upgrading of the whole industry and enhance the ability of sustainable development. Moreover, it will also help the life insurance industry to provide long-term and stable source of funds for the capital market, real economy and construction of national key infrastructures to serve the overall economic and social development better.

2. The information disclosure mechanism was made full use of to urge insurance companies to regulate equity management behaviors

On July 15, 2016, the CIRC released the *Notice of the China Insurance Regulatory Commission on Issues Concerning Further Strengthening Equity Information Disclosure of Issuance Companies*. Insurance companies which were required by the *Notice* to change registered capital and shareholders shall disclose in advance the source of funds and association relationships on their official website and the website of Insurance Association of China; relevant preparation and application of insurance companies to be newly established shall be disclosed to the public by the CIRC on its official website or a designated uniform information platform. The *Notice* has seven clauses in total and it mainly involves in the following contents. Firstly, the obligor of information disclosure is the shareholder of an insurance company who shall ensure that the contents submitted for disclosure should be true and complete. Secondly, information disclosure shall include decision-making procedures such as proposal and voting of the general meeting of shareholders, specific information about the capital increase program or changes in shareholders, source of funds with statement or commitment to self-owned funds, description of the relationship among shareholders and disclosure of the equity structure of shareholders, etc. Thirdly, the platform for information disclosure mainly involves official company website and the website of Insurance Association of China. Fourthly, the time for information disclosure refers to 10 workings days after the general meeting of shareholders or after the board of directors has passed relevant resolutions.

Issuance of the *Notice* is the CIRC's another important step to strengthen equity regulation, promote transparency construction and improve regulatory efficiency. Firstly, it's conducive to strengthening and improving regulation, improving equity regulatory system and enhancing the scientific nature and effectiveness of regulation with the help of all social forces. Secondly, it's conducive to strengthening information disclosure and public opinion supervision, improving the transparency of audits and establishing external constraint mechanism. Thirdly, it's conducive to urging insurance companies to strengthen equity management, establish internal self-discipline mechanism and improve the compliance management level.

3. Development and design of personal insurance products was regulated and the supply-side structural reforms of personal insurance market was further deepened

On September 2, 2016, the CIRC issued the *Notice of the China Insurance Regulatory Commission on Strengthening the Supervision of Personal Insurance Products*. The Notice further improved the regulatory framework of personal insurance products. On the basis of defining to launch post-event filing, spot check and management for personal insurance products, a regulatory framework in which the establishing and perfecting of mechanisms of product exit, accountability, backtrack and information disclosure coordinate and interact with each other and each party undertakes their respective responsibilities shall be formed. Specific measures are as follows. First, step up efforts in back-end regulation. It is specified in the Notice that insurance products shall be filed with the CIRC within ten days after sales and the CIRC would strengthen post-event spot check for received insurance products. Second, establish the product exit mechanism. Companies with illegal products shall be ordered to stop selling such products, and subsequent information disclosure shall be well completed; companies that have products with low recognition of consumers and poor sale shall be required to timely take measures to dispose such products to improve effective product supply. Third, reinforce the accountability mechanism of products. The specific responsibilities of insurance companies and personnel related to products such as general manager, chief actuary and legal persons liable in the process of product development, design and sale. Responsibilities against those who violate laws and rules shall be defined to claim and relevant persons liable shall be urged to play a practical role in management. Fourth, establish the backtrack mechanism of products. Companies shall be required to constitute a working group for product development and management and conduct whole-process management and risk assessment in product operations including actuary, finance, sale, and investment. Meanwhile, regulatory measures shall be taken for uncorrected problems, products still in the market and unadjusted operation indicators in backtrack. Fifth, improve the mechanism of information disclosure. To solve existing industrial problems where the product information was not disclosed comprehensively and timely, companies shall be required to actively and adequately publish materials related to their insurance products through their official websites or industry association platforms to further strengthen publicity and transparency of products for social supervision. Sixth, strengthen the management of new products. The regulation shall be made against such aspects as publicity, sale, and benefit demonstration of current new products to actually prevent misleading sale risks of new products. Besides, the operation management of universal insurance shall be strengthened, and the settlement interest rate level of universal insurance shall be connected to the actual investment yield of companies and determined rationally for the purpose of preventing vicious competition among companies with impractical settlement interest rates.

Firstly, to effectively release the vigor of industrial development, development and design rights of products will be given back to the market to cut down products' cycle from development to launch, give full play to the independent operation of insurance companies and further liberate and develop productive power of personal insurance. Secondly, to force companies to improve the ability of product development and management, it is necessary to guide companies to improve product quality and raise compliance awareness, implement fine product management, improve the ability of quality tracing in the life cycle of products, and attach more importance to actuary and compliance of products. Thirdly, to satisfy with real demands of customers and promote differentiated development of products, it is necessary to lead companies to transform models of product development and focus on connection between product development and operation processes, respect real demands and right maintenance of insurance consumers and make more distinctive products with higher level of guarantee into the market and unsatisfactory products out of the market, thereby achieving effective supply and diversified development of products.

4. The development of insurance industry in the next five years was planned in a comprehensive way in a bid to make China an insurance power from a large insurance country

In a bid to stand on a higher starting point, enhance the position and role of the insurance industry in the modernization construction of state governance system and governance capacity, and to achieve the goal advanced in the *Opinions* steadily, that is, "basically accomplish modernization of insurance service industry by 2020", the CIRC printed and distributed the *Outline of the 13th Five-year Plan for the Development of China's Insurance Industry* (the "Outline") on August 23, 2016, which specifies the goal, task and measure for the development of the insurance industry in the next five years as an important basis for insurance regulation departments to perform their duties, and a program of actions for the entire industry.

The overall objectives of the insurance industry put forth in the *Opinions* during the period of the 13th five years are as follows, that is, to basically complete construction of a modern insurance service industry that will adapt to the needs of economic and social development of China. The modern insurance service industry will develop in safe and steady way, characterized by full coverage, perfect function, and credit and standard management, and be provided with higher service and innovation capabilities as well as international competitiveness. Insurance will serve as a basic means of risk and wealth management of the government, enterprises and residents, an important channel to enhance the level and quality of security, as well as an effective tool of government to improve public service, strengthen social governance and push forward financial poverty alleviation. The position of China's insurance industry will be further lifted in the world insurance market.

In terms of contribution to the economic and social development, the insurance industry shall deeply apprehend the tendency variation brought about by the new normal, give full play to its role as an economic propeller and social stabilizer, focus on and serve the crucial orientations and key areas of economic and social development (including supporting economic transformation and upgrading, serving innovations in social governance, creating new ways to support and benefit agriculture, taking part in the construction of state's disaster relief system, pushing to tackle hard issues in the poverty alleviation and serving "One Belt One Road", etc.), and accelerate improvement in the pertinence and validity of insurance supply. In terms of further serving and ensuring the people's well-being, commercial insurance will give more assistance to the state in building a complete well-being safety net, and realizing the important values of the insurance industry in the commercial security plans for individuals and families, enterprise old-age and health security plan, and the market-oriented operation of social insurances through expanding multi-level old-age insurance and diversified health insurances, and pushing the steady development of critical illness insurances during the period of the 13th Five-year Plan. In the meantime, insurance has its own institutional and mechanical advantages in poverty alleviation. To accomplish poverty alleviation will be a significant political task of the insurance industry. During the period of the 13th Five-year Plan, the insurance industry will meet the diversified insurance demands in a targeted way in the battles to eradicate poverty, bring into full play to the principal role of insurance agencies in eradicating poverty, and improve supporting measures for the insurances that are aimed at targeted poverty alleviation. In the aspect of further reform and innovation during the period of the 13th Five-year Plan, the insurance industry will focus on crucial areas and key links, deepen the system and mechanism reforms, give rein to the decisive role of market in the allocation of insurance resources, and boost the transformation of development pattern and the structural adjustment of the industry in a bid to give continuous impetus to the sound development of the industry. In respect of risk prevention, the task of building an insurance regulatory system will remain onerous during the 13th Five-year Plan. According to the general requirements, institutional regulation shall unify with functional regulation, and so macro prudential regulation with the micro one. Risk prevention shall be of equal importance to the consumer right protection. The "three pillars" regulation system-corporate governance, paying ability and market behavior-shall be improved. A complete risk management system shall be established. We must not allow the redline to be crossed concerning nonoccurrence of systematic regional risk.

5. Risk safeguard level of personal insurance products was improved and the entire industry was propelled to further adjust and optimize the business structure

In a bid to further improve the actuarial system of personal insurance, give play to the security function of insurance, safeguard legal rights and interests of insurance consumers, and facilitate sustainable and sound development of the personal insurance industry, the CIRC printed and distributed the *Circular of the China Insurance Regulatory Commission on Issues Concerning Furthering Improving the Actuarial System of Personal Insurance* on September 2, 2016. The *Circular* would help a long-term, stable cash flow to take shape in the insurance industry, and make for providing a long-term, stable capital support for the capital market, the real economy, and the construction of key infrastructures of the state.

Six aspects are mainly included in the *Circular*. First, further raise risk safeguard level of personal insurance products. The percentage of insurance against death of main age group covered by the personal insurance products is raised from 120% to 160%. This risk safeguard requirement has surpassed the counterparts of the main national and regional insurance regulation departments in the world. Second, lower the valuation interest rate of universal life insurance reserve. The upper limit of the valuation interest rate of the universal life insurance reserve is lowered to 3%, down 0.5%. The personal insurance product whose valuation interest rate is above the upper limit shall be subject to examination and approval of the CIRC. The risk of loss from difference of interest rate shall be prevented. Besides, insurance companies shall enhance their capabilities of performing contractual obligations in future. Third, put forward requirements for the proportion of short and medium-duration businesses. The requirement for the proportion of short and medium-duration business to the business structure of company is put forward explicitly. According to the requirement, the proportion of short and medium duration business must not exceed 50% as of 2019. The proportion will be further reduced to 40% and 30% in 2020 and 2021. The market will be provided with an explicit expectation. A part of insurance companies will be guided to adjust their business structures step by step. The cash flow risk arising from a hard brake shall be prevented. Fourth, further improve regulation policies for the products with short and medium duration. Investment-linked insurance products will be incorporated into the regulation of products with short and medium duration. The *Circular* requires that the proportion of policy loans must not overtop 80% of cash value or account value. The additional universal insurance and additional investment-linked insurance shall be subject to separate appraisal in order to prevent insurance companies from evading supervision of regulation policies for products with short and medium duration by such means as investment-linked insurance, policy loans and additional risks, etc. Fifth, improve supervision requirements relating to product design. Insurance companies must not design the whole life insurance, annuity insurance and care insurance as products with short and medium duration, but must stick to the risk safeguard and long-term savings attributes of the products said above. The *Circular* requires that insurance companies shall determine reasonable charges for their products. A product whose value of new business is negative as shown in the profit test result shall be not approved and put on records. Sixth, strengthen the responsibility of chief actuary. The performance requirement and reporting obligations of chief actuary are specified. The responsibility of chief actuary is further strengthened. Chief actuary who fails to perform his/her due responsibility shall be disqualified or be subject to other rigid punishment. The key role of chief actuary shall be put to good use practically in the actuarial management of company products.

6. Sound and steady development of the insurance intermediary market was boosted

For the purpose of practically delivering a good performance in the business licensing of specialized insurance intermediaries, the CIRC printed and distributed the *Circular on Business*

Licenses Granted to Professional Insurance Agencies on September 29, 2016.

The *Circular* puts forth explicit requirements for the examination of application for business licenses of specialized insurance intermediaries in six aspects. First, the equity funds that shareholders contribute shall be true and legal. Shareholders must not invest with bank loans and other forms of non-equity funds. Legal and natural persons shall reach related financial standards, and produce supporting evidence of their contribution ability. Second, the registered capital shall be entrusted. Institutions shall open a custody account in and mandate all the registered capital to a financially strong, well-regulated and experienced bank. Besides, the conditions and ways of employing the entrusted capital are specified and regulated. Third, the professional liability insurance shall be in full amount and valid. Institutions to cover professional liability insurance shall produce a commitment letter and ensure that the professional liability insurance is in full amount, valid and continuous, and must not cancel the insurance or lower the security level. Fourth, the business model shall be rational and feasible. Institutions shall appraise roundly the development situation of local economy, society and financial insurance, put forward the feasibility and necessity of establishment, and present a reasonable market prospect analysis, business and financial development plan, and a risk management plan, etc. Fifth, corporate governance shall be improved and fully implemented. Institutions shall set up a complete corporate governance structure and system on the principle of clear responsibility, and intensified counter balance and risk management. Sixth, risk-based testing shall meet the requirement. Institutions shall be subject to risk-based testing. The institutions, shareholders, organizations in association with the institutions, and individual's historical state of operation shall be surveyed roundly to identify if there is possibility of illegal operations or activities through insurance intermediaries. The risk situation of the institutions shall be evaluated comprehensively.

The *Circular* means a lot for the insurance intermediary market in four aspects. First, lead social capital to invest in an orderly way. The *Circular* puts forth specific requirements for shareholder's contribution capacity, and trusteeship and use of registered capital, encourages social capitals that are truly capable of making contributions and have explicit intention to enter into the insurance intermediary market, and will guide social capitals to invest in a rational and orderly way. Second, prevent cross-domain risk transmission. The *Circular* requires that applicants shall be subject to risk-based testing and that the purpose of investment and future development model shall be identified effectively so as to vigorously restrain and prevent cross-domain risk transmission from illegal financing and pyramid schemes to the insurance intermediaries. Third, enhance institutions' capabilities to bear risks. The *Circular* regulates the way of custody and the use of registered capital of specialized intermediaries, which is of great importance for putting an end to short-term acts, regulating capital use, enhancing the steadiness of operation and risk resistance capacity of institutions. Besides, the *Circular* also enhances requirement for the professional liability insurance, stressing prevention of operational risk by means of market. Fourth, improve institutions' operation and management level. The *Circular* details requirements for the business model and corporate governance of specialized intermediaries for the purpose of facilitating them to improve the future-mindedness and feasibility of business and management strategies and systems, improving governance structure and internal control system, and improving operation quality and efficiency, and upgrading management in the future.

7. Internet insurance risk was rectified specially and practically while giving free rein to the unique advantage of Internet insurance in facilitating the development of inclusive finance and serving the economy and society

In order to carry out the decision and deployment of the Party Central Committee and the State Council and promote special rectification work on the Internet insurance risk to proceed in an orderly way, the CIRC, in combination with 14 departments, printed and distributed the *Implementation Plan for the Special Campaign on Internet Insurance Risks* (*the "Implementation Plan"*) on April 14, 2016 in light of the *Guiding Opinions on Promoting the Health Development of Internet Finance* and the *Implementation Plan for Special Rectification of Risks in Internet Finance*.

The *Implementation Plan* comprehensively deploys special rectification of the risks in Internet insurance, and adheres to the principle of stressing key points, being active and steady, exercising different strategies separately, addressing both symptoms and the root causes, specifying responsibility and strengthening coordination. The key points of rectification involve three respects. First, as to high cash value Internet business, the key point of investigation and rectification is to prevent insurance companies from selling insurance products on Internet by means of false description, one-sided or exaggerated advertising of the past performance, commitment to gain benefits or undertake losses against rules, or other misleading descriptions. Second, in terms of insurance institutions' cross-domain business development on Internet, the act of any insurance company that is engaged in Internet insurance business in cooperation with an unqualified third party network platform shall be investigated and rectified as the key point. In case that an insurance company cooperates with an Internet credit platform that is involved in offering credit enhancement services and setting up capital pool and conducting illegal financing, it will trigger and lead risk transmission to the insurance field. There are often such situations as incomplete risk control and lack of internal control management when insurance companies are engaged in the financing guarantee insurance business on the Internet credit platform. Third, in respect of illegal Internet insurance business, particular priority shall be given to the investigation of unlicensed institutions developing Internet insurance business against rules, unqualified Internet enterprises developing disguised insurance business in the name of mutual assistance, or any illegal institution or lawless person carrying out illegal financing on the Internet in the name of any insurance company or under the guise of credit of an insurance company.

The *Implementation Plan* will make for regulating the operation model of Internet insurance, optimizing market development environment, improving regulation systems and rules, laying equal stress on innovation and risk prevention, and facilitating the sound and sustainable development of Internet insurance.

8. The commercial health insurance involving Individual Tax Preferences was promoted to develop further in a well-regulated way

Subsequent to the printing and distribution of the *Notice of the Ministry of Finance, the State Administration of Taxation and the China Insurance Regulatory Commission on Carrying out the Pilot Program of Individual Income Tax Policies on the Commercial Health Insurance*, and the *Notice of the Ministry of Finance, the State Administration of Taxation and the China Insurance Regulatory Commission on Implementing the Pilot Program of Individual Income Tax Policies on Commercial Health Insurance* by the Ministry of Finance, the State Administration of Taxation and the CIRC respectively on May 8 and November 27, 2015, the CIRC released the *Interim Measures for the Administration of the Health Insurance Business involving Individual Tax Preferences* (the "*Interim Measures*") on January 4, 2016 in a bid to push the pilot program of individual income tax policies on the commercial health insurance to carry out smoothly.

The *Interim Measures* presents relatively explicit requirements for the insurance companies that are intended to deal with health insurance business involving Individual Tax Preferences, which mainly includes four aspects. First, the *Interim Measures* requires this type of insurance institutions to connect their health insurance information management system to the information platform of commercial health insurance developed by China Insurance Information Technology Management Co., Ltd. (called "CIITC" for short). Second, the *Interim Measures* requires insurance companies to submit a report on the health insurance business involving Individual Tax Preferences to the CIRC, and appends evidential materials of acceptance issued by CIITC. The content of the report shall be true, precise and well documented. Third, the health insurance business involving Individual Tax Preferences must be subject to agreement of the insured in person. The preciseness of the insured's information must be guaranteed. Fourth, health insurance products involving Individual Tax Preferences must be developed in strict accordance with the guiding framework and model clauses inNo. 126 [2015] of the Ministry of Finance on the basis of the operation and management capacities of company in itself, and be reported to the CIRC for examination and approval in terms of the given procedure.

9. Reform of the commercial auto insurance was pushed nationwide

The CIRC has issued a series of policy documents that are aimed at deepening the reform of management system for the commercial vehicle auto insurance clauses and premium rate in recent years for the sake of earnestly implementing the *Opinions of the State Council on Accelerating the Development of Modern Insurance Service Industry*, protecting the legal rights and interests of applicants and the insured, maintaining the normal order of property insurance market, and promoting sustainable and sound development of the property insurance market.

The CIRC printed and distributed the *Opinions of the China Insurance Regulatory Commission on Deepening the Reform of the System for the Administration of Commercial Auto Insurance Clauses and Premium Rates* on February 3, 2015. The *Opinions* presents to build a standard and individualized commercial auto insurance clause system, progressively enlarges property insurance company's autonomy to determine the commercial auto insurance rate on the basis of the law of large numbers and market orientation, sticks to dynamic regulation as priority and solvency regulation at its core, and strengthens and improves supervision over the commercial auto insurance clauses and premium rates. On March 20, 2015, the CIRC printed and distributed the *Work Plan for Deepening the Pilot System Reform of the Administration of the Commercial Auto Insurance Clauses and Premium Rates to implement the Opinions of the China Insurance Regulatory Commission on Deepening the Reform of the System for the Administration of Commercial Auto Insurance Clauses and Premium Rates*. The *Work Plan* specifies division of tasks for insurance regulatory bureaus, property insurance companies and the Insurance Association of China, details their job responsibilities, and determines Heilongjiang, Shandong, Qingdao, Guangxi, Shaanxi and Chongqing as the pilot areas of reform of commercial auto insurance, and ascertains steps of reform so as to ensure that the reform of system for the administration of commercial auto insurance clauses and premium rates will develop smoothly.

On June 27, 2016, the CIRC printed and distributed the *Circular of the China Insurance Regulatory Commission on the Issues Concerning Nationwide Promotion of Pilot Reform of the System for the Administration of Commercial Auto Insurance Clauses and Premium Rates* again to promote the pilot reform of commercial auto insurance nationwide. The *Circular* requires insurance companies to put to use the new commercial auto insurance clauses and premium rates approved by the CIRC, set up a complete surveillance and adjustment mechanism of commercial auto insurance clauses and premium rates, monitor and analyze the deviation of rate actuarial assumption from the practical business condition in a dynamic way in order to prevent major deviation of the main actual business index values of auto insurance from the expected values in the actuarial report.

10. Critical illness insurance service was improved, and the catastrophe insurance system was implemented for effective insurance industry-helped poverty alleviation

To comprehensively improve critical illness insurance services, the CIRC formulated a series of regulatory systems on October 9, 2016, including the *Interim Measures for the Bidding Management of Insurance Companies' Critical Illness Insurance for Urban and Rural Residents*, the *Basic Rules for Insurance Companies' Critical Illness Insurance Services for Urban and Rural Residents (Trial)*, the *Interim Measures for the Financial Management of Insurance Companies' Critical Illness Insurance for Urban and Rural Residents*, the *Interim Measures for the Risk Adjustment Management of Insurance Companies' Critical Illness Insurance for Urban and Rural Residents* and the *Interim Measures for the Market Exit Management of Insurance Companies' Critical Illness Insurance for Urban and Rural Residents*. These systems had great effect on launching soundly critical illness insurance business for urban and rural residents, regulating the critical illness insurance market and protecting legal rights and interests of urban and rural residents.

In terms of advancing the catastrophe insurance system, the CIRC planned to initiatively establish the catastropheinsurance system of urban and rural residential housing in earthquakes based on the people's livelihood-first principle, with earthquake disasters as main factors and residents' most import assets, i. e. residential housing, as guarantee objects. To guarantee successful implementation of the system, the CIRC and the Ministry of Finance jointly issued the *Implementation Plan for Establishing the Catastrophe Insurance System for Urban and Rural Residential Housing in Earthquakes* on May 11, 2016. The *Plan* adopted the operating model of "integrating underwriting capacity, accumulating reserves year by year, and layering losses reasonably", and defined respectively guarantee object and responsibility, insured amount, contract provisions and rates, claim handling, implementation procedures and guarantee measures.

In terms of insurance services-helped poverty alleviation, the CIRC and the State Council Leading Group Office of Poverty Alleviation and Development jointly issued the *Opinions of the China Insurance Regulatory Commission and the State Council Leading Group Office of Poverty Alleviation and Development on Effectively Conducting Insurance Industry-Helped Poverty Relief* on

May 26, 2016. The Opinions proposes to achieve the overall target, i. e. basically founding insurance service mechanisms suitable for national poverty alleviation strategy, forming insurance service pattern harmoniously coordinated and participated by all commercial, policy or cooperative institutions, making great efforts to extend the insurance coverage to all villages, households and individuals in poor areas, having insurance penetration and density approaching national average level, providing all-around guarantee of modern insurance for production and living of impoverished people by 2020, through accurately aligning with diversified needs of insurance services for agriculture, health, people's livelihood, industrial poverty alleviation, and education poverty alleviation, giving full play to the dominant role of insurance institutions in improving the multi-level insurance service organization systems, implementing differentiated assessment on branches in poverty-stricken areas, strengthening the technical support and personnel training for insurance in poverty-stricken areas and encouraging the allocation of more insurance funds to infrastructure and livelihood projects in poverty-stricken areas, improving the support and guarantee measures for targeted poverty alleviation insurance and the working mechanism of poverty alleviation insurance services.

(iii) Evaluation and Outlook on Policies

In 2016, the insurance industry witnessed great progress in the aspects of reform, development and regulation and made new breakthroughs in various projects. The key to effectively conduct insurance regulation in 2017 is comprehensively implementing instructions of the CPC Central Committee and the State Council on economy and finance, sticking to responsibilities and drawing a clear distinction between the primary and the secondary. Meanwhile, the insurance industry shall consider risk prevention and control as the core to strengthen regulation and duty performance, self-construction as the guarantee to enhance regulatory improvement, global service as the orientation to fulfill social responsibilities, and deepening reforms as the emphasis to improve impetus for development, so as to return to the origin for focusing on major business and consolidate foundation for stable progress and far-reaching result, which specifically involves four aspects. Firstly, the insurance industry shall win a tough battle to firmly hold baseline for nonoccurrence of systemic risks. In 2017, preventing and controlling risks shall be put on a more important position of the insurance regulation embracing three key areas of corporate governance, insurance products and capital use together with decisions on handling potential risk points. Secondly, capacity building and system building shall be strengthened to provide powerful guarantee for improving regulation. Capacity building and system building as two main lines shall be caught to build regulatory cadre teams and modern regulatory systems and comprehensively improve abilities and levels for practical and strict regulation under new situations. Thirdly, "service to the strategy of poverty alleviation, service to the development of the real economy, service to the building of social governance systems" shall be given practically to raise global insurance service to a new level. Fourthly, great efforts shall be made on four major reforms such as actively deepening the reform of the market system, orderly promoting the reform of insurance clauses and premium rates, steadily implementing the reform of capital use and accelerating the expansion of opening up and cooperation, so as to continue to lead the new normal of the development by deepening reform.

Column 1

Management of Insurance Assets and Pension①

Insurance industry is the Blue Ocean of China's financial future, and management of insurance assets and pension boost more potentials.

1. Asset expansion requires upgraded allocation. About RMB 3 trillion of more insurance premium has been recorded in 2016, resulting in available balance of insurance funds increase to RMB13.3 trillion, second only to banks and trusts. Insurance funds therefore become key support for major asset management. Asset expansion requires upgraded allocation. Insurance funds are of great importance boosting a range of features such as long term, low cost, stable and focus on safe investment in value, making it important to stabilize market order.

2. Asset allocation is more diversified. In recent years, investment channels of insurance companies have been gradually liberalized, and asset allocation structure has been diversified consisting five categories of assets such as liquidity assets, fixed income assets and equity assets, etc. Since 2016, insurance companies have paid attention to non-standard investment and non-standard assets increased from 29% in early 2016 to 36% by the end of that year, which is helpful to stabilize rate of return on investment of insurance companies.

3. To strengthen supervision on shareholders. Since 2016, CIRC has strengthened the supervision on shareholders of insurance companies and standardized the investment shares. Proportion limit of an individual shareholder has been controlled from 51% to 1/3. In addition, capital verification has been strengthened to ensure its source is true and legitimate, so that to prevent insurance companies becoming the "Cash Machine" of

① Author: Zhao Xianghuai, Deputy General Manager of Research Center of Essence Securities.

major shareholders and to keep insurance companies running on the proper track.

4. Improve supervision on equity investment. According to CIRC requirements, insurance companies must complete the acquisition of listed companies with its own capital. The balance of equity assets to total assets decreases from 40% to 30%, and stock investment is divided into three types including general stock investment, significant stock investment and acquisition of listed companies. Differential regulation is implemented based on changes in shareholding, supervision rules on major stock investment and acquisition of listed companies are further specified. Future long-term equity investment of insurance company should primarily lie in financial investment supplemented with strategic investment, while strategic investment should focus on share purchasing together supplemented with share holding.

5. Pension management in an era of fully commissioned investment. Commissioned investment of basic pension has been put forward step by step. RMB360 billion of basic pension has been used for investment by far in 7 provinces and cities including Beijing and Shanghai. Limit of insurance funds should only be invested into state-owned banks and bonds have been eliminated. Thus, investing channels are broadened, and funds are entrusted to invest into national social security funds to increase return. With the gradually increased amount of pension entrusted, funds will continue to flow into stock market. Attributes of securing absolute return and low risks are improved and structure of investors is improved.

Column 2

C-ROSS is Officially Implemented in China①

(i) Abstract

China Insurance Regulatory Commission (hereinafter as "CIRC") officially released the China Risk Oriented Solvency System (here in after as "C-ROSS"), known as the Chinese version of Solvency II, in February 2015, and came into force since January 2016. Among the 17 documents of regulations, Rule No. 1 to No. 9 specify the quantitative risks of the first pillar; Rule No. 10 to No. 12 specify the qualitative risks management of the second pillar; Rule No. 13 to No. 16 focus on disclosure and reporting as the third pillar; No. 17 is set for group supervision. The core index under C-

① Author: Kurt Tan, Deloitte China's risk advisory Partner on Insurance Industry.

ROSS is the solvency ratio, which suggests that actual capital is divided by minimum capital and the ratio shall be over 100% as the lowest requirement. It is particularly worth mentioning that Rule No. 11 Solvency Aligned Risk Management Requirements and Assessment ("SARMRA") requires that the qualitative assessment results of risk management be translated into one coefficient from 0.9 to 1.4, in calculating the minimum capital required, as a reward or penalty.

(ii) C-ROSS' key Influences and Changes on the Market and Industry

1. To guide the industry from scale-oriented to risk-focused. For example, universal life with high cash-value, short-term period and one-off payment, aggressive mis-matching strategy of investment with liabilities; credit guarantee insurance products in P&C, and high commission driven marketing channel etc., will significantly increases capital consumption speed.

2. To guide companies to "focus on both processes and results". Aforementioned Rule No. 11 adjusts the minimum capital required with the coefficient of 0.9 to 1.4. i.e. all other conditions remain unchanged, the extreme difference of capital requirements purely determined by risk management effectiveness is 55.6%. For the first time the value creation of risk and compliance functions or 2nd line of defence can be quantified, which was traditionally considered as cost centers.

3. To encourage companies to speed up the implementation. In contrast to the principle based supervisory regulations in Europe and the United States, C-ROSS is a set of more detailed and rule based regulations, elaborating specific guidelines including risk organization structure, qualifications and assessment requirements for chief risk officers and other personnel, risk appetite system, operational risk and policies and procedures, as well as requirements on information systems for companies. According to CIRC's design, these requirements serve as guideline items in the evaluation tables rather than mandatory requirements, allowing companies to gradually improve over a period. However, most companies have taken them seriously and started full implementation, which significantly accelerated the progress of C-ROSS readiness in China.

(iii) C-ROSS' key Influences and Changes on Insurance Investment

1. Risk-taking reward concept is more widely accepted in assets allocation. Taking market risk for instance, the capital charge of Growth Enterprise Market equity (48%) is 57 times more than that of fixed income assets (0.84%). Insurance companies therefore have to pursue maximum return on assets with constraints of solvency and liability costs, and begin to evaluate efficiency of various types of asset investment using risk adjusted

return on capital as one of the core decision foundations in assets allocation.

2. Equity and alternative investment have increased, including overseas real estate and listed companies' equity to over 5%. C-ROSS says the capital charge of equity investments ranges from 31% to 48%; while the capital charge of subsidiary's equity is only 10%; moreover, a further 20% to 25% discount is offered to financial institutions or insurance related subsidiaries. Such rules apparently encourage the acquisition of listed companies' equity to a level that the financial statements can be consolidated. In addition, although the capital charges of equity and alternative investment are relatively high, insurance companies still have time and space for capital supplement because C-ROSS reporting requirements are on the quarterly basis.

3. To facilitate clearer exposure to liquidity risk, which is good for the healthy development of the market. Specific requirements are made in C-ROSS on the measurement, monitoring, stress testing, and reporting of liquidity risk, and the quantification and disclosure of liquidity risk. This would effectively suppress those activities such as committing high-yield for high cash value products, and aggressive mis-matching on alternative investments.

(iv) Outlook of Future

1. In March 2017, CIRC officially announced that relevant rules of C-ROSS will be updated after two years' applications. This would help with the vitality and advancement of C-ROSS.

2. Insurance market will continue to thrive. Financial conglomerates with insurance arms will continue to emerge and grow fast with diversified business entities. C-ROSS is very likely to be further updated in response to the development of such diversified financial conglomerates.

3. The philosophy of "loosen controls of the front and strengthen controls of monitoring" will be greatly adopted. Focusing on capital requirements and risk controls, C-ROSS will continue to influence the market and encourage insurance companies to operate more actively and smartly.

Appendix

Review of Major Development Policies for China's Insurance Market in 2016

Date	Name of Documents	Released by
Jan. 4	*Notice of the General Office of the China Insurance Regulatory Commission on Matters Concerning the Health Insurance Business Involving Individual Tax Preferences*	The CIRC

Continued

Date	Name of Documents	Released by
Feb. 2	*Notice of the China Insurance Regulatory Commission on Issuing the Plan for Deepening Reforms of Insurance Standardization*	The CIRC
Mar. 3	*Notice of the China Insurance Regulatory Commission on Canceling a Group of Intermediary Service Items Subject to Administrative Approval*	The CIRC
Mar. 7	*Notice of the China Insurance Regulatory Commission on Issues Concerning the Regulation of Products with Short and Medium Duration*	The CIRC
Apr. 14	*Implementation Plan for the Special Campaign on Internet Insurance Risks*	The CIRC
Apr. 25	*Notice of the China Insurance Regulatory Commission on Issues Concerning the Administrative Licensing for Banking Sideline Insurance Agents*	The CIRC
May 6	*Notice of the China Insurance Regulatory Commission on Issues Concerning Further Strengthening the Compliance Management of Insurance Companies*	The CIRC
May11	*Implementation Plan for Establishing the Catastrophe Insurance System for Urban and Rural Residential Housing in Earthquakes*	The CIRC, the Ministry of Finance
May26	*Opinions of the China Insurance Regulatory Commission and the State Council Leading Group Office of Poverty Alleviation and Development on Effectively Conducting Insurance Industry-Helped Poverty Relief*	The CIRC, the State Council Leading Group Office of Poverty Alleviation and Development
Jun. 13	*Notice of the China Insurance Regulatory Commission on Strengthening Regulation of Portfolio Insurance Asset Management Product Business*	The CIRC
Jun. 27	*Circular of the China Insurance Regulatory Commission on the Issues Concerning Nationwide Promotion of Pilot Reform of the System for the Administration of Commercial Auto Insurance Clauses and Premium Rates*	The CIRC
Jun. 27	*Notice of the China Insurance Regulatory Commission on Issuing the Guidelines on Market Exit Management of Guangxi Based Branches of Insurance Companies*	The CIRC
Jul. 4	*Notice of the China Insurance Regulatory Commission on Prolonging the Period for the Pilot of Elderly Housing Reverse Mortgage Pension Insurance and Expanding the Scope of the Pilot*	The CIRC

Continued

Date	Name of Documents	Released by
Jul. 15	*Notice of the China Insurance Regulatory Commission on Issues Concerning Further Strengthening Equity Information Disclose of Insurance Companies*	The CIRC
Aug. 10	*Notice of the China Insurance Regulatory Commission on Issues Concerning Insurance Companies Listed in the National Equities Exchange and Quotations System*	The CIRC
Aug. 23	*Outline of the 13th Five-Year Plan for the Development of Chinese Insurance Industry*	The CIRC
Sep. 2	*Notice of the China Insurance Regulatory Commission on Issues Concerning Furthering Improving the Actuarial System of Personal Insurance*	The CIRC
Sep. 2	*Notice of the China Insurance Regulatory Commission on Strengthening the Supervision of Personal Insurance Products*	The CIRC
Sep. 29	*Circular of the China Insurance Regulatory Commission on Business Licenses Granted to Professional Insurance Agencies*	The CIRC
Oct. 9	*Interim Measures for the Bidding Management of Insurance Companies' Critical Illness Insurance for Urban and Rural Residents*, *Basic Rules for Insurance Companies' Critical Illness Insurance Services for Urban and Rural Residents (Trial)*, *Interim Measures for the Financial Management of Insurance Companies' Critical Illness Insurance for Urban and Rural Residents*, *Interim Measures for the Risk Adjustment Management of Insurance Companies' Critical Illness Insurance for Urban and Rural Residents*, *Interim Measures for the Market Exit Management of Insurance Companies' Critical Illness Insurance for Urban and Rural Residents*	The CIRC
Dec. 30	*Notice of the China Insurance Regulatory Commission on Matters Concerning Further Strengthening the Supervision of Personal Insurance*	The CIRC

IV. Development Policy for the Monetary Market①

In 2016, China's monetary market operated in a sound and steady way in general. Continued advances were made in improving systems as well as infrastructure construction of the monetary market. The examination and approval of financial institutions to enter the inter-bank lending market was cancelled. Systems for the administration of bond in storage, conversion rates (values) of standard bonds, and settlement risks in the exchange-based repo market continued to improve. The *Administrative Measures for Trading Negotiable Instruments* was

① Author: Zhu Yonghang, Financial Market Management Dept. of Shanghai Head Office of the People's Bank of China.

unveiled to strengthen supervision and risk prevention in the paper market. Shanghai Commercial Paper Exchange Corporation Ltd. was established. The monetary market further improved its operation efficiency and its capability to serve the real economy.

(i) Inter-bank Lending Market

In 2016, the national inter-bank lending market operated in a smooth and steady way. The volume of business maintained a solid and rapid growth. The trade term continued to focus on short-term. Terminal interest rate shifted up within a narrow range. The yield curve tended to flat. Administrative licensing for the access to the inter-bank lending market was cancelled, which has facilitated financial institutions to enter the market and lifted their enthusiasm and trading efficiency.

1. Policies introduced

The State Council printed and distributed the *Decision on Cancelling* 13 *Items Subject to Administrative Examination and Approval by Departments of the State Council* (No. 10 [2016] of the State Council) to cancel 13 items subject to administrative licensing, including the examination and approval for financial institutions to enter the national inter-bank lending market.

On March 10, the People's Bank of China printed and distributed the *Circular on Implementing the Decision of the State Council on Cancelling* 13 *Items Subject to Administrative Examination and Approval by Departments of the State Council* to stop the examination and approval of financial institutions to enter the national inter-bank lending market in a bid to simplify administrative procedures and delegate powers to lower levels, and push the reform of administrative examination and approval system.

On August 9, the National Inter-bank Funding Center (hereinafter referred to as the "NIFC") released the *Business Operating Rules for the National Inter-Bank Lending Market* (hereinafter referred to as the "Business Operating Rules") (No. 347 [2016] of the China Foreign Exchange Trading System) to implement the decisions of the State Council on cancelling the administrative licensing for financial institutions to enter the national inter-bank lending market. The *Business Operating Rules* specifies the processes relating to financial institutions' entry into the national inter-bank lending market as well as requirements for the in-process regulation and post-supervision.

2. Policy evaluation

(1) Institutional improvement. A rigid access management system has been established in China's inter-bank lending market ever since a unified national inter-bank lending market was set up in 1997. The People's Bank of China performed its duty in the supervision and administration

of the inter-bank lending market according to the *Law of the People's Republic of China on the People's Bank of China*, and carried out administrative licensing for the examination and approval of the access to the inter-bank lending market according to the *Administrative License Law of the People's Republic of China*. The People's Bank of China promulgated the *Measures for the Administration of Inter-Bank Lending* (No. 3 [2007] Directive of the People's Bank of China) in 2007 to administrate the inter-bank lending market on the principle of prudential supervision on the basis of management in terms of market access, term, limit and transparency.

Cancelling the administrative licensing for the examination and approval of financial institutions to enter the national inter-bank lending market is an important step of the State Council to carry out the unified strategic deployment in deepening all-round reform and speeding up transformation of government function presented in the third plenary session of the 18th CPC Central Committee. Reducing before hand administrative management step by step, handing over what can be determined in the market to the market and maintaining and optimizing market environment will make for the upgrading and development of the inter-bank lending market.

After the administrative licensing was cancelled, financial institutions to enter the national inter-bank lending market need no longer to go through administrative examination and approval. The People's Bank of China conducted supervision and administration of the inter-bank lending market according to the *Bank Law of the People's Republic of China*. The NIFC offered such services as trading networking, trading registration, and the building of information disclosure management platform for the inter-bank lending. Financial institutions dealt with inter-bank lending business in compliance with the regulations of the *Measures for the Administration of Inter-Bank Lending*.

Implementation effect of policy:

First, the efficiency to enter the market was raised. Financial institutions that meet the conditions of the *Measures for the Administration of Inter-Bank Lending* may directly apply for networking in the NIFC. The term of handing the application is reduced to five working days. Financial institutions may open the inter-bank lending trading when the networking is available.

Second, quota adjustment was convenient. The trading deadline of inter-bank lending, and the style of limit management have changed from the previous ratification by the People's Bank of China to the calculation and setup by the NIFC according to the *Measures for the Administration of Inter-Bank Lending* based on the financial information of financial institutions. Financial institutions may produce the basis of change in the financial information to the NIFC to adjust the quota.

Third, information disclosure has been strengthened. The *Business Operating Rules* specifies requirements for the information disclosure of various types of financial institutions in the national inter-bank lending market. The NIFC offered platforms and monitoring services, and the People's Bank of China conducted supervision and administration for the information disclosure of financial institutions.

Fourth, performance management was intensified. According to requirements, financial institutions shall ensure that trading information is true and valid, and shall perform trading as arranged after it is concluded. In case that a transaction is not performed as arranged, both parties of trading shall report to and put on record in the NIFC on the working day following the settlement date so that the regulatory body will be able to prevent and mitigate market risk in time.

(2) Market development. After the reform of administrative approval system for the inter-bank lending was implemented, financial institutions showed higher enthusiasm for the access to the market. The market has been more activated. Trading volume has increased substantially. It was manifested in the following respects. First, members of the market added rapidly. By the end of 2016, members in national inter-bank lending market had totaled to 1725, an increase of 20% from the end of 2015. Institutions that newly entered the market reached 343, an increase of 90% year on year, including 916 rural credit unions, 390 banks, 180 financial companies, 95 securities companies, 62 trust companies, 24 leasing companies, 17 auto financing companies, 31 insurance companies, and eight assets management companies according to ranking. Among them, rural credit unions grew most, 255 more than the previous year. Second, transaction scale increased substantially. In 2016, the trading volume in the inter-bank lending market were up to RMB 95.91 trillion on a cumulative basis, an increase of 48.18% year on year, with daily trading volume of RMB 382.124 billion. In eyes of the monthly trading volume, transaction scale escalated from RMB 5.72 trillion at the beginning of the year to about RMB 10 trillion in the middle of the year. The trading volume reached RMB 10.73 trillion in August, the highest point of the year. September and October witnessed the drop of the transaction scale when the monetary market was tightened on the funding side due to the seasonal factor and the effect of Mid-autumn Day and the National Day. The trading volume registered RMB 5.52 trillion in October. As the end of the year approached afterwards, and financial institutions showed more needs of liquidity management, the transaction scale turned to rise in November and December.

Besides, the operation of the national inter-bank lending market showed the following characteristics in 2016. First, the term structure of trading continued to focus on short-term. The trading volume in seven days totaled to RMB 93.25 trillion, accounting for 97.23% of the total, an increase of 1.15% from 2015. Among it, the accumulative trading volume of overnight trading varieties reached RMB 83.98 trillion, taking up 87.56% of total trading volume, an increase of 3.47% from 2015. Second, terminal interest rate shifted up within a narrow range and the yield curve tended to flat. The yearly weighted average interest rate of inter-bank lending was 2.18%, an increase of 14.13% from 2015. The daily weighed interest rate of inter-bank lending reduced to the lowest point 2.0139% on February 19, with 82.67 base points more than the lowest one last year, and rose to the highest point 2.8836% on December 30, with168.76 base points less than the highest one last year. The yearly interest rate range was 86.97 base points, a decrease of 251.44 base points year on year. Third, the financial structure remained the feature of net lending from banking financial institutions and net borrowing of non-banking financial institutions. The amount of net lending from large commercial banks, policy banks and stock-holding banks was respectively RMB 16.28 trillion, RMB 13.68 trillion and RMB 9.42 trillion all over the year, with the proportion of net lending accounting for 39.74%, 33.39% and 23.00% respectively. The amount of net borrowing of securities and financial companies was RMB 17.58 trillion and RMB 5.35 trillion respectively, with the proportion of net borrowing 42.91% and 13.05% separately.

2. Outlook

Cancelling the administrative licensing for the inter-bank lending was an important move in the reform and development of China's monetary market. It raised the efficiency of access to the inter-bank lending market, facilitated the access to the market and lifted financial institutions' enthusiasm for the access to the market. In 2017, the People's Bank of China will continue to press ahead with its functions in terms of simplifying administrative procedures and delegating powers to lower levels, combining decentralization with administration and optimizing service, further activate the market vitality, push the improvement of self-regulation mechanism and transparency of market, improve the in-process regulation and post-supervision system, and push ahead with the steady and sound development of the inter-bank funding market.

(ii) Repo Market

In 2016, due to the continuous rapid development of China's repo market, the annual trading volume exceeded RMB 800 trillion to RMB 834.89 trillion, an increase of 42.48 percent year on year. The cumulative trading volume in interbank repo market was RMB 601.30 trillion, an increase of 31.36 percent year on year; and the trading volume for standard bonds in the exchange market was RMB 233.58 trillion, an increase of 82.19 percent year on year. The repo market played an important role in asset and liability management by market participants and implementation of liquidity management by the PBC.

1. Policies introduced

On April 28, the Shenzhen Stock Exchange released the *Detailed Rules for the Trading of Bonds on the Shenzhen Stock Exchange (Revised in 2016)* which came into force on May 9, 2016, providing specific provisions and declaration on general rules for repo transaction of bonds, auction trading for bond repo, disclosure of transaction information and supervision and administration, etc.

On July 1, China Securities Depository and Clearing Corporation Limited (hereinafter referred to as "CSDC") revised and published the *Guidelines of the Shenzhen Branch of China Securities Depository and Clearing Corporation Limited for the Depository and Clearing Business of Pledge-style Repo of Bonds (Revised in June 2016)*. In order to adapt to the launch of the fifth version of trading system in Shenzhen Stock Exchange and further deepen spot turnaround transactions and collateral storage business processing of bonds of Shenzhen Stock Exchange, the Shenzhen Branch of China Securities Depository and Clearing Corporation Limited (hereinafter referred to as CSDC) adjusted the clearing mode of corporate bonds, enterprise bonds, convertible corporate bonds and detachable convertible bonds. After adjusting the clearing mode, the spot clearing mode for the foresaid bonds was adjusted in the same way where bonds that conform to netting standards adopt netting guarantee settlement mode and bonds that fail to do this adopt RTGS mode. The above four kinds of bonds involved in the clearing mode adjustment, the initial transaction and repo transaction for pledge-style repo of bonds followed the original mode of T+0 end of-day gross and non-guaranteed settlement. In order to coordinate with the above adjustment, the Shenzhen Branch of CSDC amended the statement of agreement repurchase clearing mode corresponding to bond varieties in "1.1 Basic Principles of Clearing" of Chapter I in the *Guidelines of the Shenzhen Branch of China Securities Depository and Clearing Corporation Limited for the Depository and Clearing Business of Pledge-style Repo of Bonds* (hereinafter referred to as the *Guidelines*). The *Guidelines* came into force as from July 4, 2016, the same day of adjustment of clearing mode, and the original *Guidelines* was abolished.

On July 8, China Securities Depository and Clearing Corporation Limited published the *Administrative Measures for the Conversion Rate (Value) of Standard Bonds (Revised in 2016)* (CSDC [2016] No. 87). In order to strengthen the risk management of pledge-style repo businesses and improve scientization and accuracy management of the conversion rate (value) of standard bonds, CSDC revised the *Administrative Measures for the Conversion Rate (Value) of Standard Bonds (Revised in 2014)*. Such adjustment mainly includes the following contents: (1) Optimizing the calculation formula of conversion rate (value) of standard bonds, including: ① valuation in place of the average price of prior period or calculated reference price;

② simplifying and unifying calculation formulas of conversion rate (value) of standard bonds applicable to different varieties and circumstances; ③ deleting the (1-votality) item and considering fluctuation risks in valuation. (2) Improving circumstances applied to adjusting the calculation result of the conversion rate (value) of standard bonds by CSDC, including: ① deleting the original Paragraph 1, i. e. external rating changes shall only affect the discount factor; ② improving such clauses concerning adjustment of bonds with serious liquidity risks and concentration ratio risks; ③ supplementing provisions to the current Paragraph 1, 5, 6 and 7 respectively for unreasonably high external rating, large fluctuation risks, counter-cyclical adjustment and defective information disclosure concerning issuers. The new Measures came into force as from July 15, 2016. On July 15 (hereinafter referred to as "Day T"), the conversion rate (value) of standard bonds was calculated and released as per the new Measures, applicable to Day T+2. The conversion rate (value) applicable to Day T and Day T+1 was still carried out as per the original Measures.

On July 8, China Securities Depository and Clearing Corporation Limited released the *Guidelines for Access Qualification of Pledge-style Repurchase and Ascertaining the Standard Bond Discount Factors (Revised in 2016)*. Such revision mainly includes: (1) Optimizing standards of ascertaining the discount factors of bond type products. (2) Analyzing and adjusting the sequence and structure of relevant clauses, respectively stipulating qualifications of various repurchase collaterals, ascertaining standards of discount factors for different collaterals and matters concerning collateral qualification and dynamic adjustment of discount factors. (3) Deleting the original qualifications in Paragraph 1 and 2 for repurchase of debenture bonds. (4) Improving the mechanism of flexibly adjusting collateral repurchase qualifications or discount factors as per risks. (5) Supplementing part of clauses as per development changes in bond market and relevant notices and stipulations upon the issuance of the original Guidelines. The new Guidelines came into force as from July 15, and arrangements were made for the transition of the new Guidelines and the original Guidelines. The revision of the Guidelines further improved the access standards of repurchase qualifications as well as the scientific and accurate level of ascertaining standards of discount factors, which was beneficial for strengthening the risk management of pledge-style repo businesses.

On December 9, China Securities Depository and Clearing Corporation Limited, Shanghai Stock Exchange and Shenzhen Stock Exchange jointly formulated, issued and implemented the *Guidelines on Risk Control Associated with the Clearing of Pledge-Style Bond Repo Transactions*. The Guidelines, in accordance with such transaction clearing modes as brokerage, custody and proprietary trading, put forward explicit risk control management requirements for all transaction, clearing and financing participants for their financing repo business, further declaring the requirements of risk control indicators such as investor access and usage rate of standard bonds, repurchase lever and storage concentration ratio. The new regulation was intended to lower the lever of repo transactions in exchanges for participants, improve storage structure of collateralized bonds and limit financing participants to prevent individual investors from assuming too many risks. It is an important measure to improve risk management of pledge-style repo of bonds in exchanges.

2. Policy evaluation

The 13th Five-Year Plan kicked out in 2016. With the in-depth implementation and promotion of the supply-side structural reform, China's financial market focused on seeking improvement in stability and adhered to the main task of supply-side structural reform in a bid to further promote innovation and opening up and standardized operation, maintaining stable and healthy development. Meanwhile, with the implementation of the national strategic plan of deleveraging, cutting overcapacity, reducing excess inventory, lowering costs and strengthening areas of weakness, influenced by such factors as downward macro-economy, industrial transformation and upgrading, the credit risk events in the bond market increased significantly. Debt defaults happened to 26 issuers, involved with 54 bonds and the volume of RMB 52.7 billion Yuan during the whole year. The interest rate in the money market of the whole year also experienced several significant fluctuations. Under such economic and financial environment, the implementation of relevant policies issued by exchanges in the bond repo market helped to improve risk management of pledge-style repo transactions of bonds, reduce the leveraged rate of repurchase, protect the legal rights and interests of parties in the transaction and promote the healthy development of the bond repo market.

According to the inter-bank bond repo market, there wasn't any relevant policy introduced in 2016, and the market maintained stable and healthy operation. Its main features are as follows: First, the market continued to grow, but the growth rate has slowed down compared to that of the previous year. The annual trading volume of the inter-bank bond repo market totaled up to RMB 601.30 trillion, an increase of 31.36% year on year and a decrease of 72.84% in growth rate from 2015, where the trading volume of pledge-style repo was RMB 568.27 trillion, an increase of 31.42% year on year; the trading volume of buyout repo was RMB 33.03 trillion, an increase of 30.29% year on year. Second, the term structure of transactions continued to be short-term. The pledge-style repo (below 7 days) transactions accounted for 96.40% (in which the trading volume of overnight variety accounted for 85.54%), an increase of 0.14% from 2015. The buyout repo (below 7 days) accounted for 93.41%, an increase of 0.70% from

2015. Third, for the repo of bond varieties, object bond of pledge-style repo were still mainly government bonds and policy financial bonds and other rate bond varieties, and the most part of buyout repo bond varieties were credit bonds. Fourth, for the net flow of funds, policy banks, large commercial banks and joint-stock commercial banks were net providers of funds, while unincorporated institutional investors, rural financial institutions and non-bank financial institutions were the net receivers of funds. Fifth, the repurchase rate was much more stable. The standard deviations of daily weighted average interest rate of pledge-style repo and daily weighted average interest rate of the buyout repo in the whole year respectively were 0.20 and 0.24, a decrease of 75.61% and 71.08% year on year respectively.

On one hand, in terms of the exchange repo market, relevant policies promulgated by China Securities Depository and Clearing Corporation Limited, Shanghai Stock Exchange and Shenzhen Stock Exchange have deepened the spot turnaround transactions and collateral storage business processing and improved the scientization and accuracy of qualification access of pledge-style repo and ascertaining standards for discount factors of standard bonds, thus improving the risk management of pledge-style repo transaction of bonds. On the other hand, due to such mechanism arrangements as the adoption of centralized matching auction mode, the standard bonds system and the central counterparty (CCP) mode, the trading volume of standard bonds repo in the exchange repo market in 2016 maintained a huge growth, and the annual trading volume of standard bonds repo reached RMB 233.58 trillion, an increase of 82.2% year on year and an increase of 22.85% in growth rate from 2015, whose growth rate was 50.8% higher than that of the interbank bond repo market.

3. Outlook

In 2017, the 19th National Congress of the CPC was held, the implementation of the 13th Five-Year Plan entered into an important stage and the promotion of the supply-side structural reform was deepened. Guided by such strategic objectives as deleveraging, risk prevention and reform promotion, the repo market will maintain steady and healthy development and show the following development trends: First, as an important platform for financial institutions to implement financing and other asset and liability management and for the Central Bank to implement liquidity management of open market operations, the trading volume of repo market is expected to maintain a steady growth. Second, with the increasing intensification of supply-side structural reform in financial services, corporate bonds in such key areas as mass entrepreneurship and innovation, science and technology, strategic emerging industries will be increased, the repurchase of bond varieties is expected to be further enriched, and the repo asset scope and scale of other assets such as papers except bonds is expected to expand. Third, with the deepening development of China's financial market and the deepening of internal and external opening up, there will be more types of qualified investors inside and outside China to participate in the repo transactions in China, so that the number and the type of repo market is further enriched and diversified. Fourth, with the continuous progress of financial reform, and more importance attached to financial risk prevention in 2017, the repo market is also expected to introduce more policies and measures on development and regulation as per the market changes for transaction management.

Appendix

Relevant Development Policies for the Repo Market in 2016

Date	Name of Policy	Released by
April 28	*Notice on Issuing the Detailed Rules for the Trading of Bonds on the Shenzhen Stock Exchange (Revised in 2016)*	Shenzhen Stock Exchange
July 1	*Guidelines of the Shenzhen Branch of China Securities Depository and Clearing Corporation Limited for the Depository and Clearing Business of Pledge-style Repo of Bonds (Revised in June 2016)*	CSDC
July 8	*Circular on Matters relating to Promulgation of the Administrative Measures for the Conversion Rate (Values) of Standard Bonds (Revised in 2016) (CSDC (2016) No. 87)*	CSDC
July 8	*Circular on Matters relating to Promulgation of the Business Guidelines for the Qualification and Entry Standards for Pledge-type Repo and Values of Discount Factors for Standard Bonds (Revised in 2016) (CSDCFZ (2016) No. 89)*	CSDC
Dec. 9	*Guidelines for the China Securities Depository and Clearing Corporation Limited, Shanghai Stock Exchange and Shenzhen Stock Exchange on Risk Control Associated with the Clearing of Pledge-Style Bond Repo Transactions*	CSDC, Shanghai Stock Exchange and Shenzhen Stock Exchange

Source: Collected by the research group.

(iii) Paper Market

The paper market has undergone profound changes in 2016. The business volume of paper acceptance and discount and transfer discount dropped sharply, paper financing edged up and interest rates on the paper market fluctuated slightly. A breakthrough was made in the institutional improvement and the infrastructure construction of the paper market. The regulation of paper business was strengthened. The Administrative Measures for Trading Negotiable Instruments was promulgated. Shanghai Commercial Paper Exchange was established, and hence the role of the paper market and its support for the real economy were enhanced.

1. Policies introduced

On April 27, the PBC and the CBRC jointly issued the *Notice on Strengthening the Business Regulation on Paper, Promoting the Healthy Development of the Paper Market* (No. 126 [2016] of the PBC and the CBRC) to strengthen supervision over the paper business and regulate business development in respect of intensifying the business internal control management of paper, adhering to the requirements of the authenticity of trade background, prohibiting empty operation of funds, regulating the transaction deeds of paper transactions, and implementing risks self-examination, strengthening the business regulation on papers, and standardizing the business development.

On April 27, the General Office of the CBRC released the *Notice on Regulating the Usufruct Transfer Business of Credit Assets in Banking Financial Institutions* (No. 82 [2016] of CBRC General Office), specifying how banking financial institutions should develop the usufruct transfer business of credit assets. The *Notice* required the banking financial institutions to comply with the relevant requirements of "submitting methods and reporting products and registered transactions", carrying out transfer and centralized registration in the banking registered transfer center of credit assets. It has widened the channel for banking financial institutions to revitalize the paper assets.

On April 29, the Ministry of Finance of the People's Republic of China and the State Administration of Taxation jointly issued the *Notice on Further Specifying Fully Opening the Relevant Financing Policies in Pilots of Replacing the Business Tax with a Value-added Tax* (No. 46 [2016] of MOF and SAT). The *Notice* pointed out specifically that the interest income gained from the pledged redemptory monetary products for resale belonged to inter-bank interest income and would be exempted from value-added tax, which would decrease the operating cost of the paper resale business.

On August 27, the PBC released *the Notice on Regulating and Promoting the Development of E-commercial Draft Business* (No. 224 [2016] of the PBC). The Notice stipulated relevant matters on regulating and promoting the development of e-commercial draft (hereinafter referred to as ECD) management: expanding the system coverage and its functions; improving the service level and simplifying business operation; regulating operations to ensure the orderly development of business; improving the mechanism for examination and assessment and strengthening the business supervision. Among which, the major measures included: first, expanding the system coverage. Increasing the opportunities of accessing to the discounted market and using the settlement method of delivery versus payment (DVP) for the interbank bond market participants like security companies, insurance companies, fund companies, capital management companies etc. Second, developing e-commercial acceptance drafts. There is no need for enterprises applying for EDC discounts to provide information like contracts and invoices to financial institutions. Besides, the operation of discount was simplified. Third, regulating operations. Effectively auditing the consecutiveness of endorsement of EDC and strictly implementing the registration system of commercial paper draft. Fourth, increasing the proportion of EDC business. The Notice required that the commercial drafts with single draft amount over than 3 million Yuan should be handled through EDC since January 1, 2017; and over than 1 million Yuan should be handled in the same way in principle since January 1, 2018.

On November 1, the General Administration Department of the PBC issued the *Notice on Preparation of Accessing to Paper Transaction Platform* (No. 224 [2016] of the General Administration Department of the PBC). The *Notice* specified the matters on preparing the paper transaction platform, organizing the trail operation for transaction systems and making arrangements for construction phases of systems, system (Phase I) participants' online program and transitional businesses of clearing houses. Among which, 43 initial pilot institutions were involved in, including 35 commercial banks, two financial companies, three security companies and three fund management companies.

On December 6, the PBC issued the *Administrative Measures for Trading Negotiable Instruments* (No. 29 [2016] of the PBC). The *Rules* specified the participants of paper market, infrastructure, registration procedures, paper registration and trusteeship and paper transaction and settlement rules in order to regulate the transaction behaviors, mitigate transaction risks and promote the healthy development of the paper market.

On December 8, Shanghai Commercial Paper Exchange Corporation Ltd. (hereinafter referred to as "Shanghai Commercial Paper Exchange") was inaugurated with great significance. As a national-level financial factor market and financial infrastructure, the official opening of Shanghai Commercial Paper Exchange would help prevent the risks of paper market and increase the paper transaction efficiency.

2. Policy evaluation

In recent years, China's paper market has grown fast, with a rapid expansion of scale. Nevertheless, during the development, issues such as low market transparency, low trading efficiency, backward infrastructure, weakness in financial control by some financial institutions, and risks accumulation of paper intermediaries have yet to be addressed. The intensification of business risks management of papers and internal control mechanism construction in financial institutions, the improvement of electronic level of paper business, the enhancement of market transparency, the improvement of the paper market system building, and the regulation of paper intermediaries have been the priorities of the normative development of China's paper market.

(1) Reinforcement of market supervision. Since 2015, risks frequently occurred in the paper market, institutions such as the PBC and the CBRC, in accordance with the requirements and deployment for the regulation of the paper market by the State Council, have reinforced the system building of market business supervision of papers to ward off relevant risks. On December 31, 2015, the CBRC issued the *Notice on Business Risks Warning of Papers* ([2015] No. 203 of the General Office of the CBRC), stressed that financial institutions should not deal with any paper business without true trade backgrounds, and as for various original certificates which handled acceptance and discount already, bank information should be specified on them to prevent fraudulent trading and repeated use of invoices. On April 27, 2016, the PBC and the CBRC jointly issued the *Notice on Strengthening the Business Regulation on Paper, Promoting the Healthy Development of the Paper Market* ([2016] No. 126 of the PBC and the CBRC), especially proposed the requirements of enhancing the safekeeping of the material papers, strictly regulating the management of inter-bank account and examining the authenticity of trade backgrounds, strengthening customer credit investigation and unified credit management, reinforcing the qualification management of counterparties, and regulating the endorsement of material papers. Since July, the CBRC launched "Looking Back" self-review projects of "Two Reinforces and Two Containments" in the banking sector nationwide, which focused on the investigation of illegal operations and business areas such as deposit, credit, paper, inter-bank, financial management and consignment where violations and crimes frequently occur.

According to the regulatory documents for reinforcing the business supervision of the paper market issued by the supervision department, the supervision areas have been continuously expanded, the force of supervision has been continued strengthening through urging market participants to intensify the rectification of paper business management, analyzing and preventing potential risks in paper operation. After several rounds of business supervision, introduction of risk prevention measures and business inspection, the entire compliance awareness of financial institutions has been raised, and the business development has been more cautious. In the short term, the reinforcement of business supervision and risk prevention of the paper market might decrease scale of businesses in the paper market, while in the long term it could push forward participants setting up a normative operation philosophy and an improved internal control mechanism, facilitating the healthy and normative development of the paper market.

(2) Regulation of market development. In consideration of high risks, high costs and difficulties in supervision of material paper, efforts have been reinforced to promote the construction and popularization of the electronic paper systems by the PBC since 2009. Efficient

and simple handling procedures of electronic paper business contributed to decrease risks of portable and transferable material paper. Besides, it had the advantages such as inhibition of fake and clone papers.

On August 27, 2016, the issuance and implementation of the *Notice on Regulating and Promoting the Development of E-commercial Draft Business* by the PBC, supported the transformation of paper trading media effectively, which facilitated to give full play to the advantages of ECD system and business, prevent the business risks of paper commercial draft (hereinafter referred to as "PCB") and accelerate the electronic process of the paper market. The cancellation of contracts and invoices examination of the ECD discount was able to vigorously accelerate the willingness of issuing electronic papers by enterprises and promote the development of the ECD, and thus fully used the payment function of commercial drafts, and revitalized the accounts receivable of enterprises, improved the efficiency of cash flow, and reduced the financing cost of the real economy. The ECD business accounted for more than 50% of the paper market trading volume in 2016.

On December 6, 2016, the PBC released the *Administrative Measures for Trading Negotiable Instruments*, providing the opportunities for commercial banks to regulate the business development of papers, which would break up the current market structure, gradually form the intensive market organization that the legal persons being the participants, further regulate market operation behaviors effectively and increase the risk prevention level of market participants.

Furthermore, the *Notice on Regulating the Usufruct Transfer Business of Credit Assets in Banking Financial Institutions* by the CBRC provided a normative path and channel for financial institutions carrying out usufruct transfer business. Through registration and filing, paper products would be no longer included in non-standard debt assets, and the occupation of credit scales could be decreased, which was of positive significance to the financial institutions innovating in business mode, activating stock assets and expanding cooperation channels.

In the implementation of the relevant policy measures for regulating the development, the operation and development of the paper market displayed the following characteristics in 2016.

First, the paper issuance and acceptance business declined. The annual commercial drafts issued by enterprises reached RMB 18.1 trillion, a decrease of 19.1% year on year; the outstanding commercial papers posted RMB 9.0 trillion at the end of the year, a decrease of 13.3% year on year. The paper acceptance balance as of the end of the year decreases RMB1.4 trillion. It's noteworthy that although the paper acceptance business showed a sign of shrink, the ECD acceptance business kept growing rapidly. The annual cumulative number of business

ECD system issued reached 2304700, with the paper issuance amount of RMB 8.36 trillion, an increase of 71.8% and 49.3% year on year respectively, and the market share further increased.

Second, the growth of paper financing decelerated. The all-year commercial papers discounted by financial institutions totaled RMB 84.5 trillion, a decrease of 17.2% year on year; the ending discount balance stood at RMB 5.5 trillion, an increase of 19.6% year on year. The growth of paper financing decelerated, the amount of paper financing at the end of the year, had increased by RMB 894.6 billion from the beginning of the year, a decrease of RMB 768.4 billion year on year. The ending paper financing balance accounted for 5.1% of the total loans, an increase of 0.2% year on year. Meanwhile, ECD by financial institutions totaled 837700, equal to RMB 5.76 trillion in 2016, an increase of 69.1% and 54.4% year on year respectively; the transfer discount totaled 3250800, equal to RMB 49.2 trillion, an increase of 108.8% and 122.3% year on year respectively.

Third, the interest rate of the paper market remained relatively stable. The bank's liquidity was reasonably adequate; the interest rate of the paper market fluctuated slightly, rising at the beginning and the end of the year due to seasonal factors. The average quotations of all-year buyout transfer discount and repo transfer discount reached 3.10% and 3.96% respectively, a decrease of 93bp and 85bp from 2015 respectively.

Fourth, the innovation of the paper market was in the ascendant. As the market-based interest rate and financial disintermediation accelerated increasingly, commercial banks took the innovation of the cross-market business as the priority, strengthened the cooperation actively with trust companies, security companies, fund companies and other financial institutions, and launched lots of new paper financial products like paper asset securitization products, paper financing management and paper asset management, which expanded the business range of papers effectively, and enhanced the comprehensive operation of the paper business and the further development of the paper market.

(3) Enhancement of infrastructure construction. On December 8, Shanghai Commercial Paper Exchange was officially established, initiated by the PBC, providing services of centralized registration and trusteeship of papers, and a trading platform of discount and transfer discount for the paper market and post-trading processing services including clearing, settlement, trading and collateral management. The online operation of the national unified paper trading platform has changed the paper circulation, offline trading and information opacity of the paper market which existed for more than 20 years, and would achieve information concentration, centralized trading, registration and trusteeship, and clearing and settlement of

all material papers and electronic papers, marking the paper trading stepping into the new phase of electronic centralized trading. Besides, it has improved transparency and trading efficiency of the market and decreased the operational risks effectively.

The establishment of Shanghai Commercial Paper Exchange, on the one hand, was helpful to promote the improvement of laws and regulations and business rules of the paper market, increase transparency and professional level of the paper market, improve the circulation efficiency of paper business, build a good credit environment, and ward off risks practically; on the other hand, it facilitated guiding by the demands of the real economy, promoting the innovation of products and mechanisms of trading methods in the paper market effectively, enriching and enhancing the function of the paper market, and further optimizing the efficiency of finance resource distribution, and improving the economic level of service entities in the monetary market. Besides, the national centralized and unified trading price of transfer discount formed by Shanghai Commercial Paper Exchange was true, complete, and sufficiently competitive, with a good price discovering function, providing a certain basis of base rate for the interest rate of bank loans and social financing, and contributed further promoting the marketization of interest rate. Furthermore, the establishment of Shanghai Commercial Paper Exchange helped to play the role of national unified platform of papers, and thus improved the conduction mechanism of monetary policy, and enhanced the implementation effect of macroeconomic management means and policies by the Central Bank.

3. Outlook

China has been supporting the development strategies of real economy and small and medium-enterprises, creating a favorable policy background for the development of bill market. The issuance and implementation of such laws and regulations as the *Administrative Measures for Trading Negotiable Instruments* and the establishment of Shanghai Commercial Paper Exchange provided a solid material foundation in regulating the development of and strengthening the establishment of the paper market. In 2017, the paper market will continue transformation and development while being regulated. On one hand, profound changes will occur in the operation mode of the paper market where the internalization, electronization, informatization and facilitation will be greatly improved in the paper exchange, transaction process tends to be more efficient and transparent, and market operation will be more standardized and orderly. The primary market will produce standard papers, diversified products and facilitated business, further ramping up the financing support for small and medium-sized enterprises and other real economies. The secondary market will realize diversified subjects, electronic processes and capitalized businesses, promoting the development on both scope and depth of the paper market.

On the other hand, more policies, measures and efforts will be made on strengthening supervision, regulating development and preventing risks in the paper market. Under the framework of macro-prudential policies and in adherence to the basic target that the paper market serves the real economy, the paper market will be further regulated, the construction of risk monitoring, evaluation and early warning system for its operation will be improved, stable and healthy development as well as risk prevention will be maintained for the paper market in a practical manner.

V. Development Policy for Bond Market①

It has been proved to be a year of open and development for bond market in 2016. The bond market opening-up has been further increasing in both domestic and overseas, innovations in products were accelerated, and new institutions and rules were released accordingly. Significant progress has been made in both the size of bond markets, market depth ,and regulations, which strongly support and promote the healthy development of China's economy.

(i) Market development profile

Firstly, bond yield shows a V-type revers and raises with fluctuations. From early 2016 to middle of March, bond yields continued to decline; due to the influence of many bond credit defaults and tax system change, bond yield went up significantly from late March. YTM (Yield to Maturity) of CDB bonds and of AAA MTN raised about 40BP in late April. After mid-June, a large sum of capital was injected into bond market, resulting in active transactions and gradually declined yield continued. On October 21, yields of 3-year and 10-year bonds reached the lowest point in the year. After November, yield of bond market rose sharply and reached its peak of the year on December 20. At the end of this year, yields of 3-year and 10-year and 30-year treasury were 2.78%, 3.02% and 3.64% respectively, increasing by 23, 19 and 2 basic points respectively comparing with that of beginning of the year.

Secondly, the circulation increased by over 50%. In 2016, the bond market issued a total of RMB36.1 trillion bonds, a year-on-year growth of 54.2%, of which, national inter-bank bond market issued RMB32.2 trillion, an year-on-year increase of 53.8%, accounting for 89.1% of the total bond market issuance; corporate bonds issued in the exchange market (including private equity) amounted to RMB3.6 trillion, accounting for 11.9% of the total bond market issuance.

Thirdly, transaction is becoming increasingly active. In 2016, settlement of spot trade on

① Author: Rong Yihua, Deputy Director of Financial Marketing Department of People's Bank of China (Shanghai HQ).

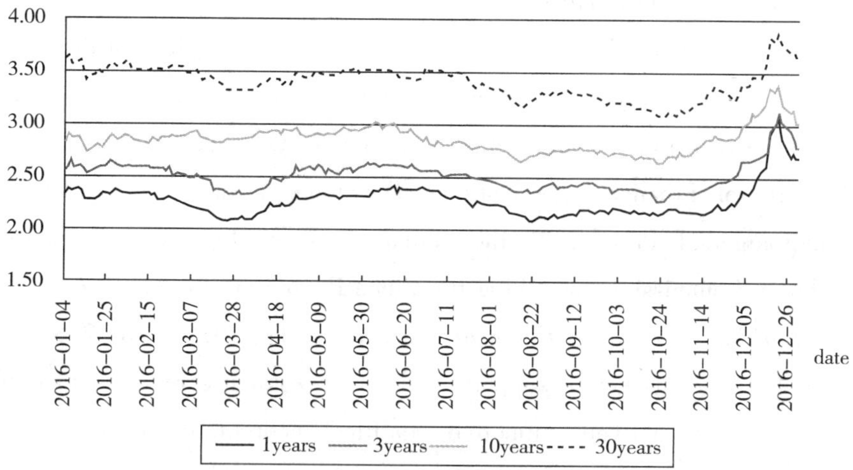

Figure 5 - 1 Bond yield of 2016

bond market totaled RMB132.2 trillion, soaring 46.6% year-on-year. Among them, the settlement of spot bond trade on inter-bank bond market amounted to RMB127.1 trillion, a year-on-year increase of 46.5%, accounting for 96.1% of spot trading volume in the national bond markets; the settlement of spot bond trade on exchange market amounted to RMB5.13 trillion, witnessing a year-on-year growth of 50.8% and accounting for 3.9% of spot trading volume of bond market. Treasury futures turnover reached RMB8.9 trillion, a year-on-year increase of 48.09%. Policy financial bonds, interbank deposits and government bonds rank the top three bonds in inter-bank bond market, with the proportions of 44.2%, 15.6% and 9.9% respectively. In 2016, turnover rate of bonds reached 220.07%, 24.56% increased comparing with the previous year which suggested that liquidity steadily of the bond market was improved.

Fourthly, bond credit default increased. In 2016, debt defaults involved a total of 79 bonds from 35 issuers, valued to RMB39.894 billion. Default securities include public offerings, medium-term notes and short-term financing bills. The defaults concentrated in overcapacity industries and cyclical industries such as coal, steel and building materials, and default subjects expanded to state central enterprises and local enterprises which were enjoyed high credit level.

(ii) Major policies introduced

1. Unify bond market rules

The State Council promotes the unifying of credit debts issuance criteria and audit rules. In August, the State Council issued the *Work Plan to Reduce the Cost of Entity Economy Enterprises* to reform and improve the issuance management system against corporate credit bonds, reasonably expand the bonds issuance scale, improve direct financing proportion. Based on the assimilation trend of investor classification, issuance and entry standard and approval rules are unified for corporate credit bond market.

Unify the definition standard for green bonds. To effectively implement the *Overall Plan for Reform of the Ecological Civilization System* issued by the State Council and the spirit of the Fifth Plenary Session of the 18th General Committee of the Party. On August 31, the People's Bank of China, the Ministry of Finance, the National Development and Reform Commission, the Ministry of Environmental Protection, the China Banking Regulatory Commission, China Securities Regulatory Commission and China Insurance Regulatory Commission jointly issued the *Guidance on the Building of a Green Financial System* (Y. F [2016] No. 228), clarified the important role of the bond market in supporting green investment, required to unify the green bonds definition standard, actively supported qualified incorporates to realize financing and refinancing in the market, supported to develop green bonds indexes, green stock indexes and relevant products, gradually establish and improve compulsory environmental information disclosure system against listed companies and issuers of bonds. 12 projects including energy saving and emission reduction technology reform as well as environmental urbanization were defined as the major bonds to be supported in the future. It is required to unify green bonds standard, action requirements in aspects of promoting the bond market to support green investment and enrich financing instruments were proposed.

2. Standardize the issuance market

(1) In 2016, the Ministry of Finance issued a series of policies to standardize and develop local government debts. In January, the *Options on the Implementation of Quota Management on Local Government Debts and the Notice on the Issuance of Local Government Bonds* were issued, which specified implementation of quota management on local debt balance and annual debt swap and required to establish and improve risk prevention and control system for local government debt, thus to properly deal with stock debts. In December, the *Approach for Local Government General Debt Budget Management* and the *Approach for Local Government Specific Debt Budget Management* were issued, which proposed specific requirements against standardization of local government debt budgets management from debt limit decision, budget preparation and approval, budget implementation and final settlement, incorporation of non-bond debt into budget, monitoring management and other aspects.

In addition, in July, the Ministry of Finance issued the *Notice on Relevant Issues about Management on Central and Local Treasury Cash Management Commercial Banks One-time Deposit Pledge*, which enlisted local government bonds into the central treasury cash management and local treasury cash management pledges, local government bonds would no longer be subject to the issuer. Instead, such bonds can be pledged cross-regionally, so as to promote issuance of local government bonds.

(2) NAFMII further standardized the issuance mechanism of notes issued by non-financial enterprises. On February 19, the Association modified and issued the *Registration and Issuance Rules for Non-financial Enterprise Debt Financing Instruments in the Inter-bank Bonds Market*, *Specifications for Open Publishing and Registration of Non-financial Enterprise Debt Financing Instruments in the Inter-bank Bonds Market* and the *Registration Document Form System for Non-financial Enterprise Debt Financing Instruments in the Inter-bank Bonds Market*. These systems adhering to "information disclosure as the core" optimize from three aspects of "mechanism process, information disclosure and management approach", thus a "hierarchical" registration and issuance management system was established.

The Association issued the *Evaluation Procedures for Credit Assets in Supporting Information Disclosure* (*Trial*), which specified information disclosure work of trustees and sponsoring authorities. The evaluation system should be composed of 5 indexes, i. e the risk disclosure feasibility, information disclosure effectiveness, information disclosure completeness, significant events information disclosure quality and investor service quality. This procedure further improved the "during and after" monitoring system against credit assets in supporting bonds information disclosure, it would facilitate a healthy and orderly development of credit assets bond market.

(3) SFC strengthened standardization of corporate bonds. In September, Shanghai Stock Exchange and Shenzhen Stock Exchange issued the *Guidelines on Issuance of Corporate Bonds in Shanghai Stock Exchange* and the *Guidelines on Issuance of Corporate Bonds in Shenzhen Stock Exchange*, which standardized the requirements for filing internal control system, filing on-site management, filing procedures and self-regulatory management. These rules also highlighted the requirements on comprehensiveness and accurateness of information disclosure, thus protected the legal rights and interests of investors.

In October, Shanghai Stock Exchange began to trial out classification-based supervision on bonds issuance approval in overcapacity industries such as real estate, coal, iron and steel and so on. The Stock Exchange also specified requirements for supervision on the use of corporate bonds financed funds in three industries, increased the bonds issuance difficulty and cost in "risk" type corporate bonds. Such classification-based supervision adopts "basic scope (industrial policies) and comprehensive index evaluation". In addition, based on the trigger frequency of such comprehensive index evaluation, corporate bonds can be classified into "normal bonds", "concerned bonds" and "risk-based bonds".

3. Expand investors' group

On February 24, the People's Bank issued Announcement No. 3 to introduce more qualified overseas institutional investors into the inter-bank bonds market, and investment limits were eliminated and management process was specified. Thus, various types of financial authorities which are legally registered and established in the territory of the People's Republic of China and legally issued investment products against clients, as well as pension funds, endowment funds, charitable funds and other medium and long-term institutional investors, may become investors in the inter-bank bonds market after completing registration and account opening procedures through inter-bank market clearing agents. Subsequently, the State Administration of Foreign Exchange issued the *Notice on Relevant Foreign Exchange Management Issues in Investments of Foreign Institutional Investors in Inter-bank Bonds Market* (H. F [2016] No. 12), Shanghai Headquarter of the People's Bank issued the *Implementation Regulations on Registration Management on Investments of Foreign Institutional Investors in Inter-bank Bonds Market* (Shanghai Headquarter, the People's Bank, announcement of [2016] No. 2). The Interbank Sponsor Center, CCASS and Shanghai Clearing House jointly issued the *Guidelines on Network and Account Opening Operations by Foreign Institutional Investors for Entering the Interbank Market* (ZH. No. [2016] 52). The issuance and implementation of announcements and a series of supporting measures are helpful for foreign institutional investors, particularly long-term investors to invest in the interbank bonds market, which further promoted the opening and the market.

On May 4, the People's Bank issued the Announcement No. 8, which specified standards of qualified domestic institutional investors, and significantly expanded investors in the inter-bank bonds market; further optimized registration, account opening, networking processes; stressed the business examination requirements and self-regulatory management requirements in order to effectively improve market entry efficiency and promote healthy and standard development of investors group. The Announcement defined that unincorporated eligible institutional investors refer that financial institutions, as asset managers, under the premise of legal compliance, accept clients' entrustment or authorization, carry out assets management or invest in various types of investment products according to the investment plans and manners agreed with clients, this should include, but not limited to securities investment funds, bank financial products, trust plans and so on. Insurance products, privately raised investment funds registered through the Fund Industry Association, housing provident fund, social security fund, enterprise annuity, pension funds, charitable funds, etc., refer to management on unincorporated eligible institutional investors.

Additionally, the Association adjusted the threshold for non-institutional investors and the amount of required net assets was reduced from the original RMB30 million to RMB10 million, which significantly promoted an orderly expansion of investors group in the interbank bonds market and better satisfied market financing.

On February 14, the People's Bank issued the *Approach for Management on Counter Business in the National Interbank Bonds Market* to introduce individual investors. It's clarified in the Approach that, in addition to eligible financial institutions and enterprises, individual investors can also invest in all bond categories and transaction types in interbank bonds market counter business, provided that their annual income is not less than RMB 500000 and the financial assets under its control is not less than RMB 3 million, having at least two years of experience in bonds investment. For individual investors who can not satisfy the above conditions, they can buy and sell AAA and above bonds issued by issuers whose main rating or debt rating are relatively low, meanwhile, they can participate in bonds repurchase transactions.

4. Specification and activate market transactions

(1) In November, the Ministry of Finance and the People's Bank of China jointly issued the "*Notice on Printing and Distributing of the ' Operating Rules for Supporting National Bonds Market*' " to propose provisions against the national bonds supporting mechanism. Such a system means that the Ministry of Finance can use the "sell as buy" instruments in the interbank bonds market to support the interbank bonds market to make the market for the recently issued national bonds with critical limits. Establishment of the market making mechanism is a common approached used in major developed countries to promote health development of the national debts market, this can further improve the mobility of national debts, ensure the continuous operation of the secondary national debt market.

(2) NAFMII issued the "*Guidelines on Market making Business in Interbank Bonds Market*" and the "*Market making Business Evaluation Index System in Interbank Bonds Market*" to improve the existing evaluation rules: first, market maker throughout the interbank bonds market and try to incorporate the market making institutions into the evaluation scope, conduct unified evaluation on market making institutions engaged in market making business; second, establish the "comprehensive + specific" evaluation system, evaluate and publish the market making conditions of market making institutions in aspects of interests rate debt, credit debts, etc. , thus to provide valuable reference for market participants to effectively seed for transaction rivals.

5. Promote innovative development of bonds in Shanghai FTZ

To further implement the spirit proposed by the Party Central Committee and the State Council against further deepening reform and opening in Shanghai FTZ, in 2016, the People's

Bank successively approved the National Association of Interbank Market Dealers, China Foreign Exchange Trading Center, Shanghai Clearing House, Central Government Bond Registration and Settlement Co., Ltd. and other self-regulatory organizations and intermediaries to carry out bonds business in Shanghai FTZ. Such bonds business is basically based on the system framework of the interbank bonds market, domestic and foreign investors who can satisfy the requirements for qualified investors in the interbank bonds market can conduct transactions at the international financial assets trading platform at the foreign exchange trading center through non-resident accounts or free trading accounts, issuance, custody and clearing services should be provided by the Central Treasury Registration and Settlement Co., Ltd. and Shanghai Clearing House.

6. Establish the investor protection institution

NAFMII issued the "*Provision Examples for Investor Protection*", guide issuers to agree investors protection clauses in the prospectus in the form of contract, define the responsibility and processing procedures, this would effectively promote the legalization of settlements of disputes, improve the meeting efficiency, facilitate to further improve the investor protection system in the interbank bonds market.

The *Provision Examples for Investor Protection* is mainly composed of the following articles. First, Formulate 4 types of investor protection provisions, including "cross protection clause", "financial index commitments", "Pre-constrain clauses" and "Control rights change clause", respectively set corresponding investor protection arrangements; second, Clarify the core elements in investor protection in the prospectus, agree processing procedures in case of triggering situations, as well as rights and responsibilities of issuers, investors and main distributors, enhance the holders conference executive power; third Refine classification of specific triggering situations and default liabilities, thus to facilitate market members to make options by combining with specific situations; and fourth First introduce the provisions of "default relief toolbox" and "asset pool commitment", thus to provide better protection against rights and interests of investors.

(iii) Policy Evaluation

From the aspects of rules, issuance, transaction, investors contingent, innovation and investors protection, policies issued in 2016 continuously established and improved the corresponding market institutions and rules, further laid a sound foundation for the health development of the market, China's bonds market has shown an opening, innovative and significantly developed trend.

The gradual unification for the bonds market rules is helpful to increase market transparency, reduce possibility of regulatory hedges, greatly released market potential so as to promote a healthy and orderly development of bonds market. As of the end of 2016, the custody of the bonds market was RMB63.66 trillion, increased by RMB15.76 trillion than the previous year, the year-to-year growth was up to 32.91%, ranked the third throughout the world, among which, the custody of the corporate credit bonds was up to RMB16.5 trillion, ranked the second in the world. Throughout the year, the corporate bond financing amount was about RMB3 trillion, accounting for 16.9% of social financing, the bond market is playing an increasingly important role in steady growth, structure adjustment and risk prevention, the capabilities and level of the bond market to serve entity economy was further improved. Meanwhile, China has become the largest green bond market in the world. The annual issuance amount of green bond was about RMB 238 billion, accounting for 39% of the total annual amount of green bonds issued in the same period, among which, RMB 173.7 billion was issued domestically and about RMB 64.3 billion was issued overseas. The types of products include green financial bonds, green bonds financing instruments, green corporate bonds, green corporate bonds and so on.

The introduction of policies associated with issuance of bonds by the Ministry of Finance, Securities Regulatory Commission and the People's Bank of China effectively improved the bonds issuance efficiency. For example, the implementation of the "hierarchical" management system introduced by NAFMII against bonds registration and distribution, promoted the transfer of the self-regulatory management manner from the "prior management-oriented" to the "combination of before, during and post management", further enriched the connotation and extension of the registration system in China's interbank bond market. Throughout the year, the interbank Certificates of Deposits totally issued RMB12.99 trillion, the corporate credit bonds issued were up to RMB8.2 trillion, the local government bonds issued were about RMB6.04 trillion.

Investors has rapidly expanded. In 2016, the People's Bank issued the Announcement No. 3 and No. 8. According to the Announcements, non-financial institutions entry standard was lowered, counter business of individual investors was introduced, related provisions against domestic and overseas institutional investors was further specified when they participate in the interbank bonds market and the process for eligible institutional investors to enter the interbank bonds market was simplified. All these have greatly facilitated the investment of overseas institutional investors, particularly medium and long term investors in the interbank bonds market, improved the international reputation and recognition of China's bonds market, the proportion of unincorporated institutional investors and overseas eligible institutional investors has been greatly improved, the market investors group has been rapidly expanded. As of the end of 2016, there were totally 14127 participants of all types in China's interbank bonds market, increased by 4491 compared to the prior year, a growth rate of up to 46. 6%. Among which, 2329 were domestic incorporate financial institutions, increased by 235, accounting for 16. 48% of the total investors; 11391 were domestic unincorporated investors, increased by 4151 and accounted for about 80. 63% of the total investors. There were 407 overseas institutions, increased by 105 and accounted for 2. 9% of the total number.

The bonds market was opened in all aspects, effectively enriched market participant types and internationalization level of the market. Over the year, there were totally 16 institutions and overseas sovereign countries that issued 21 volumes of panda bonds, with a total value of RMB45. 2 billion, including RMB9 billion issued by the Korea, Canada and Poland government. Additionally, the World Bank and the Standard Chartered Bank totally issued RMB600 million of SDR bonds. In aspect of market entry of overseas institutions, as of the end of 2016, there were totally 407 overseas institutional investors, the bonds value was over RMB800 billion, accounting for 1. 45% of the total market value. These overseas institutions include overseas central banks, international financial institutions, sovereign wealth funds, Hong Kong and Macao RMB Clearing Banks, overseas participating banks, overseas banks, securities, funds, insurance and other commercial institutions, overseas unincorporated product investors, RQFII and QFII and so on.

Market innovation emerged one after another. (1) Innovation in structural products such as assets-supported bills. Asset securitization products, bank bond retention notes assets securitization products, trust type ABN innovative products, etc. were introduced; (2) Innovation in green bond products, including green sustainable bonds, exchange green bonds listed products, "debt and bonds portfolio" and other green debts financing tools; (3) Two credit risk mitigation tools (CRM) were introduced, i. e CDS and CLN; (4) Introduced social effect bonds for the first time; (5) Based on the X-Swap and X-Repo and combining with the characteristics of the present bonds market, the National Inter-bank Spinning Center launched the X-Bond business in the market; (6) The bonds pre-release transactions were formally introduced into the inter-bank bonds market; (7) Innovative development has been realized in the bonds business in the Free Trade Zone. In December, through the open tender, Shanghai Municipal Bureau of Finance issued RMB 3 billions of local government bonds in the Free Trade Zone against domestic and overseas institutional investors. In the same month, Guotai Junan Securities, Shanghai Pudong Development Bank Shanghai Branch, Industrial and Commercial Bank of China Shanghai Branch, New Development Bank all reached their first bonds transactions in Shanghai Free Trade Zone through the International Financial Assets Trading Platform of the National Interbank Funding Center.

(iv) Outlook

In 2017, in the economic development, China will promote the "five in one" overall layout, coordinate to promote "four-overall" strategic layout, thus to seek for progress in stable development, insist on improving development quality and efficiency, follow the policy to stick on stable macro policy, accurate industrial policy, flexible micro policy, practical reform policy and fundamental social policy, focus on promoting supply side structural reform, properly expand the general demand, strengthen predicted guidance, deepen innovation, effectively grow stably, promote reform, adjust structure, benefit the public and control various risks. In aspect of financial policies, we should continue to implement active financial policies and steady currency policies, improve the predictability, accuracy and effectiveness. To further serve entity economies and assist the national economic transformation, reform and opening, innovation, "The Belt and Road Initiatives" development strategies. In 2017, the bond market in China will continue to maintain a healthy development trend, the market size will increase gradually, products and institution innovation will be continued, reform and opening will be further accelerated, related disposing mechanism in the bonds market against credit risks will be further improved and capabilities of the market to serve entity economy will be effectively improved. Therefore, relevant policies will be launched in succession.

Column 1

Debt for Equip Swap: Policy-guided to Market-oriented ①

"3-2-1 tasks (cutting industrial capacity, destocking, de-leveraging, lowering corporate costs and improving weak links)" was put forward at Central Economic Work Conference held in December 2015, which serves as the background of this round Debt for Equity Swap.

The last round of Debt for Equity Swap has gone through two stages: during the first stage, non-performing assets of four major AMCs was acquired at book price of RMB1.4 trillion in 1999; the State Council injected Bank of China and China Construction Bank with foreign exchange reserves in the second stage. That round of Debt for Equity Swap and disposal of non-performing assets were based on policy guidance, with the purpose of reducing corporate leverage ratio, especially leverage ratio of state-owned enterprises, as well as reducing systemic risks in financial sector and reshaping the banking system.

---

① Author: Guo Jingpu, General Manager of R&D Center of Cinda Securities.

Reducing corporate and social leverage ratios also serves as the goal of current round of Debt for Equity Swap. In addition, focuses of this round include resolving systemic risks in financial sector and reducing non-performing rate of banks. Among which, cutting leverage ratio is of greater importance. Principles of "market-oriented and legalization" are thus proposed for current Debt for Equity Swap.

"Reducing leverage ratio" is set as the primary goal of the current Debt for Equity Swap. In view of completed and on-going programs, Debt for Equity Investment is widely employed to restore corporate financing capacity so as to relieve short-term liquidity pressure. However, pressure of repaying capital and interests remain in a long run, and risks of financial markets have not been completely resolved. In contrast to the previous program of Debt for Equity Swap and "policy-guided" asset pricing, Debt for Equity Investment scheme realizes market-based pricing of creditor's assets and docking of Debt for Equity Investment with capital market based on executing contracts as legal implementation approach.

The real purpose of Debt for Equity Swap includes: supporting enterprises with potentials to overcome difficult period and bringing due returns to those investors who have transferred their shares. Commercial banks, as major players in current round of Debt for Equity Swap, fail to discover values or reduce financial risks without sufficient pricing capability of equity assets and taking the measures of Debt for Equity Investment to reduce the "so-called" leverage ratio.

A large number of enterprises fall in difficulties, and leverage ratio is too high which results from the downturn of economic growth and near low of cyclical industry, making enterprises rigid with overcapacity and are impossible to cut capacity relying on market mechanism, especially state-owned ones. Debt for Equity Swap can help those enterprises with long-term potentials out of temporary difficulties by establishing a system for market-oriented pricing of equity assets, free circulation of equities and the rediscovery mechanism of equity value. Then, "zombie enterprises" are guided to bankrupt, liquidate or properly withdraw accordingly, and the ultimate goals of reducing leverage ratio with Debt for Equity Swap and relieving financial risks are fulfilled.

The pricing of equity assets requires industrial research and asset pricing, as well as design of product with investment banks and asset management, which is the expert area of security companies and asset management companies. At present, Debt for Equity Investment made by commercial banks will continue to keep a relatively large proportion f Debt for Equity Swap, but more participants such as four AMCs and their subsidiary security companies, together with more market-oriented schemes with the core of pricing equity.

Debt for Equity Swap in the future will go into two categories: equity transfer and investors participating in management, better reflecting the principle of "market-oriented and legalization". Besides participating in the transactions of A Share market and New OTCBB with designschemes, investors' equities from Debt for Equity Swap might also contribute to a professional Debt for Equity Swap market to form a complete equity pricing and value discovery system. Equity investors will also involve in corporate operation and management with legal rights and corresponding obligations to improve corporate governance and operation, so that to increase the value of shareholders.

Column 2

Guiding & Preventing De-leveraging and De-channeling ①

State Council and relevant authorities launched policies in 2016 to cope with problems such as "fictitious tendency" in finance management and arbitrage in supervision: on the one hand, efficiency of serving real economy is improved through regulating and perfecting bond issuance management; on the other hand, "de-leveraging and de-channeling" among financial players is speeding up in accordance with the principle of "legal, comprehensive and strict supervision".

(i) Regulate and Improve Management of Bond Issuance

1. The State Council promotes standards and audit rules for the issuance of debenture bonds

The State Council has improved the management system of debenture bonds issuance of companies and reasonably expanded issuance amount with increased proportion of direct financing. Access standards and audit rules of debenture bonds market issuance of companies are thus unified based on the principle of grouping similar investors.

2. Further improve management of local debts

The Ministry of Finance exercises quota management on balance of local debts and annual debt replacement, proposing the establishment of a sound risk prevention and control mechanism to properly handle debts of local governments. Debt budget of local

---

① Author: Jiang Jianrong (Deputy General Manager, Chief Strategy Analyst of SWS Research Co., Ltd.) and Lu Yuanyuan (Analyst of Development Research Dept. in SWS Research Co., Ltd.).

governments is regulated through a series of measures, including the determination of debt ceiling, budget plan and approval, budget implementation and final accounts, non-bond debts into budget as well as other supervision and management. Bonds of local governments are included into cash management of central treasury and local treasury cash pledges. Bond issuance of local governments is not subject to issuance organizations, and cross-regional pledges are allowed.

3. Establish management system of "hierarchical and classified" registration and issuance

National Association of Financial Market Institutional Investors launched "hierarchical and classified" management system, which adheres to the core principle of information disclosure. Thus, three aspects of "mechanism process, information disclosure and management approach" are optimized to build the "hierarchical and classified" registration management system and enhance efficiency and quality of bond issuance.

4. Exchange markets regulate supervision on corporate debenture bonds

Shanghai and Shenzhen Stock Exchanges have standardized internal control systems of booking and filing, as well as on-site management of book-keeping, book-keeping process and self-management requirements. A range of risk control requirements have been specified, including access rules for investors of bond pledge-style repo, utilization rate of standard bonds, repurchase leverage and inventory concentration. In addition, classified supervision on bond issuance audit has been carried out in industries with overcapacity problem such as real estate industry.

(ii) To Speed Up "De-leveraging and De-channeling" Among Institutional Investors

1. CBRC has restricted investment arrangements for wealth management business provided by banks

CBRC has restricted investment arrangements for wealth management business provided by commercial banks. Financial products of commercial banks are not allowed to be invested directly or indirectly in credit assets or beneficial rights of the bank according to relevant rules and regulations; or should they be invested directly or indirectly in financial products issued by the same bank; or security investment funds except monetary market funds and bond funds; or the stocks and beneficial rights of domestic listed and non-listed companies.

2. CBRC has prohibited management companies of financial asset from providing channels to avoid asset supervision

China Banking Regulatory Commission (CBRC) has been regulating non-performing assets acquisition of management companies of financial assets, and has specified that management companies of financial assets should not provide financial institutions with channels to avoid asset supervision. Management companies of financial assets should purchase banking financial institutions, bad assets based on proper assessment or valuation procedures with fair market pricing to realize true and full transfer of assets and risks.

3. CSRC has strengthened supervision on asset management of security companies and fund subsidiaries

CSRC has strengthened supervision on asset management business of security companies and fund subsidiaries, and strictly limited leverages of structured capitalized products and prohibited arrangements of principal or income guaranteed for priority products. Penetrate regulatory is conducted for "capital pool" to prevent multi-level arbitrage which aims at limits for structural asset management. At the same time, net capital constrains are exercised for fund subsidiaries to reduce channel businesses.

4. CIRC has cleaned up channel businesses of insurance management

CIRC has cleared and regulated deposit channels and other channels of management companies of insurance assets, requiring self-inspection on risks of investment, credit, operation as well as moral risks, and further strengthening the management of entrusted investment to prevent risk of capital utilization.

VI. Development Policy for Fund Market①

(i) Market Overview

Through 18 years of development, as of the end of 2016, the total asset under management (AUM) of mutual fund industry had reached RMB9.16 trillion, products amounted to 3867 and the number of effective individual accounts of mutual funds was up to 200 million, among which assets of 85% fund accounts was below RMB50000. As the most important entrusted investment assets manager of National Social Security Fund (NSSF), fund management companies accounted for 16 in the 18 managers and managed more than 40% of the NSSF's asset. Therefore, the mutual funds are the professional domestic institutional investors with the highest proportion of shares in A-share market, meanwhile, they are also the typical representatives of inclusive financial system. However, viewing from the development scale of overall assets management industry in recent years, the market share of mutual funds was less than 10%.

① Author: Li Yan, Secretary of the Board of Directors of Shanghai Guotai Junan Securities Asset Management Co., Ltd.

Since 2012, various types of assets management products offered by financial institutions, including those offered by banks, securities companies and insurance, have showed an explosive growth trend. As of the end of 2016, the mutual and private funds including the products offered by securities companies have reached RMB51.79 trillion, the wealth management products (WMP) offered by banks were around RMB30 trillion, the trust management funds were around RMB20.22 trillion (including RMB17.46 trillions of funds entrust), and the investment-type insurance assets amounted to over RMB3 trillion. In gerneral the total AUM reached RMB105.01 trillion.

As the industry is growing rapidly, the following two features are becoming prominent in the fund and assets management industry in 2016. Firstly, product homogeneity is becoming more obvious. Due to the domestic investment underlyings are relatively simple, derivatives instruments should be enriched, as well as abnormal fluctuations in the stock, bond and foreign exchange market, "assets shortage" phenomenon has become more obvious; meanwhile, under the general trend of mixed operation, the boundary among assets management institutions is becoming increasingly blurred, homogenization of financial products is becoming increasingly obvious. Secondly, legal foundations for assets management industry are not unified, lacking of unified regulations and standards. Analyzing the overall regulations on the assets management industry, the trust relationship-based regulation rules which highlight the interests priority of investors coexist with civil and commercial relationship-based regulations rules which highlight equal contract status, thus the legal property of entrusted assets is not clear, responsibilities of relevant units are not defined. As a result, a large number of credit business is mixed with investment business, "rigid payment", "fund pool", "channel business", high lever-structured products and some other business in violation of assets management essence can not be completely prohibited. Meanwhile, there is not any unified standard between public offered products and private offered products by different institutions.

(ii) An analysis on development policies

The essence of funds and other assets management business is that asset managers accept commission of clients to invest in assets of clients according to provisions agreed in contracts through active management and duties fulfillment; while through professional management, investors can enjoy investment income and bear investment risks which is known as "enjoy both profit and loss". In 2016, focused on the core target to protect the interests of investors, the fund industry regulatory policies continued to standardize internal control, investment operation, risk management, sales behavior, information disclosure and other aspects. In summary, regulatory policies in 2016 paid more attention to the following aspects.

1. Pay more attention to standardized the development of private funds business

Private funds and other types of private assets management business experienced a rapid development. Since 2015, the private fund managers monthly registered at the Asset Management Association of China (AMAC) have passed 1600, the monthly average registered products have surpassed 1300 in number. As of the end of 2015, 25000 private funds managers had registered at AMAC, the number of registered private funds was 24000, the subscribed amount was RMB5.07 trillion and the paid-in capital was up to RMB4.05 trillion, about 379400 employees were engaged in the private funds industry. At the same time, the private assets management business of securities and futures institutions reached a level of RMB24.74 trillion, the monthly average registered products were up to 2450 and the average monthly registered size was over RMB730 billion.

In the critical moment of China's economic transition, private fund and other private assets management business played an active role in promoting the construction of the multi-level capital market, serving the physical economy and innovating capital formation. However, such over-quick development also disclosed some problems and risks, such as abusing registration information, illegal operation, high proportion of "Channel" business and so on. In order to provide better protection of the interests of investors, build industry credit and urge the industry to abide by the assets management essence, CSRC and the industry associations strengthened private fund standardization and self-regulation system construction, meanwhile, carried out specific rectification work against registration and operation activities of private fund institutions.

On February 1, 2016, the Asset Management Association of China (AMAC) issued the "*Guidelines for Internal Control of Private Investment Fund Managers*", which required private fund manager to, on the basis of taking into full account of internal and external environment, identity, evaluate and manage operation risks in aspects of system arrangement, organizational system and control measures. On February 4, 2016, AMAC issued the "*Approach for Privately Offered Investment Fund Information Disclosure*", which required private funds to timely, accurately and completely disclose and report necessary information to investors and industry self-regulatory organization, thus to minimize information asymmetry and provide excellent legal guarantee for investors. On April 15, 2016, AMAC issued the "*Approach for Management on Privately Offered Investment Funds Raising Behaviors*", which defined the qualification for fund raising organizations, supervision responsibilities on specific accounts, approval procedures for qualified investors and cooling-off period and revisit conformation system, it effectively guaranteed the fund security of investors, strengthened the implementation of industry specifications. On April 18, 2016, AMAC issued the "*No. 1 Guidelines for Privately Offered Investment Fund Contracts*" (Contents and format guidelines for privately offered fund contracts), the "*No. 2 Guidelines for Privately Offered Investment Fund Contracts*" (Guidelines for necessary provisions of the Articles of Association) and "*No. 3 Guidelines for Privately Offered Investment Fund Contracts*" (Guidelines for necessary provisions of partnership agreements), based on characteristics of funds with different organization forms, provide unified and standard contract text reference for privately offered products such as private securities investment fund, equity investment fund, venture investment funds and so on.

On July 14, 2016, CSRC issued the "*Interim Provisions on Operation & Management of Privately Offered Assets Management Business in Securities and Futures Operation Institutions*", which standardized the illegal promotion and marketing activities, structured assets management products, illegal securities and futures activities, entrusting third-party institutions to provide investment suggestion, carry out or participate in "funds pool" business, implementation of excessive incentives. To implement the "Interim provisions", on October 24, 2016, AMAC issued the "*No. 1 ~ 3 Specifications for Privately Offered Assets Management and Planing Registration Management in Securities and Futures Operation Institutions*", which generally standardized the materials submission, registration procedures and other operation problems and fulfillment of monitoring functions involved in registration of privately offered asset products, refined the registration materials which are required to be submitted against privately offered assets management products which required third-party institutions to provide investment advice and services, defined compliance requirements against structured assets management in aspects of promotion and marketing, benefits distribution and investment operation, etc. Meanwhile, set prohibited norms against acts such as providing investment suggestion by privately offered investment fund managers for assets management products investing in non-standard assets, one-to-more assets management products through investment advice and investment commands, thus to affect the investment operation of assets managers, manager setting non-confirming structured products by way of "safe cushion" plus excess performance remuneration.

On February 5, 2016, AMAC issued the "*Notice about Further Standardization of Registration Issues by Privately Offered Fund Managers*", thus to commence to standardize activities of registered privately offered fund managers. The NOTICE specified that in the following three cases, privately offered fund managers may be revoked with their manager registration, including (i) the case in which a newly registered manager fails to register its first private fund product within 6 months after the completion of registration procedures; (ii) managers who have registered for more than 12 months, yet failed to register its first product and failed to register any privately offered fund before May 1, 2016; and (iii) managers who have not registered for 12 months and failed to register any privately offered fund product before August 1, 2016. As of the end of 2016, 17000 privately offered fund managers had registered at AMAC, 46500 funds are under operation, the subscription size is up to RMB10.24 trillion, the paid-in capital was up to 7.89 trillion. 12834 institutions which failed to carry out privately offer funds business were revoked, effectively suppressed the effect of "good money drove out by bad money" from the source, thus improved the overall industry image and reputation.

2. Pay more attention to risk prevention, especially systematic risks

In 2016, subsidiaries of fund companies received strict supervision. Business of such subsidiaries experienced a rapid growth in the last several years. As of the end of 2016, the AUM of subsidiaries of fund companies have surpassed the mutual funds and reached RMB10.5 trillion, among which, more than 70% were the so-called "Channel" business, which were actually mixed with moral and legal risks. With the slowdown in domestic economic growth, the credit risk has become gradually exposed, risk accidents in "Channel" business of subsidiaries occurred repeatedly, while few fund companies could escape from losses in such accidents. Against the "Channel business" conducted by subsidiaries of fund companies, crossed products structure, weak risk compliance management, lacking of capital restriction mechanism, serious mismatching between capital and assets size, hidden risks in expansion of business without planning, CSRC issued the "*Provisions on Management of Fund Company Subsidiaries*", required to strengthen management and control on moral and legal risks, it also proposed the general requirements on overall risk management, ensured the proper matching between business development and risk bearing capability, risk control and operation force. Meanwhile, CSRC draw lessons from the regulation experience of securities, trust and other institutions, developed and issued the "*Interim Provisions on Risk Control Indexes Management in Particular Assets Management Subsidiaries of Fund Management Companies*", required subsidiaries of fund companies to establish a risk control indicator system with the core of net assets, mainly include the following contents: the net assets should not be less than RMB100 million, ensure the specific subsidiary to have the basic capabilities to perform business; the net assets should not be less than 100% of the total risk capital, guarantee particular subsidiaries to have sufficient capital to resist various possible unexpected losses as a result of business; the net capital should not be less than 40% of net assets, thus to prevent liquidity risk, ensure subsidiaries to realize related debts on due in a timely manner; the net assets should not be less than 20% of liabilities, thus to control and prevent liability risk. In addition, to further improve the ability cope with risks, the Interim Provisions required particular subsidiaries to withdraw provision for risk reserve according to 10% of management fees (including assets supported specific planning management fees).

As of the end of 2016, the AUM of money market funds had reached RMB4.28 trillion, occupied for a half of the mutual fund industry. In case of any huge redemption of money market fund, the amortized cost method will push up the chain reaction, the accompanied liquidity exhaust is likely to irrigate systematic risks in the financial market at any time. In view of this, the CSRC and the People's Bank of China (PBOC) issued the "*Approach for Supervision and Administration in Money Market Fund*" in the end of 2015, This approach was formally implemented since February 1, 2016. It mainly covered the following amendments: (1) further improved the investment scope and duration, proportion in the money market funds, strengthened the portfolio risk management of money market funds; (2) made systematic arrangement for liquidity management in the money market funds; (3) strictly standardized the shadow pricing deviation degree in the money market funds; and (4) proposed specific requirements on internet sales activities and disclosure of funds according to the new trends of the money market funds and Internet. These systematic arrangements were conducive to improve the self-control on industrial liquidity risks, ensure the stable operation of the money market funds, avoid systematic risks.

In the second half of 2015, abnormal fluctuations appeared in the stock market, then in the early 2016, "circuit breaker" appeared, thousands of stocks in the stock market were limited down, mutual funds underwent a significant redemption, the industry experienced an unprecedented liquidity risk, the outbreak of risks in the financial system was only one step remote. AMAC paid close attention to structured funds, guaranteed funds, bonds default, outsourcing investment and other industrial risk problems, it published the "*Guidelines for Pressure Tests on Mutual Funds Managers*" (Interim), learned lessons from abnormal fluctuations in the stock market, carried out profound study on liquidity risks and risk reservations, required mutual funds managers to carry out a regular pressure test every 3 months, including stock pressure test, bonds pressure test, currency pressure test, QDII pressure test and pressure tests on special products, meanwhile, required to conduct specific and comprehensive pressure tests in case of significant changes to the market, significant innovation in the company, material risks inside the managers and other risk accidents.

3. Paid more attention to the industry norms of "Seller assumes responsibilities" to protect investors

Protection for benefits of investors has always been the central goal of funds regulation. Although the regulatory policies have always stressed the basic principle of "buyer assumes risks and seller assumes responsibilities", while the policies issued in 2016 obviously highlighted the "seller assumes responsibilities". On December 12, 2016, CSRC issued the "*Approach for Suitability Management on Securities and Futures Investors*", thus to unify the suitability management system, strengthen the suitability responsibilities of operating institutions, define basic classification of investors, products classification baseline standard, required operating institutions to scientifically classify investors, regard "getting to know investors", "getting to know products", "matching investors with products", "risk disclosure" and so on as basic operating principles. AMAC issued the "*Approach for Management on Raising Behaviors of Privately Offered Investment Funds*" on April 15, 2016, which clearly defined that the fundraisers should assume the identification and confirmation responsibility for eligible investors, implement the cooling-off period and revisit confirmation system, offer at least a 24h cooling-off period to investors, after such a period, fund raising agencies should confirm their investment intentions from investors, only after this, could the investment funds be used.

(iii) Prospects in Industry Market Development Policies

Unified regulation has become imperative in this assets management era! As the blurred boundary between different assets management industries, cross-border cooperation has become more frequent in the assets management industry, promoted by interest rate liberalization and financial reform, the comprehensive operation trend has become increasingly obvious in the financial industry. The existing assets management products and regulation services are attached to institutional regulations, this mode has been exposed to serious flaws, rigid redemption and institutional game and regulatory arbitrage not only distorted the environment of the assets management industry, but also threatened the security of the entire financial system. Recently, the PBOC issued the "*Guidance on Standardization of Assets Management Business of Financial Institutions*" (draft), this was regarded as an important step towards unified regulations in the assets management industry. In the future, the parallel regulation principle between asset management products, services and institutions should be further identified.

Column

Establishment of self-regulatory system of private fund 7+2①

Implementing the *Fund Law* and building self-regulatory framework of private fund

① Author: Li Yan, Secretary of the Board of Directors of Shanghai Guotai Junan Securities Asset Management Co., Ltd.

with credit management as the core. In recent years, private funds are developing rapidly in the critical period of China's economic transition, which plays a positive role in promoting multi-level construction of capital market, and serving physical economy and creating innovative capitals. However, overloading growth exposed problems and risks. To implement the *Fund Law* and to realize the goal of keeping the philosophy of "both sellers and buyers shoulder responsibility" and interests of investors go first, the Asset Management Association of China (AMAC) proposed 7 administration regulation and 2 standard guidance to pave a way for the long-term healthy development of private fund, covering aspects of fund registration, fund raising, fund management, internal control, personnel management, contract guidance, information disclosure, investment adviser and intermediaries services.

A series of rules and regulations have been issued to encourage professional and standardized development of private funds. *Administration Regulation on Registration and Filing of Private Funds* focuses on the introduction of legal opinion system, so that mutual-trust is encouraged among private fund managers and lawyers, accountants and other market intermediary service agencies. A market-based mechanism of checks and balances is thus established to curb "barbaric growth" from the beginning. *Administration Regulation on Fund-raising of Private Funds* specifies qualifications for fund raising as well as supervisory responsibility of the special account, procedures to determine qualified investors, cooling period review confirmation system, which effectively protect investors' funds and fulfill the industrial norm of "sellers shoulder responsibilities". *Administration Regulation on Information Disclosure of Private Funds* requires timely, accurate and complete information disclosing and reporting to investors and industry self-regulatory organizations by the private funds. *Contract Guidelines No. 1, 2 and 3 of Private Funds* regulates contents and formats of private fund contracts, corporate articles of private fund companies and mandatory provisions of partnership private funds respectively, which serve as unified, standard reference to contract text to facilitate communication among private fund managers and customers, also to minimize information asymmetry and provide investors with solid legal support. *Guidelines on Internal Control of Private Fund Managers* sets rules for managers of private funds from a range of aspects including objectives and principles of internal control, internal environment, risk assessment, control activities, information and communication as well as internal supervision. The purposes of setting these guidelines include: improving operational management and risk control of these managers, and promoting professionalism and standardized development of fund management institutions.

Systems to be published encourage refined and differentiated development of the private funds. *Administration Regulation of Practitioners in Fund Industry* to be issued aims to establish and perfect qualification requirements and continuing integrity records of the practitioners. *Administration Regulation on Trust Business of Private Funds* and *Administration Regulation on Services of Private Funds* will standardize operations in middle office and back office such as share registration, transaction settlement, valuation accounting, information technology. Thus to encourage private fund managers focus on resources, characteristics and differentiated development to obtain competitive advantages hard to be copied or replaced, and a sustainable environment is created for the industry to encourage interdependence, mutual checks and balances and cooperating growth among fund managers, custodians and outsourcing agencies.

A set self-regulatory system of private funds is perfecting for China. Comprehensive self-regulatory system will not only play a far-reaching role in protecting the interests of private fund investors, but will also considerably enhance competence and reputation of private funds, thus playing a more positive role in improving multi-level capital market and serving physical economy and innovative capital formation.

Appendix

2016 major regulatory policies for the fund market

Date	Main policy	Issuing agency
Feb. 1	*Guidelines for Internal Control of Private Investment Fund Managers*	Asset Management Association of China
Jan. 4	*Approach for Privately Offered Investment Fund Information Disclosure*	Asset Management Association of China
Feb. 5	*Notice about Further Standardization of Registration Issues by Privately Offered Fund Managers*	Asset Management Association of China
Mar. 1	*CSRC Unified 10 Securities, Funds, Futures Business Licenses into one "License for Operation of Securities and Futures"*	CSRC Announcement No. [2016] 4
Apr. 15	*Approach for Management on Privately Offered Investment Funds Raising Behaviors*	Asset Management Association of China

Continued

Date	Main policy	Issuing agency
Apr. 18	No. 1 Guidelines for Privately Offered Investment Fund Contracts (Contents and Format Guidelines for Privately Offered Fund Contracts)	Asset Management Association of China
	"No. 2 Guidelines for Privately Offered Investment Fund Contracts" (Guidelines for Necessary Provisions of the Articles of Association)	
	"No. 3 Guidelines for Privately Offered Investment Fund Contracts" (Guidelines for Necessary Provisions of Partnership Agreements)	
Apr. 19	*Approach for Funds Management on Security Investors*	CSRC Order No. [124]
Apr. 1 27	*Opinions on Transformation From Operating Tax to VAT Pilot Work*	CSRC Announcement No. [2016] 8
Jul. 14	*Interim Provisions on Operation & Management of Privately Offered Assets Management Business in Securities and Futures Operation Institutions*	CSRC Announcement No. [2016] 13
Sep. 11	*No. 2 Guidelines for Publicly Offered Securities Investment Funds-Funds Guidelines*	CSRC Announcement No. [2016] 20
Oct. 11	*Guidelines for Interoperability of Security Funds Operating Agencies in Participation in the Mainland and Hong Kong Stock Market*	CSRC Announcement No. [2016] 24
Oct. 24	*No. 1 Specifications for Registration Management on Privately Offered Assets Management Plans of Securities and Futures Operation Institutions-Registration Examination and Self-regulation Management*	Asset Management Association of China
	No. 2 Specifications for Registration Management on Privately Offered Assets Management Plans of Securities and Futures Operation Institutions-Entrusting Third-party Institutions to Provide Investment Advice Service	
	No. 3 Specifications for Registration Management on Privately Offered Assets Management Plans of Securities and Futures Operation Institutions-Structured-assets Management Plan	
Nov. 18	*Guidelines for Pressure Tests on Mutual Funds Managers (Interim)*	Asset Management Association of China
Nov. 29	*Provisions on Management of Fund Company Subsidiaries*	CSRC Announcement No. [2016] 29

Continued

Date	Main policy	Issuing agency
Nov. 29	*Interim Provisions on Risk Control Indexes Management in Particular Assets Management Subsidiaries of Fund Management Companies*	CSRC Announcement No. [2016] 30
Dec. 12	*Approach for Suitability Management on Securities and Futures Investors*	CSRC Order No. [130]
Dec. 12	*Provisions on Implementation of the "Approach for Suitability Management on Securities and Futures Investors"*	CSRC Announcement No. [2016] 34

VII. Development Policy for Trust and Wealth Management Market①

Trust system refers to a system under which the property owners entrust their property rights to natural persons and legal persons who act as trustees to manage the property. Benefiting from the features of legal framework, special results are obtained such as risk isolation and equity reconstruction which have great values in financing and wealth management. However, constrained by a variety of factors, trust system in China has served primarily those institutions for a long time with business similar to those offered by banks, but have limited business exploration in its own field such as wealth management.

Viewing from current growing trend, the value of trust in wealth management is becoming rapidly obvious and is returning to its original track. Generally speaking, wealth management is divided into two categories as independent management and entrusted management. With gradually complex-oriented wealth structure and more professional management tools, property owners find increasing difficulties in managing their own properties. As a result, outsourcing management is a trend, although its delivery requires further consideration. Ordinary entrusting methods such as entrusting a third party to manage the wealth might have to solve problems including wealth controlled by the agent, poor risk isolation or lack of flexibility and so on. By contrast, thanks to its advantages in structure, trust is becoming a key tool in modern wealth management market with positive proofs from various countries. On the other hand, in accordance with general standard for business dividing, wealth management is serving customer groups with relatively high net worth of wealth, which is different from those served in personal finance market. Individual customers served with trust products are limited to HNWIs (High Net Worth Individuals) based on *Measures for the Administration of Trust Companies' Trust Plans of Assembled Funds*. It is obviously that there is a highly overlapped area in customer groups

① Author: Li Qingyun, CEO of Shanghai T. S. Asset Management Co, Ltd.

between trust and personal finance. Therefore, it is rational to group and explain trust and wealth management markets.

(i) Market Overview of 2016

According to statistics released by China Trustee Association, as of December 31 of 2016, assets under trust management in China amounted to RMB20.22 trillion, a year-on-year growth of 24.01%. With the background of "new normal" macroeconomics, both the assets under trust management and its growth rate have maintained a relatively high. Overall, trust market development in China boosted the following features in 2016:

1. Slightly decreased profitability

In 2016, although assets under trust management and growth rate maintained relatively high speeds, revenue and profitability have been decreasing. As of the end of 2016, RMB111.624 billion of operating revenue was achieved in trust industry, a year-on-year drop of 5.09%; actual profit was RMB77.182 billion, only a slight increase of 2.83%, but a sharp decease compared with the growth rate of 16.86% in the previous year. Apparently, issues of operating models in China's trust industry remained unsolved, traditional model is showing its limitation, while there is no breakthrough in innovation. Profitability requires improvement.

2. Continuous adjustment of product mix

Statistics from China Trustee Association indicate that in 2016, proportion of single fund trust in the total trust balance decreased to 50.07%; while assembled funds trust accounted for 36.28%; property trust enjoyed a proportion of 13.65% of the balance. This suggests the continuous of diversified sources of assets for trust management with optimized structure. From the aspect of functions of trust, structural adjustment is also deepening for trust products. To be specific, proportion of trust products involving management continued to increase, accounting for as high as 49.79% of the total trust balance by the end of 2016, close to the sum of trust product involving investment and financing. It is worth mentioning that charitable trust as an innovative product began to show its advantages in 2016.

3. Increased capacity of risk resistance

Increased capacity of risk resistance firstly lies in changes of the amount and size of risk projects. Data from China Trustee Association show that number and amount of risk trust projects dropped in 2016 Q4. Among which, assets of risk trust projects decreased by RMB117.539 billion with a month-on-month reduce of RMB 24.357 billion and non-performing rate of 0.58%; Corresponding number of risk projects reduced 545, a MoM drop of 61%. Secondly, compensation preparation of trust maintained to increase. By the end of 2016, compensation preparation of trust amounted to RMB18.703 billion, witnessing a year-on-year increase of

18.83%. Thirdly, capital increased. As many as 20 trust companies have completed their capital increase, RMB1.7 billion on average, and improved risk resistance capacity as a result.

(ii) An Analysis on Major Policies 2016

In 2016, a series of laws and regulations were issued in China, providing policy support to a healthy and steady development of trust market.

1. Relevant policies for risk supervision

Preventing systemic risk was one of major tasks financial supervision in 2016. To further improve the functions of forecasting, proactivation and efficiency of risk supervision for trust companies, CBRC issued in March 2016 *the Opinions of CBRC on Further Strengthening Risk Supervision of Trust Companies* (No. 58).

This document requires trust companies to improve their capability in risk recognition and prevention by establishing long-term mechanism of risk prevention and control in addition, specific requirements set for major risk types faced by business trust companies: regarding credit risk, it is required to improve asset management, prevention of credit risk in key areas and efficiency of risk handling; as for liquidity risk, it is required to achieve full coverage of prevention and control of liquidity risk, strengthen supervision on liquidity risks in trust businesses; for market risk, it is required to enhance prevention and control of inherent market risks, as well as those in trust market; with regard to operational risk, specific requirements are made to clarify prevention responsibilities, perfect the operation mechanism of risk prevention and control and management of practitioners; meanwhile, specified requirements are made on risk prevention and control over the products available cross industries and markets.

In addition, No. 58 has further specified a series requirements in enhancing the management of provision and capital, improving risk offset, and trust companies should have full calculation and withdrawal of reserve, improve capital management, increase profit retention and perfect recovery and disposal plans and so on. These requirements clearly indicate that net capital is becoming more important. As many as 20 trust companies increased investment in 2016 based on the above requirements, which enhanced risk prevention of trust companies to some extent.

Meanwhile, No. 58 also set requirements on the supervision of CBRC: to urge trust companies to include risk inherent in non-credit assets, off-balance sheet assets and trust assets with credit risks into asset management system; to urge trust companies to focus on credit risks in real estate, local government financing platforms, overcapacity and other key areas, and to conduct risk screening and mitigation on a regular basis; not only to emphasize project payment risks, but also to solve real risks; to guide trust companies to improve breach handling mechanism of trust projects, as well as monitoring of public opinions with positive guidance, educating and comforting investors, handling plan for risks and so on; special attention should be given to trust companies which resolve payment risks for trust projects with all kinds of buyers, and urge them to resolve real risks.

Obviously, No. 58th combed comprehensive operational risks of trust companies with its objective of establishing long-term mechanism and strengthening management of comprehensive risks, demonstrating the deepening and perfecting of strict risk supervision. According to this document, basic framework and core requirements for comprehensive risk management should be completely followed, which is of great significance to improve risk management of trust companies as well as operational stability of the overall trust industry.

2. Promote trust to be deeply operated in ABS based on related policies

Asset-backed securities (ABS) is one of the important direction for the development of financial market in China. In the current context of focusing on risk prevention and leverage reduction, credit ABS, especially non-performing loans ABS are expected to be an important option for resolving systemic risk. Determining SPV carrier is a critical step for ABS, and trust is a natural option as SPV carrier benefiting from is outstanding functions in risk isolation. In 2016, national departments at various levels launched a number of policies to promote ABS business, confirming the application of trust mechanism and trust industry is promising with its huge potential.

(1) *Notice on Regulating Usufruct Transfer of Credit Assets in and Financial Institutions Issued by the General Office of China Banking Regulatory Commission* (No. 82). Usufruct transfer of credit assets has been proceeded in banking and financial institutions in recent years, which has played positive role in revitalizing credit stock and speeding up capital turnover. However, it should be noticed issues accompanied during its development such as non-standardized and non-transparent transaction structure and inaccurate calculation and withdrawal of reserve. To promote healthy and orderly development of usufruct transfer of credit assets, China Banking Regulatory Commission issued *Notice on Regulating Usufruct Transfer of Credit Assets in and Financial Institutions Issued by the General Office of China Banking Regulatory Commission* (No. 82) in April 2016.

This document standardizes multiple aspects of usufruct transfer of credit assets, and specifies requirements that credit asset accounting rather than supervision authorities should provide tables, indicating that off-balance sheet assets is under supervision. According to No. 82, transfer registration center for banking credit assets is responsible for the development of rules and regulations for usufruct transfer of credit assets, which is apparently to resolve the core issue of non-standardized and non-transparent transaction structure. Since trust system shows outstanding advantages in structure mechanism, it paves the way for the improvement of following rules on trust system.

(2) *Guidelines for Information Disclosure of Non-performing Loads (on trial)*. Non-performing loans ABS is an important ABS type, boosting potentials in the nearest future. To standardize information disclosure of non-performing loans ABS, so as to protect legitimate rights and interests of investors and promote healthy development of credit ABS market, National Association of Financial Market Institutional Investors released *Guidelines for Information Disclosure of Non-performing Loads (on trial)* in April 2016 with supporting table system.

The *Guidelines* makes detailed regulations on information disclosure based on the basic framework for ABS and special features of non-performing loans ABS. From the perspective of trust, the *Guidelines* are of great significance to trust system. Taking the definition of non-performing loans ABS in the *Guidelines* for instance: "... Financial institutions as the sponsors, will entrust non-performing loans to trustee institutions, and trustee institutions will issue benefit securities in the form of ABS... ". Some concepts have been specified in the definition such as "trust" and "trustee institution". According to the current supervision system in China, trust is accordingly designated as a legitimate carrier and the application field of trust system is confirmed.

(3) *Regulations on ABS Usufruct Transfer of Credit Assets (on trial)* and *Rules on Information Disclosure of Non-performing Loads (on trial)*. As the supporting enforcement rules of *Notice on Regulating Usufruct Transfer of Credit Assets in and Financial Institutions issued by the General Office of China Banking Regulatory Commission (No. 82 [2016] of CBRC Office)*, *Regulations on ABS Usufruct Transfer of Credit Assets (on trial)* and *Rules on Information Disclosure of Non-performing Loads (on trial)* were officially launched in August 2016 by Registration Center of Bank Credit Asset Transfer (hereinafter shortened as "Registration Center").

Rigorous regulations on relevant steps of ABS usufruct transfer of credit assets are made in the above two documents. Regarding operation rules, it is confirmed that usufruct transfer of credit assets should be conducted according to the plans made by trust companies. Therefore, special position of usufruct transfer of credit assets is further confirmed. In consider of the two documents regulating the bank shall still need full amount provision of risk fund in respect of credit fund for transfer, which shall infer that the non-performing loads are expected to become the core of usufruct transfer of credit assets. In addition, special rules are made on the mobility of usufruct transfer in the two documents, thus, usufruct transfer of credit assets can be transferred in the Registration Center and not be calculated as non-standard assets which suggests that a new transaction channel is created for the above trust products. Improved asset liquidity undoubtedly increases charms of the products which will boost its growth as a result.

(4) *Opinions on Actively and Steadily Reduce the Leverage Ratio* (No. 54 [2016] of the State Council). In recent years, corporate debt is growing rapidly. In the context of serious economic depression, great caution must be given to address corporate debt risks. Therefore, the State Council issued *Opinions on Actively and Steadily Reduce the Leverage Ratio* (No. 54 [2016] of the State Council) in October 2016 (hereinafter "*Opinion*"). Emphasizes have been given to asset securitization and the values for leverage reducing of trust instruments. In addition, specific requirements were put forward on them.

Firstly, the *Opinions* proposed to carry out enterprise asset securitization in an orderly manner in accordance with the principle of "real sale, bankruptcy segregation", and actively carry out corporate accounts receivable, asset securitization business such as lease claims and other property rights and infrastructure, commercial property and other real estate property or property rights. The above requirements on the extensive use of asset securitization proposed in the *Opinions* constitute an important basis for the future growth of non-performing loans ABS. Then, the *Opinions* clarifies the issue of disposal of non-performing assets: to improve write-off and disposal capacity of banks on non-performing assets; broaden transfer channels for non-performing assets market, to explore more transferee of non-performing assets, strengthen market competition of non-performing assets disposal; vigorously implement the policy for non-performing assets transfer to support package transfer of non-performing assets from banks to financial asset management companies; to promote non-performing assets securitization in banks. Considering the background of the *Opinions*, it is undoubtedly a key means to reduce operational risks for banks through securitization of non-performing assets. In fact, considering that economy has gradually entered into the "new normal", risks will certainly increase before the transfer of driving force together with the leverage-reducing process in traditional sectors. Therefore, non-performing asset securitization as an important means of risk mitigation, its value and significance are critical. In view of specific policies have been clarified that a trust structure should be employed to support non-performing asset securitization, the trust industry is bound to play an important role in reducing corporate leverage, and development space for business growth will be further opened.

The *Opinions* also set guiding requirements on the application of trust instruments in the field of real estate. It is specified in the *Opinions* to support real estate enterprises transfer into light asset business model through the development of real estate trust and investment funds. As we all know, real estate industry currently plays a decisive weight in China's economy. It is of great significance to guarantee smooth economic operation by effectively eliminating hidden risks in the real estate industry and improving intensive management of the real estate industry. Experience from developed countries shows that trust investment funds for real estate are important participants in the real estate market, which not only help to solve investment and financing problems, but also help to resolve potential risks. In contrast, the development of trust investment funds for real estate in China is extremely restricted boosting huge potentials. Once they are growing, they will significantly optimize business model and product structure for trust companies.

3. Related laws and policies for charitable trust

The core function of wealth management embodies three aspects, namely, protection, accumulation and inheritance of wealth. Savings management and charity in the narrow sense are limited, but in the broad sense, charity is an important component of wealth management business. In fact, as a specific form of wealth protection and inheritance, charity has always been a concentrated expression of high-level wealth management needs, which has been proved to be a wide range of international experience. Safety and effective employment of property serve as the cores for charities, so that trust becomes an important carrier for charities benefiting from its mechanical advantages. Moreover, charitable trust is often closely associated with family trust. In 2016, the legal and policy framework for charitable trust was initially established, marking the trust and wealth management market in China has entered an important stage.

On March 16, 2016, *Law on Charity* was adopted on the 12th session of the national people's Congress (implemented since September 1, 2016), which is the first legislation confirming the concept of "charitable trust". Subsequently, the Ministry of Civil Affairs, China Banking Regulatory Commission jointly issued *Notice on Promoting Records for Charitable Trust* on August 25, 2016, making detailed rules on the filings of charitable trust. On September 25, 2016, the Beijing Civil Affairs Bureau launched *Administrative Measures on Charitable Trust in Beijing Municipality*, which is the first local regulation on charitable trust in China. Thus, the legal and policy framework for charitable trust have been established and greatly stimulated the enthusiasm of trust institutions' participation and the thriving of charitable trust activities. On the day of that *Law of Charity* entered into force, Sdic Taking Trust, Societe Generale Taikang Trust and Pingan Trust and many other organizations launched trust products. In addition, once related systems were issued, registration and filing could be completed according to requirements.

Law of Charity defines charitable trust as: "The charitable trust referred to in this *Law* is the charity trust that the trustee entrusts the trustee the property based on charity purposes, and the trustee can manage and handle the property in accordance with the wishes of the client to carry out charitable activities. "*Law of Charity* clearly defines charitable trust as public trust, and specifies core elements in the following provisions of carrying out a number of core elements, and thus improve our country Using the Trust Mechanism to Carry out the System of Public Welfare Charity. The unique risk isolation, equity restructuring and professional management mechanism of the trust structure determine that the advantages of charity activities through trust are extremely obvious. However, subject to the ambiguity of the relevant provisions of the *Law of Trust*, the "public trust" has been faced with struggling situations. Thus, specifying core elements in the *Law of Charity* basically eliminate shackles of the original operation, which is a milestone for the development of China's charitable trust. Its core values include:

(1) The filing system of charitable trust. In the *Law of trust* promulgated on October 1, 2001, one chapter was employed for public trust, defining the concept of public trust, function and basic operations. However, despite the fact that the public trust has been confirmed by law for 15 years, there are very few public trust products that have been implemented. The root of this situation is that the *Law of Trust* requires the establishment of a public service trust approval system, thus "the establishment of public trust and determination of its trustee should be approved by relevant public welfare management agencies (hereinafter referred to as 'public welfare agencies'). " However, supporting rules and regulations have not been completed, resulting in an embarrassing situation in the management: it is hard to define "public welfare management agencies" and difficult to approve public trust. Once the *Law of Charity* came into effect and the filing system was established, previous fuzzy points can be completedly eliminated which greatly facilitates the progress of charitable trust.

(2) Specified supervision authorities. As is mentioned above, the Law of Trust has been unable to confirm the ownership of public welfare agencies, resulting in various follow-up difficulties. *Law of Charity* makes specific rules, clarifying that "the trustee report to record at the county level above authorities of the people's government within 7 days after the trust documents are signed. " That is, the civil affairs departments become direct supervisory authority for charitable trust, which resolves the previous issue of authorities, greatly improving the efficiency of the implementation process of charitable trust as well as the operational compliance.

(3) Preferential tax treatment for charitable trust. Article 45 in the *Law of Charity* provides that: "No tax discounts will be given to those charitable trust which fails to record to the authorities in accordance with the provisions of the preceding paragraph. " The above-mentioned provisions of the *Law of Charity* have clearly helped to eliminate this ambiguity and will promote

the development of charitable trust. However, it must be noted that the implementation of preferential tax treatment for charitable trust still need to be further confirmed by relevant administrative departments. Detailed rules are required from financial tax departments for specific implementation. One of the important rules is about invoicing qualification of trust companies.

(4) Non-mandatory of rust supervisors. For the sake of soundness, the *Law of Trust* clearly stipulates that public trusts must have supervisors. For the large scale of assets, the number of stakeholders, the operation of complex structure of charitable partnership, the establishment of the necessity of the monitor is significant. But for some simple structure, less charitable charity trust, the trust mechanism itself can achieve the appropriate supervision and control effect, the establishment of the necessity of the monitor is not obvious, and even there are increased operating costs of the situation. Thus, the Law of Charity regulates the provisions of the Ombudsman: "the trustee of the charity trust can determine the trust supervisor as needed," which abolished the mandatory requirements of the supervisor and increased the autonomy of the structure and flexibility of charitable trust.

The introduction *Law of Charity* and its supporting policies have systematic eliminated those constraints in China's charitable public trust. Benefiting the rapidly growing of charities, charitable trust is expected to enter the rapid development track. It should also be noted that charitable trust, as a manifestation of high-level demand for wealth management, indicates the full use of trust functions. Furthermore, this trend will continue to deepen with the development of family trust business, which also promotes the return of the trust business.

4. Management policies for public opinion and reputation risk

In order to further improve professionalism of journalism, and to better respond to media and public concerns, CBRC issued the *General Office of CBRC's notice on Further Improving the System of Press Spokesman* in early March 2016 (No. 17 [2016] of CBRC). Subjects not only include major banking institutions, but also local banking regulatory bureaus. Therefore, 68 trust companies supervised by Banking Regulatory Commission have also been included.

The *Notice* requires the relevant agencies to attach great importance to the press spokesman system, the same agency can set up a number of press spokesman, of which at least one senior manager. The press spokesman is mainly responsible for major issues, important activities and public concerns about the management and operation through information release with convening of meetings, interviews and so on. In order to improve the information system of the trust industry and improve the standardization and institutionalization of the press release, the Trust Association organized a training session for press spokesman on May 25 and 26, 2016.

Over the years, because trust products have been targeted at institutions and high-end individuals with obvious private property, product information is usually not disclosed to the public media. Therefore, trust companies seldom conduct promotions in pubic media, and communication with media is limited. However, in the context of the current highly developed IT technology, if we do not strengthen public opinion management, reputational risk is likely to be caused. In view of this, improving press spokesman system is of great significance which is helpful to improve forward-looking news release, built positive brand images for trust companies as well as enhance reputation risk management.

Appendix

2016 major development policies for trust market in China

Date	Main policy	Issuing agency
Mar. 16	"*The Charity Law of the People's Republic of China*"	The National People's Congress (NPC)
Mar. 18	*Opinions of CBRC on Further Strengthening Risk Supervision of Trust Companies*	The China banking regulatory commission (CBRC)
Apr. 19	*Guidelines for Information Disclosure of Non-performing Loads (on trial)*	The interbank market dealers association
Apr. 27	*Notice on Regulating Usufruct Transfer of Credit Assets in and Financial Institutions Issued by the General Office of China Banking Regulatory Commission (No. 82)*	The China banking regulatory commission (CBRC)
Aug. 1	*Regulations on ABS Usufruct Transfer of Credit Assets (on trial) and Rules on Information Disclosure of Non-performing Loads (on trial)*	Banking credit assets transfer registration center
Aug. 25	*Notice on Promoting Records for Charitable Trust*	The ministry of civil affairs, the China banking regulatory commission
Sep. 25	*Administrative Measures on Charitable Trust in Beijing Municipality*	The Beijing municipal civil affairs bureau
Oct. 10	*Opinions on Actively and Steadily Reduce the Leverage Ratio (No. 54 [2016] of the State Council)*	The State Council

VIII. Development Policy for Financial Derivatives Market①

(i) An Overview on Relevant Policies and Regulations in 2016

In 2016, China's financial derivatives market operated stably, relevant policies and

① Author: Zhang Shengju, General Manager of Research Department of CFETS) and Zheng LingYun, Deputy Director of Research & Development of China Foreign Exchange Trading Center.

regulations released in this year could be roughly divided into three categories: innovating products, improving transaction systems and modifying business rules. These rules and regulations promoted the functions of financial derivatives market from different aspects, further improved its fundamental role in resource allocation, and improved its efficiency as a risk management place.

With regard to innovating products, in 2016, China Foreign Exchange Trade System (CFETS, which is also known as the National Interbank Funding Center) successively issued the *Notice on Carrying out Foreign Exchange Swap Unwinding Business at Interbank Market Pilots*, the *Notice on Promotion of Standardized RMB-FX Forward (C-Forward)*, the *Notice on Promotion of Foreign Exchange Netting Clearing Transactions Confirmation Business* and the *Notice on Construction of the Option Volatility Curve*, different innovations were introduced in the post-trade processing and other sections to reduce operational risks and transaction cost, which significantly improved market efficiency and transparency.

Regarding the aspect of improving transaction systems, China Financial Futures Exchange issued a notice to synchronously suspend the implementation of the circuit breaker system of futures and stocks pot market of HS 300, SSE 50 and ZS500 stock indexes on January 7 of 2016. Meanwhile, maximum fluctuation limit of daily price for these stock indexes, i. e the daily price fluctuates, was adjusted by ±10% from the original ±7%.

With regard to modifying business rules, CFETS issued the *Guideline for Standardized RMB Foreign Exchange Products Trading in Inter-bank Foreign Exchange Market*, which standardized the trading order of standardized RMB foreign exchange products among banks from the aspects of trading varieties, offer and transaction manners, credit management and so on. National Association of Financial Market Institutional Investors issued the *Rules for Pilot Business of Interbank Market Credit Risk Mitigation Tool* and the *Terminology and Applicable Rule for China OTC Credit Derivatives Transaction*, the former is an amendment to the *Instructions to Pilot Business of Interbank Market Credit Risk Mitigation Tool* issued in 2010, defined the general management framework against such a business, then clarified specific product rules and requirements through issuing sub-guidelines against each product including the credit risk mitigation contract, credit risk mitigation certificate, credit default swaps and credit-linked notes.

(ii) Effect of Relevant Hot Policies

1. The first interest rate swap transaction completed in Shanghai Free Trade Zone

On April 8, 2016, the Capital Center of Industrial Bank reached the first NDIRS with DBS Bank through the International Financial Assets Trading Platform of CFETS. This transaction used FR007 as the floating reference interest rate, with nominal principal was up to RMB100 million. A bilateral clearing method was adopted and each delivery amount was paid in US dollars.

The following differences exist between NDIRS transactions and onshore IRS: (i) delivery currency, for NDIRS, the delivery currency is agreed by both parties and generally in US Dollars; (ii) the method of clearing, NDIRS is currently settled primarily on both sides, while ordinary onshore IRS has basically realized centralized clearing; (iii) participating institutions, participating institutions in NDIRS are mainly from Hong Kong, orders are mainly from Hong Kong and overseas hedge funds. Presently, the transaction institutions of NDIRS in FT accounts are all institutions that have obtained FT license and are members of RMB interest rate swap market. This first business is an important breakthrough in the financial innovation of Shanghai FTZ.

2. Credit default swap transactions in the interbank market

On October 31 of 2016, approved by the Financial Derivatives Professional Committee of National Association of Financial Market Institutional Investors, 14 institutions were registered as core dealers of credit risk mitigation tools. On the same day, 15 institutions including ICB, ABC, Bank of China, China Construction Bank, Bank of Communications, China Minsheng Bank, Industrial Bank, China Zheshang Bank, Shanghai Bank and China National Debt Credit Promotion in the inter-bank market carried out 15 credit default swap (CDS), with a total nominal principle of 300 million yuan. Transaction referred entities involved oil and gas, electricity, water, coal, telecommunications, food, aviation and other industries. Duration of transactions ranged from one to two years.

As of the end of 2016, 19 CDS transactions have been carried out in the inter-bank market with a total nominal value of 370 million yuan. Such transactions were dominated by short-term transactions, transactions with a term less than 1 year accounted for 17, the remained 2 were transactions with a term of 1 ~ 2 years.

3. Standardized RMB foreign exchange Forward transactions (C-Forward) were introduced into the inter-bank market

Following the promotion of the standardized RMB foreign exchange Swap business (C-Swap) in 2015, in May 2016, the inter-bank foreign exchange market promoted standard RMB foreign exchange-Forward business. C-Forward, within bilateral credit limit, implements automatic orders matching and click-based transactions under the principle of time and price priority, it is mutually beneficial to the existing OTC inquiry transaction model. On the one hand, C-Forward reduced the risk management pressure and operational risks of participants, ensured the market transactions efficiency and transparency; on the other hand, since the transaction system, transaction data flows, transaction confirmation and clearing paths were all maintained in consistence, C-Forward did not increase any transaction cost of market members. In 2016, the RMB foreign exchange forward turnover was about USD157.2 billion, increased by nearly 3 times, C-Forward accounted for about 60% of shares.

4. RMB foreign exchange options portfolios were introduced into the inter-bank market

In 2016, based on the existing options business, 6 options portfolios were introduced into inter-bank foreign exchange market, including call spread portfolio, put spread portfolio, risk reversal options portfolio, cross options portfolio, cross-price options portfolio and butterfly options portfolio. Introduction of the options portfolio business greatly enriched the transaction types in the inter-bank foreign exchange options market, provided more risk management tools and trading patterns; it's helpful for banks to realize their respective transaction strategies, complied with the development trends of the international market. Since its introduction, the options portfolio business has been widely applied, the penetration rate of portfolio transactions in active options members was up to 100%. In 2016, the trading volume of options portfolios was about USD465.38 billion, accounting for 62% of the total turnover of the options market.

5. RMB foreign exchange options were incorporated into the central counterparty clearing (CCP) business

On August 15, 2016, Shanghai Clearing House enlisted the ordinary euro-style USD-against-RMB option transactions with a term less than 1 year (including) into the central counterparty clearing business, it became the first clearing agency in the world which provides central counterparty clearing services against OTC foreign exchange options transactions, another milestone for financial innovation in China.

6. Promotion of the inter-bank foreign exchange swap unwinding business

In March 2016, the State Administration of Foreign Exchange approved CFETS to carry out inter-bank foreign exchange swap unwinding business at pilots. In July 2016, CFETS successfully organized the first round of foreign exchange derivatives unwinding business in the inter-bank foreign exchange market, totally 15 institutions participated in unwinding, 232 (bilateral calculation) foreign exchange swap transactions with a total value of USD3.48 billion were terminated in advance and released corresponding credits. Promotion of such a business is of great significance to improve post-trade infrastructures in China's inter-bank market and improve the financial market efficiency and prevent overall market risks.

7. Suspend the implementation of circuit breaker system of stock index futures

Approved by China Securities Regulatory Commission, since January 8, 2016, circuit breaker system began to be suspended from implementation in the stock spot market. Meanwhile, circuit breaker system for HS 300, SSE 50 and ZS 500 stock index futures were also synchronously suspended. The transaction time of stock index futures contracts continued to be maintained in consistence with the stock market.

Circuit breaker system was implemented to prevent sharp fluctuations in the stock market, so as to protect legal rights and interests of investors. Circuit breaker system has undergone extensive discussion with wide recognition. It is a new system without relevant experience in China, so we have to gradually explore accumulate experience with timely adjustment. Considering the fact that China's investment market is primarily dominated by private investors, we believe that it is not suitable for China to promote circuit breaker system at present.

8. Inter-temporal one-password account begun to be implemented in the financial futures market

Since August 1, 2016, the inter-temporal one-password account system began to be formally implemented. This system was jointly developed by China Clearing and China Futures Market Monitoring Center. In the initial stage, only financial futures account was incorporated in the system.

The inter-temporal one-password account system realized the connection between financial futures account and spot account, which requires participation of investors in the security and futures market to uniformly open such an one-password account, which includes not only futures account information, but also security accounts information about stock A and B, it is able to perfectly identify and manage the ID information of investors, facilitated to carry out joint monitoring on the futures and spot market, timely find out abnormal transaction clients in the market and prevent cross-market transaction risks.

9. China Financial Futures Exchange, Shenzhen Stock Exchange cooperated to acquire partial shares of Pakistan Stock Exchange

In 2016, China Financial Futures Exchange formed a commonwealth together with Shanghai Stock Exchange, Shenzhen Stock Exchange, China-Pakistan Investment Co., Ltd. and Pakistan Haby Bank, such a commonwealth successfully won 40% equity of Pakistan Stock Exchange, the three Chinese parties in the commonwealth held about 30% shares.

Pakistani Stock Exchange is the only national stock exchange in Pakistan, which is established through restructuring of 3 exchanges including Karachi Stock Exchange, Islamabad Stock Exchange and Lahore Stock Exchange. Products of the company cover stocks, bonds and derivatives.

Such an international cooperation is an important part in serving physical economic development by the financial market, it is facilitated to expand the financial and economic cooperation between China and Pakistan, facilitating the strategy of "The Belt & Road Initiatives" and construction planning of the China-Pakistan economic corridor, as well as promoting traditional friendship between the two countries.

(iii) Prospects of Financial Derivatives Market

Firstly, insisting on seeking for progress in stability, actively and steadily develop the financial derivatives market. To observe from the international and domestic environment, the "anti-globalization" tendency has rose, under the expectation to rise dollar interests, uncontrollable international complex factors are gradually increasing, although China's economy enjoys toughness, potential and large swing space, it still has not gone across the "three superimpose" gate. To observe from market monitoring, the central economic work conference clearly pointed out to "put financial risk prevention work to a more important position, decide to deal with a number of risk points". We should follow the situation and requirements of the times, steadily promote construction of financial derivatives market, expand safe-haven products and system supply. Strive to perfectly play the risk management function in the financial derivatives market.

Secondly, further deepen market innovation and operational mechanism. With the steady promotion of the RMB exchange rate and market-oriented progress of interest rate, business entities are proposing increasingly higher demands for avoidance of risks in exchange rate and interest rate, the innovation in the derivatives market and the operational mechanism should be further strengthened, the products sequence will be further improved, thus participants can carry out assets management, risk management and other operations.

In the future, at the product level, the market will timely launch interest rate swap options, options with interest rate limits and other products, and to promote long-term interest rate swap contract varieties, in order to promote market participants to apply CDS and other credit derivatives, improve the positive management credit risk level; actively develop the national bond futures market, speed up the listing of other national bond options with critical duration, improve the national bond yield curves reflecting the supply and demand relation, further explore the design, development and future development paths of foreign exchange options products, actively assist the implementation of RMB internationalization and other national strategies.

As for transaction mechanism, on the one hand, in the inter-bank derivatives market, promote and optimize the application of the bilateral anonymous matching transaction model, constantly optimize the functions and transaction mechanism of the X-Swap platform, study the potential orders automatic matching function of C-Trade, based on C-Swap and C-Forward, actively carry out feasibility study against C-Option; on the other hand, in the stock exchange market, gradually cancel temporary restriction measures for stock index futures, and actively promote the effective functions of the stock index futures market.

Thirdly, further optimize of the financial derivatives market environment. China's OTC financial derivatives market is still in the development stage, to promote the standardized and health development of the market, when the market is cultivated, we should also strengthen transaction monitoring, prevent systematic risks. On the one hand, we should strive to control leverage, improve the transaction repository system against various OTC financial derivatives, improve the market transparency, timely monitor market transaction deeds, further study the market operation situations and characteristics, through monitoring policies and self management, control the market leverage rate. On the other hand, expand the publicity, further enrich the derivatives sequence, enrich participation types. Meanwhile, strengthen education on investors, help participants to further understand the products structure and main functions, improve the risk management ability and investment analysis ability. The education on investors shall be adapted to the mass communication features under the Internet media environment, Wechat, Weibo and other means of communication should be combined, thus to objectively and comprehensively advertise the functions of the financial derivatives market, continuously conduct education on investors, thus, creating a nice external environment for the development of the financial derivatives market. Additionally, improve the risk management system, promote market participants to improve their internal risk control systems, strictly implement relevant internal operation specifications and risk management system requirements, realize the separation of investment transactions from risk management and promote the market to establish an efficient risk management mechanism.

Fourthly, legal systems against the financial derivatives market will be continuously strengthened. To keep the continuous and stable development of the market, prevent legal risks in financial derivatives transactions, we should make efforts to continuously promote to solve the legal adaptability problems existing in the financial derivatives market, continuously strengthen legal system construction in the OTC financial derivatives market, thus to create a good market environment for market participants. On the one hand, we should promote to solve the legal uncertainty in the close-out netting clearing mechanism, which is the basic system implemented in the OTC financial derivatives market, however, the uncertainty in legal adaptability in China restricts the further expansion of the OTC financial derivatives market, the market appeals to clarify the effectiveness and feasibility of relevant systems in China's legal framework, thus to lay a firm system foundation. On the other hand, promote and apply the performance security system. In the early days, NAFMII promoted a standard performance security document template, thus to provide legal text foundation for establishment of the performance security system in the OTC financial derivatives market, however, banks and other financial institutions are presently the main participants of OTC derivatives market, their overall credit is in good conditions, the performance guarantee system is dominated by main credits. In recent years, with the entry of non-legal products in the market, financial institutions are facing with difficulties in authorizing credits, promotion and application of the performance guarantee documents are helpful for institutional participants to reduce their risk control costs and improve their risk control abilities.

Fifthly, the financial derivatives participants group will be steadily expanded. Financial derivatives are effective tools to manage, spread and diversify risks, meanwhile, it has certain business professionalism, requires to introduce market participants with different risk bearing abilities, enrich investor types, thus to optimize resource allocation and promote the steady, health and continuous development of the financial derivatives market. (1) Further promote non-legal products to enter the market for transactions, promote various types of unincorporated products to sign the *China's Inter-bank Market Financial Derivatives Transactions Master Agreement* and carry out transactions of interest rate, credit and other derivatives; (2) With the accelerated inter-bank market opening, overseas institutions will gradually enter the market and carry out OTC financial derivatives transactions based on hedging and so on; (3) Encourage non-financial institutions to participate in financial derivatives transactions, increase channels and abilities of enterprises to manage risks, promote financial derivatives market to serve physical economies; (4) Continue to improve the abilities of market participants to manage risks, strengthen qualified investor construction, encourage market participants to improve corporate governance structure, improve risk management technology, abide by operation specifications and risk management process, thus to prevent and control derivatives transaction risks from the source, meanwhile, strengthen industrial self-discipline construction and improve the professional and occupational awareness of employees.

Appendix

Relevant policies, regulations and system announcements issued in 2016

Date	Item	Issuing agency
Jan. 7	*Notice on Suspending the Implementation of the Circuit Breaker System of Stock Index Futures*	China Financial Futures Exchange
Apr. 1	*Notice on Carrying Out Foreign Exchange Swap Unwinding Business at Inter-bank Market Pilots*	CFETS

Continued

Date	Item	Issuing agency
Apr. 29	*Notice on Promotion of Standardized RMB Foreign Exchange Forward (C-Forwars) Business*	CFETS
Apr. 15	*Notice on Promotion of Foreign Exchange Netting Clearing Transactions Confirmation Business*	CFETS
Sep. 23	*Pilot Business Rules for Inter-bank Market Credit Risk Mitigation Tools (revised in 2016)*	National Association of Financial Market Institutional Investors
Sep. 23	*Terminology and Applicable Rule for China OTC Credit Derivatives Transaction (Edition 2016)*	National Association of Financial Market Institutional Investors
Nov. 25	*Notice on Construction of the Option Volatility Curve*	CFETS
Dec. 16	*Guideline for Standardized RMB Foreign Exchange Products Trading in Inter-bank Foreign Exchange Market*	CFETS

Source: collected by the project team.

IX. Development Policy for Commodity Futures Market①

(i) Development of Commodity Futures Market in 2016

In 2016, under the guidance of lawful, strict and comprehensive regulation of China Securities Regulatory Commission (CSRC), regulation transformation of futures market, institutional supply, market construction, opening-up and other work were steadily carried out, with orderly proceeding of futures type innovation and stable expansion of market scale. Market functions were increasingly played, and the ability to serve the real economy and the efficiency of resource allocation were significantly improved. In addition, futures operators steadily promoted innovation business and their comprehensive strength was improved. Most importantly, the prevention and mitigation mechanism of futures market risks was basically formed, and successfully withstood the violent fluctuations in commodity and financial markets. In general, under complicated domestic and international economic situation, Chinese futures market maintained a smooth operation and kept a good momentum of development in 2016.

The rapid development of Chinese commodity futures market is mainly embodied in four aspects: The first is the gradually enriched commodity futures category system. Currently, there are 46 listed Chinese commodity futures, covering agricultural product, metal, energy, chemical industry and other main industrial areas of the national economy. The second is the constantly growing market scale and increased participating parties. In 2016, Chinese futures market

① Author: Gan Zhengzai, General Manager of Yingda Futures Co., Ltd.

accumulated a trading volume of 4.137768 billion deals with a turnover of RMB 195.6 trillion, a 15.65% increase and a 64.70% drop from a year earlier respectively. The trading volume of Chinese commodity futures has ranked first in the world for 7 consecutive years. The third is the strengthened capability of futures operators and effectively improved service ability. At present, 149 futures companies own a total assets of RMB 543.941 billion and net assets of RMB 91.153 billion. Besides, 51 subordinated risk management subsidiaries and 11 asset management subsidiaries, focusing on the demands for risk management of entity enterprises, conducted warehouse receipt services, OTC options, basis trading, "Insurance + Futures", asset management and other innovative businesses so as to effectively serve the demands for risk management of real economy. The fourth is the continuously implemented market functions. In many commodity areas, futures market gradually plays its positive role in stabilizing enterprise operation, improving the operation mechanism of industrial chain, servicing national industrial policies and macroeconomic management and other aspects. Futures prices of some well-developed varieties (e.g. copper, iron ore, and PTA, etc.) have become an important pricing reference for domestic and foreign trade.

(ii) Main Content and Analysis of 2016's Commodity Futures Market Policies

1. Multiple measures are taken for commodity futures market to serve the reform of agricultural supply side

It is clearly pointed out in the Central Document No. 1 of 2016 to "create agricultural futures varieties and carry out pilot options of agricultural products", "explore and establish agricultural allowance, agriculture-related credit, and linkage mechanism of agricultural product futures and agricultural insurance", "steadily expand Insurance + Futures pilots", and "reform and improve pricing mechanism and purchasing & storage system of grains and other important agricultural products". The inclusion of agricultural product option trading and "Insurance + Futures" mode pilots into the Central Document No. 1 indicated that the Party Central Committee and the State Council paid high attention to the functions of derivative market and financial innovation services. In the new situation, the further development of agricultural derivatives market and the playing of functional role will become one of the important matters for the country to promote the reform of agricultural supply side and accelerate the construction of agricultural modernization. Currently, exchanges are accelerating option listing of agricultural products (e.g. soybean meal and sugar, etc.), expanding "Insurance + Futures" pilots, enhancing the extent, depth and intensity of "agriculture, rural areas and farmers" services, improving the effectiveness of the service, strengthening the market cultivation and service, and guiding the market institutions to properly use risk management tools in futures market so as to further implement the service functions of futures market on the real economy.

The *Several Opinions on Improving Support Policies to Increase Farmers' Income*, issued by the General Office of the State Council on November 24, 2016, proposed to innovate agricultural insurance products and services, stably deploy price insurance pilots for main grains, pork and vegetables, explore index-based weather insurance, "basic insurance + additional insurance" and modes, use political tools (incentives, subsidies, and tax incentives) comprehensively, strengthen political support to financial services for "agriculture, rural areas and farmers", preferably support the development of petty loans for farmers, new loans for agricultural operators, livestock breeding loans, grain marketization purchasing loans, agricultural chain loans, bulk agricultural product loans, forestry property mortgage loans and other kinds of loans, and promote the establishment of linkage mechanism of agricultural subsidies, agriculture-related credit, agricultural futures, and agricultural insurances. The State Council document further affirmed the role of the agricultural futures market in serving agricultural real economy, which is conducive to the function implementation of futures market and the innovation of the market.

2. "Lawful, strict and comprehensive" regulation become main regulatory work for the whole year

Since the abnormal fluctuations in the stock market in 2015 exposed such issues as regulatory loopholes, unadaptable regulation and ineffective regulation, regulatory authorities, on the basis of profound reflection, adhered to strict regulation according to laws, kept the bottom line of risk, and focused on in-process and after-event supervision over futures operators so as to well control risk bottom lines. The first was to enhance system supply, improve regulatory rules, stop up loopholes, make up for disadvantages, and establish a development system that is suitable for industrial innovation and development. This included the research and revision of the supervision system over futures companies' net capital, optimization of regulatory indicators, eradication of regulatory arbitrage, research of business framework of futures companies' subsidiaries, urging of industry associations to strengthen company risk management, strengthening of administrative supervision and self-regulatory coordination. The second was to establish and proper use new in-process and after-event supervision mechanism for futures operators, focus on improving the ability of risk monitoring and supervision, take a lead to upgrade and reform the comprehensive regulatory information system for futures companies, put forth effort to solve such difficulties as industrial data fragmentation, insufficient information share and regulation, and improve industrial risk monitoring warning and system so as to obtain full coverage of risk regulation. The third was to intensify the execution of institutional rules and crack down on illegal acts so as to achieve strict law enforcement, strengthen accountability, realize fair, justified and lawful regulation, and maintain stable and healthy long-term development of futures market.

3. Exchanges jointly took measures to strictly inhibit excessive speculation

Impacted by liquidity shock, supply side report and seasonal factors, the varieties of such commodities as black and base metal as well as agricultural products plunged and plummeted frequently in 2016. In the face of increased price fluctuation of commodity futures varieties, the three major commodity futures exchanges, under the guidance of CSRC and in accordance with the principles of comprehensive and strict supervision by law, intensified the supervision over the transaction, settlement, delivery and other key processes, investigated about abnormal market transactions strictly, screened market violations, prevented speculative capital manipulation of market prices, and took a variety of measures to strictly inhibit excessive speculation in the market and ensure reasonable and orderly market. Specific measures included the adjustment of transaction fees of relevant commodity contracts, transaction margins and price limits, the start-up of trading limit system, and the strengthening of supervision of various types of capital management products.

Measures taken by Shanghai Futures Exchange included: (1) Raise the collection ratio of margin and service fees for partial varieties. As of the closing settlement on March 15, the standard contract trading margin for petroleum asphalt futures 1606 was adjusted to 10%, meanwhile, intraday transaction fees were charged again for closing today position of deformed steel bar varieties. After April 5, the contract trading margin ratio for tin futures was adjusted to 6%, and the rising and falling limits were adjusted to 5%. The contract trading margin ratio for deformed steel bar and hot rolled coil futures was adjusted to 7%, and the rising and falling limits were adjusted 6%. On April 21, the *Notice on Properly Controlling Current Market Risks* was issued, and intraday transaction fees were charged again for closing today position of hot rolled coil varieties. At the same time, transaction fees of hot rolled coils, deformed steel bars and petroleum asphalt were adjusted from 0.004%, 0.006% and 0.008% to 0.01% respectively. As of November 11, non-futures company members or customers achieved 10000 (maximum) intraday opening transactions respectively for deformed steel bar 1701 contract and 1705 contract, and achieved 1500 (maximum) intraday opening transactions respectively for natural rubber 1701 contract and 1705 contract. Transaction fees for intraday closing position of deformed steel bar 1701 contract and 1705 contract were adjusted to 0.04% of the transaction amount, those of natural rubber 1701 contract and 1705 contract were adjusted to 0.0225% of the transaction amount, and those of tin 1701 contract were adjusted to RMB 6 per deal. (2) Add delivery capacity and delivery brands. Shanghai Futures Exchange added capacity and new delivery brands for varieties with faster inventory growth. Fortin, natural rubber and asphalt and other varieties with fast inventory growth, new delivery capacity and brands were appropriately added according to market conditions so as to meet related delivery requirements. (3) Strengthen front-line regulation. In April alone, 33 transactions which caused abnormal price fluctuations were investigated, and 5 transactions were involved in violation.

Measures taken by Dalian Commodity Exchange included: As of April 21, it had successively taken four rounds of measures to cool down the market, among which the transaction fees for coke and coal rose to 12 times of the original standards in the past three days. Dalian Commodity Exchange announced that the standard transaction fees for coke and coal were restored to 0.006% of the transaction amount as of April 22 and the standard transaction fees for coke and coal varieties were adjusted from 0.006% of the transaction amount to 0.018% of the transaction amount as of April 26. On the evening of April 26, Dalian Commodity Exchange adjusted the transaction fees from 0.018% to 0.036% and to 0.072% on the evening of April 27. In addition to coke and coal, Dalian Commodity Exchange also raised the transaction fees for iron ores and polypropylene on April 25 and April 26 respectively. Dalian Commodity Exchange specified that, after the closing on November 11, non-futures company members' or customers' opening quantity of single coke or coal variety on a single day should not exceed 1000 deals. As of the settlement on November 10, the minimal standard transaction margins for coke and coal varieties were raised to 13%, and to 15% as of the settlement on November 11. As of the transaction on November 11, the standard non-intraday transaction fees for iron ore varieties were adjusted from 0.006% to 0.012% of the transaction amount, and standard intraday transaction fees remained 0.03% of the transaction amount.

Measures taken by Zhengzhou Commodity Exchange included: As of the settlement on April 27, the standard PTA futures contract trading margin was adjusted from 5% to 6%, and the price limit was adjusted from 4% to 5%. As of the settlement on November 11, the standard transaction margins for steam coal futures contract was adjusted to 8%, and the price limit was adjusted to 6%. Apart from transaction fee adjustment for steam coal futures, transaction fees for glass futures and methanol futures were also raised to varying degrees.

Moreover, in order to continuously strengthen the supervision and control of futures companies, CSRC also issued a notice requiring the dispatch of agencies to urge futures companies to strengthen the brokerage business risk management, pay close attention to customers' risk situation, and strengthen the risk prevention of futures financing activities. The notice also pointed out that futures companies should not be engaged in futures financing businesses, take participate in such businesses in any forms or provide conveniences for the financing activities. Dispatched agencies, once finding out violations of futures companies, should take regulatory measures in a timely manner according to law. Futures exchanges were required to immediately and comprehensively carry out reporting and investigation of information related to holders, managers and investment advisers of various capital management product accounts. In addition, the notice set out strict verification standards of actual control relations for capital management product accounts so as to rigorously manage such relations and crack down behavior of avoiding position limit by using capital management product accounts. These measures further strengthened regulations, firmly inhibited the trading trend due to excessive speculation of partial varieties, effectively prevented risks, and ensured stable and safe market operation.

4. "Insurance and Futures" mode pilots were carried out

In order to explore price reform of agricultural products and serve "agriculture, rural areas and farmers", Dalian Commodity Exchange promoted the creation of "Insurance + Futures" mode by futures companies and insurance companies in 2015. Through over a year of piloting, "Insurance + Futures" provided important practice instances for the establishment of target price mechanism of agricultural products. The so-called "Insurance + Futures" pilot refers to "price insurance + OTC option + exchange-traded futures" pilot. Since pilot start-up in 2015, the "Insurance + Futures" mode has been well adapted to the urgent demands for marketization reform of agricultural product prices and form reform of agricultural subsidiaries.

In April 2016, Dalian Commodity Exchange, after issuing the *Notice on Supporting Futures Companies to Carry out "OTC Options" and "Insurance + Futures" Pilot Work in 2016*, acquired positive responses from futures companies and insurance companies. In the same year, Dalian Commodity Exchange conducted 12 "Insurance + Futures" pilot projects in Heilongjiang, Jilin, Liaoning, Inner Mongolia and Anhui Province, including 9 corn pilots and 3 soybean pilots, inputting 34500t soybeans, 166500t corns, and total insurance premium of RMB 26.48 million.

Zhengzhou Commodity Exchange also actively carried out the construction of "Insurance + Futures" pilot and publicized pilot project collection notice In August 2016. Through strict review and repeated selection of applying materials, 10 pilot projects from 10 members covering 8 provinces (districts) acquired capital support from Zhengzhou Commodity Exchange, with average supporting amount of RMB 750000 for each project. Among them, Zhengzhou Commodity Exchange properly increased the amount of pilots for rural areas, covering 5 key counties with national poverty alleviation and development from 3 provinces (districts), i. e. Yunnan, Xinjiang and Hubei.

5. Listing of soybean meal and sugar options was approved

Option is a basic risk management tool in the well-developed international derivatives market, which forms a complete risk management tool system together with futures, forwards, and exchanges, etc. The development of agricultural product options is an important measure to implement the Central Document No. 1 and the *Several Opinions on Further Promoting Healthy Development of Capital Market* issued by the State Council. On December 16, CSRC approved Zhengzhou Commodity Exchange to carry out sugar option transaction and Dalian Commodity Exchange to carry out soybean meal option transaction.

In recent years, sugar and soybean meal spot price suffered frequent fluctuations, so relevant agricultural enterprises urgently needed richer risk management tools. CSRC selected sugar and soybean meal options for transaction pilot work of agricultural product options, which could better meet the refined and diversified risk management requirements of agricultural enterprises and played positive role in perfecting the pricing mechanism of agricultural products, lifting agricultural industrialization level, and accelerating the transformation of Chinese agricultural development mode. CSRC will supervise and urge Zhengzhou Commodity Exchange and Dalian Commodity Exchange to continue with all kinds of preparatory work so as to ensure smooth promotion and operation of sugar and soybean meal options. On December 16, Zhengzhou Commodity Exchange and Dalian Commodity Exchange simultaneously issued a notice to publicly solicit opinions on sugar and soybean meal options contracts and relevant rules, began to call for market makers for soybean meal and sugar options so as to make good preparation for option listing.

6. Three major commodity exchanges actively built up OTC options platform

Prices were insured for entity enterprises by virtue of OTC option management risks. With incessant growing of financial market, option market also developed fast. In the stage where exchange-traded option was not yet officially launched, OTC option properly made for market vacancies. In October 2016, Zhengzhou Commodity Exchange officially initiated OTC option business system, which was aimed at achieving the combination and interaction between futures market and spot market through warehouse receipts transactions, OTC options, warehouse receipts exchanges, basis and other transactions, realizing integration of industrial chain resources, helping enterprises with resource allocation optimization, and facilitating enterprises' hedging and risk aversion. Dalian Commodity Exchange also built up an OTC market comprehensive service platform composed of warehouse receipt registration center, trading platform, liquidation platform, index platform, and information release platform, so as to promote the connection of warehouse receipt exchange, spot quotation, spot market maker, OTC options, price insurance for agricultural products and other businesses with the platform and provide the market with all-around OTC services. In order to promote the futures-spot combination better serve real economy and meet its diversified requirements, Shanghai Futures Exchange planned to promptly introduce a trading platform for bulk commodities, which would serve spot products and OTC derivatives (e. g. warehouse receipt transaction, spot contract, forwards, swaps, and spread trading, etc.) related to futures and gradually expand from standard exchange-traded business to non-standard OTC business.

(iii) Policy Outlook for 2017 Commodity Futures Market

1. New future varieties will be introduced

Since the listing of sugar, soybean oil, palm and PTA futures in 2006, new futures varieties have been listed every year, and there were over 40 varieties got listed during the past 10 years. Impacted by intricate international and domestic factors in 2016, however, many proposed futures varieties ran aground, leading to the first occurrence of "lean year" of new futures products. In 2017, after one year of listing interruption of new varieties in 2016, new varieties listing of Chinese futures market will be on the right track. Shanghai futures trading will prudently promote the innovation of variety business, deepen the preparation work for crude oil futures market and enrich product series. On October 16, 2016, CSRC gave an official written reply to approve the project application for ethylene glycol futures submitted by Dalian Commodity Exchange; Dalian Commodity Exchange is working on the introduction of pig futures, while regulators are formulating a more simplified delivery. Pig is expected to become the most simple delivery variety. Zhengzhou Commodity Exchange will promote earlier listing of cotton yarn and other futures varieties. In addition to above-mentioned varieties, exchanges have other reserve varieties, including natural gas, urea, cement and peanut oil. Moreover, beef, apple, red dates, coffee and other minor varieties related to agriculture and poor areas are also under study.

2. Commodity options will be listed

On December 16, 2016, CSRC approved Zhengzhou Commodity Exchange to carry out sugar option transaction and Dalian Commodity Exchange to carry out soybean meal option transaction. Through thorough preparation, taking into account various factors, options contract for soybean meal are traded at Dalian Commodity Exchange on March 31, 2017, while options contract for sugar are traded at Zhengzhou Commodity Exchange on April 19. Shanghai Futures Exchange indicated that R&D work for the listing preparation of copper options and gold options had been basically implemented, and it planned to carry out option simulation trading or whole market networking test when the time is right.

3. Crude oil futures are still expected for listing

On June 26, 2015, CSRC issued No. 16 announcement, in which it determined crude oil futures as a specific variety in China, and foreign traders and brokers could participate in crude oil futures trading by law. This means that the management has been paving the way for the smooth listing of crude oil futures. On December 4, 2015, Li Chao, Vice Chairman of CSRC, pointed out that the CSRC coordinated and promoted the Ministry of Finance, the State Administration of Taxation, the People's Bank, the General Administration of Customs, Administration of Foreign Exchange and other ministries to successively introduce supporting policies related to crude oil futures, and the listing preparation of crude oil futures was in progress. With the approval of CSRC, Shanghai International Energy Exchange Limited of Shanghai Futures Exchange officially issued various external supporting policies for traded crude oil futures in June 2016. This implied a key step made for the listing of crude oil futures. In 2017, Shanghai Futures Exchange will go all out to speed up the preparation for crude oil futures listing.

Appendix

Development Policies for 2016 Commodity Futures Market

Date	Policy	Issued by
Jan. 1	*Several Opinions on the Implementation and Development of New Concepts, the Acceleration of Agricultural Modernization and the Realization of Overall Well-off*	Central Committee of CPC and the State Council
Jan. 4	*Notice on Revising Business Rules for Steam Coal and Other Futures Products*	Zhengzhou Commodity Exchange
Jan. 15	*Notice on Adjusting Premiums and Discounts of Designated Delivery Warehouse of Corn Varieties*	Dalian Commodity Exchange
Jan. 19	*Notice on Announcing Modification Related to the Administrative Measures for Hedging*	Zhengzhou Commodity Exchange
Jan. 28	*Notice on Carrying out Pilot Project of Futures Bonded Delivery Business*	Zhengzhou Commodity Exchange
Feb. 5	*Notice on Promulgating Relevant Rules and Regulations for Implementation of Iron Ore Bonded Delivery*	Dalian Commodity Exchange
Mar. 9	*Notice on Adjusting Price Limit and the Minimum Standard Trading Margin of Iron Ore Varieties*	Dalian Commodity Exchange
Mar. 10	*Notice on Adjusting Collection Standard of Transaction Fees for Iron Ore Varieties*	Dalian Commodity Exchange
Mar. 10	*Notice on Properly Controlling Current Market Risks*	Shanghai Futures Exchange
Mar. 11	*Notice on Adjusting Collection Standard of Transaction Fees for Deformed Steel Bar Varieties*	Shanghai Futures Exchange

Continued

Date	Policy	Issued by
Mar. 11	*Notice on Adjusting Standard Trading Margins for* 1606 *Contract for Petroleum Asphalt Futures*	Shanghai Futures Exchange
Apr. 13	*Announcement on Issuing the Amendments to Nine Implementing Rules including the Detailed Rules of the Shanghai Futures Exchange on Futures Clearing and the Detailed Rules of the Shanghai Futures Exchange on Futures Delivery*	Shanghai Futures Exchange
Apr. 14	*Notice on Adjusting Price Limit and the Minimum Standard Trading Margin of Coke and Coal Varieties*	Dalian Commodity Exchange
Apr. 20	*Notice on Adjusting Collection Standard of Transaction Fees for Coke and Coal Varieties*	Dalian Commodity Exchange
Apr. 21	*Notice on Adjusting Collection Standard of Transaction Fees for Hot Rolled Coil Varieties*	Shanghai Futures Exchange
Apr. 21	*Notice on Adjusting Collection Standard of Transaction Fees for Iron Ore and Polypropylene Varieties*	Dalian Commodity Exchange
Apr. 21	*Notice on Adjusting Standard of Price Limit of Soybean, Soybean Meal, Corn, Polyethylene, Corn Starch, Polypropylene, Polyvinyl Chloride and Iron Ore Varieties and Minimal Trading Margin*	Dalian Commodity Exchange
Apr. 22	*Notice on Adjusting Standard Trading Margin for Cotton, Rapeseed Meal and Steam Coal Futures and Their Price Limit*	Zhengzhou Commodity Exchange
Apr. 22	*Notice on Adjusting Standard Transaction Fees for Cotton Varieties*	Zhengzhou Commodity Exchange
Apr. 22	*Notice on Adjusting Collection Standard of Transaction Fees for Coke and Coal Varieties*	Dalian Commodity Exchange
Apr. 25	*Notice on Adjusting Collection Standard of Transaction Fees for Iron Ore Varieties*	Dalian Commodity Exchange
Apr. 26	*Notice on Adjusting Collection Standard of Transaction Fees for Coke and Other Varieties*	Dalian Commodity Exchange
Apr. 26	*Notice on Adjusting Standard Transaction Fees for Cotton Varieties*	Zhengzhou Commodity Exchange
Apr. 27	*Notice on Adjusting Price Limit and the Minimum Standard Trading Margin of Coke and Coal Varieties*	Dalian Commodity Exchange
Apr. 27	*Notice on Adjusting Collection Standard of Transaction Fees for Coke and Coal Varieties*	Dalian Commodity Exchange
May. 6	*Notice on Adjusting Collection Standard of Transaction Fees for Coke and Other Varieties*	Dalian Commodity Exchange
May. 11	*Notice on Modifying Rules Related to Risk Management Measures*	Dalian Commodity Exchange
May. 12	*Notice on Adjusting Collection Standard of Transaction Fees for Soybean Meal and Other Varieties*	Dalian Commodity Exchange

Continued

Date	Policy	Issued by
Jun. 1	*Announcement on Issuing the Amendments to Three Implementing Rules including the Administrative Measures of the Shanghai Futures Exchange for Risk Control and Detailed Rules of the Shanghai Futures Exchange on Futures Clearing*	Shanghai Futures Exchange
Jul. 27	*Notice on Revising Business Rules for Strong Gluten Wheat Futures*	Zhengzhou Commodity Exchange
Aug. 1	*Notice on Adjusting Standard Trading Margin for Silicon Manganese Futures and Its Price Limit*	Zhengzhou Commodity Exchange
Aug. 1	*Notice of Zhengzhou Commodity Exchange on the Construction of "Insurance + Futures" Pilots in 2016*	Zhengzhou Commodity Exchange
Aug. 19	*Notice on Adjusting Premiums and Discounts of Deformed Steel Bar Delivery in Tianjin Area*	Shanghai Futures Exchange
Aug. 22	*Notice on Modifying Rules Related to Risk Management Measures*	Dalian Commodity Exchange
Aug. 31	*Supplementary Notice on Revising Identification Criteria and Processing Procedure Related to "Supervision Guidelines of Zhengzhou Commodity Exchange on Abnormal Transaction Behaviors (Trial)"*	Zhengzhou Commodity Exchange
Sep. 27	*Notice on Adjusting Reduction Standard of Transaction Fees for Glass and Steam Coal Varieties*	Zhengzhou Commodity Exchange
Oct. 11	*Notice on Modifying the Management Measures of Dalian Commodity Exchange on Standard Warehouse Receipt*	Dalian Commodity Exchange
Oct. 24	*Notice on Adjusting Standard Transaction Fees for Steam Coal Varieties*	Zhengzhou Commodity Exchange
Oct. 26	*Notice on Adjusting Standard Transaction Fees for Glass and Steam Coal Varieties*	Zhengzhou Commodity Exchange
Oct. 31	*Notice on Adjusting Standard Transaction Fees for Steam Coal Varieties*	Zhengzhou Commodity Exchange
Nov. 8	*Notice on Adjusting Price Limit, Margin and Transaction Fees Collection Standards of Coke and Coal Varieties*	Dalian Commodity Exchange
Nov. 8	*Notice on Carrying out Reporting Account Information of Capital Management Products*	Zhengzhou Commodity Exchange
Nov. 8	*Notice on Adjusting Standard Trading Margin for Glass and Silicon Iron Futures and Its Price Limit*	Zhengzhou Commodity Exchange
Nov. 8	*Notice on Adjusting Standard Transaction Fees for Steam Coal, Glass and Methanol Varieties*	Zhengzhou Commodity Exchange
Nov. 8	*Notice on Adjusting Collection Standard of Transaction Fees for Closing Today Position of Contracts for Deformed Steel Bar and Natural Rubber*	Shanghai Futures Exchange
Nov. 8	*Decision on Amending the "Interim Measures for the Administration of Futures Investor Safeguard Funds"*	China Securities Regulatory Commission and the Ministry of Finance

Continued

Date	Policy	Issued by
Nov. 9	*Notice on the Implementation of Trading Limits System for Deformed Steel Bar and Natural Rubber Varieties*	Shanghai Futures Exchange
Nov. 9	*Notice on the Implementation of Trading Limits System for Coke and Coal Varieties*	Dalian Commodity Exchange
Nov. 9	*Notice on Adjusting Margin of Coke and Coal Varieties and Collection Standard of Transaction Fees for Iron Ore*	Dalian Commodity Exchange
Nov. 9	*Notice on Adjusting Standard Trading Margin for Steam Coal Futures and Its Price Limit*	Zhengzhou Commodity Exchange
Nov. 10	*Notice on Adjusting Standard Transaction Margins for Aluminum, Lead, Zinc and Tin and Their Price Limit*	Shanghai Futures Exchange
Nov. 11	*Notice on Adjusting Collection Standard of Transaction Fees for Contracts Related to Copper and Other Varieties*	Shanghai Futures Exchange
Nov. 22	*Notice on Adjusting for Copper, Aluminum, Zinc, Lead, Nickel, Tin, Deformed Steel Bar, and Their Price Limit*	Shanghai Futures Exchange
Nov. 28	*Notice on the Implementation of Trading Limits System for Deformed Steel Bar Varieties*	Shanghai Futures Exchange
Nov. 30	*Notice on the Implementation of Trading Limits System for Lead and Zinc Varieties*	Shanghai Futures Exchange
Dec. 12	Announcement on Issuing the Amendments to *Detailed Trading Rules of Shanghai Futures Exchange*	Shanghai Futures Exchange

X. Development Policy for Foreign Exchange Market①

(i) Development Overview of Foreign Exchange Market in 2016

According to the statistics of State Administration of Foreign Exchange, the accumulative foreign exchange settlement of banks in 2016 was RMB 9.5514 trillion (equivalent to USD 1.4383 trillion), accumulative sales of foreign exchange was RMB 11.7979 trillion (equivalent to USD 1.7760 trillion), accumulative foreign exchange deficit was RMB 2.2465 trillion (equivalent to USD 337.7 billion). The accumulative foreign exchange settlement completed by banks for customers was RMB 8.8331 trillion, the accumulative sales of foreign exchange was RMB 10.9547 trillion and the accumulative foreign exchange deficit was RMB 2.1216 trillion; the accumulative foreign exchange settlement completed by banks for their own was RMB 718.2 billion, the accumulative sales of foreign exchange was RMB 843.2 billion and the accumulative

① Author: Chu Youyang, Secretary General of Shanghai Society for Finance and Executive Chief Editor of *Shanghai Finance*.

foreign currency deficit was RMB 124. 9 billion. In the same period, the accumulative forward foreign exchange settlement contract completed for customers was about RMB 466. 6 billion, the accumulative forward foreign exchange sales contract was about RMB 1. 033 trillion and the accumulative forward net foreign exchange sales was RMB 566. 4 billion.

The foreign income received by banks for customers in 2016 was RMB 18. 5479 trillion (equivalent to USD 2. 7909 trillion), foreign payment was RMB 20. 5708 trillion (equivalent to USD 3. 0962trillion), and the collection and payment deficit was RMB 2. 0228 trillion (equivalent to USD 305. 3 billion).

The foreign exchange collection and payment of China in 2016 have the following features: the first feature is that deficit was seen for both foreign exchange settlement and sales and foreign collection and payment. In 2016, calculating by USD, the foreign exchange settlement of banks decreased by 17% compared with previous year and foreign exchange sales decreased by 19%, with the foreign exchange deficit of USD 337. 7 billion; the foreign income received by banks for customers decreased by 15% and payment decreased by 11%, with the foreign collection and payment deficit of USD 305. 3 billion. The second feature is that the cross-border fund outflow pressure in Q4 is generally lower than the level at the beginning of 2016. According to the foreign exchange settlement and sales data of banks, Q1 saw the highest deficit scale, which was USD 124. 8 billion; in Q2 and Q3, the deficit decreased to USD 49. 0 billion and 69. 6 billion. In Q4, the deficit was USD 94. 3 billion, 24% lower than Q1, a year-on-year decrease of 43%. According to data of foreign collection and payment made by banks for customers, the deficit of Q1, Q2 and Q3 is respectively USD 112. 3 billion, 56. 5 billion and 85. 5 billion, and that of Q4 is USD 51. 0 billion, the lowest of the year. The third feature is that the rate of foreign exchange sales decreased generally and the progress of enterprises' repayment slowed down, with financing demand rising. In 2016, the rate of foreign exchange sales (i. e. the rate between the money paid by customers for purchasing foreign currencies from banks for and payment made for buying foreign currencies), which is the indicator to measure the willingness for foreign exchange purchase, was 74%, decrease by 8% than in 2015, while that for Q1-Q4was respectively 80%, 74%, 70% and 72%. Decreasing of purchasing of foreign currencies by enterprises for repaying foreign currency financing was the main reason. Correspondingly, from Q1 to Q4 of 2016, the balance of domestic foreign currency loan decreased by USD 35. 0 billion, 23.4 billion, 12. 0 billion and 15. 1 billion respectively; Since March 2016, the financing balance for such cross-border foreign currency financing as overseas payment on behalf and usance letter of credit recovered month by month. As of the end of the year, the accumulative amount reached USD 42. 5 billion. The fourth is that the foreign exchange settlement rate fluctuated, and the foreign currency deposit held by enterprises and individuals of China increased. In 2016, the foreign exchange settlement rate (i. e. the rate between the money received by customers from banks for selling foreign currencies and the foreign income received from foreign exchange), which is the indicator to measure the willingness for foreign exchange settlement, was 59%, decreasing by 9% compared with 2015, which indicated that enterprises and individuals tended to retain foreign exchange income. The foreign exchange settlement rate for Q1-Q4 was respectively 59%, 53%, 59% and 57%. In 2016, the balance of domestic foreign currency deposit of banks in China increased by USD 60. 4 billion, a year-on-year increase of USD 48. 8 billion. The fifth feature is that the deficit of foreign exchange settlement and sales decreased compared with 2015. In 2016, the contract signing rate between banks and customers for forward foreign exchange settlement and sales decreased by 47% compared with 2015, contract signing rate for forward foreign exchange sales decreased by 52% and the deficit of forward foreign exchange settlement and sales was USD 84. 9 billion, a decrease of 56%. The deficit for Q1was USD 36. 3 billion. In Q2, the deficit was narrowed to USD 800 million. In Q3, the deficit was enlarged to USD 21. 1billion; however, it was still narrowed compared with the same period of previous year. The deficit for Q4 was USD 26. 7 billion, basically the same as the same period in 2015.

According to the statistical data of State Administration of Foreign Exchange, as of December 2016, the total transaction volume in the foreign exchange market of China (excluding inter-bank foreign currency market) was RMB 15. 56 trillion (equivalent to USD 2. 25 trillion). The transaction volume in bank-to-customer market was RMB 2. 39 trillion (equivalent to USD 345. 7 billion) and the transaction volume between banks was RMB 13. 16 trillion (equivalent to USD 1. 9 trillion); the accumulative transaction volume in the spot market was RMB 7. 18 trillion (equivalent to USD 1. 04 trillion) and the accumulative transaction volume in the derivatives market was RMB 8. 38 trillion (equivalent to USD 1. 21 trillion).

(ii) Development Policies for Foreign Exchange Market

1. Promote reform of key fields and expand opening to the outside world

(1) Promote full coverage macro prudent management for cross-border financing. In January 2016, the People's Bank of China issued *Notice on Expanding Full Coverage Macro Prudent Management Pilots for Cross-border Financing* (YF [2016] No. 18) to expand the full coverage prudent management pilots for cross-border financing that integrate local currency and foreign currencies, facing 27 financial institutions and enterprises registered in the four free trade zones in Shanghai, Tianjin, Guangzhou and Fujian.

In the end of April 2016, the State Administration of Foreign Exchange and the People's

Bank of China jointly issued *Notice on Implementing Full Coverage Macro Prudent Management for Cross-border Financing in China* (YF [2016] No. 132). Since May 3, 2016, the full coverage macro prudent management pilots for cross-border financing that integrate local currency and foreign currencies were expanded to financial institutions and enterprises in the whole China. Prior approval for foreign debts is no longer required for financial institutions and enterprises, financial institutions and enterprises can carry out cross-border financing of local currency and foreign currencies in a free manner within the cross-border financing limit associated with their capital or net assets. The implementation of this policy further enriched the financing channels of the market entities, especially Chinese enterprises. It is helpful in decreasing financing cost, solving the problems of "difficult financing and expensive financing" of enterprises and can serve and support the development of real economy in a better manner.

(2) Promote opening of inter-bank bond market. The measures to further open the domestic inter-bank bond market jointly with the People's Bank of China. In May 2016, State Administration of Foreign Exchange issued *Notice on Management of Foreign Exchange of Investments Made by Overseas Institutional Investors in the Inter-bank Bond Market* (HF [2016] No. 12). The main contents include: implement registration management for overseas institutional investors and overseas institutional investors shall transact foreign exchange registration through a settlement agent; no limit for a single institute or total limit is set, overseas institutional investors can directly transact procedures for capital transfer, foreign exchange settlement or foreign exchange purchase with relevant registration information without approval or prior approval at the State Administration of Foreign Exchange; there is no arrangement of lock-up period or outward remittance by stage for capital outward transfer; the outward transfer currency and the inward transfer currency shall be basically consistent, the ratio between local currency and foreign currency in the outward transfer capital shall be basically consistent with the ratio of the inward transfer capital, with the fluctuation of no more than 10%. As of the end of August 2016, more than 30 overseas institutions or products have completed the filing in the Head Office of the People's Bank of China in Shanghai.

(3) Reform RMB Qualified Foreign Institutional Investors (RQFIIs) management system. In February 2016, the State Administration of Foreign Exchange issued *Provisions on Administration of Domestic Securities Investments of Qualified Foreign Institutional Investors* (No. 1 Announcement of State Administration of Foreign Exchange of 2016) to further relax restrictions on limit qualified foreign institutional investors (QFII) and streamline the approval procedure.

Main contents include: the first is to relax the restriction on upper limit for investment amount of individual QFII institutions. Uniform upper limit for investment amount is no longer set for individual institutions. A portion of the assets scale or scale of assets under the management of the individual institutions will serve as the basis for obtaining the investment amount (basic limit). The second is to streamline the approval management of limit. The limit application within the basic limit of the QFII institutions will be filed, and approval of the State Administration of Foreign Exchange is required only when the basic limit is exceeded. The third is to make capital transfer more convenient. The requirement on inward transfer period is no longer set for the investment principal of QFIIs; purchase and redemption of open-ended fund of QFIIs by day are permitted. The fourth is to shorten the lock-up period from one year to three months and retain the requirement on outward capital transfer by batch and stage. The total outward amount of QFIIs every month shall not exceed 20% of their domestic assets.

The policy obtained good response from the market after its implementation. As of the end of August 2016, 270 QFII institutions have obtained the limit of USD 81.478 billion.

In Augest 2016, the People's Bank of China and State Administration of Foreign Exchange jointly issued *Notice on Issues Concerning the Administration of Securities Investment in China by RMB Qualified Foreign Institutional Investors* (YF [2016] No. 227) to further enhance the uniformity for management of foreign exchanges of RUFIIs and QFII institutions and promote opening of domestic financial market. The main contents include: the first is to refer to the management of QFIIs, take a proportion of the assets scale of the institution as the basis for obtaining limit (basic limit), and uniformly adjust the limit management method to balance management. The second is to streamline the limit approval management, adopt record management for the limit within the basic limit and the limit shall be obtained automatically. The third is to make capital transfer of RQFIIs more convenient. For inward capital transfer, the management is the same as the management of QFIIs, with no requirement on the period of inward capital transfer. For outward capital transfer, no requirement on proportion and outward transfer by stage is set; no lock-up period is set for open-ended fund and outward transfer by day is permitted; for other products or capitals, the locking period is shortened from 1 year to 3 months, and outward transfer every day is permitted. The fourth is to cancel outward transfer for purchasing foreign currencies. It requires RQFIIs to transfer in RMB. The fifth is to streamline the data reporting requirements and perform data collection and monitoring by the capital project information system.

2. Support the development of real economy and make trade investment more convenient

(1) Promulgate comprehensive policies to make trade investment activities more convenient. In April 2016, *Notice on Further Promoting Trade and Investment Facilitation and*

Improving the Authenticity Review (HF [2016] No. 7) was issued.

Main background and idea: since 2016, the overall situation of foreign exchange has been stable and sound. However, the balance foundation of the foreign exchange market is still unstable. Faced with such situation, foreign exchange administration department adjust the focus in a timely manner and carried out many measures to stick to the bottom risk line under the general principle of reform and opening up. The first is to take the opportunity to accelerate the reform on key areas for management of foreign exchange. Hedge foreign exchange reception and payment risks by expanding inflow and supply of foreign exchange, support the market entities to use the foreign currencies in a normal, reasonable and convenient manner and make service trade investment more convenient. The second is to strengthen review of authenticity and compliance for foreign currency purchase and selling. While not influencing the reasonable foreign currency using requirement of the main entities and normal goods trading business, strengthen review of authenticity for illegal cross-border arbitrage or illegal allocation of cross-border fund by taking advantage of such channels as goods trade and direct investment, prevent and block illegal foreign exchange purchase and maintain the supply-demand order of the foreign exchange market.

The main contents include 9 measures of four aspects: the first is to expand inflow and increase supply of foreign exchange. Including: the first is to further expand the lower limit for foreign exchange settlement and sales position held by banks. If the banks hold more negative position, they can raise and supply more foreign exchange, strengthen self-regulation ability of the foreign exchange market and further provide better financial service for preventing exchange rate risk of real economy. The second is to allow use of foreign debt of Chinese non-financial enterprises in accordance with the existing regulations on management of foreign currency debts of foreign-invested enterprises, thus unify the policy for both Chinese enterprises and foreign enterprises. The third is that the income of type a enterprises from trade foreign exchange (excluding remittance return business and offshore trading business) will not enter the account of export income to be checked, and will directly enter the account of regular project foreign currency or will be settled. Streamline the foreign exchange collection and settlement procedure of enterprises and reduce capital cost for foreign exchange collection and settlement.

The second is to strengthen certificate review and standardize management. The first is to specify the review requirements for goods trade offshore trading certificate. For the same offshore trading business, collection, payment and settlement shall be transacted at the same bank outlet in the same currency (foreign currency or RMB); for type B enterprises, collection and payment of foreign exchange for offshore trading will be stopped temporarily. The second is to improve management on outward transfer of foreign currency for direct investment. Specify requirements for review of certificates of domestic institutions for profit outward transfer business with the amount equivalent to more than USD 50000 (excl.). The third is to standardize the goods trade risk prompting letter system. Prompt risk for abnormal collection and payment of foreign currencies for goods trade.

The third is to enrich products, which is good for hedging exchange rate risk. Allow banks to transact forward foreign exchange settlement business with spread settlement to meet the requirement of enterprises that they can hold foreign currency assets and prevent exchange rate risk.

The fourth is to clear regulations and specify punishment rules. Abolish *Notice of the State Administration of Foreign Exchange on Issues Concerning the Strengthening of Management of Foreign Currency Inflow* (HF [2013] No. 20). Those who violate the *Notice* shall be punished in accordance with the *Regulations on the Foreign Exchange System of the People's Republic of China.*

Relevant measures are good for the banks to provide better financial service for the real economy, reduce capital cost of enterprises for foreign exchange collection and settlement, and provide convenience for Chinese enterprises to use foreign debt capital more flexibly, especially private enterprises and small and micro enterprises.

In September 2016, to further make the collection and payment of foreign exchange for goods trade more convenient and meet the requirements of banks and enterprises on electronization of foreign exchange business, the State Administration of Foreign Exchange issued *Notice of the State Administration of Foreign Exchange on Standardizing Review of Electronic Certificates for Foreign Exchange Collection and Payment for Goods Trade* (HF [2016] No. 25).

Main contents include: the first is to allow review of electronic certificate for transacting collection and payment of foreign exchange for goods trade. Banks can choose to review paper certificate or electronic certificate under the condition that they follow current regulations on management of foreign exchange for goods trade and implement "three principles for expanding business". The second is to encourage enterprises and banks with good compliance and credit records to transact collection and payment foreign exchange for goods trade by electronic certificate. It requires that the evaluation result of foreign exchange management of the handling bank shall be B (excluding B-) and above, and the goods trade category of the enterprise shall be A. The third is to specify the responsibilities of banks and enterprises. Banks shall strengthen the review of authenticity. Enterprises choosing review by electronic certificate shall keep the original certificate; enterprises shall ensure the authenticity and compliance of the electronic certificates submitted and cooperates with the banks to complete the authenticity approval. The fourth is to standardize the after-management. The State Administration of Foreign Exchange will carry out check or examination for electronic certificate review business, and will impose punishment in accordance with law for actions against the laws and regulations.

(2) Unify and streamline policy on management of foreign exchange settlement for capital project. In June 2016, to further deepen the reform of foreign exchange management system and better meet the requirements of domestic enterprises for operation and capital operation and make the operation and capital operation more convenient, make cross-border investment and financing more convenient and support the development of real economy, the State Administration of Foreign Exchange issued *Notice of the State Administration of Foreign Exchange on Reforming and Regulating the Foreign Exchange Management Policies for Capital Projects* (HF [2016] No. 16). Main contents:

The first is to fully carry out voluntary foreign exchange management for foreign debt capital, enterprises can choose the time for foreign exchange settlement for foreign debt capital. The second is to unify the voluntary foreign exchange settlement policy for foreign exchange income from capital projects of domestic institutions. The third is to specify that the foreign exchange income of capital projects of domestic institutions and the use of foreign exchange settlement fund shall meet relevant regulations of foreign exchange, implement unified negative list management mode for the use of income from capital projects and greatly reduce relevant negative list. The fourth is to further standardize the payment management of income from capital projects and the foreign exchange settlement fund, undertake authenticity review responsibility in accordance with the three principles for expanding business. The fifth is to strengthen management during and after, and further strengthen after-monitoring and checking and punishment of violations.

(3) Standardize foreign currency exchange management and streamline administration and delegate power to the lower levels. To further meet the normal demand for personal currency exchange in cross-border transaction, in May 2016, the State Administration of Foreign Exchange issued *Notice of the State Administration of Foreign Exchange on Printing Management Regulations on Business of Foreign Currency Exchange Institutions and Self-helping Foreign Currency Exchange Machine* (HF [2016] No. 11) to improve management of foreign currency exchange institutions and self-helping foreign currency exchange machine.

The *Regulations* reflected the reform idea to further streamline administration and delegate power to the lower levels and optimize foreign currency exchange service. The main contents include: the first is to streamline administration and delegate power to the lower levels and cancel advance market access management. The State Administration of Foreign Exchange will no longer implement advance access permit for foreign currency exchange business of foreign currency exchange institutions and self-helping foreign currency exchange machine. The second is to shift the monitoring method. Require banks to shift the management of foreign currency exchange institutions and self-helping foreign currency exchange machine into the management of internal control and carry out foreign currency exchange business in a complied and prudent manner. The State Administration of Foreign Exchange will focus on strengthening the after-management and check of internal control of banks. The third is to specify business scope. Foreign currency exchange institutions and self-helping foreign currency exchange machines aim to extend the counter business of banks, strengthen the market service ability and enrich the channels for personal currency exchange. The fourth is to improve business management, prevent risk of money laundering. Individuals who exchange RMB cash with foreign cash at foreign currency exchange institutions and self-helping foreign currency exchange machines shall comply with the limit requirement, without influencing the normal foreign exchange settlement within the limit of equivalent to USD 50000 for a year for an individual. The fifth is to promote integration of regulations. We integrated and abolished 3 foreign exchange management regulations for foreign currency exchange business so that the market entities could better understand and implement the foreign exchange management policies.

(4) Improve management of reporting of international collection and payment statistics. In March 2016, *Guidance for Reporting International Collection and Payment Statistics through Banks* (2016) (HF [2016] No. 4) was issued to guide the reporting entities and relevant banks to report international collection and payment statistics. The *Guidance* updated and integrated existing normative documents for indirect reporting, improved the indirect reporting statistical system, and cooperated with banks to make innovations on business. It specified and standardized new conditions and new problems and made the reporting of enterprises and banks more convenient. It is also a measure to reduce cost.

(iii) Policy Outlook for Foreign Exchange Market in 2017

2017 is an important year of "the 13th Five-year" Plan. It is also a year in which the structural reform of the supply side is deepened. For the foreign exchange management of China, we will carefully implement the spirit of the Central Economic Working Conference and the work arrangement of the Party Central Committee and the State Council, in accordance with the keynote of pursuing progress while maintaining steadiness, take due responsibilities and solid measures, practically enhance convenience level of trade investment, serve for the development of real economy, strengthen authenticity review, strictly crack down violations in foreign exchange and prevent cross-border capital flow risk. First, foreign exchange management department will continue to streamline administration and delegate power to the lower levels and promote reform in key fields, further improve convenience level of trade investment and support the development of real economy; second, strengthen review of authenticity and compliance of foreign exchange transaction, strengthen the examination and punishment of actions against laws and regulations on foreign exchange, keep cracking down such illegal crimes as illegal private banks, evasion of foreign exchange control and fraudulent purchase of foreign exchange and maintain the health and steadiness of the foreign exchange market; third, strengthen management during and after the event, improve non-site monitoring ability for cross-border capital flow and analysis and alarm level, improve macro prudent cross-border capital flow management frame; fourth, improve operation management of foreign exchange reserve, guarantee security, liquidity and maintenance and appreciation of foreign exchange reserve.

In general, the international collection and payment of China in 2017 is expected to maintain the pattern of "current account surplus and capital and financial accounts (excluding reserved capital) deficit". International collection and payment condition will basically maintain balanced, and cross-border capital flow risk will generally be controllable.

Current account will maintain a certain surplus. First, goods trade will continue to see surplus. According to the forecast of the International Monetary Fund (IMF), the global economic growth rate in 2017 will be 0.3% faster based on the growth rate of 2016, which is helpful in increasing export of China. Second, growth rate of service trade deficit may continue to slow down. The consumption of domestic citizens for overseas tourism and overseas study has experienced a high-speed growth period from 2009 to 2013. With the rapid release of relevant demands, the deficit of tourism project has started to become stable in recent two years. It is expected that the growth rate will further slowdown in 2017; in addition, the service trade deficit except tourism has been significantly narrowed, indicating the income and payment structure of enterprises in China for service trade is gradually improving. Third, investment income will gradually increase. The increase of direct foreign investments made by private departments will bring more foreign investment income.

It is expected that the capital account and financial account will continue to see deficit. However, the scale of deficit will be narrowed. In terms of absorption of foreign investments, after the foreign debt repayment of 2015, the cross-border financing demand of enterprises in China has been gradually recovered since Q2 of 2016 and has been steadily increasing for 3 consecutive quarters. Overseas capitals also look positive on the economic development prospect of China and continue to flow in large scale. The constant opening of domestic securities market will also attract more foreign investment. Meanwhile, traditional trade financing demand will also be recovered. In terms of foreign investment, the demand of domestic entities to arrange overseas assets still exists, but investment will be more rational.

Seen from the future situation, the cross-border capital flow of China will generally converge towards balance. It is undeniable that the global economy will maintain depressed in a certain period in the future, with such problems as deceleration of trade and investment. The space of financial policy will be limited and economic recovery will be weak. In external environment, the interest increase by the Federal Reserve and other uncertainties may interfer the international financial market at any time. This is the objective environment which all countries, including China, have to face. But in general, the fundamental factor that supports the cross-border capital flow of a country's depends on the economic condition of the country. China performs well in this aspect. Its economic growth rate ranks high in the world, its financial condition is relatively good, financial system is generally stable, its current account sees constant surplus and it ranks top in the world in terms of reserve scale.

XI. Development Policy for Gold Market①

2016 witnessed a fast development trend of Chinese gold market, continually speeding up internationalization process, launching Shanghai Gold Benchmark Price trading denominated in RMB, introduction of market maker mechanism for interbank gold market, unceasing improvement of gold market functions, and significantly raised position of Chinese gold market among international gold markets.

(i) Market Development Overview

Gold price rose first and then fell during the year's fluctuation. In 2016, international gold price rose first and then fell during the fluctuation as a result of USD trends, tensed international geopolitics, frequent black swan events and other factors. On January 5, the afternoon fixing price USD 1077.0 per ounce by London Bullion Market Association (LBMA) bottomed among the year's prices, which peaked on July 6 as USD 1366.25 per ounce and then fell again in subsequent fluctuation. On December 30, the last fixing price was USD 1159.1 per ounce, a 9.12% increase from a year earlier. The year-beginning opening price of Shanghai Gold Exchange's main spot contract Au99.99 was RMB 222.86 per gram, a yearly high of RMB 300 per gram, a yearly low of RMB 181.2 per gram, and the year-end closing price was RMB 263.9

① Author: Luo Jiang, Deputy General Manager of R&D Department of Shanghai Gold Exchange.

per gram, an 18.42% increase from a year earlier.

Trading volume increased significantly. In 2016, 48700t gold was traded (two-way) at Shanghai Gold Exchange cumulatively with trading amount of RMB 13.02 trillion, a 42.88% and 62.63% increases from a year earlier respectively. 69500t gold futures were traded (two-way) at Shanghai Futures Exchange cumulatively with trading amount of RMB 18.69 trillion, a 37.30% and 55.92% increases from a year earlier respectively. At the same period, trading volume of gold futures in America increased by 37.65% and clearing volume of London gold market increased by 11.27%. The growth rate of domestic gold market preceded that of major international gold markets.

Demands for spot gold declined. In 2016, domestic demands for physical gold decreased, as well as deposit volume and withdrawal volume. Shanghai Gold Exchange saw a 1970.37t withdrawal volume and 2060.16t deposit volume of main board gold, a 23.68% and 22.72% drops from a year earlier respectively.

Gold inquiry market kept fast developing. In 2016, gold inquiry market of Shanghai Gold Exchange remained fast growth momentum, traded 17692.17t cumulatively, a 72.83% from a year earlier, of which the increasing range was much higher than the growth rate (27.63%) of price matching, market. Price matching transaction, however, still occupies 62.42% of the whole market, with a 30400t annual volume.

Personal business rose rapidly and institutions remained as main market players. In 2016, personal business at Shanghai Gold Exchange was prone to be more active with an accumulative gold trading volume of 8903.33t, a 130.88% increase from a year earlier, accounting for 18.29% of the gross trading volume, and nearly 7% year-on-year growth. Institutional transactions were still in dominant positions of gold business, but market share declined slightly. The annual gold trading volume was 39800t, taking up 81.71% of the market, a nearly 7% drop in market share.

Difference between domestic and foreign spot gold prices was enlarged, while that between spot gold and futures was reduced. Domestic trend of future-spot gold prices became more synchronized. During the year, price difference of Shanghai Gold Exchange was enlarged when compared to international spot gold prices. Each gram of gold was RMB 1.46 higher, an 89.61% increase from a year earlier. The average price differences of gold futures at Shanghai Futures Exchange and New York COMEX dropped from RMB 5.18 per gram (same period of the year earlier) to RMB 2.70 per gram, showing a 47.88% decrease. The average price differences of gold futures at Shanghai Futures Exchange and Au (T + D) at Shanghai Gold Exchange dropped from RMB 2.22 per gram (same period of the year earlier) to RMB 1.70 per gram, showing a 23.42% decrease.

(ii) Development Policies for Industrial Market

In 2016, global gold markets generally obtained increased transaction scales, and Chinese gold market drove them to grow. Chinese gold market kept steady development under norms and accelerated the pace of internationalization, with corresponding policies and new businesses introduced constantly.

1. People's Bank of China issued the *Notice of the People's Bank of China on Regulating Matters Related to Account Gold Business of Banking Financial Institution*

In April, the People's Bank of China, in order to regulate account gold business of banking financial institution and prevent transaction risks of gold market, issued the *Notice of the People's Bank of China on Regulating Matters Related to Account Gold Business of Banking Financial Institution* (hereinafter referred to as the "Notice"). The *Notice* clearly stipulates the conditions needed for banking financial institutions to run account gold business and filing matters to the People's Bank of China. The *Notice* requires that the account gold business shall be transacted in full amount, prohibits leveraged transactions, and strictly distinguishes between the account gold business and other gold businesses, so as to realize independence among risk management, accounting treatment and other matters. Account gold businesses started by banking financial institutions shall allow clients to draw physical gold, and 20% of open position offset balances of account gold shall be used to purchase physical gold and store in Shanghai Gold Exchange vaults as physical provisions. Banking financial institutions issuing account gold businesses can only carry out selling through their own outlets instead of entrusting a third institution with sales by proxy. At the same time, management on investor access shall be enhanced.

2. "Shanghai Gold" centralized RMB-denominated pricing mechanism was introduced

On April 19, Shanghai Gold Exchange introduced "Shanghai Gold" centralized RMB-denominated pricing mechanism and released the word's first gold benchmark price in RMB. "Shanghai Gold" centralized RMB-denominated pricing business refers to the process that, on the platform of Shanghai Gold Exchange, 1kg standard gold bullion with quality no lower than 99.99% is centrally transacted in RMB/g through rounds of "quantity inquiry via price", which finally forms the RMB benchmark price of Shanghai Gold after market price and volume are relatively balanced. "Shanghai Gold" pricing deals adopt margin trading and T + 2 delivery. Daily RMB benchmark price will be generated in the morning and afternoon through rounds of inquiry of the trading system, of which the whole process is public and disclosed with traceability and auditability, so as to fully ensure rational fairness of prices. The pricing subject is open and diverse, with broad representation. In order to make the price fully reflect the supply and demand balance of production-use gold and investment chain of the RMB gold market, Shanghai Gold Exchange selected 12 pricing members and 6 members who offered reference prices to give common quotes, including commercial banks, production-use gold enterprises and other diversified market entities, as well as domestic and international members with a wide range of terrains, reflecting the diversification and characteristics of RMB gold market. Such price can truly reflect supply and demand appeals of related parties. Upon the introduction of "Shanghai Gold", Shanghai Gold Exchange simultaneously launched series products derived from "Shanghai Gold" benchmark price, promoting "Shanghai Gold" to play a benchmark role in RMB gold OTC derivatives market.

3. Market maker mechanism for interbank gold inquiry market was initiated

On January 11, Shanghai Gold Exchange officially initiated the market making businesses for interbank gold inquiry market. Market makers for interbank gold inquiry market included 10 official market makers and 6 trial market makers, which undertaken the market making obligations to continuously provide bilateral prices for sellers and payers in market and provide the market with mobility. As appraised by Shanghai Gold Exchange, official market makers for 2016 were Industrial and Commercial Bank, Agricultural Bank, Bank of China, China Construction Bank, Bank of Communications, China CITIC Bank, China Merchants Bank, Industrial Bank, Bank of Ningbo and ANZ Bank (China), and trial market makers were China Everbright Bank, Guangdong Development Bank, Ping An Bank, Shanghai Pudong Development Bank, Bank of Shanghai and United Overseas Bank (China). Market makers gathered a large number of state-owned banks, gold import banks, joint-stock banks, foreign banks and other different types of active trading institutions representing in gold markets.

4. "Yijintong" APP went live as a mobile Internet product

On January 26, Yijingtong, the first mobile Internet product of Shanghai Gold Exchange, went live. "Yijintong" APP is an "Internet +" product for gold market which is jointly launched by Shanghai Gold Exchange by giving play to advantages of mobile Internet technologies and combining market entities' demand with its members. It offers five functions, including online account opening, mobile transactions, market view, account inquiries and information browsing. "Yijintong" APP achieved the migration of gold trading from the desktop to mobile terminals.

5. Bond offsetting margin business officially went live on international board

On June 27, bond offsetting margin business on international board of Shanghai Gold Exchange officially went live for operation, which further reduced capital costs for international members and improved service scope. International members may use their qualified bonds, which are managed by a designated domestic bond trustees such as China Government Securities Depository Trust & Clearing Co., Ltd., as a credit guarantee to carry out transactions on the extended gold deposit of the Shanghai Gold Exchange, thereby reducing the actual occupancy of the international members' RMB funds cost. Bond offsetting margin business indicates "cross-border" linkage development of gold front trading market and fixed income backstage as well as measures to enhance the functions of investor services.

6. Cooperation with international gold markets was sped up

During the whole year, Shanghai Gold Exchange strengthened the interconnection with overseas markets, promoted cooperation with overseas trading venues such as Malaysia Derivatives Exchange, Yangon Stock Exchange, Moscow Exchange and Deutsche Boerse, carried out business exchanges at different levels, and explored different forms of cooperation according to different market features. Shanghai Gold Exchange explored and established long-term cooperation mechanism with multiple overseas institutions, including Chicago Mercantile Exchange (CME), Dubai Gold & Commodities Exchange and Hong Kong Exchanges and Clearing Limited, actively carried out cross-market cooperation and opened up diversified investment channels for domestic and foreign investors.

7. Independent development and construction of new generation of technical system was promoted

Shanghai Gold Exchange successfully launched "Shanghai Gold" centralized pricing system, data service platform, Yijintong APP and other independent development key projects, improved risk monitoring system, strengthened safe O&M of network, and ensured stable operation of markets.

(iii) Policy Effect

1. Market norms and development

(1) Gold business of banking financial institutions developed rapidly under norms. Banking financial institutions are the most important participants in Chinese gold market, and gold businesses conducted include self-operated business and agent business. The purpose of the *Notice of the People's Bank of China on Regulating Matters Related to Account Gold Business of Banking Financial Institution* is to carry out for account gold business of banking financial institutions, regulate account gold business of commercial banks, prevent possible risks, and promote healthy and steady development of gold market. After the issuance of the *Notice*, market risks of account gold business of banking financial institutions were effectively reduced, and account gold business developed fast under a sound and regulatory system framework. In 2016,

commercial banks cumulatively traded 2102. 61t account gold with trading volume of RMB 563. 818 billion, a 71. 34% and 95. 57% growth from a year earlier respectively, which was much faster than the overall growth rate of gold market.

(2) Market maker mechanism promoted fast development of gold inquiry market. The introduction of market maker mechanism for interbank gold inquiry market in 2016 enriched market trading modes, improved interbank gold market mobility, raised inquiry and transaction efficiency among institutional investors, gave effective play to such market functions as wholesale, intermediation and risk hedging of interbank markets, and kept rapid development trend for inquiry markets. In 2016, gold inquiry market witnessed a year-on-year growth of 72. 83%, of which the increase was much higher than the growth rate (27. 63%) of price matching markets. The rapid development of inquiry market promoted the construction of multi-level market systems of domestic gold market, which is conducive to improving the medium-term and long-term price discovery mechanism in OTC gold market, promoting the construction of medium-term price discovery and long-term benchmark price system, and enhancing the capability of Chinese gold market on pricing and international influences.

(3) Service functions of gold markets were enhanced. The launch of "Yijintong" APP allowed individual investors of domestic market to open accounts and conduct transaction on gold market through mobile terminals, greatly improving investing conveniences and rapidly increasing trading volume. It introduced "Yijintong" mobile Internet product, created "People's Gold" platform which benefits normal gold investors, better promoted inclusive finance of gold investing conveniences, effectively strengthened user viscosity, accelerated the improvement of service efficiency, and further expanded service scope of gold market.

2. Opening up of markets

(1) Chinese gold market obtained obviously raised international influence after the initiation of "Shanghai Gold" centralized RMB-denominated pricing mechanism. "Shanghai Gold" centralized RMB-denominated pricing mechanism, introduced by Shanghai Gold Exchange, is not only an important attempt made by Chinese financial element markets to innovate, open up and actively integrate into the process of global integration in China, but also an inevitable requirement for China to conform to the in-depth changes in the international gold market and the "west-to-east gold shifting" development trend of the global gold market. "Shanghai Gold" benchmark price will provide global investors with a fair and tradable RMB-denominated gold benchmark price, provide gold market participants with a good risk management and innovation tools, and promote rapid development of OTC gold derivatives market on the basis of "Shanghai Gold" RMB benchmark price. It is also beneficial to further

improve the pricing mechanism for RMB-denominated gold market and accelerate the internationalization process of Chinese gold market. During the whole year, 569. 19t gold was traded in the form of "Shanghai Gold" centralized RMB-denominated pricing trading with a transaction volume of RMB 155. 275 billion, which significantly increased the international influence of Chinese gold market. With the constant enriching of derivative contracts of the inquiry trading platform of Shanghai Gold Exchange linked to "Shanghai Gold" benchmark price, 2489t gold was traded cumulatively within the years, and "Shanghai Gold" gave full play to its benchmark price action on gold OTC derivative market. On October 28, Shanghai Gold Exchange and Dubai Gold & Commodities Exchange entered into the *Authorization Agreement of Shanghai Gold Benchmark Price*, in which Shanghai Gold Exchange authorized Dubai Gold & Commodities Exchange to use Shanghai Gold benchmark price as the cash settlement price for the developed gold futures contracts which are denominated by offshore RMB. This was also the first time that Shanghai Gold benchmark price was applied to international financial market.

(2) Bond offsetting margin business promoted the development of gold international board. The successive introduction of bond offsetting margin business of international board and physical gold stock offsetting margin business allowed international investors to offset trading margin with bonds or physical gold and participate in international board transaction, effectively enlarging the fund source for international members. Meanwhile, a series of innovations and breakthroughs were made concerning member management, capital settlement, physical delivery, risk management, technical system and other aspects, further facilitating oversea investors' participation in domestic main board market transaction and improving market operation efficiency. In 2016, 3991. 84t gold was traded on international board with an amount of RMB 1087. 072 billion. By the end of 2016, Shanghai Gold Exchange owned 67 international members, of which 27 members were new.

(3) Overseas gold businesses of commercial banks were continuously expanded. In 2016, the cumulative trading volume and turnover of various types of overseas gold by commercial banks increased by 13. 23% and 22. 33% respectively over the previous year. China's large state-owned commercial banks continued to explore the international gold market and participated in international gold trading with fixing price. After the entering of China Construction Bank and Bank of China into the gold price mechanism of London Bullion Market Association (LBMA) in 2015, Industrial and Commercial Bank of China and Bank of Communications also successively gained the access to such mechanism, become the gold fixing price party of LBMA and participated in fixing price quotation of London Gold in 2016. Domestic commercial banks had a continuously raised action and influence on global gold market.

(iv) Outlook

In 2017, the frequency and range of interest rate hike by the Federal Reserve, trend of USD and other major currencies, geopolitical uncertainty, general election of western countries and other factors may have a greater impact on the gold market, and thereby leading to severer gold market fluctuations. In this context, it remains an important topic how Chinese gold market will adapt to economic development, develop steadily under norms and speed up the process of internationalization.

Looking forward to 2017, Chinese gold market policy will focus both on stable market development and risk prevention, implement the Belt and Road Initiatives of the country, further expand international influence of gold market, improve gold market efficiency and service functions, and effectively give play to the support of gold market to substantial economy, etc. Relevant systems and initiatives will continue to be introduced.

CHAPTER 6

Highlights of Financial Regulatory Policy

I. Highlights of Regulatory Policy of the People's Bank of China①

(i) Analysis on Main Regulatory Policies of the People's Bank of China in 2016

2016 is the starting year of the 13th Five Year Plan. Faced with complicated and severe domestic and overseas economic and financial situations and tough tasks to stabilize reform and development, under the correct leadership of the Party Central Committee and the State Council, the People's Bank of China adhered to both the keynote of pursuing progress while maintaining steadiness and the new development concept, unswervingly implemented the key decisions of the Party Central Committee and the State Council, implemented sound currency policies, kept the financial stability, consolidated financial infrastructures, formulated and implemented various regulatory policies.

1. It completed various works related to market such as the credit market, and promoted regulated development of other financial markets

PBOC continued to implement sound currency policies and made minor adjustments in advance at appropriate time to enhance pertinence and effectiveness. Focusing on the five tasks, namely cutting overcapacity, destocking, deleveraging, reducing cost and remedying less growth areas, structural adjustment function of credit policy has been further strengthened, and the ability of financial market to serve real economy was further enhanced. Focusing on cutting overcapacity of such industries as steel and coal industry, PBOC worked on the "five tasks" in a comprehensive way. It further improved regional differentiated housing credit policies in accordance with the principle of adjusting measures to local conditions and implementing policies combining the actual condition of the city, promoted regulated innovation of financial products of real estate and promoted stable and orderly operation of house credit market. Following the basic

① Author: Zhu Xiaochuan, Senior Manager of Research and Statistics Department, Inter-bank Market Clearing House Co., Ltd. (Shanghai Clearing House).

policy of "accurate poverty support and accurate poverty elimination", PBOC attached great importance to the effect and sustainability of financial policies on poverty support. Meanwhile, focusing on mortgage loan pilots of "two rights", PBOC expanded the pledge varieties of rural areas, guided financial institutions to strengthen innovation and credit investment in key fields of "agriculture, rural areas and farmers" financial products to promote the development of modern agriculture and increase revenue of farmers. The mortgage loan pilot of "two rights" in rural areas is the practical exploration and specific use of innovations in "three rights separation". It is of great significance for deepening the structural reform of agricultural supply side, enhancing utilization of resource elements and increasing property-related income of farmers. Since the starting of the pilot, the basic environment for rural property transaction in the pilot area has been constantly improved, innovations has been quickened in credit management system and financial products, and such core difficulties as value appraisal and disposal of mortgage have been actively solved, relevant works have been operated in an orderly manner, and phase achievements have been made for the pilot.

In addition, PBOC also steadily promoted the issuance of green financial bonds and became the first economy to establish a relatively complete green finance policy system. PBOC continued to promote reform in foreign exchange management, strengthened management of authenticity and compliance, promoted convenient trade investment and enhanced convertibility of capital projects. PBOC promoted and carried out reform plans on development and policy financial institutions; promoted the implementation of deposit insurance system in an orderly manner; actively and steadily promoted pilot work of non-performing asset securitization; promoted construction of uniform commercial paper transaction platform and enhanced electronification level of commercial paper business; strengthened financial support for consumption areas; researched and prepared outline for "the 13th Five-year Plan" and a modern financial system plan.

2. It strengthened macro-prudential management by multiple means and worked hard to maintain financial stability

PBOC further improved the macro-prudential policy frame, upgraded the difference reserve dynamic adjustment mechanism to Macro Prudential Assessment (MPA) to guide reasonable growth of currency credit loan. It performed counter cyclical macro regulation by adjusting parameters, expanded the full coverage macro prudential management on cross-border finance that integrates local currency and foreign currencies from pilot institutions and free trade zones to the whole country, made overall arrangement for construction of infrastructure of financial market and improved the macro prudential policy frame. It constantly strengthened the monitor and analysis of financial risks, tried comprehensive statistical work of financial industry in pilot area, better served for macro regulation, macro prudential management and prevention of financial risk etc., and actively dealt with various risks and hidden hazards. Together with relevant departments, PBOC carried out special controls on risk of Internet finance, strengthened finance monitoring coordination and held firmly the bottom line that no systematic financial risk shall ever occur.

3. Payment regulation mechanism has been basically established, with monitoring effectiveness significantly improved

In 2016, the payment system of the country ran stably. 2016 is a year in which PBOC "strengthened payment monitoring and prevented payment risks". PBOC renewed *Payment Business License orderly*; it formulated and issued *Implementing Plan for Special Task to Control Risks from Non-bank Payment Institutions* jointly with 13 ministries and committees to carry out special work to mitigate risks from non-bank payment institutions; it formulated *Measures for the Administration of Bank Card Clearing Institutions* jointly with China Banking Regulatory Commission, which served as an implementing rule to further specify the conditions, procedures and main business monitoring requirements for the access to the bank card clearing industry; it established a rewarding system for reporting violations in payment settlement and proposed on how to promote the healthy development of bank card clearing market. Top-level design of the payment industry has been basically completed and effective control has been gained over market chaos; payment and construction of market infrastructure continued to develop and business efficiency has been constantly improved; significant achievement has been made in cracking down telecom and network frauds, the security line for payment of financial industry has been greatly reinforced, which effectively blocked the capital transfer channel for telecom and network frauds; innovations have been constantly made in payment services, and convenience and safety in payment have gained balanced development.

4. It further promoted financial reform and opening-up, constantly improved financial services and raised up regulatory standards

PBOC promoted regulated development for innovation and the opening-up in bond market. It steadily promoted internationalization of RMB, the global acceptance level of RMB has gained significant improvement. It further improved RMB exchange rate forming mechanism. The intermediate price forming mechanism of "closing rate + change in exchange rate of a basket of currencies" has been preliminarily established. The exchange rates between RMB and a basket of currencies were basically stable. It steadily promoted financial standards, statistical research, currency issuance, national treasury management, credit information management, anti-money laundering and protection of financial consumers' rights etc. It fully helped to exercise the leadership as the president of G20, took an active part in the governance of global economy and finance. As a result, the participation degree by financial industry of China in such international standards as the encryption algorithm of digital currency, the general messaging plan in financial industry, mobile finance and banking business has been greatly improved.

PBOC focused on promoting the regulated development of credit market and took measures to protect the rights of credit information owners, and strengthened the operation and maintenance management of the underlying database of financial credit information. It continued monitoring anti-money laundering and anti-terrorist financing, revised *Measures for the Administration of Financial Institutions' Reporting of High-Value Transactions and Suspicious Transactions*, with significant achievements made in dealing with the fourth round of mutual assessment of the Financial Action Task Force on Money Laundering (FATF), strengthening monitoring and investigation of anti-money laundering, strengthening monitoring and analysis of anti-money laundering and promoting international cooperation in anti-money laundering. It carried out special action to jointly control illegal sales of bank card information, "financial knowledge education month" activity and constantly promoted the education of financial consumers.

(ii) Assessment and Outlook of Future Regulatory Policies of the People's Bank of China

2017 is an important year of "the 13th Five-year" Plan. It is also a year in which the structural reform on the supply side will be further deepened. PBOC will, following the overall arrangement of "Five in One" and the strategy deployment of "four comprehensiveness" of the Party Central Committee, stick to the keynote of pursuing progress while maintaining stability, carry out the development concepts of innovation, coordination, green, opening and sharing, focus on the two mainlines of serving real economy and preventing and controlling financial risks, develop the financial market in a regulated manner, deepen reform of the financial market and hold firm the bottom line that no systematic risk shall occur.

As for specific policy in serving the real economy, PBOC will continue to improve the differentiated housing credit policies, strengthen macro prudential management of real estate finance and contribute to the steady and healthy development of the real estate market. It will work through financial policies to reduce overcapacity of steel and coal industry, maintain steady growth of other industries and contribute to a strong country in manufacturing. It will continue the accurate poverty relieving work via financial means and steadily advance the "two rights" mortgage loan pilot in rural area; will actively support the supply-side structural reform in agriculture, further strengthen policy guidance and practically improve financial services for small and micro enterprises; will support innovations in bond varieties, further promote the opening-up of bond market and steadily develop assets securitization. It will further promote the reform of interest rate liberalization, improve RMB exchange rate forming mechanism, keep the exchange rate of RMB basically stable at reasonably balanced levels. It will continue to deepen reform of financial system, enhance operational efficiency of finance industry and the ability to serve the real economy.

In 2017, PBOC will focus more on the prevention and controlling of risks in financial market to promote the long-term stable development of the financial market and steadily promote protection of financial consumption rights and other works. First, PBOC will continue to strengthen the macro prudential management and monitoring coordination of bond market, improve monitoring mechanisms related to green finance, mitigate risk and deal with resolution in the bond market, hold the bottom line that no systematic financial risk shall occur. Second, it will keep Internet finance risks under control, and start construction of long-term mechanism for Internet finance. Third, it will strengthen financial infrastructures and related rules for such markets as the commercial paper market and the gold market, promote good governance of markets and continue to improve top-level design of payment industry etc. Fourth, it will include the wealth management activities of banks beyond their financial statements into the scope of general credit so as to guide financial institutions in a reasonable manner to strengthen the management of risks for such activities and constantly improve the macro prudential assessment system. Fifth, it will constantly build up teams to protect the financial consumers' rights and promote such protection to a new level. Sixth, it will further improve anti-money laundering work, implement the requirement to monitor legal persons and risks, duly complete the fourth round of mutual assessment of the Financial Action Task Force on Money Laundry, constantly expand and deepen international cooperation in anti-money laundry and enhance the effectiveness of anti-money laundry monitoring.

Appendix

Main Regulatory Policies of the People's Bank of China in 2016

Issue date	Document name	Document No.
Jan. 5	Together with the General Administration of Quality Supervision, and Standardization Administration of the People's Republic of China, People's Bank of China issued 9 national financial standards, including *Basic Requirements of Bank Branches Services*, *Criteria of Bank Branches Service Evaluation*, *Specification of Description for Banking Product*, *Basic Requirements for Bank Industry Customer Service Center*, *Service Evaluation Index Specification for Customer Service Center of Bank Industry*, *Management Specification for Customer Service Center Outsourcing Service of Commercial Banks*, *Personal Financial Business Service Specifications of Commercial Banks*, *Commercial Bank Customer Risk Tolerance Assessment Specification and The Procedure Specification of Financial Leasing Services.*	

Continued

Issue date	Document name	Document No.
Jan. 18	The People's Bank of China decided to execute normal deposit-reserve ratio for deposit in foreign financial institutions	
Jan. 22	Notice of the People's Bank of China on Expanding Full Coverage Macro Prudent Management Pilots for Cross-border Financing	YF [2016] No. 18
Feb. 2	Notice of the People's Bank of China and the China Banking Regulatory Commission on Issues Concerning Adjustment of Individual Housing Loan Policies	
Feb. 14	The People's Bank of China, National Development and Reform Commission, Ministry of Industry and Information Technology of the People's Republic of China, Ministry of Finance, Ministry of Commerce, China Banking Regulatory Commission, China Securities Regulatory Commission and China Insurance Regulatory Commission (CIRC) jointly printed and issued *Opinions on Stabilizing Growth, Adjusting Structure and Increase Benefits for Financial Support Industry Work*	YF [2016] No. 42
Feb. 17	Announcement on Matters Concerning Investment of Foreign Institution Investors in Inter-bank Bond Market	[2016] No. 3 Announcement of the People's Bank of China
Feb. 17	The People's Bank of China, Ministry of Housing and Urban-Rural Development of the People's Republic of China and Ministry of Finance printed and issued *Notice on Improving the Deposit Interest Rate Forming Mechanism for Housing Fund Account of Workers*	YF [2016] No. 43
Feb. 29	The People's Bank of China decided to decrease the deposit-reserve ratio	
Mar. 7	The People's Bank of China, China Banking Regulatory Commission, China Securities Regulatory Commission and CIRC printed and issued *Opinions on Financial Support for the Economic and Society Development of Tibet*	
Mar. 16	The People's Bank of China, National Development and Reform Commission, Ministry of Finance, China Banking Regulatory Commission, China Securities Regulatory Commission, CIRC and Poverty Alleviation Office jointly printed and issued *Implementing Opinions on Boosting Poverty Alleviation by Finance*	
Mar. 18	National Development and Reform Commission and the People's Bank of China jointly printed and issued *Notice on Improving Pricing Mechanism for Commissions for Bank Card Payment*	FGJG [2016] No. 557
Mar. 21	The People's Bank of China, Ministry of Civil Affairs, China Banking Regulatory Commission, China Securities Regulatory Commission and CIRC jointly printed and issued *Opinions on Financial Support for the Development of the Pension Service*	YF [2016] No. 65

Continued

Issue date	Document name	Document No.
Mar. 24	The People's Bank of China, China Banking Regulatory Commission, China Insurance Regulatory Commission, Ministry of Finance and Ministry of Agriculture printed and issued *Notice on Temporary Measures for Mortgage Loan Pilot with the Operation Right of Contracted Land in Rural Area*	
Mar. 24	The People's Bank of China, China Banking Regulatory Commission, China Insurance Regulatory Commission, Ministry of Finance, Ministry of Land and Resources, Ministry of Housing and Urban-Rural Development printed and issued *Notice on Interim Measures for Mortgage Loan Pilot with the Property Right of Houses of Farmers*	
Mar. 30	The People's Bank of China and China Banking Regulatory Commission issued Guiding Opinions on Strengthening Financial Support for New Consumption Fields	YF [2016] No. 92
Apr. 7	Rewarding Measures for Reporting Payment Settlement Violations	[2016] No. 7 Announcement of the People's Bank of China
Apr. 15	Notice on Matters Concerning Credit Card Business	
Apr. 29	Notice of the People's Bank of China on Implementing Full Coverage Macro Prudent Management for Cross-border Financing in China	YF [2016] No. 132
May 4	Announcement of the People's Bank of China and General Administration of Customs on Matters Concerning "Non One Certificate for One Batch" Management Pilot Work for *Gold and Gold Product Import License of the People's Bank of China*	[2016] No. 9 Announcement of the People's Bank of China and General Administration of Customs
May 6	Announcement on Matters Concerning the Entry of Qualified Institutional Investor into Inter-bank Bond Market	[2016] No. 8 Announcement of the People's Bank of China
Jun. 2	The People's Bank of China formally issued the standards of financial industry *Statistical Classification and Coding of Deposit* and *Statistical Classification and Coding of Loan*	JR/T 0134-2016; JR/T 0135-2016
Jun. 3	The People's Bank of China decided to further improve the average method to evaluate deposit reserve	
Jun. 7	The People's Bank of China and China Banking Regulatory Commission jointly issued *Measures for the Administration of Bank Card Clearing Institutions*	[2016] No. 2 Order of the People's Bank of China and China Banking Regulatory Commission
Jun. 27	The People's Bank of China formally issued the standard of financial industry *Specification for Multi-use of Card of Financial IC Card Industry*	JR/T 0136-2016

Continued

Issue date	Document name	Document No.
Aug. 31	Guiding Opinions of the People's Bank of China, Ministry of Finance, National Development and Reform Commission, Ministry of Environmental Protection, China Banking Regulatory Commission, China Securities Regulatory Commission and CIRC on Building a Green Financial System	YF [2016] No. 228
Sep. 6	The People's Bank of China formally issued the standard of financial industry *Safety Specification for Bank Card Acceptance Terminals*	JR/T 0120-2016
Sep. 12	The People's Bank of China, Ministry of Industry and Information Technology, Ministry of Public Security, State Administration for Industry & Commerce, China Banking Regulatory Commission and the State Internet Information Office etc. jointly printed and issued *Notice of the People's Bank of China, Ministry of Industry and Information Technology, Ministry of Public Security, State Administration for Industry and Commerce, China Banking Regulatory Commission and the State Internet Information Office on Carrying Out Joint Action Against Illegal Sales of Bank Card Information*	YF [2016] No. 235
Sep. 30	Notice on Matters Concerning Strengthening Payment Settlement Management to Prevent New Crimes of Telecom Network	YF [2016] No. 261
Oct. 13	The People's Bank of China, Propaganda Department of the CPC Central Committee, Stability Maintenance Office of the Central Committee, National Development and Reform Commission, Ministry of Industry and Information Technology, Ministry of Public Security, Ministry of Finance, Ministry of Housing and Urban-rural Development, State Administration for Industry & Commerce, Legislative Affairs Office of the State Council, Office of the Central Leading Group for Cyberspace Affairs, State Bureau for Letters and Calls, Supreme People's Court and Supreme People's Procuratorate jointly printed and issued *Implementing Plan for Special Control Work of Risks of Non-bank Payment Institutions*	YF [2016] No. 112
Oct. 13	17 departments, including the People's Bank of China, jointly printed and issued *Implementing Plan for Controlling Risks of Assets Management and Trans-boundary Financial Business Via Internet*	YF [2016] No. 113
Nov. 9	The People's Bank of China formally issued the standard of financial industry *Technical Specification for Payment Tokenization of Mobile Payment of Chinese Finance*	JR/T 0149-2016
Dec. 28	The People's Bank of China formally issued the standard of financial industry *Corporate Finance Consultation*	JR/T 0139-2016

Continued

Issue date	Document name	Document No.
Dec. 29	The People's Bank of China, National Development and Reform Commission, Ministry of Education, Ministry of Public Security, Ministry of Finance, Ministry of Commerce, State Administration of Taxation, State Administration for Industry & Commerce, General Administration of Quality Supervision, Inspection and Quarantine of the People's Republic of China, China Banking Regulatory Commission, China Securities Regulatory Commission, CIRC, State Administration of Foreign Exchange and the Supreme People's Court jointly printed and issued Opinions on Promoting the Healthy Development of Bank Card Clearing Market	YF [2016] No. 324
Dec. 30	Revised *Measures for the Administration of Financial Institutions' Reporting of High-Value Transactions and Suspicious Transactions*	[2016] No. 3 Order of the People's Bank of China

Source: Website of the People's Bank of China.

II. Highlights of Regulatory Policy of China Banking Regulatory Commission[①]

(i) Analysis on Main Regulatory Policies of China Banking Regulatory Commission in 2016

In 2016, the China Banking Regulatory Commission adhered to the keynote of pursuing progress while maintaining stability, followed the five development concepts of innovation, coordination, greening, opening and sharing, and made obvious achievements in such aspects as implementation of the "three cuts, one reduction and one addition" policy, integration of bank capital support for supply-side structural reform, reduction of social financing cost, optimization of financial service, prevention of key risks and holding the bottom line of risk under the guidance of the five policies, namely ensuring stable macro policies, ensuring accurate industry policies, ensuring flexible micro policies, ensuring practical reform policies and ensuring supporting the bottom level.

1. Practically improve the efficiency to serve the real economy

Implement the spirit of the Central Committee on promoting the supply-side structural reform, and take serving the supply-side structural reform of the real economy as an important content for improving bank service. Establish the Creditors Committee system, promote creditor banks to act uniformly and quit from supporting "zombie enterprises" in an orderly manner and make joint efforts to support enterprises in difficulties and jointly support quality enterprises.

① Author: Li Lin, General Manager of Strategy Development Department of Shanghai Pudong Development Bank.

Explore the financial service mode for technical innovation enterprises that is suitable for the national conditions, print and issue Guiding Opinions on Venture Loan Pilot of Technical Innovation Enterprises, allow banks that meet the requirements to establish subsidiaries to engage in equity investment in technical innovation enterprises and use investment income to hedge loss caused by loan risk. Put forward relevant rules for financial debt restructuring of enterprises and strengthen banks' ability to support enterprises in difficulties to stop loss, transform, develop and get out of the difficulties. Guide large banks to improve credit granting management mechanism for branches at county level to practically relieve the problem of insufficient financial service supply in county regions. Strengthen accurate poverty alleviation, aim poverty alleviation list, list separate credit resources, establish separate poverty alleviation institutions and separately evaluate poverty alleviation performance. Improve supporting positive incentive policies, support industries that comply with the five development concepts. Focus on key projects and key engineering under the three strategies of "the Belt and Road Initiative, Coordinated development of Beijing, Tianjin and Hebei, and the Yangtze River Economic Zone", allocate credit resources in a coordinated manner, optimize credit structure and enhance the coordination of development. Adopt differentiated regulation policies for loans for renovation of shanty town, explore pilot zone for securitization of assets for renovation of shanty town to meet the capital demand of key construction projects of China. Improve guidance of green credit policy, establish long-term mechanism for green credit, ensure credit capital is invested in environmental protection and low carbon fields and actively explore green finance. Actively develop inclusive finance in accordance with the framework specified in the *Development Plan for Inclusive Finance* (*2016-2020*) issued by the State Council. Make great efforts to support such weak rounds as "agriculture, rural areas and farmers", small and micro businesses and renovation of shanty town, and enhance the sense of gain of urban and rural residents in sharing development. Intensify specification for eliminating illegal fee collection and monitoring and punishment and promote strict standardization and reasonable fee collection for bank services. Made innovations on financial instruments, expand financing channels, optimize financing plans, actively provide financial consulting service for enterprises, optimize financing structure and reduce financing cost.

2. Strengthen management and control of credit risk in key fields and hold the bottom line that no systematic risk shall occur

In accordance with the principle of "controlling the total volume, treating differently, dispose by classification and gradual solution", take pertinent measures to promote stable growth of local economy while strictly control risk of loan distributed through platforms. Adjust the minimum down payment for individual housing loan in a dynamic manner, deal with credit risk events of house enterprises in a reliable manner and reduce accumulation of financial risks of real estate industry while actively supporting destocking of real estate. Strengthen comprehensive operation regulation, realize full coverage for regulation of new financial industries and enhance ability to manage and control risks of groups. Strengthen full coverage for regulating financial holding companies and cross-industry and cross-market financial businesses represented by wealth management products, private equity and OTC capital allocation. Continue to improve finance regulating framework, construct a financial management system in which macro prudent management and micro prudent management complement each other and currency policy and prudent management are unified and coordinated. Strengthen macro prudent management of systematically important financial institutions, financial infrastructures and foreign debts. From temporary solutions to permanent solutions, standardize wealth management business whose management are expanding fast, formulate overall regulating measures for wealth management business and promote the establishment of penetration type regulating framework. Specify "Eight Businesses", solve the problems of development orientation and driving force and alleviate the problem of extensive development of trust business. Promote to establish trust business guarantee fund and trust product registration system to strengthen the binding force of market and construct a safety net for the industry. Expand channels and improve the ability of banks to dispose non-performing assets in a diversified, marketized and comprehensive manner. Improve liquidity risk regulating indices and emergency plan for liquidity risk, provide mutual help fund of banking industry, improve guarantee fund of trust industry and guide banks to expand debt channels and optimize debt structure. Prevent risks of crossing financial products, improve and perfect regulation systems and means for cross-industry and cross-market financial business. Perfect qualification system of transaction counterparty to enhance such qualification conditions as leverage rate, transparency and quality of assets of the counterparty. Implement management of trading products and establish product "negative list" system. Implement management of trade concentration and specify the risk disperse requirements. Monitor banks to carry out wealth management business in accordance with law and strengthen regulation and control of connection between wealth management capital of banks and asset management products. Check to prevent risks outside the financial system from entering the banking system. Strengthen management of cooperation between banks and non-bank financing intermediary agencies and build a firm "firewall" among banking industry, non-banking industry and private financing activities. Cooperate to do well the control of Internet financial risks, put forward management method for business of intermediary agencies for Internet loan to prevent spreading of risks of Internet finance. Standardize inter-banking cooperation, standardize financing management with non-financial institutions, strictly implement "three checks" system for loans and strictly prevent risk of illegal fund raising. Further strengthen the prevention and controlling of risk of information technology of banking industry, operation risk and reputation risk.

3. Promote reform and opening up of banking industry

Unblock the market access of banking financial institutions. Realize normalization for establishment of private bank, support restructuring of urban commercial banks and rural small and medium financial institutions with private capital. Support establishment of consumption finance companies, financial leasing companies, enterprise group financial companies, automobile financial companies participating in the establishment of village banks with private capital that meets the requirements. Improve access management for investing to buy shares of local banking financial institutions and support concentrated development of local financial industry. Deepen reform of banking financial institutions. Explore new method to effectively promote disposal and solution of risks of high risk institutions. Promote reform of rural credit cooperatives, improve construction of management system for village banks and promote perfect restructuring of financial assets management companies. Promote reform of bank governance mechanism. Support banking financial institutions to establish department for poverty alleviation business and department of inclusive finance etc. Guide banks to carry out license management for business sector and establish subsidiary reform pilot under the precondition that risks are effectively isolated and uniform management of the group is strengthened. Support enterprise group financial companies to expand and extend pilot for industry chain financial service. Expand the business scope of automobile financial companies to support sustainable development of the automobile industry.

4. Further enhance the effectiveness of regulation

Strengthen construction of prudent rules. Formulate rules for all-round risk management, mortgage management, high value risk exposure, liquidity risk, credit risk of counterparty, capital measurement and internal audit. Further improve the internal management and risk prevention and control of such important business areas as overseas business and business outside the financial statements. Strengthen construction of regulating ability. Put forward monitoring opinions on enhancing site inspection, non-site monitoring and market access efficiency, enhance professional level and efficiency of site inspection, perfect OTC monitoring system and monitoring index system. Promote combination of streamlining administration and delegating power to the lower levels and regulation, strengthen re-regulation and post assessment of market access of agencies and intensify power balancing. Impose punishment in accordance with new mechanisms and do well the administrative reconsideration and administrative response. Promote adjustment of regulation organization structure of agencies and optimize regulation process. Actively participate in international regulation reform. Strengthen coordination and communication with the Financial Stability Board, participate in relevant work of Basel Committee on Banking Supervision, participate in formulation of international standard and comprehensive assessment to enhance the discourse power of China in international regulation reform and implementing fields. Deepen communication and cooperation in cross-border regulation, perfect the recovery and resolution plan of four globe systemically important banks. Strengthen the protection of legitimate right of financial consumers. Guide banking financial institutions to improve and perfect the system and organization system for the protection of rights of financial consumers. Revise and perfect the evaluation system for the protection of rights of financial consumers and strengthen hard binding of regulation. Establish third party pre-mediation and arbitration mechanism for financial consumption disputes and unblock investment acceptance and disposing channels. Promote disposal of complaint calls and letters by classification through legal means to improve the work order of complaints and enhance dispose efficiency of the complaints. Strengthen self-binding of banking financial institutions, confirm the requirement of first responsible person for risk prevention, promote investment product sales sound and picture recording and dedicated system, strengthen whole process management of sales business, standardize management of sales and supply business and strengthen product access management and responsibility investigation.

5. Banking industry runs steadily, relevant regulation indices are in health range

Assets and debts of banking industry increased rapidly, but profit growth continued to slow down. At the end of Q4, 2016, the total amount of local currency and foreign currency assets of banking financial institutions in China at home and abroad was RMB 232.3 trillion, a year-on-year increase of 15.8%. The total amount of assets of large commercial banks was RMB 86.6 trillion, accounting for 37.3%, a year-on-year increase of 10.8%; the total amount of assets of joint-stock commercial bank was RMB 43.5 trillion, accounting for 18.7%, a year-on-year increase of 17.5%. The total amount of local currency and foreign currency debts of banking financial institutions at home and abroad was RMB 214.8 trillion, a year-on-year increase of 16.0%. The total amount of debts of large commercial banks was RMB 79.9 trillion, accounting for 37.2%, a year-on-year increase of 11.0%; the total amount of debts of joint-stock commercial banks was RMB 40.8 trillion, accounting for 19.0%, a year-on-year increase of 17.7%. However, by the end of Q4, 2016, commercial banks have realized accumulative net profit of RMB 1.65 trillion in the year, a year-on-year increase of 3.5% only. The average return on assets of commercial banks in Q4 2016 was 0. 98%, a year-on-year decrease of 1.6%; the average rate of return on capital was 13.4%, a year-on-year decrease of 0. 1%.

The quality of credit assets is generally controllable. At the end of Q4, 2016, the balance of non-performing loan of commercial banks (based on legal person, same below) was RMB 1.5122 trillion, an increase of RMB 18.3 billion compared with the previous quarter; the rate of non-performing loan of commercial banks was 1.74%, a decrease of 0.02% compared with the previous quarter.

The overall risk offset ability of banks maintains stable. Depreciation reserves accrued for credit risk are sufficient. At the end of Q4, 2016, the balance of provision for loan loss of commercial banks was RMB 2.6676 trillion, an increase of RMB 45.5 billion compared with previous quarter; the provision coverage rate was 176.4%, up 0.88% compared with previous quarter; the provision coverage rate of loan was 3.08%, down 0.01% compared with the previous quarter.

Capital adequacy ratio maintains stable. At the end of Q4, 2016, the weighted average core tier one capital adequacy ratio of commercial banks (excluding branches of foreign banks) was 10.75%, down 0.08% compared with the previous quarter; the weighted average tier one capital adequacy ratio was 11.25%, down 0.05% compared with the previous quarter; the weighted average capital adequacy ratio was 13.28%, down 0.03% compared with the previous quarter.

Liquidity level is sufficient. At the end of Q4, 2016, the liquidity ratio of commercial banks was 47.55%, up 0.62% compared with the previous quarter; the RMB excess provision rate was 2.33%, up 0.57% compared with the previous quarter; the loan-to-deposit ratio (RMB) was 67.61%, up 0.34% compared with the previous quarter.

(ii) Outlook for Regulatory Policies of China Banking Regulatory Commission in 2017

In 2017, the China Banking Regulatory Commission will adhere to the keynote of pursuing progress while maintaining stability, stick to the mainline of deepening the supply-side structural reform, stick to prevention and controlling of financial risks, enhance the efficiency to serve the real economy, improve risk prevention and control level, improve the efficiency of regulation in accordance with law, enhance the level of reform and opening up and contribute new financial driving force for the steady and healthy development of the economic society.

1. Promote the supply-side structural reform and improve the efficiency to serve the real economy

Continue to improve financial service level in weak fields and complete the financial weakness. Focus on supporting the supply-side structural reform of agriculture. Increase credit income of agriculture, rural areas and farmers, and strengthen support for production, processing and circulation of agricultural products. Focus on enhancing the financial service level of small and micro enterprises. Establish and improve various information platforms to solve the problem of asymmetric information of small and micro enterprises. Make great efforts to develop financing guarantee and re-guarantee institutions supported by the government to solve the problem of insufficient credit of small and micro enterprises. Explore and promote experience in the connection between technical capital cooperation of small and micro enterprises at home and abroad and platform, enhance the ability of small and micro enterprises to make use of international market and domestic market. Focus on enhancing the accurate poverty alleviation efficiency. Guide and support commercial banks to establish financial department for poverty alleviation, make innovations on such credit granting services of industry poverty alleviation and poverty alleviation for relocation and financing mode. Improve policies for guarantee, risk dispersion and compensation of poverty alleviation loan. Focus on exploring innovative financial service mode. Actively, steadily and orderly promote venture loan pilot work; make all efforts to coordinate pilot bank institutions to establish subsidiaries engaged in investment. Promote to establish institutions engaged in credit for technology to accelerate the effective conversion of technical achievements and support the innovation driving strategy. Let the debt commission to play its role and support cutting overcapacity. Mobilize initiative of all aspects, give full play to the roles of "self-discipline, rights protection, coordination and service" of the industry society and provide credit support for enterprises in key industries and fields in the national economy with good development prospect and advanced technology through the Creditors Committee. For enterprises that suffer losses in the long term and lose their solvency and competitiveness, formulate clear and feasible asset preservation plan to promote enterprise restructuring or withdrawal in a reliable and orderly manner. Strengthen collaboration between banking financial institutions and regulatory department at all levels and local government to ensure the member banks act uniformly, achieve moderate loan increase, ensure stable loan and reasonable loan decrease. Improve differentiated credit policy to support destocking. Focus on optimizing loan structure, fully vitalize credit resources in low efficiency fields, invest the added and transferred credit capital into effective fields to promote productivity transfer and stock conversion. Provide full support for the three strategies of coordinated development of Beijing, Tianjin and Hebei, development of the Yangtze River Economic Zone and construction of "the Belt and Road" initiative, spare no efforts to support the general strategy of regional development, namely development of western regions, revitalization of the northeast China, rise of central China and leading by the eastern China. Implement differentiated credit policy, stick to protection and pressure, promote exit of "zombie enterprises" that are of low quality and efficiency, cannot transform and lose the market in a reliable and orderly manner. Treat enterprises that have efficiency, market and competitiveness but are confronted with difficulties temporarily in the industries with overcapacity differently and support strategic emerging industries of technical transformation and upgrading. Improve green financial service level. Implement real estate finance regulation by classification, stick to the fundamental principle that "houses are for living in instead of speculation", regulate by classification and implement different policies for different cities and places to restrict real estate foam of hot cities. Steadily carry out marketized debt-to-equity swap and support deleveraging. Support self-determination of the object to whom the equity is to be transferred, the quantity of debt to be transferred and the transfer price and conditions, carry out marketized debt-to-equity swap for quality enterprises that have good development prospect but are confronted with difficulties temporarily. Continue to strengthen management of service price and support cost reduction.

2. Stick to the bottom line that no systematic risk shall occur and promote risk prevention and control in key fields

Dispose key risks, focus on preventing and controlling assets foam, enhance and improve regulation ability to ensure no systematic financial risk shall occur. Stick to strengthening management of risk expectation and guidance of sentiment tracking, prevent wrong judgment, misreading and malicious speculation, and create a social environment to prevent risks in an orderly manner. Strictly control the risk of non-performing loan. Make clear the risk base, strictly control risk increment, accelerate the disposal of existing risks, enhance loss absorption ability and optimize the risk disposing environment. Keep an eye on liquidity risk; enhance emergency management ability, debt management ability and industry mutual support ability. Strictly control crossing financial risks, further improve regulation rules and ensure adoption of the same regulation standard for business of the same category. Implement penetration principle, fully grasp bottom layer fundamental assets information and the actual risk undertaking condition, crossing financial businesses whose funds are from banking system shall be included into full risk management in the principle that substance is more important than form. Complete supervision of consolidated statements, take corresponding risk management measures in a timely manner to prevent regulatory arbitrage and avoid cross contamination of risks. Strictly control risks of financing platforms of local governments, continue to implement the new Budget Law of the People's Republic of China and the requirements of the State Council on management of local government debts, and treat new loan of financing platforms of local governments and government debts differently. Cooperate with relevant departments to promote transform of financing platforms of local governments, fully clear the debtor-creditor relationship of financing platforms in the principle of open information and clear responsibility, strengthen protection of creditor's right, prevent suspension of creditor's right, keep an eye on the high risk regions listed in the alarm range, promote to formulate middle and long term debt risk resolving plan to effectively deal with local risks. Strictly control the risk of Internet finance and continue to advance special control for the risk of P2P network loan. Strengthen the comprehensive control of loan service through campus network and strengthen regulation of safety of network information. Strictly deal with the risk of illegal fund raising. Prevent the risk of external impact. Prevent spreading of risks of domestic private financial activities and attach great importance to the management of the overseas compliance risk.

3. Return to the origin, focus on owners, and further promote reform and opening up of banking industry

Further promote reform of corporate governance. Perfect the governance structure of banks and companies, give full play to the political advantage, organization advantage and system advantage of the Party organization in leading the reform and development of banking industry, and ensure the Party Committee plays an important role in managing strategies, making plans, discussing major matters and determining the orientation. Strengthen monitoring of the actions of controlling shareholders, enhance the specialty and effectiveness of Board of Directors and enhance the independence of the Board of Supervisors. Accelerate to promote reform of performance evaluation. Implement performance reform focusing on owners and returning to the origin of serving the real economy. Promote financial reform of rural areas, focus on the task to serve the supply-side structural reform for agriculture, and focus on solving the financial supply-demand contradiction of rural areas. Continue to deepen the reform of inclusive finance mechanism. Implement the development plan for inclusive finance issued by the State Council and enhance the coverage, availability and satisfaction of financial service. Expand internal and external opening of banking industry. Further promote flow of private capital into the banking industry, and make great efforts to develop pension finance, consumer finance and financial leasing etc. Encourage Chinese banks to support enterprises to "go global" based on prudent assessment, planning and coordination.

4. Intensify responsibility and fully enhance the effectiveness of regulation

Intensify regulatory supervision, strengthen construction of internal rules and regulations, produce regulatory rules during operation management, impose severe punishment for such actions as doing business and establishing institutions against the regulations. Strengthen regulation of legal person, do well in the "four one batch". Strengthen regulation of actions, and incorporate regulation of actions into routine operation management and regulation. Strengthen such linkage regulations as linkage regulation of ministries and departments, linkage regulation of local governments and cross-border linkage regulation. Strengthen regulatory punishment. Carry out special control for the "three arbitrages", namely regulatory arbitrage, idling arbitrage and related arbitrage. Improve efficiency of punishment, strengthen the application and promotion of Examination & Analysis System Technology (EAST) system, establish expert argument, discussion and consulting system and enhance trial efficiency and punishment transparency. Formulate strict punishment standard and strictly implement "double punishment". Link punishment with management, link the punishment result with market access, performance evaluation and regulatory rating etc., and strengthen announcement and exposure of punishment result.

Appendix

Main Regulatory Policies of China Banking Regulatory Commission in 2016

Date	Document name	Document No.
Feb. 1	*Notice of the People's Bank of China and China Banking Regulatory Commission on Issues Concerning Adjustment of Individual Housing Loan Policies*	YF [2016] No. 26
Mar. 24	*Guiding Opinions of the People's Bank of China and China Banking Regulatory Commission on Strengthening Financial Support for New Consumption Fields*	YF [2016] No. 92
Mar. 24	*Notice of the China Banking Regulatory Commission on Further Strengthening the Management of Overseas Operation Risks of Banking Financial Institutions*	YJF [2016] No. 5
Apr. 16	*Notice of the China Banking Regulatory Commission on Issuing Guidance on Internal Audit for Commercial Banks*	YJF [2016] No. 12
Apr. 15	*Guiding Opinions of the China Banking Regulatory Commission, Ministry of Science and Technology and the People's Bank of China on Supporting Banking Financial Institutions to Strengthen Innovation to Carry Out Venture Loan Pilot for Enterprises Engaged in Technical Innovation*	YJF [2016] No. 14
May 5	*Notice of the China Banking Regulatory Commission on Standardizing Agent Sales Business of Commercial Banks*	YJF [2016] No. 24
Jun. 8	*Measures for the Administration of Bank Card Clearing Institutions*	[2016] No. 2 Order of the People's Bank of China and China Banking Regulatory Commission

Continued

Date	Document name	Document No.
Jul. 6	*Notice of General Office of China Banking Regulatory Commission on Completing Relevant Work of Creditors Committee of Banking Financial Institutions*	YJBBH [2016] No. 1196
Aug. 24	*Interim Management Measures for Business Activities of Network Loan Information Intermediary Institutions*	[2016] No. 1 Order of the China Banking Regulatory Commission
Sep. 18	*Notice of the China Banking Regulatory Commission of Ministry of Public Security on Issuing Regulations on Returning Frozen Capital of New Telecom Network Criminal Cases*	YJF [2016] No. 41
Sep. 27	*Notice of the China Banking Regulatory Commission on Issuing Guidelines for Comprehensive Risk Management of Banking Financial Institutions*	YJF [2016] No. 44
Oct. 13	*Notice on Issuing Implementing Plan for Controlling Risk of P2P Network Lending*	YJF [2016] No. 11
Nov. 16	*Guiding Opinions of the China Banking Regulatory Commission on Legal Consulting Work of Banking Financial Institutions*	YJF [2016] No. 49
Dec. 2	*Notice of General Office of the China Banking Regulatory Commission and General Office of Ministry of Public Security on Issuing Implementing Rules for Returning Frozen Capital of New Telecom Network Criminal Cases*	YJBF [2016] No. 170
Dec. 16	*Opinions of the China Banking Regulatory Commission, National Development and Reform Commission and Ministry of Industry and Information Technology on Resolving Financial Creditor's Right and Debts of Overcapacity of Steel and Coal Industry*	YJF [2016] No. 51

Source: Collected by the Research Group.

III. Highlights of Regulatory Policy of China Insurance Regulatory Commission①

(i) Analysis on Main Regulatory Policies of China Insurance Regulatory Commission in 2016

Adhering to the principle of "guaranteeing insurance and carrying out strict regulation", insurance regulatory agencies issued or implemented a series of regulatory policies in 2016, which effectively maintained healthy and normalized operation of insurance market health and prevented systematic risks. Main regulatory policies for the whole year included the following:

① Author: Liu Xueqing, Director of Law & Compliance Department of Shanghai Insurance Exchange.

1. Normalize short and medium duration businesses and guide the industry back to secured source

With the increase of people's income and the rapid growth of wealth management needs in recent years, insurance products with both insurance and financial management functions became quite popular. Products with short and medium duration acquired sustainable and rapid development due to their compliance to the above needs, stable returns, high transparency, less sale misguidance and other features. Because of different development strategies and operation & management level of different companies, however, some companies behaved radical when developing products with short and medium duration, and were exposed to the following potential risks: (1) risk of assets and liabilities mismatch, i. e. the assets gained by products with actual duration of only 1 or 2 years are invested in medium and long term assets to get high returns, but consequently causing potential risk of "short-term assets for long-term investment"; (2) risk of insufficient cash flow, i. e. when the capital market suffers from declination, the income of partial products with short and medium duration is lower than that of same-period time deposits or financing products, leading to declined attraction to clients, corresponding decrease of new premium income, and abnormal insurance cancellation, which brings risk of insufficient cash flow to companies.

These potential risks drew high attention from insurance regulatory agencies. In order to regulate the development of short and medium duration business and implement the political principle of "guaranteeing insurance", CIRC successively issued multiple regulations in 2016, including the *Notice of the China Insurance Regulatory Commission on Issues concerning the Regulation of Personal Insurance Products with Short and Medium Duration* (BJF [2016] No. 22), the *Notice of the China Insurance Regulatory Commission on Issues concerning Further Improving the Actuarial System of Personal Insurance* (BJF [2016] No. 76), the *Notice of the China Insurance Regulatory Commission on Strengthening the Supervision of Personal Insurance Products* (BJF [2016] No. 199), and the *Notice of the China Insurance Regulatory Commission on Matters concerning Further Strengthening the Supervision of Personal Insurance* (BJF [2016] No. 113). Such regulations were issued to restrain and normalize the scale and operation management of short and medium duration business, promote constant adjustment and business structure optimization of personal insurance companies and strengthen the efforts to reform supply side structure. Main political measures are as follows:

(1) Improve risk insurance level for personal insurance products. The compensation ratio for death of personal insurance products for major age range was further raised from 120% to 160%. Such risk insurance requirements were beyond those of major national and regional

insurance regulatory authorities in America, Europe and Asia.

(2) Reduce the valuation interest rate of liability reserve of universal life insurance. According to the descending market interest rate, the upper limit for the valuation interest rate for liability reserve of universal life insurance was reduced to 3% (a 0.5% drop). Products with valuation interest rates higher than the upper limited should be approved by China Insurance Regulatory Commission (CIRC) so as to prevent risk of loss from difference of interest rate and strengthen the ability of insurance companies to perform contract obligations in future. Meanwhile, the valuation interest rate of normal personal insurance remained 3.5% so as to encourage the development of risk insurance businesses.

(3) Intensify scale management and control of short and medium duration business. The benchmark for scale management and control was related to input capital and net assets. Requirements on the proportion of short and medium duration business in a company's business structure were specified, strict regulatory measures were taken against companies beyond the scale limit, and partial insurance companies were guided to adjust their business structures step by step.

(4) Standardize product development and design and strengthen product back-end management. Insurance companies were required not to design whole life insurance, annuity insurance and health care insurance into products with short and medium duration, with adherence to risk insurance and long-term deposit properties of above-mentioned products. At the same time, product record management and post-enumeration survey were strengthened, and product withdrawal mechanism, accountability mechanism, backtrack mechanism, information disclosure mechanism and new product management were established or intensified. Through above-mentioned measures, insurance companies were instructed to develop risk insurance products and long-term deposit products and reform of product supply side was also enhanced.

(5) Implement leveled and classified regulation and linkage regulation on market access of branches. Leveled and classified regulatory system was set up for insurance business of personal insurance companies, which were required to deal with different types of insurance businesses and acquire corresponding managerial capability. Personal insurance companies that stared up after January 1, 2017 were required to carry out normal personal insurance business within one year after the opening and gradually carry out other kinds of insurances after one year according to their managerial capabilities. Regulation on market access of branches of personal insurance companies was strengthened. Insurance companies which actively develop risk insurance and long-term deposit businesses were supported to establish branches, while those with irregularity actions, material risk issues and business structure failing to meet requirements were limited to

do so.

(6) Improve supporting regulatory policies for products with short and medium duration. Equity-linked insurance products were included in the standard range of products with short and medium duration. The policy loan ratio was required not to exceed 80% of cash value or account value. Accessory universal life insurance and accessory equity-linked insurance were separately evaluated so as to prevent insurance companies from by passing regulatory policies for products with short and medium duration via equity-linked insurance, policy loan, accessory insurance and other methods.

Insurance regulatory agencies strengthened the efforts to regulate and inspect key institutions when formulating an issuing regulatory policies. From May to August, 2016, CIRC carried out special check of universal life insurance of 9 insurance companies, and issued regulatory letters to companies with problems to instruct correction. Targeting on sale misguidance, cutthroat competition of crediting rate and other problems of universal insurance products in the field of Internet insurance, CIRC successively called off Internet insurance business of 6 companies. In December, CIRC halted new businesses of universal insurance and suspended Internet insurance business of 3 companies which failed to rectify problems properly. CIRC also prohibited them to declare new products within three months, and took other regulatory measures.

Above regulatory policies and measures will instruct and push relevant companies to transform themselves on their own initiatives, actively develop risk insurance and long-term deposit business, accelerate the adjustment of business structures, earnestly transform the mode of development, and strictly implement requirements of "guaranteeing insurance", which has positive influence on standard and healthy development of personal insurance businesses.

2. Strengthen regulation, prevent risks, and use insurance funds for healthy and sustainable development

Since 2012, insurance regulatory agencies have successively issued over ten "new policies for the usage of insurance funds", continuously expanded investment scope, integrated and simplified regulatory ratio, promoted the registration reform of insurance assets management products, and substantially canceled pre-event approval and administrative permission, and intensified in-event and post-event regulation on such basis so as to practically prevent risks. Effectively pushed by regulatory policies, insurance agencies obtained largely increased investing capability, constantly optimized asset structure, steadily improved return on investment, significantly raised risk prevention ability, and continuously expanded scale and scope of insurance funds to support the development of real economy. Insurance funds have become an important force which promotes China's economic development.

Nevertheless, some insurance agencies still lacked knowledge of the operating laws of insurance industry. In the liability side, great efforts were taken to develop products with short and medium duration, high-yield universal insurance products and other financial insurance businesses, trying to achieve "corner overtaking" of business. At the same time, in order to efficiently cover the costs in the liability side and acquire high returns, corresponding actions were taken, such as radical investment in assets, fast in-and-out, irrational placards, unfriendly merger, or cross-border and cross-cutting large investment. These actions not only gathered risks for insurance assets, but also had the society place "rich rednecks", "barbarians" and other negative labels to insurance funds. In 2016, insurance regulatory agencies issued pertinent regulatory policies and adopted effective measures concerning above-mentioned problems. Meanwhile, regulatory authorities also continuously and stably introduced the application reform of insurance funds and continued to enlarge investment scope and channels.

(1) Intensity regulation on stock investment with insurance funds. At the beginning of 2017, CIRC issued the *Circular of the China Insurance Regulatory Commission on Matters Relating to the Further Enhanced Regulation of Stock Investment with Insurance Funds* (BJF [2017] No. 9), in which it standardized the stock investment and acquisition of insurance funds which attracted wide attention in 2016. Specifically, it separately regulated general stock investment and major stock investment with insurance funds as well as acquisition of listed companies, proposed different requirements on solvency for above-mentioned three stock investment actions, standardized the source of funds and persons acting in concert, requested using self-owned assets for the acquisition of listed companies, prohibited co-acquisition of listed companies with non-insurance persons acting in concert, and specified requirements for information disclosure, after-event report, and after-event filing, etc. However, insurance regulatory agencies did not inhibit such stock placards as value investment, friendly investment, serving real economy of insurance agencies.

(2) Dispose risks of key companies or key areas resolutely by law. By means of special inspection of universal insurance, insurance regulatory agencies resolutely disposed risks of key companies, products and areas, regulated risky asset placards and asset application by law, suspended the universal insurance business and new product declaration of related institutions, and restrained the trend of industrial violation and risks to expand in a cross-market and cross-cutting manner. Secondly, insurance regulatory agencies, aiming at "fast in-and-out" behaviors of some insurance companies in the stock investment, interviewed main persons in charge and made a clear statement that they would not support short-term and large-amount stock speculation

with insurance funds. Such persons were also required to strengthen asset and liability matching management and carry out investment operations stably and healthily so as to prevent investment risks. Subsequently, as for related insurance companies engaged in entrusted stock investment business without clear asset allocation plan and nonstandard asset operation, insurance regulatory agencies suspended such business and ordered such companies to make rectifications.

(3) Strengthen information disclosure of large unlisted equity and large real estate investment. Recently, some insurance agencies held domestic and overseas equity and real estate with large amount, bringing asset and liability match, mobility and other potential risks. In order to effectively guard against the above risks, CIRC issued the *Information Disclosure Standard of Insurance Company's Funds Application No. 4: Large Unlisted Equity and Large Real Estate Investment* (BJF [2016] No. 36) on May 4, 2016. Main contents included: ① Specify the scope and standards for information disclosure. Insurance funds, which were directly invested in equity and real estate of domestic and overseas single unlisted enterprises with amount reaching large-amount standards, shall be disclosed as required. ② Carry out time-segmented disclosure and continual disclosure. Insurance agencies shall carry out disclosure as per two phases (signing investment agreement and capital contribution) so as to improve timeliness and accuracy of information disclosure. Insurance agencies shall also continuously disclose variations (if any) of key disclosure elements. ③ Enhance the linkage with related policies for listed companies. Disclosed information of listed insurance companies may be exempted from repeated disclosure, and subsequent regular disclosure (if required) shall be carried out according to relevant regulation of listed companies. Investment objectives to be disclosed which involves listed companies shall be disclosed by relevant listed companies as per regulations. ④ Strengthen information disclosure management of persons acting in concert. Related information shall be disclosed if insurance companies co-invest with affiliated companies or persons acting in concert and reach specified standards.

(4) "Deleveraging and preventing risks", and standardize pilots of portfolio asset management products. In order to thoroughly implement the instruction of the State Council on "deleveraging and preventing risks", normalize pilot business of portfolio insurance assets management products, and effectively prevent business risks, CIRC issued the *Notice on Strengthening Supervision about Portfolio Insurance Asset Management Products Business* (BJZJ [2016] No. 104) on June 13, 2016. By defining specific regulatory requirements on portfolio asset management product business, it promoted insurance assets management companies to establish complete product business risk management system and frame, improve their abilities of recognizing and preventing risks, and intensified the requirements on "deleveraging and

preventing risks" for product business.

(5) Improve regulatory system for infrastructure investment and broaden the scope of investible infrastructure. On June 14, 2016, CIRC issued the revised *Administrative Measures for the Indirect Investment of Insurance Funds in Infrastructure Projects* (BJHL 2016 No. 2) (hereinafter referred to as the "Administrative Measures"). Revised contents of the *Administrative Measures* mainly included: ① Simplify administrative licensing. According to the requirements of the State Council on streamlining administration and delegating power to the lower levels, approval of business qualification of trustees and related persons was adjusted as competency assessment, the before-event filing of investment plan product issuance was adjusted as registration at trade association, and approval of insurance companies purchasing investment plan was adjusted as after-event report. After the revision, matters related to administrative licensing were removed from the *Administrative Measures*. As a regulator, CIRC mainly focused on preventing systematic and regional risks other than approving specific investment projects of insurance companies. ② Expand investment space. Under the premise of preventing risks, it broadened the industrial scope of investible infrastructure projects with insurance funds, increased public private partnership (PPP) and other feasible investment models, and further diversified the risks of insurance funds investment. ③ Strengthen risk control. CIRC properly implemented the responsibilities of related persons, established the mechanism of risk responsible person for trustee, net capital management mechanism and loan loss provision mechanism, enhanced the regulatory management on laws, finances and other intermediary service agencies, and implemented main risk responsibilities. ④ Improve institutional norms. It integrated contents of information disclosure and requirements on disclosing body, and normalized information disclosing behaviors.

(6) Carry out pilot business of Shanghai-Hong Kong Stock Connect and optimize allocation structure of insurance assets. On September 8, 2016, CIRC issued the *Supervision Standard on Insurance Funds Invested in Shanghai-Hong Kong Stock Connect Pilot*, marking that insurance funds were officially allowed to participate in the Shanghai-Hong Kong Stock Connect. At the same time, CIRC requested insurance agencies to, in the process of investing Hong Kong stocks through, comply with prudent and secure principles, enhance internal control management, set up complete relevant systems, arrange professional personnel, and effectively prevent market risks and investment risks. It allowed insurance funds to participate in Shanghai-Hong Kong Stock Connect pilot and further increased the investing methods of insurance funds to participate in Hong Kong stock market, which was beneficial for insurance agencies to more flexibly select investment objectives, ease asset allocation pressure, optimize asset allocation structure via

domestic and oversea markets, prevent and dissolve investment risks, raise returns on investment, and serve the development of main insurance businesses.

3. Officially enforce solvency regulatory II and effectively promote the transformation and upgrading of insurance industry

On January 25, 2016, with the authorization of the State Council, CIRC released the *Notice of the China Insurance Regulatory Commission on Matters concerning the Formal Implementation of the China Risk Oriented Solvency System*, in which it decided on terminating the transition state of "dual system" of insurance solvency regulation system, and officially switched into a China risk oriented solvency system (hereinafter referred to as the "Solvency regulatory II").

The construction of the Solvency regulatory II was initiated in 2012. Through three years of hardworking, the Solvency regulatory II was officially issued and entered into a 1-year implementing transition period in February 2015. During the pilot run, the Solvency regulatory II went through trials of complicated domestic and overseas economic environment and the actual conditions of insurance industry and gained wide acclaim at home and abroad. The whole industry made good preparation for comprehensive implementation of the Solvency regulatory II. In 2016, CIRC took active measures and pushed the official implementation of the Solvency regulatory II, realizing the steady transition between the old and new systems.

(1) Initially operate integrated risk rating (IRR) under the Solvency regulatory II. As an upgraded version of classified regulation of the first-generation solvency, integrated risk rating established a regulation mechanism combining quantitative regulation and qualitative regulation and comprehensively took into account the quantitative risks and non-quantifiable risks of insurance companies. Therefore, it is the most comprehensive evaluation of insurance companies' risk conditions. In 2016, related departments of CIRC and 36 insurance regulatory bureaus firstly conducted comprehensive evaluation of 160 insurance companies according to the integrated risk rating standards of the Solvency regulatory II, further improving the pertinence and validity of the regulation on solvency.

(2) Initially conduct regulatory assessment of whole-industry risk management capability. Solvency Aligned Risk Management Requirements and Assessment (SARMRA), the second pillar of the Solvency regulatory II, is an important means of enhancing companies' risk management ability and promoting industry transformation and upgrading. SARMRA established an incentive and restraint mechanism in which insurance companies' risk management ability was related to capital requirements. Capital requirements were lowered (by 10% max.) for companies with strong risk management ability and raised (by 40% max.) for companies with weak risk management ability. In June 2016, CIRC issued 2016 SARMRA evaluation plan for

insurance companies. Based on such plan, CIRC organized 36 insurance regulatory bureaus to carry out SARMRA regulation assessment of all insurance companies. Later, it would figure out the minimal capital requirements of insurance companies according to the assessment results of SARMRA.

(3) Raise solvency information transparency and market discipline. According to the requirements of market discipline mechanism, the third pillar of the Solvency regulatory II, CIRC instructed insurance companies to publicly disclose the abstracts of quarterly solvency reports on their official websites and the website of Insurance Association of China. This aroused wide concern of news media, insurance consumers, securities analysts and other involved parties, and restraining action of market regulation was effectively played.

(4) Intensify rigid constraint of solvency regulation. On the basis of the existing regulatory measures, CIRC issued 4 reminding regulatory letters to companies with greater solvency risks and took strict regulatory measures against companies with substandard solvency ratio and companies rated as C and D through classified regulation in the first half of 2016. Among such companies, 1 had its investment scope limited, 1 had branch setting suspended, and 1 had new business opening stopped, preventing and controlling industrial risks in a timely manner.

From the implementation of the Solvency regulatory II, the original design intention of the system was achieved, and good effects were obtained. The official implementation of the Solvency regulatory II will further reinforce risk-resisting capability of China's insurance industry, promote development transformation of insurance companies, guide transformation and upgrading of the industry, and better serve real economy. At the same time, it is also conductive to promoting further opening of the front end by managing the back end and providing institutional guarantee to the marketization reform of personal insurance premium rate and commercial auto insurance premium rate, widening of application channels of insurance funds and other reform and innovation. The official implementation of the Solvency regulatory II also indicated the material changes of China's insurance regulatory system from learning to taking a lead in the world, and the entering into a new historical phase of modernized regulation construction.

4. Standardize internet insurance operation and effectively promote the development of inclusive finance

With the rapid development of big data, cloud computing, mobile Internet and other information technologies and the thriving of Internet finance, almost all sectors of the financial industry are involved. In general, the development of Internet finance has positive effect on supporting national innovation-driven development strategies, promoting common entrepreneurship, multitude innovation and supply side reform, and improving the inclusiveness and coverage of financial services. However, some operations of current Internet finance deviated from the correct innovation orientation and resulted in the effect of "bad money drives out good", making real-valued Internet finance innovation extruded. Some organizations took improper competitive means and disrupted normal economic and financial order; and some organizations misused or occupied clients' funds and even played Ponzi scheme, bringing economic losses to numerous people. On April 12, 2016, the General Office of the State Council issued the *Implementation Plan for Special Rectification on Risks in Internet Finance* (GBF [2016] No. 21), and organized the deployment of special rectification for Internet finance.

In order to implement the unified deployment of the State Council, CIRC, combining the actual conditions of Internet insurance, regulated Internet insurance risks and standardized the development of Internet insurance. At the beginning of 2016, CIRC issued the *Notice of the China Insurance Regulatory Commission on Strengthening the Administration of the Guarantee Insurance Business on Internet Platforms* (BJCX [2016] No. 6); In April 2016, CIRC together with the People's Bank of China and other fourteen departments issued the *Implementation Plan for the Special Campaign on Internet Insurance Risks* (BJF [2016] No. 31); In December 2016, CIRC issued the *Notice on Conducting Special Rectification on Illegal Engagement in Insurance Business in the Form of Internet Mutual Assistance Program* (BJFG [2016] No. 241). Generally, in the field of Internet insurance, rectification was mainly conducted for high cash value business of the Internet, crossover business of insurance agencies relying on the Internet, and illegal operation of Internet insurance business, etc. Specific political measures are as follows:

(1) Specify and implement special rectification focuses on Internet insurance risks determined by the State Council. Strictly conforming to the requirements of the special rectification plan of the State Council, CIRC specified and implemented key rectification points on Internet insurance risks. Firstly, as for high cash value business of the Internet, CIRC focused on investigating, treating and correcting insurance companies selling insurance products through the Internet, which were involved in false description, single-sided or exaggerated description of past performances, violated commitment of returns or assumption of losses and other misguiding descriptions. Secondly, as for crossover business of insurance agencies relying on the Internet, CIRC focused on investigating, treating and correcting the behavior of co-conducting Internet insurance business by insurance companies and unqualified third party online platforms, the cooperation between insurance companies and Internet credit platforms which provided credit enhancement services, set capital pool and illegal raised funds, thereby leading

to risk transmission to insurance industry, the insurance business risks with Internet guarantee and other cases. Thirdly, as for illegal operation of Internet insurance business, CIRC focused on investigating and treating those non-licensed agencies which conducted illegal Internet insurance business, those Internet enterprises without business qualification which conducted insurance business in the name of mutual aid relying on the Internet in a disguised manner and other problems; it also investigated and treated illegal organizations and persons who raised funds illegally in the name of insurance companies or made use of credits of such companies through the Internet.

(2) Strictly implement the requirements on third-party depository system concerning clients' capital. To keep capital safe for Internet insurance clients, CIRC requested Internet insurance agencies to strictly implement the third-party depository system concerning clients' capital and enhanced investigation and treatment of violating agencies by virtue of reporting and grievous penalty mechanism.

(3) Standardize guarantee insurance business on Internet platforms. As some insurance companies were implicated in incomplete risk control means and insufficient internal control management during the operation of fund-raising guarantee insurance business on Internet credit platforms, CIRC specially issued the *Notice of the China Insurance Regulatory Commission on Strengthening the Administration of the Guarantee Insurance Business on Internet Platforms*, in which it raised requirements on insurance companies which worked on guarantee insurances on Internet platform: ① Insurance companies shall rigidly comply with regulatory requirements on solvency so as to ensure the matching between business scale and capital strength. ② Insurance companies shall prudently select Internet platforms to cooperate with and shall not work with Internet platforms which provide credit enhancement services, set up capital pool, illegally raise funds and have other behaviors damaging national interest and common social interest. Meanwhile, they shall strictly review the qualification of insurance applicants. ③ It normalizes the design of insurance articles and premium rate determination, and specifies the requirements for insurance articles to disclose information on relevant business interface of Internet platforms. ④ Insurance companies shall establish strict risk control mechanism, enhance internal control management and the construction of system control mechanism, and realize invalid connection of information system with cooperating Internet platforms and financial institutions. ⑤ Insurance companies shall conduct regular pressure test, constantly improve emergency response plan and properly dispose emergencies. ⑥ Insurance companies shall set up quarterly reporting and submitting system of business operation of guarantee insurance on Internet platforms.

(4) Specially regulate illegal insurance businesses in the form of Internet mutual-aiding

plan. CIRC paid high attention to the intentional mixing of mutual-aiding plan and insurance difference by some Internet mutual-aiding platforms. In 2016, CIRC repeatedly reminded the consumers of their risks and warned the investors and relevant market entities of existing problems through releasing risk reminders, answering reporters' requests and other methods. It spoke with responsible persons of these Internet platforms and notified its regulatory opinions. At the end of 2016, CIRC began to deploy special rectifications for such behaviors, specifying that it would follow the objectives of "correcting behaviors that promise the public responsibilities of compensation or misguide the public to generate rigid compensation expectation, drawing of clear line between mutual-aiding plan and insurance products, and preventing misleading consumption", take rectification measures (e. g. screening and classification, rectification within a prescribed time limit and lawful investigating and treating) by stages, and sternly treat illegal Internet platforms according to the *Insurance Law* and other related laws and regulations. For online mutual-aiding platforms which illegally promised the public "responsibilities of compensation", guided the public the generate compensation expectation, or engaged in other illegal insurance businesses, CIRC will sternly outlaw them (once confirmed) and ascertain where the responsibility lies by law. At the same time, investors in related online mutual-aiding platforms will be restricted or even prohibited by law to invest in the insurance filed.

5. Deepen the initiative of streamlining administration and delegating power to the lower levels and strengthen the back-end keeping

In 2016, according to the requirements proposed by the Party Central Committee and the State Council, CIRC further actively clarified the relationship between regulation and market, promoted streamlining administration and delegating power to the lower levels, and activated endogenous motivation of the insurance market in 2016. Adhering to the principles of "releasing the front end and holding the back end", it positively promoted the formation mechanism reform of insurance premium rate, market access and withdrawal mechanism reform and insurance product regulation reform, and gave decisive play to market allocation resources. CIRC successively issued the *Notice of the China Insurance Regulatory Commission on Canceling a Group of Intermediary Service Items Subject to Administrative Approval* (BJF [2016] No. 21), the *Notice of the China Insurance Regulatory Commission on Enabling Independent Registration Platform of Filing Products by Property Insurance Companies* (BJTF [2016] No. 60), the *Notice of the China Insurance Regulatory Commission on Issuing the Administrative Measures for the Market Withdrawal of Branch Offices of Insurance Companies in Guangxi* (BJF [2016] No. 53), and *Notice of the China Insurance Regulatory Commission on Issues Concerning Promoting Nationwide the Pilot Reform of the Administration System for Commercial Motor Vehicle Insurance*

Clauses and Premium Rates (BJCX [2016] No. 113), etc. Specific regulatory measures are as follows:

(1) Sorting out and cancel 15 intermediary services administratively approved. According to the work arrangement by the State Council of sorting out and regulating intermediary services administratively approved, China Insurance Regulatory Commission (CIRC) sorted out 20 intermediary services one by one, including auditing (capital verification), notarization, asset appraisal, credit rating, financial and legal opinion issuance and other services be to carried out by intermediaries which were entrusted by applicants before the acceptance of administrative approval. CIRC resolutely rejected designated services, approval of non-statutory qualification of intermediaries, practice restriction, limit management, approving intermediary services of the affiliated units by themselves, post-holding as part-time by personnel, illegal fees collection and other problems, and canceled 15 (75% cancellation rate) intermediary services administratively approved so as to minimize the burden on the applicants and facilitate their work.

(2) Promote the management system reform of commercial auto insurance clauses and premium rate nationwide. On June 27, 2016, CIRC announced to promote commercial auto insurance reform pilots in the whole country, gradually turned over the formulation right of commercial auto insurance products to market entities and selection right of commercial auto insurance products to the consumers. At the same time, insurance regulatory departments focused on strengthening in-event and post-event regulation over commercial auto insurance clauses and premium rates, established and improved the regulatory system for the proposal, use, backtracking and adjustment of commercial auto insurance clauses and premium rates, practically protected the public's interest and prevented unfair competition.

(3) Comprehensively implement independent registration reform of property insurance filing products. In August 2016, CIRC issued the *Notice of the China Insurance Regulatory Commission on Enabling Independent Registration Platform of Filing Products by Property Insurance Companies*, officially initiating independent registration platforms of filing products of property insurance companies. It applied to independently registered insurance products, and realized independent, online and real-time product registration for property companies on such platforms. Regulatory departments could also monitoring product registration in real time and give timely regulatory instruction for potential problems. As an important measures of CIRC to thoroughly implement the requirements of the State Council on streamlining administration and delegating power to the lower levels, combining releasing and regulating, and optimizing services, the official initiation of independent registration platforms marked the official implementation of the independent registration reform of filing products of property insurance

companies, which was conductive to transforming pre-event product regulation to in-event and post-event regulation and protecting legal rights and interests of consumers.

(4) Loosen pre-event approval of senior management qualification at pilot. In order to further embody the principle of streamlining administration and delegating power to the lower levels and explore and promote integrated development of regional insurance markets, CIRC, in the second half of 2016, carried out record management pilot of senior management qualification of insurance company branches in Beijing-Tianjin-Hebei areas, and defined record management of transferring the senior management of qualified insurance company branches to same-kind insurance companies or their branches in a cross-province/city and cross-company manner in Beijing-Tianjin-Hebei areas. At the end of 2016, CIRC issued the *Record Management Pilot Method for Cross-Beijing-Tianjin-Hebei Operation of Insurance Companies* (*Request for Comments*) to request comments from the public and proposed to allow the establishment of insurance companies of two provincial branches in Beijing, Tianjin and Hebei. Insurance companies assigned one provincial branch to carry out cross-regional operation.

(5) Branches of pilot insurance companies withdraw market and intensify back end management. In 2016, CIRC conducted market withdrawal mechanism pilot in Guangxi, dividing market withdrawal into three categories, i. e. initiative withdrawal, persuasion withdrawal and forced withdrawal. In terms of lack of basic operation conditions, severely unsatisfied service capability, severely damage to legal interest of insurance consumers, seriously interruption of local insurance market order, and material potential risks of insurance company branches during their operation, Guangxi Bureau of CIRC may issue risk reminding letters or regulatory suggestive letters to request provincial branches to carry out rectification of above-mentioned agencies, suggest stopping related sales channels or businesses of such agencies, and suggest withdrawing them. It could also specify the standards of persuasion withdrawal.

Streamlining administration, delegating power to the lower levels and marketization reform have obtained significant achievements in motivating the formation of market mechanism price, allocating resources, benefiting consumers and other aspects.

6. Improve the construction of market system and speed up the formation of multi-level insurance market system

(1) Establish Shanghai Insurance Exchange and improve insurance factor market system. In November 2015, the State Council approved the establishment of Shanghai Insurance Exchange. On June 12, 2016, Shanghai Insurance Exchange announce official opening, with a first-phase registered capital of RMB 2.235 billion. Shanghai Insurance Exchange will focus on

setting up platforms for international reinsurance, international shipping insurance, tendering and bidding of large insurance projects, "3 + 1" business of diversified specific risks. As a "basic platform" which provides insurance-related trading services, the new Shanghai Insurance Exchange will play roles to "assist in bring insurance stock back into active use and support the proper use of insurance increment. In the context of the rapid growth of China's insurance industry, the founding of Shanghai Insurance Exchange has become an important measure to activate the market vitality of China's insurance industry. The official unveiling of Shanghai Insurance Exchange is also an important measure to implement 40 financial reform policies for free-trade zones, having great importance in the construction of Shanghai International Financial Center. After the establishment of Shanghai Insurance Exchange, an improved financial factor market system has been formed in Shanghai, covering stock, bonds, insurance, futures, gold, and foreign exchange, etc.

(2) Approve the preparation and construction of the first batch of mutual insurance association so as to make new improvement of multi-layer insurance market system. In August 2014, it was proposed in the *Several Opinions of the State Council on Accelerating the Development of the Modern Insurance Service Industry* (GF [2014] No. 29) to "encourage various forms of mutual-aiding and cooperative insurance". In June 2015, the State Council reviewed and passed the *Opinions of the State Council on Several Policies and Measures for Vigorously Advancing the Popular Entrepreneurship and Innovation* on the 93rd Executive Meeting and further defined to "accelerate the development of mutual insurance and other new businesses". In April 2016, the State Council officially approved the carrying out of pilot mutual insurance association and the industrial and commercial registration. In May 2016, CIRC's 6th Chairman Office Meeting reviewed and passed the application for preparatory establishment from three mutual insurance associations, namely, Public Mutual Insurance Corporation, Huiyou Jiangong and Trust Mutual Life, signifying that mutual insurance, an internationally traditional mainstream insurance organization form, will start a new round of practices and exploration in China. Conforming to the core concept of "mutual aids, solidarity and shared risks" and laying stress on the unique advantages of mutual insurance, mutual insurance organizations have been devoted themselves in playing active roles in terms of financial services for small and micro businesses and construction enterprises urgently required by the country and endowment and health security of special groups, generally taking on salient features of "small but good, refined and outstanding". This is of great significance to promote the structural reform of the insurance supply side, promote the development of inclusive finance, and improve the multi-level insurance market system.

(3) Give priority to support the establishment of insurance institutions in the central and western provinces. On December 19, 2016, CIRC issued the *Guiding Opinions on Accelerating the Construction of Market System to Improve Insurance and Service Capability of Insurance Industry in Poor Areas* (BJF [2016] No. 105), in which it indicated that, in compliance with the conditions, priorities shall be given to support the establishment of insurance companies in the central and western provinces, fill up the vacancy of insurance legal person institutions, continually optimize regional layout, effectively improve insurance supply in poor areas, and proactive serve national poverty alleviation strategies.

(ii) Policy Outlook for 2017 Insurance Regulation

It was clearly pointed out at the National Conference on Insurance Supervision on January 12, 2017 that, the insurance regulatory work in 2017 shall always adhere to the principles of "guaranteeing insurance and carrying out strict regulation", strictly and practically strengthen the performance of regulatory responsibilities, actively and properly treat potential risk points, insist on promoting the structural reform of the supply side, give full play to the insurance protection function, and serve social economy for general development. As for regulatory policies, main focus shall be put on the following priorities:

1. Firmly hold the bottom line of systematic risk occurrence

In 2017, insurance regulatory institutions shall pay more attention to risk prevention and control and three key aspects (company management, insurance products and fund application), and resolve to treat potential risk points so as to avoid systematic risks. Meanwhile, they shall take rigid restriction as the guidance to improve the managerial structure of insurance companies, pay more attention to problem orientation and bottom-line thinking from the perspective of public company standards and risk regulation, promote treatment regulation to transform from flexible guide to rigid restriction, give priority to improving rules, promote the standardized and orderly development of insurance products, guide insurance companies to development risk guarantee and long-term deposit businesses, take the services for main business as requirements, strictly and practically enhance fund application regulation, firmly accord to the general requirements on being prudence and serving main business, fully optimize funds application policy system, and speed up the establishment of the management and regulation system of insurance assets and liabilities so as to achieve positive interaction between assets and liabilities.

2. Intensify the legal construction of insurance

Push forward the revision of the *Insurance Law*, promote the legislation of the *Regulation* on *Earthquake Catastrophe Insurance*, revise and issue the *Provisions on the Administration of the*

Solvency of Insurance Companies, the *Provisions* on the *Administration of Reinsurance Business*, regulatory rules, risks case regulation method and supporting systems related to insurance agent, insurance broker and insurance assessment, the *Measures for the Administration of the Insurance Security Fund* and other regulatory systems.

3. Continue to deepen reform and thereby lead the development of new normal

Take insurance reform deepening as a fundamental path, further play the decisive role of market in resource allocation according to the reform requirements on accelerating the progress of streamlining administration, delegating power to the lower levels, combining releasing and regulating, and optimizing services, actively deepened market system reform, orderly push forward reform of clauses and premium rate, steadily implement reform of funds application, further guide insurance funds to serve real economy and the structural reform of the supply side, adhere to the principles of valued investment, long-term investment and stable investment, be friendly investors, complement advantages with entity industries for all-win harmony, and speed up the expansion of opening up and cooperation.

Appendix

Table of Main Regulatory Policies of China Insurance Regulatory Commission in 2016

Date	Document Name	Main Contents	Issued by
Jan. 4	*Notice of the General Office of the China Insurance Regulatory Commission on Matters concerning the Health Insurance Business with Individual Tax Preferences*	Conduct the deployment of matters related to health insurance business with individual tax preferences	CIRC
Jan. 11	*The Provisions on the Regulatory Duties of Agencies of China Insurance Regulatory Commission*	Clarify the duties relating to the regulatory work of agencies	CIRC
Jan. 18	*Notice of the China Insurance Regulatory Commission on Issuing the Interim Measures for the Administration of the Office Qualification Examination for Directors, Supervisors and Senior Executives of Insurance Institutions*	Organization and management rules for office qualification examination for directors, supervisors and senior executives of insurance institutions	CIRC
Jan. 18	*Guiding Opinions of the China Insurance Regulatory Commission on Comprehensively Promoting the Rule of Law in the Insurance Industry*	Fully promote the general requirements and specific measures for the legal system construction of insurances	CIRC

Continued

Date	Document Name	Main Contents	Issued by
Jan. 19	*Notice of the China Insurance Regulatory Commission on Strengthening the Administration of the Guarantee Insurance Business on Internet Platforms*	Regulatory provisions of the guarantee insurance business on Internet platforms	CIRC
Jan. 21	*Notice of the China Insurance Regulatory Commission on Issuing the Statistical System for Liability Insurance (for Trial Implementation)*	Indicators, standards and requirements for the submitted statistical data of liability insurance	CIRC
Jan. 25	*Notice of the China Insurance Regulatory Commission on Matters concerning the Formal Implementation of the China Risk Oriented Solvency System*	Implement the deployment of matters related to China risk oriented solvency system	CIRC
Jan. 25	*Notice of the China Insurance Regulatory Commission on Adjusting the Rates of Regulatory Fees and Other Relevant Matters*	Regulate the standard regulatory fees of insurance industry, etc.	CIRC
Feb. 2	*Circular of the China Insurance Regulatory Commission on Issuing the Proposals for Deepening the Reform of Insurance Standardization*	Fully and deeply promote the reform measures for insurance standardization	CIRC
Feb. 25	*Notice of the China Insurance Regulatory Commission on Conducting Independent Registration Reform of Filing Products of Property Insurance Companies*	Work requirements on the independent registration reform of filing products of property insurance companies	CIRC
Mar. 1	*Notice of the China Insurance Regulatory Commission on Issuing the New Statistical Indicators for Insurance Function Services*	Review the insurance statistical system and add some statistical indicators	CIRC
Mar. 3	*Notice of the China Insurance Regulatory Commission on Canceling a Group of Intermediary Service Items Subject to Administrative Approval*	Cancel 15 intermediary service matters administratively approved	CIRC
Mar. 7	*Notice of the China Insurance Regulatory Commission on Issues concerning the Regulation of Personal Insurance Products with Short and Medium Duration*	Promote the deployment of matters related to the healthy development of personal insurance products with short and medium duration	CIRC

Continued

Date	Document Name	Main Contents	Issued by
Mar. 16	*Circular of the China Insurance Regulatory Commission and the People's Bank of China on Promulgating the Industrial Standards-Standards for Exchange of Data on Life Insurance under Bank Insurance Business*	Issue technical standards	CIRC People's Bank of China
Mar. 23	*Guiding Opinions of the General Office of the China Insurance Regulatory Commission on Further Improving the Handling of Public Complaints in the Insurance Industry*	Enhance specific guidance in public complaints in the insurance industry	CIRC
Apr. 7	*Notice of China Insurance Regulatory Commission on Issuing the Statistical System of Consolidated Regulation on Insurance Group*	Compile statistics and regulate insurance group scale, consolidated financial information, shareholding structure, business type, risk concentration, material internal transaction, systematic risks, solvency and other consolidation risks	CIRC
Apr. 14	*Notice of the China Insurance Regulatory Commission, the Publicity Department of the CPC Central Committee, the Leading Group of the CPC for Maintaining Stability, and Other Departments on Issuing the Implementation Plan for the Special Campaign on Internet Insurance Risks*	Conduct specific deployment of special rectification of Internet insurance risks	CIRC, People's Bank of China and other twelve departments
Apr. 25	*Notice of the China Insurance Regulatory Commission on Issues concerning the Administrative Licensing for Banking Sideline Insurance Agents*	Applying rules and regulatory requirements on banking sideline insurance agents	CIRC
May 4	*Notice of the China Insurance Regulatory Commission on Issuing the Information Disclosure Standard of Insurance Company's Funds Application No. 4: Large Unlisted Equity and Large Real Estate Investment*	Regulation on information disclosure of large unlisted equity and large real estate investment of insurance companies	CIRC
May 6	*Notice of the China Insurance Regulatory Commission on Further Strengthening the Compliance Management Issues of Insurance Companies*	Detailed measures for qualification management of compliance principal	CIRC

Continued

Date	Document Name	Main Contents	Issued by
May 11	*Notice of the China Insurance Regulatory Commission and the Ministry of Finance on Issuing the Implementation Plan for Establishing the Catastrophe Insurance System for Urban and Rural Residential Housing in Earthquakes*	Explore and establish specific measures for catastrophe insurance system for urban and rural residential housing in earthquakes in advance	CIRC MOF
May 26	*Opinions on Conducting Insurance Industry to Promote Poverty Alleviation*	Propose several opinions on fully strengthening and improving the ability of insurance industry to promote poverty alleviation	CIRC The State Council Leading Group Office of Poverty Alleviation and Development
Jun. 13	*Notice of China Insurance Regulatory Commission on Strengthening Supervision about Portfolio Insurance Asset Management Products Business*	Regulatory rules for portfolio insurance assets management products	CIRC
Jun. 14	*Administrative Measures for the Indirect Investment of Insurance Funds in Infrastructure Projects*	Regulate the managerial and operational risks of the management, prevention and control of indirect investment of insurance funds in infrastructure projects and security ensuring of insurance funds, etc.	CIRC
Jun. 27	*Notice of the China Insurance Regulatory Commission on Issues concerning Promoting Nationwide the Pilot Reform of the Administration System for Commercial Motor Vehicle Insurance Clauses and Premium Rates*	Decision of specific deployment of promoting commercial auto insurance reform pilots to the nationwide scope	CIRC
Jun. 27	*Guidance on market withdrawal management of insurance company branches in Guangxi*	Specific guiding opinions on carrying out market withdrawal mechanism pilot work of insurance company branches in Guangxi	CIRC
Jun. 30	*Notice on Further Strengthening Matters Related to the Information Disclosure of Connected Transactions among Insurance Companies*	Requirements on connected transaction disclosure	CIRC

Continued

Date	Document Name	Main Contents	Issued by
Jul. 4	*Notice of China Insurance Regulatory Commission on Extending the Pilot Period of Elderly Housing Reverse Mortgage Pension Insurance and Expanding the Pilot Scope*	Specific provisions on extending the pilot period of elderly housing reverse mortgage pension insurance and expanding the pilot scope	CIRC
Jul. 15	*Notice on Matters concerning Further Strengthening the Information Disclosure of Equities of Insurance Companies*	Specific regulatory measures to regulate the preparation, construction and shareholding variation of insurance companies and ensure authentic, legal and valid capital sources	CIRC
Jul. 21	*Circular on the Related Matters Concerning Further Regulating Insurance Compensation Service*	Requirements on regulating insurance compensation services in terms of problems that insurance companies, during the compensation of accident insurances, ask the client to provide irrational certification materials such as "non-fighting resulted injury proof"	CIRC
Aug. 10	*Circular on Issues concerning the Listing of Insurance Companies in the National Equities Exchange and Quotations*	Regulatory requirements on the listing of insurance companies in the national equities exchange and quotations	CIRC
Aug. 10	*Notice of the China Insurance Regulatory Commission on Issuing the Industry Standards-Standards for Insurance Companies' Participation in the Exchange of Data on Social Health Insurance Services* (JR/T 0147-2016)	Issue technical standards	CIRC
Aug. 10	*Notice of the China Insurance Regulatory Commission on Issuing the Industry Standards-Standards for Insurance Companies' Participation in the Exchange of Data on Social Health Insurance Services* (JR/T 0147-2016)	Issue technical standards	CIRC

Continued

Date	Document Name	Main Contents	Issued by
Aug. 16	*Circular of the China Insurance Regulatory Commission on Issuing the 13th Five-Year Plan for the Standardization of the Chinese Insurance Industry*	Deploy standardization work of insurance industry during the 13th Five-Year Plan according to the requirements on constructing modern insurance service industry	CIRC
Aug. 23	*Outline of the 13th Five-year Plan for the Development of China's Insurance Industry*	Plan the grand blueprint for the scientific development of the insurance industry in the next five years	CIRC
Sep. 2	*Notice of the China Insurance Regulatory Commission on Issues concerning Further Improving the Actuarial System of Personal Insurance*	Improve the deployment of issues concerning actuarial system of personal insurance	CIRC
Sep. 2	*Notice of the China Insurance Regulatory Commission on Strengthening the Supervision of Personal Insurance Products*	Implement post-event filing and survey management of personal insurance products and establish withdrawal mechanism and accountability mechanism of such products	CIRC
Sep. 29	*Notice of the China Insurance Regulatory Commission on Carrying out Licensing Work Concerning Professional Insurance Intermediary Business*	Request shareholders to contributed self-owned authentic and legal registered capital for entrustment, etc.	CIRC
Oct. 8	*Notice of the China Insurance Regulatory Commission on Issuing the Interim Measures for the Administration of Insurance Companies' Critical Illness Insurance Bidding for Urban and Rural Residents*	Regulate insurance companies' critical illness insurance bidding for urban and rural residents	CIRC
Nov. 4	*Opinions of the Supreme People's Court and the China Insurance Regulatory Commission on Fully Advancing the Development of a Mechanism for Interconnection between the Litigation and Mediation of Insurance Disputes*	General requirements and specific mechanism for interconnection between the litigation and mediation of insurance disputes	Supreme People's Court CIRC

Continued

Date	Document Name	Main Contents	Issued by
Nov. 15	*Notice of the China Insurance Regulatory Commission on Further Strengthening Matters Concerning the Regulation of Pension Management Business*	Strengthen the regulation of pension management business under new situation, prevent business risks, protect the legal interest of consumers, and promote the sustainable and healthy development of pension management business	CIRC
Nov. 21	*Notice of the China Insurance Regulatory Commission on Issuing the Industry Standards-Reinsurance Data Exchange Specification* (JR/T0036 – 2016)	Issue technical standards	CIRC
Nov. 22	*Circular of the China Insurance Regulatory Commission on Repealing the Circular on Issuing the Guidelines for Preparing Embedded Value Reports of Life Insurance*	Repeal the Circular on Issuing the Guidelines for Preparing Embedded Value Reports of Life Insurance	CIRC
Dec. 30	*Notice of the China Insurance Regulatory Commission on Matters concerning Further Strengthening the Supervision of Personal Insurance*	Leveled and classified regulation of personal insurance companies and interconnection of branch access and standardized development	CIRC

IV. Highlights of Regulatory Policy of China Securities Regulatory Commission①

(i) Analysis on Main Regulatory Policies of China Securities Regulatory Commission in 2016

In 2016, China Securities Regulatory Commission further perfected the construction of laws and regulations and provided solid policy support for the sound development of the securities market.

1. Strictly regulate, prevent and control risks, and continue to deepen the market-oriented reform

2016 is a key year for standardizing the market order. 2016 witnessed frequent risk events,

① Author: Zhao Xianghuai, Deputy General Manager of Essence Securities Research Center.

the regulatory organ actively strengthened risk management targeting at the issues on the market, further perfected regulatory regulations, strengthened punishment for illegal actions, and perfected the cross-market, cross-border risk monitoring information system, established and perfected the systematic risk alarm, prevention, control and emergency disposal mechanism.

The China Securities Regulatory Commission revised the *Management Measures for Risk Control Indices of Securities Companies*. On one hand, adjust the rules that cannot adapt to the development needs of the industry while staying unchanged in general frame; on the other hand, combine the new situation of the development of the industry, perfect the regulation of leverage rate and liquidity by improving the calculation formula for net capital and risk capital, and specify countercyclical regulation mechanism etc. to improve the completeness and effectiveness of risk control indices. The *Measures* makes regulations for four core indices (risk coverage, capital leverage, liquidity coverage and net stable funding ratio), and specifies the four core indices-securities companies must comply with the risk regulation standards all the time (risk coverage ≥100%, capital leverage ≥8%, liquidity coverage ≥100%, net stable funding ratio ≥100%). The *Measures* classifies net assets into core net assets and subsidiary net assets by the loss absorption ability. The classification is good for enhancing the quality of capital and accuracy of risk measurement and is good for risk control under different environment of the market. The *Measures* uniformly includes the risk of financial assets into the calculation process of provision for risk capital, and no net capital will be deducted for financial assets and derivative financial products. The *Measures* changes the calculation of provision for risk capital by business type into calculation by risk types such as market risk, credit risk and operation risk to enhance the accuracy of risk measurement. The *Measures* introduces a countercyclical regulation mechanism, which is more direct and effective than the previous "window instruction". The *Measures* also includes assets outside the financial statements into the calculation of capital leverage ratio, which is good for fully reflecting the risk level of the company; deducts the assets in the financial statements of securities companies that do not belong to the companies; redefines the scope of equity securities and classifies derivatives into equity derivatives and non-equity derivatives. New risk regulation will accelerate the differentiation of the industry, which is good for securities traders to establish a healthy and sound risk system.

China Securities Regulatory Commission asked for public opinions for *No. 2 Guidance for Raising Securities Investment Fund Publicly-Guidance for Fund of Funds*. FoF refers to securities investment fund with fund as the main investment object. The *Guidance* includes 12 articles in total. It makes regulations on such contents as the definition of FOF, investment diversification, fund expense, fund holders' meeting and information disclosure. The *Guidance* binds the operation of FOF from the following aspects: (1) FOF shall invest more than 80% of the fund assets into other publicly raised funds, and shall follow the principle of portfolio investment; (2) Fund manager and trustee shall not charge the management expense, trusting expense or sales expense of FOF; (3) Fund manager shall timely disclose the net value of FOF on the day following the day when the net value of the fund invested with FOF is disclosed; (4) FOF shall include a special chapter in the periodical report and prospectus to disclose relevant conditions of funds held; (5) FOF manager shall set independent departments and assign special personnel, and the fund manager of FOF shall not be a fund manager of other funds at the same time. Developing FOF is helpful in helping investors make investments by taking advantage of the professional advantage in fund selection of the fund manager, and expand the development room of fund industry; it is helpful in meeting the investment requirements of investors for diversified assets allocation, effectively dispersing investment risks and lowering the threshold for diversified investment; it is helpful in further enhancing the ability of securities operation institutions to serve the investors.

China Securities Regulatory Commission issued *Interim Provisions on Operation Management for Management Business of Privately Raised Assets of Securities and Futures Operation Institutions* to standardize such problems as illegal propaganda, promotion and sales, structured capital management products, illegal engagement in securities and futures business, entrusting third parties to provide investment advice, implementing or participating in "capital pool" business, implementing excessive incentives, enhancing leverage times and regulatory arbitrage. The Provisions regulates that the leverage times for stock and mixed type structured assets management plans shall not exceed 1, the leverage times for fixed income type structured assets management plans shall be no more than 3, and the leverage times for other types of structured assets management plans shall be no more than 2. The Provisions also regulates that the total assets of structured capital assets management plans shall be no more than 140% of the net assets and the total assets of non-structured collective assets management plans shall be no more than 200% of the net assets.

China Securities Regulatory Commission asked for public opinions for *Management Regulations for Subsidiaries of Securities Investment Fund Management Companies and Guidance for Risk Control Indices of Subsidiaries of Fund Management Companies in Charge of the Management of Assets of Particular Customers* to specify the bottom line for privately raised fund management business of such institutions as fund subsidiaries. As for internal governance and risk control of fund subsidiaries, China Securities Regulatory Commission also revised and formulated two sets of rules.

China Securities Regulatory Commission asked for public opinions for revising Guiding Opinions on Guaranteed Fund. First, appropriately control the scale of guaranteed fund to reduce risks of the industry. Specify the guaranteed funds managed by fund managers. The total amount of the guaranteed amount agreed in the contract multiplied by corresponding risk coefficient shall not exceed 5 times of the audited net assets of the fund manager in the recent one year (1 time for insurance assets management companies). It also specifies that if a securities company is a fund manager, it shall calculate capital reserve for particular risk by 20% of the amount calculated by multiplying the guaranteed amount agreed in the contract with corresponding coefficient. Second, perfect relevant prudent regulation requirements of managers of guaranteed funds. It specifies the requirements on investment management experience of fund managers and Fund Managers. Third, perfect control indices of relevant risks, impose strict requirements on the investment scope of assets, remaining period and amplification times of risk assets to further reduce the investment operation risk of guaranteed funds. Fourth, add regulations on risk regulation, require fund managers to monitor the variation of net value of guaranteed fund every day, periodically carry out pressure test and resolve risks in a timely manner. Fifth, perfect relevant regulatory requirements of guarantee, appropriately decrease the total scale of guarantee assets of guarantee institutions, and require fund managers to select guarantee institutions in a prudent manner, and disclose the condition of the guarantee institution in the periodical report. Sixth, specify that the assets management business of particular customers of fund managers and their subsidiaries shall not raise guaranteed products.

China Securities Regulatory Commission revised *Management Measures for Risk Regulation Indices of Futures Companies*. The revision targeted at relevant regulations that are no longer suitable for the market development so as to better guide the sound operation of futures companies and enhance the overall competitiveness of the industry. Specific contents are as follows: first, increase minimum net capital requirement to RMB 30000000 to strengthen prevention of settlement risk; second, further refine assets adjustment ratio by liquidity, recoverability and risk exposure to enhance the scientificity of net assets; third, adjust the accrual scope and standard for capital reserve for risk of assets management business to enhance risk coverage; fourth, encourage futures companies to replenish capital through multiple channels and allow futures companies to calculate subordinated debts into net capital by the specified percentage; fifth, further strengthen the regulatory requirements on futures companies and strengthen regulation.

China Securities Regulatory Commission issued *Management Regulations for Subsidiaries of*

Securities Investment Fund Management Companies and Guidance for Risk Control Indices of Subsidiaries of Fund Management Companies in Charge of the Management of Assets of Particular Customers. Management Regulations for Subsidiaries of Securities Investment Fund Management Companies specifies that fund management companies shall contribute with their own capital for establishment of subsidiaries and the equity ratio held in the subsidiaries shall be no less than 51%; the percentage of self-owned capital invested in such high liquidity assets as cash, bank deposit, national debts and publicly raised fund shall be no lower than 50% of the total investment amount of self-owned capital; the total amount of shares invested into a particular customer assets management plan managed by the fund management company and its subsidiaries and the shares invested by the fund management company, staff of the fund management company and staff of the company shall not exceed the 50% of the total shares of the plan; they shall not invest in stocks, stock index futures or other derivatives traded on the market; they shall not circumvent other actions specified by regulations on self-owned capital of fund management companies. *Guidance for Risk Control Indices of Subsidiaries of Fund Management Companies in Charge of the Management of Assets of Particular Customers* requires that the net capital of special subsidiary shall be no lower than RMB 100 million and net capital shall be no lower than 100% of the sum of various risk capital reserve, net capital shall be no lower than 40% of the net assets and net assets shall be no lower than 20% of the debts. In general, the two regulations stick to the legislative idea of "returning to the original, preventing and controlling risks and standardized development" and are good for enhancing the internal governance level and risk prevention ability of fund subsidiaries and promoting long-term and healthy development of the fund industry.

In 2016, the regulatory institution imposed strict regulation on "false" restructuring and "follow suit" restructuring to protect the interest of investors and drive virtual capital into physical capital.

China Securities Regulatory Commission issued *Decision on Revising Management Measures for Major Assets Restructuring of Listed Companies*. To cooperate with the smooth implementation of the Restructuring Measures, applicable opinions of Article 14 and Article 44-No. 12 Legal Applicable Opinions on Securities and Futures of the *Management Measures for Major Assets Restructuring of Listed Companies* was published at the same time. China Securities Regulatory Commission also made corresponding modifications for *Interim Provisions on Strengthening Regulation on Abnormal Transactions of Stocks Related to Major Assets Restructuring of Listed Companies and Provisions on Issues on Standardizing Major Assets Restructuring of Listed Companies*. Main contents include: first, shorten the "cold period" for terminating major assets restructuring progress from 3 months to 1 month. Where a listed company actively terminates the major assets restructuring progress after disclosing the major assets restructuring plan or draft, the listed company shall commit that it will not plan major assets restructuring within at least one month after the announcement date; where it re-initiate major assets restructuring within 3 months, it shall disclose the reason for the previous termination and the reason for re-initiating the restructuring after a short period of time in detail in the restructuring plan and report for the re-initiated restructuring. Second, specify disclosure standard for matters relating to submission and approval of the object of transaction. Where the object of transaction involves submission and approval, such as approval for project establishment, industry access, land use, planning and construction, and corresponding license or relevant reply documents cannot be obtained before the announcement of the first resolution of the board meeting, the listed company shall disclose the progress of approval matters in the major assets restructuring plan and report and specify major risks. The revision of the Measures reflects the concept of "legal regulation, strict regulation and comprehensive regulation", promotes rational repair of the market valuation system and guide more capital to flow into real economy.

2016 witnessed frequent violations in the market, and market risks deepened and became more severe. There were many prominent problems, such as cheating of audit and appraisal institutions, IPO false issuance, disclosing and operating the market against the regulations and trading by taking advantage of undisclosed information. In 2016, the system of China Securities Regulatory Commission accepted 603 valid clues for violations, carried out 551 investigations; added 302 cases, an growth of 23% from the average of previous three years; added 178 foreign related cases, up 24%; settled 233 cases and accumulatively forbade 393 persons concerned from leaving the country, froze case related capital of RMB 2.064 billion; 55 cases were delivered to public security authorities for criminal liabilities. Public security authorities have opened 45 cases for investigation, with case delivery rate reaching historically high, further presenting the achievements of comprehensive law enforcement.

2. Shenzhen-Hong Kong stock connect has been completed and capital market is opened two way

In 2016, China Securities Regulatory Commission further expanded the financing channels for listing of domestic enterprises on overseas market, perfected the qualified foreign institutional investor (QFII) and RMB qualified foreign institutional investor (RQFII) system, gradually loosened investment limit, guided such long term capitals as foreign sovereignty wealth fund, old-age pension and passive index fund to strengthen domestic investment, launched Shanghai-Hong Kong Stock Connect, perfected Shanghai-Hong Kong Stock Connect and researched

Shanghai-London Stock Connect etc.

China Securities Regulatory Commission issued *Provisions on Interconnection Mechanism between Mainland and Hong Kong Stock Market Trading*, and specified relevant regulatory arrangement for stock allocation of listed companies under the interconnection mechanism between mainland and Hong Kong stock market trading. Compared with Provisions on Shanghai-Hong Kong Stock Connect, the Provisions on Interconnection have the following changes: first, it broadens the applicable scope from Shanghai-Hong Kong Stock Connect to Shanghai-Hong Kong Stock Connect and Shenzhen-Hong Kong Stock Connect. Second, it specifies that the principle of management according to local law shall be followed for the management of suitability of the investors of Shanghai-Hong Kong Stock Connect and Shenzhen-Hong Kong Stock Connect. In Article 3, the statement "investors shall follow the investors' appropriateness regulatory regulations and business rules of the place where the securities companies or brokers entrusted by them are located." is added. Third, it leaves room for perfection of currency exchange mechanism in the future. It changes Article 15 as "Investors purchase or sell stocks via the interconnection mechanism between mainland and Hong Kong stock market trading shall settle with securities companies or brokers in RMB. Where settlement is made in other currencies approved by competent authorities, other regulations shall apply." On December 5, the interconnection mechanism between Shenzhen and Hong Kong stock market trading was formally opened.

In 2016, China Securities Regulatory Commission made significant achievements in actively promoting interconnection of capital market, promoting Hong Kong funded and Shenzhen funded institutions to establish joint venture securities and fund institutions in China, supporting the development of overseas subsidiaries of securities, fund and futures institutions and promoting mutual recognition of mainland fund and Hong Kong fund. Liu Shiyu, chairman of China Securities Regulatory Commission, expressed that the 26 years' experience in the development of capital market of China indicated that only by unswervingly expanding opening up can the orientation of marketization, legalization and internationalization of the Chinese capital market be maintains, can the ability of the Chinese capital market to serve the real economy be truly improved, and can the international competitiveness of the Chinese capital market be truly improved. The opening of Shenzhen-Hong Kong Stock Connect will surely inject positive energy, confidence and trust into the international and domestic financial market.

3. Serve the real economy and protect the rights of investors

National Development and Reform Commission and China Securities Regulatory Commission jointly issued *Notice on Promoting Works Related to Assets Securitization of Public-Private*

Partnership (PPP) Projects in Traditional Infrastructure Field. According to the requirements of the Notice, China Securities Regulatory Commission will strengthen cooperation with National Development and Reform Commission, fully rely on the capital market, actively promote market-based financing for PPP projects that meet the requirements through assets securitization and encourage PPP projects that match the national development strategy to carry out assets securitization with priority. Shanghai Stock Exchange, Shenzhen Stock Exchange and Asset Management Association of China will establish special green channels for business acceptance, review and filing and arrange special persons to take charge so as to enhance the work efficiency for the review, listing and filing of asset securitization products of PPP projects selected by the National Development and Reform Commission with priority.

China Securities Regulatory Commission formally issued *Management Measures for the Suitability of Securities and Futures Investors*. The Measures deals with the actual problems in the management of suitability and mainly has the following regulations: first, it forms the system to classify investors by multiple indices and unifies the classification standard and management requirements of investors. Second, it specifies the bottom line requirements for product classification and allocation of duties and establishes the product classification mechanism of monitoring each round and strict risk control. Third, it specifies the obligations of operating institutions in all rounds of suitability management and standardizes relevant actions in a comprehensive and strict manner. Fourth, it emphasizes special protection for common investors, provides targeted products and differentiated services for investors. Fifth, it strengthens regulatory responsibilities and legal responsibilities to ensure the suitability obligation is fulfilled.

(ii) Policy Assessment and Outlook

In 2016, China Securities Regulatory Commission imposed administrative punishment in a strict and comprehensive manner in accordance with law and played an important guarantee role in perfecting the market system, tamping the market foundation, preventing market risks, maintaining market stability and protecting legitimate rights of investors.

As for market risk regulation, the promulgation of a series regulations, including *Management Measures for Risk Control Indices of Securities Companies*, *Management Regulations for Subsidiaries of Securities Investment Fund Management Companies*, *Measures for Major Assets Restructuring of Listed Companies* and *Measures for Risk Regulatory Indices of Futures Companies*, perfected such risk control indices as leverage and liquidity, enhanced capital binding for subsidiaries of fund companies and standardized channel business, perfected the recognition standard for change of control right due to acquisition and restructuring, strictly controlled "shell speculation" and enhanced risk coverage.

While perfecting legislation, China Securities Regulatory Commission also strengthened law enforcement. As for acquisition and restructuring, China Securities Regulatory Commission reviewed the acquisition and restructuring applications of 256 enterprises in 2016, of which 22 were rejected, 122 passed unconditionally and 112 passed conditionally. The increase of number rejections for acquisitions indicated that the review standards of the regulatory authority have become stricter. China Securities Regulatory Commission also carried out four special law enforcement actions in 2016, and completed special inspection and treatment for violations of intermediary institutions, IPO fraud, violation in information disclosure, violation in market operation and trading using undisclosed information.

As for two-way opening of the capital market, the interconnection mechanism between Shenzhen and Hong Kong stock market trading was formally opened on December 5. As for investment limit, Shenzhen-Hong Kong Stock Connect no longer has amount limit. The daily limit of Shenzhen-Hong Kong Stock Connect shares the same standard as Shanghai-Hong Kong Stock Connect, i. e. the daily limit for Shenzhen-Hong Kong Stock Connect is RMB 13 billion, and the daily limit for Hong Kong Stocks Through under Shenzhen-Hong Kong Stock Connect is RMB 10. 5 billion. By gathering the capital, skill, information, intelligence and culture of mainland and Hong Kong as well as the global market, Shanghai-Hong Kong Stock Connect and Shenzhen-Hong Kong Stock Connect benefit the economic development of the mainland, Hong Kong and the world.

To sum up, new improvement has been made for the risk regulation level of the securities market of China in 2016, new achievements have been made in the protection of rights of medium and minor investors and the ability to prevent and control financial risks and maintain market stability has withstood new tests. The development of securities and futures industry showed new appearance, and market communication and expectation management ability reaches a high level. ①

Looking forward to 2017 , China Securities Regulatory Commission will continue to strengthen the regulation on participating entities of every market, strictly crack down capital market actions that are against the laws and regulations, enhance service level of the capital market for the real economy, especially for small and medium enterprises and poverty regions, and realize full regulation coverage for financial risks.

① Source: Address of Liu Shiyu on the Securities and Futures Regulation Meeting in 2017.

Appendix

List of Main Regulatory Policies of China Securities Regulatory Commission in 2016

Issue date	Policy	Issued by
Jan. 7	*Provisions on Reduction of Shares by Major Shareholders, Directors and Senior Managers of Listed Companies* ([2016] No. 1 Announcement of China Securities Regulatory Commission)	CSRC
Feb. 19	China Securities Regulatory Commission approved the *Pilot Plan for Exercise with Shares* submitted by China Securities Investor Services Center	
Mar. 11	Unified 10 business licenses of securities, funds and futures as *Business License for Securities and Futures* ([2016] No. 4 Announcement of China Securities Regulatory Commission)	CSRC
Apr. 27	*Opinions on Completing the Pilot Work for Changing from Business Tax to Value-Added Tax by Securities, Futures and Fund Operating Institutions* ([2016] No. 8 Announcement of China Securities Regulatory Commission)	CSRC
Jun. 15	*Provisions on Calculation Standards of Risk Control Indices of Securities Companies* ([2016] No. 10 Announcement of China Securities Regulatory Commission)	CSRC
Jun. 16	*Decision on Revising Management Measures for Risk Control Indices of Securities Companies* (No. 125 Order of China Securities Regulatory Commission)	CSRC
Jul. 15	*Interim Provisions on Operation Management for Management Business of Privately Raised Assets of Securities and Futures Operation Institutions* ([2016] No. 13 Announcement of China Securities Regulatory Commission)	CSRC
Jul. 15	*Management Measures for Equity Incentives of Listed Companies* (No. 126 Order of China Securities Regulatory Commission)	CSRC
Sep. 8	Article 14 and Article 44-No. 12 Legal Applicable Opinions on Securities and Futures of the *Management Measures for Major Assets Restructuring of Listed Companies* ([2016] No. 18 Announcement of China Securities Regulatory Commission)	CSRC
Sep. 9	*Decision on Revising Provisions on Issues on Standardizing Major Assets Restructuring of Listed Companies* ([2016] No. 17 Announcement of China Securities Regulatory Commission)	CSRC
Sep. 10	*Decision on Revising Interim Provisions on Strengthening Regulation on Abnormal Transactions of Stocks Related to Major Assets Restructuring of Listed Companies* ([2016] No. 16 Announcement of China Securities Regulatory Commission)	CSRC

Continued

Issue date	Policy	Issued by
Sep. 9	*Decision on Revising Management Measures for Major Assets Restructuring of Listed Companies* (No. 127 Order of China Securities Regulatory Commission)	CSRC
Sep. 23	*No. 2 Guidance for Raising Securities Investment Fund Publicly-Guidance for Fund of Fund* ([2016] No. 20 Announcement of China Securities Regulatory Commission)	CSRC
Sep. 30	*Rules for Shareholders Meeting of Listed Companies* (*Revised in 2016*) ([2016] No. 22 Announcement of China Securities Regulatory Commission)	CSRC
Oct. 14	*Guidance for Securities and Fund Operating Institutions to Participate in Interconnection between the Mainland and Hong Kong Stock Market Trading* ([2016] No. 24 Announcement of China Securities Regulatory Commission)	CSRC
Nov. 8	*Decision on Revising Provisions on Matters Concerning Payment of Futures Investors' Guarantee Fund by Futures Exchanges and Futures Companies* ([2016] No. 27 Announcement of China Securities Regulatory Commission)	CSRC
Nov. 8	*Provisions on Matters Concerning the Specification of Payment Percentage of Futures Investors' Guarantee Fund* ([2016] No. 26 Announcement of China Securities Regulatory Commission)	CSRC
Nov. 11	*Securities and Futures Industry Audit Guideline for Information System* ([2016] No. 25 Announcement of China Securities Regulatory Commission)	CSRC
Nov. 11	*Decision on Amending the "Interim Measures for the Administration of Futures Investor Safeguard Funds"* (No. 129 Order of China Securities Regulatory Commission)	CSRC and the Ministry of Finance
Nov. 25	Reply of China Securities Regulatory Commission on Issuance of *Guidance for Management of Classified Fund Business* by Shanghai and Shenzhen Stock Exchange	Shanghai Stock Exchange and Shenzhen Stock Exchange
Dec. 1	*Notice on Tax Policies Concerning the Interconnection Mechanism Pilot between Shenzhen and Hong Kong Stock Market Trading*	CSRC
Dec. 2	*Management Regulations for Subsidiaries of Fund Management Companies* ([2016] No. 29 Announcement of China Securities Regulatory Commission) and *Interim Provisions on Risk Control Indices of Subsidiaries of Fund Management Companies in Charge of the Management of Assets of Particular Customers* ([2016] No. 30 Announcement of China Securities Regulatory Commission)	CSRC

Continued

Issue date	Policy	Issued by
Dec. 5	Opening ceremony of interconnection mechanism between Shenzhen and Hong Kong stock market trading was held simultaneously in Shenzhen and Hong Kong, indicating the formal opening of the interconnection mechanism between Shenzhen and Hong Kong stock market trading	
Dec. 16	*Revised Code for Information Disclosure Contents and Format of Periodical Report of Listed Companies*	CSRC
Dec. 16	*Management Measures for the Suitability of Securities and Futures Investors* (No. 130 Order of China Securities Regulatory Commission)	CSRC
Dec. 26	National Development and Reform Commission and China Securities Regulatory Commission jointly issued *Notice on Promoting Works Related to Assets Securitization of Public-Private Partnership (PPP) Projects in Traditional Infrastructure Field* (FGTZ [2016] No. 2698)	National Development and Reform Commission and CSRC
Dec. 30	China Securities Regulatory Commission issued announcement requesting relevant entities of the capital market to implement the new codes for audit report	CSRC

Source: Website of China Securities Regulatory Commission, www.gov.cn.

Column 1

Capital Finance Facing the "13th Five Year Plan"①

During the "13th Five Year Plan", along with the clear positioning of capital city strategy as well as the overall implementation of the national strategy of coordinated development of Beijing, Tianjin and Hebei Province, capital finance has ushered in new development opportunities. Beijing would comprehensively implement the important directives of accelerating the cultivation of modern service industry, such as finance, put forward by the General Secretary Xi Jinping; strengthen the function of national financial management center that integrated "decision supervision, assets management, payment and settlement, information exchange and standard stipulation" together; speed up the construction of a financial center city with international influence.

1. Blending into the New Pattern of International Finance

Supports the development of national financial organizations in Beijing as Asian Infrastructure Investment Bank, Silk Road Fund, Asian Financial Cooperation

① Thanks Beijing Municipal Bureau of Financial Work for providing related materials. Organizer: He Haifeng.

Association. Serves for the "One Belt, One Road" national strategy and establishes an international financial strategy headquarters. Deepens the expansion and opening of financial service industry; boosts the RMB internationalization; supports the establishment of foreign investment and joint venture organizations; promotes the opening level of financial service industry.

2. Opening up the New Field of Financial Integration of Beijing, Tianjin and Hebei

Strengthens the financial management function of Beijing, optimizes the area financial resources layout. Supports the financial organizations to establish Beijing-Tianjin-Hebei business divisions, promotes the connectivity of financial element markets. Encourages cross-regional financial product innovation as inter-regional credit extension, syndicated loan and set bond; provides financial support for the three regions traffic integration, eco-environment protection, industrial upgrading and reforming.

3. Building New Space for Harmonious Development

Dedicates to the major urban construction tasks of Beijing new airport, urban deputy center, Olympic Winter Games and three science cities, etc. and provides capital support for major projects in multi-channels. Supports the layout optimization of financial function areas, leads the establishment of "high-grade" economic structure. Actively develops green finance and digital inclusive finance; encourages innovative pilot of endowment insurance.

4. Establishes National Scientific and Technological Finance Innovation Center

Actively develops angel investment and innovative incubator, improves the supporting policies for venture capital investment, creates leading start-up investment environment. Encourages differentiated assessment of science and technology credit, explores combined financial model innovation as investment and loan coordination; supports National Equities Exchange and Quotations (NEEQ) to promote the service innovation and entrepreneurial function; promotes service system for scientific and technological insurance; creates the world's best entrepreneurship financial ecology.

5. Creating New Development Advantages of Fintech

Promotes the deep integration of the Internet with financial industry by scientific surveillance; supports businesses based on Internet as convenient payment, micro credit, wealth management, mutual insurance and Robo-Advisor; accelerates the development and application of blockchain and digital currency innovation. Establishes demonstration industrial park of Beijing Internet financial security and improves the infrastructure of Internet Finance.

6. Constructing New Financial Industry System

Enriches the organizational system of financial organizations, gathers headquarters financial organization and strengthens the municipal financial organizations as well as cultivates emerging financial organizations. Promotes the multilevel capital market system; supports National Equities Exchange and Quotations (NEEQ), Beijing equity trading center, China Securities Internet System. Regulates and develops the regional trading venues. Promotes the function as national bond market center.

7. Creating Safe and Steady New Ecology of Finance

Strengthens the cultivation of international financial talents as well as the construction of financial legal environment. Promotes the financial credit system, accelerates the development of big data credit investigation. Accelerates and promotes local financial management system, explores comprehensive and function supervision; strengthens the construction of financial risk supervision and warning system platform; strictly cracks down illegal fund-raising.

Column 2

Significant Progress in Building Shanghai into an International Financial Center①

It is a major strategic decision made by the CPC Central Committee and the State Council of building Shanghai into an international financial center, based on the overall plan of China's reform, opening up and modernization. Since the 1990s, the central leading comrades have made important instructions on building Shanghai as an international financial center. In 2009, the State Council promulgated the *Opinions on promoting Shanghai to Accelerate the Development of Modern Service Industry and Advanced Manufacturing Industry as well as Building the City into an International Financial and Shipping Centers* (No. 19 [2009] of the State Council), which for the first time specified comprehensive details such as objectives, tasks, measures and others to the initiative of making Shanghai an international financial center. It is clearly stated in the Opinions to build Shanghai an "international financial center to match China's economic strength and the international status." by 2020.

With substantial support and guidance of relevant national departments, Shanghai has adhered to the cores of building financial market system, focusing on financial reform

① Compiled by He Haifeng and appreciations to the Policy Research Office of Shanghai Financial Services Office by providing relevant materials.

and opening up and trials, creating an environment which facilitates financial development ("one core, two keys"). Thus, significant progress has been made in the road of making Shanghai into an international financial center. In addition, Shanghai's position as the financial center of China has been further consolidated, and a center is roughly created for global RMB innovations, transaction, pricing and settlement.

1. Financial market system continues to be improved with considerable increase in its scale. In 2016, Shanghai Insurance Exchange, Shanghai Stock Exchange and China Trust and Registration Corporation opened, which further perfected financial market system. At present, a relatively complete national financial market system has been established in Shanghai covering stocks, bonds, currencies, notes, foreign exchange, commodity futures, financial futures and off-site derivatives, gold, insurance and other markets, is the international financial markets, making Shanghai one of international financial center offering comprehensive variaties. Transactions in Shanghai financial markets amounted to RMB1364.7 trillion in 2016, 3.5 times of that in 2010; direct financing in financial markets reached nearly RMB10 trillion, 4.2 times that in 2010; Rankings of Shanghai stock, bonds, futures, gold and other financial markets have obviously improved in international arena, and transaction volumes of a number of products ranking in the front in the world with expanded influence.

2. System of financial institutions is gradually perfected, and financial innovation is speeding up. Besides the increase of banking, securities, insurance, funds, trust and other financial institution, all kinds of international financial institutions or organizations, HQs and functional departments are mushrooming in Shanghai. BRIC New Development Bank and CCP12 have settled in Shanghai. China Internet Finance Association is founded in Shanghai, together with new businesses focusing on internet finance. As of the end of 2016, financial institutions amounted to 1515, an increase of nearly 50% over 2010. Financial business innovation continued in 2016 with cross-border RMB settled business of Shanghai Bank reached RMB2.26 trillion, accounting for 22.9% the number in China and ranking No. 1 in the country. Trial plans of foreign exchange management pilot launched by International Trade Settlement Center and foreign exchange funds centralized operation and management of multinational company headquarters are progressing steadily, providing substantial support to the growth of real economy.

3. Financial opening-up is expanding with steadily improved internationalization. In recent years, Shanghai has made new breakthroughs in the field of financial opening-up with maintained leading position in China. Shanghai has become a major gathering area

of foreign financial institutions in China. Over 430 of foreign-funded financial institutions are currently operating in Shanghai, accounting for about 30% of the total number of Shanghai financial institutions. Furthermore, opening-up of financial services is expending. SH-HK Stock Connect for security transaction and SZ-HK Stock Connect for gold transaction have been launched. Foreign institutions were allowed to directly invest in RMB bond market; overseas RMB lending funds, cross-border ETF and other pilots have been successfully launched. Since 2011, Shanghai has become the first city in China to introduce QFLP pilots and QDLP pilots. In addition, Shanghai has deepened its cooperation with global financial institutions such as those in London, New York, Hong Kong, Singapore, Paris and Sydney over the recent years.

4. Financial reform in free trade zone has been progressed, trade services and investment convenience have been improved. Framework of financial system innovation has been basically built, and national regulatory authorities for financial management have issued a range of enforcement rules as well as policies to support the construction of free trade pilot areas. For example, to *Further Promote Innovation Pilots in China (Shanghai) Free Trade Pilot Area and Speed up the Plan of Building Shanghai International Financial Center* was released, and businesses of free trade in both domestic and foreign currencies was started. The platform connecting with international financial market has been built in progress. Shanghai Gold Exchange launched international board and "Shanghai gold" in RMB. Shanghai Futures Exchange set up an international energy trading center and was approved to conduct transaction of crude oil futures. Financial services has been continuously improved with a variety of innovation pilots such as expanded RMB cross-border application, facilitation of investment and financing, marketization of interest rates, management reform of foreign exchange, regulation and decentralization of financial supervision, boosting the growth of real economy. Financial supervision and risk prevention mechanism have been improved gradually, a coordination group for free trade pilots and joint meeting for comprehensive supervision were established, in order to actively carry out comprehensive supervision on financial pilots and to explore more functional supervision models.

5. Financial development has been optimized continuously, and supporting services significantly improved. Shanghai Municipal People's Congress promulgated the *Regulations on Promoting Shanghai as an International Financial Center*, thus, progress of the construction of international financial center is guaranteed with local legislation. Various institutions have been set up in Shanghai including a financial court, financial

prosecutor (Section), financial arbitration court and a mediation center for financial dispute. The White Paper of *Legislation Construction of Shanghai International Financial Center* was the first one issued in China. Financial Consumer Protection and Protection Bureau of The People 's Bank was established in Shanghai. Profound progress have been made in credit system with continuously improved in payment and settlement infrastructures as well as in the professional service system, and achievements have been made in the planning of concentration area of financial institutions. In addition, Shanghai Financial Innovation Award was set, the first financial industry federation was established in China and 8 Lujiazui Forum have been held, which have increased international awareness of Shanghai as an financial center.